Facebook

［美］史蒂文·利维（Steven Levy）◎著

江苑薇　桂曙光◎译

中信出版集团｜北京

图书在版编目（CIP）数据

Facebook /（美）史蒂文·利维著；江苑薇，桂曙
光译. -- 北京：中信出版社，2021.5
　　书名原文：Facebook: The Inside Story
　　ISBN 978-7-5217-2094-5

　　Ⅰ. ① F… Ⅱ. ①史… ②江… ③桂… Ⅲ. ①网络公
司—企业管理—经验—美国 Ⅳ. ① F279.712.444

　　中国版本图书馆 CIP 数据核字（2020）第 159802 号

Facebook

著　　者：［美］史蒂文·利维
译　　者：江苑薇　桂曙光
出版发行：中信出版集团股份有限公司
　　　　　（北京市朝阳区惠新东街甲 4 号富盛大厦 2 座　邮编　100029）
承 印 者：河北鹏润印刷有限公司

开　　本：880mm×1230mm　1/32　　印　张：19　　字　数：550 千字
版　　次：2021 年 5 月第 1 版　　　印　次：2021 年 5 月第 1 次印刷
京权图字：01-2020-3724
书　　号：ISBN 978-7-5217-2094-5
定　　价：98.00 元

纪念莱斯特·利维

（1920—2017）

抱歉你没能看到那届"超级碗"，父亲

目录

推荐序
扎克伯格悖论与大型科技公司的新伦理

胡泳

北京大学新闻与传播学院教授

一

2010年，《财富》杂志高级编辑大卫·柯克帕特里克（David Kirkpatrick）出版了Facebook（脸书）的企业传记《Facebook效应》，我应邀撰写了中文版前言，题目叫作"让这个世界上的人们自己组织起来"。

是年，Facebook全球活跃用户数始破5亿（我自己2007年开始拥有Facebook账号，但并非活跃用户）。对于一个当时仅有6年历史和1 400名员工的社交网站来说，这是一个里程碑式的纪录。这里的活跃用户指的是在过去30天内访问过Facebook的用户。事实上，"月活跃用户"作为一项互联网公司普遍看重的业务指标，正是Facebook增长团队率先予以推行的。还可以夸耀的是，注册用户有一半以上每天都登录Facebook。而且，用户平均每天在Facebook上花费1小时时间。在当年，这些都是极为惊人的数据。

我因此写道："Facebook是一种现象。它也许是历史上由完全不同的人聚合在一起的形成速度最快的团体。"它也是迄今为止互联网上最大的分享网站。Facebook 可以即刻集结一群同好，他们共同喜爱的可能是一则新闻、一首歌或是一个 YouTube（优兔）视频。当你将数亿用户的资料整合在一起，不仅了解他们住在哪儿，朋友是谁，还知道他们对什么感兴趣，在线上做什么，那么，你就不仅是在运营一家公司，而是在打造"互联网基因工程"。这项"基因工程"能够做的事情太多了。比如，通过信用点和虚拟货币，Facebook 可能跨越国界，成为一个全球化的经济体；又如，通过 Facebook 连接（Facebook Connect），Facebook 企图控制我们在网上的所有社交体验，其俄罗斯大股东将此比喻为"在世界范围内给人们签发护照"，这种护照指向的是一种全球公民身份。

这些都意味着，Facebook 会超越仅仅一个"网站"，它把自己看作全球村里的城市广场，改变着我们对社区、邻里和整个星球的认识。

而一手打造这个城市广场的马克·扎克伯格，在 2010 年还是个总蹬着橡胶凉鞋、套着 T 恤衫和毛绒夹克的大男孩，20 多岁的他没有拿到大学文凭，却把哈佛集体宿舍的一个想法变成了一家惊天动地的公司。他是如此少年得志，以至于微软的联合创始人保罗·艾伦（Paul Allen）评价说："我无法在世界历史上找到一个先例，这么年轻的人却拥有这么大的影响力——等一等，只有一个人，那就是亚历山大大帝。"

所以，我接着写道，扎克伯格构成了另外一种现象。Facebook 的创始人是一个哲学与实践的奇异混合体。

首先，他是一个"产品天才"。从一开始在哈佛宿舍里敲敲代码，到 Facebook 取得巨大的成功，扎克伯格始终希望能使自己的注意力集中在让媒体与用户互动的产品上，在他看来这才是 Facebook 的真正价值所在。他永远把产品管理当作自己的首要工作。"技术公司实际上是产品公司。许多最重要的决定都可以归结为你为你所服务的人群提供什么。"

其次，产品的背后是用户体验，而用户体验的背后是扎克伯格独特的经商哲学。柯克帕特里克有句总结很让人震动："让网站有趣比让它赚钱更重要。这样的声明在 Facebook 不长的历史中始终掷地有声。"扎克伯格在 2007 年的一次采访中，解释了 Facebook 为何不断拒绝大公司的收购要约。"我们不看重钱。对于我和我的同事来说，最重要的是我们为人们创造了一个开放的信息流。成为一个大集团下属的媒体公司对我来说不是一个吸引人的主意。"

扎克伯格坚称自己运作 Facebook 为的是给用户提供一种服务，帮助他们过上更加开放和彼此互联的生活。所以他常常在公司里说，他的目标绝不仅是创造一家公司。一个不想创造公司的人却成就了一家杰出的公司，我们或许可以将此称为"扎克伯格悖论"。

《Facebook 效应》倾力剖析了上面所说的两大现象，然而，读完该书，有一个地方我很不解渴，正如我看完那部名为《社交网络》的电影之后也很不解渴一样。我希望了解更多扎克伯格的内心世界，这并不是源于我有多少对名人的窥视欲，而是因为，他的内心世界是隐藏不得的。以 Facebook 为首的社交网络已彻底改变了互联网世界内外的人际关系定义，以及人们对隐私的理解和要求，甚至形成了一种崭新的文化现象。扎克伯格如此年轻，却如此有权力，全人类都有必要了解其商业哲学。这也是为什么我推荐《Facebook》(*Facebook: The Inside Story*) 这本书。

扎克伯格想要创造并统治一种截然不同的互联网。如果说谷歌和其他搜索引擎想索引的是信息，扎克伯格想索引的则是人们脑中所想。这样的计划要获得最好的运行，人们就必须愿意把更多的个人信息呈交给 Facebook。然而，有谁能够判定，扎克伯格对透明度与开放性的理解是不是过于简单和天真呢？他相信，如果人们变得更加透明和开放，世界会变成一个更加美好的地方。可是，对于许多人来讲，因透明而付出的代价是他们能够承受的吗？或者说，如果你不是扎克伯格那样的幸运儿和成功者，难道你也应该相信他所说的，没有什么东西不可暴露？

二

过了一年，我在杭州的阿里巴巴第八届网商大会上碰到了柯克帕特里克。我们俩并排坐在一起，听马云激情四溢地演讲："今天在互联网上、在商界，我们有很多东西看不惯，我们没法改变，但是我们可以建一块土地，在这块土地上我们崇尚开放、分享、责任和全球化。几年以前我们提出新商业文明的思想，今天在互联网体系里面我们可以创建一种新的商业文明。"

柯克帕特里克震惊于马云那睥睨天下的气势，以及现场的网商对他近乎虔诚的顶礼膜拜。马云抛下战书："也有人说我，你因为早干了8年，要是今年再干，我肯定把你干趴下。好，我把阿里巴巴拆成4个，你干，试试看，你干得过我，很好；如果干不过我，10年以后，我每家公司再拆成4个公司给你看看……10年后我会把很多事情和大家分享。"

听到这里，柯克帕特里克对我说："我觉得马云比扎克伯格还厉害，因为他代表了中国正在崛起的中产阶级的力量。"

然而，10年倏忽而逝。马云未能兑现当初的承诺，没人听到他分享的故事。相反，在2021年4月，阿里巴巴迎来了政府创纪录的182.28亿元罚单。而在大洋的另一边，当初被柯克帕特里克推崇备至的扎克伯格也遇到了大麻烦。

Facebook

三

2020 年，比柯克帕特里克更有名的科技记者史蒂文·利维（Steven Levy）写了一本新的 Facebook 企业传记，就是这本《Facebook》。书中写到了柯克帕特里克在 2016 年美国大选结束两天后，对扎克伯格进行的一次炉边聊天式的采访。

他问扎克伯格，特朗普是否从 Facebook 动态消息（News Feed）里传播的虚假信息中获益。扎克伯格驳斥了这个想法："我觉得，认为在 Facebook 上只占很小比例的假新闻以任何方式影响了选举，都是一个相当疯狂的想法。"

听到这个回答，柯克帕特里克并未就此对扎克伯格提出进一步质疑。当时史蒂文·利维在座，也没有觉得所谓"疯狂的想法"的评论有多么错误。然而，事态的发展出乎所有人的意料。接下来的两年里，随着人们对 Facebook 及其运作方式了解得越来越详细，扎克伯格不得不为自己的言论反复道歉。那些曾被 Facebook 吹嘘为其最宝贵成就的东西，现在都成了罪过。而曾经象征着对美好未来的希望的扎克伯格，瞬时化身硅谷的达斯·维达（Darth Vader）。

转折点是 2016 年的美国大选。Facebook 在散布虚假信息与仇恨偏见、数据隐私滥用等问题上接连触礁，终于从硅谷偶像跌落凡尘，变成了一个处境艰难的大型科技公司。对其泄露隐私的义愤甚至导致了一场广泛的"#DeleteFacebook"（删除 Facebook）运动。

很多人对 Facebook 的反感，在各大科技巨头中是无与伦比的。但这并非毫无道理。过去 10 年中，侵犯数据隐私的行为、诡异的政治广告政策，以及其他大量有问题的商业决策，都构成了人们厌恶 Facebook 的理由。然而，真正的症结并不在于不当处理用户数据的孤例或某个单一的糟糕政策，而在于该公司屡次不当地处理用户数据和持续做出错误的政策决定。也就是说，Facebook 最紧迫的一些问题一直是问题！

四

在哈佛，扎克伯格不过是个热爱编程的天才小伙儿，他和他的朋友们并不是像 MBA（工商管理硕士）教科书通常所描写的那样开始创业的：构思商业计划书，绘制各种业务增长图表，研究市场利润趋势。他们既没有做过市场分析，也没有撰写过行动纲要。也许正是因为他们的头脑里从来没有装过那些有关何为好企业的教条，他们才做到了一门心思关注用户需求，最终催生了一个充满偶然性的商业帝国。

当然，如果事情纯属偶然，我们就要把一切归于命运了——Facebook 闻名硅谷的"F8 开发者大会"就巧妙地意喻着"命运"（fate）。显而易见，就连命运也自有其必然性，比如，Facebook 与谷歌，命中注定会有一战。

在 Facebook 崛起之前，谷歌的算法统治着互联网——遵循着严格而有效的方程式，对在线活动的每个字节进行语法分析，最后建立起一幅不带感情的世界网络地图。然而，扎克伯格却预见到一个更加个人化、更富人情味的互联网，在那里，由朋友、同事、同伴和家人组成的网络成为信息的主要来源，人们通过彼此披露各自的内心而建立互信和丰富人生，就像在线下一样。扎克伯格将这种情形命名为"社交图谱"，用户通过这样的图谱寻找医生，了解最好的产品，或是雇用员工——这和谷歌搜索的冷静逻辑相差不可以道里计。这是对人类如何在网络中遨游的一种完全不同的思考，在这种思考中，Facebook 才是互联网的中心。换句话说，过往的那个中心要被无情地替换掉。

Facebook

普遍认为，谷歌与 Facebook 对阵时有个不利的地方：Facebook
与人息息相关，而谷歌关注的是数据。谷歌一直未能成为互联网社交
风潮中的大玩家，尽管它十分渴望这样做，其原因在 Facebook 董事
会成员彼得·蒂尔（Peter Thiel）看来，在于谷歌的深层价值观出了问
题。"谷歌的模型认为，组织来自全世界的信息是最重要的事情。而
Facebook 的模型从根本上是不同的……让这个世界上的人们自己组织
起来，才是最重要的事情。"

其实蒂尔说得完全不对。Facebook 关注的并不是人，而是不折不
扣的数据。

五

看似不同的模型，导致了谷歌与 Facebook 在公司成败、命运攸
关的一个领域内短兵相接：广告。

表面上看起来，两家公司井水不犯河水。毕竟，这两个网站为
最终用户提供服务的目的完全不同。一个是搜索引擎，另一个是社交
网络。网络冲浪者使用前一种服务来查找特定信息，而另一种则用于
与朋友、家人和专业同行进行交流，或者对于许多 Facebook 用户来
说，是自我推广、编排日常生活并发布自拍照的场所。

要了解为什么 Facebook 成为谷歌唯一的真正竞争对手，就必须
熟悉两家公司用来赚钱的模型。正如大多数人所知，当有人使用谷歌
地图选择两地间的最佳行进路线时，它什么钱也没赚。同样，当用户
登录 Facebook 并向全世界宣布他吃了什么早餐时，Facebook 也不会赚
钱。谷歌和 Facebook 为绝大多数用户免费提供服务。

那么钱从哪里来呢？谷歌和 Facebook 每年赚取数十亿美元的方
式是向广告客户收取高额费用，以便将他们的产品或服务展示在两家

公司的大批用户面前。每天，谷歌搜索者和 Facebook 发布者都为两个庞大的用户平台间接产生收入；其服务吸引的访问者越多，他们对广告客户的需求就越多，这可以转化为对广告客户收取更多费用的能力。

在移动互联网出现之前的大部分时间里，谷歌凭借其 AdWords（关键词广告）主导了在线广告市场。鉴于谷歌在网络搜索者中的巨大影响力，广告商通过向谷歌付费来吸引用户访问其网站，AdWords 的模型是按点击付费。谷歌在给定搜索字符串的赞助结果列表中显示广告客户的消息，并且该广告客户为每位用户对广告的点击付费。关键词越具有竞争性，越有利可图，谷歌对关键词广告的收费就越高。

从 21 世纪的第一个 10 年末开始，Facebook 意识到可以利用其数百万的每日访问者来竞争谷歌的广告收入。它启动了 Facebook 广告（Facebook Ads）计划，使广告商可以为自己的消息显示在用户的信息流中而付费。谷歌的广告客户会根据特定的搜索字符串来定位用户，但在 Facebook 上做广告的公司则会根据其个人资料中的特定信息来定位用户。例如，发布大量体育信息的 Facebook 用户可能会在其信息流中看到许多与体育相关的广告。这就是 Facebook 的定向广告模式。

谷歌仍然是在线营销的领导者，但 Facebook 正在大步向前。从 2019 年第二季度财报来看，谷歌母公司 Alphabet 的广告收入为 326 亿美元，Facebook 为 169 亿美元。许多广告商选择投靠后者，认为谷歌的推广成本过于高昂，其模式也不再具有吸引力。虽然一连串的搜索引擎竞争对手都被谷歌成功击退，但来自搜索世界之外的另一家互联网巨头以令人印象深刻的步伐进入市场。两家的较量集中体现在移动上：谷歌的增长主要得益于它的核心业务移动搜索依然强劲，移动搜索占据了 96% 的市场份额。而在 Facebook 169 亿美元的广告收入中，

Facebook

移动广告收入为 156 亿美元，占总广告收入的 94%，足以说明移动广告对 Facebook 的重要性。其中有一个重要的变化是，移动视频广告创收比例持续攀升，目前已占其视频广告的 50% 以上，很多品牌都在开发让用户看得停不下来的视频内容。

像 Facebook、Snapchat（色拉布）或 Pinterest（拼趣）这些能够长时间吸引用户的服务，将很可能在网络广告市场占据统治地位。当然，谷歌可以凭借 YouTube 抵挡一阵子。

六

然而，成也萧何，败也萧何。广告是 Facebook 称霸的利器，但也直接导致了它今日的困境。

Facebook 的商业模式取决于广告，而广告又取决于操纵用户的注意力，为的是使他们看到更多广告。操纵注意力的最好方法之一是诉诸愤怒和恐惧，这些情绪可以提高参与度。Facebook 的算法给了用户想要的东西，所以每个人的动态消息都成为独特的现实，一个过滤气泡，它制造了一种幻觉，即大家都相信同样的事情。只向用户展示他们赞同的帖子对 Facebook 的赢利有好处，但也增加了极化倾向，破坏了共识，并最终损害了民主。

为了满足其人工智能和算法的需要，Facebook 在任何可能的地方收集数据。没过多久，Facebook 就开始监视所有人，包括不使用 Facebook 的人。对用户来说，不幸的是，Facebook 并不能保护其所收集的数据。它会拿这些数据做交易，以获得更好的商业结果。

虽然用户数量和驻留时间都因此而不断增加，但是 Facebook 要靠另一项创新带动广告业务获得巨大成功。从 2012 年底到 2017 年，Facebook 完善了一个新的想法，即所谓的"增长黑客"——不断试验算法、新的数据类型和设计，以数据来衡量一切。增长黑客使 Facebook 能够有效地将其数据海洋货币化，以致增长的指标屏蔽了所有其他的考量。在增长黑客的世界里，用户只是一个指标，而并非活生生的人。用户的每一个动作都让 Facebook 更好地了解用户自身以及用户的朋友，它因此得以每天都在用户体验方面做出微小的"改进"，也就是说，在操纵用户的注意力方面做得更佳。而任何广告商都可以购买这种注意力。

Facebook 的人生活在他们自己的泡沫之中。扎克伯格一直认为，连接地球上的每一个人是一项非常重要的使命，可以为之采取任何必需的行动。扎克伯格和他的员工深信他们的使命是崇高的，因此他们倾听批评却从不改变他们的行为。他们对几乎每一个问题的回应都与当初问题被制造出来的路径惊人地一致：更多的人工智能，更多的代码，更多的短期修补术。

七

2009 年，在 Facebook 成立 5 年之后，扎克伯格觉得有必要认真地对公司的价值观进行一番总结。负责完成这项任务的部门经理最终向扎克伯格提出了公司的 4 条核心价值观，分别是：

专注于影响。

大胆。

快速行动，破除陈规。

开放。

扎克伯格对这 4 条都很满意，但他坚持加上第 5 条：打造社会价值。前 4 条是公司内部准则，而第 5 条强调了 Facebook 对外部世界的影响。

　　具体而言，社会价值对扎克伯格意味着，Facebook 的存在是为了让世界更加开放和互联，而不仅仅是为了建立一家公司。柯克帕特里克曾经提问：驱动扎克伯格的是什么呢？然后他说，在扎克伯格的词典中有这样一些词汇：开放、透明度、信任、联系、分享。

　　听上去很美好。然而系统思维告诉我们，好的意图真的很危险。你可以有非常好的意图，但在一个复杂的系统中，它们可能会适得其反。扎克伯格不无惊讶地发现，赋予人们建立社区的力量，有时会因拉近世界的距离发生冲突。

　　事态的发展是无情的。扎克伯格原来说，他相信没有隐私，世界会变得更好，然而我们已然看到社会为他的愿景所付出的代价。人们的私密信息可能被怀有恶意的人广泛使用，以操纵众人的政治见解、知识习惯和消费方式。Facebook 将数据（相当于内在自我的 X 射线）变成了我们所不知道的商品交易。

　　还有，Facebook 的使命一度是"使人们有能力分享，令世界更加开放和彼此连接"，这一使命假设只要实现了这两点，自然会产生有益的结果。然而，从最近的现象来看，人们越来越难以相信上述假设，例如特朗普的总统竞选，当时他在大多数民意调查中都输了，而在关于社交媒体参与度的大多数指标上均获胜。更多的分享和连接造成的却是更大的分裂。

　　为此，2017 年 6 月 22 日，扎克伯格宣布，仅仅连接世界还不够，Facebook 的新使命是"使人们有能力建立社区，令世界更加紧密地联系在一起"。此前，在一封题为《建立全球社区》的公开信中，他承认了公司旧使命的盲点和所造成的严重缺陷。他说，展望未来，公司将考虑与人建立联系后会发生什么，并设法更好地管理这些影响。扎克伯格写道："在这样的时代，我们在 Facebook 上能做的最重要的事情就是发展社会基础设施，使人们有能力建立一个为我们所有人服务的全球社区。"

扎克伯格在总共 5 800 多个单词的信中提到"社会基础设施"14次，却从未完整描述出它是什么。他称公司会采取更多措施来消除虚假信息，同时花很大篇幅讨论了社交平台导致群体极化的方式。"如果这种情况持续下去并且我们失去共识，那么即使我们消除了所有虚假信息，人们也只会强调不同的事实，以适应他们的极化观点。"

扎克伯格终于承认了关于世界上最大的社交网络的一个最令人不安的事实。人们分享了更多的信息，但这并不一定意味着大家也分享了理解，也不意味着人们越来越紧密了。Facebook 面临的挑战是如何发挥社区潜力，帮助各种背景和持有各种观点的成员通过建立共识发生联系。这将有助于人们以新的视角参与进来并意识到不同的问题，令个人有足够的"带宽"向外看，超越狭窄的环境和心态，将在线社区的活动转化为现实世界的进步。

八

Facebook 被迫转变，而扎克伯格对网络世界的认识也似乎在发生着 180 度大转弯。2019 年 3 月，扎克伯格在一则帖子里说："当我思考互联网的未来时，我相信以隐私为中心的交流平台将变得比今天的开放平台更重要。隐私使人们能够自由地做自己，并更自然地建立联系，这就是我们建立社交网络的原因。"

这还是同一个扎克伯格吗？在 2010 年他曾信誓旦旦地说，隐私不再是一种社会规范。怕就怕的是，这可能并不是扎克伯格对隐私的重新评估，而只是一种面对可能的高昂成本和严厉监管而不得不实行的公司防御。按照扎克伯格指出的新方向，Facebook 将推动用户转向即时通信服务，而远离时间线上的信息流。这些服务将获得端到端加密（由 Facebook 决定端点在哪里），并且帖子将越来越多地发布在临时故事而不是永久内容中。

然而，抛开那些宏大的美好社会的叙事，我们也不难窥见 Facebook 转型中扎克伯格的精明算计。受到威胁的不仅仅是 Facebook、Instagram（照片墙）和 WhatsApp（瓦茨普）上用户的隐私，还有公司的利润率。首先，Facebook、Instagram 和 WhatsApp 之间的数据合并，将使反垄断机构更难将它们视为彼此独立的实体并进行拆分。其次，关于交流应该更多地在"起居室"而不是"市政厅"内进行的建议，是为了解决 Facebook 作为发布平台的问题，包括内容审核、宣传活动和假新闻等令人望而生畏的管理难题。如果把当前的社交网络广播推入一系列封闭的房间，则可能更易于控制。扎克伯格的新设想对于 Facebook 可能滥用个人数据创建广告市场这个紧要议题只字未提。

由于许多原因，Facebook 当前的危机是前所未有的。它被指责破坏了民主，毒害了严肃新闻；最糟糕的是，它被拖入了公众的视野，用户突然意识到：Facebook 通过收集和售卖大量个人信息建立了庞大的广告业务，而事实证明，它的业务已对隐私、选举甚至用户的心理健康造成了损害。Facebook 现在承诺在收集个人信息方面将更加透明，但是，它如何既做到如此，又保持业务的持续繁荣呢？

新的事态的发展某种程度上已令 Facebook 的神话烟消云散。它也向扎克伯格提出了一个极其严肃的问题：Facebook 的使命到底是出于道德考量还是生存本能制定的？在此问题上，恐怕扎克伯格需要更多的灵魂摸索。哪怕 Facebook 实现了其公司目标，对它的 20 多亿用户又有什么益处呢？世界上的人们能够自己组织起来了吗？组织起来以后，人们又可以做些什么？ Facebook 是基于人们分享个人信息并牺牲隐私的决定而建立的。但至今为止，它没能有意义地解释它所带来的回报的价值。也许它最终不能？

彼得·蒂尔在强调 Facebook 可以帮助世界上的人自我组织的时候，曾经信誓旦旦地说："在我看来，对好的全球化至关重要的一件事情是，在某种意义上，人类对技术保持了掌控，而不是相反。无论是经济上、政治上还是文化上，可以说在一切方面，公司的价值都源于一个理念：人是最重要的。"这段话在今天听来充满了讽刺意味，因为对于扎克伯格领导下的 Facebook 来说，人的重要性仅仅在于他／她是个行动的数据体。

九

全球互联网的风向都在变。大型科技公司一向以为自己是商业中的另类，生来就有所不同。它们的信条是：无论我们做什么，都可以使世界变得更美好。这让人想起通用汽车公司 CEO（首席执行官）查尔斯·威尔逊（Charles E. Wilson）那句著名的话："对通用汽车有利的事情就对美国有利。"只不过大型科技公司把美国替换成了世界。然而，经历数年的丑闻，互联网的乱象就连科技公司自己也看不下去了。一向我行我素、你奈我何的大型科技公司发现，自身正面临一场空前的存在危机，所以扎克伯格和比尔·盖茨竟然都出来呼吁：现在是政府介入监管大型科技公司的时候了。对于信奉自由放任主义的硅谷来说，这真是一个绝大的反讽。

就 Facebook 而言，它关于开放和互联世界的豪言壮语现在已无人相信，公众认为自己看清了这家公司的真面目：一个逃避责任、让用户沉迷于其产品的数据饥渴型公司。即使在这些公司的内部，员工也疑虑重重。例如，Facebook 的内部调查显示，认为其产品对世界有积极影响的员工仅仅勉强过半。人们开始怀疑，扎克伯格确实关心将人们聚集到一起，但那只是第二位的。他的公司的行为始终表明，让人们更紧密地联系在一起，固然是一个很好的加分项，但远不如为自己和投资者尽可能多地赚钱来得更重要。他丢弃了"让网站有趣比让它赚钱更重要"的初衷，扎克伯格悖论不复存在了。

如果有什么是可以从 Facebook 的价值挫折中汲取的教训，恐怕突出的有两条。

第一，公司宣称的价值观与其实际奉行的价值观必须保持一致。

任何具备自尊的组织都会宣称自己有一套指导其运作的价值观。但对于一些组织，很多价值观不过就是一组随意的名词、形容词和动词，用来安抚监督者，或是应付媒体。好的组织则以诚意和意义来制定它们的价值观。最重要的是，这些价值观在任何时候都被付诸实践。

第二，公司的价值观必须超越赚钱，而建立在更高的使命感之上。

商业上的成功并不总是仰赖经商技巧和经营才能。关键在于，从一开始就把你的旗帜插在地上，上面写明"我支持某一社会目的"，并始终坚持你所相信的。事实证明，将企业创始人与社会目的联系起来的深层意义的工作，构成了竞争优势的来源。强大的创始价值观真的可以推动成功。

在曾经很长一段时间里，高科技公司最宝贵的资产之一是社会文化允许它们大量尝试新事物。公众忍受这些公司傲慢的言辞、过分的做法，法律也普遍对其持宽松态度，为的是换取对现状进行革新的创造性想法。但是，一旦公众发现这是一笔浮士德式的交易，不受约束的创新带来的是不受控制的疯长的阴影，社会的反弹将格外强烈。

对企业切实为公共利益做出贡献的需求，只会在未来的动荡中增长。关心公众、社会以及他人的整体观念，应该成为大型科技公司的一种新伦理。

前言

嗨，我是马克！

其实没有必要介绍，人们对马克·扎克伯格太熟悉了。他是 Facebook 的 CEO。作为这个世界上最大的全人类社交网络，Facebook 有着近 20 亿名用户（2017 年），其中超过一半的人每天都会登录。这使扎克伯格成为在本书撰写之时这个世界上财富排名第六的人。他在年纪轻轻时就创立了 Facebook，那时他只有 19 岁，还住在哈佛大学的学生宿舍。如果你要问，科技究竟能够给寂寂无闻的年轻人带来多么令人难以置信的机会，扎克伯格无疑是最具代表性的。

他不只是声名显赫，他现在就在这儿，在尼日利亚的拉各斯。

这位讨人喜欢的年轻人有着棕色的头发，笑容憨厚，不爱眨眼，完全就是马克·扎克伯格的风格。他身上这件看起来像是便宜货的极客风格 T 恤，实际上是意大利顶级服装品牌布鲁奈罗·库奇内利（Brunello Cucinelli）出品的。这种每件价值 325 美元的 T 恤，他有整整一个衣柜，这样他每天都不用去想今天要穿哪件。他还穿着蓝色牛仔裤和耐克鞋，完全就是人们期待中 Facebook 创始人和 CEO 该有的样子。不一样的是，没有人会想到，他会来到这片大陆，这个国家，这个城市，走进这个房间。

这是一个位于尼日利亚拉各斯市第六层楼的复式工作室，属于共创中心公司（Co-Creation Hub），这家公司简称 CcHUB。来到这里的年轻企业家报团取暖，对抗如日中天的大型科技企业。他们被告知，今天有一位 Facebook 高层将来到这里，但他们并不知道是谁。这是 2016 年 8 月 30 日，Facebook 为科技创业公司举办的一个培训活动。他们猜想这位神秘嘉宾可能是扎克伯格的下属伊姆·阿齐邦（Ime Archibong），他是尼日利亚移民的儿子，生长在美国加州北部，之前回到过祖国。然而，扎克伯格的出现震惊了全场。

确实，Facebook 用了 CIA（美国中央情报局）级别的保密手段策划这次行程，很大程度上是出于安全考虑，但同样也是为了制造惊喜和意外。扎克伯格此前从未到过非洲，他早就想来了。他从意大利过来，和妻子刚刚参加完他的朋友的婚礼，这位朋友是 Spotify（声田）的 CEO 丹尼尔·埃克（Daniel Ek）。婚礼在科莫湖举办。结束后，扎克伯格和随行人员在罗马逗留了几日，会见了意大利总理和教皇。到达机场后，他直接来到了生活气息十足的拉各斯市的雅巴，走进 CcHUB。

在野蛮生长中，拉各斯的创业公司文化融入了令人难以置信的乐观主义和黑色幽默。这些人正是扎克伯格想见的：有梦想的技术宅。Facebook 总部位于加州门洛帕克，四周围绕着巨大的广告墙，几十面融合了科技感与流行元素的广告墙上写着同一句话：成为技术宅。所以，当其他的技术巨头纷纷来非洲慷慨解囊时，扎克伯格却没有去偏远山区慰问营养不良的儿童。他选择来这里见软件行业的奋斗者。

有那么一瞬间，年轻的企业家们都呆住了，他们以为自己出现了幻觉，或是被捉弄了。随后，眼前的场景得到了证实，全场欢呼雀跃，人们奔向自己的偶像，和他合影，还顺带向他展示了自己的创业项目。

扎克伯格很耐心地和他们互动，带着笑容，看着每个人的眼睛，这样的眼神凝视甚至有点儿过长了。他显得很开心。"这都是我的同类人。"他对我说，同时走下楼梯，和更多的企业家交谈。

对的，我也是马克·扎克伯格此行的随行人员之一。这是我为这本关于 Facebook 崛起的书做的第一次报道。

在工作室的下层，有一个叫作"夏日代码"的项目，给 5~13 岁的儿童做编程培训。扎克伯格走向两个共用一台计算机的男孩儿。他们看上去像是七八岁的年纪。"能跟我说说你们都写了什么吗？"他问道，并弯下腰，和两个男孩儿一起看着屏幕上闪烁的光标在代码间移动。

"一个游戏。"其中一个男孩儿说。

扎克伯格的眼睛睁得更大了，像是毛绒玩具动物上的塑料眼睛似的，目光在代码中快速移动，这两个男孩儿做的正是他在七八岁的时候做的事情！

"能告诉我你们是怎么做的吗？"他又问道。

和两个孩子几番交流后（交流包括"能给我看看代码吗"），他去了行程的下一站，一个帮助大公司培训非洲程序员做外包的创业公司。扎克伯格通过自己的基金会帮助筹集了资金，他已指定该基金会最终获得自己手上 99% 的 Facebook 股票。来到拉各斯的商业访问者很少会到雅巴的居民区步行，但是扎克伯格希望上街走走。这里的街道脏乱差，汽车和摩托车穿行其间。他的步子很快，棚户和商铺前的人们甚至还来不及反应，他便与他们擦肩而过。一个小孩快速冲到人群前拍了张自拍。扎克伯格并没有注意到这个小孩，他走向自己的随行人员时正在和阿齐邦聊天。

这一场景被他的私人摄影师捕捉到了，这位摄影师曾供职于《新闻周刊》，是位摄影记者，跟随过多名总统。在这些漫步于当地街区的照片传到互联网上后，扎克伯格赢得了尼日利亚人民的喜爱。

（一名尼日利亚程序员看到照片后的第一反应是："我觉得这些照片都是后期合成的！"）第二天，在一座桥上跑步的照片也被社交媒体记录下来，巩固了这名科技界亿万富豪的亲民形象。

他在非洲首日的最后一站是一个熙来攘往的小店。这家夫妻店是 Facebook 资助成立的众多极速 Wi-Fi（无线上网）特许经营店之一。当地居民可以在这样的小店中花很少的费用使用网络。这样一个特别的站点还在经营体育博彩，它的主人是罗斯玛丽·恩乔库（Rosemary Njoku），她穿着黑色斑点裙，戴着头巾。她的朋友穿着黄色印花长裙，陪在她身边。

为那些偏远地区和上不起网的人提供网络，是扎克伯格在过去几年中的热情所在。为了普及互联网，他用了各式各样的方法。他使用过国外研发的自动巡航无人机，还给人们免费的流量，但是限制他们只能使用少数几个流行的应用，其中包括 Facebook，这一做法备受争议。扎克伯格的这个大梦想叫作 Internet.org，极速 Wi-Fi 是这个大梦想中一个很有前景的组成部分。

两位女士在这个狭小密闭的空间里欢迎扎克伯格，这个地方实在太小了，几乎容不下三个人交谈。扎克伯格的 T 恤被汗水浸透了，他开始考察她。"我想要你帮助我，"一个世界上第六富有的人，对着一个在世界上最穷的国家的街角经营小生意的女人说，"怎么才能让你经营得更好？"恩乔库一时间愣住了，但很快就反应过来。"更多米，"她说，扎克伯格疑惑地看着她，"让 Wi-Fi 的使用范围扩大更多米，让信号覆盖到更多地方，给更多人用。"扎克伯格沉默了一会儿。"还有呢？"他想要知道。"标签，"她说，"打上'这里有网'的标签，这样人们就知道 Wi-Fi 可以用。"扎克伯格高兴起来。"这我们可以做，"他说，"但前一个非常难。"他花了点儿时间解释技术难点，但尼日利亚女人听不懂。

Facebook

第二天，扎克伯格在市政厅会见了当地的软件开发者。他喜欢这种方式的交流，这比演讲或者接受烦人的记者家长里短的访问感觉好多了。他非常自豪地告诉所有人，Facebook造了一颗卫星，信号可以覆盖到非洲许多不通网络的地区，包括尼日利亚。卫星很快就能用上，现在已经准备发射了，用的是SpaceX（太空探索技术公司）的火箭。SpaceX是埃隆·马斯克的公司。

主持人手里拿着一个观众传上来的早就准备好的问题：对扎克伯格来说，从一名只需要考虑代码的软件开发者，变成一家涉及多领域的巨无霸公司的经营者，这样的转变，有多么简单或者有多么困难？他是不是会怀念只敲代码的日子？

"我是一名工程师，像你们中的大多数一样，"他说，"对我而言，编程最终都归结于两个原则：第一个是你要把每个问题都想象成一个系统，第二个是每一个系统都可以变得更好。不管它现在有多好或者有多坏，你都可以让它变得更好。对你们来说，无论你是在写代码，还是在做硬件，或者你的系统是一家公司，都是一样的。"

他说，和程序员解决代码问题一样，Facebook也这么去解决在商业上和文化上遇到的问题。"运营一家公司和写代码并没有那么不同，就像你在子程序里写不同的功能……我认为其中有很多基础的编程思维。"这天晚些时候，扎克伯格访问了一家位于瑙莱坞（Nollywood）的娱乐工作室。一些尼日利亚的演艺界名人，包括演员、DJ（唱片骑师）、音乐家、谐星，都一起来见他。在他参观这么多地方、见这么多人的同时，扎克伯格还是想要追问一个现在看起来答案显而易见的问题：到底这些名流是更喜欢Facebook还是更喜欢Instagram？他在2012年收购了移动端图片分享网站Instagram，并令其创始人继续运营。他们似乎都更喜欢Instagram。"但是Facebook更大。"他说，对于人们的回复一点也不感到兴奋。

在一个环节中，屋里的人都可以向他提一些非正式的问题，一个 Instagram 博主提到了电影《社交网络》，这部在 2010 年拍摄的电影讲述了 Facebook 创立之初的故事。电影中的扎克伯格是个在某些方面有缺陷的人，他创立这家公司是因为他不能加入哈佛大学的饮食社团，也撩不到女孩儿，人们觉得他可能会不喜欢这个话题，尤其是提问者还问到他创立 Facebook 是不是真的因为他被姑娘甩了。

"我妻子讨厌这个电影桥段，"他扭捏地笑着说，"事实上，当时我们已经在约会了。所以我是为了撩女孩儿才创立 Facebook 的说法让她不高兴，"他停顿了一下，"而且这也不是真的。"

他的尼日利亚第 4 站也是最后一站。扎克伯格邀请我到他在酒店的房间，和另一些人聚会。一行人从拉各斯搬到了首都阿布贾的一家戒备森严的酒店。在离开尼日利亚之前，扎克伯格将会见该国总统。（这位年轻的 CEO 经常会见各国政要，这就像是 Facebook 的外交一样，他既是平民，又因 Facebook 的海量用户而在许多地方拥有大量支持者。）这是漫长的一天，从早上 4 点开始，他乘坐私人飞机前往肯尼亚，在这里花了两个小时乘坐越野车奔驰在非洲的大草原上，会见企业家，和当地官员共进午餐。下午晚些时候，他和随行人员回到飞机上。这时他得知，那颗背负了让更多非洲人用上互联网的使命的卫星，随着 SpaceX 运载火箭在发射台的爆炸化为乌有。今天是预定发射日的前一天，为了节省时间，Facebook 的卫星被放在发射台边上，被熊熊大火吞没。

扎克伯格对马斯克感到十分愤怒。（Facebook 的座右铭"快速行动，破除陈规"显然不适合用在航天发射上。）他为自己的怒火找到了一个自然的出口，一个他自己创造的所有人都可以使用的社交媒体：Facebook。他不顾公关团队的建议，一气之下向自己的 1.18 亿名粉丝扔了一枚新闻"炸弹"。

目前我在非洲，SpaceX 发射失败，毁掉了我们的卫星，我感到非常失望。这颗卫星原本要为非洲大陆的许多企业家和其他人提供网络。

尽管如此，那晚在酒店的房间里，扎克伯格还是开心的。当被自己熟悉的人包围时，他放松多了，也更爱说笑。桌上摆满了当地的食物，他痛饮尼日利亚啤酒，开着阿齐邦和摄影师的玩笑。当说到马斯克的名字时，他沉默了。这样的沉默持续了一分钟。

"我觉得我已经经历了悲伤的 5 个阶段，"他说，又停了一会儿，"嗯，也许不能接受。"他和马斯克沟通过吗？又停顿了一会儿，这次的停顿时间更长，更阴郁。"没有。"他最终说道。

然后话题转回到旅行上，他的情绪顿时明朗起来。于是，我开始问扎克伯格在 Facebook 的即兴演讲以及工程思维。他也乐于对此详加阐述，解释自己喜欢从工程角度看待问题的方式，是如何成为公司策略的关键所在的。"基本上，在很小的时候，你在看着某样东西时会觉得：它可以变得更好。我可以打破这个系统，让它变得更好。我年轻的时候就这么想，直到长大一点，我才明白并不是每个人都这么看待事物。我认为这就是工程思维，它可能更像是一种价值观而非思维方式。"

扎克伯格热衷于分享，他经常说，当人们彼此分享自己的经验时，世界会变得更加美好。到目前为止，几乎全世界都接受了他的哲学，人们为 Facebook 历史性的用户数而欢呼，为其把人们团结在一起的能力乃至其帮助人们以草根方式解决严重问题的潜力而欢呼。Facebook 被誉为"阿拉伯之春"的推动者。尽管活动人士和监管机构不断批评 Facebook 的隐私问题，但这并未让 Facebook 形象崩塌。尽管扎克伯格在《社交网络》这部电影中形象阴暗，但人们普遍认为扎克伯格是个勇敢、平等的创始人，喜欢在街上小跑，无论地点是拉各斯，还是北京天安门广场。

"这次旅行里有件事让我很高兴，那就是可以和真实的人交流，"他说，"我去了意大利罗马，与教皇和总理交流，他们都是很了不起的人，我也很高兴在这里与许多开发者和工程师交流。"

他爱尼日利亚，尼日利亚也爱他。尼日利亚总统发表过如下声明：

> 在我们的文化中，我们很少看到像你这样的成功人士。我们很少看到成功人士在街上慢跑、流汗。我们更多的是在有空调的地方看到成功人士。我们很高兴你既富有又简单，而且乐于分享。

有人可能会说，尼日利亚之行就是扎克伯格的巅峰之旅。他的生活已经够好了，难道还能更好吗？他在连接世界的道路上走得很好，没有任何人做到过，连他仰慕的罗马皇帝也没有做到过。他在宿舍里创办的公司正在大赚特赚。他从未在其他公司工作过，现在却拥有世界上最有价值的公司之一的全部投票控制权。他的面孔出现在无数杂志的封面上，他还曾是《时代周刊》的年度人物。今年初的一项调查将他评为"科技界最受欢迎的CEO"[1]。他婚姻美满，在经历了一系列令人沮丧的流产（他在Facebook上分享了这些消息）之后，他的妻子生下了一个可爱的女儿。就连他的宠物——一只毛茸茸的、白色皮毛看上去扭曲成了雷鬼辫的匈牙利牧羊犬，也有一个粉丝俱乐部。埃隆·马斯克公司的火箭爆炸和对Internet.org的担忧，这些问题所带来的困难并非那么不可克服。简而言之，Facebook已经成了美国最伟大的成功故事之一。马克·扎克伯格的世界看起来很完美。

会出什么问题呢？

Facebook

马克·扎克伯格从尼日利亚回国后仅两个月，唐纳德·特朗普就当选为美国总统。这让很多支持另一位候选人希拉里·克林顿的人深感震惊。

对 Facebook 来说，另一件事加剧了这一冲击：人们纷纷指责 Facebook。几乎从《纽约时报》指出胜利从克林顿阵营转向特朗普阵营的那一刻起，政治观察家就把"Facebook 效应"视为这个看似不可能的结果的一种可能解释。在选举前的几周里，曾有报道称，有假新闻或虚假信息通过 Facebook 算法故意传播，在 Facebook 动态消息（已成为数以百万计用户的主要新闻来源）中广为流传。这些虚假的故事，或者说将微不足道的失误夸大成邪恶阴谋的叙述，似乎极大地抑制了选民对希拉里·克林顿的投票热情。

尽管如此，Facebook 内部几乎没人认为特朗普会获胜，包括该公司聘请来从事沟通和政策工作的众多前共和党成员。Facebook 的明星 COO（首席运营官）谢丽尔·桑德伯格是希拉里的忠实支持者，当晚她把女儿送到床上，承诺会叫醒她见证历史，听美国第一位女总统的获胜演讲。

小女孩睡了一夜，没人打扰。当桑德伯格谈起这件事时，她仍然会哽咽。

第二天，在 Facebook 总部，人们都震惊了。[2] 在全体会议上，人们哭了。Facebook 内部形成了一些讨论小组，探讨 Facebook 是否或在多大程度上影响了选举结果。不过，当时认为 Facebook 应对这一结果负责的想法似乎很荒谬。

选举结束两天后，马克·扎克伯格出现在半月湾的一个会议上，那里位于 Facebook 园区以北 30 英里[a]处。大卫·柯克帕特里克将以炉

---

a　1 英里 ≈1.609 3 千米。——编者注

边聊天的方式对他进行采访。柯克帕特里克曾是一名作家，后来成为会议组织者，于 2010 年出版了一本关于 Facebook 的书。自然，他询问了扎克伯格，唐纳德·特朗普是否从 Facebook 动态消息里传播的虚假信息获益。

扎克伯格驳斥了这个想法。他说："我知道他们围绕这次选举讨论的一些事情。[3] 就我个人而言，我觉得，认为在 Facebook 上只占很小比例的假新闻以任何方式影响了选举，都是一个相当疯狂的想法。"

当时我也坐在酒店的宴会厅参加会议，这句话并没有让我觉得扎克伯格犯了一个巨大的错误。"疯狂的想法"是他深思熟虑的大段回答的一部分，柯克帕特里克也并未就此对他提出质疑。Facebook 上发生的事是否对 2016 年美国大选产生了重大影响，当时仍不清楚。

但在接下来的两年里，随着人们对 Facebook 及其运作方式了解得越来越多，人们对 Facebook 的角色产生了可怕的担忧，不仅是在选举中，而且是在整个国家乃至整个世界中。一次又一次，人们指出，扎克伯格关于"疯狂的想法"的评论表明，他对自己这家公司所造成的损害一无所知，或者是在撒谎。在经受了数月的批评后，扎克伯格终于为自己的言论道歉。

更多的还在后面。

2016 年美国大选成了 Facebook 的转折点，很多人说，这是一场姗姗来迟的清算。对 Facebook 的批评者而言，那些曾被 Facebook 吹嘘为其最宝贵成就的东西，现在变成了罪过。Facebook 庞大的用户群曾被视为改变世界的源泉，如今却成了权力过大的警示证据；赋予未被倾听者发出声音的能力被认为是仇恨团体的扩音器；组织政治解放运动的能力现在成了压迫者的致命工具；那些鼓励用笑脸表情包来取悦和鼓舞我们的可爱指标，现在被当作传播错误信息的算法推进器。

第二年，Facebook 的声誉跌至谷底。

Facebook 有种族主义倾向……Facebook 助长了大屠杀……Facebook 是一台愤怒机器……Facebook 正在摧毁我们的注意力广度……Facebook 正在扼杀新闻业……

2018 年，像大坝决堤一般，有消息称，Facebook 让多达 8 700 万名用户的个人信息落入一家名为"剑桥分析"（Cambridge Analytica）的公司手中，据称该公司利用这些数据来向毫不知情的选民精准投放虚假信息。形势骤然逆转，Facebook 从最受赞赏的公司变成了备受批评的公司。三个大洲的政府对 Facebook 展开调查，并因 Facebook 拖后腿或完全不妥协的态度而越发敌视它。全世界的调查记者都把注意力集中到 Facebook 上，几乎每天都会出现又一个曝光 Facebook 不当行为的新闻。出于对隐私的担忧，美国联邦贸易委员会对其处以巨额罚款，2011 年的和解协议也被撤回。Facebook 因违反该协议而被处以高达 50 亿美元的罚款。对 Facebook 损害注意力的指控出现在美国国会和电视脱口秀节目中。更糟糕的是，有报道称 Facebook（及其子公司 WhatsApp）故意传播虚假信息，助长了缅甸和其他地区的种族屠杀现象。到 2019 年，世界各地的政府机构用通常只用在恐怖组织和贩毒集团上的语言来描述 Facebook。一份由英国议会发布的研究报告称 Facebook 为"数字黑帮"。新西兰隐私专员约翰·爱德华兹（John Edwards）在 Twitter（推特）上称，Facebook 的领导者是"道德破产的病态骗子"。Salesforce（一个客户关系管理软件服务提供商）的 CEO 马克·贝尼奥夫（Marc Benioff）将 Facebook 的害处与烟草业相提并论。

与此同时，Facebook 的收入和利润却在持续增长。这进一步刺激了制裁和监管机构的胃口。随着 2020 年美国总统大选的临近，多位总统候选人加入了立法者和监管机构的行列，呼吁要求拆分 Facebook。这不仅是因为 Facebook 可能影响了一场有争议的选举的结果——他们的指控是 Facebook 在破坏民主本身！

自 2016 年美国大选以来的三年里，Facebook 的声誉崩塌历史罕见。曾经和 Facebook 一样是媒体和投资者宠儿，却出现如此巨大变化的公司有美国安然公司和 Theranos（一家血液检测公司）。

但 Facebook 的危机是前所未有的。它始于一个光荣的理想主义目标：连接世界。但这种假设过于乐观，Facebook 天真地追求着乌托邦式的（不可否认，也是自私的）目标，却悲惨地忽视了后果。在批评者看来，Facebook 是 21 世纪的"企业盖茨比"，滥用自己的特权，只顾满足自己的需求和乐趣。

然而，Facebook 仍坚持认为，它带来的好处大于坏处。数十亿人仍在使用 Facebook 及其姊妹产品 Instagram 和 WhatsApp。它仍然是我们生活的一部分，也许一如既往。

在尼日利亚，我把 Facebook 视为商业和技术历史上最有趣的公司之一。但在接下来三年，我发现，这是我报道过的最复杂、最具戏剧性、最极端的故事。

幸运的是，Facebook 一直和我保持着交流。

我第一次与马克·扎克伯格见面是在 2006 年 3 月。当时，我是《新闻周刊》的首席科技记者，正在撰写一篇关于 Web 2.0 的封面故事。Web 2.0 是互联网行业的一个阶段，在这个阶段，新出现的公司计划将人们通过网络连接起来。当时我们在文章中报道的公司包括 Flickr（雅虎网络相册）、YouTube（那时是一家独立的初创公司）和 MySpace（聚友网，当时是新兴社交网络领域中的领军企业）。我还听说有一家炙手可热的新公司在大学市场取得了巨大成功。我想多了解一下这家公司的情况，也许在文章中提到它的名字，引用一下这家公司创始人的话。正好扎克伯格计划在那个月出席我经常参加的

PC（个人电脑）论坛，所以我联系了 Facebook，看看能不能见到扎克伯格。

我们约好在午餐时见面，我对他了解不多，对可能发生的事也没有准备。

当我们被介绍认识后，虽然扎克伯格看上去比他 21 岁的实际年龄还要年轻，但我并未表露出惊讶。在报道黑客和科技公司的这些年里，我也见过其他几位年纪轻轻的巨头。真正让我震惊的是，当我问他一些关于公司打算做什么的简单问题时，扎克伯格的反应。

他只是盯着我看，什么也没说。随着沉默的持续，时间似乎凝固了。

我对此深感困惑：他是 CEO，对吧？他是不是出了什么事，还是像一些人后来推测的那样，有点自闭？是不是我写的什么东西让他讨厌我？

我当时并不知道这是扎克伯格的惯常表现，所以我和其他人一样，对马克·扎克伯格那种恍惚般的沉默感到震惊。

在接下来的几年里，扎克伯格似乎解决了这个问题，并能进行相当有风度的访谈。（不过，偶尔他那种冰冷的凝视还是会浮现出来。他的一位高管将之称为"索伦之眼"。其他熟悉他的人说，其实，他只是在思考。显然，他思考的深度是如此不可测，似乎全世界都停止了。）但当时，我对此感到困惑和不安。于是，我看向桌子对面和他一起来的同伴——以前是风险投资家，现在是 Facebook 员工的马特·科勒（Matt Cohler），却只收到礼貌的微笑，因为他对此也无能为力。

好在我终于找到了打破沉默的方法。我改变话题，问扎克伯格是否了解 PC 论坛。他说不了解。我解释道，PC 论坛起源于个人电脑时代的关键行业聚会，在这里，比尔·盖茨和乔布斯会面带微笑，手握"刺刀"。听完这段历史后，他似乎解冻了，在这顿午餐的余下时间，他开始谈论这家自己创办于宿舍的公司，虽然他没有与我分享Facebook 团队正在帕洛阿尔托二层办公室中开发的革命性功能：开放注册和动态消息。这两项功能将极大地推动 Facebook，让扎克伯格的名字与 PC 论坛的早期传奇们相提并论。

我一路报道了扎克伯格如何令他的公司从初创公司成长为明星企业。2007 年 8 月，我为《新闻周刊》写了一篇关于 Facebook 的封面故事，重点讲述了它如何从一家大学网站转变为渴望连接全世界的服务。在我于 2008 年全职加入《连线》杂志时，Facebook 是我报道的重心之一。我策划了一场封面拍摄，让扎克伯格和他的榜样比尔·盖茨同登封面。在《连线》20 周年特刊上，我还对扎克伯格进行了专访。当 Facebook 推出新产品时，我经常能预览，并与扎克伯格坐下来详谈。我和他谈论搜索、虚拟现实、不幸的 Facebook 手机、美国国家安全局劫持科技公司数据，以及他向发展中国家提供低成本互联网的梦想。后来我在 Medium（一个轻量级内容发布平台）上创办了 Backchannel 专栏，仍然在写 Facebook，写了关于动态消息算法和 Facebook 人工智能团队等的文章。

但 Facebook 沟通团队的一个简单声明让我意识到，这家公司的雄心壮志只有通过一本书的篇幅才能完全体现出来。声明称，每天有10 亿人登录 Facebook。

这让我感到兴奋。在 24 个小时的间隔里，世界上有相当大一部分人都活跃在马克·扎克伯格的网络上。

这前所未有，虽然偶尔也会有如此规模的全球观众聚在一起观看世界杯决赛或其他重大赛事，但大众只是旁观者，而 Facebook 能使人们主动登录同一个互动网络。10 亿并不是高峰数字，而是基准值，因为 Facebook 正在吸引世界上越来越多的人加入。

扎克伯格曾一直谈论要连接世界。在达成这一里程碑后，看来他的言论必须予以认真对待。每天，Facebook 都在创造聚拢有史以来最多人数的纪录，这些人会和朋友、亲戚、其他联系人以及陌生人互动，包括评论、发布新闻、买卖、组织政治运动，有时还会欺负同辈、传播愚蠢的模因和招募恐怖分子。

我想知道，这一切是怎么发生的？这意味着什么？这位仍然年轻的 Facebook 领导者是否有能力管理这一前所未有的现象，处理因实现连接世界的目标而可能产生的所有复杂问题？除了喜欢在谈话中保持沉默的这个古怪的人，还有谁有这个能力吗？

于是我决定深入研究 Facebook，最好的办法是与该公司合作。经过几个月的讨论，Facebook（包括扎克伯格和桑德伯格）同意了，给予我极大权限接触 Facebook 员工，并鼓励 Facebook 前员工与我交流。当然，我也和许多从未在 Facebook 工作过的人交谈过，他们以支持者、竞争对手、批评人士、客户、开发者、监管机构、用户或投资者的身份与 Facebook 打过交道。

Facebook 尽管在 2016 年美国大选后遭遇了严重的公关问题，但还是信守了对我的承诺，我得以继续频繁地造访 Facebook 园区，最终，多栋大楼的前台人员都认识我了，因为他们要核实我的身份并给我发访客徽章。在尼日利亚之行结束后，我采访了扎克伯格本人 6 次：在他的玻璃墙办公室里，在 Facebook 总部大楼楼顶散步，在堪萨斯州的劳伦斯，在他位于帕洛阿尔托的家里。

很显然，在经历了 2016 年美国大选以及假新闻、国家资助的操纵、自杀和屠杀直播、猖獗的仇恨言论、剑桥分析公司、数据泄露、侵犯隐私、员工过早离职，以及马克·扎克伯格被指责将未煮熟的羊肉给 Twitter CEO 杰克·多尔西（Jack Dorsey）吃 [4] 等诸多事件后，Facebook 的叙事彻底改变了。

但我发现，选举事件后陷入困境的 Facebook 和之前相比并没有多大区别，更多的是 15 年前马克·扎克伯格在宿舍创立的公司的延续。这家公司既受益于又受困于其起源、对增长的渴求，以及它的理想主义和令人震撼的使命。Facebook 及其领袖的大胆使它如此成功，而同样的大胆也使之必须接受惩罚性的代价。

基本上，Facebook 在 2016 年美国大选事件后的困境中所面临的所有问题都源于两件事：连接世界的宏大使命，以及鲁莽匆忙地实现这一使命的做法。在过去的三年里，困扰 Facebook 的问题几乎都源于早些年 Facebook 的某些决策埋下的祸根，主要是 2006—2012 年间的决策。当时 Facebook 选择以闪电般的速度连接世界，后来才考虑修复其间造成的损害。Facebook 现在承认，造成的损害比预期的要大得多，而且不容易修复。尽管丑闻不断，但马克·扎克伯格和他的团队坚称，Facebook 仍是世界上一股不可抗拒的行善力量。

从某种意义上说，Facebook 的故事与过去几十年数字技术改变我们生活的宏伟故事相呼应。不仅是 Facebook，所有改变我们日常生活的科技巨头都受到了严格的、带着质疑目光的审视。这些伟大的科技公司在很大程度上建立在其创始人的理想主义基础上，但现在它们被视为浮士德式交易的一部分：它们创造的奇迹需要付出代价，代价是我们的注意力、我们的隐私和我们的友谊。现在我们害怕它们的权力。

但没有一家科技公司像 Facebook 那样，遵循其领导者的指示，快速行动，破除陈规……并打破这些指示。我上次采访扎克伯格时，他还在解释将如何解决问题。

这就是 Facebook 的故事。当然，它始于马克·扎克伯格。

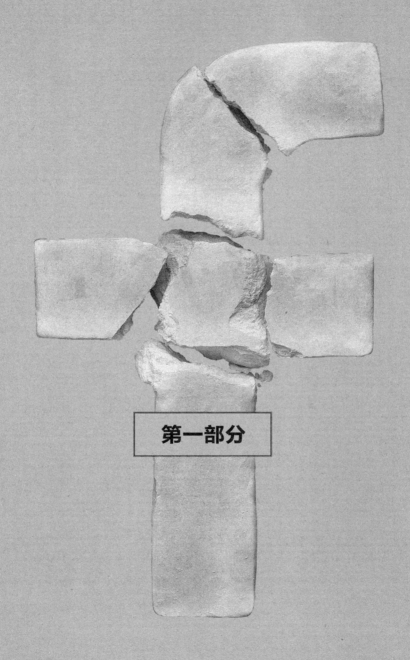

第一部分

01
扎克网络

1997 年 1 月，一个清冷的夜晚，在纽约 SoHo 商业区的普克大厦，28 岁的安德鲁·维恩里奇（Andrew Weinreich）[1] 面对着一帮投资人、记者和朋友，正在解释什么是在线社交网络，为什么他发布的产品是有史以来的第一个，而这个概念又将如何改变世界。这并不轻松。最近，他刚从一名律师变成企业家。

雅虎、亚马逊和 eBay（易贝）这些公司的相继出现带动了互联网创业潮，一些准备创业的人组织聚会，维恩里奇在一次周会的分享上正式提到了在线社交网络这个概念。人们尝试去定义一些商业创意，而这些创意史无前例地完完全全基于互联网。维恩里奇提出了一个想法：人们会共享他们的兴趣、工作和人际关系。他问自己：如果我可以提供一个地方，让每个人都能检索出他们的人际关系，将会怎样？

他管自己的公司叫六度空间（Sixdegrees），得名于六度空间理论，即这个世界上任何两个人之间所隔不超过 6 个人。[2] 维恩里奇认为它是由古列尔莫·马可尼（Guglielmo Marconi）首次提出的，但事实上应该是匈牙利作家福里耶斯·卡林西（Frigyes Karinthy）。在一个名为《链》的短篇故事中，卡林西提出了这个观点。[3]

地球从未像今天这样小。当然，是相对而言，因为物理距离和语言沟通的迅速发展，地球缩小了。这个观点以前也出现过，但我们从来没有如此清晰地定义它。我们从来没有讨论过一个事实，即这个地球上的任何人，以我的或者任何人的意志，在几分钟之内，就可以知道我在想或者做什么。

很难相信这篇小说是卡林西在 1929 年写的！在这个片段里，卡林西笔下的角色们尝试做这样一件事：他们想看一看，一个关系链能否让人们在那时总计 15 亿人口的世界里，只通过 5 个人的介绍，就连接到任意一个随机的人，人脉网从一个人的朋友开始，一个接一个地引荐。在这个故事里，一个受试者（像作者一样的匈牙利学者）的挑战是需要联系上福特汽车公司的任意一个铆工。在后来几十年里，卡林西的观点并不被社会科学界接受，直到 20 世纪 60 年代和 70 年代的研究者用他们有限的计算机力量尝试着去证明它。1967 年，社会学家斯坦利·米尔格拉姆（Stanley Milgram）在《今日心理学》发表了一篇论文，讨论"小世界问题"。在两年后发表的研究[4]中，他和他的合作者试着将美国内布拉斯加州随机选定的居民和波士顿的居民建立连接，他们发现"从第一个人到目标，中间平均间隔了 5.2 个人"。1990 年，戏剧家约翰·格尔（John Guare）把这个观点用在他的戏剧《六度空间》中，并于 1993 年将之改编成电影，该观点才逐渐被世人接受。

虽然是受六度空间理论的启发，但维恩里奇实际上只用了两三度。"大多数情况下，我都能够通过我认识的人来认识陌生人。"他在普克大厦对其他人说。几个世纪以来，人们通过他们的朋友和熟人来建立人际网络，但是效率并不高。他承诺："今天，我们希望用一个免费的互联网服务改变这个局面。"他将此比喻成名片互联网化，并

Facebook

建立名片网络。"如果每个人都上传他的名片到互联网，那世界将畅通无阻。"他饱含激情地说道。

在那个1月的冷夜里，维恩里奇说出了一个惊世骇俗的使命：用一个网络将世界联系起来。"想象一下，有一天，在我们的数据库中，不仅有你，还有这个世界上所有其他网络用户。"他这么告诉自己的听众。（他估计互联网用户数能达到4000万~6000万。）

当然，维恩里奇假设，这样一个网络对于人类来说是大功一件。不然呢？

六度空间引领了一些比喻，这些比喻几乎能用在所有的社交网络上。在"病毒式传播"这个词出现之前，六度空间就提到了用邮件邀请这种病毒式传播的方式来构建网络。在发布会上，维恩里奇甚至提供了打印好的邀请函，把它们装在信封里，发给那些收到电子邮件的出席者。然后，他催促他们登录旁边房间的计算机，打开浏览器，并将他们的朋友和人际关系网中其他人的电子邮件提交到六度空间。当人们收到需要确认的邀请时，他们也能明确知道是谁给他们发来的邀请。这也是第一次，一个在线服务用到这样的验证方式。

六度空间是一个全新的东西，如果成功了，它将是一个可以用来展开无尽的研究和评估的纽带。可惜，它没有成功，维恩里奇的伟大构想生不逢时。在那时，大多数人都不用电子邮件，更不要说时时都能用上互联网了。六度空间只能让当时的人们把自己的人际关系输入它庞大的数据库里，除此之外，做不了什么。那时候的互联网没有办法缓解你的无聊感，没有办法让你纠缠前任恋人，也没有办法让你观看蠢萌的猫咪短视频。当你想找某个联系人或者推荐来扩大你的人际网络时，你可以访问数据库，然后离开。

那些快速登录六度空间的人很快就发现，他们看不到上面的人的照片，这导致用户体验很糟糕。在1997年，上传照片是一件非常困难的事情，因为没多少人有数码相机。维恩里奇甚至考虑雇用几百名实习生或者廉价员工，专门来扫描照片。但他最终没有这么做，因为他已经考虑要出售公司了。

六度空间证明了社交网络这个概念可行，它最多拥有350万名用户，这在当时来说非常厉害。但当时的技术还不足以提供孕育社交网络的土壤，还需要一两年的时间。维恩里奇担心融资会错过时机。1999年12月，正好在互联网泡沫破裂导致整个行业受到冲击前，维恩里奇把六度空间出售给了一家名为青年流媒体网络（YouthStream Media Networks）的公司，作价1.25亿美元。这个收购价格包含了公司正在申请的专利——"构建网络数据和系统的方法及设备"，也被称为"社交网络专利"。[5]

后来，因为卖得早，维恩里奇从未让另外两个针对六度空间的计划得以实施。这两个计划一个是允许用户在网站上发表评论和信息，这部分功能已经涉及早期互联网前沿的领域，也被称为用户生成内容；另一个计划是让六度空间成为一个操作系统，或者说一个平台，让第三方可以在上面开发应用。可以看出，维恩里奇追求的是一个包罗万象的社交网络。

而维恩里奇不知道的是，那个将会实现并超越他的愿景的人就在普克大厦25英里外。这个人当时才12岁。

1984年，马克·艾略特·扎克伯格出生了，他是卡伦和艾德·扎克伯格之子。[6]这天是5月14日，距离第一代苹果电脑问世差不多已有4个月，苹果电脑的设计初衷是让更多普通人能用上计算机，但它最终被专业人士和骨灰级粉丝所追捧。那时候，没有多少人有个人电脑，更不用说拥有调制解调器了，这个会发出噪声的外接设备是用来连接计算机和电话线的。互联网的前身阿帕网当时已经出现了，但是只有政府和一些计算机科学专业的学生能接触到它。

但艾德·扎克伯格有一台计算机和一个调制解调器，他一辈子都痴迷于新技术和硬件。当他还是孩子的时候，他最喜欢的学科是数学。从这个角度来看，这或许可以解释为什么马克·扎克伯格后来会成为全球技术的领军人物，可能是因为他在实现父亲没有完成的抱负。对此艾德从不多言，但是在 2012 年，《纽约客》杂志的一个记者在报道中提到这个观点的时候，他并没有否认。[7]"如果你是在纽约市长大的犹太人，"艾德说，"而你又不算太蠢，你的父母会希望你成为一个外科医生或者牙医……过去，并没有太多计算机编程领域的工作……我爸妈说，我算生不逢时了。那时候聪明人不去做计算机编程。"

要不是受到来自外界的压力，事情或许会不一样。如今他说："我在数学上或许会有所建树，可以用到我的设备上，毋庸置疑，我热爱数学。"

扎克伯格一家居住在纽约的多布斯费里，在城北 25 英里的地方。他们都是在纽约市周边的卫星城镇成长起来的，邻居都是工人阶级。他们的父母都是第一代美国人。1977 年，在纽约大学学牙科的时候，艾德和布鲁克林学院的女同学相亲，女同学的名字叫卡伦·肯普纳（Karen Kempner），她来自皇后区。当时，他 24 岁，她 19 岁。他们的祖父母都是来自东欧的移民，他们都为了各自的家庭，通过刻苦的学习获得了金饭碗，当时的金饭碗就是成为一名像医生或者律师那样的专业人士，尤其是医生。（艾德的父亲是一名邮差，卡伦的父亲是 79 选区的区队长，在布鲁克林区的贝德福德，卡伦的母亲是一名教师。）艾德和卡伦于 1979 年结婚，在纽约州白原市的公寓里生活了几年后，他们搬进了多布斯费里的房子。在纽约州的富人区韦斯特切斯特郡近郊，相比于周围的其他居民区，这个小镇没有那么富裕，这里的人也没有那么目中无人，艾德说这对他们来说是最好的家——在一座小山上的两层楼，距离锯磨河公园大道不远，既可以居住，也可以当牙科诊所。"这是唯一一栋我们可以买得起的房子了。"卡伦提醒他。在20世纪80年代早期，艾德将他的诊所开在房子的一层，一家人都住在这个赖以谋生的牙科诊所楼上。

艾德把他的激情都倾注在工作上。卡伦是一名精神科医生，但为了养育马克·扎克伯格和他的三个姐妹，她放弃了自己的事业，选择为丈夫打下手。（马克是第二个孩子，比大姐兰迪小两岁，他还有两个妹妹唐娜和阿丽尔。）"我的太太是一个超人，"艾德·扎克伯格在2010年的一个当地电台节目上说，"她平衡了工作和生活。"[8]就像许多犹太家长为了更好的生活努力奋斗一样，扎克伯格一家也希望孩子能有更好的生活，所以很注重教育。（扎克伯格有一次开玩笑说道："一个称职的犹太人母亲，会在你拿着99分的试卷回家时，问你为什么没有拿到100分。"[9]）有一段时间，卡伦在附近的一家医院做事，她之所以能腾出手来工作，是因为家里有外国的互惠生来帮忙。但是医疗保险没办法支付她病人的费用，所以她没能长期干下去。艾德认为，她待在家里带孩子，能够让孩子们远离患上精神疾病的风险。在一次去百慕大群岛度假的假期中，卡伦和艾德共同决定，卡伦应该辞职。她的医学技能被用来缓解丈夫的牙科病人的紧张情绪。也许是因为自己迫于现实无法追求梦想，卡伦·扎克伯格希望她的孩子一定要有追求自己梦想的自由。"你花了那么多时间在你所从事的事情上，这些事情一定要是你热爱的，"她说，"所以我们一直都认为，孩子们应该自己去追寻他们热爱的事情。"

艾德·扎克伯格有自己极客的一面，这让他对新的牙科技术有着孜孜不倦的追求。2012年，一个杂志记者来采访他时，艾德刚花了12.5万美元采购了一台牙根管机器，他对这台机器垂涎已久。[10]艾德向他的病人推销这款机器时说，这是他最先进的设备，表现得像是一

Facebook

切都从病人的利益出发一样，他说这会让看牙医变成不仅仅是看牙医，而是开心愉快地看牙医。"我是全韦斯特切斯特郡第一个有数字X光机的，也是第一个有口内镜的……技术真的让我疯狂。"他号称自己是"无痛扎医生"，他还有个网站，在上面宣称自己是"胆小者的救星"。

在20世纪80年代早期，艾德就购买了他的第一台个人电脑，型号是Atari 800，这是一台面向普通消费者的计算机，适合玩游戏，但如果你真的想用这台计算机做点有用的事情，你需要有耐心、技术和一点盲目的乐观。艾德自学了Atari BASIC（游戏机程序），并且用计算机创建了病人的数据库。在马克出生之前，他又买了一台更好的IBM（国际商业机器公司）个人电脑，用于工作。

所以，有其父必有其子，如果自己的儿子会用计算机做些什么，艾德·扎克伯格一点也不会感到奇怪。在小时候，马克就表现出了自己在逻辑上的天赋，尤其在别人拒绝他的请求时。"如果你打算拒绝他，你就得准备好和他辩论，还得有充分的事实支撑你的论点。"[11]艾德·扎克伯格告诉记者。他认为马克"固执且无情"[12]，这个评价得到了马克的许多同事和竞争对手的认可。

还是小孩子的时候，马克用父亲的那台旧的雅达利计算机，这台计算机很适合玩游戏。在六年级时，他才有了属于自己的计算机。2009年我采访他的时候，他回忆道："计算机的型号是Quantex 486DX。"对于我不知道这个IBM个人电脑的品牌，他感到吃惊。"这款计算机已经停产了，"他解释道，帮我解围，"我的家庭并不算太富裕，所以我能有一台自己的计算机真的很幸运。"

最开始的时候，出于对人们如何安排自己以及如何从这一过程中获得力量的好奇，扎克伯格使用计算机来研究这件事。似乎他在很小的时候就对人的行为感兴趣。"当我还小的时候，我玩《忍者神龟》，但在游戏里他们只关心打打杀杀这种事情，"他说，"而我用我的忍者神龟创建了一个社会，或者说有点像一个模型，这个模型可以模拟出人们如何互动，类似这样的事情。我就是对于人们互动的系统很感兴趣。"

扎克伯格用计算机玩游戏，他在这些游戏中放飞自己的想象力。《文明》是他最喜欢的游戏之一，这是一款非常受欢迎的"回合制策略游戏"，有一个系列。在游戏里，玩家需要创建一个社会。马克在成年之后还在玩这个游戏。

使用计算机几个月之后，他对自己说：好了，这很有趣，我已经学会如何使用它了，现在，我想知道如何控制它。"所以我开始学编程。"他说。一天晚上，他要求父母带他去巴诺书店买一本 C++ 编程书，C++ 是一种计算机语言，可以用来编写网页应用。"那时他才10岁！"艾德·扎克伯格回忆时说道。当他们发现，针对"新手"的编程书并不能满足马克的需求时，扎医生为马克请了一个家教。在后来的两年中，家教每周来一次。"那是他每周最开心的时候。"马克的母亲说。后来，扎克伯格夫妇想给马克在高中找一个教计算机的班，但老师告诉他们，马克已经学会学校所能教的所有东西。当地的大学有计算机课程，但马克唯一感兴趣的那门课是给研究生上的。一天晚上，艾德·扎克伯格带马克去了大学。老师告诉艾德，他给学生上课的时候都不得不把自己的儿子留在家里，马克却要来上课。"他就是这样一个学生！"艾德·扎克伯格说，数十年后说起这件事，他还是满脸写着自豪。

马克后来告诉记者："我去学校，去上课，然后回家。我看待这件事的角度是，我有 5 个小时可以坐在那里，用我的计算机写软件。然后就到了周五下午，我就期待着周末的到来，这样我就有整整两天可以坐在那里写软件了。这棒极了！"[13]

后来，他在编程的时候都会这么想，他说："这种想法已经植入我的潜意识了，我并没有刻意这么想。"[14]

扎克伯格待在卧室时，也不是总用计算机。老师们认为他很有分寸，虽然他说得不多，但是很善于表达。[15]数学和科学都是他的强项。他比其他孩子更瘦小，他加入了社区的青少年棒球队，但他并不喜欢。后来，他在 Facebook 时提到了自己勉强加入棒球队的经历："我不喜欢棒球，我喜欢计算机。"他说，社交网络可以用来帮助人们找到自己的兴趣爱好社群，人们无须因为某些活动是约定俗成的就强迫自己去参加。

扎克伯格喜欢剑术，他们家的所有孩子都会练习。他们一家也是《星球大战》的爱好者，他们都喜欢里面的光剑。他的犹太成年礼是以星战为主题的。（当时还没有 Instagram，所以他没有公布照片。）他和姐妹们还制作过星战主题的家庭电影。

他的妈妈说他"像个王子一般"。[16]

虽然玩过很多游戏，但马克并不喜欢被游戏创造者给玩家设置的游戏规则所束缚。当一个创造者更爽。"我不是很喜欢玩游戏，我更喜欢制作游戏。"他带着直冲云霄的豪气跟我说，丝毫不提自己玩过多少游戏。他创建的第一个游戏是他最喜欢的桌游《大战役》的电子版，玩家需要征服一个接一个的国家，最终统治世界，为此他们需要积蓄力量，形成势不可挡的入侵局势。扎克伯格的电子版游戏的时代背景是罗马帝国时期。[17]玩家需要试着打败恺撒大帝。扎克格伯总是能赢。

后来，他承认自己创造的游戏很糟糕，并给出了具体的理由。[18]但是这些游戏都是他的作品。

"所有东西都是技术，"他的姐姐又一次跟记者说起扎克伯格时提到，"我们有一些带变声器的玩具，马克总是想着做一些类似的事，他说：'如果我能黑了这个玩具，我们就能让达斯·维达的声音听起来更像他本身。'"[19]

有一项更实用的技术，一套网络内部通话装置系统，被安装在多布斯费里的房子里，它能让楼下牙科诊所的员工和其他人通话。这套系统被称为"扎克网络"。艾德·扎克伯格早就请人给整栋房子都安了网络，所以马克就自告奋勇地写了让机器联网的软件。安装好之后，扎克网络不仅被扎医生的胆小病人所使用，也被马克和兰迪用来搞恶作剧，比如他们会在妹妹唐娜的计算机里置入一个假病毒，或者让他们的妈妈误以为千年虫危机爆发导致了技术灾难。

1997年，一个在全球年轻人中间备受欢迎的互联网产品诞生了，这比扎克伯格家的扎克网络还要晚一年。这款 AOL（美国在线公司）的即时通信产品叫 AIM，在马克·扎克伯格技术生涯的早年，这是一款他用得最多的软件。

扎克伯格这一代人出生得比千禧一代早，他们已经不用座机来沟通了，但是又还没有到发信息沟通的时候。他们能用上带调制解调器的计算机，并且宽带网络也越发普及。AIM 诞生后，这个独立应用垄断了计算机聊天领域。孩子的计算机屏幕上同时出现多个聊天窗口是非常常见的事情。每个窗口都是和一个朋友的对话框。扎克伯格很喜欢 AIM，因为他的大多数高中朋友住在锯磨河公园大道的另一端，去找他们非常不方便，所以扎克伯格对这个软件的依赖程度超过了同龄人。[20]

当然，扎克伯格不喜欢 AIM 的系统。他说："如果你真的和很多我这个年龄段的人聊过，你就会发现，我们中有许多人都在年轻的时候因为想要黑进 AOL 而学习编程。"他说到一件"很酷的事"，就是用网络编程语言 HTML 来自动添加设计元素，例如，给多个聊天对话框配上不同的颜色。另一件很酷的事是他们影响了 AOL 的老大史蒂夫·凯斯（Steve Case），让他知道了他们做的事情。

"AOL 的漏洞多到你可以操纵它的服务器，"扎克伯格说，"比如，我可以通过系统漏洞把我的朋友踢下线。"

扎克伯格后来创建公司时，他雇用的大多数人和他一样，都是 80 后，在 20 世纪的最后几年里，80 后孩子的计算机屏幕上都是聊天对话窗口。"我们是在 AIM 上长大的。"戴夫·莫林（Dave Morin）说，他后来成了 Facebook 的重要高管。

马克·扎克伯格的老师慧眼识珠，看出了他的聪明才智和赤子之心。这一点在幼儿园里更明显，幼儿园会针对各种主题开展各持续一周的课。在一段时间里，他的父母注意到一个太空主题的课程变得不同寻常。当艾德和卡伦大惑不解时，老师告诉他们，马克对这个太空主题实在太投入了，他还吸引了其他孩子加入进来，所以他们决定让这个太空主题的课程延长到一个月。那个月结束后，马克对太空和航天火箭模型的热情并没有消退，他把火箭模型挂到了自己卧室的天花板上。

他的父母拒绝了许多让他跳级的提议，认为孩子就应该是孩子。在中学时，他上完一周课后，就和老师们约好，当老师去其他班教学生时，他帮老师做课前准备——老师一般是在周一准备好这些。"我从来没看他做过家庭作业。"艾德·扎克伯格说。

在离家几英里的阿兹利上了两年公立高中后，马克明确感到自己需要做出改变。他算了算在阿兹利学完他想学的课程能获得的学分，包括优等生课程和大学 AP 课程（美国大学预修课程），这些学分是不足以让他进入顶尖大学的。他说还有另一点："我们的公立学校没有开设计算机科学课程。"他的父母想到了霍瑞斯曼高中，做交换生是最好的选择，但是马克从他的天才少年夏令营的朋友那里听说了埃克塞特高中。卡伦对于马克的姐姐离家去上大学感到很难过，她不想把儿子也送走。她让他去另一所私立高中面试。马克说："我会去面试的，但是我最终要去菲利普斯埃克塞特学院上高中。"就像以前一样，这个固执的年轻人得到了他想要的。

菲利普斯埃克塞特学院位于新罕布什尔州的埃克塞特，是美国十大常春藤院校之一。这所学校处处都透露着常春藤盟校的气息，它为精英大学输送人才。扎克伯格是 2002 级的优等生。

在开学前，埃克塞特在纽约市举办了一个新生招待会。扎克伯格遇到了亚当·德安杰洛（Adam D'Angelo），这个年轻人身形修长，举止低调，他们攀谈起来。和扎克伯格一样，德安杰洛住在郊区（他来自康涅狄格州），发现公立学校无法满足他的规划后，他便转到高等寄宿学校。他们还有其他的共同点——当扎克伯格问德安杰洛有什么兴趣的时候，回答脱口而出：编程。

扎克伯格非常激动，在公立学校，他找不到任何一个朋友能理解他在计算机方面的热情，而他在埃克塞特认识的第一个人就和他有如此多的共同之处。"我当时想，如果有人介绍的话，我在这儿肯定能发现更多喜欢计算机的人，"扎克伯格说，"结果发现，只有我们两个。"

如果说进入一所私立学校（同学中有来自富裕家庭的孩子）这件事会吓到扎克伯格，他也没有表现出来，和来自洛克菲勒、福布斯、费尔斯通家族的人在一个班级里是很常见的。在埃克塞特，他找到了自己。他加入了剑术社团，并成为其中的佼佼者，还成为队长，夺得了最有价值队员的奖杯。他参加了奥林匹克数学竞赛的团队，虽然没能进入终极决赛，但他赢得了纪念奖章。

在他的圈子之外，他就自己待着。"我觉得他可能并不容易信任别人。"罗斯·米勒（Ross Miller）说，他是扎克伯格在埃克塞特最好的朋友之一。这家学校采用哈克尼斯教学法 [21]，学生在课上可以进行自由的交流讨论。学校将这种方法称为"一种生活方式，关于合作和尊重，每一种声音都是平等的，即便你不同意"。同学回忆中的扎克伯格很少参与讨论。"他很害羞，总是一个人，常常在自己的房间里做事或者写代码。"一个名叫亚历克斯·德玛斯（Alex Demas）的同学告诉一家新闻网站。[22] 德玛斯说，在人们眼里，扎克伯格就是个计算机怪人。（尽管如此，扎克伯格对哈克尼斯教学法赞誉有加："这在很大程度上塑造了我的价值观，即人们不应该只是被动接受，而应该成为参与者。"）

多亏了在阿兹利高中的一位很有人格魅力的老师，扎克伯格对拉丁语产生了极大的热情，而在埃克塞特，他的这种热情得到了极大的释放。值得一提的是，他是恺撒大帝的信徒，恺撒大帝在人们心中是一个伟大的征服者，一个体察民情的统治者，一个权力的追求者。在毕业前的那个夏天，扎克伯格参加了约翰斯·霍普金斯学院举办的针对"天才少年"的课程，并选修了古希腊语，这门课需要学习语法，并研究古希腊演说家吕西亚斯（Lysias）的演讲。他的一位老师——戴维·佩特崔恩（David Petrain），评价扎克伯格"友善且勇敢"，记忆力好。[23] 扎克伯格曾经告诉佩特崔恩，他创建了一个网站，用来展示卡图卢斯（Catullus）的情诗，但是佩特崔恩从来没有看到过这个网站。（基于扎克伯格的表现，后来，佩特崔恩为他写了一封对他表示肯定的推荐信。[24]）

在高中生涯的最后一年，扎克伯格被任命为宿舍长，这也让他得到了更大的房间。他从父亲的工作室拿了一台被淘汰的巨大的牙科监控设备到宿舍，把它当任天堂游戏的显示器用。但是，他最喜欢的游戏还是席德·梅尔（Sid Meier）制作的最新一款《文明》。游戏背景是太空中的半人马座阿尔法星，玩家可以从 7 个不同的"人类派系"中选一个，用复杂的策略来控制整个星系。扎克伯格总是使用"维和部队"。在游戏的复杂故事背景里，维和部队的精神领袖是一个名叫普拉文·拉尔（Pravin Lal）的行政官，他的观点是"反对暴政的唯一措施是让信息自由流动"。扎克伯格后来引用了下面这句话，把它放在了自己的 Facebook 简介上。

小心那些不让你获得信息的人，在内心深处，他们希望自己成为你的主人。

每个埃克塞特的学生都会在入学后第 4 年学习维吉尔的《埃涅阿斯纪》，在后来的人生中，扎克伯格会引用其中的句子来激励他在 Facebook 的员工。2010 年，他在对记者回忆起埃涅阿斯付出巨大努力来建造一座"没有边界的伟大的城市"一事时，仍深有感触。[25]

在扎克伯格脑海中的某处，所有这一切汇成了一锅大炖菜：征服者、虚张声势、《文明》、《大战役》、编程、建造帝国，都是扎克伯格菜谱上的配方。

扎克伯格和德安杰洛并不是埃克塞特仅有的两个计算机狂热爱好者，扎克伯格还参加了一个小组，他俩把许多时间都花在了学校的计算机中心。这个中心在他们入学后不久才落成，拥有最先进的设备。小组里有一个人叫刘天凯（Tiankai Liu），是个数学奇才，他曾经获得过奥林匹克数学竞赛金牌。还有一个同学叫马蒂·格斯菲尔德（Marty Gottesfeld）[26]，天不怕地不怕，后来因为黑进波士顿儿童医院（他声称自己这么做是为了帮助一名被误诊的 14 岁患者）被关进联邦监狱。和计算机小伙伴们在一起，扎克伯格找到了自信和骄傲。

一名从斯坦福大学毕业的计算机科学系学生叫托德·佩里（Todd Perry），他在埃克塞特高中担任教学助理，因为有一个计算机科学的讲师在下半学期提前离开了，所以他需要承担更多的工作。他回忆起扎克伯格，说他在计算机中心逗留的时间之长，就好像这是他的家一样，而且扎克伯格还说自己要用微软的 Visual Basic 语言编程写一个项目。佩里认为，以扎克伯格的水平，这个项目过于复杂了，需要用到的技术连佩里都是到了斯坦福大学之后才接触到，他赌一美元，认为扎克伯格会失败。他们同意让扎克伯格试一个小时。扎克伯格编程的时候，所有技术宅都围着他，就像看比赛一样。最后，扎克伯格赢了这一美元。[27]

还有一次，扎克伯格的数学老师说，如果他的学生用计算机或其他数字计算工具来做作业，他就罚他们做俯卧撑。[28] 可扎克伯格根本不可能不用计算机做作业，他在计算机中心这么跟他朋友说。扎克伯格丝毫不掩饰他对老师威胁的鄙视，他明显地靠写代码来做作业，并且把做俯卧撑当成了一种荣誉。

埃克塞特的学生在毕业之前都需要做一个高级的项目，扎克伯格在找自己想做的，某天他开着计算机上的播放器，当播放列表上最后一首歌放完时，它就没声音了。他自言自语道："我的计算机不应该不知道我想听的下一首歌是什么。"[29] 这句无意中的话给了他灵感，他找到德安杰洛做自己的搭档，确定了他们的高级项目，一个叫作"突触"的个性化虚拟 DJ。

他们俩都喜欢一款名为 WinAmp 的在线播放器，他们决定让"突触"（后来成了突触人工智能）在制定个性化播放列表方面参照 WinAmp 的功能。虽然扎克伯格和德安杰洛在人工智能领域是完全的新手，但他们宣称自己的"突触"拥有人工智能性能，甚至说自己的代码给了播放列表一个"大脑"。使用他们做的一个独立的音乐播放器，或者使用他们给 AOL 的 WinAmp 播放器做的插件，"突触"会根据你过去听过的歌曲给你推荐新的音乐。德安杰洛作为一个更成熟的程序员，负责构建程序的大脑，而扎克伯格负责前端。"它可以根据你喜爱的音乐的排列顺序给你播放歌曲，之后我们可以对比不同的用户日志来交叉推荐音乐，"扎克伯格说，"这玩意儿很酷。"他们俩把"突触"作为自己的高级项目展示给导师，导师对这个产品赞誉有加，德安杰洛的人工智能部分令人印象深刻。

在扎克伯格就读于埃克塞特高中期间发生的所有与计算机相关的事情中，对他未来成功影响最大的项目，却是他参与最少的一个。

这个项目的名字是 Facebook。

它的创造者是一个名为克里斯·蒂勒里（Kris Tillery）的高年级学生。他出生于美国中西部，在西非和尼日利亚长大。他的父母希望他回美国上学，所以他到了埃克塞特。他自认为对计算机并不擅长，一点也不像德安杰洛和扎克伯格那样天赋异禀——他们俩在计算机方面的天赋在学生时期已名声在外。在蒂勒里的回忆里，当自己还在为计算机科学的大学 AP 课苦恼的时候，扎克伯格和德安杰洛就能写出带有人工智能性能的音乐播放器了，这让他惊异不已。

尽管如此，蒂勒里对科技改变生活充满了憧憬。他冒出了一个21 世纪初最有预见性的念头：创建一个在线的商品配送系统。这个产品需要能及时自动地计算出线下商店的商品价格。"这不是我能干的事儿。"蒂勒里承认自己不是一个足够优秀的程序员，能力不足以做这个系统。但是他知道谁可以。"扎克伯格写了一个脚本，可以去超市的网站把商品价格抓下来，所以我们后来就可以建自己的商品配送程序。"他回忆道。然而，这项服务从来没有启用过。

作为一个埃克塞特学生，蒂勒里真正的贡献是做了一个在线的学生通信录，它带有学生头像和地址，可以添加新的学生，也可以被访问。[30] 蒂勒里做这个项目的时候还是低年级学生，还在自学数据库。做这件事情的时候，他使用了实体的学生通信录。学生会主席住在宿舍楼的另一头，他建议蒂勒里完成这个项目并且发布它。用学校的服务器发布信息是被禁止的，但是学校的行政部门认可了蒂勒里做的事情，并最终让蒂勒里继续这个项目。

埃克塞特的在线通信录完成后，蒂勒里向全校学生开放它，包括马克·扎克伯格。这个产品非常有用：用户可以在上面通过名字找人，也可以用它来找别的信息。上面有电话号码，每个学生的宿舍都有电话线，埃克塞特学生还创造了一个游戏，在通信录上随机选择一个人，给这个人打恶作剧电话。

从埃克塞特毕业之后，蒂勒里就不再参与通信录这个项目了。后来他去了哈佛大学。他于2004年2月去学校报到，正赶上扎克伯格的Facebook像风暴一样突然出现，风靡校园。对于马克·扎克伯格创造了这股旋风这件事，他一点也不感到吃惊。在埃克塞特和扎克伯格有限的接触中，他就发现这个热情的年轻人有着"很大很大的野心"。对于扎克伯格用了他的点子这件事，他也不介意。在他看来，在线通信录是一个他上大学前做的事情，他已经不再做了。马克才是居功至伟。

今天，蒂勒里在南非拥有一座葡萄园，对于在线通信录这个产品，他有着复杂的感受。能在一个影响全球的产品中有所贡献，他是高兴的。但是最近，他开始思考，这是不是一件好事。

"计算所有人每天花在它上面的时间的总和，你会得到一个巨大的数字，人们花了这么多时间在一个对社会和个人健康都没有正面意义的事情上，"他说，"这个平台本身无所谓道德（如今，收入都来自广告和定位），但它带来了一些严重的问题。为了我们自身的幸福，我们究竟应该如何使用时间？"2010年，克里斯·蒂勒里本人删除了自己的Facebook账号，他认为这个产品受了自己的启发，他说，扎克伯格的Facebook让他感到难过。

02
哈佛管理委员会传唤

2017 年 5 月，马克·扎克伯格邀请我前往 Facebook 总部。在公司，不管是关于重要演讲，还是关于公司未来发展方向的稿件，扎克伯格都会先问问各种各样的人，甚至是记者，从他们那里获得反馈。这时候，他在做一件他认为是人生里程碑的事情：他受哈佛邀请，在 2018 年的哈佛毕业典礼上演讲。他坐在一个四面都是玻璃墙的"水族箱"里，这个"水族箱"位于弗兰克·格里（Frank Gehry）设计的又大又空的 Facebook 总部的中心，Facebook 的员工在"水族箱"外熙来攘往，他们已经学会保持目光直视，不在他们有名的老板开会的时候盯着他看。在看了一堆其他商业领袖的毕业典礼演讲后，扎克伯格精心勾勒了演讲的框架。像其他令人敬畏的演说者一样，他选择了一个有分量的话题。但是练习的过程让他想起了大学的时候，勾起了他的惆怅。

"我想我将成为最年轻的哈佛毕业典礼演讲者，"他跟我说，他冷静陈述的语调和令人不安的凝视让这句话听起来像是在阐述一个数据，而不是在自夸，"这很罕见。毕业典礼致辞这件事已经存在很久了，有 350 年那么久。""你感觉怎么样？"我问他。

扎克伯格有时候会这样，当他需要处理一个问题的时候，他会回到一些他原本就计划去做的事情上，过一阵子再回来处理。在聊了一会儿毕业典礼致辞的内容后，他停下来说："我在考虑你提的关于感觉的问题。"他说他想把社会不平等和缺少社会凝聚力这类重大话题作为毕业致辞的主题，其中也有他自己的故事，这对他来说很有意义。"我人生的情绪张力，就像是……我不知道怎么形容，像是哈佛学生……"

"该怎么形容呢？"我问他，迫不及待。我想知道他怎么看在哈佛时那个年轻的自己，他在哈佛短暂的岁月富有传奇色彩，而对于他的人生来说又只是轻描淡写的一笔。

"我不知道，"他说，"那个词到嘴边了，我又忘了。"停顿了一会儿，他才说："就像是……'玩世不恭'可能是个合适的词。"

我发现他对自己很宽容。

他叹了口气，退了一步。"朋克？"他好不容易蹦出一个词。

我们都笑了。

笑容散去后，他问我："你觉得我现在还朋克吗？"

"朋克"并没有贯穿马克·扎克伯格的哈佛之旅，但是开始的时候是那样的。"我都不知道马克的梦想是去哈佛。"[1]扎克伯格的姐姐兰迪在一次访问中对 CNN（美国有线电视新闻网）的记者说。确实，哈佛大学，对于一个野心勃勃、痴迷于计算机的孩子来说，并不是一个出众的选择。很多人认为，对于像扎克伯格这样的人来说，斯坦福大学、麻省理工学院或者卡内基-梅隆大学才是最好的学校。

但是扎克伯格对去哈佛大学有自己的打算。在他埃克塞特高中的宿舍里，墙上唯一的装饰物就是这所学校的巨大横幅。

他也并不打算主修计算机，而考虑学一个非技术专业，像是心理学或者古典文学，又或者是物理学那样的学科。而且，兰迪那时已经进入哈佛大学了。扎克伯格的爸妈太了解自己的儿子了，他甚至没有考虑其他学校，只申请了哈佛大学。如果他没申请上，再去申请其他学校会十分艰难。

他收到录取通知的时刻被拍了下来，后来上传到了 Facebook。[2]那个时刻真的很尴尬。全家在度假，扎克伯格在自己的房间里，坐在计算机前玩《文明》，他收到哈佛大学的电子邮件时叫来了父亲，父亲立刻跑来马克的房间，手里还拿着录像机。录像从马克坐在床上开始，他穿着 T 恤和法兰绒的睡裤，盯着收件箱。"我要点开吗？"他问，然后点开邮件默默地读起来。"天哪，"他平静地说，然后，毫无情绪起伏，"不错。"

"什么情况？"艾德·扎克伯格焦急地问，他并不在镜头里。

"我被录取了。"扎克伯格说，这是一个更年轻、更低沉的没有欣喜之情的声音，只有一丝丝的心满意足。

"你说真的吗？"

"对。"

"太好了！"艾德叫起来，然后开始当起了录像解说员，那个穿睡衣的男孩做了一个夸张的庆祝动作。"我们现在和哈佛大学 2006 级新生在一起！"扎克伯格飞快地笑了一下，做了一个握拳的动作，然后又回到计算机前玩《文明》了。"你不给我们念一念邮件吗？"艾德问。

"不，我删掉了。"这个 2006 级新生说。

后来，艾德·扎克伯格回忆说："我认为他对进入哈佛大学并不是那么兴奋，这只不过意味着他不用浪费时间去申请其他学校了。"

进入哈佛大学的扎克伯格并没有让自己在计算机上的热情冷却。

Facebook

2002 年 9 月，在哈佛大学的第一个月，他把和德安杰洛一起创造的 DJ 软件发布了。网站的名字叫作突触人工智能，人工智能可以为用户推荐播放列表的下一首歌。扎克伯格在第一学年花了很多时间来优化这个软件。

从埃克塞特到哈佛，扎克伯格看上去适应得很好。他的社交生活都围绕着 AEPi，这是一个犹太兄弟会。（他之所以能以大一新生的身份加入是因为他姐姐兰迪的关系，兰迪和里面的一个成员在约会。）他给兄弟会成员的印象是一个友好但又疏远的人，他们可以一起玩，但是他更愿意和计算机待在一起。

扎克伯格的同学梅根·马克斯（Meagan Marks）后来去了 Facebook 工作，她回忆道，自己曾经和扎克伯格在一个 12 人的研讨会小班一起上过关于图形理论的课。扎克伯格显得异常高冷，当他发言时，他却让人印象深刻，有时候甚至给人才华横溢的感觉，对于数学问题，他总会提出一些剑走偏锋但是又能解决问题的方案。"如果他认定了，他是那种会强烈反对的人，"马克斯说，"他从来不惧怕成为打破旧习的人。"然而，当她组织一次全班晚宴聚会时，12 人的小班她只邀请了 8 个人，扎克伯格不像是那种喜欢社交聚会的有趣的人，所以她没有邀请他。

他自己做一些和计算机相关的外包工作挣零用钱，也会做一些自由职业的编程工作，比如在 Craigslist（一个分类网站）上找到的拿 1 000 美元给一个名为保罗·塞格里亚（Paul Ceglia）的水牛城商人做一个网站。[3] 塞格里亚后来宣称自己拥有 Facebook 一半的股权，并表示自己有一份文件，可以用来证明扎克伯格在做网站的时候就同意了这一点。不过法庭根本不受理这个案子，塞格里亚也被起诉伪造文件。

这只是扎克伯格在哈佛的离奇经历中的一个小插曲。从法律的角度来看，这对律师来说是撞大运了。扎克伯格看上去对突触寄予厚望，不再把它看作一个课业项目，而是一个可以在外部世界流行起来的事物。他的合伙人德安杰洛觉得把突触当成一个课业项目没什么不好，他更关注自己在加州理工大学的学业。"在加州理工上学真的好难！得好好干，"德安杰洛说，"在哈佛，老实说，就没那么忙。我想他有更多时间。"

虽然扎克伯格很想让突触发展起来，但它还是进展缓慢，扎克伯格甚至还定制了突触人工智能的 T 恤，T 恤上面印着一句标语"我的大脑比你的更好"。直到春天，突触才有了点起色。

2003 年 4 月 21 日，Slashdot（科技网站）作为极客世界的首要新闻来源，推荐了一条新闻，名为"加州理工和哈佛学生创作的有趣的数字音乐"[4]。它邀请了数百万名社区用户来试用，引发了热议。

有一个讨论是关于程序会保留用户的音乐选择的。有一些人认为这是侵犯用户隐私。"有可能是我想多了，"一条评论写道，"但是我不喜欢任何人，甚至是我自己的计算机，去挖掘我的数据。真的就是这样，个性化数据挖掘。"

4 月 23 日，扎克伯格参与了这条讨论，做了一些澄清，解释程序如何工作，并且做了一些改变。然后，他还补充道：

> 关于隐私，你听的音乐的所有数据不会泄露给任何人，只有你能访问。我们希望能够使用海量的数据来帮助分析，但是你的独立数据绝对不会对任何其他人开放。

这是扎克伯格对外就隐私发表的关于自己作品的第一次重要声明，当然不是最后一次。

Slashdot 上的极客发现突触人工智能还有另一个奇怪的地方：扎克伯格写的产品描述显得十分幼稚和古怪。比如有一段很随意，关于所有会喜欢突触人工智能的人（程序员、黑帮、朋克、书呆子、大书呆子，甚至还有也门人。对，这些人，对摇滚感兴趣的人……革命派，甚至还有加拿大人。有特长的人、肠胃病学家、流浪者、很多流浪者、邪恶的天才、传统的教授……），还有一段辞藻华丽的，关于程序是如何让"一个中国姑娘"感到浪漫的，还有一些是宣传扎克伯格自己的计算机技术的（马克的鼠标移动的距离，可以绕地球两圈）……

德安杰洛看见这些感到很不安，他让扎克伯格把这些话都撤掉。当然，就算撤掉了，互联网也还记着。

不管怎么说，Slashdot 的关注给扎克伯格和德安杰洛带来了很多好处。扎克伯格的课业项目得到了许多公司的关注，包括微软和 AOL。扎克伯格和德安杰洛得到了一家公司近百万美元的出价。但是这个出价要求扎克伯格和德安杰洛在公司继续工作三年。他们俩拒绝了。

他们都不想离开学校，至少不会为了这份出价离开。他们都不再留恋突触了。[5]"我们都知道，我们能做出更好的东西来。"扎克伯格说。

2003 年夏天，第一学年结束后，扎克伯格留在了剑桥市，在大卫·洛克菲勒的拉美研究中心做程序分析实习。他和一群朋友一起生活，包括德安杰洛，他们住在小镇上的一个像宿舍一样的房子里。

德安杰洛在麻省理工学院的媒体实验室实习，在朱迪思·多纳特（Judith Donath）教授手下工作，研究社交网络。这是一个时机很好的项目，因为那个夏天，互联网的宠儿是一个叫作 Friendster 的服务，这是一个匿名社交媒体的明星。[6]

"我对 Friendster 激动不已这件事让马克很感兴趣，"德安杰洛说，"他不是作为用户对这个网站感兴趣，很显然，他对这个网站上的什么东西很感兴趣。"

Friendster 是一个加拿大人创立的，他的名字叫乔纳森·艾布拉姆斯（Jonathan Abrams），他在 20 世纪 90 年代末移民到加州，起初在网景（Netscape）工作，然后创建了 Friendster 这个互联网革命的新星。他在 20 世纪 90 年代第一次互联网爆发时期创立了自己的公司。这家公司随后在互联网泡沫中陨落了，但是在互联网经济复苏之前，艾布拉姆斯又投入了新的项目。初到加利福尼亚，他的职业生涯和感情生活都从零开始，他有意识地组织规划自己在商业上的人际关系，包括潜在的朋友、可能的约会对象。如果这些都可以在线上完成呢？2002 年夏天，他在自己的公寓里做了一个网站，可以帮助用户在线上交朋友，拓展自己的人际关系。最开始的时候，网站仅限他认识的人及其朋友使用，并且专注于约会功能。人们很喜欢这个网站。突如其来的成功让艾布拉姆斯备感吃惊，他曾经怀疑自己的项目，直到检查了这些突然涌来的大量访问。"人们上传照片，发送消息，"他后来在一个播客上说，"我的意思是，他们真的在做这些我希望他们做的事情。这事儿真的成了，太出乎我意料了！"[7]

把真实身份输入个人信息是另一项在线服务了，最开始的时候人们是匿名的，用五花八门的昵称，就像在一个巨大的匿名化装舞会上，没有人认识你，你可以为所欲为。而一旦知道对方真实的身份，你知道你是在和谁交谈、和谁调情、和谁谈判，甚至在骚扰谁，就会让事情变得很不一样。实名制让人们更诚实。还有一个功能加固了信任度，并且起到了提高社交活跃度的作用：一旦你和其他人"互加好友"，对方就能从你的个人主页上看到这条信息。此外，你可以浏览其他人感兴趣的网页，从中找到适合你的约会对象或者是你想见面的人，等等。举例来说，一个用户可以从别人的列表上看到对方最喜欢的电影是《午夜牛郎》，从而判断这个人可能是适合自己的约会对象。如果一个女人通过了测试，男人认为她适合自己，就可以给她发信息。

艾布拉姆斯于 2003 年 3 月向大众开放 Friendster，他将其形容为

Facebook

"一个在线的社区，通过朋友之间的人际网络将人们联系起来，在上面可以约会、认识新朋友"。那时他们已经从天使投资人处获得了近50万美元。随着注册的人越来越多，他们又从凯鹏华盈——硅谷最有声望的一家风险投资公司那里融到一大笔钱。艾布拉姆斯还收到了谷歌3 000万美元的收购报价，他拒绝了。（2003年价值3 000万美元的谷歌股票，放到今天市值超过10亿美元。）

在马克·扎克伯格就读于哈佛大学的第二年，Friendster已有超过300万名注册用户，其中就包括德安杰洛和扎克伯格。

就在暑假去剑桥市前，德安杰洛忍不住决定用AOL即时聊天工具干点儿黑客的事情。因为他和他的朋友每天都在用，这件事对他来说更有优势。基本上，他就是尝试着把这个聊天软件编成某种类似于社交网络的东西。AIM有一项功能叫朋友列表，本质上就是一个聊天好友的地址簿。德安杰洛设计了一个叫作Buddy Zoo的程序，用户使用AIM的时候，会暴露其所有隐藏的社交网络。[8]

这个软件是这么工作的：如果你登录了Buddy Zoo，并且提交了你的朋友列表，这个程序就会自动分析并给你以下反馈：

· 找出你和你朋友的共同朋友。

· 计算出你有多受欢迎。

· 判断出你所处的小团体。

· 可视化你的朋友列表。

· 展示你的威望（计算方式和谷歌计算网页排名权重相同）。

· 显示不同用户之间隔着多少人。

这个程序表现能有多好，取决于有没有更多的人上传他们的列表，有人上传，Buddy Zoo才能获得巨大的数据库。德安杰洛没想到的是，这并不是什么问题。德安杰洛之前发布过一款他写的游戏，但下载的人不超过 100 个。突触的表现虽然好很多，但是开发这个程序花了好几个月。而 Buddy Zoo，他只花了一个星期左右的时间，却一下子就爆发了。他一发布，就有几十万名用户注册使用。

在那个暑假，德安杰洛又给 Buddy Zoo 加了一些功能，并且保持定期更新。而他创建的巨大的数据库已迅速积累了 1 000 万条记录，他用这个数据库在自己实习的媒体实验室做研究。

有了大量用户的即时反馈，德安杰洛的工作变得很有吸引力，这改变了他对自己的程序的看法。在这以后，他就对自己说，以后只做能够对世界产生影响的事。"我觉得马克也受了这件事的影响。"他说。

对哈佛的学生来说，分组是命中注定的。在第二学年开始的时候，学校安排学生住在 12 栋楼中的一栋，楼周围有许多地方可去，这些地方成了他们课余生活的中心。他们住在一栋房子里，一起吃饭，一起社交，并且遵守着这栋房子的规则和习惯。在大一学年末，每个人都获得了一个机会，可以加入一个由 8 个学生组成的小组，他们将作为一个团体一起住在一栋房子里。而在他们余下的生活里，哈佛毕业生就会提起，×××和他们是一个团体的，如果这个×××成名了的话。

哈佛一年一度的分组活动里，没有哪一次的重要性能够和这次相比，因为这次分组将决定谁去柯克兰公寓的 H33 号套房。对一些人来说，和谁住一个宿舍的运气将给他们带来巨额财富。而那些离柯克兰公寓近的宿舍的学生，也将在今后的日子里吹嘘他们自己见证了历史。

扎克伯格分到的小组里有他大一的室友，这个室友是他的同学萨拉·吉丁（Sarah Goodin）的好朋友。后来马克发现，萨拉·吉丁和一个叫克里斯·休斯（Chris Hughes）[9]的人关系很好。通过这层微弱的联系，这个小组形成了。休斯对扎克伯格了解不多，有几次他去找吉丁的时候在宿舍里遇到过马克。他基本上同意吉丁对扎克伯格的评价：一个行为怪异的计算机儿童，既不迷人也不有趣。"他总是在编程。"休斯说。

当扎克伯格的大一室友转出哈佛时，休斯和扎克伯格就共享一个房间。他们看起来共同点不多：休斯主修历史和文学，而不是技术，也不在兄弟会里；休斯是同性恋，扎克伯格是直男。但是休斯感觉他们俩有微弱的连接：他们俩都是中产阶级家庭的孩子，通过上私立学校提升自己的社会地位（休斯离开家乡北卡罗来纳州的希科里，前往马萨诸塞州的安多弗高中，这是另一所全美排名前十的高中）；他们身边都是一些出身显贵的人，对于这些人来说，他们俩都是看客。休斯的观点是，他们俩都以各自的方式对周围的环境感到不适应。

他们组成的团体被分配到了柯克兰公寓，扎克伯格和休斯被分到了同一个房间——H33号套房，这是个四人套间。另一个房间的两个人，扎克伯格以前都不认识，他们是达斯汀·莫斯科维茨（Dustin Moskovitz）和比利·奥尔森（Billy Olson），他们把书桌都集中放到了另一个带壁炉的小房间里，这个房间是公用的，但是他们都不用。扎克伯格拿了一块大白板，用来描绘自己的项目，这块白板就放在小房间和卧室之间的通道上。

他们的套房和隔壁之间隔着一扇防火门。这扇防火门上有个警告标志，写着"如果打开这扇门，火警就会响起来"。火警从来没有响过，而这扇门几乎总是开着的，有一个名叫乔·格林（Joe Green）的人是这个宿舍的常客，他来自加利福尼亚，是扎克伯格在兄弟会认识的。

对于学校的课，扎克伯格放任自由。没有什么比那些项目对他来说更为重要了。他热爱编程，即便是这所享誉全球的最高学府，也没办法转移他的注意力，让他不要再把大把的时间花在 H33 号套房公共房间的廉价木书桌前。他喜欢通过即时聊天工具和别人沟通，即使对方离他只有几英尺ᵃ远。他只是在计算机上输入单词，并没有想太多，没想过将会创建一个日志，而这个日志在未来将会萦绕在他的脑海中挥之不去。

在此之前，扎克伯格一直都在做他的项目，从一个跳到另一个。但是，住进柯克兰公寓后的第二学年，在他过完暑假返校后，他的活动更密集了，比以往都要密。他一坐在书桌前，就开始炮制新的野心勃勃的点子。当这些点子越来越多时，一个主题变得清晰起来：他参与的几乎所有事情，都是让人们以某种形式连接起来。

那年，他的第一个项目叫作课程配对（Course Match）。扎克伯格从哈佛的网站上下载了一个学期的课表，开始了这个项目（在他的回忆中，"他们对它并不是那么感兴趣"）。学生注册课程配对后，输入他们的名字和邮箱地址，选出他们将会去上的课程。通过选择课程，他们可以看到其他选择了这门课程的人，你也可以通过输入名字查看别人上了什么课。就像扎克伯格未来做的其他项目一样，这个项目只是表面看上去简单而已。一方面，能预先看到谁将去上什么课，使得课程配对像百老汇的热门演出那样受人欢迎。扎克伯格惊讶于人们在这个程序上花费的时间。"人们能够花几个小时在上面点来点去，"他真的感到震惊，"我们可以看到人们会上什么课，看见别人感兴趣的课程是什么，这件事是不是很有趣？我想说的是，这些内容都只是文本。"[10] 通过这件事，他开始理解，可以通过这种方式去编织人们的

---

a　1 英尺 =0.304 8 米。——编者注

关系网络。

另一方面，扎克伯格对于某些问题从来没有深思熟虑过。比如，将自己看似无关紧要的信息（例如课表）高度公开，可能会带来意想不到的麻烦。为什么有些人要根据别人选的课来决定自己选什么课？女生是否需要担心某些跟踪狂会在教室里坐在她们的后排？

然而，还没等到要解决这些问题，课程配对就不行了。这个网站的服务器用的是扎克伯格的笔记本电脑，几周之后，由于网站太受欢迎，访问量太大，这台笔记本电脑烧坏了。（后来扎克伯格把笔记本电脑损坏归结于浴室飘出来的水蒸气，浴室就在他的书桌旁边。[11]）幸运的是，扎克伯格恢复了代码，这些代码后来还能用。课程配对让他看到了一个非常重要的现实："人们有着强烈的渴望，去了解自己周围的人。"

奇怪的是，在那年的 10 月 23 日，哈佛校园刊物《绯红》(*Harvard Crimson*) 第一次报道扎克伯格的时候，他对于课程配对只字未提。[12] 取而代之的是另一个故事：一个有事业心的大二学生，对软件编程的兴趣远远超过了课业。这篇报道侧重于扎克伯格在突触上的贡献，虽然突触近期已经没有更新了。《绯红》对扎克伯格的报道使其他一些学生报纸也对他产生了兴趣，在接下来的几个月，它们零零星星地采访了扎克伯格，把他塑造成一个计算机奇才，他的故事变得越来越吸引人。

扎克伯格下一个重大的产品是一个严重失控之作，甚至差点导致他被哈佛开除。

扎克伯格喜欢记录他在现实生活中的活动，不过早期这种高度暴露自己的行为给他带来了巨大的麻烦。但是，他的日记里有一张稀有的、令人不安的照片，记录了他创造这个项目的过程。

在一个周二晚上，已过 8 点，经历了一次约会失败的扎克伯格显然有点消沉，他坐在柯克兰公寓套房拥挤的公共房间里，身边放着一瓶啤酒。他把一切归结于约会中那个有问题的姑娘是个"贱人"[13]，为了分散注意力，他开始写代码。"我不能再想她，我得想点别的事情。"对扎克伯格来说，他的计算机就是安全的港湾。

乔·格林和他的室友比利·奥尔森当时也在，他们正在讨论什么东西能分散注意力———一个恶趣味的网站。这个灵感来自柯克兰公寓里的学生们附带照片的通信录。

> 柯克兰的通信录在我的计算机桌面打开，上面的人的照片看起来恶心极了。我甚至还想把这些人的头像和牲畜放在一起，让人们来投票，看看哪个更好看。这不是什么伟大的点子，甚至连有趣都谈不上，但是比利想到，可以在通信录上把两个人的头像放到一起，让人们来投票，时不时可以插入牲畜的照片。好主意啊，比利·奥尔森！我觉得他嗑药了。

扎克伯格从失恋的痛苦中恢复了，他做了一个叫"热不热"的网站，他认为这个网站会受欢迎。2000 年，两个程序员做了一个网站，让用户把自己的照片传上来，让陌生人去投票。而扎克伯格做了一个小小的改变，用户上传的照片可以被公开投票，但是不会被他们所在的社区的人看到。除此之外，扎克伯格对于系统的改变，让这整个项目变得更易于传播，同时也更没有底线。之前的那个网站是让用户给参与者单独评分，从 1 分到 10 分，而扎克伯格的系统让两个人去竞争，是真正意义上一对一的比赛。

"这种做法比那种从 1 到 10 打分的方式聪明多了，"格林回忆起这个用来摆脱失恋伤痛的恶作剧，这个将被载入极客史册的一幕，也是巨制电影里的关键剧情，"你总是能够判断两个人中你更喜欢哪一个。"

扎克伯格后来说，他当时没有意识到，拿别人的头像来比较是一件很得罪人的事。当然，当时的他一点也没有想到，在未来的某一天，他的这个产品会被有些人认为是网络霸凌，有一些遭受网络霸凌的人甚至会用自杀的方式来结束生命。对他来说，这只是他许多项目中的一个，是一件有趣的事情。

回到这个马克醉酒后写出的程序。他的代码记录了他是如何一步一步地从哈佛各个学院的通信录上下载照片的。这个过程很不平凡。每个学院都在不同程度上对信息做了保护，扎克伯格像一个保险箱窃贼一样把它们一个个打开。

他把这个心血之作称为 Facemash（面罩），并对网络地址进行了加密。在网站首页的宣传语中，扎克伯格化用了他崇拜的古典英雄的豪言壮语。"我们会因长相被限制访问吗？"Facemash 问它的哈佛访问者们，"不！我们会因长相被人评价吗？是的！"

事实上，他并没有以任何形式发布 Facemash。他只是在注册了域名（Facemash.com）后，把这个网站的地址发给了他的朋友。（他还做了一件蠢事，他在网站发布了在线日志，记录了他获取数据的方法，以及把牲畜图片和人做比较的事情。）然后他就去开会了。那是一个周日晚上，当他回到宿舍，打开计算机后，他惊讶地发现，计算机因为处理不了大量访问而被卡死了。显然，有人在柯克兰公寓周围把它传开了。从此以后，Facemash 传遍了哈佛，然后就开始了病毒式的传播。

这个网站也得罪了不少人。哈佛的女生尤其讨厌自己的照片被拿去做比较，特别是与牲畜做比较。这在一些女性组织里像是捅了马蜂窝一样。

由于投诉和流量过载，扎克伯格觉得 Facemash 不值得继续维护，他决定将其关闭。很快，哈佛的 IT（信息技术）部门——平时的异常流量管理都由他们负责，将柯克兰公寓的网断了。莫斯科维茨当时正在解决计算机科学课的一个问题，而休斯在写论文，他们都被突然的断网惹火了。令扎克伯格更烦的是，乔·格林趁乱拿走了 H33 号套房的最后一个热口袋。（热口袋是在这群人中最受欢迎的食品。）

恶作剧结束了，但是有人需要承担后果。哈佛调查了这件事，他们认为扎克伯格入侵了通信系统，侵犯了版权保护，还侵犯了学生的隐私。格林和奥尔森也被传唤了，但他们背负的指控没有扎克伯格多。扎克伯格被哈佛的管理委员会传唤——这类似于一个秘密法庭，由调查此事的委员会成员和学院的院长们组成，他们将对此事做出裁决。在哈佛，扎克伯格被委员会盯上了。

在扎克伯格和他的朋友眼里，哈佛反对是因为学校对于创业精神存有偏见。在哈佛，创新并不被鼓励，而创新正是扎克伯格最喜爱的。安德鲁·麦卡伦姆（Andrew McCollum）来自加利福尼亚，他是计算机科学专业的，和扎克伯格一起上过几次课，后来他评价道，哈佛只是沉湎于自己的象牙塔。"你不能主修医学预科，因为这不是一个学科。你得先学生物学或者化学，"他说，"你不可以学会计学，因为这太过于实用。你要是想学会计，得去麻省理工学院。在哈佛所有的事情都得是学术化的。"

麻省理工学院对于高科技的恶作剧也更加宽容。这所学校喜欢黑客，而哈佛并不喜欢，它把扎克伯格的恶作剧行为定义为犯罪。当时他真的有可能被开除。

考虑到情况的严重性，扎克伯格竟然像不受影响似的。他的父母却操碎了心，虽然马克将失去一学期的奖学金这件事让他们很不高兴，但他们觉得扎克伯格可以解释，领导们会理解的。"马克从不会明知故犯。"他的父亲说。"他是一个具有强烈道德感和公平意识的人。"卡伦·扎克伯格补充道，声音很坚定。（就像她在 2019 年说的一样，有人觉得她说的不仅仅是儿子作为学生的行为。）"他在家里，在学校，或者和人打交道都是这样的。"

在"判决"前夕，扎克伯格参加了一个名为"再见，马克"的主题聚会，这是他的兄弟会为了他即将被开除而举办的送别会。扎克伯格戴上了古怪的啤酒杯造型的卡通眼镜。格林安排扎克伯格认识自己正约会的姑娘的一个朋友，"这姑娘并不惊艳。"他说。姑娘的名字叫普莉希拉·陈（Priscilla Chan），他们俩在一排啤酒前认识了彼此。当扎克伯格说起自己将要被哈佛开除时，陈表现得很自然。这实在是难能可贵，因为她自己进入哈佛就是一个非常引人深思的移民故事。她从小就立志成为一名儿科医生，她是绝不可能允许自己被学校开除的。

他们俩决定继续约会。约会地点在一家名为布尔迪克的巧克力店，该店的主打产品是蛋糕。扎克伯格和格林商量好，在扎克伯格约会中打电话给他，邀请他去参加派对，"这么做会让他看起来更酷。"格林说。当电话打来时，扎克伯格装模作样地接了，并大声拒绝了邀请，理由是他正和一位很棒的女士在一起。

陈和扎克伯格开始定期约会，她最终成了他的妻子。他们在婚礼上重演了约会的这一幕。

在 11 月 3 日，委员会赦免了扎克伯格。他收到了一个"留校察看处分"，一直到 2004 年 5 月 28 日。[14] 这种惩罚看上去实在太轻了，除此之外，他还被要求去见一位顾问。官方将扎克伯格的这次违规行为定义为"不当社交行为"。

他后来解释说，他把这次判决当作一种警告，警告他别再犯事了，否则他真的会被开除。随后他向女性组织道歉，并且答应为她们做一些和计算机相关的工作。格林和奥尔森被指控的罪名就更小了，也并没有造成什么后果。所以他们连听证会都不用参加。

柯克兰公寓的 H33 号套房庆祝了起来，他们从格林的爸爸那里弄来了香槟——格林的爸爸是加州大学洛杉矶分校的教授，那时他正在剑桥市访问，准备在麻省理工学院演讲，他觉得扎克伯格这个差点被哈佛扫地出门的小孩太狂妄了。"你别再跟着扎克伯格鬼混了。"他对儿子说，这个警告可能让乔·格林损失了上亿美元。

Facemash 事件中，令扎克伯格印象最为深刻的，既和违规行为无关，也不是恶作剧行为带来的关注。几年以后，在宣誓后被问起时，扎克伯格说，他印象最深的是，通过 Facemash，他知道了人们对于自己的朋友和熟人的图片有多么感兴趣。

"还有别的吗？"检察官问他。

"人们比我想象的更喜欢窥探他人的隐私。"他说。

这件事对扎克伯格毫无影响，在更高的风险、更严重的犯罪行为发生后，他表现出的恬淡寡欲与常人不同。他当然不会就此安分下来。

"他是真的有自信。"乔·格林说。格林曾经与扎克伯格和陈一起前往饭馆吃饭，扎克伯格几乎是冲进了一条拥挤的大街。"小心！"陈提醒他。

"别担心，"格林对她说，"扎克伯格的信心会保护他的。"

11 月 6 日，《绯红》的一篇社论[15]引起了扎克伯格的注意，这篇文章出自"绯红评论员"之手，他对 Facemash 的崩溃进行了剖析，勉强承认了 Facemash 让哈佛离大势所趋的互联网化更近了。评论员指出，关键是需要构建一个能够保护学生隐私的标准。

扎克伯格把这篇社论记在了心上，并把保护用户隐私作为他最重要的一个项目的核心种子，这个项目是：为在校大学生提供社交服

Facebook

务的通信录。把学生们的通信录上传到互联网是一个前所未有的创新。它是那么理所当然，又大势所趋。毕竟早在一两年之前，扎克伯格就在之前的学校看到过一个类似的。不同大学的学生们已经把他们的通信录放到网上，其中还有许多社交功能。

4年前，举例来说，一些斯坦福学生运营过一个地下网站，名为"通气管道"[16]，也为学校的学生提供在线的通信录。根据1999年9月《斯坦福日报》的一篇文章记述，三个网名分别为酗酒大师、猴子DJ和苏丹的学生，把过去4年的纸质通信录上的照片扫描好上传。"我们觉得我们可以提供一种新鲜的、未经过滤的声音和一个伟大的服务，可以点亮每个人的生活。"酗酒大师说。但是管理委员会认为，未经他人授权就把其照片上传到网上的行为侵犯了学生的隐私，于是关闭了这个系统。（数年之后，真名为艾伦·贝尔的酗酒大师成了一家专门做精准化重定向广告的创业公司的CEO，后来这家公司并入了扎克伯格的公司，并且备受争议。）

哈佛宣称自己正在开发一款官方的在线通信录，几个月之后将会上线。12月9日，《绯红》引用了计算机运维主管凯文·S.戴维斯（Kevin S. Davis）的话："这么久以来，这都是我们工作的最高优先级。"[17]但是他并没有承诺上线的具体时间。延迟的原因之一是：在这个学期，扎克伯格的Facemash恶作剧使得隐私问题变得敏感起来。

让扎克伯格松了一口气的是，戴维斯说，还没有确定指派哪位员工去做这个官方的通信录。他有足够的时间抢在哈佛之前行动。

在此期间，他还在做一些小项目。这一年他把大量的时间都花在了编程上，只用很少的时间学习，对于一门叫《奥古斯都的罗马》的经典课程，他甚至逃掉了每一节课。他对于伟大的罗马英雄的热爱并没有传递到以这些英雄为主题的艺术珍品上，他后来才发现自己对期末考试毫无准备——期末考试的内容主要是对奥古斯都统治时期的图片和工艺品进行分析。特别是1月，其他人都在准备期末考试，而他花在编程上的时间比之前还多。"我这次真搞砸了，"他后来承认道，"我怎么都不可能把这些材料全部看完。"[18] 所以，他决定用编程来解决问题。他把这门课的网站扒了一遍，下载了所有的图片，然后将这些图片都上传到自己的网站，之后他给这门课的其他同学发送邀请链接，请他们一起来学习。"这网站基本上就是随机展示图片，你需要选择你认为重要的图片做笔记，还可以看其他人的笔记。"他后来解释。

扎克伯格的朋友安德鲁·麦卡伦姆也选了这门课，他认为扎克伯格的做法很有创新精神，这就是典型的团队合作，没有什么阴谋。"扎克伯格认为，在图书馆里组织学习小组效率太低了。那为什么我们不做一个工具，让人们能更容易合作？这就是他一贯的方法。你要如何用技术让人们不受时间和空间的限制去合作？"

一个犬儒主义者可能会认为，扎克伯格创造这个程序只是为了他自己——让自己以学习小组的幌子获得免费的课业辅导。毕竟，虽然整个网站对他的同学也有好处，但它很明显是为了帮助一个人：马克·扎克伯格。但是他后来辩称，自己对《奥古斯都的罗马》课程网站的入侵行为是出于善意。"我只是需要获得信息来学习这门课，而其他人也需要这些信息，所以我给大家做了这个网站。对整个世界来说，我们需要一个地方让人们分享信息，越多的信息被共享，大家的工作就越高效，而目前还没有人来做这件事。给人们建造这样一个地方是有一定的工作量的，需要做产品开发。我想如果你把这些产品做出来，那也是一件很好的事。"

这对扎克伯格本人来说，绝对是很好的事——他以优异的成绩拿下了这门课。

Facebook

Thefacebook 网站

虽然扎克伯格还不是校园风云人物，但《绯红》对 Facemash 的报道吸引了三个高年级学生的注意，他们也有一个互联网的项目。2002 年末，迪维亚·纳伦德拉（Divya Narendra）找到他的两个朋友——双胞胎兄弟卡梅伦·温克莱沃斯（Cameron Winklevoss）和泰勒·温克莱沃斯（Tyler Winklevoss），说了一个创业项目的想法。他想做一个在线网站，给在校生提供约会服务，或许未来还可以服务校外的人。他们把这个项目叫作"哈佛连接"。（后来他们把名字改成了更朗朗上口的 ConnectU[1]。）2003 年，他们通过头脑风暴想出了这个网站，但是并没有为之投入很多精力，因为他们还有其他活动，温克莱沃斯兄弟有比赛训练（他们是奥林匹克运动选手），还要参加花样百出的俱乐部的活动，当然，还要学习。2003 年初，他们雇了一个程序员来帮助他们把上述想法变成现实，但是在网站完成之前，这个程序员退出了，他推荐他们去找做 Facemash 的一个大二学生，来帮助他们把想法变成产品。

11 月 3 日，纳伦德拉给扎克伯格发邮件，马克和 ConnectU 的三个创始人会面之后，很快就同意为他们工作。刚开始他看起来热情澎湃，但过了几周，他让温克莱沃斯兄弟和他们的合伙人感到很失望，扎克伯格没能准时完成任务，反而还找了一堆借口。11月30日，扎克伯格跟卡梅伦·温克莱沃斯说："感恩节我回家忘记带上充电器了，所以没办法用笔记本电脑，因为电池在周三晚上没电了。"他保证等他回学校后会加快进度。

2004年1月14日，在柯克兰公寓H33号的会上，扎克伯格跟ConnectU的三个人说，他要退出。

"他很清楚自己要什么，"同年，卡梅伦·温克莱沃斯告诉《斯坦福日报》，"他在做自己的项目时拖了我们几个月，而他在2月以他自己原创的名义把项目上线了。"[2]

温克莱沃斯的抱怨合情合理。以下是当时扎克伯格在AIM上和朋友的对话：

有人已经开始尝试做一个约会网站了。但是他们犯了个错误，哈哈——他们让我去给他们做。我在拖延进度，所以在Thefacebook发布之前，他们的事儿没戏。

这条信息是众多这类混账信息中的一条，2010年被《商业内幕》杂志披露。[3]对扎克伯格来说，这些信息只是他发的大量信息中很微不足道的一部分，却很直白地揭示了他想掩盖意图的问题和隐私的问题。扎克伯格后来吸取了这些他在哈佛青春岁月的信息给他带来的血泪的教训，他为此感到后悔。他辩称，这些信息是断章取义，并不是他的本意。后来，在给我的信息里，他解释说，人们基于他在青少年时期的一些表达而对他的人品所下的判断，让他感受到了偏见："我感到很沮丧，那些我还是孩子时发的信息和邮件，总是被人们断章取义，拿来开玩笑，或者作为茶余饭后的谈资，就好像那些东西能显示出我的人品和价值观一样，我决定再也不保存旧东西了。"在后来的访谈中，他又提到了这一点："你希望自己对其他人开的每一个玩笑，都被打印出来，断章取义吗？"

而在扎克伯格和温克莱沃斯兄弟因矛盾被庭审和电影记录时，一个没那么有名的竞争者，已经在哈佛发布了一款带有一些社交功能的程序，而其他人还只是在计划中。

那年，亚伦·格林斯潘（Aaron Greenspan）[4] 还是个新生。和扎克伯格一样，格林斯潘也喜欢创造新事物，他是个新手创业者，天性喜欢创新，并已发布了小的数码产品。到哈佛之后不久，他就开始对抗学校在台面下反对创业的偏见，为此他成立了一个学生企业家精神委员会。格林斯潘设计了一个工具，从几个方面来为学生们提供帮助，包括课程作业、社交生活，例如交换教科书，或者接收快递的通知。他把这些功能都放在一个程序里，将其称为管家系统。该系统于2003 年 8 月上线，其中有一个部分是学生通信录，他将其称为"通用 Facebook"。

但是格林斯潘太倒霉了，他的这款产品没有获得多少关注。他没办法说服《绯红》里的任何人对他的产品进行报道，给他带来流量，对此他十分恼火。他写了好多封邮件都石沉大海，他跑到报纸的办公室，想办法让一些人去看他的网站，却毫无结果。在之后的几个月，当他在《绯红》上读到扎克伯格的报道，关于突触和 Facemash 的报道，他更是气坏了。为什么他们就这么关注扎克伯格？

格林斯潘对扎克伯格本人并不排斥，至少在那时是这样的。他曾经尝试劝说扎克伯格加入他的学生企业家小组。扎克伯格虽然表现出兴趣，但是从来没有参加过任何聚会。

在那年 1 月，他们交流过。扎克伯格说他在做另一个项目，但是他"试图让这个项目保持低调"。格林斯潘问扎克伯格，是不是可以让他的项目成为管家系统的一部分，但是扎克伯格不同意，他说格林斯潘的系统太复杂，对他来说很难。和温克莱沃斯兄弟在一起的时候，他把扑克牌放得离胸口太近，以至衣服印上了方块和黑桃。"一般来说，问题是，我在编程上没办法持续保持注意力，"扎克伯格给格林斯潘发信息，信息里的话他的室友绝对不会认同，"我想法很多，喜欢快速实现。"

1月8日，他们在柯克兰公寓一起吃晚饭。扎克伯格和他的室友达斯汀·莫斯科维茨在一起，另外还有一位年轻女士，看上去只是刚好在那里。让格林斯潘感到吃惊的是，扎克伯格十分自信，又出奇地轻松自如。在新英格兰的冬天，他就穿着短袖，好像马上要去冲澡一样。在网上聊天的时候，扎克伯格对自己做过的事情说得很少，格林斯潘希望能通过这个机会直接询问他一些关于图论的东西。

他做了一个哈佛的 Friendster 吗？格林斯潘在思索。扎克伯格暧昧的态度让他很烦，他对这个无礼的大二学生有了判断。"从我第一眼看见他，我就不信任他。"格林斯潘如今说道。

1月初，格林斯潘在检查管家系统的日志时，确信自己的怀疑没有错。扎克伯格在访问格林斯潘的网站时留下了不太明显的痕迹，很显然，他是来做调研的。这个日志让格林斯潘能够追查出扎克伯格都在网站做了些什么，就像扎克伯格的 Facebook 后来可以追查到用户甚至非注册用户在互联网上的行为一样。

但是，扎克伯格并没有隐藏自己的意图，他是打算做一些东西，在某些方面和格林斯潘存在竞争关系，而且在这期间，他还给格林斯潘发过信息，问他关于管家系统的事。格林斯潘对扎克伯格的行为表示沉默，他对扎克伯格的看法还是一样。很久以后，这个看法发生了变化，格林斯潘在接受《纽约时报》采访的时候，声称扎克伯格创建 Facebook 是偷了他的创意，就像扎克伯格对温克莱沃斯兄弟所做的那样。

Facebook

事实上，这个创意原本就是谁都可以拿去做自己的产品的。社交媒体正在爆发，Friendster昙花一现，数百万人又开始用起了MySpace。做一个学校的在线通信录这种创意早就烂大街了，它并不像相对论那样无可比拟。即便是克里斯·蒂勒里在埃克塞特的项目，在创造者本人看来，也只是在数字化时代迈出的显而易见的一步。

扎克伯格花了太多时间编程，他的课堂出勤率堪忧。他在操作系统这门课上的缺勤率已经低到臭名昭著了。2004年1月，他的指导员马特·威尔士（Matt Welsh）找学生谈话。威尔士那时候的看法是，虽然扎克伯格没去上课，但是他应付这门课一点问题也没有。但是他也提醒扎克伯格，这门课的出勤率会被计算在成绩里。难道他不想得到A吗？难道不是所有的哈佛学生都想得到A吗？

扎克伯格告诉威尔士自己的情况有些复杂，他说自己因为Facemash的事情，被学校管理委员会折磨得死去活来，他还解释说自己把大把的时间都花在做一个带有社交功能的在线通信录上了。威尔士不为所动。"你觉得你可以和Friendster或者Orkut竞争吗？"他问这个19岁的少年。（Orkut是谷歌旗下一个新的社交网站。）后来威尔士在自己的博客里说，扎克伯格的想法"很清楚"。[5]

"马克不是坏学生，"他的朋友安德鲁·麦卡伦姆说，"在那个时候，哈佛没什么能给他的，因为他基本上把自己未来的路规划好了，课堂可以给他的越来越少，其他事情能给他的越来越多。"

1月11日，扎克伯格还在拖延ConnectU项目的进度，雇用他的人越来越不耐烦地催他，他同时还在敷衍格林斯潘，这时候，他注册了网站Thefacebook.com，因为Facebook.com已经被其他人注册了。

那时候，没有人清楚扎克伯格到底已经做了多少工作了。2004年1月初，在冬天来临时，他拜访了一些在湾区的朋友，去参观大科技公司总部的时候，他震惊了。不容置疑的是，在 1 月底，扎克伯格花了一两周的时间来给 Thefacebook.com 编程。在那个月，很显然这个项目拥有他的最高优先级。

他认为这个网站是他以往所有项目的最高成就。所有这些共同的思路，扎克伯格后来会解释，他相信互联网意味着更高效的信息共享，但是人们还没有相应的工具让这件事发生。建造这些工具可以帮助世界变得效率更高。"这真的是一件好事，"他说，"所以我做了一些小项目，像是课程配对和关于《奥古斯都的罗马》的网站。Facebook 就是这类工具里最厉害的一个，因为它包括了所有你关心的他人的东西。"

他从之前所有的项目中都吸取了经验。课程配对让他知道人们喜欢关注自己的朋友将上什么课，Facemash 让他明白人们真的很喜欢看和他们的朋友相关的东西，关于《奥古斯都的罗马》的网站告诉他人们乐于共享免费的内容。（为了避免掉入 Facemash 的一个陷阱，他只用人们自主上传到网站的内容，因为这是哈佛管理委员会的另一项调查内容。）不仅如此，几乎能确定，他也考虑过德安杰洛的 Buddy Zoo 和朋友列表项目，他要构建一整个人际网络。

扎克伯格在发布 Thefacebook 之前，又做了一个小项目。该项目的其中一个功能是，用户可以在个人简介的页面上发布一些内容。如果《绯红》提到过某个人，那么他就可以把这些内容放在个人简介上，其他人就可以通过当地新闻匹配到真实的人。当扎克伯格去抓取《绯红》的数据来为此做准备时，他发现可以构建一个 Buddy Zoo，通过图形找出人和人之间的联系。结果扎克伯格发现，一个经常出现在《绯红》的人是哈佛一个学院的院长，他是计算机科学教授，叫哈利·刘易斯（Harry Lewis）[6]。扎克伯格很开心，决定针对哈利·刘易斯发布一个六度空间的应用，通过它，人们可以从报道中找出自己离哈利·刘易斯有多近。小心起见，他写了一封邮件，询问刘易斯对这个想法怎么看。

刘易斯对此没有意见，但是，后来他告诉《大西洋月刊》的记者亚历克斯·马德里戈（Alex Madriga），他给过这个年轻的程序员一些警告。"这都是公开信息，"他评价扎克伯格搜集的信息时说，"但是，在某种程度上，公开的信息正越来越侵犯到个人隐私。"

扎克伯格之前的项目都是最少使用交互元素的，基本上就是他把文本放到屏幕上，人们点击链接，屏幕就会跳转到其他页面，或者是一些功能。但是他感觉这个项目非常重要，值得做一些图形上的设计。麦卡伦姆设计过一些漂亮的页面，所以扎克伯格通过聊天软件联系上他，跟他说自己已经完成了 Thefacebook 的原型，希望麦卡伦姆来做网页设计和 logo（标志）。麦卡伦姆拒绝了，他说自己并不是设计方面的专家，只不过是个偶尔用用盗版绘图软件的计算机科学家。但是扎克伯格坚持让他制作了网站的首页。首页的设计是一个人的轮廓消散在 0 和 1 这两个数字组成的背景里。（即便在那时，这种设计创意也是烂大街的。）

麦卡伦姆用"矢量艺术"创造了一个 logo，原型是他从网上找到的一个年轻人的头部照片，他将图片的边缘分解成了数字。这看上去像是男演员阿尔·帕西诺（Al Pacino）的照片。只是多年之后，才有人发现，麦卡伦姆用来制作 logo 的图片、被数百万人熟知的"Thefacebook 男"，使用的是彼得·沃尔夫（Peter Wolf）的照片，他是一个波士顿乐队的前主唱。

尽管做了界面的调整，这个网站看起来还是不够吸引人。和后来的设计相比，Thefacebook 的第一版设计非常粗糙。最初的用户访问网站，映入眼帘的就是网站的名称和彼得·沃尔夫的照片，还有一段关于网站的介绍。

欢迎来到 Thefacebook

Thefacebook 是一个面对在校大学生的在线社交网络。

我们对哈佛大学的学生开放了 Thefacebook。

你可以使用 Thefacebook：

· 查找你的校友。

· 找到你的同学。

· 找到你的朋友的朋友。

· 看到你的社交网络图。

点击注册即可开始。如果你已经有注册账号，请登录。

在首页的最下方，以及每个网页的最下方都写着一行字，Thefacebook 的创造者想让所有人都知道自己：

马克·扎克伯格出品

Thefacebook © 2004

登录后，你可以联系在线的同学，或者邀请其他人加入网站。

隐私条款或许可以表明这个新网站的特点。通过只允许拥有哈佛域名邮箱的人登录，它为哈佛学生创造了一个安全的环境，让他们可以自愿地分享信息。通过验证邮箱，它确保了每个人在网站上都使用了自己真实的身份，这样人人都会为自己的言行负责。

不仅如此，用户还可以限制对特定的人群分享的内容。这些保护措施，让 Thefacebook 看起来比同期的其他社交网站都更重视隐私安全。

后来，温克莱沃斯兄弟宣称，使用特定的互联网域名来确保隐私安全这一想法是他们提出的，这是他们告诉扎克伯格的最重要的秘密。但是这并不是他们首创的概念。事实上，ConnectU 团队非常熟悉的亚伦·格林斯潘的管家系统，就是用哈佛大学的域名邮箱来验证用户的。

　　尽管从表面上看，扎克伯格对哈佛管理委员会关于 Facemash 的调查表现得云淡风轻，但他还是付出了代价，并吸取了教训。"Facemash 对马克来说是一段很好的经历，并且为他奠定了一个基础，让他后来在做 Facebook 的时候，对于用户数据和隐私非常重视，确保了用户能够控制他们自己的数据，"扎克伯格的同学梅根·马克斯说，"当他创建 Thefacebook 的时候，所有内容都是用户提交的。他完全没有从其他任何地方获取数据。人们完全是自愿注册的，在一个月之内，哈佛有超过一半的学生都在使用这个网站，所以他也根本不需要去其他地方扒数据。"

　　Thefacebook 一开始没有任何内容，只有一个框架，用户会带来他们的信息。用户可以创建自己的信息页面。人们在一本通信录的描述页只能填写两行内容，而在 Thefacebook 上可以填写的信息要多得多。Thefacebook 让学生们上传自己的照片以及其他的信息，他们可以选择上传什么样的照片，而不一定是摄影师给他们拍的中规中矩的毕业照——这些都将用于社交，甚至约会。用户还可以将自己的关系状态写上去，以及想"找"什么样的人。用户还可以在上面放更多的个人信息，比如电话号码、AIM 账号、兴趣爱好、政治倾向、最喜欢的书、选修的课程、最喜欢的名言等。虽然用户不能通过这个系统对话，扎克伯格还是为它设计了一个供用户互动的功能：用户可以"戳"一下别人。虽然"戳"这个功能有一些性暗示在里面，但这个动作的意义完全取决于戳的人和被戳的人。多年以后，我问扎克伯格，他知不知道，在拉里·麦克默特里（Larry McMurtry）的《孤独鸽》一书中，人们常常用"戳"指代通奸。扎克伯格表示自己之前从来没听过。

但对 Thefacebook 来说，有价值的数据并不仅仅是个人信息。在 Friendster 上，你和其他人互加好友后，他们就会出现在你的人际网络里。但是和 Friendster 不同，Thefacebook 允许其他用户浏览你的人际网络。"许多人仅仅想看看别人都认识谁，"扎克伯格后来说，"很难想象吧？"[7]

2004 年 2 月 4 日，扎克伯格正式上线了 Thefacebook，他给自己的朋友们发送邮件，请求他们试用。当时正好赶上学生们为新学期选课，Thefacebook 马上推出了相应功能。这项功能同样给了早期的使用者一些事情做，当时这个网站还没有那么多的注册者。但是这种情况并没有持续很长时间，在扎克伯格推出这项新功能之后，人们纷纷开始注册。

在上线网站的那天晚上，扎克伯格和朋友们一起去匹诺曹比萨店吃比萨，他们管这家店叫木偶。他经常和朋友金康星（Kang-Xing Jin，他们也称他为 KX）光顾这家店。KX 是和扎克伯格一起上计算机科学课的伙伴，他们经常一起头脑风暴，思考科技能够带来什么样惊世骇俗的变化。2 月 4 日晚上，看见 Thefacebook 快速被用户接纳，扎克伯格和 KX 推断，有一天，作为个体的人类将能和全世界产生连接。但在他们的想象中，把全人类连接起来的并不是扎克伯格笔记本电脑上发布的这个程序——他们认为这个程序会由微软或者其他巨头公司发布。[8]

在哈佛有一个名叫山姆·莱辛（Sam Lessin）的高年级学生和扎克伯格认识，但不算太熟，同样也住在柯克兰公寓。莱辛在哈佛学生会里打杂，负责技术支持。在暑假前，他上线了一个叫作"绯红交换"（Crimson Exchange）的网站，他将其形容为"哈佛的 eBay"。这个网站最后黄了。

莱辛觉得 Thefacebook 非同一般。扎克伯格完美地将社交网络的优点融合在一起，这让莱辛着迷。莱辛的父亲是东海岸的科技投资人，投资过六度空间，莱辛非常崇拜安德鲁·维恩里奇。他经历过那家公司的衰亡，也经历过 Friendster 的崛起，他认为 Friendster 是个好产品，但是有瑕疵——缺少可信度，因为用户都不是用真名注册的。现在，这个和他住在同一个宿舍的年轻人创造了一个安全的网站，在这个网站上，你知道和你互动的人是谁，而你的隐私信息也仅在你的社交圈传播。

他马上约扎克伯格吃午饭。"这可以做大呀！"莱辛对着面无表情的扎克伯格说道，"这可以值……上亿美元！"这是莱辛能想到的最大的数字。

扎克伯格说了什么？"他漠不关心。"莱辛回忆道。扎克伯格似乎更关心他怎么能用 Thefacebook 做更多有趣的事情，而不是赚钱。

尽管如此，扎克伯格也考虑过，Thefacebook 比他以往做的项目都更具有商业潜力。在上线以前，他就说过想要以 Thefacebook 为基础成立一家公司，让一些朋友投资。从 Facemash 事件中，他学到了一个教训：他没法在自己的笔记本电脑上运行一个支持全校的系统，他需要一些钱来租服务器。扎克伯格首先找到了乔·格林，但是格林对政治更感兴趣，而不是计算机，而且他的父亲警告过他要离扎克伯格远一点。

扎克伯格又找到了兄弟会里的一个朋友，名叫爱德华多·萨维林（Eduardo Saverin）。萨维林来自巴西一个富裕的犹太家庭，全家在他高中时迁往迈阿密。他加入了哈佛投资俱乐部。"我们中间没有人懂什么是商业，但爱德华多看起来像是懂商业的人。"格林说道。

萨维林出资 1 000 美元，这个数字是扎克伯格算出来的。后来他又出了 15 000 美元，放到了一个和扎克伯格共同持有的银行账户里。他俩同意共同拥有 Thefacebook。扎克伯格持有新公司 2/3 的股份，萨维林，这个看上去懂商业的家伙拥有 1/3 的股份。[9]"我们一起成立了一家公司，"后来卷入法律纠纷时，扎克伯格在法庭上解释道，"看起来我们应该谈论这个话题了。"

这笔钱让扎克伯格能够去租服务器，费用是每个月 85 美元。

在后来的几天里，Thefacebook 席卷了哈佛校园。随着越来越多的学生注册，人们就更容易在上面找到自己朋友的信息了，还有那些他们想要认识的人的信息。20 世纪 80 年代早期，计算机科学家鲍勃·梅特卡夫（Bob Metcalfe）撰文写过关于网络效应的观点，他假设网络的价值将随着加入人数的增加而呈指数型增长（这后来被人们称为梅特卡夫定律）。对于学生们来说，随着时间的流逝，注册一个 Thefacebook 账号，从一件消遣性质的娱乐活动变成了不得不做的事情，如果没有 Thefacebook 账号，就好像在校园的虚拟世界里被流放了一样。

后来，社会学家和创业公司专家们前赴后继地分析在 2004 年 2 月的哈佛大学校园里到底发生了什么，他们煞费苦心地解构扎克伯格到底做了什么与众不同的事情。"在常春藤盟校中，即将入学的新生一般都不认识什么人，所以通信录对他们来说是一个非常关键的东西，"丹娜·博伊德（Danah Boyd）说道，当时，她是一名 20 岁出头的社会学家，也是第一批意识到社会科学的新纪元已经从计算机屏幕中孕育而生的人，"扎克伯格让它产生了交互性，它有轻微的社交窥私属性，它有成瘾性。非常关键的一点是，你只能看到你网络中的人，这让你可以有选择性地公开你的信息。"

在上线后的几天，《绯红》的全体员工认为柯克兰公寓 H33 号套房就是哈佛人的硅谷，他们非常重视这一现象级的产品。"成百上千的人注册了新的 Thefacebook 网站。"[10] 报纸的头条上写道，曾经臭名昭著的 Facemash 的创造者，用一种戏剧性的方式挽回了他的声

Facebook

誉。扎克伯格在故事里被描绘成一个傲慢的人，他创造 Thefacebook 是为了嘲讽哈佛大学在筹建他们自己的官方在线通信录一事上行动迟缓。"我认为学校花一两年时间在这事儿上有点儿蠢。"他说。这像是一个乐章的第一个音符，在接下来的几年里，这个乐章都围绕着一个主旨：技术的新纪元属于年轻人。"我能比他们做得更好，而且我只需要一个星期。"他得寸进尺地说道。

欲戴皇冠，必承其重。这个新项目也给他带来了痛苦。报纸同样警告他注意学生们所关注的隐私安全，而这个新项目反映了他对此的重视程度。他构思了多种方式，让用户能够在展示个人信息时限制谁可见。并且，他承诺这个网站将在未来同样尊重用户的隐私。"我绝不会出卖任何人的邮件地址。"他对《绯红》说。

像古典文学里的英雄奥古斯都、亚历山大大帝，还有他喜爱的《文明》游戏中的角色一样，扎克伯格势如破竹，接管了哈佛大学学生的虚拟生活。像那些野心勃勃的战士一样，他的征服并没有结束。扎克伯格并不着急在实验室里优化 Thefacebook 网站，也不把重点放在哈佛其他校区的推广上，他开始谋划进军全国的其他大学，有一些学校已经有了在线通信录。为了进入其他市场，扎克伯格需要一个团队来做脏活儿累活儿，好让 Thefacebook 的星星之火得以燎原。这些工作就落到了那些 Facebook 早期的联合创始人身上。当然，他们所有人都是那个名字出现在每个网页下方的人的助手。这是一个属于扎克伯格的产品。

达斯汀·莫斯科维茨成了扎克伯格最重要的技术帮手。莫斯科维茨比扎克伯格晚 8 天出生，来自佛罗里达州的盖恩斯维尔，主修经济学。在校期间，作为扎克伯格的室友，他掺和了不少扎克伯格的事，他在午夜闲聊时畅谈互联网将如何改变世界，他认为 Facemash 就是一个愚蠢的恶作剧。"我并没有想要让他对我感兴趣，"莫斯科维茨在后来的访问中对记者说道，"这更类似于他正在做一件事，而我正好在旁边，他对我说：'你能给我搭把手吗？'"[11] 但是，看着 Thefacebook 迅速风靡校园，莫斯科维茨想承担更重要的角色，这就意味着他得真的写一些代码。他上了编程速成课，买了《傻瓜学 PERL》这样的编程书来看，把所有时间花在自学上。当扎克伯格告诉他整个网站不是用 PERL 语言写的，而是用更现代的编程语言 PHP 和 C++ 时，他也不发愁。[12] 没什么大不了的，莫斯科维茨都可以学。他爱工作爱得让人难以置信，以致人们称他为公牛——这个昵称似乎丝毫没有考虑到他的天赋异禀和条理清晰的技能。他很快就搞明白如何效仿扎克伯格的工作，并且很快就能熟练地完成将 Thefacebook 推广到新的大学的任务。

扎克伯格的室友克里斯·休斯立刻意识到，这个项目并不是昙花一现，也不是像 Facemash 那样的恶作剧。休斯是 Friendster 的超级拥护者，但是他明白，一个私密的网络，有哈佛域名作为数字边界的限制，能够解决 Friendster 所不能解决的隐私问题。对休斯来说，Thefacebook 是扎克伯格所有项目中第一个让他感觉想要参与的。休斯并没有技术方面的天赋，扎克伯格让他负责处理公关事务，这些事是扎克伯格自己不愿意承担的。

安德鲁·麦卡伦姆曾经给网页加图片，他在艾奥瓦州长大，热爱计算机，是哈佛大学的这群人里真正主修计算机科学的。他立马就被扎克伯格的高强度工作和追逐梦想的决心打动了。

仅次于扎克伯格，拥有第二多股份的联合创始人是爱德华多·萨维林，他的资金比例代表了他需要承担的风险。当团队计划进军其他大学的时候，他的责任就是做商业相关的事情。

虽然有 5 位联合创始人，但没有人质疑谁是老大。扎克伯格在网站上的个人描述是"创始人，大师与指挥官，国家的敌人"。他开始将 Thefacebook 区别于自己之前的其他项目。第一次，有一个项目，能够成长为一件值得他投入所有时间和精力的事情。

现在，他们要占领其他的校园了。扎克伯格把这一切看作一场巨大的《大战役》游戏。确实如此，战场上并不是没有竞争对手，有一些学校已经有了一些同质化的产品，这很像《大战役》，他必须智取。

第一个目标是哥伦比亚大学。从表面上看，进军哥伦比亚大学不会是最顺利的。因为这里已经有一个竞争对手了，在 2003 年就存在了。但是游戏大师扎克伯格做出了一个违反直觉的举动。他一开始并没有把火力集中到那些看上去很容易占领的校园，相反，他先去进攻那些看上去成功率最低的大学。[13] 这意味着这些学校的学生都有其他的选择。

"这就是扎克伯格异于常人之处，"麦卡伦姆说，"要是其他人做了这个网站，肯定会满足于现状，只会守着一所学校的市场，做一些现有功能的维护和改进。而马克想看到 Facebook 成为最受欢迎的社交网络。"

当扎克伯格想要让 Thefacebook 走出哈佛大学时，他面临一个重要的决策：新加入系统的学校将会与哈佛合并成一个网络，还是成为独立的单元？尤其是一所学校的学生，可以浏览另一所学校学生的个人信息吗？后来，他解释了自己的权衡："对人们来说，能够看到所有人，和他们分享自己的兴趣、想法、关心的事情，但在这样的环境里他们会感到不安全，这是不是一个更好的选择？又或者，人们可以分享更多的信息，表达更多的内容，但是仅在一个更小的圈子里，只展示给和他们相关的用户。"[14] 在深思熟虑之后，扎克伯格决定，用户只能浏览本校学生的个人页面。如果人们知道，只有自己所在圈子的人才能看见自己的页面，他们将更愿意分享类似于手机号这样的个人信息。

隐私决定一切。扎克伯格后来总结道："眼光要放长远。如果人们发现自己分享的信息被公开，这将会毁了我们。"[15]

他们开始总结出占领一个新校园的步骤。首先，他们会设置一个新的数据库，然后创建新的域名，同时确保服务器空间的安全，再扫描课程目录，联系校报，最后，上线，给关键人物发邮件，这些人往往是他们社交网络中的朋友或者兄弟姐妹，或者是那些听到风声主动要求加入的人。2 月 26 日，Thefacebook 在哥伦比亚大学上线。

和哥伦比亚大学已经存在的竞争对手相比，Thefacebook 的优势是保护用户隐私。虽然竞争对手"哥大社区"允许学生们上传更多的图片、撰写博客，但是上面的内容是对所有人开放的。[16]

人们可能会认为扎克伯格在 Thefacebook 第一次走出哈佛的那晚都在屏幕前盯着。但是一个偶然的机会让扎克伯格得知，微软的创始人比尔·盖茨那晚在哈佛的罗威尔演讲厅发表演讲，盖茨因为从哈佛大学辍学创业而成名，但是他并不鼓励其他人这么做。相反，他鼓励台下那些计算机专业的学生完成学业后到微软工作。[17]

比尔·盖茨分享了一个对扎克伯格来说很有用的信息——哈佛允许学生离开学校去从事其他事情，而且没有期限。"如果微软倒闭了，我会重新回到哈佛！"这个亿万富翁开玩笑说。后来，扎克伯格回忆时说，如果当时他没有听到这个信息，他很可能不会为了 Facebook而辍学。（这件事也证明了扎克伯格的父母是最了解他的人：在他大学生涯开始以前，他的母亲就打赌说他会辍学，但是他坚持说自己会拿到学位。后来，他开玩笑说他会在母校发表毕业演说，以获得荣誉学位，这样打赌就不算输。）

在接下来的几天，Thefacebook 先后在斯坦福大学和耶鲁大学上线。有了套路之后，在接下来的几个月，Thefacebook 入驻了超过 100

所大学。

在 Thefacebook 上线后第 6 周，《绯红》又来采访扎克伯格了，这一次，他们非常有先见之明地阐述了社会科学家将如何看待 Thefacebook。[18] 扎克伯格把自己描述成"一个傻程序员"，他让休斯来做聪明人的工作。"这是一个帮助人们改善社交关系的工具，它能把不太熟的人联系起来。"他对《绯红》的记者说。虽然扎克伯格想表现得谦虚一些，但是当记者问到和 Friendster 这个他看不上的网站的相似之处时，他还是忍不住为 Thefacebook 说几句。"网站上的信息，从根本上说是不同的，"他说道，"在表现自己上，Thefacebook 的用户不像 Friendster 的用户那么偏激。"这篇报道对他们赞誉有加："像扎克伯格和休斯这样业余的人类学家正在改变人们每天的生活，一次戳一下。"

看到扎克伯格在 2 月 4 日上线的 Thefacebook 时，ConnectU 团队被吓到了。原来在找借口没有完成他们的哈佛社交媒体产品时，扎克伯格竟然在做自己的产品！他们开始去找其他程序员，同时又很担心错过窗口期。确实如此，在 Thefacebook 出现后的几周，他们惊恐地看着这个产品席卷了哈佛，不仅如此，同样的情况还发生在其他常春藤盟校里，并且蔓延到了全美的其他名校。气急败坏的 ConnectU 甚至还将此事投诉到了哈佛校长劳伦斯·萨默斯那儿，这位校长对此已经习以为常了——那些学生企业家总能找到办法来到他的办公室。他告诉 ConnectU 的三个人，学校对于学生的商业行为不做干涉。（后来，萨默斯称温克莱沃斯双胞胎"浑蛋"，还嘲笑他们打着商务的幌子搞了这次会面。[19]）

ConnectU 团队如果知道扎克伯格还把这件事当笑话说给朋友们听，恐怕会直接气死。在一段 AIM 聊天记录里，他们证实了一件事：

扎克伯格故意拖着温克莱沃斯兄弟的团队，当时他正在准备自己的产品。

"对，我就是要拖着他们，"他写道，"可能拖一年吧。"[20]

然后他又更正了自己。

"一辈子吧。"

15 年后，我告诉扎克伯格，事情看上去非常清楚，他当时并没有处理好 ConnectU 的事情。

"我不知道，"他说，"我觉得我可能是想要冷处理。但是……我不确定，我觉得我说得很清楚了。"

哈佛的一位院长让他就这起纠纷写一个事情发生的时间线，他写了一封信，在字里行间，他表现得非常礼貌（却有失公允）。[21] 在扎克伯格看来，在他答应帮 ConnectU 团队后，他们不断地给他加新工作。最终，扎克伯格解释说，他不再对纳伦德拉和温克莱沃斯兄弟抱有幻想，因为他们的项目触碰了他的底线，既无聊又愚蠢。不仅如此，他们还想让他通过加班来改进代码，就好像扎克伯格是一个躲在幕后的专家一样。扎克伯格说得很清楚了，这种事情他不会干。在谈话中，他表示自己被 ConnectU 团队的无知和毫无想象力震惊了。"很显然，他们并不像我一开始认为的那样有条理和有商业逻辑。我在学校里最不擅长社交的朋友，都比这些家伙更懂得如何吸引用户。"在信里，扎克伯格还投诉 ConnectU 团队影响了他的学习："学校应该管管他们，他们逼着我做这做那，影响了我的学业。"

在所有虚张声势的投诉里，扎克伯格表明了自己的立场。ConnectU 团队的计划像是空中楼阁一样，他们认为想到一个好点子，然后把这个点子搬到网上，利用网络的超能力就能成功。这和第一波互联网泡沫破灭时那些被波及的创业公司的信条是一样的，像 Pets.com

这样虚有其表的公司膨胀得像气球一样，最终只能黯淡收场。

同年 5 月，学校对于扎克伯格的行为还没有做出任何制裁，卡梅伦·温克莱沃斯忍无可忍了，他决定把扎克伯格背信弃义的行为公之于众。很自然地，他想到了《绯红》。温克莱沃斯匿名联系了记者，而这家报纸也想事无巨细地了解扎克伯格都做了些什么，他们把这个任务交给了一位名为蒂姆·麦吉恩的记者，让他去采访 ConnectU 的负责人。麦吉恩采访完之后，又请扎克伯格到自己的办公室对此事发表评论。[22]

扎克伯格带了自己的笔记本电脑来，准备向麦吉恩和他的编辑伊丽莎白·希欧多尔证明，Thefacebook 从一开始就和 ConnectU 没有半点关系。但是他的第一个行为就让人备感诡异，他让这两位记者签署一份保密协议，而当时扎克伯格对外宣称自己的项目不是一个商业行为。（这里埋了一个伏笔，后来，保密协议成为每一个 Facebook 的访客都需要签署的东西。）他们俩拒绝了，但扎克伯格还是继续了下去。他成功地让他们相信，他的网站和温克莱沃斯兄弟脑子里的东西一点关系都没有。最后，他承认："Thefacebook 不是一个全新的创意，它综合了其他所有社交网络的特点。"[23]

对于《绯红》即将发表的报道，扎克伯格感到很焦虑，甚至是恐慌。在给格林斯潘发的消息里，他说了许多对温克莱沃斯兄弟的不满："我就帮了他们一个月，结果他们怪我偷了他们的创意。"[24]他实在太想知道《绯红》会怎么写自己了。（颇具讽刺意味的是，在和扎克伯格联系的这段时间里，格林斯潘也在怀疑扎克伯格窃取了自己的创意！但是格林斯潘没有把事情闹大。"我就觉得这只是一个学生的项目，没必要把事情闹大，"他说，"在我看来，这个项目过不了一周就会不了了之。"而且，在那时候，格林斯潘真的把扎克伯格当朋友。）

03 Thefacebook 网站

扎克伯格还问格林斯潘知不知道如何加入"新闻对话"。这是一个《绯红》的内部邮件组，员工会在里面讨论即将发表的报道和其他与编辑相关的事宜。格林斯潘表示自己爱莫能助。

"那好吧。"扎克伯格用键盘敲出了这几个字。然后，他开始想象自己离开哈佛后的日子，那时候就应该没有这些烦人的事情了。

在马克毕业后确实没有校报和管理委员会烦他了，只有《纽约时报》和联邦法庭，哈哈。

追溯起这件事，如果能未卜先知，扎克伯格在发完这些后就该把嘴闭上。可他没有，他读了《绯红》的编辑和写手的邮件。

后来，通过扎克伯格的即时聊天软件，《商业内幕》杂志揭露了他如何盗用 Thefacebook 用户的私人账号。首先，他搜索了那些自称是《绯红》员工的用户的账号。然后，他潜入这些账号，利用网站日志监视这些用户，当他们输错了密码，扎克伯格就会知道。他特别留意这些人是否会用他们的邮箱密码来登录 Thefacebook。这就是他的计划，用这种方法，他成功地登录了至少一名《绯红》记者的邮箱，并看到了希欧多尔对他那次拜访的评价——她将他的行为描述为"低级"。但是在看到扎克伯格展示的证据后，她认为扎克伯格对 ConnectU 团队的所作所为并不意味着他窃取了他们的作品。

尽管有那么多麻烦，这篇文章本身还是比较公平地阐述了双方的观点，最后，看上去两个网站都是在抄 Friendster。为此，扎克伯格写信给《绯红》投诉，他认为他们应该更努力地为自己洗白，但很快就不了了之了。他还有更重要的事情要做。

那年 9 月，ConnectU 团队开启了一场旷日持久的法律诉讼，后来这场诉讼让他们获得了 6 500 万美元的和解金。这笔交易看起来棒极了，毕竟，他们和扎克伯格没有任何正式的合作协议——一名法官将他们之间的协议称为"宿舍闲谈"。无论如何，扎克伯格只是拖延了他们两个月，而在此之前，他们自己已经拖了一年多了。尽管如此，纳伦德拉和温克莱沃斯兄弟还是觉得这些钱不够多，和他们想法一样的，还有另外一大群对扎克伯格不满，又从他身上获得了巨额财富的人。（管家系统的格林斯潘后来也从扎克伯格那里获得了数百万美元的和解金，理由是"facebook"这个词的版权是他的，[25] 他甚至像《白鲸记》一书中的亚哈船长追逐白鲸一样咬着扎克伯格不放。）

当时是 2004 年 6 月，这一切看上去还很遥远。暑假即将来临，扎克伯格有个大计划：将 Thefacebook 搬到西部去。

这个念头是在一次闲谈时冒出来的。因为家里有人和电子艺界公司的老板宾·戈登有多年的关系，安德鲁·麦卡伦姆去游戏公司实习过，他打算回硅谷。亚当·德安杰洛则拿到了谷歌的实习职位，同样打算前往湾区。既然暑假期间 Thefacebook 没办法继续在 H33 号套房运营，而大家都打算去硅谷，扎克伯格觉得或许应该为团队在加州找套房子，这样大家都可以继续工作。这显然比找份暑假工作要好多了。"硅谷是个打发暑假的好地方啊，我的朋友都在那儿。"他解释道。[26]

扎克伯格上 Craigslist 找了一栋家具齐全的别墅，别墅位于帕洛阿尔托的巴伦公园地区，这里的绿化很好，离市区只有几英里，房子还带泳池。租约上写了三个人的名字：扎克伯格、莫斯科维茨、麦卡伦姆。在离开之前，他还招了两名很有天赋的新生，作为公司的实习生，虽然他们俩很可能和其他人一样，只是负责写代码。

之所以招实习生，是因为他想试着像运营一家真正的公司那样去实践。"老实说，我们并没有真的把 Thefacebook 当成创业公司去看，"麦卡伦姆说，"2004 年算是互联网泡沫破灭之后创业公司最不景气的一年了。所以在这种大环境下，人们的想法就是这样，尤其是在哈佛。Thefacebook 取得成功确实振奋人心，但是大家还是觉得这就是个学生项目。"

在开始这次激动人心的征途之前，扎克伯格花时间接受了《绯红》的另一次采访，这次报道中，他是"Thefacebook.com 背后的奇才"27。记者拜访了柯克兰公寓，在公共房间里，他看见地上成堆的衣服和半开的箱子。扎克伯格看上去要么是觉得无聊，要么是没耐心，他嘴里吐出的每个字都在传达一个信息："随便"。在提问和爱答不理的回答之间，你都能想象到记者的挫败感。

《绯红》的记者一直想引导扎克伯格多说一些 Thefacebook 的巨大潜在价值，但扎克伯格完全没有上钩。"Thefacebook 能成功是很棒，"他说，"但是，我不觉得赚钱是我的目的。"

"你会卖掉公司吗？"

"或许吧……如果我觉得没意思了。但肯定不是最近，肯定不是这一两周的事儿。"

扎克伯格的生意伙伴——爱德华多·萨维林并没有出现在故事里。

"我的目标不是找一份工作，"扎克伯格说，"我喜欢做有趣的事，我不喜欢让别人来告诉我什么时候该做什么，这才是我的生活要追求的奢侈品。"

当记者问到他愿意为这样的奢侈品付出什么时，扎克伯格的回答四两拨千斤。"我想最终我会做出一个能赚钱的东西，"他说，"我的意思是，哈佛毕业的人都能找份工作赚一大笔钱，但不是每个人都能有一个社交网络。"

一个很偶然的机会，肖恩·帕克（Sean Parker）[1] 发现了 Theface-book。他不是大学生，他连大学都没上过，但是 26 岁的他和大学生一起生活。他的房子在波度拉谷，离斯坦福大学不远，斯坦福的学生最近迷上了马克·扎克伯格的社交网络。

帕克的近况比较尴尬，甚至可以说混得挺差的，在科技圈里，他也算是一名老手了，虽然颇有争议。对扎克伯格这样的千禧一代的技术宅来说，帕克可以算得上神一样的存在。他的家乡在弗吉尼亚州，他在华盛顿特区的近郊长大，帕克曾经是个很平庸的学生，也像平庸的学生一样没通过考试，而对于自己感兴趣的科目，他却能以优异的成绩拿下。他曾经是游泳队里的主力，直到慢性哮喘终结了他的游泳生涯。他的父亲是一个海洋学家，给他买了一台雅达利计算机，他就用这台计算机自娱自乐。

帕克在编程上的才华并不足以支持他在商业上的野心。15 岁那年，他在一家叫作 Freeloader（不速之客）的网站找到了一份实习工作，他的野心和狂妄征服了这家公司的 CEO 马克·平卡斯（Mark Pincus）。后来，平卡斯发现，帕克搜集了一屋子关于平卡斯的剪报，除了平卡斯之外，还有帕克感兴趣的其他人。

帕克花了很多时间在 IRC（互联网中继聊天）上，这是一个黑客聚集的论坛，在这里，他遇到了另一个怀揣梦想的年轻人——肖恩·范宁。1998 年，肖恩·范宁就意识到，在学生宿舍里自己就能搞垮一个产业。作为西北大学的新生，范宁深知互联网开放的本质允许像他这样一个 19 岁的年轻人建立一个去中心化数据库，让人们分享音乐文件。他给他的产品取名为纳普斯特（Napster）。帕克自愿加入，他给 Napster 写了商业计划，并且搞定了天使轮的融资。之后，数百万人下载了 Napster，开启了免费音乐分享的狂欢，而这几乎毁掉了整个唱片业。

帕克时常觉得自己的生活像影视剧一样。他在 Napster 的邮箱签名是"昆虫才搞专业分工"，而他确实也身体力行地反对专业化。后来，他在网站上宣扬：

> 一个叫妮娜的女孩这么评价我："我分不清楚你是动物还是机器。"如果你是人类的话，别人这么说你，你会伤心。幸运的是，我是一只中华仓鼠，雷·库兹韦尔在我的脑子里安装了数学协同处理器。我还有一个共情芯片。

"他的大脑不像其他人那样工作，"帕克当时的未婚妻（现在是他的妻子）告诉我，"每句话，他能给出 5 种解读。"

但没有哪一种解读能够拯救 Napster。即便这家公司最后和音乐巨头贝塔斯曼达成了一项协议，那些音乐界的高管和投资人也绝不会原谅它对版权的侵犯。而且，版权诉讼也一定会让它走向灭亡。帕克没有从它身上赚到钱，但是他成功打入了音乐圈。

接下来他做了 Plaxo，这是一个和在线通信录管理相关的创业公司。（安德鲁·维恩里奇发布六度空间时，对全球名片联网有一个愿

Facebook

景，Plaxo 很契合这个愿景。）Napster 的病毒式传播靠的是人们口口相传，但是 Plaxo 自带传播属性，只需要按下按钮，新用户就能给他们的联系人发送请求，让他们上传自己的地址和电话号码到 Plaxo。被这些邀请邮件轰炸的人们则怒不可遏。对 Plaxo 来说，处理愤怒的人们的投诉需要付出代价。他们认为，人们早晚还是会注册的。确实，Plaxo 通过这种方式成功实现了引流。

但是帕克出局了。他离经叛道的行为给投资人敲响了警钟，他们最终把他赶出了公司。帕克很痛苦，他还得和他的合伙人们去争抢他认为属于自己的钱。在 Napster 的时候，他就被排挤过一次。对于自己的出局，他怪罪于红杉资本，并对其耿耿于怀。

那是 2004 年，帕克就像是硅谷被放逐的黑暗王子，只能和学生们一起合租。

朋友们都让他赶紧考虑赚钱，找份工作，但是他拒绝了，他有更大的目标。"他们的想法是，你欠债了，就得想办法还，"他说，"有个银行都把我拉黑了，我申请不了信用卡，但是我的信条是，总有一天我会东山再起的。我只需要继续做自己正在做的事情，只要我能创造出有巨大价值的东西，钱自然而然会来的。"

在发现有巨大价值的东西方面，帕克是有超能力的。2004 年，他认为风口在社交网络上，就像 Napster 和 Plaxo 那样。帕克曾经和乔纳森·艾布拉姆斯关系很好，后者曾经是 Friendster 的老大。他在旧金山和一群朋友经常来往，他们都相信社交媒体将会席卷全球。

所以，在 2004 年春天，帕克室友的女朋友在计算机上打开 Thefacebook 的时候，帕克一下子被吸引了。[2] 他像是被击中了一样，这个网站看起来很像 Friendster 和 MySpace，但不同的是，用户都是用真名。"当我第一次看到 Thefacebook 的时候，我看到的都是身份。"他后来说。

04 Facebook 之家

学生告诉他 Thefacebook 是如何在校园里进行病毒式传播的。听到"病毒式传播"这个词，帕克变得活跃起来。他给这家公司写了一封电子邮件，他告诉他们自己曾经和 Friendster 合作过，说自己很欣赏 Thefacebook，想找机会和他们见一面，看看有没有机会合作。爱德华多·萨维林回复了邮件，然后他们安排了会面。对扎克伯格来说，见 Napster 的创始人是一件大事。

他们在纽约一家很火的餐厅见面，帕克、扎克伯格和萨维林三个人，还有这两个哈佛学生的女朋友。这一幕也出现在电影《社交网络》中，贾斯汀·汀布莱克扮演的帕克舌灿莲花，他告诉年轻的扎克伯格："你知道什么东西很酷吗？10 亿美元。"但这些都是编剧的幻想。整个晚餐，帕克都只和扎克伯格说话，他觉得在 Thefacebook 团队里，只有扎克伯格值得他花时间。"我觉得我和爱德华多说话不超过 5 个字。"帕克后来回忆时说。[3]

可能最让他记忆深刻的瞬间就是扎克伯格说他还有好东西没拿出来，并将之称为"秘密功能"。

在帕克付完这顿饭的账单后，他的钱包彻底没钱了，对于这顿晚餐中最吸引他的地方，他却很模糊。帕克和他的一个创业公司的朋友试着想象扎克伯格说的"秘密功能"是什么，但是他们想不出来。"我觉得差不多就那样了，"帕克的朋友说，"肖恩觉得可能会是一些和分类相关的东西。"

夏天将至，帕克的境况更糟糕了。他搬出洛斯阿尔托斯的房子，挤进了他女朋友的父母家里，这可不是什么好选择。就在 6 月的一个晚上，他在屋外看见一群衣衫褴褛的少年在街上乱窜。他想着自己用不用担心被抢劫。就在这时，其中一个少年冲着他喊："帕克！"

那是扎克伯格。

扎克伯格从 Craigslist 上租的房子是一个平屋顶的一层别墅，在巴伦公园街区，也就是帕克住的地方。那栋房子在拉·詹尼佛路的街尾，有 5 间卧室，后院还有一个游泳池，这是一个完美的家、办公室和办派对的地方，扎克伯格、莫斯科维茨、麦卡伦姆、德安杰洛和两个实习生住在里面，时不时会有人前来拜访。他们大部分时间都在工作。他们把房子的客厅布置得像柯克兰公寓的公共房间一样，把桌子都放到一起，上面摆满了显示器。

后来，一名律师问马克·扎克伯格，那个夏天，Facebook 之家最让人难忘的是什么。

"是有趣。"扎克伯格说。

"那你每天都做什么呢？"

"起床，从我的床走到客厅，编程。"

"那你每天早上几点起床？"

"很可能不是在早上起床。"

"那你编程到多晚？"

"我不知道，反正挺晚的。得把工作做完。"

"你是不是有时候得通宵？"

"对。我的意思是，虽然是通宵，但是只不过是把时间倒一下。"⁴

哈佛的孩子们开始适应了加州的生活。他们又用起了 Craigslist，扎克伯格买了他的第一辆车。这是一辆破旧的福特探路者，钥匙还丢了。"只要点火就可以了。"他对记者说。⁵

安德鲁·麦卡伦姆突发奇想，打算在游泳池上拉个吊索。他花了 20 美元从家得宝买来材料后就搭建起来。"这不是个特别好的吊索。"他承认。没人知道怎么把橡胶把手安装到金属拉手上，直接用手握会割破手掌。最后，他们在烟囱上打的固定锚点崩坏了，吊索彻底废了，还给房屋造成了损坏。"我应该想到这个烟囱可能不牢固的，"麦卡伦姆说，"但它是砖做的呀！"

房子里有人抽大麻，但扎克伯格只喝酒。他身边围绕着抽大麻的人，这不知怎么竟然导致他对针头都产生了反感。"就只是看着我们抽，他都会头晕，因为大麻让他想到毒品，毒品让他想到针头，"一个 Facebook 的早期员工说，"他不得不离开房间，因为他脑子里幻想出来的东西让他感到恶心。"

大多数时候，他们都吃快餐，也会玩电子游戏，更多时间在工作，为 Thefacebook 开拓更多的校园市场。当然，他们也会出门，他们经常会像前面描述的 6 月的晚上那样出门，扎克伯格、莫斯科维茨和其他人站起来，开始走半英里路，从马塔德罗巷走到皇家大道，那儿有个快乐甜甜圈商店。当扎克伯格认出肖恩·帕克熟悉的脸时，他们都感到很惊讶。

他们聊着天儿，帕克很快就做出了决定——搬出他现在的住所，去扎克伯格团队那儿睡沙发，也正是这个决定让他见证了 Facebook 的崛起。他的家当非常少：唯一的大件就是他的宝马 5 系汽车和一些发烧友级别的音响设备。那天晚上，他的新室友们偶然听到帕克在电话里敲定了 Plaxo 的和解协议的细节，感到很吃惊。这些哈佛的孩子带着敬畏的心情听着这个电话。他就是一个传奇！

帕克开始参与 Thefacebook 的事情，并开始教导扎克伯格。帕克发现这个 19 岁的创始人是个怪人，但是他们俩是互补的：扎克伯格不爱说话，而帕克闭不了嘴。但是扎克伯格一开口，就语出惊人。

后来，帕克对我说，扎克伯格对于权力和统治的痴迷让他感到惶恐，扎克伯格经常引用古希腊和古罗马征服者说过的话。他会突然跳起来，拿着自己的击剑装备走来走去，用剑尖从距离其他人的脸很近的地方挥过，惹得别人很烦。

Facebook

但他又会显得很羞涩和不安。那个夏天和接下来的几个月，他都在纠结要不要把自己全部押到这个项目上。他总是会冒出新的想法。扎克伯格经常问帕克，再过一两年，Thefacebook 还能不能活着。帕克总是向他保证，一定会的。他们每拿下一个校园，扎克伯格就会松一口气。

作为一个人脉资源很广的连续创业者，帕克知道创业的难处，而扎克伯格对此一无所知，他甚至不觉得自己的项目是一门严肃的生意。"我还记得自己刚入门的时候，看到那些伟大的公司，心里暗暗想，哇，太棒了！这些都是很棒的公司。也许有一天我也会有自己的公司，"扎克伯格回忆起那个夏天时说，"而我已经有 Facebook 了！"[6]

在 Thefacebook 最开始运行的时候，爱德华多·萨维林犯了一个很低级的错误，他把公司注册在了佛罗里达州。（他的父母住在佛罗里达迈阿密。）帕克帮助扎克伯格把公司合并到了特拉华州，这是一个对商业公司很友好的州，在这里注册的公司承担的责任最少，需要披露的信息也最少。这是最基础的商业知识。

尽管如此，帕克也代替不了律师的角色。有一次填文件，他问扎克伯格员工可以有多少年假。"三周。"扎克伯格说，这意味着 15 个工作日。帕克是一个没有时间观念的人，他觉得一周就是一周，于是写了 21 天。从那一刻起，直到今天，每一个 Facebook 的员工都享有 21 天而不是 15 天的带薪年假。

Facebook 公司需要钱。萨维林的投资和扎克伯格的付出都被日益增加的服务器和其他费用消耗得差不多了。帕克承担了融资的责任。他找到的第一个人是里德·霍夫曼（Reid Hoffman）。

在硅谷，没有人比霍夫曼更懂社交网络。在 2001 年互联网行业刚刚苏醒的时候，很多投资人认为互联网已经死了，但是霍夫曼相信新一轮浪潮即将来临，而这将会建立在加深人们联系的软件上。霍夫曼因为投资了 PayPal（贝宝）而变得富有，他愿意将钱赌在这件事上，他赌的其中一个公司就是 Friendster。除此之外，他还创办了自己的社交网络公司——LinkedIn（领英），一个针对职场人际关系的社交网络。"我认为，将会产生一个革新的平台，基于你的真实身份、真实的人际关系，上面会有各种功能，帮助你更好地规划职业。"他说。

帕克也给另一个人打了电话，这个人叫马克·平卡斯，是他过去的老板，从帕克少年时期实习开始，他们就保持着联系。平卡斯甚至个人给 Napster 投资了 10 万美元。虽然投资打了水漂，但平卡斯发现，Napster 的成功源于它聚集了一个超级大型的自主生产内容的社区。

帕克认识这两位颇有影响力的社交网络拥护者。早在 2002 年，在 Friendster 之前，平卡斯就分享过霍夫曼的理念，认为新的互联网浪潮即将来临，人们会利用互联网来联系彼此。平卡斯的别墅位于旧金山，他拆了许多墙，让整个房子看起来像是一个复式。一天，在别墅里的一个非正式聚会上，大家对这个观点进行了头脑风暴。虽然讨论没有结果，但平卡斯认同霍夫曼，尽管心存疑惑，他还是成了 Friendster 的投资人。"没有人想到它会是一个伟大的创意。"他说。平卡斯还找了一个朋友一起分担风险，他把 15 000 美元的投资额分给了朋友。

现在，社交媒体起飞了。平卡斯创立了一个针对本地社区的社交网站，叫作 Tribe.net。他觉得这个网站就是带图片的 Craigslist。去内华达州参加火烧人节的人最喜欢用这个网站来组团。平卡斯希望这个网站还有更多的发展空间，可是到现在还没有找到。

现在，帕克告诉了平卡斯关于扎克伯格的事情，说这是最值得放手一搏的投资。

几个月前，在硅谷的人注意到这个针对大学生社交的网站之前，霍夫曼就听到风声了：六度空间的专利即将被拍卖。（安德鲁·维恩里奇承认是他告诉了霍夫曼。）青年流媒体网络公司收购六度空间之后，在 2000 年关闭了这个网站，他们知道，自己收购的最有价值的是这个网站的知识产权，因为它涉及社交网络的连接是如何形成的，以及做一个这样的网站所涉及的关键点。所以，拥有这个专利的人，就相当于扼住了所有竞争对手的喉咙。

霍夫曼和平卡斯并不是想要扼住谁的喉咙，他们只是不想被别人挟制——他们担心的是雅虎或者 Friendster。雅虎在利用知识产权打压竞争对手方面绝不手软，Friendster 也是个威胁。平卡斯和霍夫曼都是 Friendster CEO 乔纳森·艾布拉姆斯的朋友，毕竟，他们还有这家公司的股票！但是他俩都不想让艾布拉姆斯拥有这个专利。霍夫曼尤其担心艾布拉姆斯会利用这个专利来对付自己的公司 LinkedIn。

但是即使这些都没有发生，还是有其他的迹象表明 Friendster 并不是好的合作伙伴。这家公司的增长势头并不好，他们的服务器过载了，因为网页加载太慢，用户都不耐烦了。访问的人多原本是件好事，但现在变成了坏事，Friendster 看上去注定要走下坡路了。他们担心，绝望的艾布拉姆斯会利用这个专利去打压竞争对手。"乔纳森觉得社交网络是他的创意，"平卡斯说，"他觉得别人都不能做。"（就在六度空间专利拍卖的同一个月，Friendster 的风险投资人在董事会上决定裁掉艾布拉姆斯。）

平卡斯和霍夫曼制定了他们的竞拍策略，但是完全没用，他们最后还是没拍上。可是，出价最高的雅虎坚持要在成交前留 30 天，对网站做尽职调查。平卡斯和霍夫曼赶紧表示他们愿意在竞拍后第二天就汇款，所以急需用钱的卖家就接受了他们 70 万美元的报价，而不是雅虎更高的报价。平卡斯和霍夫曼都同意不用这个专利来赚钱，而是用它来保护社交网络脆弱的生态系统。

但最终的赢家是马克·扎克伯格。他没花一分钱，这个专利本来可以杀死他刚出生的公司，可他连仗都不用打。

2014 年 8 月，帕克把扎克伯格带到平卡斯的办公室，办公室位于波特雷罗山。平卡斯发现这个年轻人初生牛犊不怕虎。他看起来只有 14 岁，打扮得也像 14 岁，穿着人字拖和长长的篮球衣。他的名片上写着"我是 CEO"。帕克说，是 Thefacebook 的故事打动了平卡斯。有 80% 的用户每天都会登录这个网站，这前所未见，而一个强烈的反差是，平卡斯自己的社交网站 Tribe.net，每天的登录用户百分比只有个位数。他举办了鸡尾酒派对，尽管参加的客人有的还没到可以喝酒的法定年龄。

霍夫曼也很想见扎克伯格，但是他的身份比较敏感，因为他投资了 Friendster。人们都说他再投资潜在的竞争对手的公司不合适。所以霍夫曼决定让其他人来领投这一轮。他提议大家都去见一见他以前在 PayPal 的前同事彼得·蒂尔。霍夫曼认为蒂尔一定会喜欢 Facebook 并领投这一轮。如果蒂尔不领投，那么他就会领投。不管别人怎么说，他是不会放弃这个机会的。

蒂尔是创始人基金（Founders Fund）的老大，这是一家他在离开 PayPal、实现财富自由后创立的基金公司。除了霍夫曼，PayPal 公司还出了特斯拉创始人埃隆·马斯克和企业家麦克斯·拉夫琴（Max Levchin）。他们被人们称为 PayPal 黑手党，因为在硅谷，无论是在投资还是在哲学领域，他们的影响力都太大了。蒂尔的基金名字不是随便取的，他相信，对于一家成功的公司来说，最主要的标志就是拥有一个有驱动力、敢于突破的创始人，就算别人都认为这个创始人疯了，他也会坚持下去。他同样喜欢能够在某个领域获得绝对垄断地位的商业模式，他梦想着能够投资这样的公司。

所以，当看到紧张的肖恩·帕克和另一个异常紧张的年轻人，在展示一个专门让大学生分享他们的课程选择和关系信息的网站时，其他人都亮起了红灯，蒂尔却精准地找到了这次展示最为重要的部分：数据体现出了 Facebook 到底在多大程度上让它的用户着迷。这就是垄断的标志。

在开会之前，蒂尔邀请了一个年轻的员工加入这场会议，他就是马特·科勒。科勒也为 LinkedIn 工作，虽然只有 28 岁，但他熟知创业游戏的规则，他还是个嗅觉灵敏的独角兽捕手。

会上，科勒、蒂尔和霍夫曼坐在会议桌的一边，帕克和扎克伯格坐在另一边。扎克伯格一言不发，脸上带着神秘的微笑，帕克则绘声绘色地阐述着 Facebook 戏剧性的崛起。蒂尔非常喜欢这个项目。神奇的地方不仅仅在于用户数量的增速，而在于 Thefacebook 变成了用户生活的一部分，大多数人每天都登录。相比之下，其他的网站如果每天能有 15% 的登录率就谢天谢地了。

令蒂尔印象深刻的还有 Thefacebook 的创立原因。在科勒的印象中，很多创始人提及自己为何创立公司时，说的都是通过市场调研发现需求，然后就创建了这项业务来满足需求。扎克伯格却不是这样。他做 Thefacebook 是为了满足自己的需求，之后用户蜂拥而至。这也是其他科技巨头的故事——苹果、eBay、雅虎、谷歌。在当时，科勒并不认为这个寡言少语的年轻人会成为硅谷下一个超级明星 CEO，但是扎克伯格看起来靠得住，不会把事情搞砸。

科勒本人想参与其中。在参与之前，他找到扎克伯格。当他了解到 Thefacebook 惊人的数据之后，他的第一反应是，是不是哪里出错了？"我没有针对你，我相信你的话，"他说，"我只是担心你的数据是不是存在漏洞，我想验证一下你的数据。"

数据不仅是准确的——当科勒和用户对话之后，他发现用户质量比用户数量更让他吃惊。他问用户，你在使用 Facebook 吗？结果他们都很诧异竟然有人会问这种问题。Facebook 对他们来说就像自来水一样必要。"使用 Facebook？这是我生活的一部分。"

蒂尔投资了 50 万美元，换取了公司 7% 的股份，投后估值是 500 万美元。霍夫曼和平卡斯每人投了 3.75 万美元。"当他们让我和里德参加这一轮投资时，我觉得我们中了彩票。"平卡斯说。

会议结束后，蒂尔给他的新门徒留下了一句话。他对扎克伯格说："别搞砸了。"[7]

帕克开始带朋友来。他一直和团队提到他的一位好友——艾伦·斯蒂格（Aaron Sittig），他开发了 Napster 最初的麦金塔版本。斯蒂格是一个简单的南加州人，他生长在葡萄牙，曾帮助帕克设计了 Plaxo，帕克知道他也会帮助 Thefacebook。斯蒂格在 8 月终于现身了。那时，他刚从一个创业公司辞职，那家公司钱快花完了。他在加州大学伯克利分校学哲学，计划 9 月返校。（他认为哲学和设计相关，并认为实用主义哲学家维特根斯坦是第一个网络理论家。）

斯蒂格有事没事就会去 Facebook 的别墅，因为那里实在是有趣。大多数时候，电视里都会放着电影，这个团队太喜欢电影了，而且他们经常会说《壮志凌云》里的台词，这是他们最喜欢的电影。[8] 有时候他们会看奥林匹克运动会。斯蒂格很清楚这种感觉——年轻的黑客们在白日做梦。有一天他看见亚当·德安杰洛在摄像头前挥舞着手，就对他说："我干活儿太累了，我打算做一个隐形的键盘，这样我就能在空气里敲键盘了。"典型的书呆子行为。

斯蒂格来的次数越多，就越喜欢这个团队。这些大学生虽然没有经验，但是他们超级聪明，超级有驱动力，超级有积极性。特别是扎克伯格，他就是个当领导的料。当其他人都想着偷懒去看电影的时候，扎克伯格会说："坚持一下，我们踏实把事情做完，就去看电影。"

Facebook

斯蒂格决定详细了解一下 Thefacebook。他的第一个印象是这个网站看起来又丑又笨拙。但是他更仔细观察之后，又问了扎克伯格架构的问题，发现自己低估了这个网站和它的创始人。扎克伯格实在是才华横溢：每一行代码都在正确的位置，设计是最优化的。

举例来说，当你打开自己的个人主页，会有一行大字提示你"这是你"。对于习惯用小字的麦金塔设计师来说，这种设计给人第一眼的感觉是又傻又多余，难道需要别人告诉你"这是你"吗？你的头像就在那里！但是在斯蒂格认真思考后，他认为这是个神来之笔。"这是一种全新的东西，"他说，"马克是在为用户画框架，这是你的页面，这代表你，这是别人看见你的页面的样子。人们需要一个明确的框架来学习如何使用这个网站。"

斯蒂格相信，社交网络的未来触手可及。每个人都是自发地喜欢 Friendster，但是这家公司白白浪费了自己的领先优势。于是，新的竞争又开始了，有一家来自南加州的公司——MySpace，现在在市场上领先，这家公司位于硅谷腹地。然而，这群哈佛的年轻人也加入了竞争，只是还没有人知道。

Facebook 的每个人都希望斯蒂格加入，他最后松了口，答应花几天时间来帮忙，但是他表示自己不会参与过多。他会负责扎克伯格在纽约和帕克提到的"秘密功能"。

这听起来比较荒唐，Thefacebook 如日中天，扎克伯格却还对另一个项目倾注了许多热情。他甚至在彼得·蒂尔的办公室里提到了它。他对潜在投资者说，如果他们对 Thefacebook 没兴趣，他还有另一个项目，一个帮助人们分享文件的项目，名为"电猪"（Wirehog）。

"不不不，"霍夫曼说，"Facebook 是个好创意。放弃电猪。"他的建议言简意赅，但是扎克伯格并不听。

电猪源于扎克伯格对优化 AOL 即时聊天工具的执念。扎克伯格和他的朋友们经常想要分享文件，而 AIM 在这方面的功能表现很糟糕。

"你要是想用 AIM 发个文件给别人，总是不成功！就是因为 AIM 太差了，电猪才诞生了，"他说，"电猪是一个解决方案。"

电猪能让你通过自己的计算机去访问其他人计算机上的文件。你也可以通过电猪，远程操控其他计算机访问你计算机上的文件，这些文件可能放在你的本地计算机硬盘上。你也可以通过电猪分享文档和多媒体文件，让你的朋友浏览你的虚拟文件夹和相册。"马克的意思是，大学生看起来喜欢 Facebook 的一切，但是他们真正喜欢的是其他人的多媒体内容。"艾伦·斯蒂格说。

扎克伯格把电猪称为 Thefacebook 的孪生兄弟，而 Thefacebook 诞生于许多项目的迭代。"马克喜欢快速实现。他喜欢做产品原型，然后实现，"安德鲁·麦卡伦姆说，他和亚当·德安杰洛花了一整个夏天做这个项目，"电猪很酷，它和 Thefacebook 共存。"Thefacebook 是用来连接人的，而电猪则可以帮助这些人分享他们感兴趣的东西。

帕克，这个有着灵敏嗅觉的产品天才，在认真看过麦卡伦姆和德安杰洛做的电猪后，理解了这个概念的领先性。它不仅允许人们在多个设备之间访问和共享文件，还允许人们分享各种类型的内容，包括照片、文档、音乐。你可以在你的设备上播放别人设备里存储的音乐。一天夜里，在和两个程序员讨论这个产品的时候，帕克跟他们说了自己的建议，这个建议后来也预言了云计算的精髓。"你得让事情变得对用户来说特别简单，"他说，"用户只需要有一个入口来放文件，其他人也可以通过这个入口来放东西。"他甚至给这个项目取了一个新名字：Dropbox。

不仅如此，帕克还意识到，电猪不但会分散团队的精力，而且很危险。这种带分享功能的软件无法区分内容的版权，像极了那个让他声名狼藉，陷入泥潭的东西：Napster。电猪上的盗版音乐还不像Napster 上那样猖獗，但对唱片业来说并没有多大区别。

帕克告诉扎克伯格，电猪会终结 Thefacebook。"那些唱片业的人会把你告到破产，这个产品也不会成功。我们必须关掉电猪！"

扎克伯格很尊重帕克，但并不听命于他。"马克是个有趣又复杂的人，他意志坚定又开明，"安德鲁·麦卡伦姆说，"他知道肖恩·帕克有很多有用的经验，能够帮助他快速成长，适应新世界。但是他不是没有独立思考，完全依赖帕克。他们的关系不是那样的。"

扎克伯格提议，也许他们应该和音乐产业的人聊一聊，看看他们会说些什么。帕克早就知道他们会说什么，但他还是为扎克伯格安排了一次会议。虽然有 Napster 的事情，但也许同样是因为在 Napster 的经历，帕克和一些唱片业高层关系紧密。他们飞到洛杉矶，直接到了当时华纳唱片老大汤姆·瓦利的家里。在会议快要结束的时候，一个意料之外的客人走了进来，他是施格兰公司的继承人埃德加·布朗夫曼，他当时打算买下时代华纳。关于电猪，这个音乐巨头对扎克伯格发话了："把这该死的东西关了！"

在会议结束之前，帕克和扎克伯格试着询问，时代华纳或布朗夫曼有没有可能投资 Thefacebook。他们都拒绝了。根据帕克的说法，他们觉得价格太高了。

扎克伯格很固执，他还是为电猪注册了公司并给了帕克一些股份，也许是为了平息帕克的怒火。2005 年 1 月，帕克给扎克伯格安排了和红杉资本的会面，这次会面表面上是为了给电猪融资。确实，那些没能把钱投给 Thefacebook 的基金很愿意考虑同一个团队的另一个项目。

这次会面的时间安排得非常早，像往常一些，团队里的许多人都敲代码敲到早上4点。所以，有些人会猜想，扎克伯格之所以穿着睡衣去参加和红杉资本的会议是因为他工作到凌晨。事实上，这一切都是肖恩·帕克的复仇计划。对于自己失去Plaxo的股份这件事，帕克怪罪于红杉，于是他让扎克伯格去为自己一雪前耻。这些Facebook的年轻人在会议上玩起了恶作剧。"我们真的不在意他们投不投钱，"麦卡伦姆说，"事实上，我们展示的幻灯片里有一段叫作'十大不投电猪的理由'。其中一个就是'我们和肖恩·帕克一起工作，而你们讨厌他'。"

电猪从来没有融到钱。扎克伯格在几所学校里放出的测试版反响平平。电猪的两个关键开发者——德安杰洛和麦卡伦姆不久也回到了学校。与此同时，Thefacebook的用户数增速惊人，2004年12月，其用户数首次突破100万，蒂尔为此在旧金山举办了一场派对。而Facebook的成功也终结了电猪。"我们应该集中火力。"后来帕克说道。[9]

相比于它的孪生兄弟，电猪黯淡无光。在电猪结束后几个月，真的有一家叫作Dropbox的公司成立了，现在它价值百亿美元。而它的第一个投资人，是红杉资本。

在2004年夏天结束的时候，扎克伯格和他的朋友们面临着一些抉择。首先，他们得搬走了。他们的房东收到了关于他们噪声过大和行为不当的投诉。而且，他们还得清除游泳池里的碎玻璃。房东派了一个人去调查，这个人报告说："这房子看上去乱七八糟，脏乱不堪。"而且，安装吊索失败还损坏了烟囱。

原本，假期结束了大家就应该回哈佛，然后继续在学校里做公司，或许应该有人留在加州处理运营的事情。但是Thefacebook需要的不仅仅是能处理一些事情的人。有一天，莫斯科维茨把扎克伯格拉到一边。"我们的用户越来越多了，"他说，"我们需要越来越多的服务器。现在没有专人来管服务器，我们自己就是管服务器的。但如果我们管服务器，学校的课就没法全上了。"

这时，比尔·盖茨曾经提到的选择冒了出来。比尔·盖茨在演讲的时候提过一句，当他去阿尔伯克基创立微软的时候，他和他的合伙人利用了哈佛大学宽松的离校政策。所以，扎克伯格想，为什么自己不离校一个学期，试着在这段时间里把所有该安排的事情都安排好？一旦事情处理好了，他们就可以在春假结束后回到哈佛。Thefacebook还会继续成长，但是他们可以让许多东西自动运行。我可不想在返校的时候年纪太大了，扎克伯格想着，如果离校 4 年，那就太诡异了。[10]

所以暂时，他们会留在加州。"我的意思是，我们还没正式决定要不要回学校呢，"扎克伯格对《绯红》解释道，这家报纸一直持续关注着他们，"我们有一天都在，然后说起：'我们不回学校吧？''才大家都说：不回。'"

他们在洛斯阿尔托斯租了栋房子，离 Facebook 之家不远。房东太太看了扎克伯格一眼，问他几岁。"20 岁。"他回答说。"你觉得我会把我价值百万美元的房子租给你吗？"房东太太问道。

"是的。"扎克伯格说。这回不装吊索了。[11]

彼得·蒂尔告诉扎克伯格应该如何和他的合伙人分配股份、建立期权池，并制定行权规则。扎克伯格甚至不知道行权是什么，但是当他看了每个人的任务以后，他马上意识到，莫斯科维茨应该占大头，而爱德华多·萨维林的股份实在是太多了。莫斯科维茨——他们也叫他公牛，对于网站来说是不可或缺的。"如果他离开的话，Facebook 会陷入窘境。"麦卡伦姆说。虽然莫斯科维茨仅有的 5% 的股份对得起他的付出，但还是引来了一些人的嫉妒。"其他人都在问他做了些什么，"扎克伯格后来告诉记者，"我

就反问他们：'你们什么意思？那是他应得的，他的贡献就有这么多。'" 12

没有人知道这些原始股未来将会多么值钱。"Facebook变得极为成功，从那往后，要得到Facebook的股份已经是不可能的了，你会觉得自己要少了。"麦卡伦姆说。

爱德华多·萨维林除外。

一天深夜，埃兹拉·卡拉汉（Ezra Callahan）出现在扎克伯格新租的房子外。他刚从欧洲回来，他的朋友肖恩·帕克说服他加入这家创业公司，可以打发他在上法学院前的一年间隔年时间，他和帕克曾经在洛斯阿尔托斯一起住过。作为回报，他这一年的工资是3万美元，以及价值未知的期权。他甚至还能住在公司租的洛斯阿尔托斯的房子里。达斯汀·莫斯科维斯给埃兹拉·卡拉汉开的门。"我是埃兹拉，"卡拉汉说，"我来给你们打工。肖恩·帕克说我能住这儿。"莫斯科维茨耸了耸肩，让他进来了。

于是，原本在拉·詹尼佛路的日常平移到了洛斯阿尔托斯，人还是那群人。卡拉汉加入了扎克伯格、麦卡伦姆、莫斯科维茨和帕克，也成了这里的居民，人越来越多，有些人睡卧室，有些人睡地板。这栋房子没有家具，于是团队就去宜家采购尽可能少的家具。扎克伯格连衣橱都不要，他不介意把自己的衣服挂在管子上。真正大额的支出在于扎克伯格需要一辆新车——在一次会上，他迟到了一个小时，蒂尔让他去买辆新车。"不要超过5万美元。"他说。扎克伯格选了一辆英菲尼迪，而且还不是买的，是租的。

到了2004年秋天，Thefacebook团队里每个人的职责都很清晰了。扎克伯格就是从头到尾负责产品的怪才。帕克则是战略家，他理解这个产品的重要性，能帮助扎克伯格挖掘产品的潜力，教会扎克伯格硅谷的规矩。莫斯科维茨是执行者，他把扎克伯格的产品理念传达给工程师，让他们写代码、实现产品，而他自己的产出更是惊人。

克里斯·休斯在回到哈佛之前，在那里待了几周，负责沟通。马特·科勒负责商务，他应对扎克伯格的天才想法和帕克天马行空的创意很有一套。"他是这个屋子里的成年人，"卡拉汉说，那时卡拉汉才23岁，比科勒小4岁，"我觉得他的心理年龄是40岁，气场也像是40岁。直到后来我才发现他也不知道自己在干什么。"

在蒂尔投资之前，Thefacebook 的资金已经捉襟见肘了。扎克伯格向父母借钱，那些钱原来是留给他念书的。Thefacebook 的增长受制于他们租赁的服务器空间，以及他们能以多快的速度为每所院校创建独立数据库。到了夏末，他们已经将 Facebook 铺至近 50 所大学，还有几百所大学需要他们的服务。钱到位后，扎克伯格可以雇用更多的人手来实现扩张。（他把钱还给了父母。）

9 月初，他们把服务器从东海岸的公司搬到了加州的一个名为 Equinex 的更大的主机托管公司。"我们真的不知道自己在做什么，我们都还是大学生。"麦卡伦姆说。他们买了大量服务器，花了一整个晚上才拆完包装，把它们安放在架子上，安装完 Linux 系统，然后把它们联网——还有几百所院校会陆续联网。

扎克伯格上线 Thefacebook 还不满一年，随着假期来临，他们都发现这个项目的价值不可估量。"从第一天起，大家就意识到这是一家价值数十亿美元的公司。"卡拉汉说。（他说的是那个秋天的一天，并不是在哈佛的第一天。）但没有人知道它到底价值几十亿。说到底，Facebook 还没有一个正经的商业模式。他们让卡拉汉想想办法。

6 个月前，扩张的任务被派给了爱德华多·萨维林，作为联合创始人，他将负责校园商务方面的工作。但是萨维林整个夏天都留在了东海岸，为 Thefacebook 卖广告，并且计划回哈佛继续完成学位。他错过了这家公司从一个校园产品变成硅谷明日之星的华丽转身。肖恩·帕克认为萨维林在拖公司的后腿，他经常把这个观点挂在嘴上。用旁观者的话来说："萨维林在说一亩三分地，而帕克的征途是星辰大海。"

有一次，帕克问卡拉汉是否能够接替萨维林的工作。最后，扎克伯格也同意让萨维林离开。扎克伯格让他的律师和投资人处理这件事，他们对合伙模式进行了调整，让萨维林的股份变少。当萨维林发现自己签署的文件竟然是把自己赶出公司，他愤怒了。对此，扎克伯格在聊天软件上对一个朋友表达了自己的看法（还是被《商业内幕》曝光的）：

> 我让他继续给自己挖坑。首先，三个安排给他的任务他一个也没完成。他应该注册公司、融资、确定商业模式。他一个任务也没完成，还冲我发火，根本没人支持他。这只能说明他蠢。现在我也不用回哈佛了，我不用担心被巴西暴徒打击报复。[13]

萨维林根本不需要找巴西暴徒向扎克伯格寻仇。在 2007 年的诉讼中，他获得了价值数十亿美元的 5%[14] 的公司股票，并且让Facebook 承认了他的联合创始人身份。他还找了个作家，从他的角度去写这个被背叛的故事，还有电影，电影甚至在书出版之前就上映了。萨维林跑到了新加坡，据说因为那里有税收优惠，人们对他的所知并不比电影《社交网络》中展示的多。[15]

在所有 Facebook 的创始人中，爱德华多·萨维林只出了几千美元的启动资金，其他什么也没做。

2005 年 3 月，Thefacebook 终于搬进了办公室。帕克在帕洛阿尔托市区的爱默生街找了一栋两层的房子，离中餐馆很近。

那时扎克伯格已经搬离了洛斯阿尔托斯的房子。随着公司越做越大，作为 CEO，他不能继续和同事一起挤上下铺了。过了几个月居无定所的生活之后，扎克伯格搬到了帕洛阿尔托市区的一栋小公寓里，与办公室相隔几个街区。他没有电视，只有地上一张床垫和少量简易家具。那时，作为一个拥有百万用户公司的 CEO 和最大的股东，他连个衣橱都没有。

搬进办公室的头几周，Thefacebook 就出现了财务危机。虽然蒂尔的天使投资还没花完，但服务器账单和其他的开支飙升。公司需要更多钱，这笔融资最好来自一个能够给扎克伯格当顾问的人，毕竟他从来没有在大公司工作过，现在却要经营一家公司。他们想要融资很容易，难的是找个合适的人领投。

有一个人选是扎克伯格特别看重的——《华盛顿邮报》的董事长和 CEO 唐·格雷厄姆（Don Graham）。他不是一个风险投资人。扎克伯格在柯克兰公寓时一个室友的父亲克里斯·马在《华盛顿邮报》

负责商务拓展，他的女儿奥莉芙对 Thefacebook 如何占领校园市场的描述打动了他。2005 年 1 月，帕克和扎克伯格去华盛顿特区拓展商务关系。克里斯·马邀请格雷厄姆一起参加了会议，当扎克伯格描述 Thefacebook 如何运作的时候，这位《华盛顿邮报》的 CEO 听得津津有味。尽管如此，他想知道是否存在隐私问题。"人们能够确保自己发布的内容都展示给自己想要展示的人吗？"他问道。

人们确实很乐于分享，扎克伯格告诉他。有 1/3 的用户会在个人页面分享自己的手机号。"这就是他们信任我们的证明。"

格雷厄姆惊讶于眼前这个年轻人的冷漠和犹豫。有时，在回答一个问题之前，他会陷入沉默，眼神茫然，持续半分钟。这种问题可能扎克伯格之前被问过几千遍了，例如，哈佛大学有多少年轻人在使用 Thefacebook。难道是他不理解问题吗？格雷厄姆想，自己是不是冒犯他了？

尽管如此，在会议结束之前，格雷厄姆确定，Thefacebook 是他数年来听到的最好的商业创意，他告诉扎克伯格和帕克，如果他们想要一个非风险投资基金的投资人，《华盛顿邮报》很感兴趣。

当马特·科勒加入公司的时候，谈判进行得很顺利。但他不同意扎克伯格的选择。他很高兴看到扎克伯格和格雷厄姆如此投契。毫无疑问，格雷厄姆是一个不可多得的导师。但是科勒告诉扎克伯格，他只能融一次 A 轮。（蒂尔的投资属于"种子轮"，对创业公司来说，下一轮就是 A 轮了，应该从风险投资公司融资。）"这是拿公司 10% 的股份下注！找一个比《华盛顿邮报》更好的投资人，会给公司带来完全不同的未来。"

这家明星公司要融资的消息早就在创投圈传开了。科勒承认是自己传播的消息，见过格雷厄姆之后，帕克虽然也很想获得《华盛顿邮报》的投资，但是他也很想从硅谷的风险投资人那里拿到更好的价格。

　　虽然在那时，基准资本（Benchmark）和最好的风险投资机构凯鹏华盈很喜欢 Thefacebook，但是他们之前给 Friendster 投资过，存在利益冲突。最有诚意的投资机构是阿塞尔（Accel），他们的一个合伙人甚至在 Thefacebook 的办公室门前住下来，直到他被接待。阿塞尔的主要投资人吉姆·布莱耶（Jim Breyer）最终给出了自己的报价，这个价格几乎是《华盛顿邮报》给出的两倍。他愿意以 9 800 万美元的估值，投资 1 270 万美元，给一家由一个 20 岁的年轻人运营了仅一年的公司。[1]不仅如此，他还同意让扎克伯格长期控制公司，布莱耶和蒂尔会在董事会里，但是扎克伯格有两个席位，帕克有一个席位。扎克伯格永远不会像帕克那样，在自己的公司里被排挤。

　　但当时，扎克伯格已经答应了《华盛顿邮报》的投资。他们没有签署任何文件，但是从契约精神的角度来说，答应了就是答应了。

　　扎克伯格陷入了两难。他很喜欢格雷厄姆的管理方式，在《华盛顿邮报》的一天，他甚至跟在格雷厄姆身后，看他如何作为一个 CEO 处理公司的工作。但是科勒和帕克强烈反对。Facebook 有越多的钱，增长就越快，这样才能有更多的弹药和 MySpace 竞争，现在 MySpace 有更多的用户。但是，扎克伯格不想当一个出尔反尔的人，尤其是面对一个他非常敬重的人时。

　　他给格雷厄姆打电话："唐，我陷入了一个道德困境。"他解释了吉姆·布莱耶给他两倍的报价。

　　格雷厄姆想要确认扎克伯格是否明白，如果找风险投资机构要钱，那么就意味着公司的一部分股份将被一个追求利益最大化的机构所持有。这就意味着将来有一天，公司可能会违背扎克伯格的意愿被出售，或者在还没准备好的情况下上市。

　　"我都理解。"扎克伯格说。

"所以，多出来的那些钱对你来说很重要吗？"格雷厄姆问。

"是的，"他说，"我们需要增长。我们需要快速增长。"

格雷厄姆觉得，或许他应该把自己的出价提到和阿塞尔的报价一样，但如果那样的话，阿塞尔也会涨价，然后他又会接到自己是不是也能涨价的电话。于是他表示自己没办法竞争，扎克伯格应该做出自己的决定。

这通电话结束后不久，吉姆·布莱耶带帕克、科勒和扎克伯格去了伍德赛德的一家叫乡村酒馆的高档餐厅。这是硅谷为数不多的复古风格的地方。布莱耶准备庆祝自己即将取得的胜利，当酒水单送上的时候，他点了一瓶奎塞达溪酒庄的赤霞珠，热情地谈论着那里的传说和传说中极昂贵的红酒。帕克和科勒兴奋地喝了起来。扎克伯格说他不能喝酒，因为他还没到法定饮酒年龄。他点了雪碧。

"我喜欢雪碧。"后来，当他对记者提起这段往事时这么说。[2]

晚饭开始后，扎克伯格显得越来越难受。科勒想知道他是不是不习惯高档餐厅。扎克伯格最终还是离席了，他跑到了厕所，然后没有回来。最后，科勒去找他，想知道到底发生了什么。

马克·扎克伯格蹲在乡村酒馆厕所的地板上。他在啜泣。[3]

"怎么了？"科勒问。

扎克伯格跟他说，他没办法接受阿塞尔的投资，那样不对。"我答应了唐·格雷厄姆，这很重要，"他说，"我做不到。"

科勒从来没见过扎克伯格受道德折磨的一面，显然，如果温克莱沃斯兄弟知道的话更是要大吃一惊，科勒很动容。这和扎克伯格之后坦然淡定的形象反差太大。未来他将面临更多的道德困境，大多数时候，他都丝毫不带感情地处理。

当他哭完了，科勒告诉他，要做到既往不恋。晚餐后，科勒建议扎克伯格给格雷厄姆打个电话，问问他的意见。

Facebook

"这很显然不公平。"科勒说。任何认识唐·格雷厄姆的人都知道，这位《华盛顿邮报》的 CEO 会如何回应这个问题。显然，马克·扎克伯格也知道。格雷厄姆不是那种会因为商业利益而在价值观上妥协的人。

"马克，如果你感觉两难，那我就原谅你了。"格雷厄姆说。他让扎克伯格接受阿塞尔的投资。"拿尽可能多的钱吧。"格雷厄姆说。他希望他们俩还能做朋友。（扎克伯格后来邀请格雷厄姆加入 Facebook 董事会，两人继续保持着紧密的联系。）

但在 20 岁的年纪，扎克伯格学会了在商言商，也更了解自己了。他在道德和利益之间做了一个重大的抉择。那个月，他在桌边的墙上写了[4]一个单词"Forsan"[5]。这个单词出自古罗马史诗《埃涅伊德》中的一段："Forsan et haec olim meminisse iuvabit。"这句话是勇士埃涅阿斯战败后说的，意思是"再回首，或许往事皆笑谈"。

银行里有了钱，第一件事就是把 Facebook.com 的域名买下来，这样公司就可以把"facebook"前面那个尴尬的"The"去掉了。这个域名属于一家名为 AboutFace 的公司，它和大学一点关系也没有，它的业务是为律所和机构的员工做通信录。帕克花了 20 万美元买下了这个域名，于是 Thefacebook 就变成了简洁的 Facebook。

更重要的是，有了这笔钱，Facebook 可以请得起更多人了。这群哈佛学生的代码让网站得以运转，但是，未来需要有真正计算机科学专业的人来优化，使得它能够承载更大规模的用户。（马特·威尔士是扎克伯格的操作系统指导员，他曾在博客上写道："从技术角度说，Facebook 最初的版本乱七八糟。"[6]）但是，雇用工程师对于一家创业公司来说是巨大的挑战，尤其是一家用户只有在校大学生的公司。他们的一个人力策略师站在斯坦福大学计算机科学学院的门口，面对面地找那些看起来像是极客的人聊。科勒的策略是循循善诱，他以暑期实习生的名义征招最好的学生，然后劝说他们辍学。

这个策略最大的胜利是招来了斯科特·马利特（Scott Marlette），一个对自己的教授失望至极的硕士生。在认识扎克伯格之前，科勒就和马利特在一家小公司接触过，他非常厉害。在加入的第一天，他步行两个街区，前往苹果店购买笔记本电脑，然后在办公室找了个位置，开始解决一些复杂的基础架构问题，这些问题是那些聪明却没有经验的辍学工程师解决不了的。这项工作很快就吸引了经验丰富的世界级工程师杰夫·罗斯柴尔德（Jeff Rothschild），他50岁了，看起来像一个老水手。他曾经在惠普工作过，可能是Facebook能招到的最牛的人了。马利特和罗斯柴尔德将让Facebook的系统像起飞的火箭那样运行。虽然有了专业的技术，任务还是具有挑战性：Facebook服务器机柜的温度一度上升得极高[7]，罗斯柴尔德不得不跑到最近的沃尔格林便利店买光所有风扇，来给机柜降温[8]。

来到Facebook的工程师，要么是直接从学校出来的（许多没毕业就来了），要么就是在微软或者甲骨文（Oracle）这样的大公司入职不满一年的。后来加入的人都会被这个位于爱默生街中餐馆上方混乱的工作场所吓一跳。在中午之前，办公室里没什么人，从下午开始，人们陆陆续续地进来，开始每天14个小时的编程工作。扎克伯格会到处走走，经常穿着睡衣。"这看起来就和我在卡内基-梅隆大学的学生宿舍一样，这么说最贴切了。"阿迪特亚·阿加瓦尔（Aditya Agarwal）和扎克伯格聊天的时候说。他和杰夫·罗斯柴尔德有过一次更深入的面试，阿加瓦尔那天就得到了工作要约，但当他在伯克利上学的女朋友鲁奇·桑格维（Ruchi Sanghvi）告诉他这个产品有多厉害时，他才决定接受这份工作。他的待遇是75 000美元的年薪和"一些期权"，桑格维在几个月之后也加入了。

Facebook

这种情况经常发生，一个工程师来了以后，看到乱七八糟的工作环境，开始拿不定主意，就打电话给自己在大学念书的亲友，然后才放下心来。"我记得我打给了我的弟弟，他在约翰·霍普金斯大学念二年级，Facebook 才刚进入那所学校。"索里奥·奎尔沃（Soleio Cuervo）说，他刚加入 Facebook 时，发现那里的人都极其聪明，却被安排做琐碎的事情。"Facebook 在这儿比神还厉害！"他的弟弟告诉他，"它厉害极了！"奎尔沃加入斯蒂格的团队，成了 Facebook 的第二位设计师。

扎克伯格在招聘上亲力亲为，尤其在要挖业内大牛的时候。他的首要人选是格雷格·巴多斯（Greg Badros），巴多斯刚去了谷歌的 Gmail（免费网络邮件服务）团队，或许不是偶然，他还负责谷歌的社交产品 Orkut。（巴多斯的双重身份让扎克伯格知道，谷歌对于社交网络有多么不重视。）在 Facebook 的办公室面试巴多斯容易暴露，所以他们约在了扎克伯格位于帕洛阿尔托市区拉蒙纳街的公寓里。巴多斯被扎克伯格简单的生活惊呆了，这是一间一居室，只有一张很小的桌子，在角落里有一张床垫、一条毯子，没有床单。普莉希拉·陈坐在外面的台阶上做作业，这样她就不会打扰到男友的招聘工作了。（当扎克伯格第一次到加州的时候，他们分手了，但是在普莉希拉去伯克利念医学院后，他们又在一起了。）他们谈了一个多小时，巴多斯想知道扎克伯格做这些是为了改变世界，还是为了赚钱。他得到的答案是：前者，乘以 10。巴多斯那时没有接受这份工作，但是扎克伯格的求知欲和高强度工作给他留下了深刻印象。不到两年，他就加入了 Facebook。

随着公司越来越大，扎克伯格快节奏的工作方式导致他雇用了一些不合适的人，尤其是管理岗位的人，人员的快速流动又会导致招聘中的一些候选人中途断联。2005 年春天，在帕洛阿尔托一家创业公司的招聘会上，斯蒂格和帕克遇到了一位很不错的斯坦福大二学生，他们怂恿他来 Facebook，哪怕是做个实习工作。他在帕洛阿尔托的一间面馆里见了扎克伯格，了解到这家公司是怎样的。虽然扎克伯格跟他说一切都很困难，这名学生还是想加入。

这名学生的同学，甚至他在斯坦福的一位导师都建议他不要去 Facebook，他们觉得这家大学生做的创业公司很蠢。他在斯坦福的生活很有趣，有一个女友，还加入了兄弟会。尽管如此，这份工作还是很吸引他。他和招聘他的人保持着联系。他觉得自己快要想入职了。结果，邮件就石沉大海了，他想 Facebook 可能不想要他了。他不知道的是，那个一直和他保持联系的工程师被炒了。但如果他想要，这份工作还是他的。

Facebook 和这名学生的故事还没完，他就是凯文·斯特罗姆（Kevin Systrom）。

Facebook 的工作特点是代码更新的速度非常之快。举例来说，阿加瓦尔在甲骨文的时候，需要花费数月的时间，才会把代码提交入库，而且还会有 4 个人审核他的代码，确保改动不会产生任何不好的影响。即便这样，消费者也要在几年之后才能真正用上，因为产品的迭代周期是两年。

而在 Facebook，他们一天要更新四五次代码。基本上，扎克伯格和莫斯科维茨一直沿用他们在大学宿舍时的工作方式。由于从来没有在其他公司工作过，他们没有意识到自己的工作方式是多么具有颠覆性，这完全违背了人们普遍接受的最好的软件开发规则。即便是谷歌，也是每两个星期更新一次目录，日常提交的改动都需要排队。"我们没有被陈规约束过，所以也没有什么好打破陈规的，"阿加瓦尔说，"所以就很简单了，还有什么好等的？如果有谁觉得我们这么做大逆不道，那他就不属于 Facebook。我们的态度就是，我们才不管你之前在公司更新代码是什么速度。在 Facebook，我们要的是光速。"

这样的理念从工程师加入的第一天就印入了他们的脑海。你下载完代码库后，把开发环境设置好，就开始修复漏洞吧。你如果以前不是用 PHP 语言编程的，或者你不知道如何面对对象编程，马上去学，不要找借口。

如果 Facebook 涉及的业务是人命关天的大事，那就另当别论。但就 Facebook 现有的业务来说，出点小故障又能带来什么严重后果呢？

为了强调这一点，如果你的代码里有严重的漏洞，把整个网站整垮了，招致大量用户的不满，这件事会被以邮件形式发送给整个工程师团队：恭喜你！你把网站整垮了，说明你的速度很快！（但在同一件事上犯两次错并不值得庆祝。）

后来这成了一件约定俗成的事：每一名工作和编程相关的员工，哪怕是副总裁级别的，都要加入"训练营"。每一个参加者都需要快速熟悉系统，并在第一天提交修改代码（修改的必须是真正能让 Facebook 运转的代码），在第二天正式使用这些代码。这就像是你第一天坐进驾驶舱里，他们就让你开火箭。

工程师们最主要的工作是"救火"。每个人的工作中有很大一部分是修复问题，确保网站正常运行。莫斯科维茨的角色是中央调度员。后来，他经常和凯蒂·杰明德（Katie Geminder）一起开会，杰明德是 2005 年入职 Facebook 的。他们想要跟踪这些修复问题的工作。但是在几个月里，这件事是专门设置的。

Facebook 大量的员工都是 20 岁出头，包括创始人，所以 Facebook 的氛围就像是一边准备高考，一边玩年轻人的游戏。公司鼓励员工把公司当成家。如果员工统一住在离办公室一英里以内的地方，扎克伯格会给他们每个月 600 美元的补贴。[9]

这家公司的精神就写在墙上。在搬进新办公室几个月后，Face-book 就在市中心又设了一个新办公室。PayPal 公司就是在那里起家的，所以整个地方氛围很好。在协商租约的时候，帕克给房东提了一个甜头：为了使用这栋房间里更多的空间，作为交换，他同意让房东给 Facebook 投资 5 万美元，这是一个千载难逢的机会。房东同意了，但是他的合伙人们拒绝了，导致他们错失了几亿美元。

帕克想请一个非常受欢迎的涂鸦艺术家来装饰办公室，这个艺术家叫大卫·乔伊（David Choe）[10]。乔伊认为社交网络，包括 Facebook 在内，都是大笑话，他漫天开价——6 万美元。和房东不一样，乔伊接受了帕克的提议，以 Facebook 的股票期权作为报酬。乔伊在整个办公室的墙壁上天马行空地涂鸦。这种感觉就像是《花花公子》杂志请耶罗尼米斯·博斯（Hieronymus Bosch）给地铁作画。后来，帕克的女朋友在女厕所也画了类似的涂鸦。几乎所有的 Facebook 男员工都喜欢乔伊的作品，但是女员工就没有那么喜欢。

帕克和一些 Facebook 的员工跟乔伊一起在芝士蛋糕工厂吃晚餐庆祝。他们问乔伊是不是真的知道自己接受的期权的价值，他到底知不知道期权是什么？乔伊承认自己对此一无所知。但是之前有一份工作，有人给他一套鼓当报酬，所以这看起来差不多。乔伊的期权最后价值 2 亿美元。

扎克伯格的演讲技巧很糟糕，即便只面对十几个人，他也紧张得不行。"我得坐下来，我很害怕。"他后来说。[11] 在另一个全员大会上，他感觉实在太尴尬了，以致半途而废，不得不向马特·科勒求助。[12] 但是最后，他还是完成了给员工的演讲，这种会每周五都有，每个人都可以问他问题。当会议结束时，他会大喊一声："唯吾独尊！"[13] 这种古代领袖才会用到的场景很早就已经萦绕在他的脑海里

Facebook

了。这种仪式感让一个内向的人表露了自己面无表情背后的野心，他说这句话的时候还做了一个说着玩的手势。"这看起来像是说着玩的，但他也是认真的，"杰明德说，"非常激励人。"

最终，帕克让他别再这么干了，否则万一陷入反垄断诉讼的时候会被拿来当不利证据。

2005 年 6 月，马克·扎克伯格召集员工，告诉他们自己构想的 Facebook 第二年夏天的规划：网站重新设计；做一个新应用；基于用户的社交行为定制个性化报纸；一项针对活动的功能；一个本地的商业产品；以及一项他称之为"我很无聊"的功能，这项功能可以让用户在 Facebook 上做一些事情。

这个规划可以让他的网站从一个大学生通信录变成世界级的社交产品。

自从搬到了加州，扎克伯格对于产品的愿景就一直在变化。在哈佛他只是一时兴起做了这个网站，自己写了代码，发布以后也没有想过太多，虽然 Thefacebook 很快就上线了。

现在，他的工程师团队在不断壮大，拥有数百万名用户。他们做了许多努力让网站越做越大，并且入驻了更多新校园，他知道，引入新功能让网站更具吸引力非常重要。他想要能承载他的野心的功能，这家公司一直保持着这样的理念：快速迭代，先上功能，再修复漏洞。这就意味着不只他可以决定产品的功能，他也赋予了员工这样的权力，只要他们能给 Facebook 带来价值。他们乐于尝试各种事情。莫斯科维茨认为，需要确保有人能盯着重要的工作，例如确保网站在线，以及做一些外勤工作来拿下新的校园。但是整个团队总是在说新的创意。"我们花了许多时间聚在一起，坐在客厅，吃饭，在游泳池边聚会，一直在说我们能做点什么新东西，"麦卡伦姆说，"下一步就会有个人直接把这个东西做出来。"项目进展很快，这感觉就像是你一学期没怎么去上课，却被强制参加期末考试。扎克伯格是评分者。"马克就是最后的裁决者，他决定做什么产品，怎么做。"麦卡伦姆补充道。

团队在拉·詹尼佛路别墅时完成了留言墙项目。虽然 Facebook 在即时通信方面还没有与 AOL 的即时通信软件 AIM 竞争，但扎克伯格希望 Facebook 成为一个表达的论坛。虽然他没有公开宣扬自己的政治主张（如果有的话），但言论自由对他来说是热情所在。他开始意识到自己创造的产品将成为非常强大的工具，或许还将具有历史意义，让人们可以发出自己的声音。他后来告诉我，言论自由是"公司的创始理念"。当时，Facebook 用户只能在个人资料页面输入关于自己的信息片段。在无休无止的内部讨论后，Facebook 想出了一种开启真实互动的方法：在个人资料页面的中间位置放置一个动态白板。和维基百科类似，人们可以在动态白板上添加或编辑个人资料里的部分内容。"那时候，维基百科似乎是最具创新性、最不可思议、最棒的产品，"克里斯·休斯说，"我们在个人资料页面开辟了一个位置，用户可以在这里自由地写任何东西，其他人也可以写。"人们渐渐开始用这个功能在别人的个人资料页面发表纯文字评论。这些评论按照时间倒序排列，就像博客一样，出现在个人资料页面的中央。人们可以评论某人的个人资料，讨论昨晚聚会上发生的事情，或者只是说些废话。

这个功能巧妙地改变了网站的特性，将 Facebook 从目录转变为更具交互性的产品。除了个人资料信息外，Facebook 已经在托管业内闻名的"用户生成内容"。但打开讨论的大门引发了很多 Facebook 无法回答的问题。谁来控制留言墙？留言墙属于用户还是 Facebook？什么内容可以在留言墙上发表，什么不可以？按照 Facebook 的风格，它在发布这项功能时，并没有这些棘手问题的解决方案。

没有人考虑该如何处理不当评论。

留言墙之后，Facebook 又开发了群组功能，这是个人资料页面的一个变体，在这里，留言墙可以像公告栏一样，围绕一个共同的主题来组织人们。任何 Facebook 成员都可以创建群组，就像创建个人资料一样。扎克伯格对这一功能有一些崇高的想法：学生团体可以将管理转移到网上，竞选学生会干部的学生可以建立虚拟竞选总部，活动人士可以在学校发起做出改变的请愿。上述大部分设想都变成了现实，以前贴在宿舍走廊软木公告板上的通知被搬到了 Facebook 上。不过，最受欢迎的群组似乎都有些古怪或近乎愚蠢，比如"反竖领俱乐部""支持哈佛大学迁往另类宇宙的学生们"，甚至还有一个叫"喜欢 Facebook 群组"的群组。《绯红》报道了名为"Facebook 群组荡妇"[14] 的现象——这些人接受每一个新群组的邀请。

现在，扎克伯格雄心勃勃的行动标志着 Facebook 的新思路。所有这些想法的共同点是，它们似乎都契合 Facebook 的扩张。而且，其中大部分功能都足够复杂，开发它们的时间也都比过去的项目要长。

事实上，在扎克伯格议程上的 5 个想法中，只有一个在美国劳动节前完成了：重新设计。最终，全职加入 Facebook 的艾伦·斯蒂格负责这个项目。他做的第一件事就是质疑页面顶部"那个长相怪异、让人毛骨悚然的家伙"。不久之后，由于担心知识产权问题，他们找到了这张矢量图的来源。原来它来自微软 Office 办公软件的剪贴画集合，只有拥有 Office 许可证才可以免费使用，这意味着 Facebook 不能用它。于是这个 Facebook 人像消失了。

斯蒂格的美学是干净和现代。这与当时占主导地位的社交网络 MySpace 形成了鲜明对比，其用户数大约是 Facebook 的 10 倍，却毫无美感。MySpace 允许用户自定义页面，浏览它就像在宿醉时造访涩谷一样。

为了避免色彩的混乱，斯蒂格限制自己只能用蓝色。这对扎克伯格来说最好，因为他是色盲，无法分辨红色和绿色。经过一番搜寻，斯蒂格终于找到了自己喜欢的颜色。那这就是拥有强大政治人际关系的凯雷集团股票基金网站的背景色，作家迈克尔·刘易斯（Michael Lewis）曾称该基金为"裙带关系户的落选沙龙"[15]。斯蒂格微调了这个蓝色，并最终使它成为数十亿人眼中 Facebook 的代名词。在公司内部，Facebook 网站最终被称为"蓝色应用"，有时只称作"蓝色"。

接下来要实现的是照片功能。当时 Facebook 的每位用户只有一张个人资料照片，仅此而已。Facebook 用户十分渴望分享照片，有些人会不断更新自己的头像，有时一天更新好几次。其他人发现，虽然 Facebook 限制了页面上照片的宽度，但没有类似的长度限制。于是用户把一堆照片堆叠在一起，编辑成一张照片，就像照片棚里的一组照片一样，然后用这些特制的照片作为头像照片。

MySpace 当时允许人们上传多张照片，并把这个数字从 15 张增加到 50 张。当时最热门的照片分享网站是 Flickr，人们在那里可以公开分享自己的照片，通常还会给照片打上标签，供他人搜索。这对于与物品相关的照片应用很棒。但 Facebook 与人相关，特别是与用户认识的人有关。

扎克伯格要求斯蒂格、马利特和 Facebook 的新产品经理道格·赫希（Doug Hirsch）思考新的照片产品。他们开始在白板上描画这个应用的样子。像往常一样，扎克伯格权衡，他们动手做：和马克交谈，动手做，再和马克交谈……循环往复。

马利特自己也是一名摄影师，但他意识到 Facebook 用户不会太在意照片的艺术性。他们的照片就像他们个人资料上的其他东西一样，比如兴趣或感情状态，只是他们自我表达的一部分。所以照片是不是

Facebook

高清都没关系，用低质量的图片更好，因为这样能快速加载，也不用担心存储问题会让 Facebook 的服务器不堪重负。

一天晚上，赫希和斯蒂格在头脑风暴。赫希建议，照片应该具有社交功能。斯蒂格想到了一个绝妙的主意——为什么不给照片中的人打上标签呢？当我们看照片时，大脑其实已经这样做了。所以它执行起来很简单，不涉及人工智能，只需让用户点击照片中的人脸，然后填写一个空白文本框即可。

Facebook 那时还没有用于人脸识别的人工智能。但它确实有狂热的用户，他们非常愿意分享。斯蒂格建立了一个系统，让用户可以迅速标明照片里的人是谁。如果这个人在用户的社交网络中，用户只要输入几个字母就可以自动填写那个人的全名。整个设计就是为了鼓励用户给照片中的人打标签。然后，传播机器启动，将这一体验传递给其他人。当别人在照片中标记你时，你会收到通知，然后可以去那个人的个人资料页面看照片。如果发那张照片的人还不是你的好友，你可能会马上加对方为好友。接下来你也更可能上传自己的照片。

至少理论上是这样的，但没人能确定。"我们知道用户想要更多照片，"斯蒂格说，"但我们不确定他们会不会做这件事。"

2005 年 10 月发布时，他们弄了一个大屏幕，用一个大表格来展示用户上传的内容，以及是否在打标签。晚上八九点的时候，第一张照片出现了，是某个人的 Windows 桌面壁纸。前景不妙的样子。接下来是一群女孩在聚会上的照片。照片拍得很烂，甚至看不到背景，只有被闪光灯照亮的身体和脸，但她们在打标签！

斯蒂格说："那时我们知道这种方法可行。这样的照片完全是在公开讲故事，表明你和这些人是朋友，对和你一起在照片中的人而言，这是公开支持，也是巩固你现有的关系。"

几个月后，Facebook 成了世界上最受欢迎的照片分享网站。他们能做的就是保持服务器运行，以便存储所有这些照片。

肖恩·帕克没有看到照片功能的发布。8 月 27 日午夜刚过，警察进入了帕克在北卡罗来纳州租的房子，当时他正和一名大学生年纪的 Facebook 员工约会度假。警察们在那里发现了可卡因疑似物，并逮捕了帕克。帕克无疑害怕这事的后果，他想得很对，即使指控最终被撤销（事实确实如此），他也有可能再次被踢出自己帮助创建的公司。

他的担心很有根据。帕克于周五晚些时候被捕，Facebook 董事会在那个周末召开了紧急会议。扎克伯格重组了公司，实际上把帕克降职了。"我不想再让他当总裁了。"不久之后，扎克伯格在 ConnectU 案做证时说。这不仅仅是因为帕克被捕让 Facebook 陷入了法律危机，那时，扎克伯格认为帕克更多的是一名预见者，而不是靠谱的总裁。帕克在管理销售团队方面做得不是很好。"他把人们吓坏了。"扎克伯格说。[16]

"肖恩的工作时间很不规律。你可能好几天见不到他"，埃兹拉·卡拉汉的朋友说，"他非常古怪，靠不住，很难联系上。当你需要他时，他会在最后一刻来拯救你，但是你不能在任何事上指望他。"

尽管失去了工作，但帕克并没有被禁止进入 Facebook 的办公室，不过他也没有得到扎克伯格的青睐。在接下来的几年里，帕克会时不时地出现，通常会受到产品会议的欢迎。（这种不定期出现的情况和他被剥夺职位前没有太大区别。）扎克伯格重视他的观点，帕克充分利用了这一点。帕克会说，扎克伯格欠他的。他就像那种在越南救了你一命而且永远不会让你忘记这一点的人。

帕克离开一个月后，Facebook 突袭亚马逊，挖来了欧文·范·纳塔（Owen Van Natta）负责业务拓展。欧文·范·纳塔时年 36 岁，以撮合交易著称。几周后，扎克伯格提拔他为COO。

多年以后，肖恩·帕克被中伤成一个骗子，贾斯汀·汀布莱克在那部臭名昭著的电影《社交网络》中疯狂而坦率的出演进一步塑造了这一形象，人们把帕克当作Facebook传奇中的一个脚注而忽略掉。但当时在场的人不这么认为。

"如果没有他，公司早就被卖掉了，"亚当·德安杰洛说，"风险投资家会接管。对他来说，最重要的是不要让Facebook像他那样受到伤害。"

帕克没有像在Plaxo时那样被公司伤害。在和风投谈判时，他确保了这一点。他的协议中明确规定，即使离开Facebook，他仍能保留自己在公司的股份比例，这一比例最终将让他坐稳《福布斯》亿万富豪榜的位置。

但控制公司的是马克·扎克伯格，他持有最大比例的股份。"不管是彼得·蒂尔还是肖恩·帕克，这些人都认为自己在操纵马克，"Facebook的一名早期员工表示，"但马克把肖恩看作一个有用的工具，让他去做最糟糕的工作——融资。事后看来，马克说服帕克为他筹集资金真是天才之举。"

06
变革之书

扎克伯格以前喜欢随身带一本笔记本。2006年，Facebook正式踏上了辉煌与声名狼藉相伴相随的道路，但在这一年的帕洛阿尔托办公室里，你也会看到扎克伯格低头用他那潦草、简洁的文字，在一本空白内页笔记本上写写画画，勾勒产品创意，绘制技术图表，并偶尔透露一点自己的观点。当时扎克伯格的公寓只有一间卧室，床垫铺在地板上，还有一个连鸡蛋都没煮过的厨房，但那些拜访过这里的人可能会看到一堆写完的笔记本。

扎克伯格不怎么编程了，但他会用这些笔记本来详细地传达自己的产品愿景。这种方法弥补了扎克伯格在人际交往方面的缺陷。当Facebook的工程师和设计师在上午晚些时候或下午早些时候走进办公室时，他们有时会发现其中一些笔记本内页被复印了出来，上面勾勒出了前端的设计，或是某个排名算法的信号列表。这些复印件不一定会结束谈话，而往往会开启对话，因为信息的接收者会把它们作为与老板合作的基础。

在Facebook的每个办公室里，白板随处可见，如果没有出色的干擦技能，员工就无法生存。扎克伯格的笔记本上却带着一种教皇式的神圣感，通过它仿佛能窥见扎克伯格的灵魂。

在之后的几年里，扎克伯格不再那么热衷于记录事情了。他解释称，Facebook 的律师将他珍视的笔记本看作未来知识产权诉讼的潜在证据，于是他销毁了这些笔记本。但这并不是唯一的原因。扎克伯格在哈佛期间曾发出过一些幼稚的即时通信信息，在这些信息遭到公布后，他感到羞耻，不再愿意存档个人想法，尽管他一直敦促用户这么做。（几年后，他甚至要求对自己的通信服务协议进行例外处理，并让 Facebook 删除此前他与其他人的聊天日志中属于他的那一半私人通信。就这样，过去与扎克伯格的聊天记录突然变成了自说自话，扎克伯格的那一半聊天内容消失了。Facebook 将这一举动描述为"限制马克信息的保留期"[1]，而其他所有人的保留期都是没有期限。迫于压力，Facebook 承诺允许所有用户"撤回"消息。这个特性花了将近一年的时间来实现。）

但这些笔记本并没有全丢，还是留下来了一些，大概是那些他复印和分享的笔记本页面，这些内页为我们了解他当时的想法打开了一扇窗户。我设法找到了一份 17 页的材料，就 Facebook 的发展方面而言，它们是扎克伯格日记中最重要的部分。它的名字叫"变革之书"，第一页上写的日期是 2006 年 5 月 28 日，附有扎克伯格的地址和电话号码，并承诺如果笔记本丢了，有人捡到后还给他，将获得 1 000 美元的奖励。他甚至还写了一句名言来激励自己：

成为你想在世界上看到的变化。——圣雄甘地

"变革之书"的重心是将 Facebook 从大学网络变为互联网巨头的两个项目。

第一个项目是开放注册，它将颠覆 Facebook 的本质，使之从大

学社交网络软件变成通用社交设施。

　　没人清楚扎克伯格对这一项目规划了多久。他经常回忆 Facebook 上线的那个晚上，和朋友们在匹诺曹比萨店见面，谈到有一天某个大公司会在全球范围内做他刚刚在哈佛做过的事。在接下来的两年里，他更加大胆地认为自己就是那个做这件事的人。很难确定他的这一顿悟出现在什么时候，Facebook 早期员工认为这不是 2004 年或 2005 年初的公司使命。2005 年 6 月，他对一位面试者说，虽然很多人"专注于征服世界或做最伟大的事来获得用户"，但他更关注通过集中力量提高对大学市场的服务来做出改变。[2]

　　不过到了 2006 年，他的使命扩大到了服务所有人。

　　扎克伯格现在坚持认为，当 Facebook 不止于一个大学项目时，他将其视为大学公用设施。他表示："我只是觉得，从使命的角度来看，创建下一个 MTV（音乐电视网）从未让我感到特别兴奋，而这是我们当时在董事会的对话。"

　　开放注册是实现这一使命的必要步骤，但这一步也很危险。扎克伯格意识到，向公众开放 Facebook 可能会危害其大学生用户群，因为大学生们认为 Facebook 属于自己。扎克伯格决定逐步采取行动，这样人们可能仍然觉得私人信息会留在自己的社区内。

　　Facebook 的第一步行动是将服务自然而然地扩展到了高中。但即便是这一步，也需要进行大规模的技术重构，以便为更大范围的扩张奠定基础。在那之前，Facebook 采取了烟囱式架构。Facebook 每进入一所大学，就会单独创建一个数据库。这为社区设置了自然边界，从基础设施设计上保证了高水平的隐私性，用户无法浏览自己学校以外的个人资料。用户也不会因此觉得遗憾，因为大学社区里就有成千上万人了（包括校友），这些网络在当时仍然很有趣。

　　但这种结构不适用于高中。当时全美只有几千所大学，但有约

40 000 所高中。这就需要建立一个更加开放的系统，来取代孤立的大学网络。这项技术挑战将困扰 Facebook 的新工程师们数周之久。

没人知道 Facebook 在高中的表现会有多好。Facebook 一开始让大学生邀请他们还在上高中的弟弟妹妹加入，希望与年长孩子的联系能给 Facebook 注入 MySpace 所缺乏的成熟。这一方法很有效，但没有大学生的那种个人沉浸感。高中生们仍然与同学之外的网络——父母、课外活动和其他学校的朋友，保持着良好联系。对 Facebook 来说，最好的消息是之前的一种担心没有成为现实：让更年轻的青少年使用会让大学生觉得 Facebook 不酷。

那年春天，Facebook 试探性地向学校以外的领域扩张，开放了工作网络，以公司而非学校作为社区的基础。Facebook 挑选了 1 000 家包括科技公司、军队在内的大雇主，允许任何拥有这些组织电子邮件地址的人注册。这次尝试以失败告终。与大学或高中不同，人们通常希望把社交生活与工作分开，并不是所有公司都像 Facebook 那样，员工在一个紧密的社区里工作、玩乐和恋爱。

显而易见，解决方案就是只需任意一个电子邮件就能注册。用户可以和所有人——朋友、亲戚、同事，建立联系，因为大家都可以注册 Facebook。尽管如此，扎克伯格最初还是觉得新用户必须根植于某个网络。如果人们不是根植于某个社区，那么 Facebook 就很难知道他到底是自己嘴里所说的那个人，还是总能在 MySpace 上遇到的那种骗子。这种程度的信任是 Facebook 成功的关键。

所以扎克伯格决定，如果新用户没有填写学校或公司，就根据他们的居住地进行组织。但如果把一个大城市归为一个网络，那就太宽泛了，根本无法提供任何安全保障。总不能因为你们都住在芝加哥，就让对方查看你的个人资料吧。其他情况也可能会让 Facebook 用户不寒而栗：成年人能成为高中生的好友吗？这难道不恐怖吗？至少也不酷吧。当时的一位 Facebook 员工表示："大学生们把 Facebook 看作自己的地盘，现在 Facebook 要向一群不知道是谁的人开放，当时人们的想法是，年纪大的人只会让 Facebook 变得没劲。"

也许年纪大的人连用 Facebook 的动力都没有。用户测试加深了这一担忧，而用户测试是在凯蒂·杰明德的敦促下，Facebook 才慢慢采用的软件公司的标准做法。经过大量的政治活动，凯蒂得到了雇用外部研究公司的许可，来测试那些在人口统计学上不属于 Facebook 群体的用户类型，比如 40 岁以上的人。调查发现 Facebook 存在很多偏见，其中很多都与 Facebook 起源于大学有关。比如，一位特定年龄的女性受试对象碰到了"戳"命令，于是她问引导者这是什么，引导者的反应并不符合规范，反问道："你认为它是什么？"这位女性不知道。她于是又问："你怎么知道的？"她说自己会去帮助区试试。引导者说："好，你为什么不试试呢。"于是这位女性来到帮助区，找到"戳"的解释，发现答案是"你如果非要问的话，就不该来 Facebook"。这可不是欢迎人的话。

扎克伯格在"变革之书"中反复权衡这些事情。在写这本笔记一天后，他开始写"开放注册"的笔记页，并自问道："那么在开放注册之前，我们需要讨论什么？"他关注的是实现它，开放注册可能会带来的数十亿名用户以及一大堆意想不到的后果都不在他 2006 年写的分析里。扎克伯格绘制了登录过程中的信息流程图，要求用户选择大学、高中或是"在世界上什么地方"。他决定用邮政编码来识别用户所属的地理网络，甚至思考应该采取哪些隐私措施。用户能看到自己所在地区的"二度"好友的个人资料吗，或是任何地方的"二度"好友的资料？他写道："也许应该是任何地方，而不仅仅是用户所在地区。这将让网站变得真正开放，但目前可能还不是一个好主意。"

Facebook

这句话似乎是扎克伯格思想的写照，至少他对隐私观和对隐私本身一样关心。那时他就知道，Facebook 注定要完全开放，要放弃当初与哈佛和其他学校达成的默契，即只有同学才能浏览用户的个人资料。尽管如此，他还是想让人们感到安全。在设计开放注册时，扎克伯格问了自己最后一个问题。

"是什么让它看起来安全，不管它实际上是否安全？"

当 Facebook 的一些工程师致力于实现开放注册功能时，另一个团队正在重新设计 Facebook，并将其定义为一个会成为 Facebook 同义词的产品：动态消息。动态消息将成为 Facebook 最大的福音，同时也是 Facebook 未来的麻烦之源。动态消息就是扎克伯格在 2005 年夏天待办事项清单中提到的个性化报纸。直到 2005 年晚些时候，他和当时正在过寒假的加州理工学院学生亚当·德安杰洛进行头脑风暴时，他才真正开始思考这个问题。

德安杰洛和扎克伯格认为这会重新创造 Facebook。两人都认为，虽然 Facebook 取得了成功，但它在某种程度上是支离破碎的。主页的空间没有利用起来——用户会很快放弃主页，转而去好友的主页，看谁更新了个人资料，然后逐个点击自己好友的主页，看看发生了什么。Facebook 的日志显示，大量用户实际上会按字母顺序浏览好友主页，以确保了解他们的最新动态。"这是当时所有社交网络的工作方式，但感觉非常低效，"德安杰洛说，"每个人都花了太多时间来点击查看个人资料。"

扎克伯格的解决方案是动态消息。隐藏在个人资料里的信息会直接被发给用户好友，就像报童把报纸扔到前廊上一样。在 Facebook 上，消息会出现在用户的首页。一种方法是在主页上设置很多小框，显示自用户上次登录以来的新事件、新好友以及其他动态。另一种更有野心的方法是做一个连续的消息流，按时间先后倒序呈现给用户。扎克伯格选择了后者。

德安杰洛开始着手开发这一功能，不过他在春季学期返回了加州理工大学。鲁奇·桑格维是少数有足够经验开发这一复杂功能的工程师之一，所以她投入了这个项目。

另一位被选中帮助开发动态消息的人是克里斯·考克斯（Chris Cox）[3]，他最近才从斯坦福大学毕业。考克斯出生于亚特兰大，在芝加哥长大，并不是一个典型的书呆子：他有着电影明星般的俊美外表，脸上的笑容能让人眼前一亮；他还是一位专业音乐家，会演奏多种乐器，作为爵士钢琴家尤其出色。斯坦福大学发展了考克斯极客的一面，他在斯坦福主修符号系统，这一学科很受特定群体欢迎，校友包括里德·霍夫曼和谷歌的玛丽莎·梅耶尔（Marissa Mayer），他还和世界知名的人工智能大师们一起上课。当斯坦福人工智能实验室赢得美国国防部高级研究计划局（DARPA）自动驾驶汽车挑战赛时，考克斯就在那里。

2004 年毕业后，考克斯决定在读研前休息一年，一边周游全国，一边做计算机咨询。这段长途旅行结束后，考克斯回到斯坦福大学，住在帕洛阿尔托名为"感恩而死"出租房的一套房子里，这些房子的房东是这一乐队的忠实粉丝。（考克斯搬进的那套房子以这支乐队的一首歌命名——Truckin'。）埃兹拉·卡拉汉也住在那里，他是从洛斯阿尔托斯的房子那里搬来的。每天卡拉汉回家后都会告诉考克斯 Facebook 有多棒，并说考克斯应该去那里工作。考克斯却不感兴趣。作为一名梦想解决自然语言处理问题的斯坦福人工智能专业毕业生，他为什么要为一家只有帖子和"戳"的愚蠢公司工作呢？

但卡拉汉最终说服了考克斯加入，他接受了莫斯科维茨、杰夫·罗斯柴尔德和亚当·德安杰洛的面试。莫斯科维茨向考克斯解释，Facebook是合作创建个人目录的起源地，目录中的每一个人都在Facebook上有一个真实的形象。Facebook是相互连接的，是实时的，而且Facebook计划扩张到大学之外。

真正让考克斯感到震惊的是面试的问题：你会如何设计一个呈现自己好友最新消息的订阅源（feed）？当考克斯结结巴巴地回答时，他意识到开发这样一款产品确实是严肃的计算机科学挑战。随着讨论的进行，考克斯意识到，与他谈话的人都和大公司的顶尖工程师一样有才华，尤其是经验更丰富的罗斯柴尔德。

他们当场给了考克斯这份工作，但他花了一个星期的时间来考虑，在此期间，他的朋友、导师、教师顾问和家人都告诉他，离开研究生院去这家奇怪的小公司工作是个可怕的想法。但他遵从了自己的内心，在当年11月成为Facebook的第12位工程师。

除了考克斯和桑格维，扎克伯格还指派了第三位工程师丹·普卢默（Dan Plummer）来参与动态消息功能的开发。普卢默当时39岁，几乎是自己同事平均年龄的两倍。Facebook说服他辞去加州大学圣迭戈分校的教职，成为Facebook的第一位研究科学家。普卢默接受过科学家的训练，深入研究过视觉问题，同时也是一名出色的计算机科学家，他还是自行车赛冠军。

团队将该项目称为"订阅源"，以便与Facebook的其他产品（照片、群组等）保持一致。但订阅源的社交网络商标刚刚被MTV的所有者维亚康姆集团（Viacom）保护起来，当时维亚康姆也在试图收购Facebook，所以这项功能的名称变成了"动态消息"。

从一开始，所有人就都知道动态消息的开发需要几个月。这与Facebook通常的做法大相径庭，Facebook一般仅花几个晚上炮制出一些东西，然后立即发布。不久该团队就遭遇了一次悲惨的挫折。2006年1月4日，普卢默在离帕洛阿尔托不远的洛斯阿尔托斯山上骑车时，被一根掉落的树枝砸死。[4] 人们在寒假结束后回到办公室时，说了几句纪念普卢默的话，就都回去工作了。一位 Facebook 的员工后来写道："他就好像被冲进了大海一样，没有留下任何痕迹。"[5]

其实不全是这样。就像成千上万刚刚去世的人一样，从某种意义上说，关于普卢默的记忆将以 Facebook 资料的形式继续存在。用户可能从生活中离开，但可能永远不会离开 Facebook。（数年后，Facebook 制定了详细的协议，说明如何处理用户死亡后留下的 Facebook 资料，明确会予以永久保存。）普卢默的资料现在仍然可以搜索到：他在去世的一个月前，上传了几张自己新养的小狗的照片。

普卢默的位置被新入职的安德鲁·博斯沃思（Andrew Bosworth）取代，大家都叫他博兹。博兹的胳膊上文着 "Veritas"（真理）这个单词，这是哈佛的校训，但更重要的是，在罗马神话中，这是真理女神的名字。她是博兹的缪斯女神，因为他似乎总是想什么就说什么，即使别人不总是如此。一些人认为他讲真话，另一些人则认为他喋喋不休，令人讨厌。但他在工作方面既勤奋又聪明。

作为技术工程师，博斯沃思是个稀有品种，他的血脉可以追溯到硅谷好几代人以前：自 19 世纪 90 年代以来，他的家族就在桑尼戴尔和库比蒂诺附近的山上种植杏子和梅子。在博斯沃思长大后，这片家园成了被科技改变后的硅谷中富裕居民的马场。

博斯沃思的编程启蒙老师是一名和他一起参加 4-H 俱乐部的惠普员工，后来他去哈佛学习计算机科学，这么选择是因为他也许能因此加入哈佛的橄榄球队。大四的时候，博斯沃思在热门的人工智能入门课上担任助教，当时一位聪明的学生用名为 Facemash 的恶作剧扰乱了校园。博兹给马克·扎克伯格发邮件说："嘿，伙计，这可不是最好的主意。"

博兹在 Thefacebook 上线第二天就注册了，是第 1 681 名用

Facebook

106

户。一年半后，当招聘人员向他发送 AIM 消息，试图吸引他加入 Facebook 时，他觉得 Facebook 的业务规模太小，根本不会考虑。此外，他还告诉 Facebook 的招聘人员，自己刚和一个朋友买了套房子。招聘人员告诉他，加入 Facebook，你可以在硅谷买 10 套房子！博兹认为自己了解硅谷，没人能在这里买得起 10 套房子。

但博兹了解到，如果去 Facebook 面试可以报销行程费用，他可以顺便去看望家人。在出发去西海岸旅行之前，博兹和当时在微软工作的 8 位哈佛朋友一起吃了午饭，并告诉他们自己打算去 Facebook 谈谈。他们都哈哈大笑起来。然而一年之内，其中 5 位将去 Facebook 工作。

Facebook 吸引博兹的地方是其推出产品的速度。在微软，当博兹为一个即将发布的产品想出一个好点子时，用户至少要等一年才能看到它。而在 Facebook，一个产品从想法萌生到出现在用户面前只需要几小时。

而且他曾经的学生扎克伯格有着惊人的雄心壮志。扎克伯格告诉他：“我们将连接世界，成为全球脉络！你能想象那会是什么样子吗？”

博斯沃思被迷住了，从那一刻起，他成了扎克伯格忠实的副手。

在扎克伯格的要求下，桑格维成了动态消息项目的产品经理，尽管 Facebook 此前还没有过产品经理，并且桑格维也不确定这个职位意味着什么。有人把几本管理方面的书扔在桑格维的桌子上，她勤奋地翻阅起来。当时桑格维手上有多个产品要管理，有时需求会失控。有一次，博斯沃思来找她，说需要她立刻为动态消息做点什么，桑格维告诉他，自己要在第二天发布另一个产品。但博斯沃思告诉她，真的需要她马上做动态消息的事，这让桑格维很生气。她站起来尖叫道：“博兹，如果你不让我一个人待着，我就要发飙了！”这只是

Facebook 办公室里寻常的一天。

　　动态消息团队按照"变革之书"的复印件做产品。当时扎克伯格在努力思考什么应该出现在动态消息上，还深入研究了决定故事出现在用户动态消息上的标准，以及该怎么排名。扎克伯格只是想改进 Facebook，他想让人们更容易地看到发生在好友世界中的重要事件。他脑海中有一个词可以作为衡量收录内容的标准：有趣。这在当时听起来很傻。但那时扎克伯格并不知道这样的排名算法有多重要，也不知道动态消息中出现的错误故事会让民主衰落，思想僵化。

　　正如扎克伯格用他紧凑的笔法描绘的那样，他设想了一个让故事引人入胜的层次结构，其中的关键因素是融合好奇心和自恋。故事的价值分为三层。最顶层是"关于用户的故事"。Facebook 的首要任务是向用户分享这些时刻：有人在用户的留言墙上留言、在博客文章中提到了用户、在照片中标记了用户、评论了用户的帖子或照片。

　　第二重要的类别是"用户关心的人"——那些 Facebook 认为属于用户社交圈的人。扎克伯格举了一些例子，其中包括用户好友的感情关系变化，认识的人的生活事件。接下来是"友谊趋势"，涉及在用户熟悉的圈子里进进出出的人。最后，他想到了一个未来的功能，让用户已经忘记的人重新浮现出来。

　　最不重要但仍值得纳入的故事，与用户和用户社交世界的关联更少，扎克伯格把这类故事称为"用户关心的事情和其他有趣的事情"。扎克伯格勾勒了对动态消息作为一份个性化报纸的愿景，这一愿景要比"连接用户"宽广得多。动态消息还可能包括信息流，以此大大增强甚至取代传统的新闻和娱乐方式。他列出的可能收入动态消息的故事包括以下几种。

　　· 媒体、兴趣小组等的趋势。

　　· 可能的有趣事件。

Facebook

- 外部内容。
- 平台应用。
- 付费内容。
- 自下而上浮上来的内容。

这只是刚刚开始，在接下来的两天里，扎克伯格狂热地概述了他关于隐私的想法：Facebook 如何向高中生，进而向所有人开放，如何设计一个与个人用户有关的"迷你订阅源"（Mini-Feed）并跟踪个人用户的活动，以及其他许多想法。写着写着，他的钢笔好像没墨水了，于是他换了写字工具。"太好了，这支铅笔更好用。"他写道，一页之后，他开始勾勒 Facebook 的宏伟蓝图，并把它称为"信息引擎"。

> Facebook 需要让用户感觉自己在使用一个未来的政府风格的界面，来访问一个充斥着相互关联的个人信息的数据库。用户需要能够以任意深度查看信息——用户体验需要"完整"。也就是说，当用户点击政府数据库中的某个人时，用户总会看到关于这个人的信息。这会让用户觉得访问他们的主页或搜索他们是值得的。我们必须做到让每一次搜索都值得，每一个链接都值得点击。这样的体验会很美好。

扎克伯格认为，可以通过为非 Facebook 用户制作个人资料来提供这种深度的信息。他把这些资料称为"黑暗资料"，并花了好几页的篇幅来描述。他设想让用户来为自己的朋友——或任何非 Facebook 用户——创建这些黑暗资料。只需提供一个人的姓名和电子邮箱，用户就可以为其创建资料并添加一些信息，比如对方的详细信息或兴趣爱好。如果已经存在资料，Facebook 会告知。Facebook 用户在会话时可能会提及黑暗资料所描述的人，这时 Facebook 就可以给对方发邮件，提醒 Facebook 上有与他们有关的活动，从而促使他们注册。扎克伯格知道，为那些不愿注册 Facebook 的人创建个人资料可能会引发一些隐私方面的担忧。他花了一些时间来思考如何才能不让人觉得这一举措"毛骨悚然"，也许可以让黑暗资料无法搜索？目前我们还不清楚这一想法有多少得到了实现。当时的一名 Facebook 员工凯特·洛斯（Kate Losse）在 2006 年 9 月左右参与了一个黑暗资料项目。洛斯在 2012 年的回忆录中写道："该产品为尚未成为 Facebook 用户但其照片已在 Facebook 上被标记的人创建隐藏资料。"她解释说，当那些非 Facebook 用户回复 Facebook 的电子邮件（邮件地址由在照片中标注他们的人提供）时，这些标注了的照片就会等着他们。她表示："这有点像是 Facebook 的点对点营销，针对的是那些在 Facebook 上有朋友但尚未注册的人。"埃兹拉·卡拉汉证实了这一点，并补充说，虽然在头脑风暴时产生了这一想法，让用户能够像在维基百科上一样创建和编辑朋友的黑暗资料，但这一想法从未得到执行。（Facebook 一直坚称，黑暗资料并不存在。）

艾伦·斯蒂格负责动态消息的设计，这是 Facebook 整体重新设计的重要组成部分。他明白这将如何改变 Facebook。他说："这种按照时间倒序线性排列、根据每个用户定制首页的想法前所未有。"

除了展示用户好友动态的动态消息外，扎克伯格还设想了另一种订阅源，可以用来告诉好友自己的近况。这一名为迷你订阅源的功能将会出现在个人资料页面上，占用的空间和留言墙一样大。他写道："当一个人访问另一个人的资料时，用户需要觉得自己知道这个人的近况，知道这个人是谁。"迷你订阅源会按时间倒序显示用户所有的 Facebook 事件：谁发了一张和你有关的照片，你加了谁为好友，感情关系发生了什么变化。扎克伯格在他的笔记本上写道："我们的想法是呈现每个人的人生日志，但希望不是以一种令人毛骨悚然的方式。人们应该能控制自己的事件流中显示什么，可以添加和删除内容，但不能关闭这一功能。"

动态消息团队一直从春天做到了夏天。一天，考克斯给自己建的原型动态消息页面上出现了一条消息。它注意到了扎克伯格的活动，而由于考克斯和扎克伯格是 Facebook 好友，所以第一条动态消息诞生了：马克添加了一张照片。

"天啊，动态消息上线了！"考克斯自言自语道。Facebook 的有用性提高了 10 倍！

考克斯想，人们一定会喜欢这个功能。

在扎克伯格疯狂地撰写自己的产品宣言时，他卷入了一场没有出现在"变革之书"中的戏剧性事件。当时他正在与 Facebook 的潜在买家们掰手腕，以防止他们从他手中夺走 Facebook 的控制权。在哈佛时，扎克伯格似乎很乐于出售自己的项目，甚至开玩笑说，如果温克莱沃斯兄弟赢了指控 Facebook 窃取其想法的诉讼，赔偿损失将是 Facebook 收购者的问题。但现在他全身心投入了 Facebook，认为它可以改变世界，但它如果在别人手里就不能。

在 Facebook 取得的成绩泄露后，一大群潜在收购者打来电话。对其他社交网络来说，收购 Facebook 将消除它们面临的威胁；对在社交网络领域鲜有涉足的大型科技公司来说，这是进入该领域的机会；对媒体公司来说，这代表着一条通向年轻客户的管道。

扎克伯格花了大量时间与这些潜在收购者开会，通常由经验丰富的交易撮合者范·纳塔陪同。范·纳塔需要一段时间才能接受这样一个事实：扎克伯格每次参加或退出收购洽谈，都带着拒绝收购的意图。范·纳塔认为，如果这些科技巨头和媒体巨头感兴趣，扎克伯格应该听取他们的意见。在这个过程中，扎克伯格会了解自己正在进入的这个行业。

有时，洽谈会促成合作，比如与微软的合作。2006 年，两家公司达成了一项协议：微软向国际客户销售 Facebook 的广告。这一协议为 Facebook 及时提供了收入。

其他时候，Facebook 的目的是搜集情报。扎克伯格、范·纳塔和科勒与假定的竞争对手 MySpace 进行了几次会面，目的是更好地了解 MySpace，看看他们是否能从中学到一些东西。科勒说："对我们来说，关键是学习和更好地了解 MySpace 的团队和文化，以及他们对产品的看法。"他承认自己对 MySpace 的统治地位感到不安。

MySpace 的 CEO 克里斯·德沃尔夫（Chris DeWolfe）证实，2005 年初，当他和一个小团队去参观 Facebook 在帕洛阿尔托的办公室时，他确实在考虑收购事宜。扎克伯格来晚了，因为他在机房处理服务器危机。德沃尔夫对 Facebook 印象深刻，但在 Facebook 获得阿塞尔公司的投资后，他认为 Facebook 的估值太高了。那年夏天，鲁伯特·默多克的新闻集团以 5.8 亿美元的价格收购了 MySpace。有了更大的资金来源，MySpace 准备花更多钱来收购 Facebook，但扎克伯格对此不感兴趣。

总的来说，对 MySpace 在用户数方面的巨大领先优势，扎克伯格似乎并不在意。他认为新闻集团收购 MySpace 不是威胁，而是对社交媒体公司价值的肯定。Facebook 团队认为 MySpace 不是一家科技公司，因为它没有那种专注于产品的严谨作风。对此，扎克伯格毫不掩饰自己的观点，甚至在 MySpace 创始人面前也是如此，这让他们非常恼火。（德沃尔夫不同意扎克伯格的观点："我认为我们都是媒体公司，也都是科技公司。"不过他承认 Facebook 更多地由工程驱动。）在随后的新闻集团会议上，扎克伯格告诉鲁伯特·默多克，媒体的未来不是人们收看福克斯新闻或在家门口取《华尔街日报》来读，而是在线从他们的朋友那里获得链接。

有一段时间，维亚康姆集团通过旗下的 MTV 大力推动收购 Facebook。在多次会面后，扎克伯格拒绝了他们，他还拒绝了谷歌的报价。

但有一家公司不可能轻易被拒绝。当时的雅虎是互联网巨头，拥有数十亿美元资产和数亿名用户。Facebook 的产品负责人道格·赫希（Doug Hirsch）曾是雅虎高管，很显然，他向前任老板透露了 Facebook 的价值。雅虎 CEO 特里·塞梅尔（Terry Semel）开始将 Facebook 视为一系列社交主题网站收购中最重要的一笔，当时雅虎的收购对象包括 Flickr 和 Delicious（美味书签）。塞梅尔曾经放弃购买谷歌，希望这次交易将挽回遗憾。

"最初，为了让我们参与谈判，他们说可能出价 30 亿美元，"扎克伯格说，"我说，好吧。但在谈到这个问题时，他们说的是 10 亿美元。"

那仍然是一个令人瞠目结舌的数字，几乎前所未有——用 10 亿美元收购一家还处于起步阶段的小公司，它 20 岁的创始人能拿到几亿美元。

扎克伯格并没有对出售给雅虎表现出额外热情。一天，一位新入职的工程师在上班第一天就看到赫希在收拾自己的东西，他问扎克伯格如何才能避免像赫希那样被解雇。

扎克伯格说："不要试图背着我出卖我的公司。"[6]

在当时与彼得·蒂尔和吉姆·布莱耶举行的董事会上，扎克伯格夸张地低头看着手表说："8 点半似乎是拒绝 10 亿美元的好时候。"[7]对于可能希望迅速获得丰厚回报的董事会成员来说，这绝对是个严酷的考验。

一项令人不安的进展削弱了扎克伯格的影响力。2006 年中期，

Facebook 停止了增长。监控显示：用户数量已经停止增长。大学生们已经都在 Facebook 上了，而 Facebook 在高中未能获得同样的成功，工作网络则彻底失败了。

扎克伯格回忆道："我们在高中尝试了一些东西，但没有成功——发展得不是很快。"当时动态消息尚未发布，虽然很快 Facebook 就会向所有的用户开放，但公司里的一些人警告称，开放注册可能是最大的风险。一些人认为 Facebook 应该在大学市场上加倍投资，并基于这一市场建立其他服务，进而掌控大学市场！但扎克伯格打定主意在现实世界中玩风险游戏，大学只是他棋盘上的一个小方块。

"从一开始就很清楚，Facebook 是地球上所有人的公用设施，"科勒说，"扎克伯格觉得自己不会深入发掘大学市场，他要去广阔的全世界。"

扎克伯格试图拖延雅虎。塞梅尔有一次在会议上抱怨 Facebook 团队行动不够迅速，太缺乏经验，无法达成交易。事实上，在整个会议期间，扎克伯格一直神游天外。最后，当房间里的所有人都迫切希望他说点什么时，扎克伯格开口了。

"嗯，"他说，"我们觉得公司很烂。"

雅虎总裁丹·罗森施威格（Dan Rosensweig）用一句俏皮的话打破了尴尬的气氛："我们雅虎人喜欢认为自己没那么烂。"大家都笑了起来，但僵局仍在继续。"特里那种好莱坞式的谈判方式显然对马克不起作用。"Facebook 当时的总法律顾问克里斯·凯利（Chris Kelly）说。

凯利是少数几个支持扎克伯格立场的人之一。他知道老板的决心可能有些动摇，觉得让扎克伯格接触一位有丰富经验的硅谷人士可能会有所帮助，能获得一些相反的观点。凯利认识一位名叫罗杰·麦克纳米（Roger McNamee）的知名投资者，他安排了两人会面。在扎克伯格说话之前，麦克纳米就正确地分析了形势。扎克伯格很长一段时间没有说话，最后脱口而出说他不想出售公司，但不知道是否应该出售。"我不想让大家失望。"扎克伯格说。麦克纳米为了讨好扎克伯格，告诉他应该遵循内心，做自己想做的事。

扎克伯格的压力很大。欧文·范·纳塔是出售公司的坚定拥护者。一天晚上，他和扎克伯格在办公室激烈地争论这个问题，直到凌晨一点。"如果你不卖掉公司，"扎克伯格回忆范·纳塔当时的话，"你会后悔一辈子！"

扎克伯格知道，如果真的卖掉 Facebook，自己才会后悔。但他不确定该如何处理这个庞大的收购要约。真的能拒绝这么大手笔的收购吗？他不知道如何给公司估值。"这对他来说非常困难，"克里斯·凯利说，"他当时非常紧张，有时在处理事情时就像瘫痪了一样。"

事实上，扎克伯格本人对此感到有些恐慌。自从 Thefacebook 在哈佛爆发以来，他的每一步都充满机会主义和野心。但他也陷入了怀疑当中，任何一个 20 岁出头的人，突然被扔进高级复杂的融资和重大决策的深水区，都会有同样的感受。事情真的能解决吗？他以为自己是谁，居然能这么做？"我当时肯定有冒名顶替综合征，"扎克伯格说，"我周围都是我尊重的高管，我觉得他们对创建一家公司有些了解。他们基本上说服了我，让我接受这份收购要约。"

扎克伯格确实一度陷于崩溃，暂时同意收购。但是塞梅尔做得过火了。在未来，当 Facebook 进行大手笔收购时，它会采取震慑手段和令创始人敬畏的方式，让他们在还没搞清楚事情之前就签下出售协议。但那不是塞梅尔的风格。他没有把扎克伯格关在律师的办公室里，直到交易完成才能离开，而是重新开启了谈判，他觉得自己现在有了施压的优势。塞梅尔提出，自谈判开始以来，雅虎的股价已经下跌了约20%，这笔交易对雅虎来说应该保持和股价下跌之前一样的比例，因此对 Facebook 来说现在的收购价不足 10 亿美元。

扎克伯格以此为借口扭转了局势。扎克伯格说："雅虎让事情变得更容易，因为他们总是食言。在谈判中的每一步，我们团队都吓坏了，就好像'看吧，我们应该接受协议'。我们能不能至少都同意，如果他们在这件事上食言，就结束谈判？"扎克伯格下定决心，做了最后的决定——不卖。科勒现在支持他，蒂尔一如既往地尊重创始人的意愿，莫斯科维茨一直支持扎克伯格，剩下的人就只能接受了。

8月下旬的一个下午，扎克伯格出现在公司租的房子里。Facebook 员工们围在泳池边，喝着啤酒聊着天，又是 Facebook 办公室聚会的一天。数周以来，一个问题萦绕在人们心中：Facebook 会延续其戏剧性的发展轨迹，还是套现并成为雅虎的一部分？ 2006 年，雅虎已经过了鼎盛时期，让新收购的公司完成使命的可能性很低。尽管谈判在外面进行，而且只有少数人知道到底发生了什么，但雅虎收购 Facebook 的可能性依然存在，被接管的阴云笼罩着 Facebook。现在，扎克伯格告诉他们，一切都结束了：不出售。

这场闹剧的结束让 Facebook 的员工松了一口气，毕竟，他们信仰 Facebook 的使命，扎克伯格每次在全体会议上激昂的演讲都会让员工们热血澎湃。此外，被雅虎收购意味着梦想的结束，以及终结一段无与伦比的生活：为一个数百万人热爱的项目疯狂工作，每天的日常放松是办公室恋情、电子游戏和编程狂欢。没有人对成为雅虎的一部分感到兴奋。"这很明显，"Facebook 第 51 位员工凯特·洛斯表示，"雅虎已经不酷了。Facebook 当时非常酷。"

尽管如此，他们中的一些人还是梦想着一生仅有一次的意外之财——他们的股票期权可以为他们买到比自己的成长环境更好的房子，剩下的钱还足够他们过上多年的奢侈生活，这一切都发生在 25

岁之前！

"我们热爱自己做的事，"当时的一位 Facebook 员工说，"但是，天哪，那值三四百万美元？"

那年秋天，亚当·德安杰洛终于从加州理工大学毕业并重返Facebook，这些悲惨的人让他感到震惊。德安杰洛说："不是所有人，但 80% 的员工都士气低落。他们都对 Facebook 没能出售给雅虎感到失望，觉得 Facebook 不可能再达到那个估值了。"

扎克伯格没有经验，也没有个人感触来激励大家的士气。高喊口号和几百万美元不一样。"我不认为他有什么计划，"德安杰洛说，"他不知道那时人们对他这个角色的期望是什么。如此年轻又是第一次，要成为一名伟大的领导者很难。但那次领导确实糟糕。"

扎克伯格后来将雅虎余波的士气萎靡归咎于自己。在 2017 年哈佛大学毕业典礼演讲上，他说自己失败在没能有效地将 Facebook 的创办目的传达给员工。没有强大的内部支持，他感到孤立无援。"那是我一生中压力最大的时候。"他告诉我——在剑桥分析事件之后。

他没有忘记谁支持他，谁反对他。[8]"在一年半的时间里，大家的关系非常紧张，管理团队里没有一个人留下，"他后来回忆道，声音里透露着满意，"有些人是我解雇的。"

保持独立的承诺反映了扎克伯格的信念，即 Facebook 现在的使命是连接整个世界。

他要做的就是发布。

随着动态消息即将发布，动态消息团队觉得自己做了个了不起的产品。公司里其他人开始"狗食"这个产品（狗食指的是自己使用原型产品来进行测试），并且大多数人已经对它上瘾。但 Facebook 的办公场所本来就是一个社交空间，大家都知道彼此的秘密。对他们来说，动态消息只是让已经处于高闲置状态的八卦工厂加速和自动化。至于隐私问题，他们的想法是，Facebook 用户一直在查看彼此的个人资料——这是当时人们在 Facebook 的主要活动——所以主动传递朋友的消息没什么大不了。这都是人们选择分享的信息，对吧？

尽管如此，一些 Facebook 员工还是预料到了麻烦。在相对较晚的时候，客户支持团队才看到新产品。他们是处理客户投诉的人，他们非常清楚，许多（如果不是大多数的话）用户根本不知道 Facebook 了解或者不了解自己什么。所以，他们立刻清楚地意识到用户会被动态消息吓坏。

但他们的警告被置之不理。马特·科勒说："我们想，不管怎样，人们总是在看彼此的个人资料，这有什么大不了的？"

Facebook 内部的确讨论了一种担忧，但更多偏向商业而非涉及隐私。之前 Facebook 低效的信息流动有个好处：用户点击不同的页面来查看朋友近况意味着人们会看到更多广告。一些扎克伯格新招聘的高管担心，动态消息会减少广告的曝光，进一步降低本就相对微薄的收入。但在扎克伯格的支持下——这并不奇怪，因为动态消息就是源于扎克伯格笔记本上的涂画——动态消息团队认为，从长远来看，他们的产品最适合 Facebook。

预计用户会反对的另一个依据是，动态消息不仅是颠覆性的新产品，而且它对 Facebook 进行了重新设计。重新设计总是会引起争议：无论新外观有多好，人们都会嚷嚷着要"旧版 Facebook"，即便 Facebook 成立还不到一年。"就从这一方面来说，我们都知道会有一场好戏，"埃兹拉·卡拉汉说，"撇开动态消息不谈，单是重新设计就会导致一场灾难。"

扎克伯格不受其扰。他已经相信，用户反对只是暂时的干扰。只要低头做事，忽略这些噪声，用户会适应，几个星期后抗议就像从

Facebook

未发生过一样。卡拉汉说："扎克伯格认为这种情况会再次发生。这是一个非常糟糕的错误。"

Facebook 通常在深夜发布产品，从未提前预告过。新功能就像复活节彩蛋一样出现，然后用户会接受，任何设计缺陷或漏洞将在后面处理。但就动态消息而言，这种转变特别突然：当用户登录时，他们会看到一个弹窗，告诉他们 Facebook 已经变了。要想继续使用，他们必须点击一个"棒极了"按钮，没有别的选择。用户点击后，他们熟悉的 Facebook 首页就会被大量与好友有关的信息取代。

他们会喜欢的，对吧？

凌晨 1：06，动态消息上线。有相当一部分 Facebook 员工穿着连帽衫和牛仔裤，在大学大道 156 号办公室陪着动态消息团队。就投入的时间和精力而言，没有一款 Facebook 产品能与之媲美——超过6 个月。扎克伯格打造最初的 Facebook 只用了不到一周时间。此外，动态消息也是公司的新方向——一种分享个人信息的新方式，可能还有点让人上瘾。Facebook 存在的理由似乎就体现在了这款产品上。

桑格维为公司博客写了一篇名为《Facebook 换新颜》的文章，解释了为什么 Facebook 的外观突然变得如此不同。"我们增加了两个很酷的功能，"她写道，"其中最主要的是动态消息，它突出了你的Facebook 社交圈中发生的事情。它会全天更新为你定制的消息列表，这样你就能知道马克什么时候把布兰妮·斯皮尔斯（Britney Spears）添加到了最爱的歌手清单中，或者你的暗恋对象什么时候又单身了。另一个很酷的功能是迷你订阅源，它会告诉你大家都发现了关于你的什么事情。"

然而，用户并不是先看到这篇博客文章，而是先看到一个"棒极了"按钮，接着映入眼帘的是一个不熟悉的竖框，里面显示了其社交世界中发生的一切：安吉发了一张照片，瑞恩要去史努比狗狗的演唱会，博比分手了……

就好像你正在和某人亲热，突然有个人闯进来，拉开了包裹着你们的毯子。

斯蒂格也去了大学大道 156 号办公室，等着看用户反馈。他看到的第一条反馈是"去你的迷你订阅源"。这对他打击很大，因为这是他根据马克·扎克伯格细致的铅笔图设计的。负责客户支持的保罗·扬泽尔（Paul Janzer）认为这是个坏兆头。如果用户讨厌迷你订阅源，那他们会怎么看首页的动态消息呢？

尽管如此，动态消息团队认为这只是重新设计必然会经历的寻常波折。桑格维回忆道："我们当时的想法是，也许在接下来几个小时内，这种情况就会消失。"到了凌晨三点，他们都回家了。

第二天早上他们到办公室时，事态根本没有平息。桑格维说："可以说发生了关于动态消息的骚乱。"人们在大学大道外排起了长队，通常大家习惯在这条大道散着步去咖啡馆、沙拉三明治店，偶尔也能见到一些彬彬有礼的流浪汉。但现在，卫星电视卡车堵住了路。马特·科勒正在和女友通电话，告诉她这一切有多疯狂时，突然一家电视台的起重机把一台摄像机送到了离他二楼的办公桌几英寸 a 远的窗户外。帕洛阿尔托警察局声称，他们没有足够的资源来处理大规模的公众抗议活动，于是打电话要求 Facebook 关闭动态消息，这样示威活动才有可能结束。在 Facebook 公司历史上，Facebook 的领导者第一次觉得有必要雇用一名保安。（当时没有人知道，未来有一天 Facebook 会雇用一小群人每天在 Facebook 工作，来保护它的财产和员工。）

---

a 1 英寸 =2.54 厘米。——编者注

一场更大的"大火"正在 Facebook 燃烧。9 月 5 日，21 岁的西北大学大三学生本·帕尔（Ben Parr）一觉醒来，发现自己被一大堆与朋友有关的信息淹没了，他怒了。在给同样愤怒的朋友发了消息后，他很快创建了一个名为"学生反对 Facebook 动态消息"的群组。当他在午餐期间查看时，已经有 1 万人加入了这个群组；当天结束时，这个数字达到了 10 万，《时代周刊》也来采访帕尔了。

关于动态消息，Facebook 没有意识到的是，向用户推送信息和在某人的主页上发布信息存在本质的不同。（更准确地说，Facebook 对早期警告不屑一顾。）一个特别能突显这种差异的例子是：Facebook 鼓励用户在个人资料中添加"感情状态"，这有点像是他们感情生活状态的晴雨表，状态包括已婚、单身、正在恋爱，或者让人心生忧虑的"一言难尽"。当用户更改个人资料中的感情状态时，看到的访问者会认为这是对方感情生活的简单自我描述。但是如果在用户更改感情状态后将其广播给所有好友，就会像人行道上的一堆小报突然倒下来一样，冲击用户的社交网络。女朋友甩了你，突然你的好友列表里挤满了打探八卦细节的人。都怪 Facebook！ Facebook 的公司收件箱里充斥着用户的抱怨，他们的感情状态和其他"消息"成了动态消息中不受欢迎的内容。

"我们听到了他们的声音。"马特·科勒说。好像这些声音可以被忽视似的。在动态消息发布后，提供客户支持的小团队第一天收到的投诉邮件比他们通常在三周里收到的还要多。扬泽尔估计，第一天收到了约 3 万封邮件。

在位于东海岸的酒店里，扎克伯格正在和惊慌失措的范·纳塔讨论选项。他们严肃地讨论了重置——把网站恢复到动态消息发布前的样子，然后让用户选择性地加入。范·纳塔希望关闭它，Facebook 的一位主要投资者也是如此。伙计们，很简单，投资方给他们发了封邮件。你只需要把它关掉。

当时 Facebook 刚雇用了第一位全职公关人员布兰迪·巴克（Brandee Barker）。她从事这一行业已经 15 年，曾认为这份工作在某种程度上是降级，但 Facebook 的前景和员工的活力打动了她。在此之前，她和扎克伯格很少共事，现在她发现自己和扎克伯格的越洋电话能一直打到深夜。巴克说："他告诉我，他认为我们需要写篇博客文章道歉。那是我第一次这么想，后面还发生了很多次，哇，这个 23 岁的孩子要教我如何做公关。"

与此同时，桑格维和她的团队正在查看日志，并有了一些令人惊奇的发现。尽管成千上万名用户表达了他们对动态消息的不满，他们的行为却表明他们的感受并非如此。用户花在 Facebook 上的时间比以往任何时候都多。这是对整个概念的验证。桑格维找到莫斯科维茨，告诉他关闭动态消息不是一个好主意。

这些人想把动态消息扼杀在摇篮里，但声势浩大的抗议活动反而证明了动态消息的价值。驱动这些愤怒的正是……动态消息。博斯沃思、考克斯和其他人建立了一个算法放大器——当用户的一些好友采取了相同的行动（比如加入某个特定的群组），这一行动在用户动态消息中的排名就会很高。随着越来越多的人加入本·帕尔的群组或类似的群组，雪球效应开始显现。人们的动态消息中充斥着加入邀请，当他们加入时，他们的好友又会知道这个群组。到那一周结束时，几乎有 1/10 的 Facebook 用户加入了"学生反对 Facebook 动态消息"群组，还有一些人加入了名为"我讨厌 Facebook"和"鲁奇是魔鬼"的群组。

"当时人们没有其他平台，突然人们可以通过它来发声了，"鲁奇·桑格维说，"不仅仅是言论自由，它还让人们有了平台来表达自己真正的感受、自己的思考，并获得支持，让大家都知道，而在此之前，

Facebook

只有电视台或报纸记者采访才能做到这一点。"

9月5日晚10点45分，扎克伯格发布了自己的回应：《冷静，呼吸，我们听到了你的声音》⁹。巴克和克里斯·休斯帮忙进行了编辑，文章经历了多次易稿。这篇文章居高临下的标题暗示了其余部分的语气，文章承认"你们中许多人没有马上喜欢上它"，同时坚称产品很棒。扎克伯格已经看到了数据，这些数据告诉他，无论人们说什么，他们实际上都表现为喜欢动态消息，所以他可以坚持自己的立场。"我们都同意，跟踪并不酷，但是能知道你朋友的生活中发生了什么很酷。"他写道，同时指出鲁奇·桑格维并不是魔鬼。于是动态消息保留了下来，但他承诺会增加隐私控制以解决投诉。

在接下来的几天里，动态消息团队通宵工作，以完善本应在一开始就存在于产品中的保护措施，其中就包括一个隐私"混合器"，让用户可以控制谁能看到和自己有关的条目。"我认为没有人用过它。"杰夫·罗斯柴尔德后来评论道。¹⁰但仅仅让用户知道有控制措施似乎就平息了愤怒。在极短的时间内，用户习惯了自己在Facebook上做的事最终会在Facebook上传播开来。

Facebook从其第一次公关危机中吸取了巨大的教训（可能是错误的教训）。Facebook仓促推出了一款存在严重隐私问题的产品——在其员工发现了这些问题的前提下，但还是发布了它。"在这些事情上，我们都很傲慢——不是因为我们冷酷无情，而是为了创造伟大的东西，你必须去做，"凯蒂·杰明德在几年后回顾这一事件时说，"你不能害怕。"

是的，危机确实爆发了，但是迅速的行动和冷静的道歉缓和了局势。用户最终爱上了动态消息。

"这是马克和公司的一个缩影，"科勒说，"我们的意图是好的，在这个过程中有失误，我们承认了失误，解决了问题，然后继续前进。

这基本上就是 Facebook 的运行方式。"

Facebook 的确又一次吸取了与隐私有关的教训。虽然用户可能会泛泛地抱怨，但他们比以前更喜欢与朋友分享了，尤其是看朋友的近况。更重要的是，他们向扎克伯格关于隐私新标准的愿景又迈进了一步，在这一愿景下，人们彼此分享的信息越来越多。

但扎克伯格早就从 Facemash 中学到了这一点——人们的窥私癖比他想象的还要严重。

之后不久，Facebook 在推出开放注册时就更加谨慎了。尤其因为开放注册反映了 Facebook 哲学的巨大转变，扎克伯格为了实现连接世界的宏伟抱负，放弃了本来构建于其内的隐私。埃兹拉·卡拉汉说："很长一段时间以来，动态消息和开放注册一直是这个项目的主要计划。颇具讽刺意味的是，人们总是觉得开放注册是雷区。"Facebook 没有突然开放注册，而是采取了更温和的发布策略，事先向媒体通报了这一消息。

公众因为 Facebook 开放注册对该公司产生了新的怀疑。"当用户开始把 Facebook 和 MySpace 做比较时，Facebook 可能会受到伤害。"弗雷德·斯塔茨曼（Fred Stutzman）说，他是北卡罗来纳大学教堂山分校信息与图书馆科学学院的一名研究生，在学生如何使用 Facebook 的问题上，他已经成了媒体的求助对象。他补充说："Facebook 的每一项改变都会引发强烈反弹。过了现在就再也没有回头路了。"[11]

但开放注册发布了，没有愤怒的人群。相反，数百万名新用户注册了 Facebook。扎克伯格说："结果比我们想象的要好。"

从 2006 年最后几个月到 2007 年，Facebook 停滞的增长数字开始上升。扎克伯格回忆道："在发布开放注册后一周内，我们的注册人数从每天不到 1 万人增加到每天 6 万 ~8 万人，从那时起，注册人数迅速增长。"

开放注册让数十亿名用户涌向 Facebook，而动态消息会让他们一直待在那里，这个网站像一开始吸引大学生那样吸引所有人，它还会滋生欺凌、仇恨以及致命的谣言。马克·扎克伯格的"变革之书"尽管流通量极低，其影响却超过了轰动一时的畅销书。

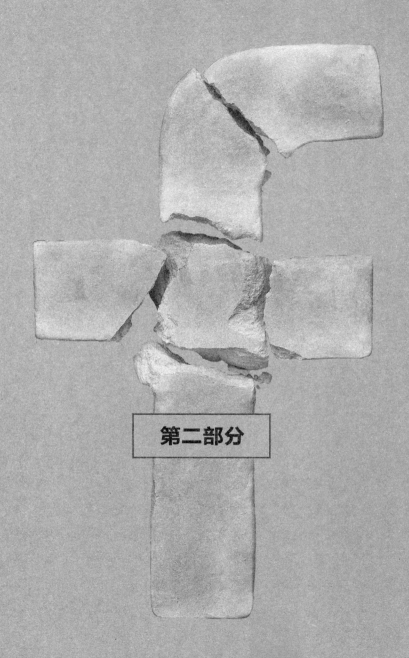

第二部分

戴夫·莫林出生于蒙大拿州，在计算机的陪伴下长大。大学时他在宿舍里经营一家网络开发公司，以支付他在科罗拉多大学的学费。2003 年毕业后，莫林加入了他的梦想公司——苹果，在高等教育营销团队工作，担任校园代表项目的负责人，职责是让大学生们使用苹果的产品。当时，该项目在美国有大约 100 名代表，大部分是极客，他们的任务是为同龄人提供技术支持。莫林把这个项目变成了布道，人数增加到 900 名学生，他让他们向同学推销苹果的产品。莫林信仰社区的力量，总是敦促手下的代表们加入社交网络——Friendster、LinkedIn，甚至是 AIM。2005 年初的一天，哈佛大学的代表打电话给他，请他务必看看 Facebook。

莫林仍然保留着在校时的 ".edu" 后缀的教育电子邮箱，注册登录后，他惊呆了。他对当时头号大学生通信软件 AIM 有诸多抱怨，其中之一就是由于每个人都用隐晦的网名，你在上面想找什么人都找不到，也不知道对方是谁。Facebook 使用的是实名制，还可以在个人资料页显示用户的 AIM 用户名。此外，Facebook 对隐私的优雅处理也让他感到震惊——用户可以浏览同一校园里的任何人，也可以给对方发信息，但其他学校的人则不行。游戏结束了，他想，这真是个天才。

他立刻试图找到 Facebook 的经营者，并如愿来到了 Facebook 位于帕洛阿尔托的小办公室，只是办公室的墙壁像是被一群既有才华又好色的破坏者打满了标记。Facebook 的领导者扎克伯格显然超级聪明，但他几乎一言不发。莫林跟莫斯科维茨和肖恩·帕克更熟。

当时唯一与 Facebook 合作的大品牌是派拉蒙影业（Paramount Pictures），该公司在 Facebook 上为其电影《海绵宝宝》进行大规模宣传。莫林对购买广告并不感兴趣，他想在 Facebook 上建立一个推广苹果产品的群组，在那里人们可以了解苹果产品，分享视频等内容，交流使用苹果电脑的小技巧。苹果会用 iPod（苹果播放器）和 iTunes（数字媒体播放应用程序）礼品卡等赠品来吸引用户。他们达成了一项协议：苹果每月向 Facebook 支付 2.5 万美元，合同总额约 100 万美元。帕克在后来和阿塞尔公司谈判时就自夸了这份合同。

那时莫林已经跟扎克伯格混熟。莫林、扎克伯格和莫斯科维茨会没完没了地讨论图论、身份理论和信号理论。信号理论研究的是人类如何通过状态指示器之类的东西来表明自己的身份。莫林逐渐意识到，Facebook 就是终极状态指示器，也是社会新秩序的润滑剂。这是一场关于未来人们会如何交往的研讨会。

扎克伯格和莫斯科维茨力劝莫林加入 Facebook，但要离开漂亮的苹果总部，来到帕洛阿尔托市中心疯狂的创业小镇，对莫林来说实在是太难了。有一次，莫斯科维茨和埃兹拉·卡拉汉到苹果庞大的无限循环（Infinite Loop）园区拜访莫林。"这地方真不错，"他们说，"但总有一天我们会变得更大。"

莫林想，真的吗？得了吧！

莫林试图让他的上级们对 Facebook 产生兴趣。他的梦想是让苹果开发一个社交操作系统。与其围绕文件来组织系统，为什么不围绕人呢？或许苹果可以收购 Facebook 来作为这个新系统的基础。这件事被时任苹果 CEO 史蒂夫·乔布斯否决了。乔布斯对收购公司持开放态度，但为什么要在 MySpace 拥有 5 000 万名用户的情况下，与一个只有几百万名用户、只面向大学的网站合作呢？

莫林一直在与 Facebook 沟通。2006 年秋天的一天，莫斯科维茨再次来到库比蒂诺拜访他。莫林问他，社交操作系统难道不棒吗？莫斯科维茨直视着他，这就是他们一直在 Facebook 讨论的事情！他告诉莫林："你现在就要到 Facebook 来做这件事。"

那时史蒂夫·乔布斯刚刚在斯坦福大学发表了著名的毕业演讲。[1]他告诉学生们，每一天都要当作最后一天来过。这给了莫林勇气，让他跟自己想要一直效力下去的公司断绝关系，加入他认为会带来更大轰动的公司。在一次员工活动上，他找到乔布斯，说那天早上照镜子时，他意识到必须去自己一直在滔滔不绝地谈论的初创公司了。乔布斯只问了一个问题："他们给了你一份不错的股票合约吗？"

是的，他们给了。戴夫·莫林现在至少身价 1 亿美元。

那个周末的深夜，新入职的莫林坐在扎克伯格经常用来一对一面谈的那个靠近角落的办公室里，与扎克伯格交谈。人们称这个办公室为云屋，里面全是白色的桌子、白色的墙壁以及白色的埃姆斯椅子，几乎所有的墙壁空间都覆盖着白板，但有时它更像是审讯室。

扎克伯格告诉莫林，苹果是一家创新公司，而 Facebook 是一家革命公司。莫林浑身一激灵，他第一次觉得自己理解了扎克伯格和 Facebook——Facebook 创造革命。

莫林将成为 Facebook 的一员，打造让 Facebook 迅速跻身于顶级科技公司行列的平台。这个平台已经在建设中了。

平台！

07 平台

这个平台的第一位追随者是工程师戴夫·费特曼（Dave Fetter-man），他于 2006 年 1 月加入 Facebook。费特曼来自宾夕法尼亚州的约克市，在 Thefacebook 诞生的前一年从哈佛大学毕业，并在微软工作。那年冬天，有一群 20 多岁的顶尖工程师离开微软去了 Facebook，他们被称为"微软五人组"[2]，戴夫·费特曼就是其中一员。（安德鲁·博斯沃思也是。）新来者一同搬进了一栋房子，并把房子命名为 Facebook 兄弟会。费特曼的第一个任务是给用户个人档案的"关系状态"字段添加更多选项。就在这个时候，Facebook 把"一言难尽"添加到了选项中。（这个状态注定会在之后的几年里成为 Facebook 的霸榜状态。）

在这家不断壮大的公司里，费特曼完成了一个又一个任务，同时还不停地想起莫斯科维茨面试时随口抛出的一个问题：Facebook 的开发平台应该是什么样的？"开发平台"将为其他软件开发商提供技术通道，使其能够创建将 Facebook 数据用于社交应用的程序。要做到这一点，第一步就需要创建一个 API（应用程序接口），这是一种软件插槽，开发者可以接入程序后，访问平台上的数据。

费特曼问莫斯科维茨是否可以写这个 API，莫斯科维茨否决了。第二个星期，他又问了一遍，回答还是一样。最后，费特曼决定动手。他开发了这一通道，并编写了一个原型应用，展示软件开发者可能利用 API 创造的东西。这个原型应用名为"欧文·范·纳塔的气球商店"。通过使用 API，这个应用可以获知范·纳塔朋友的生日，而这些数据来自 Facebook。"这是你所能见到的最丑陋的 HTML 片段。"费特曼说。

费特曼向同事们演示了这个应用，并问他们："如果能在亚马逊上找到你的朋友正在看的书，这难道不棒吗？或者可以去别的网站发现朋友们在那里做了什么，就好像 Facebook 无处不在一样！"

Facebook

这也意味着生日应用现在可以知道范·纳塔朋友的生日，尽管他们没有允许这么做，甚至不知道这一信息的传递。如果有人使用了亚马逊的应用，亚马逊就可以在这个人的朋友不知情的情况下，获知其阅读习惯。

Facebook 多年来一直在努力解决这个问题。

费特曼对当时的 Facebook 智囊团说出自己的想法时，大家的反应几乎一致：我们为什么要放弃自己的网络？费特曼回忆道，只有一个人认为它值得做。

马克·扎克伯格说："我们应该研究一下这个想法。"

那年夏天，Facebook 发布了费特曼的 API，但以失败告终。费特曼回忆道："我们说，嘿，来看看，大家来看看，用 Facebook 平台打造的有趣的东西，但是没有人注意到。"

事实证明，仅仅发布一个 API 并不够。首先，必须有一种方法让 Facebook 的用户知道有其他社交应用在使用这个 API，而且他们的朋友也在使用这个应用。这是个分发问题。

与此同时，Facebook 正在创造一种最高效的方式来分发和用户朋友有关的数据——动态消息。为什么不利用它来吸引用户使用运行在新平台上的应用呢？

Facebook 和扎克伯格渴望继续探索这一概念。这就是他们雇用莫林的原因：充当开发者关系的先锋。Facebook 的 CTO（首席技术官）亚当·德安杰洛（毕业于加州理工大学，现在已经是 Facebook 的全职员工）负责平台工程团队，费特曼是技术负责人。在没完没了的白板会议之后，费特曼最初的 API 想法发展成了更广阔的事业——应用不会出现在别人的网站上，而是出现在 Facebook 内部称为"画布"的页面上，用户可以通过动态消息了解它们。

费特曼称："我们说，这个值得信赖的蓝白边界里有块画布，在这里，你可以构建梦想的一切。"

A 计划（费特曼最初的 API）和 B 计划（费特曼最后发布的 API）的区别在于后者对 Facebook 的定位不仅是一个平台，还是一个操作系统。这是硅谷价值金字塔的顶峰。谁拥有操作系统，谁就拥有了自己的小垄断王国。上个时代最成功的操作系统是微软的 Windows，有一名法官判定它实际上就是一个大垄断王国。尽管许多硅谷领袖仍将微软视为业界魔王，但扎克伯格钦佩比尔·盖茨的公司。Windows 系统是不可战胜的，因为绝大多数个人计算机用户的计算机都需要运行它。为了触达这些用户，软件程序员不得不在 Windows 上编写软件。扎克伯格开始把 Facebook 想象成与之相当的社交网络操作系统。就像微软拥有桌面世界一样，Facebook 将拥有社交世界。

打造社交操作系统非常复杂。以照片应用为例，每张照片都可能有隐私限制。为了遵守对用户的承诺，即让用户控制谁能看到他们的信息，Facebook 必须在每一步都保持限制，这张照片是每个人都能看到的，还是只有朋友能？

但现在，Facebook 开始许诺外部人士制作照片等应用，并且许诺他们能获得与 Facebook 内部应用相同的信息。这无疑能吸引开发者，但是 Facebook 能把信息托付给这些外部人士吗？

PayPal 公司前高管、Slide 公司创始人麦克斯·拉夫琴认为，这种信息共享将成为 Facebook 操作系统的精髓。他一直在游说德安杰洛，让开发者可以与 Facebook 进行最大限度的整合。这会导致隐私问题。社交应用的定义要求开发者不仅要获取用户的个人信息，还要获取用户社交对象的详细信息。因为用户实际上是在导出自己的社交网络，其中一些数据必然属于其他人。用户在这些应用上注册的朋友可能不知道自己的信息被转移了。他们应该有机会审查这种信息转移吗？此外，用户可能会将一些个人数据标记为受限。当开发者可以获得所有

Facebook

信息时，Facebook 如何确保这些限制得到尊重呢？

扎克伯格明白 Facebook 不能辜负用户的信任，但他也相信，即将出现的社交应用值得冒信息泄露的风险。当时的一位 Facebook 高管表示："我们在分享哪些数据的问题上进行了很多考虑。马克有一个非常强烈的想法，那就是我们的平台要让其他开发者能够做出和 Facebook 一样好的东西。Facebook 现在还是一家小公司，需要给开发者提供这些数据，让这个平台更受欢迎。"

Facebook 确实采取了措施来防止信息泄露，要求开发者将特定信息保存在临时缓存中，而不是下载到永久存储中。开发者需要向 Facebook 承诺，不会将这些数据出售或发布给其他人。最后一种情况绝对是最坏的情况。

最终，Facebook 以对开发者保持乐观的态度构建了这些安全措施。时任 Facebook 高管现在承认，这些保护措施相对较弱，部分原因是 Facebook 在 2007 年持有的数据没有后来人们认为的那么重要。重要性不如后来大，措施也就不同。在此期间，科技界还敦促 Facebook 不要封锁其信息，而要更加开放。Facebook 的批评者称，Facebook 是一个"围墙花园"——网站所有者拥有用户在访问时使用的所有服务和功能，这些数字"公司城镇"与互联网的民主精神背道而驰，遏制了创新。拆除花园的围墙意味着支持自由互联网。

所以，在开放注册和动态消息之后，Facebook 的下一个伟大项目就是平台。这将巩固 Facebook 作为社交网络世界霸主的地位，让其相对于竞争对手拥有巨大优势。（并帮助它超越了 MySpace，后者当时已经支持第三方应用。）这将为流行应用的开发者带来数百万美元的收入。通过允许他人使用其数百万名用户的账号，Facebook 将成为人们在线身份事实上的全球仲裁者。新用户的涌入以及用户花在 Facebook 上时间的增加，将为 Facebook 带来当时还不见踪影的收入。

07 平台

上面提到的现在基本都变成了现实，但平台的遗留问题也导致了开发者沮丧、用户愤怒，并最终演变成 Facebook 历史上最糟糕的灾难。

对 Facebook 来说，匆忙推出自己的平台不仅仅是其一贯的快速行动作风。那年 1 月，苹果公司 CEO 史蒂夫·乔布斯在人们的震惊和称赞声中推出了 iPhone（苹果手机）。这一消息引发了一阵狂热，人们纷纷标记日历，翘首以待 iPhone 的发售。

理论上，iPhone 不会对 Facebook 的平台构成竞争。对于苹果不允许软件开发者直接在其操作系统上编写应用的批评，史蒂夫·乔布斯压根儿就不予理睬。无论如何，苹果不想与社交网络扯上任何关系。

但 Facebook 对乔布斯不向软件开发者开放 iPhone 的意图保持警惕。作为乔布斯的学生，戴夫·莫林见识过，苹果公司曾推出一款极其有针对性的产品，后来又推出新功能，对竞争对手进行姗姗来迟的打击，比如 iPod 就比 iTunes 商店早推出两年。

因此，Facebook 雄心勃勃地将 5 月 24 日定为发布上线日，还租下了旧金山设计中心。这是一个位于市场南部街区的大型场地，附近初创企业云集。这样一来，Facebook 就可以邀请近 1 000 人来参加其第一次开发者大会。Facebook 将其开发者大会命名为 F8，指代其经常举行的通宵黑客马拉松活动——工程师们会花 8 个小时或更长时间来实现一个不切实际的想法。也许是巧合，F8 的发音还和 fate（命运）相似，似乎暗示 Facebook 即将成为霸主是命中注定。这也许不是巧合。

在宣布平台的前几周，Facebook 挑选了一群开发者预览其平台，以便在平台一发布时就有应用可用。这群受邀的开发者中有一些人在 MySpace 上开发过插件（小应用），其余则是知名软件公司的开发者。

莫林了解到，亚马逊正在开发一款名为 Kindle 的数字阅读设备。他试图说服亚马逊与 Facebook 合作，也发布一款对应的社交应用，但没有成功。作为安慰，亚马逊同意发布一款名为图书评论（Book Reviews）的应用，Facebook 用户可以在该应用上分享他们的阅读体验。亚马逊并没有打算真的开发这款应用，所以费特曼和斯蒂格做了一款。

虽然微软和《华盛顿邮报》也是 Facebook 的发布合作伙伴，但在第一批应用中，最受青睐的作品是两位老朋友的合作成果：乔·格林和前总裁肖恩·帕克。格林在柯克兰公寓时就和扎克伯格成了朋友。乔·格林和肖恩·帕克建立了一个网站，让活动人士也能够使用社交网络。当莫林问他们是否想为 Facebook 开发一个社交应用时，帕克看到了将这个网站深深融入 Facebook 的机会，人们甚至会认为这就是 Facebook 的一部分。他说："它应该感觉像是 Facebook 的一个功能。"这个功能的代号是"阿加佩计划"（Project Agape），但最后用了"Causes"（公益事业）这个名字，因为帕克希望人们能通过它想起 Facebook 上的其他官方活动，比如群组或活动。Causes 团队放弃了他们的网站，选择直接在 Facebook 上运行。扎克伯格非常喜欢它，提出以 Facebook 1% 的股份买下它。格林说："我说好吧！但肖恩不想卖——他已经有很多 Facebook 的股票了。"

当平台启动时，总共有 70 个开发者准备好了应用。它们成了奇迹的一部分，之后，全世界对 Facebook 的看法都发生了改变。

通常 Facebook 会在深夜发布产品，最多用一篇博文来纪念这一时刻。但平台将成为 Facebook 上升到科技食物链顶端的象征，标志着马克·扎克伯格从初出茅庐的毛头小伙成为举足轻重的大人物。

在该如何举办这次大会的头脑风暴中，莫林脑海里只有一个模板：史蒂夫·乔布斯著名的苹果主题演讲。为了制作马克演讲的图片，Facebook 请来了瑞安·斯普拉特（Ryan Spratt），他曾为乔布斯的幻灯片做了大量工作，苹果甚至给了他一间办公室。为了帮助大家理解大会要传达的信息，莫林联系了与苹果公司有过丰富合作经验的石山下合伙人公司（Stone Yamashita Partners）。

所有这一切都需要马克·扎克伯格做一件他从未做过的事：在一场炫目的公众活动上做主题演讲。当然，人们也没有预期扎克伯格能和史蒂夫·乔布斯媲美。"他现在是个了不起的演说家，但在当时，他还在学习。"莫林说。莫林现在的评价可能有点过于仁慈了，对扎克伯格来说，演讲的压力导致他出现了异乎寻常的流汗。在接下来几年的演讲活动里，他都要求把后台的温度调到15.6摄氏度以下。布兰迪·巴克经常在扎克伯格上台前帮他吹干腋窝。

在为演讲进行头脑风暴的过程中，扎克伯格学会了一些语言，这些语言可以在他解释 Facebook 未来几年的使命时增添一些色彩。其中最重要的一个术语就是他所说的"社交图谱"。这个概念在长达几个月的深夜讨论中被反复提及，甚至可以追溯到亚当·德安杰洛的 Buddy Zoo，但对他们来说，这个词似乎代表了 Facebook 想要给用户提供的东西。

社交图谱指的是人们在现实世界中的关系图。通过加快连接这些身处用户朋友熟人圈的人，Facebook 释放了用户现有网络的潜力，让用户与这些熟人在虚拟世界中也能保持紧密联系，并与一度、二度和三度以外的人建立联系。

当年晚些时候，扎克伯格向我解释道："我们不拥有社交图谱。"[3] 他解释的速度很慢，哪怕是主流记者也能跟着理解网络理论。"社交图谱是这个世界上已经存在的东西，它一直存在，也将永远存在。很多人认为 Facebook 是个社区网站，而我们认为它根本就不是社区网站。我们没有定义任何社区。我们所做的就是把现实世界的社交图谱以及其中真实的人、真实的联系搬到线上，我们试图尽可能精确地描绘出这些联系的建立过程。"

一旦捕捉到这个图谱，Facebook 及其平台上的其他公司就可以利用它，用扎克伯格的话来说："建立一套通信工具，帮助人们与所有和他们有联系的人分享信息。"

扎克伯格没有说出来的是，Facebook 的野心是成为唯一一家掌握社交图谱全貌的公司，就像一家搜索公司拥有对万维网的独家访问权一样。

几个星期以来，扎克伯格一遍又一遍地排练演讲，连手部动作和在台上演讲的位置都要练习。但他仍然是那个扎克伯格，穿着他标志性的羊毛衫和牛仔裤。牛仔裤拖到脚上，盖住了他几乎在任何地方都会穿的过时人字拖。在最后一刻，他发现自己喜欢的阿迪达斯人字拖已经停产，一名助理不得不手忙脚乱地寻找仍在销售的同款拖鞋。（他们买了 10 双，以便为未来做准备。[4]）

尽管扎克伯格非常讨厌公开演讲，但他知道自己必须这么做。扎克伯格将进入这个竞技场，就像软件世界的西塞罗一样，解释 Facebook 将如何创建下一个伟大的平台。他的第一句台词就会定下基调，扎克伯格在临演讲前的零点之后还在排练，一遍又一遍地吟诵这句台词。

今天，我们一起发起了一场运动。

2007 年 5 月 24 日下午 3 点，扎克伯格走上舞台。此前所有的练习都得到了回报，他在演讲中没有长时间地停顿，也没有流汗。无论如何，最终给人留下深刻印象的是演讲的内容。虽然 Facebook 几个月来一直欢迎所有用户，但技术精英们仍将其视为一个大学网站。F8 大会永久地改变了这种看法。[5]扎克伯格列举了一堆统计数据来证明这一点。他表示，Facebook 现在有 2 000 万名用户，并且每天的新增用户数多达 10 万，其中 25 岁以上的用户增长最快。它是世界上流量第六大的网站，已经是地球上最受欢迎的照片网站。

演讲结束后，Facebook 举办了一场大型黑客马拉松，让开发者可以通宵为平台编写新应用。Facebook 并没有发明通宵编程派对，但这一活动完美契合了公司快速发展的精神。当程序员们为 Facebook 编写应用时，扎克伯格、德安杰洛和莫斯科维茨都在附近酒店的大厅里，以确保系统不会崩溃。

在演讲的前一天晚上，扎克伯格和莫林坐在舞台的边缘，猜测这个新平台会吸引多少开发者。这很难判断。30 年了，苹果也只有 2.5 万名开发者，谷歌有大约 5 000 名开发者为其用户可定制的 iGoogle 主页制作插件。莫林后来回忆说："我当时在想，如果我们能以那样的速度增长，那将相当惊人。"他的目标是吸引 5 000 名开发者，并梦想在一年内实现这一目标。

但只花了两天时间。

在幼年时期，哈迪·帕尔托维（Hadi Partovi）和阿里·帕尔托维（Ali Partovi）[6] 的父母为逃离伊朗革命来到了美国。这对双胞胎兄弟都获得了计算机科学学位，并加入了微软。后来他们创办了 iLike（一个创意数码品牌），在这里人们可以与朋友分享自己的音乐喜好，并购买音乐会门票等东西。在 Facebook 开放平台时，iLike 的网站已经存在一年了，MySpace 上也有个应用，但当时并没有产生什么影响。当他们得知 Facebook 平台后，身为公司总裁的哈迪敦促他的兄弟（兼 CEO）阿里全力投入。"计算机历史上有个人计算机，有 Windows，有万维网，现在是 Facebook 平台。"哈迪告诉他的兄弟。[7]

他们在网站发布后不久就获得了回报。第一天，他们就获得了 4 万名用户，这几乎是之前每天使用该网站人数的两倍。[8] 很快，iLike 的用户数就上升到了数百万。每个新用户不仅要下载应用，还要上传自己拥有的庞大的音乐数据库。时任 iLike CTO 的纳特·布朗（Nat Brown）表示："这对我们的基础设施产生了巨大影响。"

　　绝望的阿里·帕尔托维打电话给莫林，问他在旧金山湾区是否认识有额外服务器的人。莫林表示奥克兰有家公司有额外服务器。iLike 的人立马从西雅图飞过来，在机场租了一辆拖车，把服务器从奥克兰运到了 Facebook 的一个数据中心。莫林还为其他应用安排新服务器，其中许多应用的发展像是坐上了火箭一样，用户数纷纷超过了 100 万。当时 Facebook 只有大约 2 000 万名用户，这一数字看起来似乎遥不可及。

　　那么，为什么这个平台会立刻超越 Facebook 最乐观的预期呢？事实证明，动态消息作为传播引擎比 Facebook 想象中更强大。此时距离推出动态消息功能还不到一年，Facebook 仍在调整动态消息的内容排名算法。开发者们走在了 Facebook 前面。为了迅速推广自己的产品，开发者们一直在试验各种技术，有时还很冒险，以利用各种平台的小缺点。他们也非常了解人性，知道为什么人们会点击某些内容而非其他。有些人已经掌握了在 MySpace 和其他社交网站上进行"病毒式传播"的神秘艺术，并且知道如何利用它来为自己谋利——虽然这会损害 Facebook 用户的利益。

　　Slide 和 RockYou（一家专为用户提供照片和照片连续播放服务的公司）就是在病毒式传播方面拥有大师级造诣的两家公司。两家公司都在 MySpace 上拥有大量粉丝。但是，尽管有这样的吸引力，也许是因为这些公司为了发展不择手段，MySpace 开始对开发者不满。MySpace 觉得其中一些应用没有带来多少价值，其他的则被视为竞争对手。RockYou CEO 兰斯·德田（Lance Tokuda）说："MySpace 当时对第三方开发者并不友好。在一次会议上，克里斯·德沃尔夫竟然说，他们可能会把所有人踢出平台。"因此，当戴夫·莫林承诺 Facebook

计划让开发者像自己的工程师一样访问 Facebook 的系统时，Slide 和 RockYou 立即选择了加入。

Slide 和 RockYou 擅长浪费时间的活动。两家公司就好像在竞赛生产最让人盲目上瘾的活动一样，它们的第一个平台产品甚至都不是原创的，而只是美化了 Facebook 已经提供的功能。Slide 最受欢迎的应用是 SuperPoke!（超级戳一戳），这个应用扩展了 Facebook 最愚蠢的功能。Slide CEO 麦克斯·拉夫琴收购了开发这款应用的小公司，并将其投放到 Facebook 的生态系统中，就像将入侵性亚洲鲤鱼引入美国水域一样。Slide 认为，Facebook 用户已经厌倦了相互戳一戳，渴望用更愚蠢的方式来与好友互动。SuperPoke! 最流行的是"扔羊"，这也成了 Facebook 应用盲目的象征。（拉夫琴仍然在为 SuperPoke! 辩护，声称它为 Facebook 的沟通增添了"活力和热情"。也有人表示，这些被投掷的绵羊是 10 年后统治世界的表情符号的前身。）

与 RockYou 和 SuperPoke! 差不多的产品是 Hug Me（抱我）。德田表示："拥抱是我们最受欢迎的行为。此外，你可以跟好友微笑，也可以跳舞——任何对用户来说有趣的动作都可以。"这两家公司总是互相指责对方抄袭自己。

不过，RockYou 的标志性应用是 Super Wall（超级墙），这个应用可以让用户上传视频和其他媒体，把自己在 Facebook 上的个人资料背景墙变得更花哨。因为 Super Wall 只有在用户的好友也在使用的情况下才能显示，所以 RockYou 的分发策略是尽可能在用户的背景墙和动态消息中加入邀请。德田表示："我们会拿取用户好友的身份，然后让用户邀请其他好友加入 Super Wall 并分享内容，因为对于 Super Wall 来说，我们需要把所有人都连接起来。"

拉夫琴在谈及争夺新用户时称："Facebook 平台的确变成了西部荒野，各家公司彼此竞争，看谁声音最大、谁最能激励用户分享。"

他承认，Slide 当时破坏了规则，有意识地创造了病毒式循环，以便吸引用户。

另一家寻求庞大粉丝数的公司是娱乐应用 Flixster。表面上看，Flixster 是电影爱好者的消遣，用户可以创建小测验来展示自己的电影知识，但这只是一个小花招。Flixster 高级产品经理布拉德·塞尔比（Brad Selby）表示："实际上，这是一个病毒式引擎，让孩子们创建测验并向他们的好友发送垃圾信息，效果非常好。"

接下来是游戏——在扰乱动态消息方面，游戏独树一帜。

马克·平卡斯首先嗅到了社交游戏的商机。他和里德·霍夫曼一起参与了 Facebook 的天使投资，用平卡斯的话来说，"就像是中了乐透彩票"。2006 年末，马特·科勒向他透露，Facebook 将推出一个平台，并在寻找创业者开发应用。他告诉平卡斯："我们不要你的钱，只要你做出酷的东西，我们就会给你流量。"

平卡斯其实已经发现，游戏是 Facebook 缺失的一环。这是他一直想在自己失败的社交网站 Tribe.net 上做的事。他马上就开始了，给自己的新公司取名为 Zynga。⁹他表示："游戏是这场鸡尾酒会中加入的最完美的东西。"

确切地说，Zynga 要做的就是扑克游戏。还有什么会比扑克游戏更有社交性呢？平卡斯认为："扑克游戏像一个永不歇业的酒吧，就像拉斯韦加斯之类的地方，你可以和好友一起在网上聚会，可以认识其他人。"平卡斯曾试图做在线扑克游戏，但效果并不好。然而，在 Facebook 上打造游戏可以解决许多问题：用户可以知道自己在和谁玩游戏（因为 Facebook 的用户使用真实身份），也可以和自己的朋友一起玩。

平卡斯经常和扎克伯格见面，大约每隔一个月吃一次午餐或晚餐，只有他们两个。两人成了朋友，平卡斯也会参加诸如扎克伯格生日派对之类的活动。"在那里，我不是哈佛毕业生，也不是 Facebook 的人。"平卡斯说。平卡斯对这个年轻人如此无情地吸收知识感到敬畏，扎克伯格是一台学习机器。作为一名扑克玩家，平卡斯尊重扎克伯格的技术，所以从不展示自己的牌，但离开赌桌的胜利者总是扎克伯格。有时在自己的利益没有受到威胁时，扎克伯格也会慷慨地提供建议和帮助。平卡斯表示："总是有很多人向扎克伯格推销自己的想法，但他有很好的判断力，能从你告诉他的话里提取出有用的东西来。当他说'好吧，我喜欢这个想法'时，你就知道他是认真的，你也知道他可能会做点跟这个想法有关的事。"

平卡斯知道扎克伯格个人并不认为游戏是 Facebook 平台的理想用途。"他们期望的是 Causes，"平卡斯说，"他们觉得（这个平台）会把我们最好的一面展现出来。但是，虽然很多用户在一开始通过 Causes 支持了很多有价值的活动，但是它不像看起来很蠢的应用或在 Facebook 上展示广告的游戏那么赚钱。Causes 的投资者如比尔·盖茨最终都亏钱了。"

而 Zynga 的业务则在蓬勃发展。《拿好扑克》（*Hold'Em Poker*）一炮而红，是后来众多流行扑克游戏的领头羊。用户会收到加入游戏的邀请，当好友加入牌桌时用户也会收到通知。当时还有一款广受欢迎的在线拼字游戏，因为版权所有者孩之宝（Hasbro）威胁将采取法律行动而迅速关闭，这时平卡斯跳出来，推出了 Zynga 版拼字游戏——《单词接龙》（*Words with Friends*）。

随后 Zynga 推出了一款名为《农场小镇》（*Farmville*）的社交游戏。用户可以在里面购买家畜、庄稼和设备来照料虚拟农场，动态消息里充斥着邀请以及新增鸡和拖拉机的状态报告。这是一个典型的消磨时间的游戏，但也是一台巨大的赚钱机器。除了广告，《农场小镇》还通过销售虚拟商品获得收入。人们痴迷于发展自己的农场，并通过购买虚拟设备、玉米种子甚至树木来加速这一过程。[10]《农场小镇》还努力让用户成为它的推动者。用户在《农场小镇》做的第一件事就是给自己的好友送"礼物"，把他们吸引到虚拟农业的流沙中来。当然，用户的好友也会通过动态消息了解这些礼物。在《农场小镇》的鼎盛时期，有 8 000 万人成了虚拟农民。8 000 万！

随着成千上万名开发者使用 Facebook 的 API 来分发自己应用的内容，垃圾帖子如海啸般充斥着动态消息，干扰了动态消息功能的正常运作。用户还会收到大量其他通知，因为开发者也可以用这些通知来分发自己应用的"动态"。

所以 Facebook 在庆祝平台起飞的同时，也开始担心不良行为可能会毒害整个系统。"我们有风险投资家，有企业家，有开发者活动，所有这些事情都在进行。但这影响了用户体验，变得垃圾化了，"戴夫·莫林说，"我觉得那一年的全球流行词就是'垃圾化'。"

在当时，Facebook 会向普通用户展示大约 1 500 个与好友活动有关的动态。Facebook 的排名算法会试图将这个范围缩小到 100 个左右。通常来说，用户可能只会查看排名最靠前的 6 条动态。但当时排名靠前的动态不是好友的最新动态，不是酷炫聚会的照片，不是好友的感情状态，而是几十条诸如有人扔了一只羊、在一个愚蠢的测试中获得高分，或是邀请他们玩一些愚蠢游戏的动态。

2008 年加入平台团队的乔希·埃尔曼（Josh Elman）表示："如果能让一个用户通过麻烦 10 个朋友来为你的应用增加一个用户，你会非常高兴，因为你多了一个用户，却有 9 个 Facebook 用户受到了打扰。"

这绝不是 Facebook 想要的革命。

Facebook 开始修正路线，限制开发者访问动态消息和通知功能。

亚当·德安杰洛说："我们需要处理的开发者数量和垃圾消息等内容的增长速度远远超过了预期，所以我们不得不进行全面清理。"

自然，开发者们讨厌这些新规则。Slide 的麦克斯·拉夫琴认为，这是先下饵再变卦：Facebook 此前的策略是鼓励开发者争取用户参与。他回忆道："他们说，去做吧。"拉夫琴还指出，Facebook 本身就把参与度作为内部衡量指标，而 Slide 生成的所有活动都在支撑 Facebook 的业务。他表示："一个人眼里的垃圾信息在另一个人眼里则是娱乐。"

但最痛恨这些限制的人，并不是那些恣意利用动态消息规则的人，而是守法的开发者。他们觉得自己因为别人的不良行为受到了惩罚。

Causes 的乔·格林向莫林抱怨道："你需要惩罚那些做错事的人。"但这需要 Facebook 的管理人员对开发者的行为做出实际判断。这不是 Facebook 的方式。只有算法或"军队"才能在 Facebook 当时的规模下做出选择，而 Facebook 不想雇用军队。"Facebook 不想寄希望于人，他们希望一切都自动化。"格林说。(Facebook 需要很长时间才能理解算法的局限性和军队的必要性。)

规则的变化抑制了许多开发者的兴奋情绪，他们都相信了 Facebook 说的，其平台将掀起硅谷的下一场淘金热。成千上万名创业者都认为 Facebook 的平台会像互联网一样，被社交活动的活力所推动，而社交活动是所有业务的必备要素，因此他们纷纷创办公司。但现在这一切都不明朗了。

iLike 是受打击最严重的应用之一，它曾是最受欢迎的 Facebook 应用，iLike CEO 曾对《纽约时报》表示，iLike 梦想成为"下一个 MTV"。时任 iLike CTO 的纳特·布朗称，虽然 iLike 确实用动态消息做了一些事情，比如告诉用户其好友在某个小测验中得了高分，但它并没有像其他应用那样为了使用动态消息功能而编造内容。他表示：
"我们觉得自己处于劣势，因为我们比其他公司更尊重规则。iLike 的用户都是真正对音乐感兴趣的人，Facebook 却因为 RockYou 每小时给用户好友发 100 次信息，就说所有应用都是坏的。"随着对通知和动态消息功能的访问受到限制——Facebook 称之为"弃用"——iLike 的增长碰壁，开始缓慢下滑，然后是迅速下滑。

阿里·帕尔托维后来在一份证词中称："我们无法维持在 Facebook 应用上建立起来的业务，所以清楚地认识到，我们在 Facebook 应用上拥有的任何业务都是短命的。"[11] 2009 年，曾经拥有数千万 Facebook 用户的 iLike 以 2 000 万美元的低价卖给了 MySpace。

纳特·布朗说："Facebook 是一艘火箭飞船。结果 iLike 并没有绑在火箭飞船上，而是充当了燃料。"

动态消息的垃圾信息大战只是 Facebook 与其开发者之间拉锯战的开始。Facebook 会改变规则，而开发者会想办法绕过这些规则。开发者还会互相分享技术，在尝试某个特别粗略的功能时，他们学会了不把它展示给任何他们认为是 Facebook 员工的人，或者使用地理标记来排除湾区。Facebook 的乔希·埃尔曼表示："我们有点像是在玩猫捉老鼠的游戏，很多时候我觉得我们落后于老鼠。"

更严重的不端行为之一是开发者向低质量的广告网络出售页面空间。付费广告客户一般对 Facebook 上那些让人麻木的应用不感兴趣。通常都是最底层的公司购买这些广告，它们从事着冒险的营销活动，利用欺骗手段来获取人们的金钱或数据。比如通过广告吸引用户点击后，它们会立即安装一个浏览器，然后悄悄地获取用户随后的所有网络行为信息。要从计算机中清除这样一个浏览器几乎需要计算机科学学位。

TechCrunch（美国一个科技类博客）在 2009 年对这些做法进行了曝光，描述了这些低端广告主是如何伤害 Facebook 用户的——这些用户喜欢游戏货币、服务介绍和其他低价值商品。[12] 报道嘲笑称，Facebook 平台应该改名为"骗局小镇"（Scamville）。该报道的作者、TechCrunch 联合创始人迈克尔·阿林顿（Michael Arrington）描述了其中一个骗局：用户被要求发送自己的手机号码来获得测试结果。系统会向用户提供的手机号码发送一个 PIN 码（SIM 卡的个人识别密码），用户输入后才能获得分数。但用户不知道，自己刚刚注册了一项每月收费 10 美元的服务。

阿林顿指出，虽然 Facebook 有针对这些滥用的政策，但"这些规则经常被开发者忽视，Facebook 也很少执行"。（他指出 MySpace 也存在类似滥用。）

Zynga 的产品也发布了这些欺骗性广告，但平卡斯称这不是他的错，并指出这些广告是自动发布的。"我们无法控制（广告主）投放了什么，"他表示，"只有用户点击了，我们才会得到报酬。"此外，他表示同样的广告也会出现在谷歌上："人们对我们的评判标准高了点。"

但是在一个小型伯克利聚会上，平卡斯于事无补地对一群科技公司创始人说道："我知道我想控制自己的命运，所以我需要收入，就现在，所以为了马上获得收入，什么可怕的事我都做过。我的意思是，如果用户下载了这个 Zwinky 工具条，我们就会给他们扑克筹码……我下载了一次，却无法删除它。我们做了所有可能的事情，只是为了获得收入，这样我们才能成长，成为一家真正的公司。"[13]

平卡斯后来又辩解，自己在喝酒时对一群踌躇满志的创始人说的话有点夸张。那么，他为什么不公开驳斥自己的言论呢？平卡斯称，因为他不想让任何人知道他到底是怎么赚钱的。"我的顾客都是印第安纳州的中年妇女，她们不看肥皂剧，而去玩《农场小镇》。其中一些人花费巨大，每个月在我们这里花费数千美元。但我不想让这个故事传出去，所以不得不接受这一事实，世界上其他人认为我们在（通过诈骗）赚钱，我可以接受。"

不过，尽管平卡斯发动了一台赚钱永动机，Zynga 和 Facebook 之间奇怪的关系还是让他备受困扰。对 Zynga 来说，在 Facebook 清理垃圾信息的发布时，能否访问 Facebook 成了关乎它生死存亡的问题。Facebook 的解决方案是让它购买广告。平卡斯于是掏钱成了 Facebook 最大的广告主。由于不能稳定地访问动态消息功能，Zynga 的主要流量渠道变成了"左栏"广告，也就是动态消息功能旁边的屏幕空间。Zynga 2/3 的流量来自人们点击广告。

当时，Facebook 还在通过其他方式向 Zynga 施压：2010 年，Facebook 推出了自己的内部货币——Facebook 信用（Facebook Credits）。Facebook 敦促开发者使用这种支付方式，因为它可以从每笔交易中收取 30% 的佣金。平卡斯说："我们在 Facebook 信用问题上存在真正的分歧。第一，Facebook 信用烂透了，我们分别对 Facebook 信用和 PayPal 进行了测试，使用 Facebook 信用的每一款应用都损失巨大。第二个原因是不公平，Facebook 强迫 Zynga 使用 Facebook 信用，而其他开发者则可以自愿选择是否加入。"

平卡斯于是去找扎克伯格谈判，扎克伯格带了谢丽尔·桑德伯格来，说她曾在财政部工作过，对经济非常了解，可以跟平卡斯解释清楚。平卡斯说："他们认为我们是最大的用户，在一些方面占据的份额超出了合理界限，算是得到了 Facebook 的补贴。她的全部解释就是，这是公地悲剧。"但 Zynga 决定，如果其他公司没有被要求强制使用 Facebook 信用，Zynga 也不会用。"我说，去你的吧，"平卡斯回忆道，"如果是强制性的，我就加入。但在你们这么做之前，我不会。"

平卡斯认为自己和扎克伯格是朋友，也尊重桑德伯格，但他知道，最终双方都是为了自己。"他们是很了不起的人，因为他们像钉子一样坚韧，但也既可爱又和善，"他说，"就像带铜指节的拳击手套。你可不想和他们中的任何一个发生冲突，但我这么做了。"

Zynga 开始探索 Facebook 以外的替代发行平台。有一段时间，两家公司进行了恶性对峙。在与 Zynga 谈判时，Facebook 提出了一份平卡斯不会签署的合同。其中一项规定，Zynga 不能将其游戏转移到其他平台。平卡斯说："我们坚持己见，而 Facebook 对那些不希望在动态消息中看到游戏的用户反馈感到越来越愤怒。我们没有滥用任何东西，我们只是按照扎克伯格告诉我们的去做了。"平卡斯甚至开始与谷歌洽谈，把它作为备选合作伙伴。与此同时，他的团队正在疯狂地编写一个单独的网站，以便 Zynga 在被 Facebook 赶出平台时有容身之地。

不过因为平卡斯和扎克伯格的友谊，两家公司都让步了。他们开了一系列会议，有时甚至开到凌晨 4 点。平卡斯说："扎克伯格是个夜猫子，能通宵喝健怡可乐。他说，'你看，没有人能和 Facebook 竞争，你和谷歌却够格'。"所以彼此都是对方的威胁。他们达成了一项复杂的协议，使双方都有所收获，但正如平卡斯解释的，实际上事情以更轻松的方式结束了。平卡斯说："我们避免了'核战争'。"他们在 2010 年 5 月签署了协议。又过了几年，生意兴隆起来。

平卡斯表示："我们一度占据了 Facebook 80% 的 API 使用量，在与 Facebook 合作的巅峰时期，我们占了他们应用日均用户的60%。我听说，Facebook 上市的时候，我们贡献了其总收入的 20% 左右。"Facebook 在 2012 年 IPO（首次公开募股）时非常依赖 Zynga，甚至在招股说明书中将其列为一项商业风险。

Facebook

尽管如此，双方的紧张关系仍然存在，而且随着智能手机变得无处不在，Facebook 的平台对 Zynga 的价值降低了。平卡斯说："很明显，一切都将移动化，Facebook 不再重要了。"2012 年，两家公司重新谈判，当时距离他们的 5 年合同到期还有 3 年时间。Zynga 将不再把 Facebook 视为首要合作伙伴。这是平台梦想破灭的象征性时刻。

　　"我天真地以为，Facebook 会认为自己的用户获得了最大的价值，"平卡斯说，"Facebook 的用户在扑克、《农场小镇》和所有这些游戏上花的时间最长，Facebook 会获得更多的经济价值，所以 Facebook 会想要推广我们的游戏，但没有。它是一家广告公司。"

　　平卡斯应该比任何人都知道得更清楚一点。

　　从某种意义上说，平卡斯和其他在 Facebook 中编写应用的开发者已经在打上一个时代的战争了。在推出最初的平台仅一年之后，Facebook 实际上就为开发者提供了一种获取 Facebook 信息的新方式，同时能将软件公司引入 Facebook 的生态系统，这就是 Facebook 连接（Facebook Connect）。开发者可以通过它让用户使用 Facebook 账号登录自己的服务和应用。这些应用将存在于 Facebook 之外。费特曼最初的 API 想法就是这样，希望与 Facebook 平台并驾齐驱。

　　Facebook 连接的负责人是另一位从微软过来的工程师——迈克·弗纳尔（Mike Vernal）。这个项目有两个目的：第一，用户无须再为自己注册的每一个在线服务或网站创建并记住登录信息。弗纳尔表示："我觉得自己也应该使用一个 Facebook 连接这样的功能，可以在任何地方登录。而且我们认为，如果很多应用和行业变得更具社交性，它们可能会从根本上变得更好。"

　　第二，Facebook 连接迈出的这一步，让 Facebook 成了互联网事实上的身份仲裁者。用户在 Facebook 上的资料可以在其他成千上万个网站上使用。由于用户登录了 Facebook，Facebook 也就能监控用户的活动。

Facebook 已经有了成千上万名开发者，但 Facebook 连接将大大增加这一数字。Facebook 也会分享用户（通过 Facebook 连接注册应用的用户）以及用户好友（根本不知道自己的信息被传递到他们可能从未听说过的应用上，更不用说注册了的用户）的信息。

Facebook 提供给开发者的数据本应由它的规则决定，但根据一些开发者和后来因法律行动而曝光的实际电子邮件来看，事实证明，这些规则在实践中很灵活，在决定向开发者提供哪些个人用户数据时，出现了利益交换的情况。Flixster 的塞尔比表示："有名义上的指导方针，但那完全是胡说八道。就看你能用不管什么办法说服谁了。比如有一周，你知道吗，我们真的可以用许多好友之间关于电影喜好的数据来做点什么。Facebook 的人会回到自己的暗室里说'不'。我们会说，'让我们换种方式来说——如果你给我们这些数据，我们预计会增加参与度，给 Facebook 带来流量'。这时他们可能就会说，'好吧，很有道理'，然后他们会按下开关。或者他们会说，'跳进湖里去清醒清醒吧'。"

至少在短期内，Facebook 有动机让这场狂欢继续下去。因为如果所有编写 Facebook 应用的开发者都离开，Facebook 的流量就会大大减少。戴夫·莫林说："对我们来说，Facebook 连接的意义很简单，它带来了更长的在线时间，创造了更多广告库存。Facebook 有一个很鲜明的特点，我们创造高参与度的体验，我们的商业模式是广告，所以参与度越高，广告就越多，对吧？"

Facebook 的一些高管发出警告：允许开发者发布这些垃圾帖子会疏远实际的用户。2010 年离开谷歌后加入 Facebook 的工程师威尔·卡思卡特（Will Cathcart）深入研究数据后，发现了一个令人担忧的趋势。他在 2011 年的一封电子邮件中写道："我越来越担心一点，我们经常犯错误，在避免给开发者带来痛苦的同时，却给用户带来了痛苦。"[14] 他引用了数据，以说明人们厌倦开发者那些把戏的程度。他写道："用户不相信应用会做正确的事情。"而且，用户也不相信 Facebook 会对此采取任何行动。在用户向 Facebook 报告不良行为后，他们觉得 Facebook 什么也没做。卡思卡特说，他认识的人都认为在 Facebook 上举报违规信息没用，所以他们不再举报了。他的老板迈克·弗纳尔的答复是……事情没那么简单。"这件事很棘手，"迈克·弗纳尔回复道，"上一周所有人都在嚷嚷我们没有充分保护用户，下一周所有人又会冲过来说我们太激进了。这是一种微妙的平衡，但双方都是对的。"

他的建议是在制裁开发者时要小心。"我们需要尽快减轻惩罚，这样我们才能保护用户，同时又不会伤害到开发者。"

到了 2010 年，Facebook 平台需要从根本上进行重新思考已经变得很迫切。成千上万名开发者在用 Facebook 连接，为 Facebook 平台编写应用的开发者数量却减少了。Facebook 又做了一次调整，开发了一个新 API，让开发者可以更深入地集成到 Facebook 的系统中。

在扎克伯格看来，Facebook 平台一直是他向更多受众传播其关于分享的世界观的方式，他认为这种方式对用户会有帮助。Facebook 已经成立 7 年，他现在比以往任何时候都更加确信，如果人们知道自己的朋友、家人和联系人在做什么，他们会变得更好。"当马克开始谈论分享信息和了解你的朋友在做什么时，他会变得很不一样。"唐·格雷厄姆说，他当时除了担任《华盛顿邮报》的 CEO 外，还是 Facebook 的董事会成员。

扎克伯格的新口头禅是"开放图谱"。正如社交图谱映射了用户的个人网络一样，开放图谱会映射用户认识的人的兴趣和活动。也许用户在开放图谱上注意到普通关系的人与自己有共同爱好后，他们会变得更亲近。也许用户可以通过开放图谱更多地了解自己认识的人。

扎克伯格在 2010 年宣布了这个系统的第一个版本——Graph API V1。一年后，他还会兴奋地谈起它。2011 年夏天的一天，就在 9 月 F8 大会召开前不久，他向我解释了这一切。我们在学院街里边走边谈，这是帕洛阿尔托一个绿树成荫的社区，当时 Facebook 的总部就在这里。

Facebook 在 2011 年进行了一些新的调整，真正展示了应用怎么与 Facebook 分享用户信息。当时 Facebook 的主要合作伙伴包括音乐共享系统 Spotify、流媒体平台网飞（Netflix）和《华盛顿邮报》，《华盛顿邮报》开发了一款名为社交阅读器（Social Reader）的应用。这些推出的产品并不是独立的，而是其主应用的社交扩展——让用户可以在自己的私人网络中传播自己听、看和读的内容。Facebook 的想法是，最终每个应用和服务都会在 Facebook 上有一个配套应用，用户授权后，能够分享自己的锻炼活动、媒体偏好和购买行为。扎克伯格预测，在 5 年内，前一百大移动应用都将成为开放图谱的一部分。

我对此的感觉是，这可能是个人隐私的灾难。我试着给扎克伯格举了个例子：如果他的一位员工打电话请病假，Facebook 却报告说他正在狂看《绝命毒师》，那该怎么办？

扎克伯格对我说："我会问他好受点了没。"

起初，这些关键合作伙伴似乎做得很好。但事实证明，这是一开始 Facebook 平台滥用算法的重演，用户的动态消息中充斥着用户在合作应用中做了什么的报告。"我们简直无法相信有这么多人用了它，还那么喜欢它，"《华盛顿邮报》社交阅读器团队的格雷厄姆表示，"这就是问题所在。所有人的页面都充斥着好友在社交媒体上阅读的内容消息——Facebook 的算法给了这些内容更高的权重。然后，马克和克里斯·考克斯不喜欢这个样子，开始降低权重。当时这一系统没有崩溃，但体验很糟糕。"

最初的那一代应用中没有一个能像 Facebook 预想的那样发挥作用，但 Facebook 希望的应用海啸随之而来，人们通过这些应用分享健身数据、位置数据和其他信息，只是它们也没有像 Facebook 所希望的那样，成为人们生活的一部分。

那时这些已经无关紧要了，因为开发者已经找到了更好的操作系统，而且还是两个。苹果和安卓已经创造了自己的手机开发平台，开发者很快意识到，移动设备是他们发展业务的最佳场所。

Facebook 最开始希望平台能成为欣欣向荣的操作系统，让开发者可以在上面编写在 Facebook 内部运行的原创应用，但现在这一雄心已经熄灭。Facebook 合作关系业务的负责人丹·罗斯（Dan Rose）说："不幸的是，移动浪潮彻底破坏了整个系统，基本上让 Facebook 平台变得无足轻重了。"

Facebook 平台的框架还在，而且由于各种原因，开发者仍在开发社交应用，至少也会利用用户共享的社交信息。而 Facebook 连接与苹果或安卓手机应用也搭配得很好，因此仍然很受欢迎。原因很简单：成为 Facebook 开发者就可以访问 Facebook 的数据，从而为自己做的任何东西加入社交动力。

在 2012 年的一封电子邮件中，扎克伯格的哈佛同学山姆·莱辛（于 2010 年加入 Facebook）跟扎克伯格谈论了 Facebook 平台的未来：

我相信，现在如果你要求一个应用加入 Facebook 连接功能，却不给好友图谱……别人根本没有理由去加入这一功能。

Facebook 想要确保自己也能从与开发者的交换中获得信息。于是在 2012 年，Facebook 起草了一份更严格的协议。在推出 Facebook 平台 3.0 时，Facebook 决定向开发者寻求所谓的"完全互惠"。开发者如果想要获得 Facebook 的数据，就必须与 Facebook 分享他们搜集的用户数据。迈克·弗纳尔在一次内部聊天中这样说："推出 Facebook 平台时，我们还很小，还想确保我们是互联网不可或缺的一部分。我们已经做到了——我们现在是地球上最大的互联网服务……既然已经壮大了……我们需要仔细考虑允许哪些集成，也需要确保我们有可持续的长期交换。"换句话说，Facebook 可能不会对开发者获取其信息这一行为收费（尽管扎克伯格曾考虑过这一点，Facebook 的高管在当时也广泛讨论过），但它需要一些回报，比如开发者的数据。

在一封内部邮件中，扎克伯格解释道：

> 我们试图让人们在 Facebook 上分享他们想要分享的一切。有时候，让人们分享一些东西的最好方式，是让开发者为这种类型的内容建立一个专门的应用或网络，并通过加入 Facebook 来让这个应用社交化。然而，这也许对世界有利，但对我们不利，除非人们把这些内容分享回 Facebook，这些内容会增加我们网络的价值。所以最终，我认为这个平台的目的……就是增加返回 Facebook 的分享。[15]

扎克伯格在这里说得很清楚：到目前为止，Facebook 平台的关键作用是成为 Facebook 和开发者之间信息交换的手段——这种用户数据的交换，让用户几乎不知道自己的个人信息是如何被共享的。先撇开互惠不说，到目前为止，最大的数据转移活动是从 Facebook 到开发者。

Facebook 不会让这种情况继续下去。据后来披露的一份文件[16]显示，Facebook 在那段时间计划直接限制或禁止被认为是潜在竞争对手的开发者，并拒绝向那些不能给 Facebook 反馈价值的开发者提供信息。扎克伯格取消了 Xobni（联系人管理初创公司）[17]的 API 访问权限；当 Facebook 开始考虑打造自己的礼品功能时，它取消了对已获批准的亚马逊礼品应用 [18] 的支持。2013 年，Facebook 开始考虑进行一项更全面的调整，从更广泛的角度限制泄露用户好友信息的行为，这让许多社交应用公司的商业计划胎死腹中。

扎克伯格最初的想法是，让外部开发者有机会像 Facebook 开发官方功能一样，使用同样的工具和动态消息功能。现在，那些投资于这一梦想的软件公司被拒之门外。Facebook 已经站在了它承诺的"公平竞争环境"的对立面。

虽然大多数高管和产品经理都赞同扎克伯格的做法，但也有一些人感到不满，尤其是伊利亚·苏哈尔（Ilya Sukhar）。由于自己的开发者工具公司 Parse 被 Facebook 收购，伊利亚·苏哈尔加入了 Facebook。在支持开发者方面，他感到孤立无援。"我觉得我是这里唯一有原则性立场的人，"2013 年 10 月，他在一个管理层内部聊天帖子中写道，"我花了一天时间跟许多开发者聊天，这一行为绝对会搞砸他们的事，甚至不是出于正当的理由。" [19]

当然，正当的理由是关闭好友 API，因为它向开发者提供了用户的个人信息，用户却根本不知道这种交换——而一旦这些信息离开了 Facebook 的服务器，Facebook 几乎无法控制这些信息。"从隐私体验的角度来看，我们创造的用户体验非常糟糕，"Facebook 平台团队的一名高管表示，"你用 Facebook 账号登录这些应用，突然应用就知道了你和你朋友的一切。它们会用这些信息做非常邪恶的事情。"

现在 Facebook 将停止这种做法，不是为了服务用户，而是因为不想无偿地向开发者提供数据。这条消息要是在开发者大会上分享可不会显得友好。因此，Facebook 宣布这一改变的想法是出于对用户隐私的关心。这一举措与已经计划发布的一系列隐私功能相得益彰。一位高管将这一公关策略称为"骤变"。[20] 公关人员帮忙草拟了公告——将于 2014 年 4 月 30 日在 F8 大会上发布——以"给予用户更多控制权"的理念来引导。因此，尽管这一 Facebook 内部称为"好友降级"的举措源自自私的动机，扎克伯格在其主题演讲的第一部分中却解释了 Facebook 如何维护隐私，包括关闭 Graph API V1 和推出 V2，从而结束了对好友关系链的访问。

但 Facebook 允许一些开发者保留权限——如果它们反馈数据或承诺购买广告的话。Facebook 将这些受青睐的开发者列入允许访问好友数据的白名单，其中包括苹果和网飞这样的大公司。利益交换可以变得富有想象力。为了解决与约会应用 Tinder 的商标纠纷，Facebook 显然给了该服务"完全好友访问权限"。[21] 有一次，扎克伯格想到，如果游戏开发者给 Facebook 三成收入分成，就让游戏开发者获得"完全好友访问权限"。

其他开发者通过加入一个名为 NECO 的项目来保持对信息流的访问，这个项目是 Facebook 收入的重要组成部分。在这个项目中，开发者可以在 Facebook 上发布应用安装广告。例如，加拿大皇家银行通过承诺购买"加拿大有史以来最大的 NECO 活动之一"，获得扩展 API 的访问权限。

Facebook 也对这次"骤变"的受害者做出了让步。在封锁对好友 API 的访问之前，开发者将有一年的宽限期。尽管扎克伯格吹嘘新版本开放图谱关闭了一个隐私漏洞，在 2014 年 4 月—2015 年 4 月间，Facebook 却允许这种做法。

"回想起来，我认为我们应该提前 90 天或 30 天发出通知，并加速行动。"迈克·弗纳尔在回忆时表示。

颇具讽刺意味的是，Facebook 给其陷入困境的开发者的安慰，却成了该公司有史以来最大丑闻的一个关键因素，甚至可以称之为报应。但 Facebook 要再过 4 年才会明白这一点。

Facebook

08

代号"大流行"

Facebook 从一开始就以营利为目的,甚至在马克·扎克伯格正式向哈佛大学学生发布 Thefacebook 之前,他的同学兼合伙人爱德华多·萨维林就已经在设计商业模式了。网站慢慢扩展到其他学校,虽然萨维林销售出了广告,但他在公司的影响力越来越小。这在一定程度上是因为扎克伯格曾明确表示,虽然他鼓励追求利润,但这并不是公司的核心。另一部分原因是萨维林根本不在现场。当 Thefacebook 在那年夏天搬到加州时,萨维林决定留在东海岸。如果他住在 Facebook 之家,或许他会学到硅谷初创企业的基本商业模式。后来,肖恩·帕克开始想方设法要取代萨维林,扎克伯格也默认了。

那年秋末,肖恩·帕克请他的前室友埃兹拉·卡拉汉帮忙制订一项商业计划。虽然在此之前,卡拉汉仅有的商业经验就是为他的大学报纸卖广告。但在当时,正在寻找投资者的 Thefacebook 需要的只是编造一个怎么赚钱的故事。卡拉汉称其为"建立一个理论上的收入流以便于估值,而不是真的假装要造出这个东西来"。他们提出了一些模糊的方案,听起来像是 Yelp(美国最大的商户点评网站)的商业模式——专注于为小企业提供网络服务。没有工程师被指派去构建这一愿景。

Facebook 仍然需要一个商业计划。当马特·科勒加入 Facebook 时，公司的正现金流给他留下了深刻印象（不过，就像几乎所有的初创公司一样，公司实际上依然亏损）。当时，Facebook 主要依靠的是彼得·蒂尔的 50 万美元天使投资，加上里德·霍夫曼和马克·平卡斯的小额投资。此时 Facebook 的收入来自两类广告产品。第一类是在页面侧边栏运行的条幅展示广告。这类广告是 Facebook 通过传统模式出售的，即销售人员与广告主签订合同。萨维林之前就在尝试这一不可扩展的业务，对扎克伯格来说，这一业务也不够成功。

在 2005 年获得阿塞尔公司的风险投资后不久，Facebook 推出了其第一个专属广告产品——校园传单（Campus Flyers）。校园传单广告系统采取自助模式，广告主可以针对特定校园受众发布网络横幅广告。（这对大学报纸来说可能是个坏消息。）"它非常粗糙，"马特·科勒说，"对我们的买家来说，考虑广告印象太复杂了，所以我们采用了每日成本这一基于时间的定价模式，中国网络市场也普遍使用这一模式。"

2006 年 Facebook 推出了一些划时代的产品，如动态消息和开放注册，这就需要有与之相匹配的商业模式了。于是 Facebook 开始招聘货币化主管。2006 年中期，Facebook 聘用了刚刚在斯坦福大学完成 MBA 学业的蒂姆·肯德尔（Tim Kendall）。在此之前，Facebook 一直不愿意招聘 MBA 学员。肯德尔之所以讨人喜欢，是因为他的本科学位（也是斯坦福大学的）是工程学。

据肯德尔回忆，当时 Facebook 的广告生意一路磕磕绊绊，一周大概能赚 2 万美元。他和其他人都知道，Facebook 最终必须创造一个独特的创新产品，就像谷歌在 AdWords 上所取得的成功那样。AdWords 可以让广告主通过拍卖的方式，自助将相关广告放在搜索结果旁。该产品的创始人萨拉·卡曼加（Salar Kamangar）是商学院学生心目中的英雄。肯德尔梦想成为 Facebook 的萨拉。

肯德尔参与的第一笔交易是关于 Facebook 外包其大部分广告业务的。微软几个月来一直在觊觎 Facebook，试图收购它。经过雅虎那件事后，这自然没有发生。但微软也在寻找其他方法，利用它为苦苦挣扎的搜索产品货币化而建立的广告团队。微软曾希望把广告库存放到 MySpace 上，但 MySpace 与谷歌达成了 9 亿美元的交易。雅虎也曾尝试在 MySpace 上投放广告。

"欧文读了之后说，天哪，"蒂姆·肯德尔说，"我们同时跟雅虎和微软谈，让他们互相竞争，把他们吓坏，其中一个就会做出疯狂的交易。"

尽管与 MySpace 相比，Facebook 只是个安慰奖，但微软确实达成了一笔交易，交易金额也大到足以用"疯狂"一词来形容。"这是他们的绝境逢生日。"Facebook 负责合作关系的新高管丹·罗斯说，他参与了这笔交易。仍然梦想着有朝一日收购 Facebook（毫无希望）的微软立即抓住这个机会，在一周内与 Facebook 建立了合作关系，微软将拥有独家销售 Facebook 国内广告的权利。这笔交易在次年为 Facebook 带来了一半的收入。

Facebook 里的一些理想主义者对 Facebook 与微软合作感到不满？2006 年，微软遭遇了双重打击：一方面被认为是邪恶的，另一方面又愚蠢地浪费了对软件业务的牢牢控制。当时刚刚加入 Facebook 的戴夫·莫林踩着脚走进云屋，向扎克伯格抱怨此事。老板的回答让他大吃一惊：Facebook 不想在广告上花一分钱，他告诉莫林，这不是 Facebook 关心的事情。"微软想在 Facebook 上建立广告业务，"扎克伯格告诉他，"所以我们要把我们的广告库存给他们，他们会付钱给我们。这不棒吗？"

但当扎克伯格说 Facebook 在广告项目上零投入时，他的说法并不十分准确。他的梦想，或者说错觉，是 Facebook 可以开发出具有很酷的社交功能的广告产品，并像其他免费功能一样真正得到用户的喜爱。

有一天肯德尔去上班时，发现他的桌子被移到了扎克伯格的桌子旁边。这一举动往往意味着扎克伯格非常关心一个人或一个团队在做什么，想要了解这个主题，并最终参与进来。在接下来的一年里，肯德尔不确定自己是在向科勒还是扎克伯格汇报工作，但他默认了这一切。

没过多久，肯德尔就明白了，如果 Facebook 想在货币化方面取得像谷歌那样的成绩，就必然会涉及动态消息。他与包括克里斯·考克斯在内的一个小团队合作，创作"赞助故事"，赞助故事类似于展示广告（广告客户根据广告曝光率付费），但看起来像是动态消息中真实的帖子。考克斯是动态消息的灵魂人物，通常对其采取保护姿态，这次却放任不管了，至少当时如此。

Facebook 是时候大力推动收入增长了（这时还谈不上赢利）。2007 年中期，蒂姆·肯德尔发表了一份关于 Facebook 将如何增长收入的宣言。其中的关键是一种被媒体称为社交广告的东西，简而言之，就是在用户与用户好友的关系中插入商业广告。肯德尔回忆说，这个想法最初来自马特·科勒，当时马特·科勒问他，推出真正的赞助故事是不是个好主意？比如乔·施莫（Joe Schmoe）买了什么东西，广告主就可以赞助一个类似的广告推送给乔·施莫的好友们。产品经理贾斯汀·罗森斯坦（Justin Rosenstein）和利亚·皮尔曼（Leah Pearlman）进一步发展了这个想法。

肯德尔表示："在 Facebook 上成功的秘诀是了解用户的好友。所以，从好友的角度来了解产品和服务应该会奏效，尤其是当广告中有关于用户好友的相关信息时。"

这就是 Facebook 代号为 Panda（Pages and Ads，即公共主页和广告，的准合成词）的广告业务的主题。后来，这个代号变成了指代不那么令人愉快的东西：大流行（Pandemic）。这一业务对广告主们打出的旗号是，人们最重要的对话发生在彼此之间——而现在，如果你是百事可乐、沃尔玛或其他大公司，你可以将自己注入对话。百事之所以没有出现在一开始的谈话中，原因很明显，那就是当人们与好友交谈时，他们不太愿意谈论百事，至少在百事看来不太愿意。如果有人买了一些百事可乐，为什么他们会想要把它广播给自己的好友呢？

但这个概念是社交广告的关键特点之一，也是 Facebook 战略的重要组成部分。

另一件事将被证明更为重要。Facebook 打算改变它目前的广告系统，减少曝光广告，更多地把重心放在能定位到正确人群的精准广告上。和谷歌一样，Facebook 将打造一个广告拍卖系统，广告主可以相互竞标，将广告放在动态消息旁边的侧边栏乃至动态消息里。（后面这一点在 Facebook 内部颇具争议，负责动态消息的工程师们，尤其是克里斯·考克斯，希望尽可能保持动态消息的纯净。）广告主付费的衡量标准将基于参与度而非曝光率：广告主将为每次点击付费，而不是为广告吸引了多少眼球而付费。"这很像谷歌的系统，"肯德尔说，"不同之处在于广告主的竞价对象是人，而不是搜索关键词。"

事实上，谷歌使用关键词作为竞标标准，Facebook 使用的则是人口统计信息，这些信息有时很宽泛（喜欢足球的男性大学生），有时非常狭窄（特定邮政编码区域内的已婚女性美食家）。Facebook 已经在自己的招聘中使用了这种定向广告，将广告投放到那些资料显示为竞争公司工作的工程师身上。

但这只是"大流行"的一部分，Facebook 在这一阶段进行了大规模冲刺，发布了一整套商业功能，为其至今仍产生深远影响的广告模式定下了基调。另一个名为公共主页（Pages）的功能将允许公司和其他实体，如摇滚乐队，拥有自己的档案，在此之前，Facebook 的政策只允许个人拥有账号。公共主页的作用类似于店面、广告牌，相当于 Facebook 内的网站。公共主页就像黄页，而个人主页则像白页。

公共主页的产品经理是贾斯汀·罗森斯坦，他在当年早些时候离开谷歌加入了 Facebook。加入 Facebook 后，他在给前同事的邮件里说："Facebook 真的就是那家公司……它正处在改变世界的前沿，"他还点出了公共主页的三个优点，"首先，它帮助用户发现他们会觉得有价值的东西。其次，这对运营这些公共主页的人有好处——我们可以为小企业提供价值，帮助它们获得更多客户；我们可以为艺术家提供价值，帮助他们获得更多的关注者。最后，这对我们自己的生意很有好处，因为除了这些网页的自然流量，我们还可以获得付费流量。"

在"大流行"期间，Facebook 还宣布了另一个重磅功能。它充分利用了草根代言，但并没有直接与广告挂钩。相反，这一功能将 Facebook 的共享理念传播到网络上，并将商业客户与 Facebook 联系起来。

这就是信标功能（Beacon）。

信标功能的运作原理是：Facebook 与 44 个合作伙伴达成协议，在它们的网页上放置名为信标的隐形监测程序。卖点：添加三行代码，就能触达数百万名用户。[1] 这些信标会把活动通知给 Facebook。当用户在这些网站上购物时，这个好消息会分享到好友的动态消息中。

这项功能突破了连一些 Facebook 员工都认为不应该突破的底线。在此之前，Facebook 用户的兴趣都是自行发布。Facebook 确实自动化了一些与人有关的信息发布工作，比如用户加了谁为好友，或者用户发布了照片，但这至少是用户在 Facebook 上的活动。当人们在网上购物时，信标功能会偷偷跟踪他们，然后在默认情况下传播他们私人的购物消息。"如果有人买了一个情趣玩具，或者买了一些能透露购买者患有某种疾病的药，或者类似的东西怎么办？"一位参与讨论的高管提出担心，"这可能会导致不好的事情发生。"而信标功能唯一的提示就是一个弹出警告，说明禁用该功能需要哪些操作。如果用户没有回应警告——也许用户根本就没阅读它——Facebook 会将用户的不作为解读为同意。信标功能会让用户所有的好友知道他买了什么。用户体验的整个历史表明，大多数用户都会轻易忽视这一警告。

肯德尔说："当时针对默认加入还是不加入这一功能发生了一场大争论。"在认为不应默认加入的一方看来，Facebook 应首先询问用户是否想要参加这个项目，只有当用户表示有兴趣时信标才生效。选择默认加入的一方认为，购买信息应该默认共享，因为这就是 Facebook 的宗旨——默认共享。如果 Facebook 要求用户表达他们是否想要这一功能，信标功能可能永远不会取得成功。而一旦实施，用户可能会喜欢它，就像喜欢动态消息一样。如果他们不喜欢，Facebook 可以随时取消这一功能。

Facebook 的法律顾问兼隐私主管克里斯·凯利说："我们针对默认加入还是不加入信标功能，争执到了活动前一天晚上的凌晨 2 点。"他警告其他几位高管，如果信标功能没有保护措施，可能会发生糟糕的事情。"马克基本上否决了所有人。"当时的一位高管说。

在宣布"大流行"前，Facebook 解决了一个潜在障碍。Facebook 希望能够在销售社交广告的同时，不与微软及其销售美国国内广告的"独家"合作伙伴发生冲突。

幸运的是，Facebook 再次在谈判中获得了优势。现在它开始向海外扩张，并且可以面向国际市场提供与微软最初达成的那种销售协议。更妙的是，微软的主要竞争对手谷歌也盯上了 Facebook 的广告交易。微软下定决心赢得这份合同。

在谈判变得激烈之前，Facebook 就利用自己的优势解决了一个悬而未决的问题。几个月来，这两家公司一直在交涉 Facebook 从 Hotmail（微软提供的一种免费电子邮件服务）和 MSN Messenger（微软推出的一款即时通信软件）产品中抓取数据的方式。Facebook 也有苦要诉——作为报复，Hotmail 已经开始将邀请加入 Facebook 的信息标注为垃圾邮件。在《Facebook 效应》一书里，莫斯科维茨说，这导致 Facebook 的新用户减少了 70%。莫斯科维茨、欧文·范·纳塔和亚当·德安杰洛知道微软急切想要达成广告协议，于是他们飞往雷德蒙德谈判休战。[2] 从那以后，Facebook 得以不受惩罚地抓取和利用 Hotmail 数据。

尽管微软联合创始人比尔·盖茨此时已经不再担任 CEO，但作为执行主席，他对扎克伯格产生了兴趣，后者被称作下一位比尔·盖茨。两人最终成了好友，盖茨把从自己的经历中吸取到的教训告诉扎克伯格。盖茨承认，他们有相似之处：都是哈佛的辍学生，都组建了一家打破常规的软件公司。但是想成为比尔·盖茨 2.0 版？没有那么快。"马克写的代码可没我写得多——这是最重要的事情。把这些写进你的书里！"盖茨开玩笑地说，但也可能不是开玩笑。此外，"如果史蒂夫·乔布斯坐在这里，他会说：'嘿，马克从来没有设计过一个好看到上天的东西，你怎么能说他是我的继任者？'"（玩笑？也许吧。盖茨很幽默。）

扎克伯格还参与了许多有关微软可能收购 Facebook 的讨论，包括在西雅图召开的一次会议。当然，他并没有实际出售的意图。"我们给出了非常高的报价。"盖茨说道，不过现在他说自己从没想过扎

Facebook

克伯格会上钩。

但微软确实想要达成这笔国际交易，在 2007 年 10 月，Facebook 广告系统发布前几周，这一切达到了高潮。丹·罗斯表示："我们告诉微软，如果达不成交易，我们就会与谷歌重启谈判。"微软首席谈判代表克里斯·丹尼尔斯（Chris Daniels）飞往帕洛阿尔托洽谈此事。（丹尼尔斯在 4 年后加入了 Facebook。）10 月 23 日上午 10 点，两支队伍坐在大学大道的办公室，试图敲定当天的安排，以便第二天上午 9 点举行新闻发布会。那天深夜，当每个人都萎靡不振时，团队听到嘻哈音乐在办公室里回荡。这是一场定期举行的黑客马拉松。"微软的人说：'什么？你们玩这个？'"罗斯说，"我们让室内音乐轰鸣，大家都在吃中国菜，然后就敲定了交易。早上 6 点，大家都睡了一个小时。"

这笔交易给了双方各自想要的东西。微软获得了谷歌梦寐以求的合作伙伴，而 Facebook 则得到了一大包好东西——国际广告库存。新社交广告交易模式被证明可行，并且还创造了一个震惊科技界的大反转：微软向 Facebook 投资 2.4 亿美元，以换取该公司 1.6% 的股份。这意味着微软对 Facebook 的估值是 150 亿美元，而就在一年前，人们还认为扎克伯格疯了，竟然会放弃雅虎数十亿美元的收购要约。

而就在几周前，科技界最有人脉的权威人士、时任数字万物（All Things Digital）负责人的卡拉·斯威舍（Kara Swisher），对微软可能以 100 亿美元的估值投资 Facebook 的猜测发表了评论，并（有预见性地）报道称：Facebook 可能寻求 150 亿美元的估值。她对这笔交易嗤之以鼻，认为 Facebook 觉得自己估值 150 亿美元简直是"痴心妄想"。[3] 与谷歌相比，Facebook 就像是一个"卖柠檬水的小摊位"。微软花了"冤枉钱"，以"荒唐的价格"收购了 Facebook 的一小部分股份。

等到微软开始兑现其投资时，它在 Facebook 所占的 1.6% 股份已经价值超过 80 亿美元。

Facebook 想要高调宣布其"大流行"计划（还好 Facebook 后来明智地放弃了这个代号）。和当年早些时候成功的平台发布会一样，Facebook 聘请了专业组织者来策划这次大型发布会。这次 Facebook 选择的地点是纽约。布兰迪·巴克说："我们想在广告主的后院做这件事。销售团队希望这次发布会华丽无双，我们做到了。"

扎克伯格为此又煞费苦心地排练了一场盛大的演讲。这不是他的主场——观众不是软件开发人员，而是西装革履的人们。尽管扎克伯格对广告业务仍持保留态度，但他现在已经成了广告业务的化身。

11 月 6 日，他在纽约西区一个光鲜亮丽的活动空间里，对台下坐在塑料椅子上的观众说："媒介每隔几百年就会变一次。过去的几百年被大众媒体定义了。在未来的几百年里，信息不会仅仅是被推送给人们，它们将在数以百万计的人之间分享。"

当这个小男孩宣布自己是麦迪逊大道的征服者时，房间里的人要么感到震惊，要么感到好笑，主要是惊呆了。在 Facebook 获得成功后，人们更可能把这位年轻的 Facebook 创始人当作专家来看，而不是一个天真的局外人。但会上很少有人意识到，Facebook 刚刚犯了一个最大的错误。

虽然有关"大流行"功能发布的新闻集中在微精准定位和社交广告上，但人们的注意力很快转向了信标功能。正如凯利和其他人所警告的那样，自动传播在指定网站上的购物消息可能会导致不好的结果。举个极端的假设例子，想象一下，有人在合作网站上购买了一对订婚钻戒，接受订婚戒指的人不是通过对方屈膝求婚知道这件事，而是通过对方的 Facebook 动态消息知道这件事。[4] 事情就是这

Facebook

么发生的。当人们的购物信息开始出现在好友的动态消息中时，用户开始抱怨。其中一位是著名的行业分析师夏琳·李（Charlene Li），她在博客中写道，当她在 Overstock（美国知名网上购物平台）购买咖啡桌的行为被推送给她的 Facebook 好友时，她深感"震惊"。在她的帖子的评论中，一个名叫"威尔"的人说他的故事更糟糕。

> 我在 Overstock 买了一对订婚钻戒，准备给我女朋友一个新年惊喜……几个小时后，我就接到了"祝贺"我订婚的电话……我了解到 Overstock 已经在我的 Facebook 动态消息上公布了我的购买细节（包括商品和价格的链接），并通知了我所有的好友……包括我的女朋友。

虽然没有人能够证实威尔的故事，但它已经成为信标功能漠视隐私的标志。随后，一位珠宝买家类似的经历得到了证实——肖恩·莱恩（Sean Lane）从 Overstock 购买了一枚 14K 白金、1.5 克拉钻石的"永恒之花"戒指作为妻子的圣诞礼物。这条"动态"以及 5.1 折的购买价格被分发给了他的妻子和他在 Facebook 上的数百个好友。"我的圣诞节毁了，"他对《华盛顿邮报》说。[5] 像这样的故事流传着，包括人们因为在信标功能合作伙伴 Blockbuster 上租借的电影被暴露在好友和家人面前而感到愤怒，人们因此有理由怀疑未来几百年的广告业是否会有进步。

几天来，扎克伯格没有回应越来越多的批评。他从动态消息中吸取了教训：让人们去发现他们最初讨厌的功能的优点。但人们没有对信标功能产生热情。相反，他们第一次开始意识到，也许他们不能信任这个名叫 Facebook 的有趣玩意儿。

当时 Facebook 已经召集了一个危机公关团队。蒂姆·肯德尔说："公关团队的观点非常清楚。听着，这是信任问题。你在烧毁品牌资产。"

乔什·奎特纳（Josh Quittner）在为《财富》杂志撰写的一篇文章中写道："Facebook 已经把所有支持它的人变成了一群暴民。在一个月的时间里，它就从媒体的宠儿变成了魔鬼。"[6] 文章的标题是"Facebook 要完？"（R.I.P. Facebook?）。

布兰迪·巴克说："我们在沟通上等得太久了。公司内部对信标功能的发展方向有很多分歧，可以说，作为一个广告产品，它非常创新，尽管它的运作方式对隐私的侵犯让人难以置信。问题是，我们应该默认加入还是默认不加入？还有哪些变通方式让我们可以保留产品？"

Facebook 最终决定将信标功能的设置改为"选择性加入"，并承诺，在一条消息被发布到动态消息上之前，必须事先经用户同意，其实就是恢复了 Facebook 高管一开始请求扎克伯格做的默认设置。[7] 但这并没有平息反对意见，尤其是专家们发现，信标功能的运作存在一些令人不安的方面。加利福尼亚州威胁研究公司的研究员斯特凡·贝尔托（Stefan Berteau）发现，即使用户选择不加入信标功能，Facebook 仍在传输数据，同时还提供了大量用户在这些外部网站上的操作信息。[8] 信标功能甚至把非 Facebook 注册用户的信息传给了 Facebook。[9] 研究人员在 11 月 29 日报告了这一情况，就在同一天，Facebook 终于允许一名高管接受采访。就在贝尔托的报告流传之际，Facebook 运营副总裁查玛斯·帕里哈皮亚（Chamath Palihapitiya）向《纽约时报》错误地保证，如果用户选择不加入信标功能，就会终止信息传递。[10] 面对技术证据，Facebook 确认贝尔托是正确的。但它声称，在获知用户反对传输个人数据后，它已经删除了这些信息。

在那个时候，隐私倡导者、媒体和用户（一个由政治团体MoveOn 组织的请愿获得了超过 5 万个签名）都要求 Facebook 彻底废除信标功能。[11] 扎克伯格从动态消息中学到，平息批评的最佳方式是宣布解决方案。但他刚刚宣布了一个解决方案，却没有安抚任何人。他在这件事上没有以个人名义发言，这于事无补。与此同时，信标功能的合作伙伴们开始感到不安。可口可乐和 Overstock 暂停了合作，其他合作伙伴也在考虑退出。

在经历了又一个星期的冲击后，扎克伯格发表了一篇题为"关于信标功能的思考"（Thoughts on Beacon）的帖子。[12] 帖子里的思考并不令人愉快，他承认 Facebook 在热心帮助人们彼此分享信息方面犯了错。扎克伯格承认，在某种程度上，这一功能在发布后的停顿更糟糕。"对于我们处理这件事的方式，我感到羞愧，我知道我们可以做得更好。"他写道。他还提出了自己最后的解决方案：通过隐私控制选项完全关闭信标功能。

抗议渐渐平息了，因为很少有人利用这个机会"主动加入"，更少有人知道，购买信息仍在被传递给 Facebook，除非能找到隐私控制选项来关闭它。他们的购买行为并没有出现在自己的动态消息中。Facebook 又花了两年多时间来关闭信标功能，以试图解决用户因信标功能滥用而提起的集体诉讼。这一集体诉讼的主要原告是 Overstock 的戒指买家肖恩·莱恩。

"我感觉很糟糕，我们犯了一个错误，"蒂姆·肯德尔说，"但后来我们继续前进，我认为这就是 Facebook 的天才之处。对吧？对于失败没有太多的自我厌恶，这是 Facebook 如此成功的一个重要原因。"

不过，信标功能不同于 Facebook 短暂历史上的其他危机。现在用户对 Facebook 以及社交网络中涉及的隐私取舍提出了尖锐问题，尤其当社交网络是由广告资助的时候。应对这种新的怀疑需要新的措施。扎克伯格开始认真倾听用户的声音，这些声音越来越响亮地告诉他，在 Facebook，他需要一位经验丰富的领导者。这是熟悉的"成人监管"的呼吁，投资者经常坚持认为，这种监管应该在公司治理上伴随着以技术为导向的年轻创始人。于是，公司开始认真物色副指挥官，最理想的人选是一个本身就有 CEO 风范的男人，或者女人。

Facebook

"亲密。"这是谢丽尔·桑德伯格写于 1991 年哈佛大学毕业论文的第一句话。[1] 她给了这个词单独一段,来反映当暴力破坏了爱恋关系的神圣感时,这个词所唤起的温暖感遭到了多么严重的破坏。

这篇论文名为《经济因素与亲密暴力》(*Economic Factors & Intimate Violence*),尽管标题极具斗争性,但整个研究相当冷静,用诸多公式艰难而又令人信服地提出了一个众所周知的观点,即与其他原因相比,经济压力导致女性与施虐伴侣待在一起的时间更长。对于一名年仅 21 岁的本科毕业生来说,这是一项令人印象深刻的成果,展现了她在后来所表现出的知名特质:安静、持久地支持妇女权利,深爱辛勤工作,以及(这里是转折)相信大多数个人问题可以用逻辑和数据来解决。这就是谢丽尔的本质。她会把你吸引住,帮你找到解决问题的方法,并及时送你去参加她的下一次会议。

这篇论文的另一个方面后来也成了谢丽尔的标志,那就是对导师和帮手们的充分感谢。谢丽尔在这篇论文里最感谢的要数她的论文合作导师、经济学巨星、后来的哈佛大学校长劳伦斯·萨默斯。

桑德伯格在哈佛获得校长的青睐是英才教育的标杆。[2] 她在佛罗里达长大，母亲是英语教师，父亲则是著名的眼科医生，弟弟和妹妹也都是医生。很显然，这是一个有着优良传统的家族。

在桑德伯格的书中，她形容自己是那种痴迷于组织事务的女孩，并引用了她妹妹在婚礼上的祝酒词："你们有些人认为我们是谢丽尔的弟弟妹妹，但实际上我们是谢丽尔的第一批员工，"米歇尔·桑德伯格（Michelle Sandberg）说道，"就我们所知，谢丽尔从没有像一个孩子那样真正地参与游戏，而只是组织其他孩子的游戏。"[3] 谢丽尔引用这句话是自嘲，但在复述的过程中，你能感觉到被伤害的成分。谢丽尔后来哀叹，那些自信地展示了领导能力的女孩会被"专横"的称呼所贬低。她表示，这是她经常隐藏自己成就的原因之一。（并非全部：一篇关于13岁的谢丽尔支持苏联犹太人活动的报纸文章，就提到了她第一次参加关于这个问题的集会是1岁时。[4]）

谢丽尔·桑德伯格的哈佛经历与她未来的老板截然不同。她带着热情和活力，穿着紧身裤、牛仔超短裙和带有佛罗里达大学短吻鳄队标志的运动衫来到哈佛，并在这里教了4年有氧运动课程。[5] 在其他人眼中，她活泼的个性背后隐藏着一种超越他人的需要，内心缺乏自信促使她比其他人付出双倍的努力。（她后来写道，即使是在感觉不太好的时候，她也会强迫自己微笑一小时。）谢丽尔在大一的时候挣扎于学业，因为不熟悉《伊利亚特》和《奥德赛》，她发现自己对"希腊文明中的英雄"这门课准备不足，而马克·扎克伯格在预科学校时就喜欢上了这两部作品。在一节政治科学课上，她被布置了一篇5页的论文，比她在高中时写的论文还要长。她苦写了好些天，老师却给了她一个C，这让她崩溃了。[6] 在分数膨胀的哈佛，C实际上相当于F。这造就了谢丽尔后来工作策略的特点：只要有充分的准备和勤奋，一个人总是可以拿到A+，即使是最顽固的问题也可以通过努

Facebook

力来解决。

毕业后，谢丽尔把这种态度带到了工作中。她先是在世界银行工作了一段时间，随后在萨默斯的领导下，专注于解决发展中国家的疾病和其他问题。（她在那里遇到了波诺。）之后，谢丽尔回到哈佛攻读 MBA。从哈佛 MBA 毕业后一段很短的时间里，谢丽尔在麦肯锡工作——在 20 世纪 90 年代早期，哈佛 MBA 基本都会这么做。1995年，当比尔·克林顿总统任命萨默斯为财政部部长时，萨默斯邀请谢丽尔担任他的幕僚长。"谢丽尔一直相信，如果一天开始时她的待办事项清单上有 30 件事，那么一天结束时就会有 30 个完成标记。"萨默斯后来告诉《纽约客》。[7] 在结束克林顿政府的任职后，谷歌 CEO埃里克·施密特（Eric Schmidt）不断给谢丽尔打电话，两人是在学习互联网税概念时认识的。"谢丽尔，我们是赢利的，"埃里克·施密特说，分享着当时硅谷很少有人知道或理解的信息，"你应该加入。"但谢丽尔不确定自己的角色是什么，施密特说这无关紧要。"最重要的是谷歌增长的速度，"他说，"这是一艘火箭飞船——快上船。"[8]

"我回家后想了想，完全正确，"谢丽尔说，"于是我加入了。"后来，她也会向其他考虑暂时休息、加入硅谷的人提出同样的建议：登上火箭飞船。"这一切都是为了快速增长。"她会说。

谢丽尔最终进入了谷歌的销售部门，这让一些人感到奇怪。"这是拖拉机的工作，"她的老板奥米德·柯德斯塔尼（Omid Kordestani）说，"而你是一辆保时捷。"但谢丽尔明白，谷歌是大规模数字广告的先驱。当时谷歌正准备推出它的 AdWords 搜索广告产品，这将成为历史上最成功的产品之一。她说："我真的相信这就是这个行业的未来。"谢丽尔安于在这一事业中做拖拉机，建立组织，把广告销售的本质从闲聊转变为分析。

你绝不会听到谢丽尔·桑德伯格说"不要作恶"或诸如此类的话。

她曾经说过，据她观察，一家公司的信念与它的口号正好相反。"我的态度一直是最好埋头工作，"她有一次对我说，"我完成了我的数字，专注于我的指标。"

但到了 2007 年底，桑德伯格知道是时候离开谷歌了。谷歌未来的 CEO 是联合创始人拉里·佩奇（Larry Page），而她并没有被选中接替柯德斯塔尼担任整个业务部门的负责人。《华盛顿邮报》CEO 唐·格雷厄姆曾试图在桑德伯格离开财政部后聘用她，并让她担任自己公司的最高职位。但桑德伯格嫁给了一位名叫戴维·戈德堡（David Goldberg）的创业者，他稳健的举止完美地衬托了桑德伯格在工作和生活中紧张兮兮的态度。格雷厄姆不得不承认，华盛顿无法像加州那样为戈德堡提供机会。（戈德堡很快就得到了一份工作，在帕洛阿尔托领导一家名为 SurveyMonkey 的初创公司。）随后桑德伯格给了格雷厄姆一个惊喜。"跟我说说马克·扎克伯格。"她说。

桑德伯格第一次见到马克·扎克伯格是在雅虎前高管丹·罗森施威格举办的家庭节日派对上，当时她已经在 COO 的候选名单上了。（颇具讽刺意味的是，罗森施威格也在这份名单上。）他们在门洛帕克的跳蚤街咖啡馆进行了一次较长时间的谈话，那里是旧金山湾区从农场到餐桌美食家的天堂，桑德伯格很喜欢那里。两人发现有很多可谈的话题，他们深入地讨论了扎克伯格的使命和他需要完成的任务，直到咖啡馆打烊，接着谈话又转移到桑德伯格家里，直到桑德伯格最终把他送回家。"我有孩子，"她后来跟奥普拉说道，"我的孩子们 5 个小时后就要起床了！"

随着招聘进程的升温，桑德伯格向罗杰·麦克纳米谈起了 Facebook 对她的兴趣。罗杰·麦克纳米本能地觉得，扎克伯格在一个女性主导的家庭中长大，因此能够接受比他年长的女性的建议。麦克纳米说，桑德伯格担心扎克伯格太年轻，不适合做她的老板。（桑德

Facebook

伯格现在对与麦克纳米的关系轻描淡写，说麦克纳米愚蠢地建议她接受《华盛顿邮报》的工作。她还反驳了麦克纳米关于她担心扎克伯格年龄的说法。）

谈判从 1 月一直持续到 2 月。扎克伯格带她参观了办公室，当时 Facebook 的办公室分散在帕洛阿尔托市中心的多个地方。当扎克伯格问桑德伯格有什么想法时，她凭直觉知道，他希望听到她说这很酷。相反，桑德伯格告诉他，要去那么多不同的地方走动实在是太荒唐了。她告诉扎克伯格："把你们的人放到一栋楼里去。"（一年后，Facebook 基本上集中到了帕洛阿尔托另一个地区的一栋大楼里。）

在就工作要约与扎克伯格进行的几个月的谈话里，两人讨论了关于 Facebook 的一切，但其中一次谈判奠定了 Facebook 未来 10 年乃至之后的架构：桑德伯格负责公司的哪些部分，哪些部分会被排除在她的汇报链之外。扎克伯格觉得桑德伯格应该做那些他不太感兴趣的事情——销售、政策、沟通、游说、法律以及任何其他非技术的事情。他自己的时间最好花在产品上，也就是工程师开发的产品上，因为产品定义了 Facebook。这基本上就是他和以前的高管们打交道的方式，比如肖恩·帕克、欧文·范·纳塔和查玛斯·帕里哈皮亚。即使桑德伯格未来的地位比他们中的任何一个都高，他也没有改变主意。据桑德伯格回忆，她的角色很明确，就是"接手马克手里的一大堆事情。这很简单——他管产品，我管剩下的"。

桑德伯格并不认为自己是"产品专家"，但显然她有丰富的商业经验，因此这种分割很合理。桑德伯格相信，通过两人间的讨论，扎克伯格逐渐理解了一个扩张的商业模式对 Facebook 的重要性。但这种分割会导致一些奇怪的分歧。创造广告产品（比如可能出现在动态消息功能中的新型广告）的工程师们向扎克伯格汇报，但周围全是销售广告的人。销售是桑德伯格负责的领域。创造动态消息功能的人向扎克伯格汇报，而那些负责决策哪些内容适合出现在人们的动态消息上的人，则为桑德伯格工作。

当然，最终所有的责任都落到了扎克伯格身上。桑德伯格说："所有对我汇报的事情都要对他汇报，因为我要向他汇报。所以（劳动分工决定了）我要做的事。"

尽管如此，在接下来高速增长的 10 年里，由于其惊人的规模，Facebook 面临着诸多前所未有的问题，Facebook 基本上分成了两个组织：扎克伯格的领域和谢丽尔的世界。这两个组织绝不是完全平等的。扎克伯格负责工程和产品方面，不仅是因为他更擅长这些方面，还因为他觉得这是公司的核心。

不过在当时，这似乎是一件显而易见的事。他花了 10 多年的时间才明白这是多么大的一个错误。

桑德伯格的重心是用公司的新手段来赚钱，并最终使 Facebook 赢利，最好是像她的前雇主谷歌那样利润丰厚。但由于扎克伯格缺乏经验，她的角色更为广泛。桑德伯格后来成了 Facebook 的 COO。她明确的工作职责是帮助扎克伯格将 Facebook 发展为一家大公司。桑德伯格表示："生意蓬勃发展是其中的一部分，但不是唯一的事。"

但她从一开始就对 Facebook 的业务有坚定的想法。在她入职第一天参加每位 Facebook 新员工都要参加的培训时，克里斯·考克斯一如既往地发表了鼓舞人心的演讲，致敬 Facebook 的崇高使命。这一演讲已经成了 Facebook 公司文化的传奇部分，但随后，桑德伯格也发表了演讲，藐视了这一迎新礼仪。她向那些惊讶的新人解释，广告业务呈倒金字塔形，到目前为止，她的前雇主谷歌通过变现意图（人们搜索时表达的意图）占据了最底层。但她说，Facebook 的业务规模将会更大，因为它有创造需求并将其货币化的潜力，是这个倒金字塔更宽广的顶部。用户每天都登录 Facebook 来了解最近发生的事情并

Facebook

分享他们的兴趣。这样一来，广告商就能在 Facebook 用户想到之前，就把他们想要的东西卖给他们。

桑德伯格和扎克伯格同意在每周开始和结束时见面，他们开始建立起紧密的联系。桑德伯格在第一次参加高管会议时，谈到了招聘人员在给候选人评级时应该使用的分值范围（她坚持认为，唯一合适的分值范围是 1~5 分）。扎克伯格翻了翻白眼。会议结束后，扎克伯格不停地道歉，说他再也不会那样贬低她了。

桑德伯格开始尽可能地约见每一个人，了解 Facebook 的结构，询问招聘流程是怎样的，公司文化是什么。她也会深入了解扎克伯格的心理，询问那些很了解他的人。她已经见识了埃里克·施密特如何出色地应付谷歌的年轻创始人——施密特只会在公开场合说他们是天才。乔·格林说："我给了她一本《安德的游戏》，告诉他读这本书能帮助她理解马克。"（这本书的主人公是个少年，他在拯救世界后才知道他参与训练的战争游戏是真实的。）虽然她偶尔也会对朋友说这种或那种"扎克伯格主义"，但在公开场合，她会狂热地谈论这种合作关系。

扎克伯格之前的助手——肖恩·帕克、欧文·范·纳塔和查玛斯·帕里哈皮亚，都是混乱大师，他们不仅在产品发布上，而且在公司的管理风格上，放任他们的老板那种兄弟们一起快速行动的气质。桑德伯格一上任就制止了这种情况。她就像跳伞降落到满是迷失男孩的岛上的温迪 [a] 大姐一样。在任职初期，她邀请所有重要的女性员工到她家参加鸡尾酒会。（当时 Facebook 的女高管一个房间就能装满。）桑德伯格让她们知道，兄弟时代已经结束了。和在谷歌时一样，桑德

---

[a]　温迪，即游戏《战神》及其衍生作品中的角色，是自由城邦蒙德的建立者。——编者注

伯格会与公司里的年轻女性进行一对一谈话，在紧凑的日程安排中询问她们的个人问题，为其提供建议，并保证会关注她们的情况。她加入了 Facebook 的数个女性小组，还邀请演员格洛丽亚·斯泰纳姆（Gloria Steinem）在家中与 Facebook 的女员工见面。

戴夫·莫林记得，在桑德伯格上任之初，有一次出现了问题，她没有让普通员工去应对有关扎克伯格和他的核心圈子在想什么的谣言，而是把团队召集到一起，让大家坐在地板上讨论。莫林说："我们很多人都是孩子，不知道如何管理别人，也不具备进行细致入微的沟通的技能。她带来了这些技能，让我们获得了某种程度上的成熟。"

总的来说，人们认为她是扎克伯格的完美补充。"马克不擅长的她都擅长，"埃兹拉·卡拉汉说，"她很有外交手腕，口才极佳，也很平易近人。她可以让公司的各个部门都觉得自己很重要，而马克越来越清楚地表明，产品工程才是主角，其他人应该闭嘴，做好自己的工作。她让我们从感觉这是一家会不断砸自己脚的 10 亿美元公司变成'好吧，这就要发生了'。"

桑德伯格上任后不久，扎克伯格休了他创办 Thefacebook 以来的第一个长假。这是一次持续了一个多月的环球旅行。扎克伯格说："谢丽尔一加入公司，我就觉得我能这么做了，我也想给她时间来调整。"扎克伯格轻装上阵，只身前往不同地方拜访朋友。他从欧洲出发，一直向东。其中一个目的地是一个偏远的印度道场。这次旅行之所以引人注目，部分原因是那个道场也是史蒂夫·乔布斯在创办苹果之前曾去过的地方。

扎克伯格的旅行跌宕起伏，经历了任何一个 24 岁的年轻人独自出国旅行可能经历的高潮和低谷。他去了柏林、赫尔辛基和加德满都。他试图去俄罗斯，但没能拿到签证。他在尼泊尔徒步旅行时生病了，当地人试图用牦牛奶治好他，但收效甚微。

Facebook

造访道场并没有给他带来任何启迪，哪怕暴风雨来袭让这次造访的时间从原计划的一晚变成了几晚也一样。他把时间用来"写作和冥想"。不过，他的心思从来没有离开过 Facebook，在日记中，他满脑子都是回国后可能执行的想法。他说："我花了很多时间去思考人们如何交流，以及一群人如何能像一个人一样感受和行动。这无疑增强了我对我们使命的信念——专注于让世界变得开放互联。"

这一洞见带来了后来的另一次印度之旅。这次他将会受到隆重的招待，有一群随行人员陪伴，他被当作榜样来欢迎，同时也被攻击，被称为把 Facebook 强加给该国 10 亿人口的殖民主义者。但那是多年以后的事了。

在扎克伯格周游世界时，桑德伯格利用这一空当，就 Facebook 的商业模式与 Facebook 高管们达成了共识。她不必从头开始。尽管整个信标功能很糟糕，但是"大流行"发布的其他功能，如公共主页、精准定位和按点击付费广告已经开始产生效果了。蒂姆·肯德尔说："我们当时的运营成本是 5 亿美元。"当时肯德尔仍然负责变现，现在他很高兴地加入了桑德伯格的团队。他会在这个职位上再干两年，然后加入 Pinterest，最终成为该公司的总裁。对 Facebook 帮助更大的是它与微软谈判得到的合同，合同保证了一定的收入。广告工程负责人马克·拉金（Mark Rabkin）表示："这给了我们空中掩护。"当 Facebook 的系统里没有广告可投放时，微软就会投放其库存中的广告，而且价格通常比 Facebook 当时能够获得的广告价格更高。有几次 Facebook 的广告服务器宕机，其广告收入反而上升了。"我们做了全面的事故分析，发现多赚了 5 万美元，因为当我们的广告系统宕机时，我们会把它全部交给微软的广告系统，而微软会支付更高的最低广告费。"拉金说。（几个月后，Facebook 的广告主支付的广告费就比微软高了，所以这种情况不再适用，这一情况甚至发生在 2009 年 Facebook 与微软的交易结束之前。）

对桑德伯格来说，Facebook 的业务明显就是广告，其他一切都是零头。但并不是所有 Facebook 员工都认同这个想法，尤其是一些年轻人，他们认为广告糟糕透顶，Facebook 应该少做点……俗事。就连扎克伯格也没有完全接受。在当年秋天的"大流行"发布会后，拉金告诉他，广告业务需要招聘更多人，5 名工程师太少，无法打造出价值数十亿美元的系统。谷歌有 400 个工程师在做广告系统！"那你认为需要多少人才能做出世界上最好的广告系统呢？"扎克伯格问。拉金鼓足勇气说……20 个。扎克伯格说："听起来有点多，让我想想。"拉金说他花了好几年时间才让自己的广告产品团队增至 20 名工程师。（现在已有几百个，就像谷歌一样。）

桑德伯格周二或周三晚上会安排一系列会议，与多个部门的关键员工交流，探索 Facebook 如何通过广告以外的收入建立庞大的业务。她会在白板上写：我们是做什么生意的？向用户收费，做研究？所有选项都经过了检验，没有一个可行，除了广告。[9]这正是她想要的方向。"当时我认为这种会议毫无意义，"肯德尔说，"但现在回想起来，这么做非常明智，得到了全体员工的支持。"

这群人达成了共识——Facebook 将专注于需求，就像谢丽尔在入职第一天时所说的那样。因为 Facebook 对用户的信息了如指掌，知道用户何时对特定产品（甚至政治候选人）的推销毫无抵抗力。不过桑德伯格承诺，Facebook 不会赚广告主的快钱，让广告占领主页，或者提供超大的横幅广告（扎克伯格也抵制过这种做法）。大约在那时，MySpace 的首页变成了一部蝙蝠侠电影，接着他们又做了一次宣传，整个页面变成了绿色，以宣传一部和绿巨人有关的电影。"那个广告的理念就像是绿巨人将占据用户的主页，"桑德伯格说，"我第一次去电影公司开会时，有个女营销主管冲着我大叫，然后怒气冲冲地走了，因为我们不愿意像 MySpace 那样为他们的电影宣传。"桑德伯格希望 Facebook 在广告上能做得更好。广告应该提供良好的体验，与用户在 Facebook 上的良好体验一致。"不一定要绿巨人出来。"

扎克伯格回国后加入了谈话，接受了桑德伯格聚会的结论。桑德伯格开始组建自己的团队。桑德伯格交友甚广，她一直有计划地维系着与他们的联系。Facebook 员工开始用"FOSS"这个词，意思是谢丽尔·桑德伯格的朋友（Friend of Sheryl Sandberg）。其中包括她的朋友马恩·莱文（Marne Levine），他将担任 Facebook 华盛顿办公室的负责人。

和扎克伯格不一样，扎克伯格最密切的联系人只有"一小群人"，这一小群 Facebook 领导者就是他的非正式顾问委员会，桑德伯格则喜欢由助手和副手组成的正规军（这个更大的管理团队被称为"M 团队"）。桑德伯格有自己的"幕僚长"，就像她是劳伦斯·萨默斯的首席顾问时一样。

她最引人注目的招聘是挖来了谷歌的沟通与政策负责人埃利奥特·施拉格（Elliot Schrage），让他在 Facebook 担任同一职位。当时担任 Facebook 首席沟通官的布兰迪·巴克感觉受到了责难。但在与咨询公司为 Facebook 高管提供的企业"教练"的帮助下，布兰迪·巴克熬过了难关。她说："我明白过来，Facebook 要向前走就需要埃利奥特，他的能力超过我。"布兰迪·巴克后来在产品沟通工作中找到了满足感。和扎克伯格谈论这个问题根本不在考虑范围内。布兰迪·巴克表示："在马克没有准备好跟某个人谈话之前，他不会跟那个人直接谈话。"

桑德伯格与谷歌的合同规定，她在 Facebook 工作的第一年不能从谷歌挖人。（施拉格是自愿跳槽的）。谷歌已经对有太多员工跳槽到 Facebook 感到警觉，在桑德伯格开始挖人工作几个月后，她的前老板乔纳森·罗森伯格（Jonathan Rosenberg）和奥米德·柯德斯塔尼都打电话来与她讨论限制挖人数量。[10]（在一份涉及谷歌与其他公司达成非法禁止跳槽协议的书面证词中，桑德伯格说她拒绝了。）但在那之后，闸门打开了。在她的挖人禁令结束的当天，桑德伯格列出了一份她想一起共事的前同事名单。三位谷歌高管被一并挖走，其中就包括格雷格·巴罗斯（他两年前就在扎克伯格的公寓接受过面试）。

这一行动证实了谷歌最大的担忧：一场高成本的人才争夺战，还没有秘密禁止挖人协议的限制。此后几年内，两家公司都花费了数亿美元来吸引对方的员工，并留住那些从竞争对手挖来的员工。

当然，桑德伯格的关系网不只谷歌。她还挖走了微软的广告负责人卡罗琳·埃弗森（Carolyn Everson）来负责销售，尽管埃弗森也是刚接手微软的工作不久。（微软 CEO 史蒂夫·鲍尔默非常不满，所以当告诉他这个消息时，埃弗森还仔细地留意了鲍尔默挥舞的高尔夫球棒。幸运的是，"他没有想打我"，她说。）

在埃弗森接受扎克伯格的面试时，她未来的新老板似乎仍在思考为什么公司需要品牌广告。扎克伯格告诉埃弗森，他母亲一直用和她一样的洗发水。Facebook 的广告能改变这一点吗？埃弗森举了宝马和奔驰的例子：也许年轻人没有想过要买一辆，但如果能打 20 年的广告来创造一种渴望，当到了购买豪华车的年龄时，他们就可能会买一辆。

在埃弗森接手这份工作后，她负责与大品牌的顶级营销人员建立联系，她发现这比她预想的要困难。埃弗森说："虽然资金正源源不断地流入 Facebook，可那些大品牌一定要把一切事情搞定。可是当我到 Facebook 时，我们并没有一切就绪，因为一切都是全新的，我们还在建设中。"

扎克伯格明白这一点。和往常一样，他关注的是长期发展。如

Facebook

果 Facebook 真的在广告上全力以赴，马克·拉金说："马克清楚地知道，把实际产品做对，让产品国际化以及鼓励分享的竞赛，所有这些都比早期变现更重要。"一如既往，产品是扎克伯格的兴趣所在。既然 Facebook 已经确定了变现方式，那么应该发明什么新广告呢？在信标功能出事后，赞助故事已经从动态消息功能中撤下，几年内广告都不会出现在这一功能中，Facebook 需要探索其他途径。Facebook 在那一年推出了"参与广告"，广告主会在用户的主页上放置广告，希望用户采取行动，比如回复某个活动，或者访问广告主的 Facebook 公共主页。

与此同时，公共主页、精准广告以及点击付费广告拍卖系统这些基础已经打好，Facebook 将在这些基础上继续发展。随后出现的一个想法增加了广告的价值，也影响了动态消息功能，并将 Facebook 扩展到了全世界。这就是点赞按钮。

点赞按钮首次出现是在 2007 年 7 月，当时距离动态消息功能推出还不到一年。[11] 点赞按钮的项目代号是 Props（属性），Facebook 想要尝试让用户给自己信息流中的故事打上赞许的标记。团队中的设计师利亚·皮尔曼（Leah Pearlman）在一位朋友建议用"炸弹"按钮挑选帖子后，产生了这个想法。皮尔曼建议放上什么来表示热情，这样用户就不必再用一些机械性的祝福语回复某些帖子（如新工作、订婚、酷炫假期等）了。和皮尔曼一起提出这个概念的贾斯汀·罗森斯坦表示："问题是，在我们创造的这个庞大的社交网络里，怎么尽可能简单地让用户在系统中传播积极、爱和肯定的细碎信息。"用户不点击，他们就肯定做不到这一点，所以最好只需要用户点击一次。作为公共主页的产品经理，罗森斯坦认为这一功能也能让用户参与商业活动。罗森斯坦说："广告主可以创建广告来吸引喜欢某个特定页面的人，也可以向喜欢类似页面的人推广某个页面。"因此，这种"低摩擦"的认可方式不仅对新闻排名有明显帮助，而且在广告上也可能极有价值。它可以悄无声息地帮助 Facebook 识别用户的兴趣，而无须用户明确地在 Facebook 上分享自己的兴趣。

在一连串电子邮件后，一个工作小组暂时决定将其命名为"棒极了"按钮，尽管这个词与混乱的动态消息功能发布有关联。其他考虑过的名字有标星、加号、大拇指竖起的符号。在那年夏天的一次黑客马拉松活动上，罗森斯坦和一个小团队编写并设计了这个"棒极了"按钮的原型，采用了星星图标。但由于种种原因，这个项目终止了。

同年晚些时候，一家名为 FriendFeed 的初创公司成立了。这个网站有自己的信息流，聚合了来自 FriendFeed 用户所属的不同社交网络的所有消息和帖子，它还有个点赞按钮。根据安德鲁·博斯沃思关于点赞按钮的非正式历史记载，Facebook 忽略了它。[12] 到扎克伯格认为"棒极了"这个名字听起来不像反馈功能，并将其重新命名为"点赞"时，Facebook 已经收购了 FriendFeed。除了消除了 Facebook 的一个潜在威胁之外，这次收购的奖励还包括 FriendFeed 联合创始人布雷特·泰勒（Bret Taylor），他曾是谷歌的顶尖工程师，后来成了 Facebook 的 CTO。

FriendFeed 的另一位联合创始人保罗·布赫海特（Paul Buchheit）在得知 Facebook 正在开发一个点赞按钮时很开心，认为这是个好主意。"我不能肯定地说 FriendFeed 就是这个词的来源，但这是一个有趣的例子，证明了仅仅一个单词就能带来多大的不同。在什么地方都说'棒极了'就太奇怪了，对吧？'点赞'是个很好的词，它很轻量，有点毫无意义，不是一个重大的承诺。"

与此同时，设计团队也在努力重新设计 Facebook 上的反馈方式。两个团队合并在一起，共同开发这个"棒极了"按钮，并取得了一些进展。把图标做成"竖起的大拇指"的决定源自 Facebook 的传统，因为"戳"按钮也是一只手。艾伦·斯蒂格将"竖起的大拇指"图标调整为世人熟悉的风格。

尽管如此，Facebook 还是花了一年半的时间才推出点赞按钮，部分原因是扎克伯格在产品审核中对这个按钮一直不太热心。这个功能在扎克伯格那里审核了 7 次都没有得到通过。没能通过审核的一个重要原因是，扎克伯格担心为动态消息帖子提供这种一键评论功能会抑制真正的评论，帖子下不会再出现有趣的对话，而只有无脑的点赞数累积。博斯沃思称点赞按钮是个"被诅咒的项目"。

2008 年 12 月底，产品经理贾里德·摩根斯特恩（Jared Morgenstern）接手了点赞按钮项目，并试图找出解除诅咒的方法。他面临的最大障碍是证明点赞按钮不会消灭评论这种更高质量的分享形式。他开发了一些技巧，比如在有人点击点赞按钮后让光标移动到评论框。但最终，Facebook 只有通过尝试推出功能并衡量反馈，才能知道点赞按钮是否会压制评论。摩根斯特恩没有再要扎克伯格审核，而是给扎克伯格发了一封电子邮件，不经意地提到他要在斯堪的纳维亚国家推出点赞按钮。他将扎克伯格的不回应解读为默许。Facebook 的研究人员让一些北欧用户使用点赞按钮，并将他们的行为与没有点赞按钮的北欧用户进行比较，发现点赞按钮会增加评论数量。

扎克伯格决定继续推进这个项目。他说："这就像竖起大拇指一样，就这样构建发布吧。事情结束了。"

点赞按钮的表现超出了所有人的预期。人们立刻就喜欢上了它。正如最初设想的那样，它提供了有助于对动态消息的帖子进行排名的关键信号。有什么能比一个明确表达自己喜欢的行为更能清楚地表明人们喜欢这个帖子呢？因为动态消息的目的是向人们展示他们想看到的东西，点赞按钮让 Facebook 的工作变得更容易了。

但当 Facebook 决定将点赞按钮扩展到自己的网站以外，并将其推广到互联网上的其他网站时，一个更重要的、有点不祥的结果出现了。Facebook 实际上与这些网站达成了一项交易：如果在你的页面放上我们的点赞按钮，那么无论你在公开场合出售、推广或发表什么言论，都会得到数百万名用户的潜在（尽管是不知情的）认可。这就像整个互联网都在向动态消息发布帖子一样，成了 Facebook 令人难以置信的数据来源。

的确令人难以置信，隐私专家阿诺德·罗森达尔（Arnold Roosendaal，当时是荷兰的一名博士候选人）分析了抽取的数据并发表了一篇论文，还引起了一场小骚动。[13] 当 Facebook 用户在网站上点赞时，搜集信息本身就提供了有价值的信息。但是罗森达尔发现，即使用户只是简单地浏览支持点赞的网页，Facebook 也会在访问者的浏览器上植入"cookie"（一种持久的信息跟踪器）。更重要的是，罗森达尔写道："当用户没有 Facebook 账号时，Facebook 会创建一套单独的有关个人浏览行为的数据。当用户创建 Facebook 账号时，这套数据就会与这个新建账号建立联系。"Facebook 称后面的问题是一个"漏洞"，Facebook CTO 布雷特·泰勒告诉记者，点赞按钮的用途不是跟踪。[14] 不过，这种行为听起来很像扎克伯格在 2006 年的"改变之书"中提出的"黑暗资料"的概念。隐私软件开发者罗布·沙维尔（Rob Shavell）在接受《纽约时报》采访时说："人们没有意识到的是，每一个点赞按钮都像是一台隐藏摄像机。当你发现它们时，它们也发现了你。"[15]

除了隐私方面的顾虑，点赞按钮还有其他缺点：它导致了点赞比赛。对个人而言，点赞数成了相当直接的激励，用户会为了获得点赞而修饰自己的帖子。当那些对发帖者有意义的帖子没有得到赞时，发帖者会感觉很糟糕。对企业来说，追求点赞数成了一个严肃的目标。

企业公共主页累积的赞数决定了它们对 Facebook 庞大用户群的可见程度。如果人们对企业的公共主页表现出了兴趣，广告主们就可以撰写帖子，并让这些帖子出现在用户的动态消息中。如果一个帖子得到了很多赞，动态消息算法就会把它传播得更广，给它自然流量，让它进入点赞用户好友的动态消息中。这就是免费广告。许多公司，包括一些世界上最大的公司，都参与了这场注意力大战，以吸引人们为它们的公共主页点赞。它们有时会向那些点赞的用户提供奖励。一些公共主页开始光顾黑市，以获得点赞：只要支付一笔钱，一个公共主页就可以买到数千个赞，这些赞有时是由其他国家的大批低收入工人所提供的，他们坐在血汗工厂里，食指按在鼠标上，通过点赞来帮助宣传某个品牌。

点赞按钮将成为 Facebook 本身的象征，Facebook 总部展示着竖起大拇指的图标。人们在图标前自拍，并把照片发到社交网络上，当然，也是希望好友们会给这些照片点赞。

因此，正是这些最简单的功能促进了 Facebook 的业务，让用户可以简单地表达自己，但这也将 Facebook 置于一个过分强调琐碎或愤怒内容的通道中，这令人不安。更不用说，点赞按钮是 Facebook 将数据搜集行为扩展到 Facebook 外的敲门砖。近年来，Facebook 的创始成员——贾斯汀·罗森斯坦、利亚·皮尔曼和贾里德·摩根斯特恩（他们都离开了 Facebook）清醒（未免带有后悔）地表示，让 Facebook 可以肆意搜集用户数据，是让社会倒退的一个因素。尽管他们都觉得当时这么做是对的，但现在他们也都希望 Facebook 能在意外后果发生之前先行一步。这一观点在很大程度上适用于整个 Facebook。

不管怎样，点赞按钮对互联网的征服为 Facebook 带来了巨大的成功，这也可以被看作信标功能的反攻。信标功能只是把从网站上搜集到的个人数据与 Facebook 上的其他用户共享，点赞按钮却让 Facebook 可以将这些数据用于自身目的，主要是建立用户档案和驱动广告。Facebook 认识到，把这些数据与变现结合起来将是革命性的。后来，Facebook 更进一步从数据经纪人那里购买信息。曾经对 Facebook 首席隐私官来说是"亵渎"的行为，现在在 Facebook 的业务中已经习以为常。

此外，随着 Facebook 搜集越来越多的数据（其中大部分是实时数据），这些数据指明了 Facebook 的发展方向，Facebook 的收入甚至可能超过谢丽尔·桑德伯格的收入预期。从桑德伯格进入 Facebook 的那天起，她以为 Facebook 会局限于为产品创造需求的广告，这无疑是个巨大的市场。但是，通过搜集人们在网上做什么，他们在购买和幻想什么，Facebook 也可以捕捉到与人们意图有关的宝贵信息。

广告主愿意为这一信息支付更多钱。这也让 Facebook 在获得在线广告收入的最大份额方面，占据了更有力的地位。

"我们可以向上游产业链转移，实现更多满足意图而非需求的想法……这相当有颠覆性。"桑德伯格说。

Facebook 终于有了自己的商业模式。这需要进一步的调整，需要更深入地挖掘个人数据，特别是在人们抛弃台式电脑，将他们的在线世界转移到手持设备的情况下。但随着资金的涌入，数十亿美元从传统的广告渠道流入了 Facebook 的金库，马克·扎克伯格对"大流行"的夸张介绍似乎越来越不夸张了。也许未来几百年的营销历史真的是从 Facebook 开始的。

在早先任职于 Facebook 的时候，谢丽尔·桑德伯格和查玛斯·帕里哈皮亚有过一系列对话。他们彼此很熟悉，帕里哈皮亚是桑德伯格一家的朋友，还是她丈夫戴维·戈德堡的牌友，两个男人常常结伴去拉斯韦加斯一试身手。帕里哈皮亚已经当了爸爸，他跟桑德伯格的孩子们相处非常融洽。所以，对于这位 31 岁公司高管说出的话，桑德伯格总是乐于倾听。

当时，帕里哈皮亚的 Facebook 生涯恰好走到了十字路口，他刚在一年前加入 Facebook，而他此前的身份是一名风险投资家。再往前，帕里哈皮亚是 AOL 的副总裁，而且是该公司历史上最年轻的副总裁。

在帕里哈皮亚如英雄传奇般的崛起之路中，担任副总裁是他迈出的重要一步。[1] 他出生在斯里兰卡，父亲是一名公务员。在他 6 岁的时候，他父亲在加拿大找到了一份工作，全家移民到了加拿大。几年后，帕里哈皮亚的父亲失去了工作，一家人陷入了困境。他在 2017 年接受《纽约时报》采访时表示，当时他们一家人搬到了一套仅有 400 平方英尺 [a]（约 37 平方米）的公寓，而且是在一家自助洗衣店的楼上。帕里哈皮亚回忆称，他的父亲一直找不到工作，"还有酗酒和其他问题"。虽然他的母亲接受过护士培训，但只能找到清洁工和护士助手的工作。

还在念高中的帕里哈皮亚也要工作，一开始是在汉堡王，后来他发现在学校餐厅跟别人玩 21 点游戏能够赢到更多钱，有时候一次就能赢到四五十美元。接着，他用伪造的身份证件混进赌场，试图用赢到的钱生出更多的钱。帕里哈皮亚精于高赌注的扑克游戏，后来一路打进了世界扑克大赛。

1999 年，帕里哈皮亚从加拿大滑铁卢大学毕业并获得了电气工程学学位。离开学校后，他为一家投资银行效力了一年，主要从事金融衍生品的交易。后来，他把这段生涯称为"对我生命最乏味和最愚蠢的浪费"[2]。（就毒舌而言，查玛斯·帕里哈皮亚在硅谷罕有敌手。）他离开那家投资银行后，开始在互联网行业寻找工作。最终，他移居到加利福尼亚州，入职了一家音乐初创公司。该公司的产品基于 WinAmp 音乐播放器打造，后者曾为高中时期的扎克伯格和德安杰洛带来颇多灵感。那时候 WinAmp 被人们看作一款很酷的应用，而帕里哈皮亚则将其视为一个平台，外部人员可以使用装饰性的"皮肤"和富有创意的插件自由地对其进行定制，以此增强应用的功能（音频合成软件 Synapse 就是一个例子）。平台理念让 WinAmp 得以免费借助外部工程师和设计师改进产品，从而让自家产品变得更有价值且更难被竞争对手击败。帕里哈皮亚正是在 WinAmp 工作期间结识肖恩·帕克的，两人相处得很融洽。

AOL 于 1999 年收购了 WinAmp（AOL 对时代华纳的灾难性收

---

[a]　1 平方英尺 ≈0.092 9 平方米。——编者注

购发生在一年之后），帕里哈皮亚由此进入了这家当时全球风头最劲的互联网企业。2005年，帕克打来电话说："我刚刚成为一家名为Thefacebook的公司的总裁，我希望你能跟我碰个面，了解一下这家公司并见见它的创始人。"

帕克和扎克伯格乘飞机去了杜勒斯，跟帕里哈皮亚以及AOL的另一位高管吉姆·班科夫（Jim Bankoff）见了面。在会面中帕克滔滔不绝，而扎克伯格大部分时间不发一言。不过，帕里哈皮亚还是对Thefacebook产生了深刻印象。后来，他对班科夫说，AOL应该考虑收购Thefacebook。然而，当时的AOL仍在应对收购时代华纳的败局，无暇他顾，这倒不是说扎克伯格会接受AOL的收购要约。

最终，AOL跟Thefacebook达成了一小笔交易，前者旗下的即时通信软件AIM与后者的网站进行了连接。如此一来，Facebook用户在AIM上也能找到好友了。帕里哈皮亚常常说，AOL是这笔交易的唯一受益者。

不过，这笔交易最大的成果当属帕里哈皮亚跟扎克伯格搭上了线。2005年，他从AOL离职（至于这段职场经历的心得，他后来说，那就是"大多数公司的大多数人都挺烂的"[3]），并加入位于门洛帕克的梅菲尔德风险投资公司（Mayfield）。帕里哈皮亚和扎克伯格每隔几个月便会聚一聚，后者混合着放肆和羞怯的气质深深吸引着他。

这并不是说帕里哈皮亚认同扎克伯格在媒体和硅谷内部圈子中享受到的偶像化待遇，他对盛行于科技行业和商业杂志的那种文化模因（即认为成功的创业者就像是万神殿中的神灵）从不买账。在他看来，他们更像是抓住了良好经济和社会机遇的受益者。他觉得，如果扎克伯格念的是俄亥俄州立大学而不是哈佛，那么所有这一切都不会发生。（这样看来，未能被斯坦福大学或常青藤盟校录取，实在给帕里哈皮亚心里留下了不小的刺，导致他一直怨念深重。）

话虽如此，活泼好动的帕里哈皮亚和较为内向的扎克伯格对商业和科技却有着类似的看法。大家不可避免地生出了一种想法，即帕里哈皮亚可能加入 Facebook。官方层面则没有任何动静。不过，彼时扎克伯格在雅虎收购事件后正对范·纳塔心生不满，他希望自己的高管团队中能有人成为自己的盟友。

2007 年初，帕里哈皮亚来到了 Facebook 位于帕洛阿尔托大学街的办公室，但他只是来看看。当时扎克伯格并不在办公室，莫斯科维茨接待了他，并问他为什么想要在 Facebook 工作。被人视为求职者，这让帕里哈皮亚深感冒犯。"别这样，"他说，"我不是来让你面试的。"接着，帕里哈皮亚向莫斯科维茨历数了 Facebook 所犯的种种错误。他列出的清单很长，但没有暗暗地说莫斯科维茨和扎克伯格是笨蛋，大体意思是：考虑到他们在商业方面毫无经验，他们已经尽力了。

然而，给帕里哈皮亚留下深刻印象以及让他开始考虑加入 Facebook 的是，扎克伯格和他的小团队似乎愿意听取那些有可能解决问题的建议。对帕里哈皮亚来说，这是一个值得抓住的机会。即便如此，帕里哈皮亚也没有立刻答应，而是走人了。在他犹犹豫豫下不定决心的时候，扎克伯格甚至请来罗杰·麦克纳米为公司游说。"我认为，查玛斯已经下定决心要加入公司，他只是在跟我兜圈子。"麦克纳米说道。

当帕里哈皮亚最终加入 Facebook 时，他成了产品营销和运营主管，他在这个位置上被赋予相当重要乃至于不固定的职责。基本上，这些职责是从范·纳塔手上剥夺过来的，这位仁兄因在雅虎收购事件中的不忠表现被免去了 COO 一职（Facebook 一度取消了这个职位）。

帕里哈皮亚给 Facebook 带来的影响立竿见影，他的才华给公司负责业务变现的蒂姆·肯德尔留下了深刻印象，而他的行为举止则令后者目瞪口呆。"他是一个非常精明的领导者，"肯德尔说，"我从他身上学到了很多东西，但我再也不想为他做事了。"

帕里哈皮亚认为，Facebook 在之前两年缺乏计划性的招聘给自身带来了沉重负担。他在公司引入了一套名为"强制排名"的流程，以此甄别和解雇那些拖后腿的员工。虽然此举合情合理，但他的一些做法甚至让那些表现出色的员工也感到害怕，比如他会在公开场合攻击某人没有去减肥。对 Facebook 那些年龄较大、经验更丰富的员工来说，他们已经适应了这种幼稚的文化。帕里哈皮亚固执地要做自己，不肯放弃他的俗气、他的粗野教养以及他对吹捧哈佛的那些人的蔑视。

帕里哈皮亚可以算是一个职场恶霸。他会在开会时公然羞辱别人，攻击他们的长相。他嘲讽过一位刚刚步入中年的管理人员，因为后者的发际线正在不断后移。另一位 Facebook 前管理人员接受我采访时表示，只有在我把录音机关了之后，他才会谈论有关帕里哈皮亚的事情。在回忆自己从帕里哈皮亚那里遭受的言语攻击时，他几乎流出泪来，他的表现就好像仍在害怕帕里哈皮亚会从某个地方跳出来，然后给他一顿暴击。

当我向帕里哈皮亚问及此事时，他的反应是毫无歉意。"滚！他！的！"他说，"当他们此时此刻披着金吉拉毛皮毯子在自己价值数百万美元的豪宅里溜达时，那感觉肯定相当糟糕吧。"他解释说，工作场所不是家，如果有人想要从他身上寻求感性的回应，"那场面不会很好看，这些家伙可能会感到在智力上遭到了羞辱"。

另一方面，帕里哈皮亚也能够鼓舞人心。他会站到桌子上，向人们描绘 Facebook 将来会变成怎样的庞然大物。当人们对估值达到 100 亿美元的 Facebook 的前景议论纷纷之时，他会宣称 Facebook 的估值能够变成这个数字的 10 倍（后来，当 Facebook 估值 1 000 亿美元这件事不再让人觉得疯狂时，他已经在谈论 Facebook 估值能达 1 万亿美元了）。此外，对于解雇自己眼中行动速度不够快、缺乏创新

10 增长！

能力、无法帮助 Facebook 实现上述目标的人，他同样不会感到内疚。这些人中有一部分已经被同事视为拖后腿的了，但他们仍在公司混日子，因为扎克伯格在炒人鱿鱼方面十分羞怯。

然而，尽管帕里哈皮亚才华横溢且气势汹汹，他在进入 Facebook 的最初几个月并没有取得什么亮眼的成绩。他没有给平台团队带来什么新的东西，而他参与最多的信标广告平台则是公司最灾难性的项目之一。他在接受《纽约时报》采访时曾说信标不会违背用户的意愿传输数据，他认为自己的话遭到了曲解（"我得到的教训是，不要跟记者谈论技术细节。"他现在说道）。不管怎样，此事进一步破坏了他与扎克伯格本就脆弱的关系。

到了 2007 年底时，连帕里哈皮亚本人也意识到自己在 Facebook 做的工作一塌糊涂。也许他属于那种单纯靠运气获得成功的人。"如果我是你，我会炒我的鱿鱼。"在信标项目失败后的一场会议上，他这样对扎克伯格说道。他们达成一致意见：帕里哈皮亚应该搞定一项重点更为突出的任务，在公司进行最后一搏。

现在，在桑德伯格的办公室里，帕里哈皮亚准备孤注一掷：他想到了一些主意，并认为这些将对 Facebook 未来的成功至关重要。他没想到的是，同样的努力也有可能导致失败。

当时是 2008 年初，Facebook 的增长已经放缓。一年多以前，Facebook 就曾遭遇过类似的低谷，那时候该公司还没有开放注册和推出动态消息功能。但从某种程度上来说，这次的低谷更令人担忧，因为 Facebook 眼下拿不出类似的突破性产品。而且，没有人知道是什么原因导致了用户增长放缓。"所有一切都陷入了停滞，"一位高管说，"直到今天，我们也不知道为什么。"[4]

"用户人数停留在 9 000 万左右，"扎克伯格回忆道，"我记得当时大家说，能不能突破 1 亿尚不可知。基本上，我们是碰了壁，我们需要聚焦于这个问题。"

帕里哈皮亚提出了一套解决方案：组建一支高度自由的高能团队，他们的工作焦点就是积累和留住用户。他觉得，自己已经找到Facebook 的"北极星"，即公司赖以确定自身业务及财务健康状况的基本面。这颗"北极星"就是"月活跃用户"。其他互联网公司会计算每天有多少人浏览了自家站点，或是每天有多少人进行了注册。不过，月活跃用户是一个更好的指标，因为如果用户连续一个月使用某项服务，那么他们很有可能会留下来。因此，这个数字将"用户流失率"（即有多少用户离开了 Facebook）也考虑进来了。帕里哈皮亚提议将月活跃用户当成重中之重，根据这项指标来考察 Facebook 业务的各个方面，并搞清楚做什么能够提升月活跃用户数量，如何解决阻碍月活跃用户增长的问题，以及怎样开发新的功能以进一步推高月活跃用户数量。

桑德伯格产生了兴趣。"你把这称作什么？"她问道。

"我不知道，"帕里哈皮亚说，"我们要做的就是增长——一切都为了月活跃用户增长。"

"或许你应该就把它称为增长。"她说道（桑德伯格表示，她不记得那次会面了，因为她跟帕里哈皮亚有过很多次会面，但她证实，两人确实有过这样的交流）。

帕里哈皮亚进一步完善了自己的想法，并在下一场董事会会议上提了出来。他宣称，自己可以通过使用激进的方法将用户基数翻一番或两番，并通过将 Facebook 整个平台变为增长引擎使之走得更远。

董事会对这个想法并不十分热心。帕里哈皮亚说，"那就给我一点时间付诸实施吧"。如果施行几个季度后的成果不能叫董事会满意，那么或许帕里哈皮亚的离开就会成为定局。

早在帕里哈皮亚加入 Facebook 之前，该公司就弥漫着一种对增长的狂热，而他现在做的正是推波助澜。即便桑德伯格给帕里哈皮亚的增长团队开了绿灯，她心里还是觉得，Facebook 已然是一台专心致志的增长机器了。Facebook 的起源故事就是一则增长寓言：2004 年，在一个月的时间里（而且是在 2 月，一年中天数最少的月份），扎克伯格将 Thefacebook 从哈佛扩张到了其他大学。2005 年，一位名叫诺亚·卡根（Noan Kagan，他后来因向行业媒体 TechCrunch 泄露公司产品计划而遭到解雇）的早期员工曾向扎克伯格建言，Facebook 可以为那些在其页面上发布信息的活动销售门票。对此，扎克伯格的反应是：他走到一块白板前（这样的白板在 Facebook 办公室到处都是），用记号笔在上面写了"增长"这个词。"他说，如果某项功能做不到这一点，那他就毫无兴趣，"卡根写道，"增长对于 Thefacebook 而言，是唯一重要的优先事项。"[5]

情况确实如此，早在 2005 年，该公司就已经决定招募专家，要对 Facebook 搜集到的信息进行挖掘，以吸引更多的用户。当时，扮演这一角色的人是丹·普卢默，但是这位数据科学家在 2006 年 1 月不幸因一场自行车事故而丧生。普卢默的继任者加入 Facebook 源于一次跟扎克伯格的偶遇（这中间还牵涉到扎克伯格的姐姐兰迪），扎克伯格向其发出了工作邀请。在兰迪的纽约欢送派对上，扎克伯格认出了一位名叫杰夫·哈默巴赫尔（Jeff Hammerbacher）的工程师，他记起在哈佛念书时曾跟这个人一起参加过一场研讨会（哈默巴赫尔的女友跟兰迪是好友，正是女友把他拉到派对的）。在扎克伯格的建议下，哈默巴赫尔向 Facebook 提出了工作申请，他原本计划在加州住满一年，然后念研究生，以便申请州内学费。不过，Facebook 负责面试的工程师给他留下了深刻印象。当他看到亚当·德安杰洛的名片上写着"数据挖掘"的字样时，他被迷住了。这正是哈默巴赫尔的兴趣所在，也是帕洛阿尔托这家小小初创公司的兴趣所在，即便是在

2005 年的时候。

通过跟其他同事合作，哈默巴赫尔对 Facebook 用户的行为进行了分析，并特别关注他们挖掘的数据是否能够助推增长。更重要的是，他开发了一套系统，让 Facebook 得以搜集大量信息并加以分析，以此得出能够帮助 Facebook 更好地运转的结论。他建立的系统能够记录 Facebook 用户的每一次点击操作，他后来称之为"信息平台"。[6] 在系统上线的第一天，他就搜集到了 400GB（吉字节）的信息。

在娜奥米·格莱特和马特·科勒的协助下，哈默巴赫尔考察了那些用户增长迅速的学校，并将它们跟那些增长停滞不前的学校进行了比较，以此探究是哪些因素带来了成功或造成了失败。在 Facebook 开放注册后，他又对数据进行了深入研究，以搞清楚用户是如何来到 Facebook 的。他发现，最大的用户来源是一位工程师开发的程序，它可以帮助用户从微软的电邮服务 Hotmail 中导入联系人。

这款程序名为"寻找好友"（Find Friends），开发者是 Facebook 的工程师贾里德·摩根斯特恩。该程序支持 Hotmail、Gmail 和 Yahoo! Mail（雅虎提供的电子邮箱服务），用户在使用时需要先提供自己的用户名和密码，然后 Facebook 会对用户所有的联系人进行扫描，并将数据导入自己的数据库。如果联系人中有已经注册 Facebook 的，那么系统便会替用户发送加好友的申请。其他联系人则会被呈现在用户眼前，用户只要在他们的名字旁边点击一下，系统便会发送电邮邀请他们加入 Facebook。在完成这一切操作之后，Facebook 会删除用户的登录信息。

微软曾对此提出抗议。"他们是在公然偷窃，试图在其他服务的基础上建立自己的社交网络。"微软一位参与过协商的高管说道。面对这些指控，扎克伯格只是耸耸肩，不予理会。"他说，'好吧，我知道这有点讨厌，如果这让你们感到困扰，我会停止'，"这位高管说，"但他没有停止。"在微软看来，这种行为不仅违反了其服务条款，而且是一种不道德的数据抢夺。仅仅因为你是某人在 Hotmail 的联系人，并不意味着你能接受自己的信息被 Facebook 的数据库抓取。"寻找好友"在微软和 Facebook 之间制造了一种紧张关系，这种关系直到 2007 年微软向 Facebook 注资前夕才得到缓解。

对 Facebook 来说，这种做法就像氧气一样必不可少，因为人们往往不会费心去填写信息来完善自己的社交图谱。"非常大的一部分 Facebook 用户很少发送好友申请，"扎克伯格在 2011 年的时候告诉笔者，"他们甚至不会去设置最基本的关系，他们只会在别人发来邀请时点击接受。"

为了保持增长的势头，Facebook 不仅需要抓取 Hotmail 的数据，还需要借助很多其他服务。这个过程必须针对各家电邮服务提供商分别进行，是一个非常耗时的项目，Facebook 为此分派的一个工程师根本不可能完成。最后，该公司一位名叫杰德·斯特梅尔（Jed Stremel）的早期员工解决了这个问题，他曾是雅虎的王牌交易撮合者。斯特梅尔在马来西亚一家名为 Octazen 的公司发现了抓取联系人信息的奇才，该公司总共也就两个人。斯特梅尔很快跟他们敲定一笔交易，由后者为 Facebook 编写一款抓取数据的程序。斯特梅尔回忆说，他为这笔交易支付了大约 400 美元的费用。"这符合 Facebook'快速行动，破除陈规'的精神，快速把事情做好是最重要的。"斯特梅尔说道。（Facebook 于 2010 年收购了 Octazen。）

一些 Facebook 早期员工认为，抓取电邮联系人是帮助 Facebook 增长的最有价值的一个因素，自此 Facebook 第一次走出封闭的网络，在世界范围内展开竞争。

等到帕里哈皮亚进入 Facebook 的增长团队时，哈默巴赫尔已经对自己在公司履行的职责产生怀疑。2008 年 9 月，他离开了

Facebook

Facebook。"它从一个探索之地变成了一个剥削之地。"哈默巴赫尔有一次在接受采访时如是说。[7]之后，他参与创办了 Cloudrea，这是一家将数据存储在云端的公司。再之后，他又参与了一个试图利用数据分析解决癌症问题的项目。尽管哈默巴赫尔对自己的前东家没有敌意，但有时候他也会用一些意味深远的话向我们揭示 Facebook 的动机。2011 年，他在接受《商业周刊》采访时，对 Facebook 以及同类公司中数据科学家所做的工作进行了一番点评，这么多年来，他的一句话一直回荡在我耳边。"我这代人里最棒的头脑都在思考怎么让人们点击广告，"他说，"这真糟糕。"[8]

在一部老美剧《虎胆妙算》中，每一集的开头都会出现团队老大吉姆为任务挑选成员的镜头，他会翻阅间谍、打手和诱饵的个人档案，不合适的扔一边，而适合任务的人才照片则放在他面前的咖啡桌上。帕里哈皮亚在挑选团队成员时也做了类似的事情，他从公司内部其他团队和外部挑选了自己眼中的合适人选。在发掘人才方面，他很有眼光。这些人包括娜奥米·格莱特（Facebook 最早的几名员工之一）、哈维尔·奥利文（Javier Olivan，一位来自西班牙的工程师）、亚历克斯·舒尔茨（Alex Schultz，一位来自英国的营销人员）、丹尼·费兰特（Danny Ferrante，一位数据科学家）、布莱克·罗斯（Blake Ross，一位明星黑客，是开源浏览器火狐的共同开发者之一）。这可以说是一个多元化的团队：大部分成员要么出生在海外，要么至少有父母中的一人来自美国以外的地方；其中两个人是同性恋；团队领导人之一格莱特是女性。他们是一支局外人团队，是由数据驱动的"十二金刚"，只不过他们的武器是电子表格而非作战步枪。事实证明，这些被选中的人才非常出色，尤其是奥利文、格莱特和舒尔茨。10 多年后，这三个人已经跻身 Facebook 最有权势的高层"小圈子"了。

10 增长！

"查玛斯拥有一种罕见的能力，他发表的疯狂演讲能够让所有人热血沸腾，但他们就像三个火枪手，"Facebook 的早期工程师马克·斯利（Mark Slee）在谈到上述三个人时表示，"归根结底，是他们三个人和许许多多工程师以及产品经理齐心协力完成了很多单调乏味的工作。每个人都想参与研发炫酷的产品，但这些人做的事情是让更多人来到 Facebook。"

作为 Facebook 的首批员工之一，格莱特在团队中拥有一种不言自明的权威。从某种意义上说，她从一开始就在帮助 Facebook 增长。和公司所有人一样，她所做的事情是将马克·扎克伯格无穷无尽的雄心壮志落实到产品和行动上。"我们一直都有增长项目。"格莱特如是说，她指出，扎克伯格在公司成立之初就已经开始将 Facebook 推广到其他大学院校。当格莱特于 2005 年加入公司时，Facebook 正在向高中市场进发，并且已经在准备开放注册。后来，增长团队里有人说，格莱特跟帕里哈皮亚一样，是为公司这项新举措提供愿景的人。

帕里哈皮亚希望增长团队成为公司内部一个拥有特殊地位和独特亚文化的权力中心。为了区别于 Facebook 内部的其他团队，增长团队的成员自称"圈子"，而不称"团队"，即所谓的增长圈子。他们在帕洛阿尔托的总部大楼拥有自己的"老巢"。2009 年，当 Facebook 从帕洛阿尔托市中心迁至新总部时，帕里哈皮亚在底楼一个黑漆漆的角落里为自己的小圈子占据了一处跟其他团队隔开来的办公空间。

"连这个名字也反映了它的特殊性，"格莱特说，"我们是一个增长圈子，我们关系紧密，我们是比好更好的团队，这真的不可思议。"

那也可能是残酷的。帕里哈皮亚认为，和 Facebook 那些充满理想主义且在很大程度上同质化的员工相比，他更加务实和接地气。而且，他对他们那种"别人家孩子"式的生活也有些鄙视。在他看来，Facebook 在招聘时偏爱那种一辈子在各种人生成就框上打钩的人，比如说在考试中考到吓人的高分、被哈佛或斯坦福录取，以及得到令人艳羡的实习机会。你可以在这些人的动态消息中看出来，他们的每一则帖子就好像在电子游戏中解锁了新的关卡。不过，这些"打钩人"的问题在于，他们习惯按部就班。

在他们的思维模式中，不存在偏离既定路线或是放弃排列整齐的复选框，否则他们将无法应对。所以，帕里哈皮亚开始扰乱他们的思维，用心理技巧让他们的大脑建立新的连接，使得他们不再那么执着于已经经过验证和确认的事物。把团队称为圈子就是这种努力的一部分，这是为了让团队成员摆脱传统的等级观念，比如说，会议桌的主位必须安排最重要的人物。这里的想法是向团队中的每个人赋权。

尽管"圈子"本应该平衡团队中的权力态势，但帕里哈皮亚的个性仍然使他占据着主导地位。他的行事风格常常引起冲突。他说出的每句话中总会夹杂着脏字，通常是奸淫的同义字的变体。当他感到某人做了蠢事或说了蠢话时（此类事情确实并不鲜见），他便会发动自己的侮辱技能。不过，员工并不会因为受到这些攻击而向人力资源部门反映情况。在 Facebook，此类行为会被归结为"查玛斯就是这样的人啊"。

还有，发生在增长圈子里的事情就留在增长圈子里吧。

增长团队的核心成员仍对帕里哈皮亚持有高度评价，但即使在团队内部，每个人的感受也是不尽相同的。"我不喜欢为他工作，他也知道这一点，"亚历克斯·舒尔茨说，"不过，他总体上是正确的。因此，我真心把他看作一位领导者，他在为我们指明正确的方向。"

最终，Facebook 的员工对帕里哈皮亚的行为不以为意，因为他显然是把公司的利益放在了自己心上。"我跟查玛斯的关系很好，"法律顾问克里斯·凯利说道，他的工作职责包括对增长圈子的过分行为加以控制，"我们通常会提前谈论有关边界的问题，他们的目标并非冒犯，而是增长。也许他们对冒犯有点习以为常，但他们的目标是增长。"

在早期，增长团队发现了很多简单的手段来帮助提升 Facebook 的数据。其中之一是搜索引擎优化（SEO），这种做法旨在增强网站内容在谷歌搜索排名结果中的可见性。如果一个非 Facebook 用户在使用谷歌时看到了自己好友的个人资料，那么他或她就可能会注册该服务。但是 Facebook 的搜索引擎优化做得太差了，当你在谷歌搜索框输入"Facebook"时，你得往下滚动很久才能看到官方网站。

在上一年（2007 年），Facebook 首次允许其用户的个人资料（或个人资料的简略版本）出现在谷歌搜索结果中。但是，这些内容在搜索结果中的排名并不靠前，这在一定程度上是因为它们在 Facebook 网站上就不太容易被找到，谷歌的网页爬虫必须深入 Facebook 才能抓取这些信息。舒尔茨和格莱特为 Facebook 建立了一个目录，它以便于谷歌抓取的方式将用户的个人资料相互连接了起来。这样一来，用户个人资料的排名变得更靠前了，当有人在搜索结果中看到时，他们可以直接在谷歌搜索引擎中进行添加好友的操作。这一方法让 Facebook 获得了一些新用户。

"这倒没有让（新用户）翻一番，但也增长了 5% 或者 10% 的样子，"舒尔茨说，"重要的是，我们尝试每一种方法，即便它只能带来 1% 的增长，那也是 1% 的增长。通过其他方法，我们从这里获得 1%，从那里获得 1%，积少成多。作为一家公司，这让我们在增长方面做得更好。因此，我们愿意努力争取每一个小小的胜利。"

"我们对尝试新事物持开放态度。"帕里哈皮亚如是说。

然而，就像达·芬奇的《蒙娜丽莎》、鲍勃·迪伦的《像一块滚石》，以及弗朗西斯·科波拉的《教父 1》和《教父 2》，增长团队也

Facebook

有自己的代表作，这项功能作为 Facebook 动态消息的一部分，其重要性不亚于动态消息中出现的婚礼、度假和政治动乱。这就是"你可能认识的人"，Facebook 内部将其简称为 PYMK（people you may know）。PYMK 于 2008 年 8 月正式上线，该功能可以向用户推荐他们潜在的好友。PYMK 被证明是增长团队最有效的工具之一，同时也是最有争议的工具之一，它让我们看到增长黑客的暗黑技艺如何能够带来意外的后果。

这并非 Facebook 的发明，始作俑者是凭借一己之力疯狂增长的 LinkedIn（里德·霍夫曼后来对这种不惜一切代价要增长的现象进行了粉饰，称其为"闪电式扩张"）。不过，Facebook 将这种做法提升到了令人目眩的新高度。

从表面上看，PYMK 似乎没什么危害性：Facebook 轮番向你呈现一些用户的个人资料照片，这些用户被认为和你存在联系但不知为何还没有与你相互加好友。Facebook 这样做的目的是要解决增长团队研究人员发现的一个问题：如果一个新用户注册 Facebook 后没有迅速与 7 个新好友建立联系，那么他或她很有可能会放弃这项服务。对那些没有核心好友列表的用户来说，使用 Facebook 就像是在玩单人足球。

对于那些尚未与好友建立联系的新用户，Facebook 的确有一些花招儿。"我们一度编造了一些虚假的故事，差不多是小说，"帕里哈皮亚说，"我们当时的想法是，我们何不编造一些关于人们生日的故事，或者吸纳有趣的文章以及诸如此类的东西？它们不是好友生产的，而是由系统生成的。关键是，它们仅供娱乐。"这里的想法是，在人们结交到足够多的朋友并产生真实的故事之前，用这种办法延缓用户流失。

不过，这并不能代替拥有真实的好友。增长团队的数据科学家做了一项研究，其结论强调了 Facebook 为新用户找到好友（尤其是活跃好友）的重要性。这项研究题为"激励新用户在社交网站上贡献内容"，其中写道：

> 对于社交网络的开发人员而言，鼓励用户贡献内容至关重要，因为每个人的使用体验都取决于他或她的好友所贡献的内容。而鼓励新用户贡献内容尤其重要，同时也非常困难。[9]

因此，PYMK 对 Facebook 来说至关重要。向用户呈现潜在的好友是提升其使用体验的一种方式，这能够提升用户分享更多内容的可能性，而最重要的是，这能够降低用户放弃 Facebook 的概率。

对很多人来说，PYMK 是一项受欢迎的功能：它能够提示用户建立新的连接，而这些新连接能够帮助用户从自己的 Facebook 使用体验中获得价值。但是，有些时候 PYMK 可能会令人感到不安，让人产生疑问：到底是什么导致其他用户的照片出现在自己的动态消息当中的？那些人跟自己的关系并不清晰，有的时候则完全是不受欢迎的。举例来说，一位性工作者发现 Facebook 向她推荐了自己的客户，而后者并不知道她的真实身份；一位捐精者被 Facebook 推荐了他从未见过的生物学上的子女；一位精神科医生获悉，Facebook 推荐她的一些患者在这项服务上相互加好友。当 Facebook 建议用户建立联系的对象是自己子女的朋友、泛泛之交的配偶或是 10 年前相处并不愉快的相亲对象时，数百万人的反应是：呕！

一些新闻记者曾对 PYMK 进行研究，但他们从未能够让 Facebook 透露这项功能的确切工作原理。其中最有名的当属克什米尔·希尔（Kashmir Hill），她花费了一年时间试图揭开谜底。[10] 希尔曾报道过这样一件事：一位女性用户获得 Facebook 的好友推荐，对方是她很久没见面的父亲的情妇。希尔本人也惊讶地发现，Facebook 给她的好友推

Facebook

荐中有一位竟是她从未见过的姑姥姥。当她向 Facebook 询问 PYMK 是如何建立这种连接的时候，Facebook 没有提供任何信息。

后来，希尔还报道了那位精神科医生发现 PYMK 推荐她的患者相互加好友的事情，尽管医生本人并未在 Facebook 上跟她的患者建立联系。希尔推测，PYMK 做出这种推荐可能是因为医生曾在 Facebook 分享过自己的电话号码，而这家社交网络抓取了她和她患者的联系人信息。再一次，Facebook 对此不予回复。

此外，希尔还向 Facebook 询问过一件事：PYMK 为新用户做出即时推荐，是否意味着 Facebook 存储了非注册用户的数据，然后生成"影子档案"，并在其他人注册服务时进行推荐？多年后，马克·扎克伯格在美国国会做证时表示，Facebook 没有进行过这样的操作。他说，Facebook 确实会存储非注册用户的一些信息，但仅仅是出于安全目的，以便于打击虚假账号（在听证会上，扎克伯格没有提到自己的个人笔记"变革之书"中记载了他关于"黑暗资料"的早期思考）。在稍后提供的更详细的解释中，Facebook 表示："我们不会为非 Facebook 用户创建档案。"[11] 但该公司同样又说，他们会保留特定的数据，像是某个非注册用户使用的设备及其操作系统版本，以便这个人决定注册 Facebook 时它可以"为特定设备优化注册流程"。

但帕里哈皮亚现在的话表明，"黑暗资料"确实存在，而且被增长团队所用。他说，Facebook 会以保留名为关键词在谷歌投放搜索广告，这些广告会连接到非注册用户的"黑暗资料"。"如果你在网络上搜索自己的名字，你有可能点进 Facebook 的'黑暗资料'，"帕里哈皮亚说，"然后，你的反应可能是，不管了，把档案补全。接着，PYMK 就会发挥作用，向你呈现一堆你的好友。"

在 2010 年的一次演讲中，Facebook 的数据科学家兼工程师拉尔斯·巴克斯托姆（Lars Backstrom）为我们揭示了 PYMK 的一些奥秘。[12] 他表示，该功能"占了 Facebook 上所有加好友活动的很大一部分"。之后，巴克斯托姆介绍了 Facebook 选择推荐对象的技术流程。根据这次演讲透露的内容，PYMK 最重要的狩猎场是"好友的好友"（friends of friends，以下简称 FoFs）这一块。不过，这是非常大的用户集合。

巴克斯托姆说，每个 Facebook 用户平均拥有 130 个好友，而这 130 个好友也各自拥有 130 个好友（这接近于以罗宾·邓巴命名的所谓"邓巴数"，这位社会学家发现，一个人维持人际关系的人数上限不超过 150 个[13]）。因此，一般用户的 FoFs 是 40 000 个，而如果是一位拥有千人好友的重度用户，他或她的 FoFs 可能达到 800 000 个。这时候就需要用到其他数据了，比如共同好友的数量或亲密度，以及共同兴趣之类的东西，再加上巴斯克托姆所谓的"廉价的可用数据"，Facebook 得以搞清楚哪些东西有可能导致用户在看到时进行点击。随着数据不断完善，Facebook 会使用机器学习技术来做出最终的推荐。

巴克斯托姆还透露，一个人在 PYMK 上进行的操作能够帮助 Facebook 确定向其提供哪些推荐以及提供推荐的频率。一旦 Facebook 判定你喜欢使用该功能，它就会不断出现，把那些跟你关系不大的人也推荐过来。

除了关于 FoFs 的这些分析之外，巴克斯托姆没有在演讲中透露有关 Facebook 所使用数据来源的任何具体信息。可以肯定的是，自从 Facebook 于 2008 年引入 PYMK 以来，这些数据来源一直在稳步演进。我们几乎可以肯定，Facebook 会监测你的电子邮件，查看你在跟谁联系。或许，他们还会监测你的日历，查看你在跟谁会面。其他消息人士指出，如果某个人查看了你的个人资料，这一行为可能会增加这个人出现在你 PYMK 推荐名单中的概率。仅仅是在脑子里想到某个人，就足以让 Facebook 把这个人推荐给你，虽然这一点值得怀疑，但 Facebook 好像就是这样做的。

亚历克斯·舒尔茨表示，对于哪些数据会被植入 PYMK，人们做出了大量的猜测，但很多都是阴谋论。他说，人们经常忘记他们已经允许 Facebook 使用自己的联系人列表或电邮信息。（或许用户并没有被充分告知他们已经进行了授权？）舒尔茨声称，不管怎样，某个人出现在你推荐名单中的最大原因是他或她是你好友的好友，Facebook 认为你们可能相互认识。

就像 Facebook 数据科学团队的前负责人卡梅隆·马洛（Cameron Marlow）所说的那样："这里的目标是尝试找到你在 Facebook 上已经拥有但你自己可能还没有意识到的人际关系。"

PYMK 已然令人感到不安，而可怕的是，情况原本还有可能更加糟糕。Facebook 的首席隐私官克里斯·凯利说，他禁止了增长团队推荐的一些可疑技术。"必须要有一些规则。"他说，但拒绝透露自己扼杀了哪些点子。

PYMK 的其他问题都在细枝末节，但同样令人不感到不安。（警告：我们将在这里进入一个新的世界。）Facebook 的早期高管戴夫·莫林将 PYMK 视为一种阴险的手段，它在提升用户留存率的同时牺牲了良好的用户体验。由于 PYMK 的一个关键目标是提升 Facebook 对于新用户的价值，即确保他们拥有足够多的好友来填满动态消息，那么 PYMK 就会倾向于帮助那些新用户而不是他们所加的好友。对 Facebook 来说，推荐发帖活跃的用户特别有价值，因为正如"激励新用户在社交网站上贡献内容"这项研究证实的那样，如果新人在注册服务的早期阶段接触了超级活跃的用户，那么他们也会受到影响，在 Facebook 上分享更多内容。

正如莫林所言："当 Facebook 向你展示你应该建立连接的好友时，它在推荐算法的工作方式上是可以做出选择的。要么 Facebook 可以推荐加了好友之后会让你和对方更亲近，让你感觉更快乐的人，要么Facebook可以推荐那些对它自身有好处的人，让他们向你展示内容，因为这能够提升它的价值和财富，让这个社交网络系统变得更好。"莫林说，Facebook选择了后一条路线，牺牲用户的利益，造福自己。

这可能会给老用户带来更糟糕的体验，他们的动态消息变成了零和游戏，只能看到数量有限的内容，因为Facebook会优先呈现那些跟用户关系较远的新用户的内容，这些人正是它希望留存下来的。"至于那些你真正关心的人，他们发表的内容就会较少地被你看见。系统知道，如果我接受了你的邀请，你的活跃度会变得更高，"莫林说，"你会兴致勃勃地窥视我，因为我成了你社交图谱上一个关系较远但你想要了解的人。这几乎就像是在翻看一份八卦小报。"莫林说，这种半窥视因素成了PYMK的主要变量。

在这件事情上，公司中的有些人是反对帕里哈皮亚的，他们认为这样的行为不符合Facebook的精神。帕里哈皮亚则称，既然终极目标是让所有人都加入Facebook，那么从长远来看这并不重要。当然，他表达这个意思的话更加"精彩"。"他说，'去你妈的'，然后走出了会议室。"莫林说道。

后来，莫林离开Facebook创办了自己的社交网络，即Path。Path的理念是对用户的社交网络进行限制，只让他们建立有意义的连接。这项服务遵循邓巴发现的规律：一个用户的好友上限是150个（之后他进行了上调）。尽管获得了评论人士的喝彩，但Path最终折戟沉沙，无法与Facebook竞争。

扎克伯格为PYMK进行了辩护，而他的辩护方式体现了他的思维过程以及产品敏锐性。当我向他提及上述难题时，他的神态变得非常严肃。"这牵涉到我们运营产品的深层次理念。"他如是说。他承认，如果用户遵从PYMK的建议，跟关系较远的人建立联系，他们的用

Facebook

户体验可能会有所下降。但他又说，这里还有一个更重要的问题，即整体网络的健康状况。"我们并不将用户从这款产品中获得的体验视为单人游戏。"他说道。是的，从短期来看，一些用户从 PYMK 加好友中获得的好处可能超过了其他一些人。但是，他认为，如果每个用户认识的人都加入了 Facebook，那么所有人都能从中受益。扎克伯格声称，我们应该把 PYMK 视为某种"社区税收政策"，或者是财富的重新分配。"如果你获得了好处，过得很愉快，那么你就要多付出一点，以确保社区里的其他所有人都能得到好处。事实上，我认为这种构建社区的方式正是我们获得成功的一部分原因，并为我们社会的许多方面树立了榜样。"

此外，扎克伯格认为，通过与关系较远的人（包括那些你几乎不认识的人）建立连接，你会与他们更加亲近。通过扩大一个人所能应付的有意义的人际关系数量，Facebook 甚至可能突破了社交互动的"物理定律"。"我们都知道著名的邓巴数，即人们维持有意义的人际关系的数量不超过 150 个，"他说，"我认为，Facebook 突破了邓巴数。"

从社交科学的角度来看，那相当于突破了光速。但如果有人能够做到这一点，那将是 Facebook 的增长团队。

在增长团队的工作开始后不久，帕里哈皮亚跟桑德伯格进行了会面，他对后者说，自己将把重点放在最丰饶的增长领域：国际市场。当时 Facebook 已经在北美市场占据了相当大的份额，但尚未在世界其他地区产生巨大影响。帕里哈皮亚希望扩大团队规模，为 Facebook 进军其他国家的努力提供协助。桑德伯格建议他考察一下雅虎和 eBay 这些公司，看看它们在吸引国际用户时是怎么做的。帕里哈皮亚考察回来对桑德伯格说，他不会跟那些公司学，他不打算聘请那些从常青藤盟校毕业的白人精英，他想要招募的是能够讲本地语言的街头专家。

帕里哈皮亚让哈维尔·奥利文来负责这个项目。奥利文是一位来自西班牙的工程师，他于 2005 年来到美国斯坦福大学攻读 MBA 学位。奥利文的梦想是创办自己的公司，而 Facebook 风靡校园的方式立刻给他留下了深刻印象，他决定复制这个点子。他跟朋友合作在西班牙创办了一家大学社交网络，而当时他本人仍在斯坦福大学求学。有一次，扎克伯格来他的课堂上发表演讲，结束后奥利文跟他聊了聊向其他国家扩张的话题。不久之后，奥利文加入了 Facebook，并成为帕里哈皮亚团队的成员。"我被分派的任务是实现跨国增长，"他说，"完成这项任务最急迫的一件事情就是尽可能快地为网站推出多语言版本。"

早在那几个月前，Facebook 已经着手在做这件事了。该公司内部有一支致力于国际化的小团队，他们创建了一款名为"翻译 Facebook"的应用。通过这款应用，其他国家的人就能将英语版本的 Facebook 翻译成他们的母语版本。当然，Facebook 没有坐等志愿者的到来。它检查了后台日志，找到了一些在海外使用英语版本 Facebook 的人。这些通过算法被选中的用户会在自己的动态消息顶端看到一则消息，询问他们是否愿意帮助翻译 Facebook。这些不领报酬的帮手（这是众包的另一个好处）会起草一份初稿，搭建起框架，一一甄别把 Facebook 翻译成特定语言需要避免的陷阱。

在完成这一步之后，Facebook 就会将翻译术语的过程开放给所有人。有时候，Facebook 会邀请用户帮忙，一位母语使用者可能会看到弹窗消息写着："嗨，您会说这种语言吗？您能帮助我们翻译这些广告吗？"有时候，众包翻译会被用来对机器翻译的结果进行完善。

这里的障碍在于如何获得优质的翻译。为了投入使用，翻译版本的 Facebook 需要经过验证，以确保译文是精确入微的，更别提还需要注意一些敏感的文化禁忌。现实情况常常是，在特定语言中即便翻译一些简单的词汇也可能非常困难。就比如说，在某些语言中，人们可能无法很好地将作为建筑构成元素的"墙"跟个人资料页面上的虚拟公告牌（这里指照片墙）联系在一起。还有一个例子是"pokes"（戳一下），要翻译这个词语也不容易，甚至连一些英语母语者也难以理解它的意思。Facebook 团队的一位工程师是 Reddit（一个社交新闻站点）网站的超级粉丝，他建议公司采用被 Reddit 用户广泛使用的"Up"（顶）和"Down"（踩）两种按钮来对内容进行排序。

众包方法与一些被广泛认可的智慧是背道而驰的。一种久经考验的方法被称为"二八定律"[a]，如果按照这一定律，Facebook 只要集中资源，聘请专业翻译人士，对所谓的关键语言 FIGSCJK（法语、意大利语、德语、西班牙语、汉语、日语以及韩语）进行翻译，那么它的服务就能覆盖绝大多数的网络用户。"作为一家公司，我们一直以连接全世界为己任，"奥利文说，"按照二八定律来做是无法实现这一切的。我们真心希望确保所有人都能访问 Facebook。"为了做到这一点，Facebook 需要改进其众包工具，而专业的译者就不再是必需的了。Facebook 的想法是让自己的社交网络遍及全世界各个角落，连该公司内部无人熟悉的很多小语种，Facebook 也要推出对应的翻译版本。

然而，众包方法只能做到这一步。Facebook 必须接受一个现实，即在翻译那些最重要的语种时（在这里，他们是以一国的国内生产总值为标准进行计算的），他们需要专业译者的帮助。Facebook 国际化团队的成员会和其他国家接受过英语教育的母语人士开会，并花费数天时间对特定语种版本服务中特定词语的翻译进行核实验证。尽管如此，Facebook 的重点是将服务上线，而不是使翻译臻于完美。"我们有一份清单，上面列出了网站上最常用到的词语。我们就说，'好的，

---

a "二八定律"，指在任何一组东西中，最重要的只占其中一小部分，约 20%，其余 80% 尽管是多数，却是次要的。——译者注

我们就问问他们这些词语的翻译吧'，"凯特·洛斯（Kate Losse）说道，她是 Facebook 国际化团队的早期成员，"再有就是成百上千个只会出现一次的词语，我们并不关心它们的翻译是不是完美的，因为我们必须有所取舍。基本上，我们会对应用中的译文进行校对，达到能够上线的水平就够了。"

这种低成本、高速度的方法自有其局限。举例来说，Facebook 正式宣布进入日本市场时，就碰了壁，批评的声音让飞到东京参加活动的 Facebook 高管都震惊了。扎克伯格本人也在现场，当时他正从 2008 年的个人印度之旅返程。

Facebook 日语版的上线揭示了不同文化之间的冲突，而这种冲突还会在许多国家上演。一方面，Facebook 对其进展感到自豪。该公司在三周时间里发动 1 500 位业余及专业译者，将 Facebook 上的英语文本（页面、对话框以及消息）翻译成了日语。然后，他们对翻译结果进行了讨论和修订。不过，日本本土对此的反应好坏参半。一些日本人觉得受到了冒犯，因为 Facebook 没有对产品进行深思熟虑的重新设计，而是利用一个肤浅的翻译版本就打算让一款美国产品被独特的日本用户接受。"他们没有设立日本办事处，也没有选任本地代表来负责日本业务，"《日本时报》在报道中抱怨道，"事实上，日语版 Facebook 没有任何独创功能。"[14]

哈维尔·奥利文也参加了日语版 Facebook 的上线仪式，《日本时报》对他进行了采访，表达了对 Facebook 在产品之外输出美国价值观的担忧。奥利文证实了这一担忧，他说："Facebook 在全球各地的版本都是一模一样的。"（后来，Facebook 日语版击败了竞争对手，2016 年时在日本社交媒体市场中占据了 3/4 的份额。不过，到 2019 年中期时，这个占比骤降到 2/3。[15]）

在奥利文的领导下，Facebook 的国际化进程非常顺利。在国际化

Facebook

团队认定特定语言的翻译准备就绪之后，他们就会在说这种语言的国家上线本地版的 Facebook，然后用户人数就会出现爆炸式增长。这时候，他们便会在自己办公室一角的地图上插上旗帜，地图上是各个国家的标志，插旗代表着 Facebook 已经推出了该国语言的版本。仅仅用了几个月的时间，Facebook 就从只支持英语变成支持上百种语言。

2012 年，Facebook 聘请了一位名为艾里斯·奥里斯（Iris Orriss）的女员工，她帮助进一步完善了这套流程。奥里斯的职业生涯是从软件测试开始的，之后她加入工程技术团队。她意识到自己最得心应手的工作是把技术产品推广到其他国家。奥里斯对语言、文化以及全球化充满热情，Facebook 的国际化工作对她来说简直是一种使命召唤。当 Facebook 把奥里斯从微软挖过来时（她在微软的工作是把语音软件扩展到其他语言），她对这家社交网络做了一番研究。她的结论是 Facebook 的国际化工作跟她之前效力的那些公司有所不同：Facebook 整个公司都在受到一种使命感的驱动。

Facebook 国际化的关键在于增长，而其他公司把跨国扩张视为一种经营活动。"如果是经营活动，那么人们考虑它时就是以成本为中心的，也就是'你要以尽可能低的成本给我找来尽可能多的翻译版本'，"她说，"如果是增长，那么重点就在于机遇，也就是'我们应如何把这个整合进来，让所有人连接在一起，在开放这个世界的同时缩小它'。"

奥里斯清楚众包翻译将如何帮助 Facebook 实现这一使命，尤其是那些使用人数较少的语言。就以非洲的富拉语为例吧，这种语言有两个方言变种，分别分布于撒哈拉以南非洲的西北部以及尼日利亚的周边地区。两者之间的区别很大，几乎可以算是两种不同的语言。Facebook 不可能花费资源去寻找熟知这两种方言且通晓技术的语言学家来为自己完成翻译工作，于是公司发布了众包翻译工具。

这一切都是值得的。即便是在那些流通多种语言但商业活动只使用一种语言或方言的国家和地区，将网站翻译成多种本地语言也能为 Facebook 带来更好以及更高价值的用户。当网站使用的是用户所说的语言，他们的活跃度会高很多。"本地对他们来说才是有意义的，"奥里斯说，"你把另一半世界发生的事情翻译过来，谁会想看呢？他们想要知道本地发生的事情。"

不过，在这种扩张的另一面，也有一个问题在很大程度上遭到了 Facebook 的忽视：通过将国际化工作众包出去，Facebook 开始在那些没有任何雇员或者无人知晓当地语言的地区开展运营。这意味着 Facebook 无法向这些地区提供合适的用户支持，或者对当地用户发表的内容进行监管。那些违反 Facebook 政策的内容有可能是危险的，有时候甚至是致命的。即便有当地用户上报了违规行为，Facebook 也无法做出反应，因为公司的员工并不懂当地语言。

然而，在 2013 年，这些后果并不是 Facebook 在国际化增长方面最头疼的事情。该公司最担心的是，即使已经尽了最大的努力，Facebook 可能很快就将到达其潜在用户数量的上限。是的，Facebook 能够吸引 10 亿 ~20 亿人加入其社区，这真的不可思议。但是，这些人并不代表着全世界，而只是条件较为优越的那一部分，他们能够连接到互联网，并有财力为数据流量买单。在还没有注册 Facebook 的另外数十亿人中，有很多并不具备这些条件。根据 Facebook 的观察，这部分人要么是太穷，要么是没办法连接到互联网，要么两者兼而有之。

如何解决这个问题呢？打造一版使用成本更低的 Facebook，并采取行动，让人们连接到互联网，即便那意味着要建造基础设施。

马克·扎克伯格以极大的热情拥抱了这个想法。虽然此事的动力源自他麾下的增长团队，是该团队提出了这个想法，使它作为让全世界所有人都连接到 Facebook 这一宏愿的组成部分，但扎克伯格声称，他将这个项目视为一项能够改变数十亿人生活的慈善事业。后来，他将这个项目命名为 Internet.org[16]，网址使用了通常为非营利组织和基金会保留的顶级域名后缀。

2013 年，扎克伯格撰写了一份长达 10 页的白皮书，并在其中阐释了 Internet.org 的愿景。这份白皮书题为《互联是一项人权吗？》（*Is Connectivity a Human Right?*）[17]，他给出的答案是一个响亮的"是"。"通过让所有人连接到互联网，我们将能够增进知识、经验和进步，而每个人都将从中得到好处，"他写道，"连接世界将是我们一生中最重要的事情之一。"

当年 8 月，扎克伯格向我简要介绍了这个项目，我问他为什么我们不应该把 Internet.org 看作 Facebook 吸引更多用户的一种方式。[18]

"从理论上说，我们在某种程度上的确会从中受益。"扎克伯格说道，但他坚称，那并非自己做这件事的原因。"人们认为 Facebook 做这件事是为了谋利，我觉得这有点疯狂，因为已经注册 Facebook 的那 10 亿人要比另外 60 亿人加在一起还要有钱得多。所以，如果我们真是想赚钱，对我们来说，正确的战略应该是只关注发达国家以及已经注册了 Facebook 的用户，我们应该提高他们的活跃度，而不是想办法让剩下的人加入进来，"他表示，Facebook 可能永远也无法从此类项目中赚到钱，"但我愿意做出这项投资，因为我认为它真的对这个世界有好处。"

Facebook 制定了许多举措来扩大互联网（以及自家服务）的覆盖范围，以便将所谓的"剩下的数十亿人"也囊括在内。它着手解决了很多服务水平低下地区遇到的问题：在这些地方，人们无力负担使用移动互联网产生的数据费用。对此，Facebook 提出了两种解决办法：第一种是开发消耗数据流量较少的简版应用；第二种是跟电信运营商合作，将一部分选定的互联网服务免费提供给用户使用。当然，Facebook 就在被选定的服务之列。

然而，Facebook 计划中最具雄心的部分，是真正为剩下的数十亿人创建传输互联网服务的手段。在 Facebook 的 F8 开发者大会上，扎克伯格有好几年都带着自豪向人们描绘自己的计划。

其中一套方案是通过发射卫星，将网络信号传输到撒哈拉以南非洲地区。不幸的是，这颗委托埃隆·马斯克旗下公司发射的卫星在发射台上爆炸了，当时扎克伯格正在访问尼日利亚。

不过，扎克伯格还想到了另一种联网方式，一种更酷的方式：在天空中放飞以太阳能为动力的超轻型无人机，由它们传输网络信号。在第一个 10 年过半的时候，他对这个计划极度痴迷，他要组建 Facebook 空军部队！那些无人机将一边在高空盘旋，一边向地面传输网络信号。（谷歌也有自己的高空互联网项目，其方案是通过改造气象气球来传输信号。）

这是一个富有极客精神的梦想，并且收获了一些严肃的关注：一家名为 Ascenta 的公司真的打造出了这样的飞行器。该公司的 CEO 曾为《侏罗纪世界》主题公园建造惊险娱乐设施。Facebook 斥资 2 000 万美元收购了 Ascenta，并开始建造原型无人机，将之命名为 Aquila。这款无人机的机翼上覆盖着太阳能电池板，其翼展与重量将近 100 000 磅[a]（约 45 吨）的空客 A320 相当，然而飞机的框架采用了特殊材料，整体重量还不到 1 000 磅（约 0.45 吨），比一辆普通的轿车还要轻。Aquila 成了 Facebook 的非官方吉祥物。曾经有一段时间，扎克伯格在带领客人参观公司时会特意带他们去看 Aquila 机翼的一块构件，它竖起来比扎克伯格还要高，而后者会把它举起来，仿佛那

a　1 磅 ≈453.592 4 克。——编者注

是一只风筝。

在经过几年大张旗鼓的宣传之后，Aquila 终于在 2016 年准备好进行一次不公开的试飞。扎克伯格亲自飞到位于亚利桑那州尤马的试验场，观看无人机升空。在他返回之后，Facebook 找来一位来自科技媒体 The Verge 的记者，由其撰文报道 Aquila 的表现是如何出色。[19] 后来，有消息称，试飞的无人机出现了"结构性故障"，导致它在着陆时受损，并招致美国国家运输安全委员会发起了一项调查。扎克伯格在发表讲话时从未提及这件事。据报道，Aquila 在第二次试飞时的表现要更好一些，但 Facebook 在 2018 年放弃了这个项目。

卫星爆炸、无人机坠机，这些是 Internet.org 政策举措失误的外在表现，而这尤以 Facebook 最大的目标市场——印度为甚。这是一个拥有超过 10 亿人口的国家，对增长团队实现全球连接的目标来说堪称捷径。扎克伯格把项目在印度的推进当成了个人的"十字军东征"。2014 年，他访问了印度。在那里，他跟印度总理举行了会谈，并参观了一家乡村学校。《时代周刊》的列夫·格罗斯曼（Lev Grossman）是扎克伯格的随行记者，他虽然认可 Facebook 连接欠发达地区这件事的价值，但他指出，我们还可以从另一个角度看待 Internet.org 项目。"不管该公司如何标榜大公无私，但这场运动实际上是一种自私自利的技术殖民行为……跟 Soylent Green[a] 一样，Facebook 是由人组成的，所以它永远需要更多的人。"[20]

虽然 Facebook 的无人机和卫星旨在向全世界剩余的 15% 的无信号地区提供网络连接，但 Internet.org 项目的真正基础是 Facebook 与当地电信运营商进行合作，以不收取数据费用的形式提供服务。2014

a　Soylent Green，出自电影《超世纪谍杀案》，是由人尸体制成的饼干。——译者注。

10 增长！

年，Facebook 在印度和其他一些国家正式上线 Internet.org。该项目招致了批评，因为它免费提供的服务是一组选定的应用，而 Facebook 赫然在列，这让竞争对手处在了不利地位。这似乎违反了网络中立性原则——该原则认为所有应用开发商都应该能够平等地接入互联网。2015 年 4 月，一些内容提供商脱离了这个项目。

Facebook 宣布将向所有开发者开放 Internet.org，但批评的声音并未消失。扎克伯格深夜在 Facebook 总部录制了一段视频，并发帖恳求批评者高抬贵手。他坚称，通用网络连接可以跟网络中立性共存，没有人在封杀任何网站。当然，批评人士并不是抱怨这一点，而是 Facebook 通过免费提供服务的方式给自己带来了优势。扎克伯格对此有何回应呢？他说："如果某个人无力负担上网费用，那么能够上网始终比不能上网要好。"

批评人士对于这个回应没有买账。扎克伯格随后将这个项目重新命名为 Free Basics，以免人们看到 Internet.org 会误认为可以访问全部的互联网服务。但在 2016 年 2 月，印度当局禁止了这个项目。而且，它在其他国家也遇到了麻烦。

Internet.org 垮台的一些因素之后会重新出现在 Facebook 叙事中：政府官员和普罗大众拒绝了一项看似善意同时会给 Facebook 带来附加好处的举措。在挑战 Facebook 变成一件很酷的事情之前，人们已然不相信该公司的动机是纯粹的。

现在，Facebook 宣称 Internet.org 项目是成功的，全世界大约有 1 亿人在使用它。[21] 但是，即便成功也会变成灾难，因为有些地区并没有准备好在突然之间接入一个不受监督的巨大言论平台，Facebook 不免被居心叵测者所利用，继而出现假新闻，甚至宣扬暴力的内容。

此时，马克·扎克伯格在开发者大会的主题演讲中已经不怎么提及 Internet.org 了，他有其他产品需要兜售，也有新的错误需要辩解。

帕里哈皮亚在 2011 年离开了增长团队，哈维尔·奥利文接替了他的位置。作为帕里哈皮亚的门生，他跟他的老师一样痴迷于增加 Facebook 的用户人数。但他同时也是一名工程师，在他的领导下，增长团队的规模扩大了，吸纳了一些圈子之外的程序员，这些人原本只负责落实增长团队的方案计划，但隶属于公司其他团队。

奥利文的个性跟帕里哈皮亚不同。当被问到两人到底有什么不同时，亚历克斯·舒尔茨回答说："哈维尔非常友善，非常体贴、正直……有道德感，是一个非常棒的人。"

奥利文带来的另一个重大变化产生了更深远的影响。在此之前，增长团队一直致力于为 Facebook 的主应用增加用户，提升活跃度。在扎克伯格的支持下，奥利文扩大了这个领域，公司的大量业务被划归到增长团队。

增长团队几乎成了一面透镜，Facebook 正是透过它来审视自己所做的一切。"增长团队思考产品的方式不同于世界上任何企业家或商人思考产品的方式，"2012 年加入 Facebook 的罗布·戈德曼（Rob Goldman）说道，"我以前从未见过这样的想法，他们提出了一个深刻的基础设想，即世界上的所有人可能都应该每天使用 Facebook。"虽然扎克伯格将连接世界上每个人这一使命说得天花乱坠，但将之付诸实践的是增长团队。如此一来，我们或许可以提出一个可靠的论点，即该公司的真正使命并非连接，而是增长。Facebook 的公关人员布兰迪·巴克回忆起她在 2009 年左右和扎克伯格的一次会面，后者告诉她，Facebook 需要更多的广告宣传来推进增长，提高活跃度。"那是我们要这么做的唯一原因。"她说。

"在刚开始的时候，我们的规模要小得多，"增长团队的娜奥米·格莱特表示，"我们真的只是专注于增长，我们负责设计注册体验，负责邀请体验，负责提升新用户体验。然后，随着时间的推移，我们负责的范围不断扩大。马克对我们说，'那个，你们能够接手这件事吗？你们可以接手增长和 Facebook Messenger 吗？'再接着，'你们可以接手……'"格莱特笑出了声，因为她想到省略号里还有很多很多业务。

Facebook 的国际化工作由增长团队负责，移动业务也被交给了他们。近年来，当我们清楚地看出 Facebook 打算花费大量资源来赢回人们的信任时（在一定程度上，这种信任是被增长团队的某些作为破坏的），这件事再次由增长团队接手。一些人觉得这件事颇具讽刺意味：增长团队在 Facebook 本就因为鼓捣暗黑算法而臭名昭著，现在却要为公司的诚信负起责任。甚至连 Facebook 所谓的"社会公益"领域也被划归到权势日盛的增长团队。

格莱特解释说，这一切的原因在于其团队解决问题的独特方法可以很好地扩展到其他项目。"这些东西到底有什么共同点呢？那就是我们可以用一种数据驱动及产品驱动的方法来解决问题。事实上，这一切都是以相同的方式去理解、甄别和执行的。"

增长团队这种数据驱动的、不择手段的 DNA，这种源自帕里哈皮亚的行事方式，融入了所有那些业务。帕里哈皮亚在 2011 年离开 Facebook 后，成立了一家风险投资基金（投资者包括 Facebook 及其一些现任和前任雇员，但扎克伯格不在其中）。在离任备忘录[22]中，帕里哈皮亚表示自己在 Facebook 的征程都是为了赢得胜利，其他的一切都是次要的；他还警告 Facebook 的同仁要警醒地关注"那些你们不熟悉的公司"，因为它们的宏大创意可能会将 Facebook 取代。

这些话说得都不错，但这份备忘录之所以被 Facebook 铭记，还因为他在踏出大门时发表的最后一句帕里哈皮亚语录："别做一个浑蛋。"

Facebook

快速行动，破除陈规

2008 年，一位驻奥斯汀的海报制作人本·巴里（Ben Barry）在 Facebook 上看到了一则广告。广告投放得很精准，上面说，Facebook 正在招聘设计师，也就是巴里这样的人。

巴里在几年前离开了大学校园，自那时起就不经常使用 Facebook 了，但是他还是决定申请这个职位。经过数轮面试之后，他得到了这份工作。2008 年 9 月，巴里搬到了帕洛阿尔托。Facebook 让他跟另外一位新入职的设计师埃弗里特·卡迪格巴克（Everett Katigbak）组成搭档。

巴里在公司最先做的几件事情之一就是询问 Facebook 是否在即将举行的美国总统大选上有动作。上司建议他跟当时唯一在华盛顿特区工作的 Facebook 员工联系，后者在家远程办公。他们决定创建一个虚拟按钮，上面写着"我已投票"，用户可以在投出选票后点击这个按钮。在选举日当天，巴里惊讶地发现，每次他查看后台数据时，点击按钮的用户都会增加数千人。最终，大约有 600 万人使用了这项功能。

嗯？Facebook 能够影响选民？

巴里在 Facebook 做出的最大贡献是在其他方面。在对他进行面试时，Facebook 的人想到，或许可以请巴里为公司的办公室绘制一些海报。Facebook 不再请大卫·乔伊在自己总部创作那些充满厌女症气息的涂鸦（乔伊本人通过这些作品获利颇丰），这个决定实在堪称明智。在谢丽尔·桑德伯格的时代，Facebook 开始寻求用一些更精致的艺术作品来装饰自己的墙壁，但仍然希望它们能够反映公司的文化，甚至对公司文化进行定义。

在奥斯汀，巴里曾使用丝网印刷工艺创作过大量音乐会海报和艺术印刷品。他认为，即使在一个设计由数字化方式进行以及"画布"由代码构成的地方，尤其是在 Facebook 这样的地方，创作实物艺术作品也是至关重要的。巴里设想过，他要招募工作人员帮他在墙壁上绘制大量海报，为办公室中的员工提供持续的灵感源泉。但是，在帕洛阿尔托 Facebook 当时租用的逼仄的办公室里，并无艺术工作室的容身之处。

2009 年初，Facebook 搬到了位于加利福尼亚大道 1601 号的新总部大楼，面积足有 150 000 平方英尺（约 13 935 平方米）。[1] 它坐落在帕洛阿尔托一个名叫学院街的社区，在埃尔卡米诺路的南边。巴里听说 Facebook 还租用了附近的一处办公空间，其中有栋楼附赠了一间没有用处的仓库，于是他的团队便将仓库占了下来，将其作为制作海报的工作室。巴里和卡迪格巴克去了家得宝，在那里采购了制作印台的木头、一台小型凸版印刷机以及其他用于丝网印刷的用具。仓库里有一间保洁工具室，里面通了自来水，于是巴里就在旁边布置了印台。由于水槽没接通下水道，他们不得不使用水桶来收集废水。之后，巴里看到旧金山有人在销售一台断头台切纸机，这种机器对于大规模切割海报来说是必不可少的。巴里看中的机器重达 700 磅（约 318 千克），笨重的样子看上去仿佛是古腾堡时代遗留下来的，移动这台切纸机需要动用叉车。巴里自己买下了它，并获得许可将其搬到了仓库。

巴里把这间仓库称为模拟研究实验室。[2] 他的作品以 20 世纪初的宣传海报为蓝本，尤其是 20 世纪 20 年代美国国家裁减军备委员会这一反战组织制作的海报。他是在美国国会图书馆的网站上看到这些海报的，上面采用粗体的大写字母，配色则是鲜艳的火红色。这对 Facebook 网站那种整洁的外观设计和给人的感觉来说是一种有意识的抗拒。"我希望它看上去古旧，我希望它不是蓝色的。"巴里如是说。因此，当 Facebook 的网站看上去现代而又平和时，巴里设计的海报却会让人不自觉地联想到老电影惯用的特效：一张报纸不停地旋转，停下来时向观众显露出以 36 点大小的字体写就的耸人听闻的新闻标题。

巴里的这些作品不可避免地会让人想起老电影《1984》的"老大哥在看着你"海报，这部电影改编自乔治·奥威尔的同名小说。作品上的文字内容源自巴里在 Facebook 的所见所闻，其中一些是体现公司文化的口号，另一些则来自 Facebook 对自我进行定义的尝试。

当时，Facebook 定义自我的努力已经进行了大约两年时间，扎克伯格仍在为雅虎收购危机期间未能传达 Facebook 使命的重要性而备感挫败。2007 年，扎克伯格曾与微软 CEO 史蒂夫·鲍尔默一起散步，他问鲍尔默，微软是如何将自己员工应当具备的品质传达出来的。鲍尔默告诉他，微软为这些自我定义的品质列出了清单。扎克伯格回到家后也列了一大堆，并把清单贴在了办公室的冰箱上。不过这张清单不是很受欢迎，有人对其中列出的"高智商"一项很生气，把这一条给画掉了。

到 2009 年时，扎克伯格觉得有必要认真地对公司的价值观进行一番定义。Facebook 新上任的招聘负责人洛瑞·戈勒（Lori Goler）问过扎克伯格一个问题：招聘人员在面试求职者时，应当如何告诉他们在 Facebook 工作是什么样子的？扎克伯格认为，这个问题值得以更大范围的自我定义来进行探索。"我们成长壮大后想要变成什么样子？"扎克伯格在公司一场会议上问道。（戈勒曾在 eBay 担任营销负责人，她是被桑德伯格招进公司的。进入公司不久后，她取代克里斯·考克斯成了人力资源总监。）在考克斯的监督下，戈勒开始回答这个问题。她开始跟莫莉·格雷厄姆（Molly Graham）一起工作，后者在 Facebook 也是一张相对较新的面孔。格雷厄姆之前在谷歌工作，她加入 Facebook 在一定程度上是因为与桑德伯格以及埃利奥特·施拉格（他一直扮演着桑德伯格参谋的角色）关系亲密。莫莉·格雷厄姆是唐·格雷厄姆的女儿。

作为 Facebook 讲真话的人，查玛斯·帕里哈皮亚也参与了该项目。"马克希望他参与进来，因为他对此会有很多看法，并且不会试着让所有人高兴。"格雷厄姆说道。当时，网飞制作了一份被广泛传播的幻灯片，对其价值观进行了阐释（该公司特别说明是"真正的价值观"，而不是其他公司吹嘘的那些模糊而虚假的价值观），硅谷的其他公司都羡慕不已。一些人，尤其是帕里哈皮亚，觉得 Facebook 不应该人为拔高自己的价值观。

莫莉·格雷厄姆很快意识到，答案就藏在扎克伯格本人身上，他就是 Facebook 文化。"公司文化是建立在创始人的形象之上的，"格雷厄姆说，"有一阵子，Facebook 给人的感觉就像一个 19 岁少年的寝室，但归根结底它是一个'反复尝试，不断迭代'的地方，而这正是马克作为一个人存在的方式。他是一个边干边学的人，这就是公司的DNA。Facebook 不相信完美。"

从某种意义上说，Facebook 的自我定义可以总结为两个字。"我们把员工聚集在一个房间里，分成小组，然后问他们：'请问你如何向求职者，或者是向朋友、母亲或兄弟，描述 Facebook？尤其是在

Facebook

向后三者描述时，你会怎么说？你会使用什么样的词？'"格雷厄姆说道，有一个词语不断被人提及："黑客"。

对公众而言，黑客意味着具有破坏性的、精通高科技的虚无主义者，或者是那些肆意破坏远程系统或盗取信用卡信息的骗子。但是，在创业文化中，这个词语的含义是完全遵照其原意的：黑客是技术精湛、正义凛然的程序员，他们相信自己的努力可以使这个支离破碎的世界更好地运转。[3]"这个词语跟更广阔世界中的良善并不相关，"格雷厄姆说，"但我们心中的黑客有着非常积极的含义。"在搞明白Facebook是一家黑客公司之后，格雷厄姆等人最终向扎克伯格提出了公司的4条价值观，这就像拿着一面镜子给扎克伯格看。

专注于影响。

大胆。

快速行动，破除陈规。

开放。

扎克伯格对这4条都很满意，但他坚持加上第5条：打造社会价值。前4条是公司内部准则，而第5条强调了Facebook对外部世界的影响，而扎克伯格认为这种影响是绝对积极的（他至今仍然坚持这种看法）。

在这些价值观中，有一条可谓是Facebook和扎克伯格的独特写照。从某种意义上说，"快速行动，破除陈规"已经成为这家公司的代名词。没有人能够确定这个口号最初是在哪个地方出现的，但很有可能是在帕洛阿尔托汉密尔顿街办公室举行的一次全体会议上，那时候Facebook刚刚招聘了第一批管理人员，因为公司规模已经变得很大，再也不能让所有员工向德安杰洛或另一位高管直接进行汇报了。扎克伯格的想法是，在增加公司层级的同时让员工能够说"不"。因此，他告诉公司所有人，Facebook 必须"快速行动，破除陈规"。

本·巴里得以从这些价值观中汲取创作灵感，并从他听闻的事情中提取其他口号。本着 Facebook 的精神，他没有向自己的上司汇报，不单是海报的风格和使用的措施，甚至连创作计划本身都没有提及。他的海报是在突然之间出现的，就好像一个疯狂的黑客式传道者从一个人工智能实验室逃脱，然后在 Facebook 总部放飞自我。

完成比完美更重要。

这是一家科技公司吗？

勇往直前。

度日如周。

最后，Facebook 的非官方座右铭：

快速行动，破除陈规。

这一系列海报只有文字，没有将扎克伯格的形象印在上面。但是，不管这些话是不是从他嘴里说出来的，它们都被认为是传达扎克伯格内心想法的一种手段。

最初，Facebook 一些员工对这些看似向人发号施令的东西很是抗拒。但是，当他们得知这些口号来自他们心爱的领袖以及公司文化的其他创造者时，反对意见消失了。

此后不久，Facebook 又出现了带有另一口号的海报：

如果你不再恐惧，你会怎么做？

如果说"快速行动，破除陈规"源自 Facebook 的"脑"（速度是该公司脱颖而出的战术优势），那么这句咄咄逼人的问话则剖开了它的"心"。通过将其作为非官方座右铭之一，Facebook 不仅是在表达一种业务经营方法，而且也是在描述一条自我实现的道路。在工作和生活中，恐惧是我们的敌人。这句口号敦促我们：行动吧，最坏能有多坏呢？之后，模拟研究实验室在其颜色醒目的海报上印上了无畏者的肖像，他们处于劣势却愿意为高尚事业冒奇险，这些人有多洛雷斯·韦尔塔（Dolores Huerta）、雪莉·奇泽姆（Shirley Chisholm），以及凯萨尔·查韦斯（Cesar Chavez）。不知怎么回事，Facebook 那些通过早期股票期权实现千万美元身价的富翁，以及一走出大学校门就能挣到 6 位数年薪的工程师，他们竟然跟这些饱受压迫的英雄产生了共鸣。

有些人在海报背后看到了较为阴暗的含义。"所有这些东西都拥有一个共同主题，也就是基本上我们只关心增长，" Facebook 前员工桑迪·帕拉基拉斯（Sandy Parakilas）说道，他在人文科技中心接受了我的采访，"那是我们关注的唯一问题：我们并没有真正衡量或关注我们可能造成的任何其他问题，我们会尽一切努力来推动增长。而且，坦率地说，我们也不太在乎产品的改进或完善。我们只想快速行动，把能够产生我们预期影响的东西推出来，然后继续下去。"

确实，Facebook 的这些口号，尤其是"快速行动，破除陈规"，容易引起误解。"它意味着快速迭代，尝试新事物，不害怕失败，不草率行事，"格雷厄姆说，"它不是说服务器坏了就用胶带粘粘，遇到点事就跑到一边去。"但就像谷歌的座右铭"不作恶"反被人拿来批评它一样，Facebook 的"破除陈规"同样授批评人士以柄，有人批评 Facebook 真的在搞破坏，它破坏了社会秩序，破坏了民主，破坏了文明，就像数字版的公牛进了瓷器店。

几年后，在 2014 年的 F8 开发者大会上，扎克伯格将这句口号修改为"在稳固基础上快速行动"，它不再发出打破东西的爆裂声。但是，"快速行动，破除陈规"的精神仍然普遍流行于 Facebook。自扎克伯格以下，每个人都认为 Facebook 的优势来自它的速度和冒险精神，慢下来将意味着死亡。

　　海报只是 Facebook 不断演进的公司文化中一个最引人注目的方面，是源自其大学辍学生 DNA 的形态发生。每个对 Facebook 早期（乃至于一直到现在）的特性进行描述的人，都会使用"大学生宿舍"这个词。相比之下，其竞争对手谷歌则具备"研究生"的气质。谷歌内部的长者是为其领导者撰写教科书的教授，Facebook 聘用的则是马克·扎克伯格在哈佛读书时的助教。没错，即使到了 2005 年，Facebook 的员工中也尽是些 30 岁出头的小伙子（其中一些人已结婚生子）。尽管扎克伯格明白杰夫·罗斯柴尔德这种老将的价值，但在内心深处，他还是相信越年轻的人越聪明。[4] 在 2007 年 Y Combinator（美国著名创业孵化器）举办的一个创业培训班上，扎克伯格就说过这样的话，他告诉 650 位准创业者要聘用年轻的技术性人才。"为什么大多数国际象棋大师都不满 30 岁呢？"他这样问道。

　　如果这段话确实反映了 Facebook 的招聘政策，那就意味着该公司违犯了联邦劳动法。后来，扎克伯格为此言论道歉，但这并不能掩盖一个事实，即他的话跟他的世界观是完全一致的。

　　当然，Facebook 的文化远比这复杂得多。随着公司不断发展壮大，Facebook 变得更加专业化，聘用的人看上去也更加严谨端正了。桑德伯格在其中发挥了一定的作用，但主要还是因为公司规模变大了。那些更加成熟的新来者会与 Facebook 不计后果的速度抗争，并期望搞清楚他们的工作在多大程度上是屈从于它，以及在多大程度上要拉住缰绳。由于扎克伯格传达的讯息——至少在头几年——是保持快速发展，因此公司的管理层学会了接受这种速度。但是，毫无疑问的是，当公司变得更大时，其更加庞大的体量在某种程度上起到了刹车的

Facebook

作用。

对扎克伯格来说，这并不是他想要的。在公司的全体会议上，扎克伯格讲话的一个始终不变的主题就是：Facebook肩负着一项宏伟的使命。2009年春季，他把公司员工聚集在帕洛阿尔托喜来登酒店，当时Facebook正准备将总部搬到加利福尼亚大道。⁵ 正如《华尔街日报》之后报道的那样，在Facebook跟谷歌持续进行的人才抢夺战中，扎克伯格开始采用他最喜欢的修辞给招聘人员打气，也就是引用古人的话。这次他没有引用自己崇拜的荷马，而是引用了近期上映的电影《特洛伊》，其中有一幕是一位使者向阿喀琉斯坦白，他害怕跟帖撒罗尼迦人较量。"这就是为什么没有人会记住你的名字！"阿喀琉斯说道。扎克伯格说，同样，当潜在的员工问为什么他们应该在Facebook工作时，招聘人员可以用这句话作为回应。"告诉他们：因为人们会记住你的名字！"

当时，Facebook已经失去了自身发展史上一些非常重要的名字。从公司离开的人包括联合创始人克里斯·休斯和达斯汀·莫斯科维茨，以及扎克伯格从高中以来的死党亚当·德安杰洛。休斯于2007年离职，他把自己在Facebook学到的东西运用到了奥巴马的竞选活动中。科勒于2008年离开Facebook，他在基准资本找到了一份工作。莫斯科维茨创办了一家名为Asana的公司。德安杰洛则在2008年5月离开Facebook，开始了新的征程。

从表面上看，这些人跟Facebook的分手是和平的，他们总是说自己的前方有更精彩的冒险，而不是把自己的离开归咎于厌倦了某些事或某些人。Facebook一位前任高管解释说："Facebook员工在世界上最看重的东西是自由，而他们在公司工作时得不到任何自由。他们赚到了钱，却没有得到任何自由。他们中的很多人只想要自由。"这里的自由应是指扎克伯格给予的自由。

11 快速行动，破除陈规

休斯在离开 Facebook 后曾对作家大卫·柯克帕特里克说："跟马克共事非常具有挑战性，跟马克做朋友比跟他做同事要好多了。"[6]

对扎克伯格来说，最令他心痛的也许是莫斯科维茨的离开，后者是帮助将 Thefacebook 推广到哈佛以外的主力，也是最支持扎克伯格对雅虎收购要约说"不"的公司高层。2007 年，莫斯科维茨放弃了在管理层的职位，以便开发 Facebook 在发展壮大过程中所需的软件工具。他的成效非常显著，以至到 2008 年时，莫斯科维茨决定创办一家公司来开发类似的工具。莫斯科维茨的合伙人是贾斯汀·罗森斯坦，后者也从 Facebook 离职了，距离他把 Facebook 称为即将改变世界的"那家公司"刚刚过去两年时间。

多年过去了，莫斯科维茨的离开看上去仍然像是一次和平分手。然而，德安杰洛的离开却带来了一些令人不太愉快的后果。2009 年 6 月，德安杰洛与 Facebook 另一位前工程师查理·奇弗尔（Charlie Cheever）共同创立了 Quora。Quora 是一个问答网站，即任何人都可以在上面发布问题，然后由最擅长的人来回答。

尽管 Quora 很明显不是 Facebook 的竞争对手，事实上，Quora 一开始还加入了 Facebook 的平台，用户可以使用 Facebook 账号进行登录，但扎克伯格做出的回应是怀有敌意的。我们不知道他是想给 Facebook 的其他蠢蠢欲动者传递一条讯息，还是真的觉得 Quora 未来会对 Facebook 构成威胁。不管怎样，扎克伯格手下的顶尖工程师布莱克·罗斯开始为 Facebook 研发一款名为"Questions"（问答）的功能，它跟 Quora 所做的事情一模一样。Quora 的工程师发现罗斯创建了许多账号，因此他们把他当成垃圾信息制造者给封杀了。当 Questions 在 2010 年 7 月上线时，很多人觉得 Quora 在劫难逃。[7]它要如何跟拥有 5 亿用户的 Facebook 竞争呢？

然而，Questions 没有做起来，最终 Facebook 放弃了该功能。归

Facebook

根结底，Facebook 投注在问答服务上的热情比不上两位创业者围绕这个概念建立起来的创业公司。

Facebook 的一些人认为，扎克伯格此举的动机是警告现有员工不要创立自己的社交产品。无论如何，这件事确实证明，当扎克伯格嗅到威胁的气味时，他会全力以赴将其扑灭。

在那个时候，Facebook 开始遇到其他一些事情：他们意识到，随着用户数量不断增长，用户分享的内容也带来了更多的问题，而外部人士会觉得 Facebook 有责任解决这些问题。

当扎克伯格在 2004 年推出 Thefacebook 时，没有人觉得这家网站上允许出现什么内容和不允许出现什么内容将成为事实上全球通行的言论自由标准。但从一开始就已经有迹象表明，发布在这项新服务上的内容有些需要删减，有些则需要封杀。至少，Facebook 需要提供某种方式，让人们可以上报自己在网站上看到的有害内容。

这项工作最初由客户服务团队的人员负责，他们要做的就是坐在办公桌前，回复关于各种事情的电子邮件。这些事情大多是一些简单的请求，例如用户想要找回密码。但是，也有用户就已发布的内容提出投诉。尽管 Facebook 提供了一些保护措施（比如用户可以在范围有限的社区之内使用真实姓名，并且能够锁定个人资料以防止非好友用户的窥视），但是骚扰行为、冒犯性言论和不雅照片在 Facebook 仍然屡见不鲜。凯特·洛斯是 Facebook 最早的客服人员之一，她说，这些是一个更大问题的"新生泡沫"。

2005 年秋天，随着 Facebook 用户人数不断增长，为了处理不断增加的投诉，客服团队的规模也在快速扩张。到 2006 年底时，该团队的人数大概已经占到公司员工总数的 1/3（客服人员的薪水要远低于工程师，但对早期的 Facebook 员工来说，期权奖励让他们在后来赚得比美国职业棒球大联盟的球员还要多）。这样的解决方案并非理想，但绝对有必要。"大家认识到，如果你的座右铭是'快速行动，破除陈规'，那么你就不能太过疏远自己的用户。"埃兹拉·卡拉汉说道。

当时，Facebook 客服团队的负责人是刚从斯坦福大学毕业的保罗·扬泽尔。他没想过自己会在科技行业找工作，他原本打算去读法学院，事实上，他那时候已经被纽约大学录取了。但在最后一刻，他决定推迟入学时间，在旧金山湾区过一年的"间隔年"。扬泽尔以为自己会找一份律师助理的工作来维持生活，但有一天，他在使用 Facebook 时看到页面右边栏有一则广告，内容是 Facebook 正在招聘人员，组建客服团队，此时是 2005 年 8 月。扬泽尔递交了简历，接受了面试，不到一周时间，他就入职成为 Facebook 第一个从事客户服务和内容审核的全职员工。此前，这项工作是由一位驻伯克利的自由职业者打理的，其收件箱中积压的请求和投诉电邮达到了 7.5 万个，而且还在不断累积。[8] 那一年，扬泽尔 22 岁。

他所接受的岗位培训是跟一位兼职做客服工作的工程师进行了一段 15~20 分钟的谈话。那位工程师向扬泽尔告知了他可能会收到的电邮种类，公司对怎样回复这些电邮并未制定固定的规则，工程师本人一般是自由发挥的，他觉得扬泽尔照做就行了。

一开始，扬泽尔确实是这样做的，在新人加入后，他们的小团队也是这样做的。但他很快意识到，随着 Facebook 不断增长，这种临时的方法越来越捉襟见肘了。他们要处理的事情有很多灰色区域，而且当中存在着很多细微差别。如果客服人员对某些照片或评论拿不定主意，他们会询问附近的同事，通常是那些"老兵"。这里的"老兵"也只不过是早一两个月进入公司的人，或者干脆就是扬泽尔本人，后者发现很多工单没有明确的解决方案，他不得不越来越多地向

Facebook

Facebook 法律总顾问兼首席隐私官克里斯·凯利求助。

在私下里，Facebook 的客服团队开始制定一些网络正义原则。在棒球游戏规则的启发下，他们引入了"三振出局"制度。再有就是"丁字裤规则"，也就是一张照片上如果有清晰可见的丁字裤，那就可以把它判定为不雅照片，紧身比基尼同样适用这条规则。"我们那时候几乎没有什么销售和市场营销人员，而做这些工作的人主张谨言慎行，"埃兹拉·卡拉汉说，"因为这是一个面向大学院校的网站，他们非常敏感。"在肖恩·帕克因为吸食可卡因被捕后，这种压力变得更大了。

扬泽尔心里清楚，他们有必要采用更加有条理的方法。当前，甚至连他们撤下违规内容的流程也是拼凑出来的，实在叫人尴尬。流程是这样的：利用 Facebook 内部工具为员工赋予的超能力，你首先需要登录举报者的账号，这样你才能看到被举报的内容。如果帖子被判定为违规，那么你还得使用内部工具登录被举报者的账号，这样你才能将违规内容移除。但这样一来，你就侵犯了两个人的隐私。

当然，这个问题似乎没有引起马克·扎克伯格的注意，那时候他正在忙 CEO 的工作，公司的底层员工是接触不到他的。这些客服人员不是工程师，在扎克伯格看来，他们在 Facebook 是一种较为低级的生命形态。但由于 Facebook 是由年轻人组成的小群体，而且他们只跟彼此进行社交互动，所以从另一个意义上说，他们是同侪。

2005 年 9 月，凯特·洛斯提出了一个困扰她很久的问题：Facebook 上出现了一个自称"尸死反对同性恋"（Dead Bodies Against Gay People）的群组。"这是个可怕的群组，里面有死尸，还有各种对同性恋者的诽谤。"洛斯说道。

她觉得这种东西就不应该出现在一个面向大学院校的网站上，而且理由相当充分。但为什么呢？其中的界线是什么？言论的表达是在何时越界变为欺凌或仇恨言论的呢？如果有人对一个具体的对象发出明确的威胁，那么封杀的决定根本不用多加考虑，砰，一封了之。但当威胁并不明确而只是一种感知的时候，事情就变得模棱两可起来。当一整群人都是令人反感的，那该当如何？怎样的行为才够得上仇恨的标准？有一个群组建立起来是因为组员都讨厌那些穿卡骆驰洞洞鞋的人，显然没有人觉得对某种时尚品位的戏谑应该被封杀（顺便一提，洞洞鞋真是丑爆了）。然而，在死亡威胁和讽刺的两极之间，是最滑的斜坡。

在 Facebook 位于学院街 156 号的办公室，客服团队办公区域旁边是一片公共空间，大家会在那里吃午餐，或者围坐在一起聊天和打游戏。一天下午，一群文科毕业的客服人员坐在公共空间的沙发上，他们就像在大学宿舍里一样闲聊着，其中不少人是在几周前刚毕业的。Facebook 的法律总顾问克里斯·凯利也参加了他们的谈话。

这不是那种要将讨论结果上报给扎克伯格或莫斯科维茨的谈话。"用户中间那些棘手的人际关系、社会及言论问题并不是技术层面的重点，在公司层级结构中，技术才是重要的层面。"洛斯说道，她始终以一种锐利的视角审视着 Facebook 的性别政治，尤其是在她成为百万富翁离开公司并就此写了一本持批评态度的书之后。[9]

不过，扎克伯格确实提供了某种形式的指导意见，这为他们的讨论提供了根据。扎克伯格经常提到，他希望 Facebook 成为人们行使言论自由权的地方，即使那意味着冒犯他人。同时，他也希望 Facebook 成为一个安全的地方。他把对用户自我表达的审查视为一种不得已的手段，只有在极端情况下才会动用。

这些讨论带来了 Facebook 第一份正式的内容政策，审核人员可以据此甄别那些不适合出现在 Facebook 平台的东西，即使扎克伯格也无法反驳。他们一致同意在内部建立维基系统（即一种多人协作的众包文档），而这最终演变为一组规则。"我们的首要倾向是允许开放交流，"扬泽尔说道，他遵循的是扎克伯格的意思，"但我们知道，开放交流也必须要有一些界线，任何将 Facebook 用户置于险地的事情都是我们希望防止的。"

Facebook 内置了一套用于规范用户言论的工具，那就是坚持让用户以真实身份注册账号。早期，该公司对匿名或使用假名的用户做出了限制。在 Facebook 上，你就应该是你自己。"我们不必等到你做出了一些不好的事情。"扬泽尔说道。如果从一开始就使用伪造的身份进行注册，那么你就更有可能是一个麻烦制造者。

到 2005 年底时，Facebook 的客服团队已有 15~20 名成员，这在公司员工总数中的占比是相当高的。团队的新成员将获得一份简短的 Word 文档，上面列出了各种禁忌。"它差不多更像是一份普通法记录。支持希特勒吗？我们反对。裤子呢？你需要穿在身上。"戴夫·威尔纳（Dave Willner）说道，他于 2008 年加入 Facebook，并在几年后接替了扬泽尔的职位。然而，在 2006 年之后，Facebook 在那一年做出的两项重大改变让该团队陷入了混乱。

首先是"动态消息"，它将 Facebook 的整个重点都转移到直接呈现在用户面前的内容流之上。然后，"开放注册"打开了大门，让每个人都能加入 Facebook。在大学或高中的小型网络中，不当行为是受到限制的，因为假如你发表了歧视性的言论（比如说歧视女性），现实生活中认识你的人就会知道并对你敬而远之，你的行为是会带来后果的。然而，当你不太熟悉或根本不认识的人可以在你的动态消息中发布内容时，这种保护性的限制就消失不见了。或者说，那些你确实认识却不喜欢的人，现在有了一种打扰你的办法。这就像把一个仅限青少年加入的早间俱乐部改造成了 54 俱乐部那样的夜店，孩子们周围突然来了一大群搔首弄姿的人。Facebook 首席隐私官克里斯·凯利向扎克伯格以及公司管理团队"敲响了警钟"。

　　每个人都同意 Facebook 应该保障用户的安全，但真正就此做些什么是另一回事了。对于这种情况，凯利已经习以为常，他说："公司往往要等到出了麻烦事才会真正花精力在这上面。"

　　麻烦事很快出现了。2007 年中期，一个由州检察长组成的团队开始关注 MySpace 上的儿童侵害和色情内容，他们在采取法律行动后最终跟该公司取得和解。突然之间，社交网络的安全性成了一个迫在眉睫的问题，参与这项斗争事业的州总检察长包括纽约州的安德鲁·科莫（Andrew Cuomo，他后来成了该州州长）、康涅狄格州的理查德·布卢门撒尔（Richard Blumenthal，他后来成了参议员），以及北卡罗来纳州的罗伊·库珀（Roy Cooper，他后来成了该州州长）。在 MySpace 之后，他们把注意力转移到了 Facebook 身上。

　　当年 7 月，《纽约时报》报道了一件事，"一个忧心忡忡的家长"以 15 岁女孩的身份在 Facebook 上创建了虚假个人资料，其目的是看看 Facebook 有多危险。[10] 这位虚构出来的少女在个人资料中宣称，她是在没事找事，想要"随便找点乐子"，"什么都行"。她迅速加入了"Facebook 放荡俱乐部"和"我对乱伦很好奇"之类的群组，毫不奇怪的是，这让她加到了一些少儿不宜的好友（凯利后来向我表示，Facebook 对这位"忧心忡忡的家长"所建立的虚假账号进行了追踪，发现建立者是一家为新闻集团服务的律师事务所，而新闻集团是 MySpace 的母公司 [11]）。尽管如此，那些群组又在 Facebook 上做些什么呢？

　　凯利开始跟布卢门撒尔、库珀进行对话，试图说服他们相信 Facebook 正在处理这些情况。"我总是对监管机构说，瞧，人类社会中会有坏事发生，因此 Facebook 上也会有坏事发生。"他说道。凯利聘请了两位顾问来为 Facebook 站台，一位是印第安纳州的前任总检察长，另一位刚刚从联邦贸易委员会离职。这两位顾问跟库珀以及布卢门撒尔举行了会谈，但进展并不顺利，因为总检察长们提交了他们在 Facebook 上发现的大量色情内容。之后，纽约州总检察长安德鲁·科莫开展的钓鱼执法行动也有了结果。科莫的团队在 Facebook 上建立了伪造的未成年人账号，没过多久就有不法分子前来对这些虚构的无辜者进行诱骗。

布卢门撒尔尤其对 Facebook 不满，因为他自己的孩子也在使用该服务。他把这一切归咎于 Facebook 开放注册，"我已经看到，Facebook 突变成了一家不同类型的网站，"他在接受《纽约时报》采访时表示，"现在，它的功能和文化中出现了一些令人忧虑的东西，这是以前没有的。"在 10 年之后，布卢门撒尔也会烦恼缠身。[a]

科莫向 Facebook 施压，要求其同意加强对此类不当言行的审查。经过为期三周的紧张谈判，Facebook 跟纽约州方面达成了和解。和解协议规定，在用户举报有害的骚扰行为或色情内容之后，Facebook 必须在 24 小时之内处理完毕。这给该公司的客服团队带来不少变化，他们不得不全天候地监控用户发布的内容。

尽管 Facebook 方面认为总检察长们的主要动机是抢占新闻头条，但遵循和解协议也对 Facebook 组织自己的内容审核工作起到了帮助作用。"尽管（那份和解协议）给这家在当时还很不成熟的公司带来了种种挑战，但它也是非常必要的，因为不然的话，我们又要在何时才会重视有关色情内容的举报呢？"夏洛特·威尔纳（Charlott Willner）说道，她于 2007 年加入 Facebook（后来，她把自己的男友以及未来的丈夫戴夫·威尔纳也带到了公司）。"我们非常非常认真地对待了协议，没有违反在 24 小时内处理完毕的规定，"戴夫·威尔纳

---

a 这个烦恼指布卢门撒尔谎称曾在越南服役，被人揭穿。——译者注

说，"我们这么做并不是因为合同或和解协议中有这方面的处罚条款，我们是出于荣誉感才做的。"

随着 Facebook 的用户数量不断增长，对内容审核人员的需求也水涨船高，尤其是在全球范围内。2009 年，Facebook 将运营团队扩张到了都柏林，他们开始利用一家外部公司来协助招聘工作。此外，Facebook 还开始雇用更多讲外语的员工。2010 年，Facebook 在印度的海得拉巴设立了办事处。尽管如此，直到 2012 年，Facebook 负责审查内容的绝大多数人都是全职员工，而他们的主要工作是找出色情和裸露内容。不过，正是在 2012 年，Facebook 认定使用合同工会更有效率，而且成本也更低廉。Facebook 雇用外包公司埃森哲（Accenture），在菲律宾的马尼拉建立了一个规模庞大的内容审核中心。在接下来的几年中，内容审核人员的数量激增。Facebook 为不同语言版本聘请了更多的内容审核人员，他们的工作范围也不再仅仅是找出裸露内容，而是进一步扩展到审查欺凌、仇恨言论，乃至于食人行为（没错，食人行为违反了 Facebook 的服务条款）。

到 2015 年扬泽尔辞职离开 Facebook 时，客服团队已经拥有 250 人，他们分布在 Facebook 的 4 个办事处，分别位于帕洛阿尔托、奥斯汀、都柏林以及海得拉巴。此时，那份众包的 Word 文档已经不足以充当操作指南了。即使一些看似没有疑义的东西，例如裸露内容，在进行审查时也被证明具有令人头疼的方面。"我们需要定义裸露内容是什么，"扬泽尔说，"最明确的指导原则之一是'不能出现乳头'。"

但是，贯彻这一政策意味着 Facebook 的客服团队不得不移除那些女性母乳喂养婴儿的照片，这并不在人们的意料之外。扬泽尔表示，他的团队曾认真考虑过是否将母乳喂养的照片作为例外情况，但他们最终决定应该坚持"不能出现乳头"这一政策的简洁性，给婴儿哺乳的乳头也不能例外。

　　但是，一些女性非常看重她们在公共场合进行母乳喂养的权利，而当自己的此类照片被 Facebook 移除后，她们感到非常愤怒。在她们看来，Facebook 是把母爱等同于性。这些人的抱怨声音越来越激烈，最终在 2009 年彻底爆发，一个名为"哺乳权活动分子"的组织在 Facebook 办公室外举行了抗议活动。在网络上，共有 11 000 名母亲上演了一幕虚拟"哺乳"。[12] Facebook 尽管一开始试图为自己的行为辩护，但最终还是修改了相关政策，将母亲给新生儿哺乳列为例外情况。

　　对于骚扰公众人物的行为，Facebook 有着不同的审核政策。如果你在 Facebook 上大骂"去他的阿龙·罗杰斯（美国职业橄榄球运动员）"，Facebook 不会有任何动作，但如果你骂的对象是一位著名的大学四分卫呢？如果是高中的四分卫呢？如果这个对象是州内的名人，会有影响吗？一个四分卫究竟应该达到多高的水平，才能享受到罗杰斯的那种"被骂权"？当涉及其他国家时，应该依据怎样的标准来判定谁是公众人物以及怎样的行为构成了骚扰呢？

　　"土耳其宪法禁止诽谤共和国缔造者阿塔图尔克（Ataturk，即穆斯塔法·凯末尔·阿塔图尔克），"戴夫·威尔纳说，"他们普遍认为承认亚美尼亚种族灭绝事件是对阿塔图尔克的中伤，因为作为军队领导人的阿塔图尔克不会允许这种事情发生。因此，谈论亚美尼亚种族灭绝被很多土耳其人视为一种文化侮辱。另一方面，由于希腊和土耳其之间因历史恩怨而关系紧张，我们能够看到希腊人喜欢用 Photoshop（一款图片处理软件）给阿塔图尔克涂脂抹粉，因为他们知道这会惹恼土耳其人。"

　　戴夫·威尔纳自愿参与了完善标准的工作。"这是一个从我们记录的东西以及我们看到的所有东西中进行归纳的过程，要知道，我每天要查看 15 000 张照片。这些归纳出来的规则，比如说，我们不喜欢到处都是赤裸裸的人，威胁他人是不好的，诸如此类。事实上，我们最终借鉴了约翰·穆勒的伤害原则，以此来思考我们如何证明自己的言行是正当的。"

不过，在通用框架之外，Facebook 还需要一套高级的规则。为什么这些东西被禁了，而其他的没有？威尔纳说，所有的一切都归结为一件事：使命。赋予人们分享的力量，让世界变得更加开放和互联。

这在很大程度上是一种以言论自由为导向的理念，并且完全契合马克·扎克伯格的观点。"马克对此的参与是建立这项使命的知识框架以及公司的环境，"威尔纳说，"他没有编写出一套关于言论自由的规则。事实上，没有人编写过这样的规则。这就是为什么我要编写它们，因为我们需要它们。"

这份文档有约 1 500 个单词，但将纸面上的规则落到实处仍然充满了挑战，审核人员不可避免地会理解错误。"这件事极其复杂。而且，当你制定了极其复杂的流程，其中涉及人们生产的数以百万计的内容，那么你就会得到巨量的错误，"威尔纳说，"人们出于价值上的或道德上的原因希望你做出某些区分，而这些区分很难在描述中讲清楚。"甚至连母乳喂养的问题也没有得到真正解决，因为一个正在哺育婴儿的女性可能还有其他身体部位是裸露的。"如果有人在哺乳，但没有穿裤子，那该怎么算？"威尔纳说道，随即给出了答案，"不穿裤子是不行的，这种照片应当删除。"

威尔纳叹了一口气。他已经从 Facebook 离职，目前在 Airbnb（爱彼迎）掌管内容标准——在这个短租平台上，人们在发布房源信息时也经常干一些不得体的事情。他的妻子夏洛特现在是 Pinterest 信任与安全部门的负责人。"如果不是有内容审核，我都没法跟你说 Facebook 会有多疯狂，"威尔纳补充道，"Facebook 能像现在这么平静，这基本上是一个奇迹。"

Facebook

Facebook 将总部搬到加利福尼亚大道 1601 号，这在实体层面展现了扎克伯格眼中的 Facebook 应该是什么样子。在办公室里，每个人都平等地坐在长长的隔板桌前工作，他们面前是超大的显示器（至少两个），公司的管理人员就散布在普通员工中间。扎克伯格也是一样，他会利用自己所在位置的优势来为那些从事重要任务的团队提供支持，让他们移到自己附近来解决问题。普通员工就在几英尺外的地方办公，扎克伯格这位 CEO 听到他们聊天也是很常见的事情。

扎克伯格会在"水族箱"中召开会议，这是一片由玻璃墙围起来的区域，位于一楼宽敞办公区的中央位置。2011 年，Facebook 将总部搬到了门洛帕克原属于太阳微系统公司（Sun）的园区。彼时，扎克伯格选择了一种私密性更差的办公环境，他在一楼办公室找了一张办公桌，跟中庭之间就隔着一扇大窗户，而中庭那边有川流不息的员工和访客经过。有些人免不了要伸长脖子往里看，把窗户当成了水族箱玻璃，而扎克伯格成了某种供人观赏的奇异生物（对这位 Facemash 的开发者来说，这应该不足为奇，毕竟他早就知道"人们比我想象中更喜欢窥探他人的隐私"）。Facebook 在窗户旁贴了块牌子，劝阻人们在此停留。

扎克伯格喜欢散步，经常在访客进入"水族箱"区域之前，他就会问是否可以边走边聊。他会陪着客人走过工作区，从小小的前厅出来，进入学院街富有田园风情的街道（扎克伯格现在跟普莉希拉·陈住在一起，他终于买下了一套带有真正家具的房子，那里距离 Facebook 的办公室只有数百英尺）。后来，Facebook 又将总部搬到了门洛帕克一片更为偏远的区域，距离盐碱滩很近，扎克伯格还是作风如故。在一次散步时，一位高管注意到一条大蛇就在扎克伯格的步道附近游走，而他还是在一直讲个不停。

随着公司规模不断扩大，扎克伯格跟桑德伯格还是坚持原先的分工：扎克伯格继续专注于 Facebook 的产品以及公司的长期规划，而他不怎么关心的其他大部分事务则由桑德伯格掌控，包括销售、政策问题、投资者关系以及媒体公关。尽管如此，扎克伯格也知道自己是一家规模越来越大的公司的 CEO，他尽力在不擅长的领域（比如公开演讲以及跟政界人士或媒体打交道）提升自己。在早期跟政界人士以及其他政府官员的会面中，克里斯·凯利充当了他的领路人，前者会敦促他参与交流。凯利说："他会坐下来，然后盯着别人看。"扎克伯格的这种癖好随着时间的推移逐渐消失了。在他跟政界人士最初的几次接触中，时任纽约市市长迈克尔·布隆伯格（Michael Bloomberg）值得一提。在令人不安的沉默过后，扎克伯格问布隆伯格："你为什么要做这个？"这打开了话头，之后两个人聊得不错。

　　在其他方面，扎克伯格仍然是他父母所熟知的顽固孩子。他拥有谜一般的个人习惯和私密仪式，一个比较为人所知的例子是他制定的年度个人挑战。2009 年 1 月，全球经济衰退还在进行当中，当 Facebook 所有员工结束圣诞节假期回到岗位，扎克伯格在全体会议上发表了一场演讲，并系上领带以示局势的严重性。他说："当我们进入新的一年，每个人都认为世界正在分崩离析，所有公司都停止了招聘，只把关注重点放在营收和财务状况上。"扎克伯格在当年底告诉我："我当时想，我们不要这样做，我们不会退缩，我们不会因为没有实现正向现金流，就要把所有资源转移到提高营收上去。我们要继续按照既定路线前进，继续聚焦于增长。"公司的一名员工指出，如果 2009 年对 Facebook 来说真是攸关生死的一年，那么扎克伯格应该继续系领带。他同意了。Facebook 确实在 2009 年实现了增长，该公司的营收几乎翻了一番，而且首次实现了赢利。我建议扎克伯格可以继续系领带，以保持这种增长势头，但他并不怎么上心。"也许系领带拥有一种魅力，"他说，"但我觉得自己快被勒死了。"

扎克伯格决定将自己的年度挑战继续下去。起先挑战内容相对低调，但随着人们越来越熟悉它们，扎克伯格的年度挑战开始具有了一定的营销性质：他会在一片热议声中公布自己的年度挑战内容，并在年底发布一份报告总结。2010 年，他决定学习中文（批评人士认为，这是一种讨好中国的伎俩，因为 Facebook 在中国遭到了封禁）。还有一年，扎克伯格发誓要每两周读完一本书，他的书目作者从史蒂芬·平克到威廉·詹姆斯再到亨利·基辛格，不一而足。

2011 年，扎克伯格的年度挑战要更为私人化一些，他立誓吃素，荤食只吃自己亲手屠宰的动物。这项挑战源于他对一件事的好奇心，即吃肉意味着什么。"我认为很多人忘记了，我们人类之所以能吃上肉是因为动物们奉献出了自己的生命。因此，我的目标就是让自己不要忘记这一点，并为自己拥有的一切心怀感恩。"扎克伯格在自己的年度挑战曝光后，这样告诉记者。[13]

那时候，扎克伯格的邻居是著名的餐厅经营者杰西·库尔（Jesse Cool），他是跳蚤街餐厅的老板（最开始，扎克伯格和桑德伯格正是在这家餐厅讨论后者入职 Facebook 事宜的）。库尔在自家后院养了一些鸡，在她的指导下，扎克伯格在其厨房杀了一只鸡，并带回家烹煮。后来，扎克伯格又在农场以及经过认证的设施中徒手宰杀过猪和羊，他将肉冷冻，烹制后拿给朋友享用。在宰杀这些动物之前，扎克伯格会将手按在动物身上，沉默片刻。库尔认为，这代表一种尊重。她说："这是他真正理解自己所吃食物的旅程。"当人们听说了这项挑战，有的人嘲笑挖苦，有的人则表示反对，库尔对此感到很是不快。善待动物组织（PETA）给扎克伯格寄来了一篮子"美味的纯素食品"。[14] 甚至在数年之后，Twitter CEO 杰克·多尔西回忆自己在扎克伯格家吃晚餐的事情，也登上了新闻头条。在多尔西的记忆中，当天的主菜是扎克伯格宰杀的羊，煮得有些欠火候。

多尔西显然觉得，虽然君子报仇十年不晚，但烹羊宰牛还是煮熟了为妙。不过，说到 Twitter，扎克伯格会向我们证明，他烹羊不行，报仇很行。

在扎克伯格的"Twitter 历险记"中，他首次使用了之后一再用于竞争对手的战略：找到一家在当前或未来可能构成威胁的公司，尝试收购它，如果对方不出售，那就模仿它。

2008 年，Twitter 的增长和影响力呈爆发之势。跟 Facebook 一样，Twitter 是一款围绕用户生成内容构建的社交产品。不过，它在很多方面跟 Facebook 的动态消息有所区别：Twitter 上的帖子被称为"推文"，是严格按照时间顺序排列的；Twitter 不依赖于用户的个人社交网络，推文是用户选择"关注"某人的决定性因素；Twitter 也没有什么"加好友"的仪式，用户无须对方许可即可关注某人；而且，Twitter 是实时运行的。

Twitter 的领导团队饱受内讧的困扰。Twitter 微博客技术的发明者以及公司当时的 CEO 杰克·多尔西是在为 Odeo（一个播客网站）工作时得到灵感的，而 Odeo 是企业家埃文·威廉姆斯（Evan Williams）旗下的公司。威廉姆斯和公司另一位联合创始人比兹·斯通（Biz Stone）对多尔西作为 CEO 的工作并不满意，他们一直在试图将多尔西排挤出 Twitter。

与此同时，多尔西一直在跟 Facebook 方面展开对话，他会在旧金山的一家咖啡厅与克里斯·考克斯进行探索性的会谈。作为各自公司内容流的负责人，他们对内容流的概念产生了分歧。"实际上，我告诉他的是，我们拥有两种不同的模式。"多尔西说道。

然而，Facebook 想要得到 Twitter 所拥有的东西。事实上，它想要把 Twitter 收归旗下。在多尔西被威廉姆斯赶出公司之后，扎克伯格给威廉姆斯打了一个电话，并邀请他跟比兹·斯通到 Facebook 来谈谈。威廉姆斯坐进自己的保时捷，载着斯通一路开到了帕洛阿尔托的市中心。[15] 威廉姆斯正确地猜到了扎克伯格想要收购 Twitter，因此他们决心报一个自己所能想到的最高价。在 Facebook 的办公室，查玛斯·帕里哈皮亚把两人领到扎克伯格面前，后者正坐在一个小小的办公区域里，这里看起来更像是电话亭而不是会议室。威廉姆斯和斯通不得不挤在一个双人沙发上，而扎克伯格则坐在房间里剩下的那一把椅子上。

"我们是把门开着还是关上？"威廉姆斯问道。

"好的。"扎克伯格答道，这令威廉姆斯完全摸不着头脑，他决定还是把门关上。

扎克伯格单刀直入，他不想从一个数字开始这次收购谈判，但如果对方心中确实有一个报价，那会是多少呢？

"5 亿美元。"威廉姆斯说道，这个数字至少是 Twitter 当时估值的两倍。

"这是一个很大的数字。"扎克伯格说，他没有报出一个较低的还价，而是做了一些令人不安的事情。尽管扎克伯格没有多说，但他的话让 Twitter 的两位高管确信，如果他们不同意出售，那么扎克伯格就会把 Twitter 的功能复制到 Facebook 中去。他们早就猜到扎克伯格会这样做，但亲耳听到还是遍体生寒。

即使是以 5 亿美元这样的虚高估值，威廉姆斯也不愿意出售 Twitter。他觉得 Twitter 的价值注定将升得很高（的确如此，几年之后，该公司最终以 140 亿美元的估值挂牌上市）。此外，他对 Facebook 的股票也持怀疑态度，哪怕真的收购，Twitter 也只会接受现金（在这方面，他错了。2008 年时价值 5 亿美元的 Facebook 股票，有一天会涨到成百上千亿美元）。归根结底，他就是不信任 Facebook

或马克·扎克伯格。这位年轻的 CEO 的某些方面让他感觉不对劲。不过，威廉姆斯还是履行了信托责任，他将 Facebook 的收购要约提交给了 Twitter 董事会，并建议不要接受。董事会接受了他的建议。

由于扎克伯格无法收购 Twitter，他决定对 Facebook 的动态消息进行 Twitter 式的改造，以此削弱 Twitter 的影响。

从某种意义上说，从 2006 年开始，Facebook 就一直在借鉴 Twitter，从允许用户更新个人状态到推出动态消息功能，不外如是。"个人状态是到很晚才加进来的功能，直接就是从 Twitter 盗版过来的，"埃兹拉·卡拉汉说，"没有别的办法，Twitter 流行的速度太快了，我们也得照着做。这是我们第一次直截了当地模仿别人。"

扎克伯格决定将 Twitter 产品的一些核心原则应用到 Facebook 中，这意味着要完成 Facebook 已经在进行的一次转变，即将产品的重点从留言墙转移到动态消息。基本上，Facebook 是要将用户个人资料页面上的留言墙拆除，并让动态消息成为人们在该服务上进行公开交互的场所。对于 Twitter 的嫉妒似乎加速了这一进程。

马克·斯利是负责 Facebook 2008 年这次产品重新设计的产品经理。"我要说，扎克才是真正的产品经理。"他形容自己的工作是翻译和贯彻老板的想法。这些想法确实源自 Facebook 的多次内部讨论，因为它们改变了 Facebook 内容的性质。动态消息将由此改变人称视角，从第三方在 Facebook 上报告活动（比如马克发布了一张照片）变为人们自己发布内容（嘿，我发布了一张照片）。Facebook 开始鼓励用户分享更多内容，比如文字和个人照片。动态消息也开始吸纳更多外部媒体内容，比如文章和视频的链接。

尽管这样做是本着改进 Facebook 以及认可内容流威力的精神，但在所有这些决策背后，潜藏着扎克伯格挫败任何竞争对手的决心。"我不能说马克是否认为我们应该具备类似 Twitter 的功能，"斯利

Facebook

说，"我的解读是，马克极度争强好胜，他绝对不希望让别人有机会超越我们。Facebook 应该就是 Facebook，但我们需要防御这种潜在的威胁。"

这次产品重新设计对动态消息以及 Facebook 产生了深远的影响，而且可以毫不夸张地说，人类本身也深受影响。在此之前，动态消息中内容的排序是由一些信号决定的，这些信号代表着内容对于用户好友网络的重要性。Facebook 动态消息的新算法被称为 EdgeRank，它依靠三个主要因素：亲密度、权重以及时效。[16] 亲密度的衡量标准是用户和发帖者的亲疏远近，如果对方是用户的兄弟或者密友，那么帖子内容就会获得较高的评分。权重由一个公式确定，它能基于用户的兴趣爱好和过往的行为预测用户回复特定帖子内容的可能性。时效考虑的是帖子的发布时间，越近发布的帖子优先级越高。算法根据这些指标得出一个分数，这当中涉及大量计算机科学方面的技术。一个帖子会出现在用户动态消息的什么位置，或者它会不会出现在用户的动态消息里，就取决于上述因素是如何进行加权的。这三个因素决定了每一个潜在帖子的评分，而各个因素发挥作用的大小在很大程度上是由 Facebook 控制的。在任何给定时间，EdgeRank 算法都可能发生改变，让一个因素的重要性压过另一个。

变得更像 Twitter 意味着 Facebook 的动态消息更加强调参与度和即时性，这是为了复制 Twitter 的一种能力，即向人们呈现某一时刻的世界正在发生着什么。同时，这也是为了抢夺 Twitter 的风头。

在 2009 年进行的产品重新设计中，动态消息变得跟 Twitter 更像了，一个代号为"尼罗河"（The Nile）的项目进一步增强了动态消息的实时性。Facebook 和 Twitter 之间的根本区别之一就在于两者社交图谱的运作方式不同。Twitter 并非单纯的社交网络，更是一种微型的广播媒体，用户发布的推文会被推送给所有"关注"他们的人。而且，除非用户将自己的推文特别设置为私密（很少有人会这么做），否则 Twitter 成百上千万用户中的任何一个人或每个人都可以关注特定用户发布的内容。名人或网络红人可以拥有数十万乃至数百万的关注者，他们发布的推文可以充当某种新闻服务，或者是大型的喜剧俱乐部，或者是 140 个字符的表演空间。在 Facebook 上，好友关系是对等的——隐私保护决定了用户发布的帖子只会被推送给范围有限的人群，而且用户可以对此进行控制。而现在，Facebook 鼓励用户像使用 Twitter 一样使用动态消息，让他们去关注各个领域的名人和专家。如果你跟这些人进行互动，那么他们发布的帖子就可能会出现在你的动态消息当中。

Facebook 倒是做了一些调整，以确保大量涌入导致分心的内容不会彻底扼杀自身网站的社交价值。Facebook 内部流传着一个著名的故事：当时扎克伯格有一位亲戚刚生了孩子，而相关帖子从未出现在扎克伯格动态消息的顶部，他对此大为恼火。"你不会想要浏览完 100 个帖子之后才看到自己的朋友生了孩子，"当时，扎克伯格这样对我说，"这样的内容最好排在最顶部，否则你就会生气，认为我们没有尽责。"因此，Facebook 开始特别关注用户帖子中跟出生、婚礼和讣告有关的措辞，让这些帖子能够排到动态消息的顶部。此外，当有人在回复帖子时使用了"恭喜"之类的词语时，那也会成为非常重要的信号，代表帖子内容可能是人生大事，因而能获得较高的排名。[17]

用斯利的话说，Facebook 还是那个 Facebook，但它现在扩展了自己的角色，从一个为你提供好友信息和娱乐内容的平台，进阶为一个为你提供所有信息和娱乐内容的平台，那可能是你某个好友的新消息，也可能是你的好友在分享关于碧昂丝的新闻。如果你对某个主题或某个人感兴趣，那么 Facebook 将不吝向你提供相关内容，而 Facebook 检测你兴趣爱好的主要方式就是看你是否会参与类似内容的互动。那些寻求在 Facebook 上更广泛地传播内容的人知道，如果人们对他们的帖子做出回应（包括点击、点赞，或者仅仅是视线停留一会儿），那么 Facebook 的算法便会启动正反馈，帮助内容更广泛地传播。

从某种意义上说，动态消息是在重演 Facebook 早期某些开发人员在该平台发起的垃圾信息攻击。只不过在这里，"垃圾信息"不再是一些恼人的通知（比如某个人刚刚下载了某款游戏，或者是谁谁谁朝你扔了一头羊），而是一些会让人稍稍分心的内容：一个暖心的新闻故事，一张猫咪的照片，或者是一篇有关《星球大战》角色的介绍文章。让内容实现病毒式传播的方法基本相同，而不同的是，这次 Facebook 开始大张旗鼓地鼓励此类帖子。能够在动态消息中排名居前的内容，正是那种能够让人看后产生兴奋感的内容，效果就像摄入糖分一样。从 Facebook 的视角来看，这是在向人们提供他们想要的东西。

在动态消息的发展早期，Facebook 内部一直在讨论，如何通过算法决定哪些才是最有趣的内容。有些人认为，不应该在一开始就把最有趣的内容呈现给用户，而要吸引用户不断向下翻找。扎克伯格则断定，即使存在让用户过早满足的风险，他们也应该把最有料的内容放在最前面。"如果用户只看三个帖子，那么他们应该看到三个非常不错的帖子。"在实际场景中，三个优秀的帖子已经很有可能留住用户，让他们继续往下浏览了。

至此，Facebook 的思维方式已经不再像一家社交网站，而像是一家出版商。如果 Facebook 知道一个帖子会吸引你的注意力，那么它就会延伸到你社交网络的边缘（包括那些跟你关系泛泛的好友），把这样的帖子置于你动态消息的顶部。或者，你的网络中可能没有人发布这样的帖子，但好友的好友发布了，而你的好友还在帖子下面发表了评论，在这种情况下，你的好友可能传播了一些对他们自己没什么意义但可能会让你感到开心或生气的内容，甚至促使你对此发表评论。

所有这些因素导致动态消息变身成为一台病毒式传播引擎。那些较早领悟这一点的人，包括政治行动组织 MoveOn 以及"模因工厂"BuzzFeed（新闻聚合网站），意识到现在可以利用 Facebook 这种快速传播内容以激发愤怒或牵动心弦的能力来发起自己想要的运动，或是打造自己想要的生意。

Facebook 是睁着眼做出这一转变的。隶属于该公司增长部门的数据科学团队对此展开了研究，他们并不是把它当成威胁，而是把它作为一种需要搞清楚的现象来研究的，以便更好地加以利用。核心数据团队发表了一篇论文，题为《祝你健康！通过 Facebook 动态消息构建病毒式传播模型》。[18] 这项研究的对象是一个由 262 985 个 Facebook 页面组成的数据集，这些页面是在 2008 年 2 月到 8 月间被创建出来的，当中出现了一些"扩散事件"（扩散事件似乎是表达"病毒式传播"的一种高级术语）。在这里，研究人员的想法是对"一个大型社交媒体网络中发生的扩散事件进行实证研究"。他们发现，动态消息的运行机制有助于煽动人们"粉上"特定的页面（Facebook 在开展这项研究时还没有推出点赞按钮）。研究论文通篇使用流行病学的术语来进行阐发。其中写道，如果条件合适，动态消息可以引发"全球级联"，比如让一条评论大火特火。

研究人员还评述了谁能够从这种病毒式传播化的动态消息中收获最大利益，虽然严格来说这并不是他们研究的组成部分。他们指出："这些模型对营销人员具有重大的实际意义，特别是那些有兴趣通过社交媒体打广告的人。"

与此同时，由于动态消息借鉴了 Twitter 的一些创新功能，Facebook 就此关闭了 Twitter 对动态消息的访问权限。此前，人们一直可以将自己的推文"交叉发布"到 Facebook。但在 2011 年，扎克伯格给 Twitter 时任 CEO 迪克·科斯特罗（Dick Costolo）打了一个电话，告诉他 Facebook 将切断 Twitter 对其 API 的访问，因此交叉发布也将成为历史。扎克伯格对此没有进行解释，也没有必要解释了。"我们一直都知道这终将发生，"科斯特罗说，"众所周知，如果你的规模变大了，他们就会将你拒之门外。而如果我们变得更加强大，他们就会越来越多地切断我们的生命线。当 Facebook 注意到你的时候，你就麻烦了。"

Facebook 借鉴 Twitter 还带来了另一个后果，而这已经成为 Facebook 的一个危险领域——隐私。

在 Twitter 上发推一直是一种公开行为。该公司倒是提供了一种选项，让用户可以将自己的推文设置为仅特定用户组可见，但绝大多数用户使用的都是默认设置，这样他们发布的内容可以被所有 Twitter 用户看到。此外，Twitter 用户发布的推文还会被搜索引擎抓取，甚至被美国国会图书馆收藏。

现在，Facebook 也要走这条公开道路了。具体来说，扎克伯格想要更改 Facebook 与用户签订的服务条款协议。更改前后的关键区别在于 Facebook 原先的默认设置是内容"仅好友可见"，而现在变成了"所有人可见"。除非用户采取特定的措施来限制内容的曝光，否则他们发布的帖子、点赞、好友列表以及某些个人资料信息不仅将在 Facebook 上公开，而且还会被谷歌以及其他公司的搜索引擎收录（此前，Facebook 仅向搜索引擎公开用户的姓名以及他们所属的网络）。

在关于这项更改的新闻发布会上，克里斯·考克斯承认 Twitter 是促使他们做出决定的一个因素。[19] 尽管如此，Twitter 也只是这项举措的部分灵感来源，真正的动力来自增长团队。如果 Facebook 能够让自家网站的信息在谷歌搜索结果中居于更靠前的位置，那么人们就有可能在那里找到更多的好友，或许还会促使一些抗拒 Facebook 的人注册。

相较于 Facebook 与用户最初签订的协议，这可算一次令人震惊的突破。当 Facebook 还是 Thefacebook 时，其服务的本质特点就是将用户的所有个人信息保存在社区内部。"我们知道，您可能不希望世界上的每个人都可以看到您所分享的信息。"Facebook 在 2006 年的隐私政策中这样写道。即使 Facebook 在同一年开放了注册，让任何人都能加入这项服务，该公司还是承诺，开放注册并不意味着用户的个人资料会被公开。"您的个人资料将一如既往地受到保护，"Facebook 在宣布开放注册的博客文章中表示，"我们的网络架构不会消失，用户仍然需要使用经过身份验证的电邮地址才能申请加入大学和工作网络。只有同网络的人以及经过认证的好友才能看到您的个人资料。"[20]

将能够看到用户个人资料的默认受众更改为"每个人"（真的就是世界上的每个人），这在 2006 年是无法想象的概念，现在却成了 Facebook 的当务之急。

在落实这些更改措施的同时，Facebook 在信标项目失败后的所作所为并未能挽回公众对它的信任。2009 年初，Facebook 公布了一份新的服务条款协议。[21] 从表面上看，新协议允许 Facebook 按照自身意愿随意处置用户分享到网站的个人详细信息，即便用户注销了账号也是一样。对此，消费博客 Consumerist 的一位撰稿人用文章标题做了总结：《Facebook 的新服务条款：我们可以永远对你的内容为所欲为》。用户立刻爆发了大规模的抗议，有 7 万人加入了一个名为"Facebook 用户反对新服务条款"的群组。电子隐私信息中心连同另外 8 个团体向美国联邦贸易委员会提出了正式投诉，据称该委员会对调查 Facebook 很感兴趣。外界的压力如此之大，Facebook 在一周之内就回到了之前的那套服务条款，而扎克伯格也承认"犯了错"。没过多久，

Facebook

扎克伯格就想出了一个颇为新颖的点子来阻止人们的批评：从此往后，Facebook 将允许用户对公司政策变化进行投票表决。如果 Facebook 是一个国家，那么它的人口能够排到全球第 6 位。在这种情况下，扎克伯格认为 Facebook 的"公民"对"本国"事务应当具有发言权。这样一来，经过用户投票的决策就具有了约束力。

当年 2 月，扎克伯格在一次富有争议的新闻发布会上公开了这一想法，他说："我们把上周的事情看成一个强烈的信号，表明人们有多么关心 Facebook 以及多么希望参与它的治理。"[22] 即使是隐私权倡导者，他们也觉得 Facebook 让用户投票决定公司政策的概念大胆而又有趣。

不过，Facebook 的这一提议被证明有点骗人。这当中存在一个巨大的漏洞：Facebook 规定，只有 30% 以上的用户参与投票时，投票结果才具有约束力。鉴于 Facebook 庞大的用户基数以及极少数的人才会关注隐私条例之类的问题，那样的投票率是不太可能实现的。在这次试验中，Facebook 共发起了三场选举，但没有哪一场的投票率达到 1% 以上。最终，Facebook 悄然放弃了这种以用户为中心的民主治理概念。[23]

Facebook 在 2009 年底对隐私设置进行更改时从未提请用户投票表决。但如果 Facebook 在内部举行投票，我们也不清楚是否能够获得通过。"公司在这项决策上分裂成两个阵营。"戴夫·莫林说道，他是反对阵营的一员。

当时，Facebook 原先的首席隐私官克里斯·凯利已经离开公司去参加加利福尼亚州总检察长的竞选（未获成功），他的继任者名叫蒂姆·斯帕拉帕尼（Tim Sparapani），是一位精通互联网的律师，同时也是 Facebook 内部的隐私监管者。斯帕拉帕尼是一位隐私专家，是用户权利的积极倡导者，他曾为美国公民自由联盟工作过。

11 快速行动，破除陈规

此外，斯帕拉帕尼还是 Facebook 首位驻华盛顿哥伦比亚特区的政策官员，他是 Facebook 派驻到美国首都的第二名员工，并主持开设了该地区的首个办事处，选址就在美剧《白宫群英》曾经的片场。来自 Facebook 的新租客相信，他们用来讨论隐私和政策问题的会议桌跟电视剧中虚构总统约书亚·巴特勒（Josiah Bartlet）麾下幕僚用来商讨国家大事的是同一张，但此事从未得到证实。在 Facebook，有时候内部的讨论比电视剧中更加剑拔弩张。2009 年的隐私条款事件就让这种态势愈演愈烈。

一方面，斯帕拉帕尼和 Facebook 其他一些关注隐私问题的人很高兴地看到，Facebook 在宣布做出更改的同时也推出了一些能够改进隐私控制的选项。这些选项让用户第一次能够设置单个帖子的可见性，即用户可以设置只让特定群组的好友看到帖子，也可以设置让好友的好友能够看到。Facebook 创建了一个"转换工具"，可以帮助用户根据新规则设置自己的隐私级别。相较于当时已经变得越来越复杂的控制选项（复杂到有些人根本找不到入口），新的选项绝对是一种进步。斯帕拉帕尼说："在 Facebook，原先你要搞清楚完成设置所需的操作非得拥有博士学位才成，而且你还得花费大量的时间。"

不过，Facebook 知道，大多数人永远都不会费心去使用那些更加透明的控制选项。这个行业的真理之一就是绝大多数人只会使用默认设置（事实上，Facebook 后来也提到，其 80%~85% 的用户没有对默认设置做过修改）。

另一方面，Facebook 有充分的理由重新考虑隐私设置的事情：现在有数以亿计的人在多个网络中与好友以及联系人进行通信，原先那种将信息限制在大学班级范围之内的想法已经无法成为一种隐私模式的坚实基础。"那种模式破产了，"科林·斯特雷奇（Colin Strech）说，他是新政策出台之际 Facebook 在华盛顿哥伦比亚特区聘请的律师，"一旦 Facebook 向所有人开放，它就没有多大意义了。"

尽管如此，即使在 Facebook 内部，也有人认为更改 Facebook 当时 3.5 亿名用户个人数据的默认设置，看起来是公司的巨大背叛。而且，它甚至有可能是非法的。斯帕拉帕尼认为，如果将提议的更改实施下去，Facebook 既会违背隐私法的精神，也会违背隐私法的文本，因为法案中明确规定，公司要对任何更改发出明确的通知，而且在获得用户的知情同意之前不得实施。跟他持相反意见的是帕里哈皮亚及其增长团队，其目标是吸引并留住更多的用户，并激励用户分享更多的内容。

跟往常一样，最后一锤定音的是扎克伯格。这一次，他跟增长团队站到了一起。可以肯定的是，那些反对扎克伯格决定的人并不认为他是不道德的，或者觉得他是在破坏用户的信任。"跟我相比，他更相信结果能够证明手段的合理性，"Facebook 当时的一位高层说，"如果我感觉他并不在乎这些事情，那我会立刻辞职离开。"

在不久之后的一场台上采访中，扎克伯格解释了自己的理由。"很多公司都会被惯常做法以及他们的历史遗产所困住，更改 3.5 亿名用户的隐私设置不是那种公司会做的事情。但我们认为这是一件非常重要的事情，我们要始终保持初心，扪心自问，如果在这个时候创办公司自己会怎么做。我们认定这些将成为现在的社会准则，于是我们就全力以赴。"[24]

Facebook 在这一时期做出的另一项改变是对 API 进行了调整，API 是开发人员用来调用 Facebook 用户信息的接口。Facebook 把这个项目称为开放图谱，或者是"Graph API V1"，这是扎克伯格将 Facebook 传播到海外的又一次努力。开发人员已经在利用 Facebook 的 API 做一些可疑的事情，比如导入 Facebook 用户或使用 Facebook 连接来登录其他服务的用户的信息。现在，开放图谱意味着他们还要变本加厉——攫取用户好友的数据。那些"好友的好友"根本没有办法保护自己的数据，其中可能包含了他们的生日、电邮地址、点赞内容以及婚恋状态。可以说，这些数据正是一些应用亟须的。举例来说，一款约会应用可能就需要知道某人是否已经结婚。但最令人担忧的是，开发者可能会导出 Facebook 用户的庞大数据库为自己所用，或者更糟糕的是，将其出售。

斯帕拉帕尼知道他无法阻止这种做法。但在签字同意启用新的 API 之前，他要求公司公开声明将对那些利用 API 获取用户个人信息的开发人员进行审核。Facebook 向他保证，公司将采取积极的措施，同时开发产品追踪对外提供的信息，并验证开发人员有没有保留那些信息。

但根据该公司多名时任高管的说法，Facebook 根本没有开发这些产品。我们并不清楚，当时被安排做这件事的工程师是不是又被分派到了其他任务项目，抑或是公司有人发话不用再做下去了。但显而易见的是，这件事并非 Facebook 的优先事项。

对于开放图谱可能引起的麻烦，外界一直有声音在发出警告。例如，在 2010 年 10 月，《华尔街日报》报道称，Facebook 向开发人员提供的数据不仅有用户的好友列表、兴趣爱好以及性别，甚至还有 Facebook 用来识别用户的私密 ID。[25] 用户 ID 的泄露后果尤为严重，因为外人可以利用这些 ID 来绕过 Facebook 的隐私保护措施。如果开发人员掌握了用户 ID，那么他们就能访问该用户一些甚至不与亲密好友分享的私密信息。此外，ID 还可以被用来将用户的 Facebook 账号跟现实世界中的信息进行关联，比如他们的地址以及财务信息。

Facebook 表示，他们释出用户 ID 并非有意为之。接受《华尔街日报》采访的开发人员表示，他们没有要求 Facebook 提供这些数字

ID，也没有使用它们。但 Facebook 需要新闻报道的提醒才想起解决这个问题，这种事情本不应该发生。现在我们已经知道，Facebook 至少从一家开发商那里听到过反对意见，因为后者并不想要这些数据。"在我们的面对面会议上，我们告诉 Facebook，你们正在把我们 3 000 万名用户的 ID 以及用户好友的 ID 提供给我们，" iLike 的纳特·布朗说，"我们可以看到 3 亿人，我们知道所有关于他们的信息，而我们并不想要这些！"更糟糕的是，这些宝贵的 ID 数据落到了数据经纪商的手上，他们转头就把数据用于市场营销或者是对 Facebook 用户进行追踪。

《华尔街日报》重点报道的数据经纪商叫作 RapLeaf。[26]

RapLeaf 这种公司的存在指向了一场沉默无言的隐私危机，而这场危机的外在表现就是 Facebook 用户的信息被外部人士攫取。这只是用户信息地下经济的冰山一角，而 Facebook 的数据也只是其中的一部分。尽管包括《华尔街日报》在内的一些媒体开展了调查报道，但公众对于这种广泛存在的个人数据交易知之甚少。面对这种状况，Facebook 似乎安之若素。但如果予以关注的话，它可能就会意识到，有朝一日这个问题会在它面前爆发出来。

RapLeaf 成立于 2006 年，其联合创始人奥朗·霍夫曼（Auren Hoffman）是一位精明的企业家，他也是该公司的 CEO 以及形象代言人。RapLeaf 的部分种子资金来自彼得·蒂尔，他当然还投资过 Facebook，并且是 Facebook 的董事会成员。霍夫曼是一位数据经纪商，他做的行当就是搜集人们在使用互联网时暴露出来的个人信息，并将其出售给营销人员。霍夫曼说："我们抓取过 Facebook，抓取过 LinkedIn，抓取过 MySpace，抓取过个人博客，无所不包。"他表示，数据经纪商的目标就是把营销信息出售给公司。Facebook 的数据特别有用，因为它提供了关于用户兴趣和状态的具体信息，比如某个人是否喜欢披头士乐队，或者某个人是否单身以及他们住在什么地方。

霍夫曼现在说，他只是对 Facebook 提供的机会善加利用。他声称，Facebook（以及被他抓取过数据的其他公司）对他的行动了如指掌，Facebook 向他提供了帮助。"所有的高层管理人员都知道，他们是聪明人，他们知道自己网站所发生的一切。基本上，我们已经把自己使用的方法告诉了他们。他们向我们提供了一些让数据抓取更加高效的建议，以免我们的操作给他们的服务器造成额外负担。他们监控着一切。他们告诉我们，还有另外 40 家公司在做这样的事情。我觉得那些公司如今仍在这样做。"

有时候，Facebook 也会觉得 RapLeaf 在搜集用户个人信息时做得太过分。"他们会说，'嘿，这有点过了'，或者是'别搜集那些信息'，"霍夫曼说，"我们肯定做过很多蠢事，我们有点像黑客，所以我们就像是在做黑客的那些事情。"

在那些从开发人员手上购买遭到泄露的用户 ID 并转卖给营销人员的公司当中，霍夫曼的 RapLeaf 显然榜上有名。数据经纪商可以对照他们已经掌握的姓名列表，然后在瞬间把来自用户个人资料的所有信息添加进来，使得他们的数据变得更有价值。例如，如果某位用户是枪支爱好者或者是女性医保的倡导者，那么他或她将会对政治竞选活动产生极大兴趣，这可不是什么假设。"RapLeaf 把那些信息出售给竞选团队，方便后者打政治广告。"曾在 Facebook 从事广告合规工作的桑迪·帕拉基拉斯说道，他后来成了 Facebook 最直言不讳的批评者之一。

作为对《华尔街日报》报道的回应，Facebook 堵住了泄露用户 ID 的漏洞。此外，它还跟 RapLeaf "达成协议"，后者将删除其搜集的 Facebook 用户 ID，并从此离开 Facebook 平台。

霍夫曼认为这是游戏的一部分，"Facebook 的人基本上会允许很

Facebook

多事情发生，"他说，"他们会非常宽容。但如果出现了一篇（批评）文章或是发生了什么事情，那么他们就会予以取缔。我们的遭遇显然就是这样的。"Facebook 认为，当他们劝退了 RapLeaf，他们也就平息了争议。然而，这不会是 Facebook 最后一次忽视警告的声音。

事实上，通过 2010 年发布的开放图谱，Facebook 正寻求用更多方式将信息传递给开发人员，以此将内容分享扩展到自家网站之外的地方。在当年的 F8 开发者大会上，扎克伯格对一个名为"即时个性化"（Instant Personalization）的新方案感到兴奋不已。该方案可以让开发人员在自己的网站添加一段代码，这些代码将调用来自 Facebook 的个人数据，比如好友列表、性别等几乎用户分享的一切内容，从而让网站"Facebook 化"。当一个 Facebook 用户访问该网站时，相关数据便会呈现在他或她的眼前。自此，网站就实现了"个性化"。这就好比酒店知道熟客的喜好，当客人到达房间时，酒店已经为其准备好了合适的枕头及其钟爱的饮料，并在音响中播放客人喜欢的音乐。音乐流媒体服务 Pandora 是 Facebook 这个新项目的三家产品发布合作伙伴之一，当用户打开 Pandora 时，他们就会听到自己在 Facebook 上点过赞的音乐（另外两家合作伙伴是微软和 Yelp）。

这里面的隐私问题非常明显且令人不安。即时个性化会自动启动，要阻止它生效，用户首先必须知道这项功能的存在，然后还要找到设置选项将其关闭。再一次，Facebook 的领导层对此存在分歧。问题不仅在于即时个性化，而且涉及 Graph API 本身，因为后者让开发人员能够更深入地接入用户的个人资料，甚至获取用户特别指明只能与好友分享的信息。尽管如此，扎克伯格还是在 2010 年的 F8 开发者大会上推出了 Graph API 以及即时个性化。

用一位评论人士的话说，即时个性化是一个"隐私毛团"，剪不断，理还乱。[27] 多家科技媒体发表报道文章，展示了退出该功能的过程有多么复杂难搞。在科技记者卡拉·斯威舍和沃尔特·莫斯伯格（Walt Mossberg）主持的"D：数字万物"大会上，扎克伯格在接受采访时因即时个性化一事颇受诘问。[28] 坐在大会主办方提供的标志性红色椅子上，扎克伯格回答隐私方面问题的表现并不尽如人意。等到有关即时个性化的问题出现时，他冒了太多的汗，不得不脱掉连帽衫。莫斯伯格多次开口询问：为什么 Facebook 要在没有征得用户同意的情况下，设计启用这项功能？扎克伯格解释说，即使只要求用户点击一次授权按钮，那也会造成太多麻烦，导致人们错失他们原本会喜欢的分享机制，这种事情曾经在动态消息身上发生过！扎克伯格说，有朝一日，人们在回首往事时会惊叹，网站居然有一段时间是不支持这项功能的。"世界正朝着以人为中心进行设计的方向发展，我认为这是一个强大的方向。"他说道，但这番解释并不能让人信服。

即时个性化还带来了另一个后果。"就在即时个性化推出之后，联邦贸易委员会的调查开始了。"科林·斯特雷奇说道，他后来成为 Facebook 的法律总顾问。

联邦贸易委员会一直都在接到有关 Facebook 所作所为的投诉，这与该机构一种日益增长的担忧是一致的，即这家年轻的科技公司正在突破法律的界限。"我们开始聚焦于一些科技公司，因为我们发现它们行为不端。它们年轻、发展迅速，并常常会做出自己并不会兑现的承诺，"联邦贸易委员会的一位前任专员说道，其所在机构启动了针对 Facebook 的调查，"Facebook 可能涉嫌违法，我们对此非常重视。"

扎克伯格在一些公开场合的发言并没有对公司受调查一事起到帮助作用。在 2010 年一场颁奖典礼的舞台上，他宣称关于隐私的社会规范已经发生了改变。"人们已经不仅习惯于分享更多不同类型的信息，而且也开始适应更开放和更多人的社交环境，"他说，"社会规范是一种会随着时间推移而演进的东西。"[29] 作为一种观察评论，这种观点并非站不住脚，但它未能反映扎克伯格自己在改变这些社会规范过程中所起的作用。他认为，如果人们的隐私观念调整为接纳更多的分享，那么世界将蓬勃发展。

在 Facebook 的律师和决策者应对调查之时，扎克伯格似乎仍然相信可以通过反复试验的方式来处理隐私问题。"我认为，无论与隐私相关还是无关，只要我们做出足够大的改动，我觉得我们应该预期有的人会喜欢它，有的人则不然。我们要先进行测试，让那些有意愿的人先尝试一下，"扎克伯格在 2011 年中期告诉我，"然后，我们将花费一些时间，根据所有的反馈意见进行调整，并从那儿正式开始。"

尽管参与调查的所有专员都认为 Facebook 误导了自己的用户并以多种方式侵犯了他们的隐私，但他们不同意对该公司实施制裁。有人认为应该点扎克伯格的名，那会产生非常大的影响。如果扎克伯格被点名而 Facebook 继续行为不端的话，那他可能要面临民事乃至刑事处罚。在和解协议的早期草案中，扎克伯格确实是被点名的。但在 Facebook 的律师和联邦贸易委员会不断的磋商之下，协议的最终版本并未对其点名。

2011 年 11 月，Facebook 和美国联邦贸易委员会最终达成和解。尽管 Facebook 没有承认自己有任何不当行为，但该公司在签署协议时也没有对自己所受的指控提出抗辩。此外，Facebook 还同意由外部审计者对其进行 20 年的监督，费用由该公司承担。[30] 联邦贸易委员会列举了 Facebook 的 7 项不当行为，其中有一些是明明有公司高管提出警告或反对而 Facebook 仍然付诸实施的，具体如下：

- 2009 年 12 月，Facebook 对网站进行了调整，导致用户之前指定为私密的特定信息（比如好友列表）被公开了。Facebook

没有警告用户这项更改即将生效，也没有事先获得用户的同意。

· Facebook 表示，用户安装的第三方应用将只能访问应用运行所需的用户信息。实际上，这些应用可以访问用户几乎所有的个人数据，而有些数据应用并不需要。

· Facebook 告诉用户，他们可以将数据分享限定在特定范围内，比如设置为"仅好友可见"。实际上，选择"仅好友可见"并不能防止用户的信息被好友所使用的第三方应用获取。

· Facebook 拥有一个"认证应用"计划，并声称会对参与该计划的应用的安全性进行认证，但实际上它没有。

· Facebook 向用户承诺不会与广告商共享用户个人信息，但它共享了。

· Facebook 声称，当用户停用或删除自己的账号时，他们的照片和视频将无法再被访问。但是，即使用户停用或删除了账号，Facebook 仍然有渠道访问上述内容。

· Facebook 声称，自己遵守了"美国-欧盟安全港框架"（该框架管理着美国与欧盟之间的跨境数据传输），但它没有。

"认证应用"的标签会让用户产生这样一种印象：如果是打了钩的应用，它们的可信度是经过 Facebook 审查的。[31] 实际上，开发人员通过向 Facebook 付费即可获得这一待遇。

当扎克伯格在自己的 Facebook 账号上撰写有关和解协议的帖子时，他一定有似曾相识的感觉。这与他之前几次被抓包的事件有相似之处，从 Facemash 到动态消息，从信标项目到 2009 年的服务条款，再到隐私设置，不一而足。"我是第一个承认我们犯了很多错的人，"他在帖子中写道，"我认为，尤其是一小部分引人注目的错误，例如 4 年前的信标项目，以及两年前我们在转换隐私模式时的执行不力，常常给我们所做的许多好事蒙上阴影。"

Facebook 不妨给自己的海报收藏多加一张：

快速行动，破除陈规，稍后道歉。

因为，这同样是 Facebook 公司文化的一部分。

12
范式转移

随着 2012 年临近，Facebook 的用户人数有望在年底之前突破 10 亿。广告商开始接受这项社交媒体服务，并将 Facebook 的营收推高至近 40 亿美元，其中 10 亿美元是利润。

但是，Facebook 建立的一切都岌岌可危。马克·扎克伯格没有为行业的巨大变革做好充分准备，以致这次变革对 Facebook 构成了生死存亡的考验。

世界正在转向智能手机，而 Facebook 的转型却做得笨手笨脚。

Facebook 对移动技术领域并不陌生，但奇怪的是，该公司多年来采用的方法是临时性的。2005 年，Facebook 跟移动运营商签订协议，把 Facebook 的一些功能移植到当时主流人群使用的"功能手机"上。负责此事的人就是杰德·斯特梅尔，他原是雅虎的业务开发经理，在某处看到介绍 Facebook 亮眼数据的幻灯片后，他就决心要在 Facebook 找一份工作。就在斯特梅尔达成心愿的同时，他参加了彼得·蒂尔在当年 12 月为庆祝 Facebook 用户数突破 100 万而举行的派对。时年 30 岁的斯特梅尔穿着一件运动夹克，感觉跟周围格格不入。

在接下来的两年中，他凭一己之力跟运营商敲定协议。"从

2005 年到 2007 年，Facebook 其实没有什么移动团队，"他说，"就我一个人。"2006 年，他跟 Cingular（辛格勒，美国最大的移动电话公司）、Verizon（威瑞森，美国最大的无线通信公司）以及 Sprint（斯普林特，美国通信公司）达成的交易，为 Facebook 带来了第一款移动产品，让用户可以在那些服务上发送短信（Facebook 则从短信费用中抽成）。然而，由于当时的功能手机并不支持 Facebook 上最流行的活动（也就是照片分享），Facebook 并未在移动领域投注太多的精力或资源。斯特梅尔低调地跟世界各地的运营商签订短信服务协议，但公司里几乎没有人认同他的观点，即移动才是技术的未来。

因此，当苹果在 2007 年用 iPhone 开启未来大门的时候，Facebook 并没有做好准备对其加以利用。Facebook 得到的帮助来自一个意想不到的人。乔·休伊特（Joe Hewitt）于 2007 年 7 月加入 Facebook，因为该公司收购了他的两人创业公司 Parakey。休伊特的合伙人布莱克·罗斯对这笔交易兴奋不已，而休伊特本人对加入 Facebook 兴致缺缺，他觉得 Facebook 是一个愚蠢的大学网站。"对于在那里工作，我个人的兴趣是零，"他说，"我没打算在那里工作超过几个月，只是去看看情况如何。"

结果，休伊特在 Facebook 待了整整 4 年，这正是他的行权期限，他通过股票期权赚得了百万美元的身家。

在加入 Facebook 前两周，休伊特拿到了刚发售的 iPhone。手机上的应用看上去棒极了，但第三方很难在外观设计和性能表现上达到这样的高度。因为那些应用是"原生"的，苹果在编写它们时很好地整合了软件和硬件。由于苹果不允许第三方开发商直接访问手机硬件，因此应用开发人员无法编写 iPhone 原生应用。他们在 iPhone 上所做的努力无奈沦落为鼓捣网页，以通过手机自带的浏览器发挥作用。休伊特开始试验开发能够模拟原生应用外观和使用体验的网页应用。

在加入 Facebook 后，他问公司自己是否可以继续这方面的努力。之后，休伊特被邀请加入一个专为黑莓（BlackBerry）等手机设备开发 Facebook 应用的小团队，但他认为那都是些垃圾手机，不值得他浪费时间。在参加了几次工作会议后，他决定自行其是。"我并不是特别在意要把自己融入公司，我只是做自己想做的事，他们也包容我做自己想做的事，并且这种模式在一段时间里相安无事。"

休伊特想做的就是在 iPhone 平台开发一款出色的 Facebook 应用。他曾在 Facebook 位于学院街的办公室工作过很短的时间，但他讨厌开放的办公环境，并且对办公室里的那些涂鸦壁画也不是很感兴趣。有一天，他决定在家远程办公。自那以后，同事们就很少看到他了。等到他的团队搬到另一栋大楼时，他甚至没有在新地方给自己找一个工位。

作为 Facebook 移动业务的主管，斯特梅尔旁观着这一切，却在场外为休伊特欢呼。"我们的项目没有工程师，也没有能力去做这件事。乔是一位才华横溢的工程师，他没有被分派任何任务，也没有需要向之报告工作的上司，他就是出手做了这件事。"

到 8 月时，休伊特完成了工作，他用两个月时间开发出了这款应用。尽管这款应用可以说代表着 Facebook 的未来，但休伊特在发布它时没有大张旗鼓。"我真的不需要征求任何人的同意，因为移动领域还是一片荒蛮，"他说道，甚至不记得有没有把应用拿给扎克伯格试用，"他可能在我们将应用上线前看到过它，但我不必跟他见面，也不需要在设计上征求他的任何意见。"在应用上线一天之后，休伊特才抽出时间发表了一篇关于它的博客文章。

媒体反应非常强烈，有人将之称为 iPhone 迄今为止最好的应用。[1]

一年之后，苹果取消了限制，开始允许开发者为 iPhone 创建原生应用。休伊特对此非常激动，他当时仍然是负责 Facebook iPhone 应用的一人团队。史蒂夫·乔布斯亲自来到 Facebook 位于汉密尔顿大道的办公室，与休伊特以及扎克伯格讨论开发应用的事情。"我们谈了几个小时。"休伊特说道。扎克伯格和乔布斯之间的互动特别精彩。"乔布斯把扎克伯格当成了某种学徒，试图向他传授很多知识，给他讲了很多故事，就是那些与会谈无关的硅谷逸事，"休伊特说，"马克对史蒂夫尊崇有加，并愿意向他学习，但他对自己很有信心，那场面并不是他要向史蒂夫·乔布斯求教什么。"

到 2009 年时，iPhone 已经如日中天，而 Facebook 是该平台最受欢迎的应用。令人惊讶的是，休伊特基本上还是自己一个人在开发 Facebook 应用。但在公司内部，他这种咄咄逼人的独立性也让他跟大家疏远了。Facebook 的公关团队尤其对他有意见，休伊特说："我有一个习惯，就是不经过公关团队就发布新产品。我会在 Twitter 上进行发布，或者是在回复一些不知名的记者时透露消息。"此外，休伊特还一直对苹果感到恼火。他不认同苹果应用商店的严格管理制度，认为它有点霸道。有一次，苹果迟迟不通过 3.0 版本 Facebook 应用的审查，他被苹果的这种办事效率惹恼了，于是撰写了一篇博客文章进行声讨。[2]

休伊特有每年都宣布辞职的惯例，2009 年也是一样。"在最初的两年里，我认为 Facebook 的股票不会值那么多钱，我想回到自己的创业公司，"他说，"过去的两年让我意识到，哦，天哪，股票会值很多钱。但是，我还是想要辞职离开。"查玛斯·帕里哈皮亚说服他留了下来，并承诺他可以在这里做任何想做的事。

休伊特有一个想法：为苹果的移动操作系统开发一种编程语言。但在 2009 年 4 月，苹果发布了一份新的开发者协议，让这个想法遇到了麻烦，因为新协议将阻止休伊特使用他正在创建的新语言来编写移动应用。"这里面有一些限制性很强的东西，我是强烈反对的，"他说，"我很生气。"于是，休伊特给史蒂夫·乔布斯以及苹果的软件业务主管斯科特·福斯特尔（Scott Forstall）发去了一封愤怒的电子邮件。

乔布斯直接打电话给扎克伯格抱怨此事，后者打电话叫来了休伊特。这件事让扎克伯格觉得很好笑，他因为其他一些事情一直在试图联系乔布斯，这位苹果 CEO 最终却是因为休伊特的怒气爆发才打来电话。扎克伯格告诉休伊特，自己是支持他的，但苹果对 Facebook 来说很重要。"史蒂夫有点疯狂，"扎克伯格告诉休伊特，"如果你再次对抗苹果，我们将不得不解雇你。"

在某种程度上，所有这些都没有意义了，因为心生厌恶的休伊特放弃了开发 Facebook iPhone 应用的工作。以惯用的方式，他在 Twitter 上宣布了自己的决定，随后又发表了一份声明。[3]"我尊重苹果以自家方式管理平台的权力，但我在理念上反对他们的审查程序，"他写道，"我非常担忧，他们正在为其他软件平台开创一个可怕的先例，很快审查者将开始侵扰每个软件开发人员的生活。"

Facebook 指派了一个工程师团队来接手休伊特的工作。不管怎样，让如此重要的项目系于一人之身，此举殊为不智。"他们组建了一支团队来做这件事，而且团队规模不断扩大，现在已经赶上一家完整的公司了。"休伊特说道，他现在在夏威夷种植有机蔬菜。

但在此之前，马克·扎克伯格做出了一项产品决策，这位 CEO 后来将其描述为他所犯下的最大错误。

休伊特的出色工作让 Facebook 得以推迟应对一个至关重要的问题：在行业的范式转移中，该公司站在了错误的一边。自 Thefacebook 诞生伊始，扎克伯格就选择使用基于 Web 的计算机编程语言 PHP 来构建网站。在 2004 年的时候，老一代的计算机科学家可能不会选择这种语言，但扎克伯格在成长过程中一直在跟快餐式的在线项目打交道，选用较为年轻的 PHP 语言对他来说就像呼吸一样自然。

PHP 的强大之处在于它拥有内置的安全网。用传统语言编写的程序是分版本号的，如果想添加一项功能或修复一个漏洞，程序员只能在下一个版本中去实现，而且要等用户下载了新版本之后才能生效。一款流行的程序可能会有不同时期的多个版本同时在市面上流传，老的漏洞会继续给用户造成困扰。但是，PHP 始终是最新的。程序员可以快速实现改动或添加新功能，将之传送到 Web 服务器，服务器就会用标记代码生成新的 Web 页面。如果程序员在某个地方搞砸了，补救也很简单：只需要编写新的代码，等到用户下次刷新浏览器时，新版本就会开始运行。这样一来，用户使用的始终是理论上漏洞最少的新版网站。

事实上，Facebook 之所以能够一骑绝尘地快速发展，PHP 正是在背后提供动力的秘密燃料。

现在，一个新的时代已经到来，人们使用桌面电脑的时候越来越少……很快就根本不用了！移动平台则不同，应用不是直接分发给用户，而是在由苹果或谷歌这类硬件设计厂商运营的应用商店中上架。每个版本都必须符合特定的标准，并通过那些应用商店的审查。突然之间，Facebook 成了一家试图跟上潮流的传统公司。

更糟糕的是，Facebook 没有合适的"军队"来打这场新战争。据迈克·弗纳尔估计，在 Facebook 的 400 名工程师中，只有 5 名精通 iOS（苹果公司开发的移动操作系统），或许还有 3 名熟悉安卓（谷歌开发的移动操作系统），他说："我们没有足够多的人真正擅长这方面的工作，这极大地拖慢了我们移动产品的开发进程。"

Facebook 另一位关注该问题的高管则表示："这是一家不知道如何开发原生应用的公司。"Facebook 的招聘流程实际上会把那些有移动应用开发才能的人筛掉。从 2009 年、2010 年开始，最优秀的年轻工程师都在从事 iPhone 和安卓原生应用的开发。而当 Facebook 对这些人进行面试时，考察的问题却偏向桌面端的编程开发。那些原本最合适的应征者会回答说，他们不知道答案，而且他们也不在乎，因为他们只想打造酷炫的移动应用。当招聘人员开会讨论时，他们会认为这些程序员——Facebook 真正需要的程序员——不是合适的招聘对象，因为他们不了解桌面端的编程开发，而且态度恶劣。"我们就这样错失了这些人。"上述高管说道。

但突然间，看起来有一种奇迹般的技术方案能够解决所有的问题，这项技术就是 HTML5。HTML5 是 HTML 最新的修订版本，而 HTML 这种"标记语言"正是万维网的通用语言。HTML5 应该是解决一个棘手问题的灵丹妙药，这个问题就是：像 Facebook 这样的软件公司如何将自家产品部署到多个移动系统平台之上？人们越来越多地希望在智能手机上使用 Facebook，但人们使用的移动设备不尽相同，有 iPhone，有安卓手机，有黑莓，有 Palm（掌上电脑），有 Windows Phone（微软发布的一款手机），还有其他系统，它们都有各自的操作系统和独特硬件。最好的应用肯定是系统原生的，因为它们针对特定硬件进行了优化。然而，选择原生也意味着要针对每一种操作系统编写出对应的应用。

"大家并不想把同一个轮子分别在 iOS 和安卓平台重新发明一遍，"迈克·弗纳尔说，"所以，这里的技术问题是我们是否可以建立一个框架，在我们在编写一次移动应用使用体验后，让它同时在 iOS 和安卓平台上实现，或是将它移植到 Windows Phone。"

HTML5 承诺带来解决方案：一次编写，随处运行。这尤其吸引了 Facebook 移动团队一些新近加入的工程师，他们都来自谷歌，而谷歌可以说是 HTML5 所体现的开放式网络理念的温床。

Facebook

272

Facebook 的增长团队对 HTML5 方案青睐有加。该团队试图将 Facebook 推广到这项社交媒体服务尚未占据主导地位的地方，那些地方很多是发展中国家，人们只能通过廉价的低端手机上网。如果 Facebook 的程序员能够编写出一款适用于所有那些手机的应用，那将使增长团队的梦想成真。

不论增长团队想要什么，他们通常能够得偿所愿，这在移动领域尤甚：基于新用户（特别是海外用户）将使用手机上网这一理由，增长团队"掌控"了 Facebook 移动业务的话语权。跟增长团队控制的其他领域一样，其争取和留存用户的使命也为 Facebook 的移动业务定下了优先次序。

"很多人愿意相信 HTML5 可以做得足够好。"弗纳尔说道。因此，Facebook 开始着手开发 HTML5 版本的应用，并将其命名为 Faceweb。

很快 Faceweb 成了 Facebook 移动应用的官方战略，而移动应用正迅速成为 Facebook 数亿名用户访问服务的主要手段。

但是，押注 HTML5 成了 Facebook 的一场灾难。

2010 年，科里·翁德赖伊卡（Cory Ondrejka）原本所在的创业公司被 Facebook 收购，他也成了 Facebook "人才收购"的一员。[4] 所谓人才收购，就是收购公司不是冲着产品去的，而是冲着人才去的。所以，在收购之后，公司原来的产品通常会被放弃。翁德赖伊卡曾是在线模拟游戏《第二人生》的关键开发者，他在加入 Facebook 后被安排到了游戏团队。Facebook 当时的工程副总裁是迈克·斯科洛普夫（Mike Schroepfer，人称"斯科普"，他在 2013 年成为公司的 CTO），他要求翁德赖伊卡去收拾移动应用的烂摊子。

那确实需要收拾，因为基于 Faceweb 创建的应用实在是太糟糕了。

HTML5 被极度吹捧的能力，即像原生应用一样顺畅运行，被证明是不存在的。从 Faceweb 到实际设备的每次页面视图转换都会拖慢速度，用户在向下翻页时，页面就会出现卡顿现象。至于 Facebook 的旗舰功能动态消息，则根本无法使用。

"在 2011 年的时候，你在阅读有关 Facebook 的报道时都会看到'移动应用糟糕透顶'等类似字眼。"翁德赖伊卡说道。

他带着极大的保留意见接手了这份工作，他说："在 Facebook 掌管移动业务就像是担任 Spinal Tap 乐队[a] 的鼓手。"

翁德赖伊卡上任后做的第一件事是听从一则古老格言的建议：当你已掉进洞里，就别再挖了。他让当时已有 20 人左右的移动团队停止手头的工作，先回家睡一觉，等到下周开会时再商量接下来的战略。之后，他们聚集在一间会议室，一些工程师和高管也出席了会议，这些人对公司移动业务的问题都有着不小的意见。一些人仍然觉得应该继续专注于 Faceweb，另一些人则希望采用不同的 Web 解决方案，还有一些人认为 Facebook 应该针对每一种设备开发相应的原生应用。

等到会议结束时，翁德赖伊卡已经拿定主意：最好的办法应该是从头开始，针对每一种系统编写原生应用。这正是乔·休伊特当初针对 iPhone 所做的事情，直至他因为对苹果应用商店的管理制度不满而愤怒地离开。接下来要做的就是说服扎克伯格。"我去找了斯科普，告诉他，我们需要获得马克的支持，"他说，"我们走进一间会议室，然后说，'我们搞砸了，我们需要创建一款原生应用'。"

扎克伯格同意了，于是工程师团队进入了封闭状态，全力攻坚 Facebook 的原生移动应用。幸运的是，在那个时候，该公司已经招募

---

a　Spinal Tap 乐队是电影《摇滚万万岁》中虚构的乐队，其中有几任鼓手都死于非命的情节。——译者注

了一些精通移动技术的工程师。Facebook 近来收购了一些公司，包括专注于 iOS 的小型创业公司 Push Pop Press，以及开发通信系统的团队 Beluga，并由此获得了一些擅长 iOS 和安卓应用开发的工程技术人才。

翁德赖伊卡让团队开始招募精通移动应用开发的程序员。同时，Facebook 也开始对原有的工程师进行培训，开设了为期三周的移动工程技术课程。最终，有数百名员工参加了培训。

一个更棘手的问题是扎克伯格本人——他还没有到 30 岁，但他一直浸淫的技术已经过时，他必须了解新技术的发展动态。毕竟，他要对新开发的应用做最后的拍板。"我找到他说，'一个问题就在于，你不了解原生应用的开发。你每天要做出一千个决定，而它们对原生应用来说是错的'。"翁德赖伊卡说道。因此，新的移动团队开始培训扎克伯格，向他展示原生应用在设计、产品开发以及移动生态系统经济学方面的不同之处。扎克伯格必须学到的一个教训就是犯错的代价：当第一版本的应用在不断崩溃而你需要等待苹果的审查才能推送修复程序时，"完成比完美更重要"就不再适用了。

扎克伯格是一位具有传奇色彩的快速学习者，他很快就提出了一些精明的问题，把那些精通移动技术的工程师都给难住了。"我们说，'太好了，你现在搞清楚状况了'。"翁德赖伊卡说道。

在接下来的几个月，Facebook 的 iOS 和安卓团队开始分别开发原生应用。他们没有完全抛弃 Faceweb，因为它的有些功能还是运行良好的，比如好友列表管理，可以做到"一次编写，随处运行"。但显而易见的是，其他功能只有在原生应用中才能有好的表现，其中最重要的当属动态消息。动态消息堪称 Facebook 的技术代表作：用户每次打开时都能看到一组新鲜分类、量身定做且紧跟潮流的消息内容。像 Faceweb 这种基于浏览器的技术无法很好地在手机上呈现动态消息，因为手机的处理性能相对较弱且网络连接不稳定。

与此同时，扎克伯格也在发出自己的声音。有一天，一支团队来到"水族箱"，接受扎克伯格对某些设计的审查。他问他们，移动端的设计在哪里？他们没有准备。于是，扎克伯格把这支团队赶了出去。之后公司出台了新规则：如果没有面向移动端的设计，任何人都不要去找扎克伯格。此后，再没有人犯过这个错。

　　事实上，整个公司都自觉转向移动端了。"我们很多人真的完全不用笔记本电脑了。" Facebook 时任 CTO 布雷特·泰勒如是说。

　　Facebook 制定了一个雄心勃勃但不切实际的目标，即在 2012 年 2 月时完成原生应用的开发工作。因此，到 3 月时扎克伯格已经有了一个能让动态消息顺畅运行的原型应用，这可以说是一种胜利了。

　　翁德赖伊卡的行动计划正在奏效。科技行业的范式转移，比如从桌面端到移动端的转移，已经让一些大型科技公司被历史淘汰。Facebook 正在采取的正确举动，使其在这次范式转移中幸存下来。后来，翁德赖伊卡了解到公司内部还有一个秘密项目，它原本有可能让 Facebook 走上一条完全不同的道路。

　　Facebook 当时打算研发自己的手机操作系统，要跟苹果和谷歌一较高下。

　　而此时，查玛斯·帕里哈皮亚已经厌倦了自己的工作。他认为，Facebook 的增长问题已经得到了解决，领导增长团队也不再能够带来他所追求的那种智力挑战了。同时，作为 Facebook 内部不被看好的人，作为持不同意见者，作为行为不可预测的捣蛋鬼，帕里哈皮亚也是最快乐的。

　　他一直关注着 Facebook 在移动领域遇到的困难，但他忧心的并非是 Facebook 缺乏优秀的移动应用。在他看来，不断演化的移动生态系统本身对 Facebook 来说就是一种生存威胁。他认为，Facebook 要在数字世界占据主导地位，就必须掌控自己的移动操作系统，否则只能沦为操作系统提供商手中的卒子。而在行业中，只有苹果和谷歌拥有举足轻重的移动操作系统。

帕里哈皮亚认为此事只有一种解决方案：Facebook 应该打造自己的智能手机。闯入这个独家俱乐部，对 Facebook 来说并非易事。不过，人们拿到手机后想做的第一件事情就是……登录 Facebook。那么，为什么不围绕用户构建一款移动操作系统呢？具体来说，就是打造一款移动设备，让 Facebook 成为设备上所有活动的中心。

帕里哈皮亚堪称一位说服大师。他获得了扎克伯格的批准，开始招募人员组建自己的团队。他会邀请某个人共进午餐，然后直言他们目前做的工作纯粹是在浪费时间——或者，最起码也会说他们做的工作没有他的重要。然后，他就会说起手机的事情。一位曾被帕里哈皮亚找过的人回忆起自己当时的反应，那真是一头雾水："我们为什么要做这件事？这听起来像是个坏主意！我们不擅长做硬件，我们从来没有擅长过硬件。"

尽管存在着这些保留意见（事实证明它们颇具预见性），但工程师们还是纷纷加入了该团队，因为如果他们不同意，帕里哈皮亚便会对他们发起嘴上攻击。

莫莉·格雷厄姆同意担任团队的产品经理，而名列 Facebook 最好设计师之一的马特·凯尔（Matt Kale）也加入了进来。不过，帕里哈皮亚招募工作的最大收获应该是乔·休伊特。当帕里哈皮亚向休伊特推销自己的想法时，后者对 Facebook 手机的前景持怀疑态度，但他又觉得这是消耗时间直至期权到期的一个好办法。此外，他一直喜欢为自己说话的帕里哈皮亚。"我喜欢查玛斯的夸夸其谈和他的勇气。"休伊特说。

这个项目最初的代号是 GFK（后来多次更改），其出处是一部功夫电影里的反派鬼脸杀手（Ghost Face Killer），而电影里这个人物名字的灵感则源自美国嘻哈乐团武当帮（Wu-Tang Clan）的成员鬼脸煞星（Ghostface Killah）。帕里哈皮亚坚持要对整个项目保密，这是借鉴亚马逊秘密任务团队臭鼬工厂的做法，Kindle 正是由臭鼬工厂打造的。他把项目团队的办公地点从加利福尼亚大道 1601 号迁出，搬到了街上一栋未悬挂任何标牌的建筑物二楼，该团队甚至拥有一个独立于 Facebook 的职级体系。当 Facebook 内部有人问起传言时，公司会予以否认。"在我的记忆中，这是 Facebook 第一次在内部撒谎。"埃兹拉·卡拉汉说道。

据团队一位成员称，帕里哈皮亚对史蒂夫·乔布斯非常崇拜，并立志要超越他，办法就是通过打造一款更加漂亮的手机去摧毁他。帕里哈皮亚手下相当于乔尼·艾夫（Jony Ive，乔布斯的设计总监）的人物是伊夫·贝哈尔（Yves Béhar），这是一位在硅谷备受推崇的设计师，他签约负责设计硬件的外观。贝哈尔勾勒出一款配备曲面屏的时尚手机，而屏幕上还带有不同寻常的凹槽，让用户可以用拇指在上面进行滚屏操作。

至于手机的芯片，Facebook 选择了一个顺理成章的合作伙伴：英特尔（Intel）。这家芯片巨头错失第一代智能手机堪称其有史以来最大的失误之一（苹果和安卓都选择了其竞争对手的芯片），显然该公司将 Facebook 手机看作一个弥补过失的机会。

英特尔也有很多愿意拿出来跟 Facebook 分享的有趣技术，包括一种创新的触控传感器，它允许用户只用一个动作便能解锁手机并进行滚屏操作，其工作原理有点像游戏手柄上的连招触发器。然而，按照 Facebook 的配置方式，只有右利手的人才能使用这项功能。"我们决定不顾及左利手的用户了。"该团队的一名成员说道。

Facebook 手机的软件是由休伊特发明但被苹果拒绝的语言编写而成的，其设计围绕的核心是用户与 Facebook 好友的互动。这里的想

Facebook

法是，Facebook 手机将跟用户的社交图谱和兴趣爱好深度绑定在一起，所以该手机跟用户本人密不可分。在打开手机后，它会基于你是谁以及你的好友在干什么向你呈现一张潜在的活动清单。如果是某个陌生人给你打电话，手机可能压根儿不会响铃。但是，如果是好友打来电话或发来短信告知重要的个人消息（比如订婚、生了孩子，或是一张松露比萨的照片），那么手机则会以最大的音量通知你。当你想要跟某位好友联系时，你只要表达一下这个意思，手机就会自动选择联系那个人的最佳方式，而在选择过程中，手机甚至可能会检查你好友的日历和位置。举例来说，如果对方正在开会，手机会选择短信的方式。在你购物的时候，手机会根据你的点赞数据向你推荐商品。如果你参加好友的生日聚会，你拍摄的照片会被立刻发布到 Facebook（帕里哈皮亚提到，他们在设计手机的时候也指定了简单的方法，让用户可以通过修改隐私设置来控制过多的分享行为）。

Facebook 跟中国的富士康合作制造了一款原型手机，后者是著名的代工商，iPhone 即由其生产。但随着下一步行动的预定日期临近，Facebook 开始担心实际生产手机可能需要付出的投资。公司内部反对手机项目的人开始利用这种犹豫，其中的主要人物是翁德赖伊卡。第一次听说该项目时，他对布雷特·泰勒说，这个项目应该作废，泰勒让他跟扎克伯格谈谈。"这让我跟马克开始了长达 4 个月的争论。"翁德赖伊卡说道，他试图说服自己的老板相信，既然移动生态系统已经由两大相互竞争的平台把持，Facebook 就没有必要去开发自己的操作系统。谷歌和苹果都不会对 Facebook 乱来，因为 Facebook 正在成为全世界最流行的应用。不过，扎克伯格仍然希望把 Facebook 手机当成一个对冲手段。

最终解决这个问题的办法是一个折中方案：Facebook 不再制造自己的手机，而是对安卓操作系统进行定制，从而打造一种缩水版的

GFK 用户体验，而 Facebook 会把这款名为 Facebook 家庭（Facebook Home）的产品授权给其他手机制造商使用。虽然 Facebook 家庭保留了 GFK 最初想法的某些方面（即使用户没有拿起手机，即使是在锁屏状态下，安装 Facebook 家庭的设备也会一直运行 Facebook），但它远远算不上是对移动领域现有巨头的直接进犯。后来，帕里哈皮亚不仅离开了手机团队，还离开了 Facebook，创立了自己的风险投资公司。

Facebook 家庭最终在 2013 年 4 月问世。HTC（宏达电子公司）制造了首款预装 Facebook 家庭的手机，随后三星也推出了支持 Facebook 家庭的机型。"我们希望做成 Facebook 家庭，这样就可以把尽可能多的手机变成 Facebook 手机。"扎克伯格在这款产品上线前不久对我说。然而，Facebook 家庭成了一枚哑弹。尽管 Facebook 当时是最流行的移动应用，但很少有人想要一款在睡眠状态下也会运行 Facebook 的手机。此后，Facebook 家庭再未推出后续版本。

Facebook 的移动危机发生在一个最糟糕的时间。当该公司的未来因人们使用技术的方式发生范式转移而陷入危机之时，他们还在寻求挂牌上市。

"我会建议一家公司在这种转移中上市吗？"如今，谢丽尔·桑德伯格自问自答道，"不会！如果我们在两年之前或是在两年之后上市，情况会好得多。"

然而，Facebook 真的别无选择。早在 2007 年，记者和分析人士就开始追问，Facebook 何时会进行 IPO？每一年，这些问题都变得愈加紧迫。尽管就单独的产品而言，扎克伯格信奉的是"快速行动，破除陈规"，但同时他也在以一种长远的眼光耐心地规划 Facebook 今后 5 年、10 年的发展方向。他在讲话中常常提到可以为了增长推迟赢利，他也抱怨过，IPO 的消息可能会吸引那些想要"搭公司便车的人，因为他们觉得自己可以很快地赚到钱"。[5]对于上市公司 CEO 都要做的一件事，即每季度为公司业绩浪费口舌，扎克伯格实在敬谢不敏。

因此，他极尽所能地拖延 Facebook 的 IPO 时间。从 2007 年获得微软注资以来，Facebook 已经筹集到大笔私人资金，最值得一提的当属俄罗斯大亨尤里·米尔纳（Yuri Milner）在 2009 年投资的 2 亿美元。这些后期阶段的投资几乎每一笔都被人嘲笑为烧热灶，但每一笔最终都被证明是明智的投资。

不过，一个始终存在的问题是，Facebook 会在何时进行 IPO（而不是 Facebook 是否会进行 IPO）？这件事势不可当，扎克伯格要想阻止，能做的事情也不多。2010 年，Facebook 悄然开始采取行动，以期平稳地转变为一家上市公司。在现有的董事唐·格雷厄姆、网景联合创始人马克·安德森（Marc Andreessen）以及彼得·蒂尔之外，Facebook 扩充了董事会的席位，网飞的 CEO 里德·哈斯廷斯（Reed Hastings）以及比尔·克林顿担任总统时的幕僚长厄斯金·鲍尔斯（Erskine Bowles）由此加入 Facebook 的董事会。鲍尔斯与扎克伯格达成了一份协议：如果扎克伯格肯阅读一堆财务书籍，他就主持董事会下设审计委员会的工作。"瞧，你将成为一家上市公司的 CEO，你必须懂这些东西。"当把那些书丢给扎克伯格时，鲍尔斯如是说。

2011 年秋天，Facebook 的首席财务官戴维·埃博斯曼（David Ebersman，他此前在基因泰克公司担任首席财务官）开始跟一些银行进行接触。这宗未来史上规模最大的科技界 IPO 在此刻悄然拉开了序幕。

并不让人感到意外的是，Facebook 选择摩根士丹利（Morgan Stanley）担任主承销商。摩根士丹利的顶级银行家迈克尔·格兰姆斯（Michael Grimes）经常性地在科技行业寻找回报丰厚的 IPO，他的办公室并不设在纽约市，甚至也不在旧金山的金融区，而是坐落于门洛帕克的沙丘路，这里是大型风险投资公司的扎堆之处。[6] 格兰姆斯曾参与谷歌的 IPO，最近则在为 LinkedIn 的 IPO 忙活。此外，他跟谢丽尔·桑德伯格的关系很好。（跟往常一样，包括高盛集团和摩根大通在内的其他投资银行和咨询机构也加入了进来。）

对于 Facebook 的股权结构应该如何运作，扎克伯格有着坚定不移的想法。这个想法的关键要素就是保住他对公司的控制权（期限大概是永远），而他采用的办法就是双层股权结构，通过自己拥有绝大多数的复数表决权普通股来确保他在公司决策中的主导地位。一些家族拥有的报纸公司（就比如扎克伯格导师唐·格雷厄姆家的）也是采用了类似的方案，才让他们在拥有少数股份的情况下掌控公司长达数十年时间。此外，谷歌的拉里·佩奇和谢尔盖·布林也在公司采用了双层股权结构。不过，在单个创始人能够拥有多大控制权方面，Facebook 的计划还要青出于蓝。扎克伯格对 Facebook 拥有 56% 的表决权，这让他对公司其他股东或董事会可能做出的任何决策都拥有一票否决的权力。

2012 年 2 月 1 日，Facebook 正式公布了上市计划，在阐述 IPO 具体条款的 S-1 招股说明书中，扎克伯格模仿谷歌的前辈给投资者写了一封信。（他是在手机上完成初稿的，移动为先嘛！）"Facebook 最初成立的目的不是成为一家公司，"他在信的开头写道，"它的成立是为了完成一项社会使命——让世界变得更加开放和互联。"接着，他详细阐述了莫莉·格雷厄姆以及洛瑞·戈勒在前一年为 Facebook 定下的 5 条价值观。在讲解这些要点时，他几乎就是按照 Facebook 办公室墙壁上的海报照本宣科（没错，他在招揽投资者的正式文件中真的写了"快速行动，破除陈规"）。

此外，扎克伯格还把 Facebook 的运营方法称为"黑客之道"。他

Facebook

282

承认黑客这个词语具有"并不公平的负面含义",但他声称:"我认识的绝大多数黑客都是理想主义者,他们希望对世界产生积极的影响。"他解释说:"'黑客之道'是一种涉及持续改进和迭代的构建方法。黑客相信,事物总可以变得更好,而且没有什么是完备的,他们只是需要修复漏洞。而在他们那样做的时候,通常会有人说那是不可能的,或者周围的人都已经对现状感到满足。"

这些极客言论并没有损害投资者对 IPO 的预期,而该公司对移动浪潮的反应迟钝倒是起到了这种效果。

Facebook 自己也在招股说明书中坦承:"我们目前还没有通过 Facebook 移动产品直接产生任何有意义的收入,而我们能否成功做到这一点尚未可知。"此时,大约有一半 Facebook 用户是通过手机访问该服务的。由于 Facebook 尚未通过其移动应用变现,这意味着该公司正在失去承接广告的机会。如果这种趋势持续下去,该公司的营收将会不断减少。

在招股说明书发布之后,Facebook 发现有更多的人正在转向移动端,公司的财务业绩也受到了拖累。"这里的一切情况都很糟糕。"扎克伯格在发送给女友普莉希拉·陈的短信中写道。这些短信因一宗诉讼而被曝光。

一天晚上,扎克伯格、桑德伯格以及埃博斯曼在纽约市一家酒店的房间里召开会议,他们实际上正在考虑是否要取消 IPO。"我们今晚要做出决定。"扎克伯格在短信中写道。过了一会儿,他又向女友报告称,IPO 将继续进行下去。[7] "耶!"普莉希拉·陈回复道。然而,Facebook 的财务团队正在对如何处理公司营收下降的事情左右为难。如果公司不披露相关信息,则可能遭到法律诉讼或是被监管机构制裁。因此,埃博斯曼和格兰姆斯决定,他们必须修改招股说明书,多加 5 句话为近期的这一趋势预警。此外,他们还觉得有必要联系那些重要的分析师，并逐一向他们告知情况。在这样做的过程中，Facebook 会面临一种风险，即会让人觉得他们是背着公众在向华尔街内部人士通风报信。

由于在这种情况下，美国证券交易委员会的规则是将投资银行家和分析师区分开来的，所以格兰姆斯不得不跟这个过程保持距离。这相当棘手，因为格兰姆斯处在计划的核心位置，他甚至撰写了 Facebook 财务主管读给分析师听的脚本。因此，当埃博斯曼在酒店房间里打电话时，格兰姆斯下楼到了大厅，坐在了地板上。（美国证券交易委员会并不满意这种程度的避嫌，后来在一份诉状中引述了这次事件，并最终让摩根士丹利付出了 500 万美元的罚款。[8]）

Facebook 的上市日期定在了 5 月 18 日，而做出决定的那一晚是在一周多以前。在这中间，新闻媒体几乎天天在报道即将到来的大事件。批评人士质疑扎克伯格的成熟度，指出他在参加"路演"招揽投资者的时候还穿着连帽衫。尽管存在压力，但 Facebook 还是将其开盘价从每股 29~35 美元上调至每股 35~38 美元。按照新的价格，Facebook 的市值将突破 1 000 亿美元，这是该公司前一年利润的100 倍，这在批评人士看来太夸张了。5 月 15 日，Facebook 迎来了新的打击：通用汽车告诉《华尔街日报》，他们不再相信到 Facebook投放广告是有效的了，并将缩减这方面的支出。[9]尽管通用汽车并非Facebook 最大的广告客户之一，但这种 Facebook 广告无效论也让人们进一步质疑该公司的长期前景。

因此，在 IPO 日期临近的时候，Facebook 可谓波折不断。

当 Facebook 的股票正式在纳斯达克证券交易所挂牌上市时，扎克伯格和公司高层并未前往纽约市进行传统的敲钟仪式来纪念这一刻。相反，该公司员工聚集在门洛帕克的新办公园区，扎克伯格在那里进行了远程敲钟。事实证明，他幸好待在了加州。

Facebook

在 Facebook 的股票即将上市交易时，纳斯达克证券交易所发生了计算机崩溃事故。此事颇具讽刺意味，因为相较于纽约证券交易所这种更老牌的竞争对手，纳斯达克一直以更精通科技的形象示人。尽管在之前几天已经进行了数次测试，大量下单还是挤垮了纳斯达克的系统。纳斯达克推迟了开盘时间，但即便股票在一个小时后正式发售——此时门洛帕克已经是拥抱和欢呼的海洋——交易仍然遭到了延迟。这意味着那些以开盘价预订了股票的小型投资者无法确认他们的交易，他们也无法在股价下跌时将其抛出。小投资者被坑的故事比比皆是：他们为能够共襄盛举而感到兴奋，下单后却无法知道有没有交易成功。有一位寡妇投资者的遭遇十分典型，她用自己一半的积蓄购买了 Facebook 股票，当交易状态悬而未决时，她试图取消下单但未获成功。随着股票下跌，她的退休梦想也破灭了。[10]

事后来看，Facebook 上市时这场由技术故障引起的混乱并非那么可怕。如果那些小投资者一直持有股票，忍受短期损失，他们的投资就会成倍增长。不过，投资有风险正是因为人们没有后见之明。因此，我们无法轻易驳斥那位寡妇的怨言，她最终在股票深跌时抛出，蒙受了巨大的损失。

究其原因，这是因为当 Facebook 的股票终于上市时，投资者畏缩了。这只股票以 38 美元的乐观价格开盘，收盘时几乎没有上涨。而这只是因为 Facebook 的承销商在接近收盘时进行了股票回购，以避免上市首日就以破发收场，这种策略被称为"绿鞋期权"。

此后，由于缺乏类似的策略来支撑价格，Facebook 的股票颓势难挽。一周之后，股价已经跌至 32 美元。到 9 月时，20 美元就能买到一股 Facebook 股票，还能找回 2 美元多的零钱。

里德·霍夫曼是 Facebook 的早期投资者，当初投资 Facebook 的 3.75 万美元让他赚回了数亿美元，即便如此，他也将 Facebook 的 IPO

称为"令人震惊的一团糟"。[11] 在接下来的几个月，愤愤不平的投资者走进美国多个司法管辖区的法院，对 Facebook、纳斯达克以及承销商提起诉讼。而在接下来的几年，Facebook、投行以及纳斯达克将要掏出数百万美元来平息这些官司。

在 Facebook 完成不甚顺利的 IPO 之后，发生了两件事。

首先是庆祝。在上市后的第二天，扎克伯格邀请了 100 个亲近的人来参加自己的后院聚会。表面上，聚会是为了庆祝普莉希拉·陈从医学院毕业以及扎克伯格自己的 28 岁生日。当扎克伯格穿着西装出现时，那些感觉事情并不像表面那么简单的人也证实了自己的怀疑。当天晚些时候，扎克伯格在 Facebook 上将自己的婚恋状态更改为"已婚"，这一举动让他收获了超过 100 万个点赞。

扎克伯格跟普莉希拉·陈交换了誓言，步入婚姻的殿堂。而就在 IPO 前夕，另一位亿万富豪唐纳德·特朗普在美国全国广播公司财经频道向扎克伯格发出了警告："如果他们结婚，几年后因某些原因而离婚，那么她或许会起诉要求获得 100 亿美元的财产，这无疑跟中了大奖一样。"[12] 那时候特朗普还没见过扎克伯格和他的妻子，扎克伯格显然也没听从他的建议。

扎克伯格做的第二件事情是探究 Facebook 股价崩盘的原因。Facebook 向原生应用迁移，这一行动虽然姗姗来迟，但也保证了 Facebook 的服务能够在今后大火的移动端上顺畅运行。Facebook 的原生应用大获成功，当人们使用苹果或安卓手机时，他们平均有 20% 的时间是花在 Facebook 上的（第二名所占的比例只有区区 3%）。不过，Facebook 还没有开发出一款能够在移动端赚钱的产品。

股价跳水影响了公司员工的士气。丹·罗斯决定在全体会议上讲话，给大家打打气。他讲述了网络泡沫破裂时期自己在亚马逊工作的经历，那时候亚马逊的股价从每股 120 美元暴跌至 6 美元左右，罗斯为家人购房的个人计划也不得已被搁置，有些人离开了公司，但亚马逊及其领导者杰夫·贝佐斯（Jeff Bezos）挺了下来，他们现在是商业世界的主宰。罗斯说，Facebook 也是一样，世界还不知道这一点，但我们知道自己在做什么。移动不会杀死 Facebook，而是将把公司带向新的高度。人们在移动端会花更多的时间使用 Facebook，尽管手机的屏幕很小，但 Facebook 仍会从中赚得盆满钵满。他告诉同事们，Facebook 是为移动而生的，只不过还没有开发出移动产品。

罗斯没有说的是当前形势的不利一面：如果不能开发出那些移动产品，Facebook 将会死亡。

在危机时刻，扎克伯格倾向于依靠他所熟悉和信任的人。他为移动广告产品团队挑选的主管是一个他认识多年的人（移动广告业务将扭转 Facebook 的命运），一个在自己身上文身，以示坚定不移的人。这个人就是博兹。

在 IPO 后不久，扎克伯格跟人称"博兹"的安德鲁·博斯沃思在太阳微系统公司的老办公园区一起散步，他们走过烧烤小屋，头顶是巨大的"Hacker"（黑客）标牌，一路走到了模拟研究实验室的前面。在过去的几个月，博兹一直处在他所谓的"跛脚鸭时期"，他从一个团队跳到另一个团队，为各种不同的项目效力。在 Facebook 工作了 6 年之后，他即将去享受公司的休假福利。当扎克伯格建议他去领导广告工程技术团队时，博兹认为这个主意糟糕透顶，因为广告不是他的菜。

扎克伯格并不气馁，他坚称，如果博兹走马上任，惊人的事情将会发生。他说："博兹，我认为你可以在未来 6 个月内解锁 40 亿美元的业务。"他一一列举了这些业务，其一是一款针对移动设备优化的广告产品，其二是一款不同的"高级"广告产品。扎克伯格还提到了另外两款产品，但他和博兹现在都记不起来了。

博斯沃思再次提出自己并非最好的人选，但扎克伯格表示，他迫切需要一个同时熟悉动态消息和消费产品的人，这个人要能基于Facebook当前8亿名用户的成瘾性提出产品方案。而且，博兹不一定要一直干下去，先做6个月怎么样？

博斯沃思同意了。在某种程度上，扎克伯格让他扮演如此重要的角色令他很感动，因为在那个时候，他的激进做事风格已经让很多人疏远了他。凯特·洛斯在自己的书中写道，他会"用开玩笑的方式威胁其他工程师，如果他们惹恼了他，他就会打他们的脸"。[13] 有一次，他不得不公开道歉。"有时候我会怒气冲冲，不一定总是最好的合作者。"他坦承道。

博兹要求把自己的团队设在移动部门之下，而不是广告部门之下。每周他都会召集一支小团队开会，该团队的职责就是开发面向移动端的广告产品。团队成员包括马克·拉金、一位名叫威尔·卡思卡特的工程师，以及一位Facebook从谷歌挖来的设计师玛格丽特·斯图尔特（Margaret Stewart，她在谷歌重新设计了YouTube的外观）。他们的开会地点位于太阳微系统公司旧园区16号楼的一间会议室。从本质上讲，他们在那里设计了Facebook的业务。他们把自己称为"阴谋团队"。

阴谋团队想出的第一个点子是一种在手机上赚钱的短期手段。团队中有一位产品经理从PYMK这项看似无所不知的功能上获得了灵感，PYMK已经在动态消息中占据非常重要的位置，人们情不自禁地想通过它看看Facebook都给自己推荐了哪些人（有时候推荐的对象甚至还会吓到用户），为什么不在那些面孔中间混入一些广告呢？有些人可能会愿意掏钱让自己的页面出现在那里。因此，Facebook做出了一款名为"您可能喜欢的（广告）页面"（pages you may like，以

Facebook

下简称 PYML）的产品。"这是我们可以在移动端投放广告的少数几个区域之一。"博斯沃思说道。

不利的一面则在于，这个新产品本质上是一套销售"点赞"的方案，而这对 Facebook 存在一定的危险性。如果人们的点赞被人为操纵而不是反映真实的用户行为，那么点赞对广告商的价值就相当有限了。但是，Facebook 不得不冒险。几个月后，阻止 Facebook 员工卖出股票的禁售期将会终止。如果禁售结束时公司的营收水平仍然很低，那么公司的股价可能还会进一步下跌。于是，Facebook 的付费移动广告产品 PYML 在当年 8 月问世了。

阴谋团队接下来的工作成果成了一种较为长期的解决方案：在动态消息中投放广告。在信标项目失败的几个月后，广告已经从 Facebook 的旗舰功能中清除，退居传统的页面侧边栏。但移动设备的应用界面并不存在侧边栏，因为屏幕太小了。

"我们在桌面端打造了一种非常不错的业务，我们不必担心动态消息中的广告，因为我们有广告栏，"扎克伯格说，"这项业务的规模已经增长到数十亿美元，我们有一支专门的团队负责广告栏，他们不必跟动态消息团队发生纠葛，这真是太好了。但在移动端，情况并非如此。移动设备没有空间展示右边的广告栏。"

到了此时，扎克伯格还坚持"赞助故事"（即表面看起来跟用户发帖差不多的广告）必须是通过社交方式产生的。如果百事可乐、通用汽车或是本地的美甲店想要让自己的广告出现在用户的动态消息中，其前提必须是用户有一位好友点赞了他们的页面，并由此推荐给用户（这种推荐真是可疑）。不过，博斯沃思和其他人认为这种方法太局限了。赞助故事的想法在于用户会接收到量少质高的广告。但是，由于可以投放给特定用户的广告数量实在太少了——毕竟用户的好友只会给数量有限的广告页面点赞——那么广告库存就很低了。再由于可供选择的广告太少，那么可投放广告的实际质量可能就与受众无甚关联了。

如果广告商可以将自己的内容直接放到动态消息中，并将内容定向投放给特定受众，那么内容的质量就会提高。

"我喜欢这样一种想法，即人们看到广告后不会意识到它们是广告，"玛格丽特·斯图尔特说道，她是在 Facebook 进行 IPO 的前一天加入公司的，"当广告质量很高时，它就是一则优秀的内容，你不必将其归类为广告，因为广告通常意味着不相关或没价值。"

扎克伯格对这种观点产生了共鸣。从 Facebook 的早期开始，他就不愿意让不受欢迎的广告破坏自己产品的魅力。现在，凭借 Facebook 掌握的数据以及博斯沃思产品团队的专业知识，他觉得 Facebook 可以开始制作跟用户的正常帖子一样受欢迎的广告。他对把广告投放到动态消息的方案表示赞许，移动团队便开始着手将方案落地。

"我认为，公司头 5 年仅在侧边栏展示广告是一种逃避，因为我们没有去解决提升广告质量并使之与用户体验整合的难题。"在 Facebook 改弦更张后，扎克伯格这样对我说道。这倒不是说他还有其他选择，Facebook 的手机应用上根本没有其他地方可以展示广告啊。

这些广告被混入动态消息，为梅西百货吹捧服饰衣物，为宝洁兜售日用杂货，为华纳音乐宣传音乐专辑，以及为数百万家使用 Facebook 自助服务系统的小商家销售各种各样的商品。而在这整个过程中，一切都是由算法控制的。赞助故事和其他帖子的运作方式差不多，用户可以给它们点赞，也可以进行分享。广告商只需要为最初的广告坑位付费，进一步的传播将是免费的。因此，某些广告在特定情况下可能会得到大规模传播（尽管这种可能性不大）。

动态消息中的移动广告取得了巨大的成功，将 Facebook 的年营收推高到数百亿美元。当然，那时候还没有人想到，有朝一日会有他国宣传机器利用动态消息中的广告来影响美国总统选举。

跟充满争议、危机和压力的 2006 年一样，2012 年奠定了 Facebook 成功的新基础。曾经一度威胁 Facebook 生存的智能手机浪潮，结果成了公司自动态消息以来最大的助力。尽管 Facebook Home 折戟沉沙，但 Facebook 的原生应用是 iOS 和安卓两大平台到目前为止最受欢迎的应用。至于 Facebook 自身的平台，成千上万名开发人员都乐意使用 Facebook 连接作为用户登录其应用的方式。这让 Facebook 得以为自己正在全球范围内兴建的数据仓库——该公司斥资数十亿美元在俄勒冈州、得克萨斯州以及北卡罗来纳州建造了数据中心——搜集更多的数据。

在接下来的几年里，似乎没有什么可以阻止乘风破浪的 Facebook。MySpace 已然成为历史记忆，钱财奔涌而至，Facebook 的用户数突破了 10 亿，再接着是 20 亿。投资者也看到，Facebook 的股价终于在 2013 年夏天涨回到 38 美元的 IPO 发行价，之后便一路稳步上涨。后来，Facebook 的市值更是突破了 5 000 亿美元，让马克·扎克伯格在宿舍中的造物跻身全球十大公司。

"那些投资我们 IPO 的人，如果他们一直持有我们的股票，那么投资回报是非常不错的，"桑德伯格说，"我们非常坦诚，我们说过自己还没有移动业务收入，所以我们将不得不去打造它，我们需要时间来做这件事。我们说过要转向移动端，我们也确实转向了移动端。"

桑德伯格和扎克伯格在 2012 年时还没有预见到的是，他们在过去 6 年所做的种种妥协（包括对隐私的漠视，与开发人员的数据交换，不顾后果的国际扩张以及为了增长做出的无数让步）将会为日后动摇 Facebook 本身以及整个科技行业的一系列爆炸性事件埋下种子。

而"第一颗炸弹"将会在 2016 年美国大选那天被引爆。

12 范式转移

13
收购未来

　　凯文·斯特罗姆回忆起他最初梦想成为一位创始人的时刻。[1] 那是 2005 年，他在 Facebook 位于帕洛阿尔托的办公室与马克·扎克伯格交谈。斯特罗姆在美国波士顿一个富裕的郊区长大，上完寄宿学校之后，他进入了斯坦福大学。当时他正在面试一份 Facebook 的工作，但不确定自己是否想离开大学。他和扎克伯格爬出窗户，来到屋顶平台。对身高 6 英尺 5 英寸（约 1.98 米）的斯特罗姆来说，他需要深深地弯腰才行。而扎克伯格只有 5 英尺 7 英寸（约 1.74 米），更容易爬出窗户。他们喝着啤酒，扎克伯格谈到，创办一家公司是世界上最困难的事情。但是斯特罗姆满脑子所想的是：建立一家像 Facebook 这样的公司是多么酷的一件事情。他想："我真的希望有一天也能做这件事。"

　　斯特罗姆没有接受那份工作，但在扎克伯格有条不紊地攀登硅谷阶梯的过程中，他与扎克伯格一直保持着联系。他先是在一家名为 Odeo 的播客公司实习，该公司由著名企业家埃文·威廉姆斯创立。斯特罗姆和一位名叫杰克·多尔西的员工是在同一星期加入 Odeo 的。当播客的创意破灭后，杰克·多尔西炮制了一种替代方案，并将之演变成了 Twitter。之后，斯特罗姆在谷歌找到一份工作。他期望的职位是"助理产品经理"，这意味着他将被纳入一个快速通道项目，并受益于公司的重要产品。但是助理产品经理的职位需要拥有计算机科学学位，所以斯特罗姆只能接受一个"安慰奖"职位，名为"助理产品营销经理"。他说："这是营销的最低阶段，但我想进入这家公司。"

他在谷歌学到了很多，但还是发现自己被初创公司所吸引，于是他离开谷歌，加入了一家由谷歌前员工联合创建的网站。在该网站，用户可以通过自己的社交网络获得旅游推荐。与此同时，他一直在构思自己公司的创意。那是 2010 年初，他注意到，人们会随身携带并不断查阅智能手机，他的创意必须以此为中心。

在业余时间，他编写代码开发了一款社交应用程序，这款应用程序以他最喜欢的成人饮料名字命名，他称之为 Burbn。这款应用程序提供一种交流方式，让用户可以告诉朋友们自己在做什么、在哪里。这不是一个独创性的创意。Twitter 已经可以让用户通过文字显示自己的状态，而 Burbn 的旗舰功能，即"签到"你所在的酒吧、餐馆或动物园，已经是一款名为 Foursquare 的应用程序中广受欢迎的功能。尽管如此，斯特罗姆还是获得了 50 万美元的种子投资，其中一半来自硅谷最热门的 VC（风险投资）机构安德森·霍洛维茨。投资人对创始人的期望与他们对此创意的期望一样高，斯特罗姆具备 VC 寻找的创始人的特征：斯坦福学位、谷歌前员工，以及在推销会议上给 VC 合伙人留下深刻印象的稳重表现。

斯特罗姆离开了那家社交旅游网站。不久之后，该网站被 Facebook 收购了。斯特罗姆再次错过了为马克·扎克伯格工作的机会。

马克·安德森建议斯特罗姆找一位软件专家来担任合伙人，于是迈克·克里格（Mike Krieger）加入了。他是一位出生于巴西的工程师，在斯坦福大学主修的是符号系统。起初，斯特罗姆对 Burbn 的描述并没有让克里格冲昏头脑，但在参与产品测试后，他对它变得很感兴趣，甚至有些着迷。吸引他的不仅仅是在一个地方签到，而是在他的朋友能看到的内容中可以添加富媒体，比如照片、视频等。通常他在乘坐地铁时会看电影，最近正在观看美国电影协会（AFI）公布的一百大影片，但他发现自己可以在观看电影时拍一些窗外的照片，并在 Burbn 上分享。于是，他决定与斯特罗姆联手。

在接下来的几周里，Burbn 测试人员形成了一个规模很小但很忠诚的社群，重点是"规模很小"。克里格后来在描述 Instagram 的起源时写道："它并没有点燃世界的激情。我们试图解释自己正在打造的东西，却经常遭到冷眼旁观，我们的用户峰值达到了 1 000 人左右。"两位创始人指出，照片分享（在应用程序中被设想为幻灯片）似乎是最受欢迎的功能。最受欢迎的照片分享网站，比如 Flickr，甚至 Facebook，都是把照片当作画廊或剪贴簿中的物品来展示。但在 Burbn 上，人们把照片当作一种交流方式。为了专注于这一点，斯特罗姆和克里格决定重写 Burbn。这款为苹果手机开发的应用程序，将对摄像头开放，可以捕捉并向世界传递视觉信号，不仅显示你在哪里、跟谁在一起，还可以显示你是谁。这种方式很原始，无须语言表述，并被赋予了无限的创造力。照片会出现在用户的订阅源中，其中的内容都是用户"关注"的人所分享的。它还引导用户使用性能模式，在默认情况下，任何用户都可以看到你的照片。这种设计让它更像 Twitter，而不是 Facebook。

将 Burbn 转变成一款摄像头优先的应用程序，这让斯特罗姆欣喜不已。他一直热爱摄影，还喜欢古老、时髦的东西，他是那种会买一台旧式留声机并把它作为艺术品展示的人。他本质上也是一名工匠，他对细节的标准是乔布斯式的，但他不会贬低或侮辱那些工作完成得不好的人。他和克里格会花好几个小时在最小的细节上，比如绘制相机图标上的圆角。

这与"快速行动，破除陈规"是对立的。

当斯特罗姆和他的女朋友妮可在墨西哥度假时，这款改进的应用程序实现了一个重大突破。令他沮丧的是，他的女朋友说自己不愿意使用这款他一天 24 小时都在全身心打造的产品，因为她发现自己拍摄的照片与某位朋友拍摄的照片质量相差很大。斯特罗姆告诉她，那些照片之所以看起来不错，是因为她的朋友使用了滤镜，这才让图像看起来更加吸引人。因此妮可建议，他应该在自己的产品中使用滤镜。斯特罗姆后来娶了妮可。

他很快就在应用程序中添加了滤镜功能，并且第二天就开始使用了，当时他们两在一个玉米卷摊前给一只小狗拍照，照片的一个角落里露出了妮可穿着拖鞋的一只脚，各种颜色非常醒目。这是他在 Burbn 迭代产品的测试版上发布的第一张照片，该产品后来被称为 Instagram，来源于"即时"（instant）和"电报"（telegram）两个词汇的组合。最终，他和克里格开发了一套功能各异的滤镜，让用户可以将他们的照片转换成各种虚幻的类型。后来，为了让别人觉得这种做法已经过时，Instagram 上的一些势利的人会避免使用这种"化妆品"，用标签"无滤镜"来标记他们的照片。Instagram 并不是第一款采用数字滤镜的应用程序，但它的独特之处在于，让经过滤镜处理的照片成为社交网络上的一种表达方式。从公司使命的角度来说，这些滤镜的作用不在于观看者看到了什么，而在于它们对上传图片的用户有什么意义。

在 2010 年 10 月 6 日通宵的编程狂欢之后，Instagram 终于上线了，用户反应迅速且令人震惊。这款产品已经有了一些内在的用户需求，一部分来源于著名的硅谷人士，他们对产品的测试版赞不绝口。事实上，Instagram 的小规模测试小组生产的内容已经超过了 Burbn 的所有用户。没有人比杰克·多尔西更热心了，这位 Twitter 的创建者开始强迫性地使用它，并在 Twitter 上向他的庞大粉丝群吹捧它。

这种用户热情可能会击溃他们租用的一台服务器，斯特罗姆紧急打电话给他认识的最聪明的工程师之一亚当·德安杰洛，他们通话了半个小时，讨论用户访问流量暴涨致使服务器过载的解决方案。上线第一天就有 25 000 人注册。他们最终紧急接入了亚马逊的云服务来处理负载问题。

"我不知道它会变得多大，"斯特罗姆对克里格说，"但我认为这里有机会。"

几周之内，Instagram 就获得了数十万名用户，他们开始使用这款应用程序的简单规则来实现一些创新的分享方式。通过使用标签功能，他们可以根据一个概念给一张照片贴上标签（比如"内圆外方"），然后一个基于这个主题的即时照片库就会出现。给面前的食物拍照的做法开始流行起来，尤其是在那些高端餐厅里或者对一些有趣的街头小吃。总之，Instagram 开启了一个平淡无奇的视觉日记，记录人们的旅行和观察。

在流行歌手贾斯汀·比伯上传了一张偷拍照片之后，Instagram 很快成了名人们的一个重要宣传工具，大众的注意力从之前的虚荣放大器 Twitter 上转移了。但这并没有让杰克·多尔西感到困扰，他一直在使用 Instagram。最终，Instagram 成为一代流行歌星、时装模特和真人秀明星首选的品牌引擎。

2011 年 2 月，Instagram 在成立仅 6 个月之后，就完成了由基准资本领投的 A 轮融资，基准资本负责这笔交易的合伙人是马特·科勒，其他金额较小的投资人包括多尔西和亚当·德安杰洛。他们的投资所对应的公司估值是 2 000 万美元。

Facebook

早些时候，马克·扎克伯格注意到 Instagram 在以一种全新的方式分享照片。因为照片分享是 Facebook 上最受欢迎的功能，他意识到这家小小的初创公司正在做一些 Facebook 没有做的事情。在接下来的几年里，他与斯特罗姆有过多次会面，很明显，Facebook 对该应用程序感兴趣。但 Twitter 也对它感兴趣。在 Twitter 董事会任命迪克·科斯特罗为 CEO 后，Instagram 的狂热分子杰克·多尔西回归了公司。

到 2012 年，Instagram 的用户数一直呈指数级增长，Instagram 需要更多的运营资金。公司采取了专注于产品和增长的标准做法，没有在商业计划上花费精力，因此没有实现收入。Instagram 在新一轮融资中预想的估值是 5 亿美元，在寻找投资人方面不存在问题。这一轮融资由红杉资本领投，还有其他一些投资人参与，包括乔希·库什纳（Josh Kushner）在纽约经营的一家风险投资机构兴盛资本。

但这并不是 Twitter 和 Facebook 所希望的。

对扎克伯格和 Facebook 来说，这是他们第一次尝试去收购一款必须拥有的应用程序。扎克伯格为自己所拥有的高瞻远瞩能力而自豪。他一直在寻找任何可能威胁自己的计划的东西，无论是一家公司还是一项技术的变革。当谷歌在 2011 年推出自己的社交网络产品 Google+ 时，扎克伯格将公司整体封闭了数周，让自助餐厅在周末继续营业。在一次面对全员的演讲中，他引用了自己崇拜的一位古代英雄、思想家老加图（Cato the Elder）的话，老加图在结束自己的演讲时总是哭着说："迦太基必须被摧毁！"[2] 模拟研究实验室启动了印刷机，大量生产带有这句拉丁文的海报。（扎克伯格其实不需要担心，因为 Google+ 是一款完全失败的产品。）

在那一年之后，他明白了如果有人抢走社交照片分享的未来，Facebook 将会遭殃。最好的办法是由 Facebook 收购 Instagram。

但是 Twitter 处于有利位置。

斯特罗姆与多尔西的密切关系，使得 Instagram 濒临达成这桩交易，Instagram 在此交易中的估值，远远超过投资人在本轮投资中预期的 5 亿美元。科斯特罗让董事会成员签字，他认为交易将会达成。斯特罗姆和克里格正要去奥斯汀的"西南偏南音乐节"，他们想先考虑一下。科斯特罗说："我们无法与他们一起冲过终点线。"

多尔西尤其有理由担心他和科斯特罗会错过机会。2007 年，当他自己的公司 Twitter 出现在"西南偏南音乐节"时，与会的潮人都为之神魂颠倒，这让大家对该应用程序无法取得成功的担忧烟消云散。事实上，Instagram 的人在奥斯汀被当成了摇滚明星。活动结束后，斯特罗姆告诉多尔西和科斯特罗，他觉得 Instagram 作为一款独立的应用程序真的很有前景，他想接受红杉资本的这轮投资。多尔西很失望，但还是祝他好运，多尔西还告诉他，如果情况出现变化，他希望能重新谈判。

几天之后，多尔西登上了一辆公交车去 Square 工作，这是他联合创立的第二家公司。他是车上唯一的乘客，这似乎是一个很好的时机来打开他经常使用的 Instagram，并拍摄一张照片。"一个简单早晨的乐趣：一辆空载的巴士。"他在自己的最后一张 Instagram 照片上写道。因为他一上班，就看到了马克·扎克伯格的帖子，上面写着 Facebook 正以 10 亿美元的价格收购 Instagram。科斯特罗当时在东京，他对 Twitter 没有机会回应感到沮丧。他认为 Instagram 值得 Twitter 花掉公司所有的钱，再加上一些额外的资金去收购。他说："我们没有得到预先通知，否则我绝对从银行借到钱了。"

发生了什么事？当斯特罗姆和克里格告诉马克·扎克伯格 Instagram 是非卖品时，后者并没有祝福他们，也没有让他们从奥斯汀给他寄回一张明信片。扎克伯格把斯特罗姆叫到他在帕洛阿尔托的

Facebook

家中，给了他一个无法拒绝的报价。[3]

到那时为止，Facebook 已经收购了大约 20 家公司，但是收购价格一般都在几百万美元。其中最大的一家移动应用开发公司在 2011 年的收购价格是 7 000 万美元。与 Instagram 的交易将远远超过那种水平。但几年收购公司的经验，给了扎克伯格一份进行大额收购的剧本，他会用 Instagram 来测试这个剧本。

第一个原则是扎克伯格本人的直接参与，通过给予关注的方式，来奉承和扼杀他的猎物。第二个原则是独立运营的承诺，即向被收购公司的联合创始人承诺，他们可以继续在自己的公司里执行创造性的决策——正是他们的天分让其公司对 Facebook 具有如此的吸引力！Facebook 负责为其提供基础设施、安全保障、办公空间和营销手段等所有枯燥无趣的东西。

Facebook 的武器库中还有一件秘密武器。在那一年之前，Facebook 聘请了一位企业发展主管，他已经成了 Facebook 的王牌人物。他叫阿明·祖沃诺（Amin Zoufonoun）[4]，是从谷歌的业务开发团队加入 Facebook 的。在此之前，他曾是一名知识产权律师。这份精炼版的简历完全体现不出祖沃诺是这个世界上最真诚有趣的人。他出生在伊朗一个传说中的音乐世家，他的父亲奥斯塔德是一位著名的小提琴家，也是一位传奇的锡塔尔琴手的继承人。就在推翻伊朗国王的革命爆发前夕，这家人逃离了伊朗，搬到了美国湾区。在这里，祖沃诺的家成了波斯音乐的中心。这家人在一起组成了"祖沃诺乐团"，阿明在其中演奏锡塔尔琴。在其他家庭成员追求音乐梦想时，阿明去了法学院攻读法律，但他仍然跟他的家人一起进行音乐表演。

在一家移动公司担任了一段时间的知识产权律师后，祖沃诺于 2003 年加入了即将上市的谷歌，去掌握一种不同的"音乐"：一家大公司的诱人旋律，非常善于引诱创业公司的创始人出售他们的公司。

13 收购未来

他英俊潇洒，谈判技巧娴熟，促成了一系列关键的收购。作为谷歌与Facebook 两家公司之间持续的人才竞争的一部分，Facebook 将他挖走了。他在谷歌是并购业务方面经验第二丰富的高管。

祖沃诺的工作作风从容不迫、精通细节，并且冷静潇洒。一位被祖沃诺收购的创始人发誓说，如果他的公司能保持独立，并且发展成 Facebook 这样的规模，他要做的第一件事就是聘请祖沃诺这样的人来收购其他公司。

丹·罗斯是 Facebook 合作伙伴关系的负责人，也是祖沃诺的上司，他澄清说，尽管并购业务的负责人确实是一位杀手级的人物，但Facebook 为之改变游戏规则的那些收购几乎都应该完全归功于马克·扎克伯格。"他知道这些公司具有协同效应，他比任何人都更清楚这些公司的潜力，他亲自负责说服这些公司的创始人，让他们相信Facebook 是他们的理想归宿，在这里他们的公司能够比在其他任何地方（包括维持独立发展）更好地实现自己的愿景和使命。"

这就是 Instagram 所面临的情况。Instagram 正在进行一轮估值为5 亿美元的融资？好吧。现在在这里有 10 亿美元！

或许此次收购最不寻常的地方，在于发生的时间距离 Facebook的 IPO 上市仅仅只有几周。现在它正在进行迄今为止最大的一笔收购，为一家微小的公司支付 10 亿美元的代价。

这笔收购的金额太大，需要通过联邦贸易委员会的审查。[5] 按照程序，他们要先做一个初步审查，如果显示此次合并涉及反垄断问题或者对消费者有害，将会进入第二阶段审查。一位审查委员非常担心 Instagram 将巩固 Facebook 目前在社交媒体上的主导地位，因此他想进行第二阶段审查，但他无法让 5 名委员中的大多数人加入他的阵营，事情只能到此为止了。（可以肯定的是，因为 Instagram 的收入为零，这将是一桩很难打赢的官司。）

Facebook

交易完成后，Instagram 撤回了对 Twitter 的支持，结束了向两个系统无缝交叉发布照片的通行做法。

扎克伯格刚刚占领 Instagram，就感受到了另外一个威胁：另一款主要基于照片的应用程序正在青少年和年轻人中兴起。它具备一些特色，像是朝着 Facebook 的腹部击了几拳。首先，这些照片是短暂的，它们在发布几秒钟之后就消失了，不会在未来几十年给用户造成困扰。其次，它还有其他一些功能，比如任何超过 21 岁的用户都难以理解的非直观界面，这些功能使得这款名为 Snapchat[6] 的应用程序成了年轻人迷恋的对象。它的联合创始人兼 CEO 看起来是一颗冉冉升起的新星。

埃文·斯皮格尔（Evan Spiegel）在优越的环境中长大，他的父亲是洛杉矶一名成功的律师。他就读的是美国著名的贵族学校十字路学校，然后进入斯坦福大学，在那里他开着一辆凯迪拉克凯雷德越野车四处兜风。在大二的时候，他得到了一份邀请，去参加一门为 MBA 二年级学生开设的创业课程，这激发了他想要创立一家公司的愿望。促使这个想法得以实现的，是 2010 年 4 月他的好友雷吉·布朗（Reggie Brown）在宿舍里分享的一句话：如果可以发送会消失的照片，结果会怎么样？

斯皮格尔想要把这个概念变成一家公司。他在技术与人类行为相融合的领域有着深刻的见解。他不仅理解为什么 Facebook 能流行起来，也理解为什么它开始变得越来越不受欢迎。作为一名大学生，他亲眼看见了动态消息如何从"你的朋友们的最新消息"，变成大量的外部内容。虽然 Facebook 曾经比啤酒更能融入斯坦福大学的校园生活，但现在人们很少使用它了。

斯皮格尔的第三位联合创始人，也是他最好的朋友鲍比·墨菲

（Bobby Murphy）。他们开始围绕着自己的创意开发一款名为Picaboo的应用程序。创业的第一年是多事之秋，因为团队迭代了产品，并且斯皮格尔和墨菲也将布朗踢出局了。（随后发生的诉讼，让人想起了爱德华多·萨维林对Facebook的诉讼，结果也类似——以一种让永久出局的联合创始人有利可图的和解方案结束。）但到了2012年初，这款更名为Snapchat的应用开始爆发。它令人耳目一新的阅后即焚功能让人上瘾并感觉亲近：如果你没有了负担，知道自己不是在创建一条永久记录，那你就可以发布一些愚蠢的内容，或者泄露一个秘密。（你也可以发布一张裸照，但是在这方面不要预期太高。）

Snapchat的成功引起了关注。现在还是风险投资家的查玛斯·帕里哈皮亚对《商业周刊》滔滔不绝地说："Snapchat刚创立的时候，我觉得它似乎微不足道，但我错了。我认为在最差的情况下，它也会成为下一代的MTV；在最好的情况下，它将是下一代的维亚康姆。"[7]

因此，马克·扎克伯格想要收购Snapchat可能是不可避免的。2012年11月28日，他在发给斯皮格尔的邮件中抛出了一个带诱饵的钩子。[8]"嘿，埃文，"他写道，"我非常喜欢你在Snapchat上所做的事情。我很想跟你见面，听听你对未来的看法。如果你感兴趣的话，请告诉我，我们可以在某天下午绕着Facebook的总部散散步。"

随意的语气掩盖了序曲中的严肃和精心策划。正如扎克伯格从Instagram的收购中所得出的结论：Snapchat是一个威胁，但他如果拥有了Snapchat，就能将此威胁消除掉。然后，他可以利用Facebook的资产让它增长得更快。

斯皮格尔在他的回复中添加了一个文本表情符号，漫不经心的程度甚至超过了扎克伯格。"谢谢 ☺，"他写道，"很高兴能跟你见面。我到湾区时会告诉你的。"换句话说，我不会放下一切，去跟伟大的

Facebook

Facebook CEO 见面。扎克伯格在他的电子邮件中签上了自己的名字：马克。斯皮格尔没有签名，这个习惯属于那些比扎克伯格还要年轻的人。

要点：斯皮格尔。

扎克伯格选择忽略斯皮格尔这种不太尊重的方式。在他的下一条信息中，他说自己刚好要去一趟洛杉矶。扎克伯格安排在办公室外的一个地方与斯皮格尔见面。

斯皮格尔有理由保持谨慎。在那一年初，当 Facebook 收购 Instagram 时，大多数人都被 10 亿美元的价格惊呆了，但斯皮格尔并没有。他认为 Instagram 的人犯了一个灾难性的错误。当然，Facebook 的基础设施可能会让其产品的推广变得更容易，但是他看不上 Facebook 的产品感觉。

在双方的交流中，扎克伯格吹嘘了合并将会带来的好处：斯皮格尔和墨菲可以借助 Facebook 的基础设施和全球规模化发展的专业知识，让 Snapchat 实现更快的发展；Facebook 会处理那些烦人的事情，让他们可以专注于打造一款伟大的产品；当然，他们也会获得大笔的收益，除了现金，他们还将拿到逐年兑现的巨额股票红利。

这是扎克伯格抛出的"胡萝卜"，他手上还有一根"大棒"。他告诉斯皮格尔，Facebook 正在推进一个项目，这是 Snapchat 的两位创始人可能有兴趣看到的，即一项阅后即焚的聊天功能！他说考虑称之为 Poke。

Snapchat 的两位创始人拒绝了他的收购提议。

12 月 21 日，扎克伯格给斯皮格尔发了一条信息。他写道："我希望你喜欢 Poke。"[9]邮件的全部内容就只有这一句话。

在收购提议遭到拒绝后推出模仿产品，这是扎克伯格现在非常熟悉的策略。没错，他并没有提议收购亚当·德安杰洛的公司 Quora，然后就推出了 Questions 与之竞争。但两年前，一份被拒绝的收购提议，确实推动了 Facebook 开发一款旨在扼杀 Foursquare 的产品。Foursquare 是一款移动应用程序，它利用地理位置和游戏技术来帮助用户找到一些事情来做，并且能让用户互相找到对方。

Foursquare 的 GPS（全球定位系统）技术非常棒，Facebook 曾想收购该公司，尤其是看到其他一些科技公司也有这个想法。该公司的联合创始人兼 CEO 丹尼斯·克劳利（Dennis Crowley）多次与扎克伯格会面，他们在帕洛阿尔托和纽约联合广场的 Foursquare 总部附近散步。最终，收购的报价达到了 1.2 亿美元。克劳利之前有过出售公司的经历，几年前，谷歌收购了他的早期创业公司，却使得公司的经营日益恶化。因此他现在很谨慎。他说："我不确定他是否真的想要我们，因为我们是一个真正耀眼的明星——每个人都在谈论我们，我们将是下一个 Twitter。"所以，克劳利决定判断一下扎克伯格对价格的兴趣——他会提升报价到 1.5 亿美元吗？当克劳利和他的团队商议后决定不出售，而是继续独立运作时，那些有兴趣收购的公司还在讨价还价。克劳利打电话给扎克伯格，告知了这个结果。克劳利后来说："我一直觉得，他是非常亲切的一个人。"

两位 CEO 保持着联系，克劳利偶尔会拜访 Facebook 的总部。有一次，扎克伯格让他跟一些 Facebook 工程师见面。那时，Foursquare 已经提升了其技术，可以与一系列不同的数据源合作来实现精确定位，比如 Wi-Fi、蜂窝通信系统、GPS 等，而 Facebook 正受困于定位技术。克劳利慷慨地向 Facebook 的工作人员解释了 Foursquare 是如何运作的。不久之后，有人警告他，Facebook 正在做自己的定位应用程序。克劳利说："这种感觉就像是说，'好吧，如果 Foursquare 不想出售给 Facebook，我们也要做这个，因为你们正在打造的是大家都想要的产品'。"

Facebook

果然，在 2010 年夏末，Facebook 推出了自己的定位应用程序，名为 Places。它并不完全像 Foursquare，但是允许用户在一家企业或一个地点"签到"，这是应用程序上的签名活动，与 Foursquare 的功能类似，也像 Facebook 的"点赞"按钮一样。但真正让克劳利感到难堪的是 Facebook 为"签到"功能所设计的图形标志。用来标注位置的红色泪珠形大头针置于一个正方形的上方，而这个正方形的表面上有一个勾勒成数字"4"的图案。克劳利说："我们笑了。我们感觉，他们想要干掉我们，也想取笑我们。"克劳利说，这种冷落激励了他的团队。尽管由于客户认为 Foursquare 无法与 Facebook 竞争，这导致公司的业务一度下滑，但他的公司还是活了下来。

Places 是一款失败的产品。所以 Facebook 在 2011 年收购了 Foursquare 的主要独立竞争对手 Gowalla（一款社交签到应用）。

斯皮格尔和墨菲认为 Poke 对 Snapchat 的模仿是苍白无力的，并对此一笑置之。在发布之后，Poke 立刻就在苹果应用商店排名第一，这或许让他们感到有点不舒服。但在接下来的几天，当 Poke 的排名骤降时，他们感觉好多了。

对 Facebook 来说，Poke 是失败的，但对 Snapchat 来说是一种恩赐，它使 Snapchat 的产品愿景获得了认同。

Snapchat 不断增长，对扎克伯格产生了更大的吸引力。2013 年，他继续狩猎，带着自己的首席交易手阿明·祖沃诺拜访了 Snapchat 的威尼斯海滩总部。他显然是一位专家，轻松流畅地分解各种数据，并向斯皮格尔和墨菲解释了交易的好处。

这次交流并没有改变斯皮格尔的想法，但是扎克伯格一直在努力。2013 年 5 月，扎克伯格写了一封电子邮件，他在其中概述了如果 Snapchat 加入 Facebook 家族将会发生的所有重大事项。他说，如果 Snapchat 出售给 Facebook，Facebook 有计划将其用户基数扩大到

10亿，还可以将一些没有与开发者分享的私有 API 开放给它。此外，扎克伯格还亲自向斯皮格尔示好，承诺这位年轻的创业者不仅可以在一定程度上自主经营 Snapchat，还将有机会对 Facebook 本身施加影响。

> 虽然你会花一些时间管理 Snapchat，但我们一起紧密合作来探究 Facebook 应该如何发展也是很有趣的事情。我毫不怀疑，随着时间的推移，除了 Snapchat 之外，你还可以发挥更广泛的领导作用。最重要的是，我认为在一起工作并建立更深的关系对我个人来说很有趣。我很享受我们度过的时光，我认为我们可以互相学习，一起创造一些伟大的东西。

他还邀请斯皮格尔在艾伦公司为媒体大亨举办的"太阳谷峰会"上唱一段卡拉 OK。

这一次，Facebook 的出价提高到了被广泛报道的 30 亿美元，但实际数额要更模糊一些，因为支付给创始人的金额取决于他们还能在公司持续运营多久。这似乎是 Facebook 收购独角兽战略的另一部分——设计交易结构，让更大一部分的交易对价归属于创始人，而不是公司的投资人。

这份收购提议的金额太大了，斯皮格尔和墨菲不得不认真考虑。最终，斯皮格尔认为 Snapchat 不能在 Facebook 的文化中茁壮成长。尽管 Facebook 在向移动互联网转型的过程中成了幸存者，这一点令人印象深刻，但在斯皮格尔看来，该公司仍然存在非常多的桌面互联网思维。斯皮格尔和墨菲拒绝了这份提议。他们也没有去唱卡拉 OK。

在某种意义上，斯皮格尔的拒绝类似于扎克伯格在 2006 年拒绝将 Facebook 出售给雅虎。在这两个案例中，创始人都觉得大公司会把事情搞砸。10 年前，扎克伯格还是一位在互联网上长大的少年，这一优势使他能够杀死当时主宰科技界的年迈老龙。但是，现在新一

Facebook

代的年轻人已经将移动互联网思维融入了他们的科技基因。年轻人明白，催生 Facebook 的网页世界已经过时了。斯皮格尔不想花时间教马克·扎克伯格理解什么是酷。他和墨菲将打造属于他们自己的酷炫产品，扎克伯格只能在他们身后追赶。斯皮格尔不再因为 Facebook 模仿他而失眠了：扎克伯格在 Poke 上的溃败让他相信，当 Facebook 试图复制 Snapchat 时，它是糟糕透顶的。

斯皮格尔低估了马克·扎克伯格。也许他从未听扎克伯格说过：他从未犯两次同样的错误。就 Poke 而言，错误不在于复制本身，而在于这是一款糟糕的复制产品，一款与 Facebook 不吻合的复制产品，并且没有利用 Facebook 前所未有的用户基础。Facebook 最终发现了如何更加熟练地复制产品。

Facebook 要通过新的产品维持其统治力，但收购像 Instagram 这样的公司并不是唯一方式，它也能自己创造一些产品。多年来，该公司曾多次尝试开发新的产品，通常是为了复制他人的成果，但基本上都失败了，比如 Facebook 手机令人惊叹的崩溃。但是它还有一款蚕食了 Facebook 本身的成功产品：Messenger。

发送信息正在成为手机的一种核心用途，并有机会形成一个属于自己的平台，与 Facebook 等社交媒体产品争夺用户的时间和注意力。面对各种移动互联网产品，Facebook 在适应方面也起步得太晚。

2011 年初，Facebook 收购了一家名为 Beluga 的小型初创公司，该公司由三名谷歌前工程师创立，他们当时在开发一款群聊应用程序。Facebook 扼杀了他们的产品，要求他们为一款独立的 Facebook 信息应用程序开发原型。他们开始着手做这件事，但是扎克伯格担心将 Facebook 的用户吸引到一款仅仅用于信息传递的新应用程序会存在困难，它如何与苹果或谷歌竞争？因此，他没有将新的 Facebook

Messenger 设计得完全不同，而是采取了迂回策略，让开发团队将新产品移植到 Facebook 当前用于处理信息的基础设施之上。这样用户可以通过这个新应用程序发送信息，也可以使用移动版 Facebook 应用程序。曾担任 Beluga CEO 的本·达文波特（Ben Davenport）说："关键的症结在于没有人知道如何从零开始培育这种新产品。马克的想法是，你可以将它与这个已经存在的、每天会产生 50 亿条信息的东西联系起来，新产品就是以这种方式实现增长的。"

这就是 Facebook 所做的，但由于只是 Facebook 的前端，Messenger 存在一些内在的问题，尤其是当有人给一位没有安装这款独立应用程序的 Facebook 用户发送信息的时候。哈维尔·奥利文说："通知被掩盖在噪声之中。当有人给你发送一条信息时，你在 Facebook 应用程序中会收到一条通知，但那可能是你看到的第 17 条通知。"

此外，由于必须适应使用 Facebook 蓝色应用程序和使用该独立应用程序的两类用户，Messenger 在如何创新方面受到了限制。在 Facebook 上无法添加酷炫的新功能，因为使用不同应用程序的用户之间的交流可能会因此中断。

该应用程序的增长非常缓慢。达文波特说："增长速度是线性的，不是加速增长，更谈不上指数级增长。"对 Facebook 而言，线性增长与不增长是一回事。面市一年之后，增长曲线上升到一个平稳期，用户数大约有 1 亿。但这个数字还不到 Facebook 用户数的 1/10。达文波特说："我们挣扎了很长时间，真的开始担心无法达到预期目标。"

所有这些都引起了增长小组内部的恐慌。如果人们习惯了通信运营商提供的标准短信系统，或者谷歌或苹果公司提供的替代系统，信息发送将成为 Facebook 的新竞争对手们的舞台。在人们主要通过电话接入互联网的世界其他地区，这一点尤其令人担忧。由于 Facebook 最大的扩张希望都在这些国家，消息发送的问题成了增长的一个关键。当增长在任何 Facebook 事件中被提及时，它就主导了这个问题。

它的解决方案是：将信息发送从 Facebook 移动应用程序中分离出来，迫使用户下载 Messenger。移动版 Facebook 当时的负责人科里·翁德赖伊卡说："哈维尔和我一直在研究这个问题，我们需要将这些问题分开，因为我们能够更好地控制增长，这将带来更好的用户体验，通知功能也会更好地发挥作用。"

这一决定违反了与优先服务用户相关的所有规则：如果使用移动版 Facebook 的用户没有下载 Messenger 应用程序，他们就收不到别人的信息！如果用户想通过移动版 Facebook 给别人发送信息，就会弹出一条指令，提醒他们这一功能很快就会失效，补救的办法是下载 Messenger 应用程序。Facebook 的威胁效果很好。

翁德赖伊卡说："最后用户都很讨厌我们。"但他们别无选择。他们能怎么做？不再使用 Facebook？因此，Facebook 可以从无到有地创造一份有价值的资产，它不需要花费数十亿美元的代价去购买。

Messenger 取得成功之后，扎克伯格立刻寻找了一位知名高管来经营它。戴维·马库斯（David Marcus）是 PayPal 公司的总裁，而 PayPal 当时是 eBay 的子公司，实际上也是 eBay 最令人兴奋的业务板块。许多人认为，马库斯从 PayPal 公司的最高职位上退下来，去运营 Facebook 的聊天功能这个"私生子"是大材小用。他知道，Facebook 已经承担了从其蓝色应用程序中撬动该功能的肮脏工作。这种做法一开始激怒了它的用户，但是，就像动态消息和 Facebook 已经塞进用户喉咙里难以下咽的其他药片一样，用户开始对这款产品越来越感兴趣。马库斯在 2015 年曾告诉我："我很高兴团队迈出了这一步，因为现在我们有了一款完全能自主控制的产品。我们控制着产品的每一个像素和每一行代码。"现在他可以自由地将 Messenger 发展成一门生意，甚至从中获得赢利。

通过使用自动"机器人"，Messenger 从仅限朋友之间使用的服务扩展到可以用于企业之间的交流。马库斯夸口说，未来的商业交流将通过 Messenger 来进行——当你可以通过 Messenger 机器人快速预订餐厅时，为什么还要花时间打电话或上网预订呢？

作为一款应用程序，Messenger 正在加入 Facebook 的阵营，它已经拥有超过 10 亿名用户。Instagram 也会加入这个俱乐部。扎克伯格现在已经养成了一个习惯，那就是去寻找属于这个阵营的潜在新成员。很快，他就找到了另一颗希望之星。

2013 年，在增长小组的推动下，Facebook 收购了一家名为 Onavo 的以色列小型移动分析公司。该公司由盖伊·罗森（Guy Rosen）于 2010 年联合创立，拥有两款联动的产品。第一款是面向消费者的"移动实用功能"应用程序，通过压缩数据、节省电池消耗和其他技巧，该应用程序可以提高智能手机的性能；第二款是"移动分析"，它从用户的行为中提取信息，比如他们访问过什么网站、下载过什么应用程序，然后销售其分析结果。罗森说："我们开发了一款非常有价值的应用程序。此外，我们还推出了一项名为'Onavo 观点'的服务，为用户正在使用的各种应用程序提供高级聚合分析。"基本上，用户通过向 Onavo 开放隐私并允许其出售分析信息来为第一款应用程序所提供的好处买单。

Facebook 将此次收购包装成 Internet.org 项目的一部分，强调这一行为有助于人们连接世界。罗森写道："Internet.org 项目最重要的目标之一就是更高效地使用数据，让世界上更多的人可以实现连接和分享，我们希望在实现这个目标上发挥关键作用。"[10]

但 Facebook 的动机并不是真的提供一款应用程序来改善发展中国家的手机性能，而是延续了 Onavo 的商业模式，即通过看似免费的应用程序搜集数据，为其赚钱的商业智能业务提供信息。当移动性能工具不再服务于其目的时，Facebook 为用户数据设计了一条新的美人计——"Onavo 保护"，它提供一个看似廉价的东西：比公共无线网络更安全的免费 VPN（虚拟专用网）。给人们提供一款旨在搜集他们数据的隐私工具，这需要一定的勇气。

Facebook 现在有了一种强大的方式来监控成千上万名用户的移动互联网行为。增长小组会仔细研究数据，并在定期会议上公布结果。Onavo 特别关注了 Snapchat。埃文·斯皮格尔的公司拥有阻止入侵者的安全功能，但据一位 Facebook 高管称，Onavo 利用一种"中间人"攻击方式越过其防火墙搜集数据。Snapchat 发现了这一点，并采取保护措施阻止入侵。Facebook 的一位高管向我证实，通过 Onavo，Facebook "能够将代码注入 Snapchat，并且能在内部看到用户实际上是如何使用该产品的"。（据《华尔街日报》报道，Snapchat 将这一情况记录在一份关于 Facebook 行为的文件中，并以《哈利·波特》中一名不能直呼其名的恶棍将其命名为"伏地魔计划"。[11]）

在此期间，宝洁公司的马克·普里查德（Marc Pritchard）拜访了 Facebook 总部，他回忆道，他看到了一张关于新兴创业公司的图表，并听到了一个关于公司规模与增长势头之间差异的解释。他说："他们向我展示了所有这些正在冉冉升起的公司，以及他们想要寻找的东西。他们想要寻找的，是那些真正处于爆发增长期的公司，而不是那些稳定发展的公司。"

有一点已经非常清楚：一家名为 WhatsApp 的网络通信公司正以惊人的速度增长，让 Facebook 觉得它必须做点什么才行。[12]

如果 Facebook 在招聘工作上不那么挑剔的话，WhatsApp 可能永远不会存在。2008 年，简·库姆（Jan Koum）和布莱恩·阿克顿

（Brian Acton）的简历都没有引起 Facebook 招聘人员的共鸣。他们当时都是雅虎的工程师，这本身并不是一个不合格的指标，但他们两人都没有那种许多 Facebook 员工都具备但查玛斯·帕里哈皮亚强烈鄙视的复选框式的简历。被 Facebook 拒绝后，他们创造了一款如此引人注目的产品，马克·扎克伯格不得不动用布林克斯安保公司的运钞车来收购它。

在 16 岁时，库姆和他的母亲逃离了家乡基辅的反犹太主义，来到了加州的山景城。那是 1992 年。库姆一家在乌克兰很穷，他的学校里没有室内管道，他们的小家庭在苏联解体后的新世界中挣扎生存，一家人住在政府补贴的房子里，靠粮票维持生活。来到美国之后，他们也面临新的挑战，尤其是库姆的母亲还得了癌症。库姆从来都不是权威人物的忠实粉丝，他对计算机很感兴趣，并加入了一个网络黑客组织。他在圣何塞州立大学学习编程，通过在安永会计师事务所担任安全审计员来帮助家庭维持收支平衡。

阿克顿出生在佛罗里达州，他在自己的 RadioShack（美国信誉最佳的消费电子产品专业零售商）机器上输入杂志上的程序，以这种方式自学计算机技术。当他去费城读大学时，他还从未听说过斯坦福大学。但在他听到一些最聪明的同学抱怨自己没能进入斯坦福大学之后，他申请转学到那里，正确地预测到自己将进入"书呆子的天堂"。热门的初创公司都将这里当作一个很好的人才招聘渠道。1996 年阿克顿加入雅虎，成为公司的第 6 名工程师。

在雅虎的第一代咨询业务中，阿克顿负责数据处理工作，他的任务之一是与审计员合作，验证该公司的应得收入，即该公司正确计算了其广告所获得的效果。其中一名审计员是库姆，他们两人相处融洽，当库姆几个月后加入雅虎时，他们再次相聚。

但是，他们工作了近 10 年后，这家互联网巨头无可奈何地走向了萎缩，而两位工程师也感到越来越无聊。他们在同一天离开：2007 年的万圣节。他们已经兑现的股票期权足以维持一段时间的生活，但不是永远。在一趟南美旅行之后，库姆回到了美国。就在那时，Facebook 拒绝了他的求职申请。

库姆经常跟来自俄罗斯或乌克兰侨民社区的朋友们在一起，并且经常参加在他的朋友伊万·菲什曼（Ivan Fishman）家里举行的非正式聚会。这个聚会被称为 TDMS（Thursday dinner movie sessions，周四的晚餐电影会议），但他们谈论的话题通常十分吸引人，电影总是无法放映。2008 年，在苹果手机开放其应用程序开发后，TDMS 在这个事情上喋喋不休的讨论让这个群体中的电影爱好者感到特别恼怒。一天晚上，在聚会结束后，库姆站在厨房的柜台前，向菲什曼讲了自己的一个创意，他想开发一款应用程序，可以让你在自己的地址簿中添加一条临时的状态更新。它可以告诉别人，你的电话是否无法接通，或者你的电池电量不足，无法接听电话。菲什曼帮助库姆联系了俄罗斯的一名程序员，帮他开发这款应用程序。

2009 年 2 月，库姆见到了阿克顿，他当时暂住在纽约，来湾区是参加一个"极限飞盘"活动。库姆兴奋地告诉阿克顿，他已经提交了注册文件，将成立一家名为 WhatsApp 的新公司。阿克顿觉得这听起来很酷，但并不特别感兴趣。

事实上，库姆最初的创意很笨拙：你必须进入该应用程序，查看你的联系人列表，然后，如果你的朋友可以接听电话，你就退出该应用程序并拨打他的电话。但那年 6 月，苹果公司推出了推送通知的服务，可以将应用程序内部的动作随时发送给用户，即使应用程序没有启动。库姆的产品测试人员开始使用自己的状态帖子来回复别人的状态，这种做法几乎就像以通知的方式互相发短信一样。菲什曼说："没有人按照设定的方式使用 WhatsApp，大家试图把它当作短信来用。"

这是一条启示。对于用户之间使用 WhatsApp 进行直接对话，库姆没有袖手旁观，而是意识到可以在应用程序内实现这一功能。

当时，人们相互发送信息的唯一方式是使用移动运营商提供的功能。尽管对 Verizon 和 AT&T（美国电话电报公司）来说，这一功能的成本微乎其微，但这些企业每月向客户收取 5 美元的费用，允许其发送一定数量的短信，对每条额外的短信再收费 10 美分甚至 20 美分。一些十几岁的青少年每月的短信费用甚至高达数百美元，导致大多数人直接放弃使用这项功能。但是库姆明白，如果人们使用一款应用程序，能将信息文本从一位用户发送到另一位用户，就可以完全省掉这些费用。

库姆认为，电话号码本身就是用户标识，因为每个电话号码都是独一无二的，所以这是触达拥有某个号码的人的一种最直接的方式。渐渐地，电话号码变成了用户，它变成了一个私人版本的社会安全号码。在 WhatsApp 上，电话号码实际上就是用户。

在接下来的几周时间里，库姆改进了 WhatsApp，将重点放在信息发送上。与此同时，阿克顿也不知道离开雅虎之后该做什么。那年夏天，他也去 Facebook 面试了一份工作。他于 8 月 3 日在 Twitter 上发了一条消息："Facebook 拒绝了我。这是跟一些了不起的人交流的一个好机会。期待人生的下一次冒险。"

下一次冒险变成了库姆的项目。阿克顿认为转向信息发送是一个绝妙的创意。因此，当库姆在 9 月询问阿克顿是否愿意合伙时，他答应了。他投入了一些钱，数额在小几十万美元的级别，他们同意阿克顿从此以后作为公司的联合创始人。在接下来的 5 年里，他们像狗一样辛苦地工作。

他们很早就意识到，公司最大的机会将在海外。公司业务的第

Facebook

一次大规模增长发生在西欧，当地的手机短信费用很高，通过手机网络发送一张图片可能要花费 0.5~0.9 欧元。WhatsApp 使得这项服务免费。此外，尽管欧盟已经普遍取消了关税，但移动通信的世界仍处于诸侯割据的状态，因此当人们从德国向奥地利发送信息时，移动运营商会收取一笔费用。WhatsApp 消除了这笔费用。

此外，库姆还确保 WhatsApp 不仅能在苹果和安卓系统上运行，它还能在世界各地流行的其他设备上运行，即使这些设备已经被智能手机所超越，但大多数美国公司并不关注这些设备。"别管美国，"库姆告诉阿克顿，"世界上所有人都在使用诺基亚手机！"阿克顿说："这给了我们巨大的增长潜力，包括在拉丁美洲、中美洲、亚洲的印度。"

WhatsApp 的两位创始人坚信公司的商业模式，他们希望尽早实现收入，这样就不会亏欠投资人。他们开始按月收费。阿克顿说："我们正在打造一项通信服务。用户每月要向 Verizon 支付 40 美元的服务费。我觉得对于一项信息服务来说，一年 1 美元已经足够了。"

阿克顿后来说："广告给我留下了不好的感受。"因为他看到，用广告来支持一项业务扭曲了激励机制，并导致一家公司给实际用户提供了次优产品。"我们在出卖自己！"他会因此责骂他在雅虎的老板。他们发誓，WhatsApp 永远不会走上这条邪恶的道路。2011年，库姆在 Twitter 上写道："广告会迫使我们去追捧汽车和服装，去做自己讨厌的工作，这样我们就能赚钱买到一些我们不需要的垃圾。"2012 年 6 月，他们发表了一篇博客文章，阐述了这一理念。

三年前，当我们一起开创自己的事业时，我们想打造一些东西，而不仅仅是另一个广告交换中心。我们想把时间花在创建人们想使用的服务上，这种服务要能有效地节省他们的钱，并且哪怕是在很小的程度上改善他们的生活。我们知道，如果能做到所有这些事情，我们就能直接向人们收费。我们知道，我们可以做大多数人每天都想做的事情：避免广告。[13]

"记住，"他们写道，"当引入广告时，你作为用户，就变成了产品的一部分。"

到了 2013 年，WhatsApp 蒸蒸日上。库姆和阿克顿对他们纯粹主义的模式做了一个让步：他们接受了风险投资。成功完成此次投资的精明的风险投资家是红杉资本的吉姆·戈茨（Jim Goetz）。红杉资本有一款名叫"早起鸟"的工具，可以帮助投资团队发掘潜在的投资机会。该工具发现了一个突出的异常值：WhatsApp 在美国可能表现平平，但在"早起鸟"追踪的 69 个国家中，WhatsApp 在 35 个国家排名第一或第二。你不能说这是一次秘密行动——它显然已经拥有数以百万计的用户，但公司的创始人几乎无人知晓。据说公司总部在山景城，但没人知道具体在哪里。戈茨实际上在街上四处游荡，徒劳地寻找可能指向 WhatsApp 办公室的标志。网络搜索毫无线索，因为 WhatsApp 没有留下任何踪迹。

最后，戈茨通过他在雅虎的人际关系找到了他们。他在一家咖啡厅见到了库姆。这次见面启动了一场"求爱"活动，最终库姆和阿克顿抛开疑虑，接受了一轮 800 万美元的投资。

有了这笔资金，WhatsApp 就有了独立运营和发展的资本，并且可以抵制不可避免的收购要约。起初，部分原因是该公司有意识地试图回避硅谷嗡嗡的机器声，他们是出了名的不愿意被媒体曝光。谷歌已经漫无目的地提出了几次收购意向。2012 年，负责促成收购的高管是玛丽莎·梅耶尔。但是库姆和阿克顿并不觉得这次交谈鼓舞人心，因为当他们来到谷歌的山景城办公室会面时，梅耶尔是通过视频会议的方式参与的，尽管她实际上是在公司总部的某个地方。"为什么要卖？"阿克顿说，"我们现在玩得很开心啊。"

相比之下，他们 2013 年与 Facebook 的第一次接触是和马克·扎克伯格本人。就像 Facebook 的许多事情一样，起源也是增长小组。WhatsApp 一直处于 Facebook 的关注之下，尤其在美国，Facebook 深刻了解它有多么受欢迎，因为其子公司 Onavo 多年来一直在秘密搜集私有数据。从某种意义上来说，让 Facebook 注意到 WhatsApp，也证明了收购 Onavo 的全部代价是合理的。

扎克伯格提议，他跟库姆在一个他们不会被发现的地方见面。他们决定去洛斯阿尔托斯的埃丝特面包店，那是一家毫无疑问平淡无奇的咖啡店。双方的交流很友好，当时没有一点强行推销的气氛，扎克伯格分享了 Facebook 创业初期的故事。双方诚恳地结束了此次会面，在接下来的几个月里，他们仍然保持着联系。

自始至终，库姆和阿克顿都相信，他们能够承受任何来自掠夺性潜在买家的压力。2014 年 12 月，《连线》杂志英国版到 WhatsApp 的山景城办公室拜访时，阿克顿提出了反对出售的理由。[14] 阿克顿告诉记者："我担心收购方会如何处置我们的用户。从长远来看，你永远不会放手。有人来收购我们似乎非常不道德，这违背了我个人的诚信人格。"

回想起来，这就像一位年轻的职业拳击手在与冷血的金腰带拥有者对抗之前的咆哮——事情在他的头部遭受第一次重击时发生了戏剧性的变化。2014 年 2 月，就在该声明发表仅仅几周之后，一记勾拳重重地击中了 WhatsApp。那是摩根士丹利的投资银行家迈克·格里姆斯（Mike Grimes）编写的一份报告，其中提供了令人信服的分析，依据相同的数据源，红杉资本和 Facebook 将 WhatsApp 确定为技术领域最有价值的收购目标之一。不知何故，这份报告被泄露了，并在硅谷流传开来。（关于是谁分享了这份机密报告以及分享的原因，仍有很多猜测，但应该注意的是，格里姆斯曾是 Facebook 上市时的一位关键银行家。他否认自己泄露了此报告。）

如果摩根士丹利的文件泄露事件是为了制造一场小规模的狂热，那么它见效了。Facebook 的增长小组一直在追踪 Onavo 的出色数据，他们立即意识到 WhatsApp 落入敌人之手的危险性。扎克伯格新的优先事务是收购库姆和阿克顿的公司。这台收购机器为它最大也是最昂贵的一项任务做好了准备。

与此同时，谷歌也再次出手。这一次是 CEO 拉里·佩奇提议的见面，但效果并不比谷歌之前的几次尝试更好。神秘的佩奇迟到了半个小时，他请求说，如果他们真的打算出售，希望谷歌可以参与报价。

马克·扎克伯格是不会让这种事情发生的。Onavo 的数据告诉他，WhatsApp 正在成为一家全球的巨头，可能会妨碍 Facebook 在世界各地的信息发送业务。[15] 它有 4.5 亿名用户，包括印度的 4 000 万和墨西哥的 3 000 万。在有些国家，它拥有 2/3 的市场份额。仅仅两年前，扎克伯格以 10 亿美元收购了 Instagram，这个消息震惊了世界，当时该公司正以该估值的一半准备完成一轮融资。现在，他准备在 WhatsApp 身上花更多的钱。当库姆和阿克顿告诉他，他们要求获得与 Twitter 相同水平的估值（当时大约是 200 亿美元）时，他没有退缩。这个估值令人震惊。WhatsApp 当时只有大约 55 名员工，大多数美国人从未听说过它。

几周后，扎克伯格告诉我："它的规模被美国人和许多主流媒体严重低估了，因为实际上美国只是它的一个较小的市场。但看到增长率时，你会发现这太疯狂了。这种体验和网络似乎极有可能吸引 10 亿名用户，你看看那些已经拥有 10 亿名用户的产品，它们最终都非常重要，也非常有价值。"

扎克伯格完全控制着 Facebook，他可以做任何自己想做的事情，

Facebook

并且已经准备好付钱了。情人节那天，他们在扎克伯格家中会面，品尝着可能是给普莉希拉·陈准备的巧克力草莓，他们达成了一笔价值190亿美元的交易。（随后，Facebook估值的变化将价格推高至220亿美元左右。）

WhatsApp的人给Facebook报了一个很高的数字，听起来似乎不可思议，但Facebook接受了。

阿克顿说："马克·扎克伯格将了我们一军。当一个家伙带着一大箱现金出现时，你必须答应。你必须做出理性的选择。"拒绝掉10亿或20亿美元是一回事，但200亿美元不仅仅是更高一些的价格——它将整个收购过程置于一个完全不同的维度上。你如何告诉你的投资人、你的员工以及你母亲，你拒绝了200亿美元？

阿克顿也承认自己累了。当他和库姆创办WhatsApp时，他们没有给自己支付薪水，而是靠他们在雅虎获得的股票生活。在红杉资本投资之后，两位联合创始人开始领取微薄的薪水。但到了2014年，阿克顿结婚了，并且刚刚生了第一个孩子。5年来，他每周工作80~90个小时。

如果WhatsApp不接受这一收购提议，它未来将不得不应对作为竞争对手的Facebook。这种威胁就像一个巨大的尖刺钟摆，谈判期间一直悬在他们头上。

WhatsApp在该交易中的投行代表是摩根士丹利的迈克·格里姆斯，他的那份分析报告在这起收购事件中起到了发令枪的作用。

WhatsApp的创始人尝试将一件事明确了下来，即要求Facebook承诺永远不会强迫WhatsApp接受基于广告的商业模式，那将是他们梦想的真正终结。但Facebook拒绝了，他们声称虽然该公司没有这样做的意图，但表述的语言太宽泛了。所有人最终都同意了一项条款，即如果Facebook在WhatsApp上强制实施"额外的货币化计划"，包括广告，创始人可以选择退出公司，但仍可以兑现他们全部的期权，正常情况下这些期权将会分 4 年时间兑现。这种方案实际上并没有解决库姆和阿克顿担心广告会蔓延进入 WhatsApp 的问题，但是到了那个时候，他们已经疲惫了。阿克顿说："你想说什么就说什么，只期望交易达成，等尘埃落定后再看如何处理。"

阿克顿、库姆和戈茨在当年曾给库姆提供粮票的社会服务办公室外签署了收购协议。在公告上，每个人都说了正确的话。WhatsApp 将继续由创始人独立运营，库姆甚至会进入 Facebook 的董事会担任董事，这是一项连 Instagram 的凯文·斯特罗姆都没有获得的特权。

在分享这个消息的时候，库姆和阿克顿试图让他们的用户放心，今后 WhatsApp 不会有什么不同：

> 如果与 Facebook 的合作意味着我们必须改变自己的价值观，我们就不会这么做。相反，双方正在形成一种合作伙伴关系，我们能够继续独立自主地运营。[16]

但作为 Facebook 的全资子公司，这一切都是由 CEO 决定的。正如这两位创始人将会了解的那样，WhatsApp 随时都可能变成马克·扎克伯格的产品。

Facebook 似乎将主宰移动信息服务业务。现在，扎克伯格开始考虑手机不再流行之后，什么产品将会对 Facebook 构成威胁。

虚拟现实在 20 世纪 90 年代早期曾是一项热门的技术，是几十个狂想曲故事的主题。但事实证明，围绕这项技术的大肆炒作是缺乏根据的，也没有太多的事情发生，直到帕尔默·拉齐（Palmer Luckey）的出现。

2012 年，拉齐还是一位 19 岁的南加州人，他的爱好是将旧游戏机小型化。他一直希望能置身于自己热爱的游戏之中。但是虚拟现实设备很昂贵，即使这样，这些设备也没有足够的处理能力或者软件魔法来创造出完全令人满意的体验。（虚拟现实装备包括一套头戴设备，通常类似于一个被涂黑的潜水员面罩，内置的屏幕可以显示计算机生成的视觉世界。这套装置被连接到一台功能强大的计算机上。）于是他开始拼凑自己的设备。不知什么原因，这位南加州的专家制造的硬件竟然比美国宇航局资助的博士和研究小组制造的更好。他在一个由三维视频爱好者组成的网络新闻群组中分享了自己取得的进展。

约翰·卡马克（John Carmack）是该新闻群组的一位读者，他当时住在得克萨斯州的达拉斯。在游戏世界中，卡马克是最接近猫王的人物。作为一名银河级的程序员，他是《毁灭战士》这些传奇作品背后的智囊。他一直在探索虚拟现实世界，并对自20世纪90年代以来进展如此之慢而感到震惊。这个领域面临许多困境，其中之一是当时的实验系统视野有限。这很糟糕，因为虚拟世界的吸引力在于一种身临其境的感觉。如果你转过头来，幻象就此结束，你就无法体验这种感觉。拉齐的装备看起来很神奇。卡马克说："我一直在考虑花15 000美元购买一套虚拟现实头戴设备，拥有一个60度的视野。而帕尔默正在组装一套视野超过90度的设备，基本上是在一个硬纸板盒中用现成的零件拼凑而成，其价格从3~500美元不等。"

卡马克带着拉齐的头戴设备——用胶带粘起来的——去参加了一个会议，他的演示引起了轰动。这个消息传到了一位名叫布兰登·伊里贝（Brendan Iribe）的游戏创业者那里，他的公司在马里兰州，离州立大学不远。他带着几位老同事，包括迈克尔·安东诺夫（Michael Antonov）和内特·米切尔（Nate Mitchell），在洛杉矶的一家高档牛排餐厅跟拉齐见面。拉齐穿着短裤、人字拖和一件旧的雅达利T恤出现了。但是他一开口说话，就让人很明显地感受到他是一位技术天才。伊里贝说："你几乎可以问任何与技术或电子相关的问题，他知道为什么可行，为什么经常行不通，整个产品是如何组合在一起的，以及这些答案背后的历史故事。"晚餐结束前，伊里贝和他的朋友们鼓动他创办一家公司。

拉齐拿不定主意。在接下来的几周里，伊里贝一直在追逐他，这是一项艰巨的任务，因为拉齐没有智能手机。有一次，拉齐说他正考虑跟几位朋友一起在 Kickstarter 上发起一个项目，做自己的头戴设备。（Kickstarter 是一个产品众筹网站，人们可以有条件地为新产品付费，交付的前提是完成融资目标。）但是他当时甚至没有任何基于自身技术的原型机。伊里贝给他签了一张 3 700 美元的支票，用于购买零部件。拉齐对此印象深刻，他同意跟伊里贝的朋友们一起设立公司。到 7 月 4 日，拉齐为伊里贝制作了第一款用于演示的头戴设备。演示过程让伊里贝感到恶心，但大家都知道他容易犯晕动病。

在 Kickstarter 上众筹的产品会更加专业，并将在中国批量生产。Kickstarter 项目于 2012 年 8 月 1 日上线。如果潜在买家的认购金额达到 250 000 美元，该项目将往下执行。Oculus（一家虚拟现实头戴设备制造商）在两小时内就完成了目标金额。[17] 几天之后，当认购金额达到 2 427 429 美元时，他们终于停止接受众筹认购。在那个时候，专业投资人正在给公司出价。Oculus 最终在其 A 轮融资中筹集了 1 600 万美元。

到 2013 年底，Oculus 面临着一些初创公司的典型问题，一边要应对产品开发，一边还要管理不断膨胀的员工队伍。公司只有 30 名员工，但正计划将其规模扩大两倍，以便完成已经被推迟交付的 Kickstarter 订单。要支付这些订单的成本，公司需要完成一轮新的融资，这次的金额是 7 500 万美元。这项技术的开发一直进展顺利。一位名叫迈克尔·阿布拉什（Michael Abrash）的微软前工程师一直在游

Facebook

戏技术公司 Valve 工作，他将 Oculus 的技术与一种被称为"低持久性"的屏幕显示技术相结合，将晕动病效应降至最低。伊里贝第一次在使用虚拟现实设备时不再感到恶心。阿布拉什后来加入了 Oculus，并担任研究实验室的负责人。

该公司认为，一位优秀的董事会成员可能会提供创业指导，合乎逻辑的选择是马克·安德森，他的风险投资机构安德森·霍洛维茨是 Oculus B 轮融资的领投投资人。由于安德森也是 Facebook 的董事会成员，他建议伊里贝从马克·扎克伯格那里获得一些建议。11 月 13 日，安德森给 Facebook 的 CEO 写了一封邮件，标题是"你见过 Oculus 吗？"安德森告诉扎克伯格，Oculus"令我疯狂"。[18]

在跟伊里贝的电话沟通中，扎克伯格肯定了安德森将会是一位伟大的董事会成员（废话）。然后他们开始探讨虚拟现实的话题。"你认为虚拟现实可以应用在游戏之外吗？"扎克伯格问道。"当然！"伊里贝说，"你看到了就会相信的！"

2014 年 1 月 23 日，伊里贝和一个小团队飞赴 Facebook 总部。由于扎克伯格的玻璃墙会议室容易曝光（扎克伯格觉得拉下窗帘来保障隐私是一件痛苦的事情），他们在桑德伯格的会议室里进行演示。扎克伯格戴上头戴设备，开始在一片奇怪的情景中探索，周围有动物在奔跑。演示的一部分给扎克伯格留下了特别深刻的印象，它的背景是意大利托斯卡纳的一座别墅，展示了美丽的乡村景色，用户可以在其中四处漫游。扎克伯格想："这真的很酷。我显然不在意大利，我在谢丽尔的会议室里。但是我真的觉得我就在意大利，因为看到的一切让我觉得我就在那里！"[19]

第二天，扎克伯格给伊里贝发了一封电子邮件。"摘下头戴设备后，我有点晕，"他写道，"但我很清楚一切将如何发展，这太神奇了！"他还没有抛出收购 Oculus 的提议。但是 5 天后，他亲自飞往

13 收购未来

加州的尔湾市参加了一次更为复杂的演示。

第二次演示很成功。几天后，扎克伯格得出结论：虚拟现实不仅仅是一种很酷、很有潜力的功能，而是一种更为宏大的东西，它是下一代的平台。错过这个机会就像错过移动互联网一样。这时距离扎克伯格认为的"濒死体验"仅仅过去两年时间，Facebook那时在业务转型上差点儿搞砸了。他认为，虚拟现实的普及可能还需要10年，但是有一家公司正在打造基础。如果Facebook能拥有这家公司，并投入大量资金来帮它实现预期，扎克伯格不仅会为下一次大的范式转变做好准备，他还将拥有未来。

第二天，他跟伊里贝共进晚餐，他告诉伊里贝自己想收购这家公司。几天之后，扎克伯格发送了他的邮件，这封邮件与他发给Instagram和Snapchat以及刚刚发给WhatsApp的邮件有着明显的相似之处。邮件的主要内容是说，"当然，你们独立发展也会做得很好，但我们将助力公司实现快速增长，为它招募最优秀的人才，提供基础设施，并帮助你们扩大规模"。

但扎克伯格的报价低于10亿美元，而伊里贝的心理预期是此金额的几倍。他礼貌地拒绝了Facebook。

但是扎克伯格仍然痴迷于虚拟现实。他和他的交易大师祖沃诺商量了一下，认为一个更高的价格是值得的。3月16日是星期天，他邀请伊里贝去他家。扎克伯格承诺："我不会浪费你的时间。"

伊里贝和约翰·卡马克一起出现在扎克伯格家中。扎克伯格点了一份比萨饼。[20] 他们坐在他家的门廊上，开始谈论业务上的事情。尽管扎克伯格不需要更多有说服力的理由，但卡马克对这项技术的权威描述让Oculus看起来更具吸引力。当卡马克离开时，扎克伯格给出了他的报价：20亿美元，以及7亿美元基于财务表现的额外对价。此外，Facebook将会继续投入几十亿美元来开发这项技术，而这仅仅

Facebook

只是开始。伊里贝同意了。

8天之后，交易完成。在Facebook最大的一笔收购（WhatsApp）仅完成不到一周后，扎克伯格又完成了Facebook的第二大收购，两次交易达成的速度也差不多。

几周后，Facebook了解到一些错综复杂的情况，因为卡马克的前雇主声称自己拥有Oculus一些技术的所有权。这引发了一场诉讼，Facebook为此支付了5亿美元，而且扎克伯格也身穿西装出庭做证。在庭审的某个时刻，该事件超越了关于知识产权的混乱争论，上升到了一个书呆子的梦想。在原告律师盘问之后，扎克伯格自己的一名律师问他收购Oculus的愿景是什么。扎克伯格一贯对竞争对手的律师简洁刻薄，这次突然开始洋洋洒洒地发声了。他说，虚拟现实将像Facebook一样把人们连接在一起。他的例子是一个孩子开始走路的第一瞬间。他说，当年轻的马克迈出人生的第一步时，艾德·扎克伯格和卡伦·扎克伯格把这件事记录在一本婴儿书里。多年之后，当他的姐姐兰迪·扎克伯格的第一个孩子迈出第一步时，她用智能手机拍下了一张照片。当她的第二个孩子学习走路时，她录下了一段视频。他说："几个月前，我的女儿马克斯迈出了自己的第一步，我在虚拟现实中记录下了整个场景，这样我就可以把它发送给我的父母，并且可以与世界分享，人们可以亲身体验其中的情形，就像身处我们家的客厅一样。"

这正是马克·扎克伯格想要从Oculus获得的东西，一种足以实现魔法的社交体验。他迫不及待地开始炫耀，即便还需要10年时间和一些有待确定的技术突破才能做到。到时候，世界上没有其他任何公司能像Facebook这样有能力实现它。

扎克伯格的基础设施已经建设完成。再过5年，所有这些独立的公司将成为一个快乐的Facebook大家庭。那些创始人则会消失。

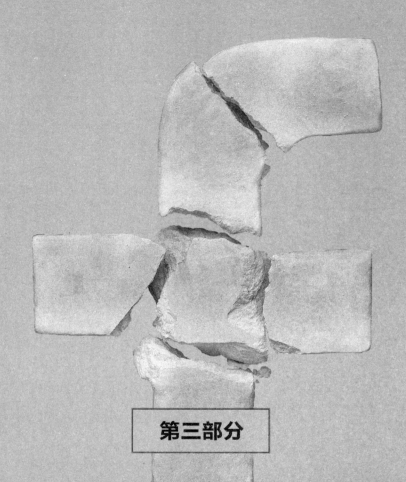

第三部分

14
选举

内德·莫兰（Ned Moran）是 Facebook "威胁情报" 团队的一员，这个团队中的大多数人都在 Facebook 的华盛顿特区办公室工作，该办公室的大多数工作人员都从事政策和传播方面的工作。政策专家和律师负责游说国会，与监管部门打交道，并与美国加州、新加坡和都柏林的同事进行无休止的视频会议；莫兰和他的同事们需要做的，是仔细研究海量的代码和互联网链接，监测数字入侵者和不法分子。内德·莫兰正是在其华盛顿办公室的工作站上，第一次注意到俄罗斯人正在利用 Facebook 干预美国总统选举。

"威胁情报" 团队由一批计算机安全专家组成，他们在跟踪间谍威胁方面具有丰富的经验，比如恶意软件或鱼叉式网络钓鱼等，这些恶意软件通过欺骗目标人群点击一个链接，让犯罪分子有机会获得其个人信息，甚至是 Facebook 的代码。Facebook 担心，那些技术熟练的特工，甚至可能是为外国势力工作的特工，也许会试图利用 Facebook 来寻找他们的目标。

众所周知，这种势力正在形成。近年来，安全公司 CrowdStrike 及其他一些公司一直在跟踪两个团队的活动，它们的绰号是 "梦幻熊"和"舒适熊"。以毛绒玩具作为绰号具有欺骗性，事实上，这是两个独立的数字掠夺者团体，总部位于俄罗斯。"它们的谍报技术高超，行动安全性首屈一指，而'隐身'技术的广泛使用，让它们能够轻松绕过所遇到的众多安全解决方案。"CrowdStrike 的网络间谍专家写道。[1]

Facebook 认为平台上有一些活跃账号与格勒乌（俄罗斯总参谋部情报总局）有关联。"威胁情报"团队没有关闭这些账号，而是对它们进行监控，以跟踪潜在的安全问题，另外，这些账号也没做任何非法的事情。2016 年初，该团队注意到，这些账号的幕后黑手开始在 Facebook 上搜索支持希拉里参与 2016 年美国大选的政府官员、记者和民主党人士，看起来像是针对这些人的鱼叉式网络钓鱼攻击的前奏。Facebook 向美国联邦调查局发出警告，联邦调查局接受了预警报告，但没有跟 Facebook 一起采取进一步的行动。[2]

这些"熊"变得更加自信了。2016 年 6 月，CrowdStrike 报告称，格勒乌的行动团队已经对民主党竞选团队进行了一系列鱼叉式网络钓鱼攻击，包括候选人希拉里的电子邮件和她的竞选经理约翰·波德斯塔（John Podesta）的电子邮件。（攻击是从受害者的 Gmail 账号发起的。）6 月，一名自称"古奇费尔"（Guccifer）的"梦幻熊"成员声称，闯入民主党全国委员会并窃取其电子邮件是他的功劳。

大约在那个时候，莫兰发现了他们更多的行动。这一次，这些账号没有钓鱼攻击或搜索目标，相反，他们在吸引 Facebook 用户的关注。本质上，他们是按照 Facebook 工程师设计的方式在使用 Facebook——作为一个分享引擎。"威胁情报"团队及 Facebook 自身都没有预料到也没有准备好应对这类行动。

在 2008 年和 2012 年的美国总统竞选中，Facebook 作为一个公民

Facebook

互动的平台得到了提升。事实证明，Facebook 是一个很有价值的竞选工具，联合创始人克里斯·休斯在奥巴马的第一次大选获胜中发挥了重要作用。从 2008 年开始，Facebook 开始共同发起竞选辩论，其用户可以向候选人提问。但内德·莫兰的发现只是第一个信号，表明 2016 年的总统竞选对 Facebook 来说会是完全不同的情况，而且存在一种非常可怕的差异。

亚历克斯·斯塔莫斯（Alex Stamos）于 2015 年 6 月成为 Facebook 的首席安全官。[3] 他 35 岁左右，是一名胸肌发达的工程师，曾在雅虎担任过一年的首席安全官，他在此任期中经历了重重困境。斯塔莫斯广为人知的一点是他跟白帽黑客圈子有着深度的关联，并在关键问题上与他们结盟，比如支持增强式加密。他也是一位充满变数的人物，对于公司要求首席安全官远离公众视线的传统做法，坦率的斯塔莫斯并不支持。人们普遍认为，一家公司越是谈论安全漏洞，人们对该公司或其整体技术的信任度就越低。但他的想法正好相反：在这些问题上保持沉默，只会导致出现更多的漏洞。

斯塔莫斯在雅虎担任首席安全官一职，是他在几家安全公司经历多年磨炼之后，首次在一家大型科技公司亮相。在他上任之前，雅虎遭受过几次严重的破坏，超过 10 亿用户的信息被泄露。斯塔莫斯领导了一个绰号为"偏执狂"的团队，发起了多项旨在提升安全性的行动，但在实施更为强力的措施时，他与老板们多次发生冲突。[4] 当他于 2015 年 5 月加入 Facebook 时，他的新工作是保护 20 亿人的信息以及遍布全球的基础设施，其中的挑战更大，因为很多地方都可能出问题。

斯塔莫斯没有意识到，从他被聘用的那一刻起，有些地方就已经出了问题：公司已经重组，首席安全官和他的团队现在属于桑德伯格管辖。在她的管辖领域中，他的团队是唯一一个几乎每个人（超过100人）都是技术人员的团队，并且每个人实际上都已经完成了Facebook新员工训练营中的代码编写部分。斯塔莫斯甚至不直接向桑德伯格汇报工作，他的直接上司是首席法律顾问科林·斯特雷奇（Colin Stretch）。因此，负责Facebook安全事务的人与COO之间尚有一定的距离，与她之间没有任何常规的沟通权限，当然，与扎克伯格及公司的其他高层管理人员也是如此。

现在，斯塔莫斯看到了第一个迹象，即Facebook对2016年美国总统选举中可能遇到的一些问题毫无准备。俄罗斯黑客对Facebook并不感兴趣，这是意料之中的，而斯塔莫斯的团队一直对国内外的攻击保持高度警惕。像这样的网络间谍恶棍，就是"威胁情报"团队一直在寻找的目标：可能会接管账号和窃取信息的黑帽黑客。

俄罗斯黑客成功地对民主党全国委员会和支持希拉里总统竞选的其他参与者发起了鱼叉式网络钓鱼攻击，Facebook本身并未被利用。但是在2016年夏天，Facebook被用来传播一些会令民主党人尴尬的被盗邮件，这有可能打消选民投票给希拉里的积极性。那年春天，有人创建了一个名为DCLeaks的网站，作为泄密内容发布的平台。大约在6月8日，当网站上线时，有人创建了一个同样名字的Facebook页面。（他们还开设了一个DCLeaks的Twitter账号。）有黑客将Facebook视为展开行动的绝佳场所。

"威胁情报"团队仔细查看了棘手的DCLeaks页面。[5]从表面上看，一切似乎都是合法的。网站是由一个自称艾丽斯·多诺万（Alice Donovan）的人创建的，她在Facebook上已经开设了一个账号。该页面由另外两个账号负责推广，账号所有者是贾森·斯科特（Jason Scott）和理查德·金格雷（Richard Gingrey），听起来像益格鲁名字。通过这两个账号，数十万不知情的Facebook用户最终会接触到页面上的内容。"威胁情报"团队分析了页面的来源和相互联系的数据，内德·莫兰将这些数据与他在系统上正在追踪的格勒乌相关账号进行比对，发现 DCLeaks 页面事实上与俄罗斯黑客组织有关。

"我们注意到，他们开始与记者一起推动新闻报道，试图让希拉里的电子邮件、民主党全国委员会的电子邮件和波德斯塔的电子邮件中的信息见诸媒体。"斯塔莫斯说。他的团队将这些信息交给了 Facebook 的律师团队，同时将问题提交给了政策团队。

对 Facebook 来说，撤下这个页面应该是一个简单的决定。但在 2016 年这个美国总统选举年，Facebook 要执行这些决定并不简单。在公司内部也存在争执，即是否应该放松自己的规则来保持中立，或者在多大程度上可以这么做，甚至忽视真相和破坏性谎言之间的区别。

Facebook 在过去曾被指控存在政治偏袒。还记得在 2008 年选举的最后一刻本·巴里推出"我投票了"按钮的事情吗？为了 2010 年的中期选举，Facebook 对这个方案进行了扩展，使用户可以看到一个醒目的按钮显示"我投票了"。但这并不是针对所有的访客。Facebook 利用中期选举进行了一场精心设计的实验。Facebook 的两位顶尖数据科学家与加州大学圣迭戈分校的研究人员合作，决定测试投票按钮是否真的会影响投票率。如果你看到你的朋友投了票，你会受其影响也去投票吗？

时任 Facebook "数据科学"团队负责人的卡梅伦·马洛表示，这是一场单纯的实验："我们有一款产品，已经在多次选举中使用过。现在我们打算在其他国家的选举中使用，目的是鼓励人们参与投票。"他说，当加州大学圣迭戈分校的科学家提出这场实验时，看起来就像是一场实施起来很自然的实验。"数据科学"团队是"增长"运营部门的一部分，他们一直在寻找各种方法来了解用户的行为，从而提高用户参与度。

当名为"一场涉及 6 100 万人的社交影响和政治动员的实验"的研究成果于 2012 年在《自然》杂志上发表时,引发了争议。这表明 Facebook 可能成为政治行为的一个影响因素。事实上,该研究认为 Facebook 的能力会对选举产生影响。作者写道:"结果显示,这些信息直接影响了数百万人在政治上的自我表达、寻求信息的方式以及在现实世界的投票行为。Facebook 的社交信息直接增加了约 6 万名投票者,并通过社交传播间接增加了 28 万名投票者,总共增加了 34 万人的投票。这相当于 2010 年约 2.36 亿投票年龄人口的 0.14%。"[6] 在一个选举双方势均力敌的国家,这样的数字可能起到决定性的作用。

更令人不安的是,有人认为 Facebook 可以利用这种能力来操纵用户,以获得它想要的结果。这项研究本身就是一个例子。Facebook 与研究人员合作,将一部分选民分成两组,一组可以看到"我投票了"按钮(实验组),另一组则看不到(控制组),然后对选民的投票记录进行了比较。结果显示,实验组的投票增加了,所以 Facebook 有可能通过屏蔽控制组的按钮来影响选举。如果 Facebook 决定在共和党的选区保留这个按钮,并在民主党的大本营将这个按钮突出显示,结果会怎么样?从本质上来说,Facebook 在某种程度上是通过地理位置选择来决定投票率的。(马洛说,选择让谁看到按钮是随机的。)

观察者们被这项研究吓坏了。[7] 典型的新闻标题是"Facebook 的'我投票了'按钮是对其用户的一场秘密实验"。Facebook"增长"部门的很多行动都是动作迅速,接着因行动鲁莽而被打脸,然后行动被撤回,这只不过是又一个例证。此后,Facebook 一直小心翼翼,避免提醒用户他们自己的偏见可能会影响选举。所有的用户都会看到投票提醒,没有控制组。

然而,面对 2016 年的美国大选,Facebook 的党派观念再次成为

Facebook

公司内外的争议焦点。

Facebook 华盛顿特区办公室的负责人，也是负责公司全球政策的副总裁，是小布什的前幕僚乔尔·卡普兰（Joel Kaplan）。[8] 在他还是一名年轻律师的时候，曾给最高法院的大法官安东宁·斯卡利亚（Antonin Scalia）当过秘书，然后参与了让小布什入主白宫的重新计票工作。他在小布什政府的最后一份工作是接替卡尔·罗夫（Karl Rove），担任负责政策的副总参谋长。2011 年，当谢丽尔·桑德伯格任命他担任 Facebook 的政策副总裁时，他还是一名能源领域的政治说客。他是终极的"谢丽尔·桑德伯格的朋友"，他们曾在哈佛大学约会过，尽管彼此的政治背景不同，但仍保持着联系。

当时，华盛顿特区的办公室一直由桑德伯格的朋友、民主党人马恩·莱文负责管理。她跟卡普兰保持着政党权力的自然平衡。2014 年，事情出现了变化，莱文搬到了加州，成了 Instagram 的 COO。卡普兰成了全球政策的负责人，但他并没有去寻找一位起平衡作用的管理者。2015 年，他从小布什-切尼竞选团队中招聘了一位朋友凯文·马丁（Kevin Martin），后者曾领导过小布什政府的联邦通信委员会。马丁在该机构的任期因一项针对他的调查而结束，该调查最终没有发现他的犯罪行为，但指出他"严厉、不透明和非学院式的管理风格……在 5 名现任委员中引发了不信任、猜疑和混乱"。根据调查报告，马丁曾一度命令他的员工对一份他不同意的报告进行重写。（马丁后来晋升为 Facebook 美国公共政策负责人。）

桑德伯格本人对"谢丽尔·桑德伯格的朋友"的说法颇感恼火。"我跟优秀的人一起工作有很长的历史，这种感觉很棒。"她说，"他们跟我一起从事不同的工作，我们之间的关系非常紧密。"

对办公室里的一些人来说，卡普兰的角色似乎是为了专门确保 Facebook 没有偏袒自由主义者。一位与他共事的 Facebook 高管说："这是乔尔在公司的角色，找出保守派想要什么，并且让他们开心。"[9] 他还说，工作人员一度打算推动一项由奥巴马政府发起的投票倡议。这与 Facebook 一直以来的信念是一致的，即使在那次不幸的研究之后，提升投票率也是一件好事。但是，卡普兰不认同这种想法，他说 Facebook 帮助美国总统做任何事情都是一种偏袒。毕竟，奥巴马是民主党人。"我认为他的理由是'共和党人不喜欢选民登记'。"另一位当时在华盛顿特区办公室工作的 Facebook 员工说。

这只是卡普兰过于敏感的一种表现，他对 Facebook 倾向于反对特朗普表示担忧。2015 年 12 月，特朗普在其 Facebook 页面上发布了一段视频，内容是要求禁止穆斯林移民。"这明显违反了我们的政策。"一名负责政策工作的 Facebook 员工表示。而扎克伯格是一位激情的移民捍卫者，他质疑这条内容是否应该被删除。

这个问题出现在每周的"谢丽尔会议"上，这是一个视频会议，参与会议的是华盛顿特区和门洛帕克两地办公室中负责政策的高管。卡普兰认为要保留这条内容，其他人则指出，Facebook 很难解释为什么没有采取行动，处理违反其反仇恨言论规则的事情。据《纽约时报》报道，卡普兰提到特朗普时说，"不要去戳那头熊"。[10] 但是，"社区准则"团队也认同要保留这条内容，该团队负责人莫妮卡·比克特（Monika Bickert）说："这是一种处于临界位置的情况。此人是一场全球重大选举中的主要候选人之一，这当然很有新闻价值。"

桑德伯格通常会做最后的决定，但因为涉及总统候选人，她说她会跟扎克伯格讨论这个问题。尽管这位 CEO 对移民有自己的看法，但他还是让这条内容保留了下来。[11] Facebook 达成了痛苦的妥协，把视频内容保留在特朗普的页面上。但是，如果其他任何人上传了同样的视频，Facebook 会把它删除。（Twitter 也一直在努力解决特朗普那些令人厌恶的推文所引发的同样问题。杰克·多尔西最终决定，对于

Facebook

这任总统候选人以及后来的总统，他的新闻价值超过了违反政策的不利后果。）

随着另一场政治争论的爆发，党派踢踏舞在春天继续进行，这场争论围绕着 Facebook 的一项名为"热门话题"的功能展开。从表面上看，这似乎没什么大不了的，只是位于动态消息右侧黄金位置的一个新闻主题列表在某一天获得了很多关注。名义上为外包公司埃森哲工作的几位记者，是这些新闻列表的管理员。（Facebook 及其他一些公司都采用这种方式，以避免聘用成本更高的全职员工。）"热门话题"通过算法来初步检测高传播度的新闻，然后记者们会过滤掉那些虚假的帖子，确保这些热门话题反映的是真实新闻。如果内容不及时、来源不明，或者属于讽刺或是彻头彻尾的恶作剧，他们可能会予以删除。2016 年 5 月，Gizmodo（美国知名科技博客）网站的一篇报道称，根据团队中一位政治保守的前"新闻审查员"的说法，其中有一些记者在压制"热门话题"中的保守内容。[12] 此外，审查员们会"推送"一些来源于自由派网站的内容。

多年来，右翼保守人士一直在抱怨，由硅谷自由派人士运营的 Facebook 通过降低他们帖子的等级对他们进行歧视。但这一说法没有得到数据的支持，从很多方面来看，Facebook 上保守内容的比例过高。《福克斯新闻》经常在最常分享的帖子列表中名列前茅，甚至像《每日电讯》这样较小的右翼网站，也获得了超过其自身分量的关注。

尽管如此，共和党人突然变成了 Gizmodo 网站的超级粉丝。共和党参议员约翰·图恩（John Thune）是联邦贸易委员会主席，他要求对此做出解释。Facebook 核查了数据，在其 12 页的回复中，Facebook 确认了"热门话题"是以无党派的方式对待用户发布的内容的，不管其政治倾向如何。[13] Facebook 解释说，只有像《纽约时报》《华尔街日报》等高品质出版物在大量报道某个全国性话题时，"推送"才会出现。屈服于右翼的压力，Facebook 表示将停止推送，但保留了"热门话题"的功能。

安德鲁·博斯沃思说："可笑的是，'热门话题'在公司内部并不受重视。这不是一项大投资，也不重要。"

博斯沃思和其他人敦促扎克伯格关闭这项功能，但这位 CEO 抵抗了一段时间。向人们展示最新信息的创意，他很喜欢。但是到了夏天，美国总统选举明显让这个国家产生了分化，而 Facebook 最不想做的事情，就是被视为存在偏见。事实是，Facebook 的确存在偏见，它希望"热门话题"中所引用的新闻来源有一个质量标准。人们通常会选择性查看 Facebook 上最受欢迎的内容，而忽略那些恶意挑衅、不准确或彻头彻尾捏造的信息。可恰巧的是，保守主义运动的一些旗舰出版物对准确性并不太挑剔。

但是，Facebook 觉得，它必须做点什么。8 月，它解除了人工操作员的合同，并把这项工作交给一个算法来接手。此前，Facebook 曾运用人工智能技术协助人工审查员整理新闻，人工能够进一步剔除荒谬或令人愤慨的帖子或链接。如果没有人工的监督，这些算法会奖励那些在动态消息上热度很高、抓人眼球的帖子，而不考虑其真实性、善意或新闻价值。在公告发布的当天，一名 CNN 记者指出，她的信息流中的主题包括裸胸日、阿尔·罗克（Al Roker）和说唱歌手扬·约克（Yung Joc）的发型。[14] 几天后，一条编造的新闻登上"热门话题"，一家名为 Endthefed.com 的网站声称《福克斯新闻》主播梅根·凯利（Megyn Kelly）因支持希拉里而被解雇。endthefed 的消息来源是另一家不知名的网站，而该网站的消息又出自一个右翼博客，根据《华盛顿邮报》的报道，其内容"读起来像反凯利的同人小说"。[15]

"热门话题"不会再对保守派产生偏见，而是对新闻业存在偏见。令人惊讶的是，Facebook 保留了这一功能，直到 2018 年才悄无声息地予以取消了。

经历了"热门话题"的惨败之后，卡普兰建议 Facebook 邀请一批右翼人士来门洛帕克，这样公司就可以让他们相信自己得到了公平的对待。一些 Facebook 员工发现，这与几周前 Facebook 给予"黑人的命也是命"活动实质性的冷落形成了鲜明对比。民权组织的成员要求召开一次会议来讨论一些问题，包括"Facebook 直播"中的暴力犯罪和警察杀人事件。另一个重要话题是 2 月在 Facebook 总部，员工们从涂鸦墙上画掉了"黑人的命也是命"的字样，取而代之的是"所有人的命都是命"，这是一个与种族主义相关的回应。[16] 扎克伯格谴责了这一行为。但是，扎克伯格和桑德伯格都没有出席在华盛顿特区办公室举行的会议，作为该办公室最高级别的政策领导，乔尔·卡普兰也没有参加。Facebook 派出了负责"内容标准"的莫妮卡·比克特，一名与民主党人合作的 Facebook 政策主管，以及一名工作与主题无关的非洲裔美国员工。(Facebook 的高层管理人员，包括桑德伯格，在其他一些时间曾见过"黑人的命也是命"活动的组织者。) 相比之下，Facebook 对待一群杂七杂八的右翼权威人士，就像对待摇滚明星一样，让他们乘飞机到门洛帕克，去听扎克伯格和桑德伯格解释他们的帖子是如何受到尊重的，甚至包括拉什·林博 (Rush Limbaugh) 和格伦·贝克 (Glenn Beck) 尖锐的阴谋指控。登记为共和党人的 Facebook 高管参加了这次活动，而属于民主党的政策人员则被排除在外。

从某种意义上说，这次会议是一个自欺欺人之举。在《连线》杂志看来，无论是有原则的人士，还是狂热的右翼分子，保守派都会互相攻击，或者对解释动态消息工作原理的幻灯片感到厌烦。[17] 事实上，一些保守派之间发生了争吵，有些人要求被特殊优待，比如在

Facebook 的员工中给保守派保留配额。但格伦·贝克认为，扎克伯格是在真诚倾听。"我坐在他的对面，以便判断他的态度，"他说，"他有点儿神秘，但我认为他在努力做正确的事情。"

不管这次会议让他们对 Facebook 产生了什么样的好感，在离开门洛帕克之后，保守派又继续抱怨 Facebook 对待他们的方式——Facebook 利用其算法技巧，又获得了数百万的浏览量。

5 月的那次会议只是一个背景，6 月讨论是否撤下 DCLeaks 页面才是正事，这个页面看起来很像是试图传播从民主党全国委员会那里窃取的电子邮件。对 Facebook 的一些人来说，卡普兰似乎更担心冒犯共和党人，而不是该页面是否违反了服务条款。

有观点认为，卡普兰是在支持自己所认同的党派，他的上司埃利奥特·施拉格对此表示强烈反对。施拉格说，针对 DCLeaks 页面的决定，以及后来因卡普兰所谓的偏见而受到批评的所有决定，都是在他的参与下通过激烈的辩论达成的。施拉格拥有人权活动家的背景，并且将自己描述为"布兰代斯传统的第一修正案倡导者"，这使得他对言论自由保有最大的善意。尽管不清楚路易斯·布兰代斯（Louis Brandeis）会怎么看待动态消息，但在《第一修正案》的一个著名的异议案例中，他这样写道："对邪恶建议的恰当补救就是好建议。"施拉格说："我很难回忆起其中的某一次辩论，Facebook 保守的公共政策负责人跟他的自由派上司之间，就如何处理这个问题意见不一。"当然，扎克伯格虽然不一定是布兰代斯法官的学生，但他也倾向于言论自由的方式。

至于 DCLeaks，无论是出于崇高的原则还是政治考量，Facebook 最初的决定认为该页面本身没有违反任何政策，或者说，它确实违反了一些政策，但是其新闻价值（就像特朗普令人厌恶的帖子）更胜一筹，因此这个页面被保留了下来。

Facebook

这种解释只有工程师才会喜欢——"是的，这很可怕，但这是我们的规则！"而且这远远不是 Facebook 最后一次试图保留一条似乎站不住脚的帖子。但这个决定并没有得到媒体和公众的认同，人们要求 Facebook 解释为何支持俄罗斯黑客所窃取信息的传播行为。

最终，Facebook 找到了一条撤下这个页面的理由。因违反公司规定，DCLeaks 泄露了一些个人的隐私信息，比如富有的金融大鳄乔治·索罗斯支持民主党。这就像因漏税而打倒阿尔·卡彭（Al Capone）。在未来几年，这种删帖行为将会无休止地重复：对于一些站不住脚的内容，在尝试捍卫其服务无效之后，Facebook 会屈服于压力，突然找到一个理由将其撤下。

"我们找到了坏掉的尾灯，并把它清理掉。"斯塔莫斯说，"但实际上没有任何相关政策，'政策'团队不想被视为参与了总统选举。他们绝对不想这样。"当 Facebook 做出决定的时候，DCLeaks 页面已经无关紧要了。格勒乌不需要一个 Facebook 页面来发布泄密的信息，因为秘密信息发布者维基解密已经公布了一些被盗的邮件（正是这个网站启发他们使用 DCLeaks 这个名字），并且美国媒体已经尽情享用了这些内容的盛宴，这一切都是俄罗斯黑客所希望看到的。

"热门话题"的真正核心在于误导的信息和愤世嫉俗的争论在多大程度上主导了动态消息，导致其成为虚假消息。从某种程度上来说，虚假消息是"增长"团队在提升用户参与度方面取得胜利的一种结果。即使你的好友很少，Facebook 也会把你关系最弱的好友拉进来，让他们提供最有可能让你做出反应的内容：发表评论、点击点赞按钮，甚至停止屏幕滚动几秒钟来查看帖子。当你的目光在某条内容上停留时，Facebook 也会把它视为你的兴趣点。

让问题变得更加复杂的是，当用户分享网络内容中的链接时，无论其来源是一份拥有 100 年声誉的报纸，还是两周前刚刚上线的虚假网站，Facebook 都会以同样的方式呈现出来，用户很少检查来源。多年以来，骗子们发现，Facebook 一方面采取措施来提升用户参与度，另一方面对内容缺乏过滤，使得这个平台就像是一座金矿，他们可以从中获取广告收入（当有人点击一条新闻时就会出现），或者推动他们实施一些有时激进的想法。在 Facebook 很少干预的情况下，这个问题变得越来越严重，Facebook 的这种做法来源于其领导者，他是言论自由的倡导者，经常说 Facebook 不想去确定帖子背后的真相。

"虚假消息也许一直都存在，但在我认识的人当中，没有任何人在 2015 年考虑过这个问题，对吗？"谢丽尔·桑德伯格在 2019 年的一次采访中对我说，"我的意思是，在过去几年这真的变成了一个问题。"

但是，实际上人们在 2015 年就已经开始考虑这个问题了，只不过 Facebook 没有关注。

勒妮·迪雷斯塔（Renee DiResta）是一名研究员兼作家，也参与了几家初创公司。她在 2013 年生了第一个孩子，并积极投身于疫苗接种运动。大概就在那个时候，迪士尼乐园暴发了麻疹，一些州议员试图让一项强制接种的法案获得通过。迪雷斯塔创建了一个名为"加州疫苗"的 Facebook 页面。结果她发现，在页面上可能会看到潜在竞争对手的情况，并且她很惊讶地看到，多年来疫苗反对者一直在发展自己的拥趸。此外，当你在 Facebook 上搜索疫苗接种信息的时候，疫苗反对者通过伪科学和阴谋论的方式控制了搜索结果。尽管在美国的任何一个人口大州，这些人都只是极少数，但他们掌控了这场讨论的话语权。

当"热门话题"的事情结束时，迪雷斯塔意识到，反疫苗问题预示着一个更大的 Facebook 问题。她说，"它直接演变成了最疯狂、

Facebook

最危险的阴谋论"。她告诉自己，天哪，这种东西在平台上到处都是。鉴于 Facebook 在增长和广告方面所采取的措施，她认为这种现象是不可避免的。这家公司将自己标榜为一台影响力机器——接触用户，改变他们的感受和想法，然后将 T 恤衫卖给他们。但是，商业游说和政治游说之间没有根本的区别。她认为，Facebook 已经建立了一台推动宣传的引擎。她设法与动态消息的一位总监会面，该总监承认一些群组存在问题，但是公司不想妨碍他们的自由表达。"我没有要求压制他们的言论。"迪雷斯塔说，"我是说，你的推荐引擎正在让这个社群变得更为壮大！"

事实上，在地球的另一端——菲律宾，一些可怕的证据证实了这些恐惧的存在。

截至 2015 年，这个拥有 1 000 万人口的太平洋岛国的几乎所有居民，在 Facebook 上注册账号都好几年了。这种局面的出现，主要因素之一是 Facebook 实施的 Internet.org 计划中由"增长"团队孵化、被称为"免费基础"的服务。它旨在提高贫穷国家的互联网应用，在这些国家，很多人支付不起数据费用。"免费基础"允许人们免费使用 Facebook。扎克伯格在 2014 年的一次会议上表示，尽管该计划在印度遇到了麻烦，但 2013 年在菲律宾的测试中，这个计划实现了一次"本垒打"式的成功。[18]（几年之后，扎克伯格听说菲律宾的互联网用户有 97% 都在 Facebook 上，他开玩笑的反应是，那剩余的 3% 呢？）

菲律宾的大部分新闻也来自 Facebook。基于这个原因，该国首席记者之一玛丽亚·雷萨（Maria Ressa）在 2010 年创办媒体机构 Rappler 时，专门针对在 Facebook 上运营而做的设计。"我一直认为，这项技术将有助于自下而上地解决问题，"她说，"这种情况持续了一段时间，

14 选举

直到 2015 年。"[19]

2016 年 5 月，一群支持总统候选人杜特尔特的博主在 Facebook 上发布了大量帖子，这些帖子充分利用了动态消息病毒式传播的力量。在视觉设计上，动态消息对待边缘的或不道德的"新闻"网站与对待最严格审查的发行机构是一样的。因为那些冒险的做法通常涉及哗众取宠的内容，很难被忽视，所以 Facebook 奖励了他们的行为。

"新闻人不说谎，但是谎言传播得更快。"雷萨说。她把自己全部的新闻发布都押在 Facebook 上，但现在，支持杜特尔特的博主们的虚假信息让她的新闻内容相形见绌。这个国家充斥着虚假性爱录像带一样的帖子，杜特尔特的女性竞争对手的头部图像被嫁接到一位色情女演员的身体上。Facebook 还让杜特尔特的拥趸拥有了权力，利用这个平台去攻击他的批评者，让他们去感受他愤怒的支持者们的威胁。雷萨本人就是其中的一个目标。

尽管她多次投诉，但 Facebook 并没有采取任何措施去阻止这一切。

雷萨认为，在杜特尔特赢得 2016 年 5 月的大选之后，事情可能会平静下来。但随后，他开始在 Facebook 上使用同样的策略来推动他的治理平台。

雷萨终于明白，对全球未来的政治滥用者来说，杜特尔特的势力正在为他们绘制一张利用 Facebook 的路线图。她推动召开了一次会议来警告 Facebook。2016 年 8 月，她在新加坡会见了三名 Facebook 的高级管理人员。她找到了 26 个虚假账号，这些账号能够向 300 万人放大令人生厌的虚假信息。"我开始向他们展示各种谎言，以及杜特尔特的支持者们所实施的暴力攻击行为。"她说。其中的一个例子是在杜特尔特竞选发言人发布的一个帖子中，有一张女孩的照片，他声称这个女孩在菲律宾遭到了强奸。"我们做了核查，结果发现照片

Facebook

中的女孩来自巴西，"2019 年雷萨对我说，"然而，他们还是允许那个帖子展示出来，现在这个帖子仍然可以看到。"

在雷萨看来，Facebook 的高管们完全否认了她用确凿的证据所指出的一些事情。"我感觉自己所交谈的对象，并不是一些像我一样使用 Facebook 的人。"她说。尽管她提供了这些账号的用户名，但 Facebook 在几个月之内都没有采取行动，甚至在雷萨发布了三篇关于误导信息的系列文章，并且她本人也成为成千上万条仇恨信息的攻击目标之后，情况仍然如此。（Facebook 声称，一旦他们获得了必要的信息，就会对那些账号采取行动。）后来，回忆起会议中的某个时刻，她非常沮丧地描绘，如果这种做法继续下去，最夸张的情况会是怎样的。2016 年 8 月，她说："如果你们真的对此无动于衷，特朗普就会赢！"

Facebook 的人笑了，雷萨也笑了。这只是一个玩笑，但没人想到这种事情真的会发生。

到 2016 年秋天，Facebook 仍然没有把动态消息看作宣传机器。但是，"热门话题"的经历让我们无法忽视有多少低质量的消息和彻头彻尾的恶作剧在 Facebook 上传播。每周一，由 Facebook 高层管理人员组成的"小集团"聚集在扎克伯格的会议室，召开一次长时间的会议。会议的第一个小时用于讨论当前热门的话题，其余时间则用于探讨一些特定的项目。第一个小时大家畅所欲言，任何事情都可以在这个时间交流。在某个周一，随着美国总统选举的临近，虚假新闻的话题被提了出来。虽然 Facebook 肯定要解决这个问题，但"小集团"认为，在激烈的竞争中采取行动会过于冒险。博斯沃思说："我们不想对此反应过度，给自己挖一个政治陷阱。我们对采取行动和可能引发的一场大骚乱表示担忧。我们意识到自己天生与民主党的理念一致，因此我们假设这是一种偏见。我们不想干预选举。我们认为，任何看

14 选举

起来像是我们在支持一边而反对另一边的做法都是禁区。"

因此，为了避免干扰选举，Facebook 实际上给那些误导性的、耸人听闻的帖子开了绿灯，而这些帖子本身可以说干扰了选举。

这种处理方式的最终依据可以归根溯源到扎克伯格在公司里所推崇的工程思维。这是一个衡量标准的问题。与 Facebook 上发布的帖子总数相比，有争议的内容微不足道。产品方面的人会从数据的角度来看待这个问题，他们指出，每天发布在 Facebook 上的数十亿条新闻中，虚假新闻只占很小一部分。从这些数字中，看不出问题的紧迫性。

"这些人拥有全部的权力。"一位 Facebook 高管说，"他们所关注的所有指标，都是更好的广告指标、更高的增长、更多的用户参与，他们只关心这些。谢丽尔那边的人负责处理所有的负面影响。这就是公司实际运营的方式。"

简而言之，扎克伯格的核心圈子并不知道误导信息正在他们的系统中蓬勃发展，因为他们看不到对应的数据。克里斯·考克斯说："我们做了大量的工作，去了解人们最关心的 25 件事情是什么，或者人们体验到哪些不愉快的事情。我们会询问他们有哪些体验糟糕的经历，接着对这些糟糕的经历进行评分，据此我们了解到了一些情况，比如耸人听闻的内容、点击诱饵、恶作剧、重复的新闻等。但实际上，误导信息并不在这个范围之内，我们错过了这个问题。"

博斯沃思说："没有人谈论这些问题，因为这真的是很小的事情。所以，我们的处境就是：'我们该如何处理这个问题？我们可以制定统一的好政策吗？'因此，我们在谈论这个问题，但不是很紧急。老实说，在 2016 年美国总统大选之前，一切都很正常，我们都认为希拉里会赢。我想，这个想法跟很多人一样。"

在很大程度上，Facebook 没有解决平台上肆无忌惮的不当行为，其理由仅仅只是希拉里无论如何都会赢，因此为什么要多此一举地疏远失败的团队呢？

在 2008 年和 2012 年，奥巴马的竞选团队是 Facebook 的主宰。希拉里的竞选团队却没有借鉴这一经验，而是将社交媒体视为未经证实的边缘媒体。克林顿-凯恩团队坚持传统的媒体购买模式，他们在 Facebook 上是毫无头绪的新手，但似乎对自己的这种状况感到异常自豪。当 Facebook 就如何在其平台上进行竞选活动提供现场指导时，希拉里团队拒绝了这个机会。"希拉里阵营不理解其中的价值。"一位 Facebook 高管说，"他们没有看到价值。"他们在 Facebook 上的预算只有特朗普团队的一小部分，推出的几个 Facebook 广告也都被浪费了。其中，有一条精心制作的两分半钟竞选广告，类似一个微型纪录片，出于某种原因，希拉里媒体团队的人认为这条广告适合 Facebook。[20]该广告更能引起女性的共鸣，因此，Facebook 的算法将广告推送给了女性用户。因为 Facebook 的广告拍卖机制鼓励广告商将最想查看广告的人作为目标客户，所以仅向女性用户展示广告的成本也更低。但是希拉里团队希望该广告能同时展示给男性和女性用户，即使将广告展示给男性用户会导致预算超支。

一位熟悉该广告的技术高管表示："希拉里的团队看到了这一点，并表示，我看到了问题所在，所以我们将增加预算，以便将广告推送给更多的男性。他们实际上是在花更多的钱把广告推给不想看的人！"

特朗普团队一开始也是 Facebook 上的新手，但是他们学得很快，并且聘请了一位名叫布拉德·帕斯凯尔（Brad Parscale）的网站设计师来管理他们的网络竞选活动，帕斯凯尔 40 岁，迄今为止还是默默无闻，他是通过一场持久战才得到这份工作的。在 2016 年美国大选前数年，他以出低价的策略打败了竞争对手，与特朗普家族建立了联系，拿到了为特朗普设计公司网站的工作机会。他的工作给特朗普的女婿贾里德·库什纳留下了深刻印象，后者在 2016 年利用帕斯凯尔为特朗普竞选提供帮助。

帕斯凯尔知道，传统的竞选活动对这位非传统的候选人来说是行不通的。[21] 他还知道，Facebook 的用户细分工具以及 Facebook 免费顾问的专业能力，可以弥补特朗普与他的竞选对手之间在费用开支上的差距。实际上，帕斯凯尔的确接受了 Facebook 为所有大广告商提供的专业指导，有几位 Facebook 的员工基本上在全职为特朗普团队提供建议，力求让其广告支出的效果最大化。

"我告诉 Facebook，我想在你的平台上投 1 亿美元的广告，请给我发一份操作手册。"帕斯凯尔对《前线》杂志说，"他们说没有操作手册。我说那就给我来一套人工手册，基本就是这样。"有 Facebook 的员工在现场指导的好处是，当出现故障时，他们可以立即联系工程师解决问题。"如果我采取了跟希拉里竞选团队一样的做法，"帕斯凯尔说，"那么我必须先发一封电子邮件，再打一通电话，然后等上几天，最后问题才能得到解决。但我想在 30 秒内就能解决问题。"

帕斯凯尔首先制订了一笔 200 万美元的预算，用来建立一个数据库，并把所有的钱都投给了 Facebook。如他所说，最终的实际开支要比这个数字多得多。跟 Facebook 自身一样，特朗普竞选团队中的 Facebook 员工也是一台巨大的测试机器，他们把每一条广告都当成一场实验，筛选结果并找出哪些群体对哪些广告做出了回应。他们把特朗普的政治演说切分成 15 秒的视频片段，然后把这些视频投放给不同的细分人群。Facebook 投放的内容不断重复、不断完善。对那些没有效果的视频就报废掉。到 10 月，特朗普已经投放了数十万个不同的视频"创意"，也就是不同风格的广告，用算法测试了几乎无限的

Facebook

变化。特朗普竞选团队的一名高管告诉《连线》杂志，他们团队曾在一天之内投放过 175 000 个不同版本的广告。

这种用户细分是通过特定的 Facebook 工具实现的，显然是为了让广告的相关性更强，并受到用户的欢迎。帕斯凯尔开始将广告推向那些被 Facebook 定义为"定制受众"的群体，广告商可以通过混合和匹配诸如性别、种族、居住地、宗教信仰、兴趣爱好（如宝马车主、枪支爱好者）等特征来区分不同的人群。[22] 当他们发现一个群体是特别肥沃的土壤，适合播种特朗普的亲和力时，竞选团队就使用一个名为"相似受众"的工具，将其目标扩大到特征不太明显但从算法上看具有相似想法的人群。这种策略是奥巴马竞选团队首创的。

此外，帕斯凯尔还利用多家相互竞争的创意机构来发布最好的 Facebook 广告。所有的团队每天早上 6 点起床后，启动一个新地区的竞选活动，中午他们会重新调整预算，把钱花在最有效的地方。广告做得最好的机构拿到钱，其他失败者则会寻找一个不同的人群，试图在第二天获胜。

到竞选活动结束时，特朗普的团队已经建立了一个数据库，包括年龄、性别、地区和其他人口统计数据，以及每个人对哪条信息产生了共鸣。Facebook 的担心是，它的用户细分基础设施会鼓励政治家们向不同的群体传递不同的信息，比如给一个地区的人发送支持移民的信息，给另一个地区的人发送反对移民的信息。这种做法很诱人，因为与广播或电视广告不同，Facebook 的广告不会广泛展示，它们会直接进入目标用户的动态消息。但特朗普的竞选团队没有必要这么做，因为他们会利用 Facebook，从众多信息中挑选出能把匕首刺进每个人脑干的那一条。"他们只向正确的人展示了正确的信息。"熟悉这些技术的 Facebook 技术高管说，"对某个人来说，这条特别的信息与移民相关；对另一个人来说，与工作或军事实力相关。他们正在培养这些出色的受众。到最后，事情变得非常疯狂，他们甚至会在特朗普将要发表竞选演讲的地区提前举办竞选活动，并找出那个地区正在产生共鸣的事情。他们会根据搜集到的情况，实时修改竞选演讲。"

由于动态消息容易传播哗众取宠的内容，特朗普的大胆实验发现，最淫秽的广告会被目标受众慷慨地分享给他们的好友，而由此产生的"有机"传播是完全免费的。

对任何事情都不会产生共鸣的受众，意味着不太可能投票给特朗普，当特朗普的人发现这种受众时，他们会怎么做呢？针对这些人，他们会发布反希拉里的广告，希望借此能阻止那些反特朗普的选民参与投票。根据乔舒亚·格林（Joshua Green）和萨莎·伊森伯格（Sasha Issenberg）在《彭博商业周刊》上发表的一篇文章，他们在 2016 年美国大选后期获许参加了特朗普的网络竞选活动，在那些绝对不会投票给特朗普的选民中，帕斯凯尔和他的团队确定了三个群体："理想化的白人自由主义者、年轻的女性和非洲裔美国人。"自由主义者接收的广告中，对希拉里的不当行为进行了些许调整，这些不当行为是从她的竞选助手被窃的电子邮件中揭露出来的（俄罗斯军事人员从民主党竞选团队的收件箱中顺手偷走了这些邮件）；针对年轻的女性，他们会故意用骇人听闻的言辞提醒关于比尔·克林顿的性不端行为，以及希拉里恶劣对待处于丑闻中心的白宫实习生；非洲裔美国人则会收到提醒，希拉里曾经称一些黑人罪犯为"超级掠夺者"。（当然，特朗普的人不会提醒非洲裔美国人，特朗普曾经刊登一整版的广告，呼吁处决所谓的"中央公园五人帮"，但他们只是被错误定罪为强奸犯。）这些措施的明确目标是阻碍或限制有资格的选民参选。

如果受众对一切都产生共鸣，竞选团队会给他们发送更多的捐赠广告，这一点至关重要，因为特朗普是带着一个空钱包去参加 2016 年美国总统大选的，他在初选中获得令人震惊的胜利把他自己

Facebook

也吓了一大跳。

　　帕斯凯尔将他的数据库命名为"阿拉莫项目"，以致敬他在圣安东尼奥的总部。在佛罗里达、密歇根和威斯康星等几个关键州，他夜以继日地围绕着数据库工作。这些州将会在总统选举团中支持特朗普。

　　"真漂亮！"一位关注竞选活动的技术高管说，"他们组织了我所见过的最精彩绝伦的数字营销活动，完全是出于偶然。他们只是在一个新时代做了一些极其常识性的事情。"

　　Facebook 上的很多人都知道，特朗普的团队操控这个平台就像在弹奏一把斯特拉迪瓦里小提琴，而希拉里的团队却把它当作一面破鼓一样敲打。当然，Facebook 的广告团队每周都会召开会议，围绕一些大的广告商进行讨论，看看他们的预算是在增加还是在减少，以及如何更好地为他们提供服务。随着选举日的临近，双方的差距越来越明显。特朗普不仅在广告支出上超过了希拉里，他的竞选活动也更好一些。

　　"他们使用产品的方式，在所有方面都不一样，"Facebook 广告副总裁罗布·戈德曼说，"包括衡量结果的程度、使用创意的种类、投入的时间、寻找目标受众的方式。特朗普团队采纳了我们的最佳操作模式，并付诸实施。"

　　双方竞选团队使用平台的方式存在着巨大的不平衡，无论是质量上还是数量上都是如此，但即使 Facebook 广告部门的人看到了这些，他们也把这种差异视为一件有趣的事情，而不会认为这将成为一个决定因素，导致他们大多数人强烈反对的候选人赢得选举。"即使看过特朗普所有的广告活动，我也不认为特朗普会赢，不会。"博斯沃思说，这也是 Facebook 内部普遍的观点，"这对我来说太不可思议了，我已经排除了这种可能性。"

14 选举

在谢丽尔·桑德伯格加入公司时，马克·扎克伯格跟她一同规划了公司组织架构的蓝图，政策问题、安全和传播都属于谢丽尔负责的领域。虽然扎克伯格会参与重大决策，但他更乐于在 Facebook 掌控产品策划，由谢丽尔负责其他的事务。

但是，在众多 Facebook 的内部人士看来，随着 2016 年的临近，桑德伯格并没有达到自己的最佳表现。

2015 年 5 月 1 日，她和丈夫戴维·戈德堡去了墨西哥蓬塔米塔的一处高端度假胜地，跟其他几对夫妇一起为马恩·莱文的丈夫庆祝生日。那天下午，戈德堡去健身房锻炼，但没有按时回来。桑德伯格和戴夫的哥哥找到他时发现他躺在跑步机旁边的地板上，满头是血，已经停止了呼吸。

47 岁的戴维·戈德堡去世了。[23]

桑德伯格失去了她最信赖的人——戈德堡是桑德伯格的完美搭档和衬托。他是一位令人敬畏的 CEO，将网站 SurveyMonkey 演绎成了硅谷的一个成功故事，在家庭事务中，他也与雄心勃勃的妻子平等处理。他也为妻子的成功感到骄傲，无论是作为企业高管还是畅销书《向前一步》的作者。（这本书介绍了职业女性如何在职场中争取权力，以及旨在帮助女性在职场中取得进步的基金会。）

这使得他的离世让谢丽尔更加难以接受。正如桑德伯格后来在她的第二本畅销书中所叙述的那样，她用了一生的时间来控制自己身边的事情，通过精心准备和努力工作去解决各种问题，但优异的事业成就无法抚平她的悲伤。

Facebook 的一些人说，即使一年之后，在关键的 2016 年美国总统大选期间，桑德伯格仍然没有恢复过来。但从某种程度上来说，这件事对公司的影响有所减轻，因为她在 Facebook 所做的一些最艰难的工作获得了回报——她搭建的团队能够独立运作了。但是，在其他领域她本可以采取更为强硬的手段。

桑德伯格可能是一个很难共事的人：尽管她的公众形象是一位具有同理心的企业女神，但当下属无法达到她设立的极高标准时，她会对他们大喊大叫。[24] 她的公众形象可能会给她带来一定的困扰。[25]《向前一步》一书在 2013 年经过精心策划推出面市，但一篇充满敌意的预发布文章玷污了这次盛况，这篇设定了发布日期的批评文章指出，桑德伯格是一位超级富豪型的高管，不了解普通女性的问题。[26] 尤其令人震惊的是，这篇文章出自《纽约时报》一位支持女权主义的作家之手。这篇文章吸引了女权主义评论家的关注，她们乐于给桑德伯格贴上精英主义者的标签——"哈佛双学位、两份股票财富……一栋9 000 平方英尺（约 836 平方米）的房子和一小群家务助理"，认为她错误地展示了女性可以"拥有一切"的希望。"它树立了一种反面的叙事模式。"布兰迪·巴克说。他是 Facebook 早期的公关人员，桑德伯格招募他来宣传这本书。"她被吓坏了。"更糟糕的是，《泰晤士报》用一篇尖刻的莫琳·多德（Maureen Dowd）专栏文章让批评的态势变得更加猛烈。多德写道："桑德伯格借用了社会运动的说辞和故事，不是为了推销公司的某项业务，而是为了推销她自己。"[27] 尽管这本书获得了巨大的成功，但桑德伯格仍然对所遭受的嘲笑深感恼火。"我之所以这么做，是因为这件事必须做，"她告诉我，"当我跟别人见面时，我会谈论 Facebook，而且我几乎总是会谈到女性。有时他们喜欢，有时不喜欢，但我会继续这么做下去。"

当 Facebook 在选举结束之后接受审查时，桑德伯格对她的公众形象变得更加敏感。一名知情人士透露："谢丽尔世界是由传播驱动的，那是重心。她思考的是在镜头中'这个故事该如何写，标题是什么'。从传播的角度，她了解正在发生的一切，甚至是底层的人。她认为自己是公司里最善于传播的人。她很擅长这个。"但是，她也许正在失去与外界的接触。桑德伯格征用了部分的政策预算，聘请了一家外部机构——TSD 公关传播公司，其负责人是她在财政部的前同事，一名了解相关条款的高管将该机构的服务费定为每月 3 万美元。（桑德伯格办公室对这一数字提出了异议。）据两名知情人士透露，TSD 查看了所有以她的名字发布的信息。现在 Facebook 受到了审查，她对每一次媒体曝光都进行了更为严格的精细化管理。有一次，她向一位同事吐露了她采访时的策略，就是告诉记者她很紧张，希望能更轻松地接受盘问。

在任职期间，她一直与 Facebook 的政策和传播主管埃利奥特·施拉格关系密切。但是，在她丈夫去世之后的几个月里，桑德伯格似乎对他很不满。她周围的人都说，她的会议室里总是在举行尖叫比赛。（在被问及此事时，桑德伯格表示很困惑，她声称自己在哀悼期间的行为可能被误解了。）

无论如何，进入选举年后，她的精力似乎更多地集中在商业方面，而不是政策。桑德伯格管辖下的一名高管说："你想一想到底是谁在管理一堆的政策，是谁在制定真正的决策，是乔尔·卡普兰和埃利奥特·施拉格，因为谢丽尔不是这些人的上司。"（桑德伯格说事实并非如此。）

桑德伯格和扎克伯格后来都承认，在解决虚假新闻这个问题上，Facebook 动作太慢了。但是，当选举季开始的时候，这个平台本身就是一台理想的误导信息传播机器。考虑到动态消息的设计和算法，虚假新闻本质上是一个产品问题，属于扎克伯格管辖的范围，但是他没有兴趣运用工程学来解决这个问题。从某种程度上来说，误导信息之所以持续存在，是因为从扎克伯格往下，Facebook 内部就信仰言论自由，哪怕人们所说的并不是真话。他对人性的善良持有一种盲目乐观的看法，并认为人们会自己去发掘真相。此外，对于 Facebook 将被

Facebook

卷入变成"真相仲裁人"的观点，他怀有一种纯粹的恐惧感。

"当时，对于决定哪些内容有质量、哪些没有质量，哪些内容是真相、哪些不是真相，Facebook 实际上毫无兴趣。"安德鲁·安克（Andrew Anker）说。安克于 2016 年加入 Facebook，负责制定新闻战略。"那是一个非常危险的领域。"

但在竞选活动的最后几周，虚假新闻开始急剧增加，政策团队的一些成员开始认识到，公司的不作为正在导致一场灾难的发生。当新闻媒体和研究人员开始质疑为什么整个网络上最热门的一些帖子都是虚假的谎言时，Facebook 没有给出令人信服的答复。

媒体在识别违规帖子方面不存在什么问题。骗子们都会使用一个不容错过的技巧，那就是用一个听起来合法的名字创建一个虚假的新闻来源，编造一些伤害希拉里的新闻，并在 Facebook 上发布包含这些虚假新闻的链接。即使人们没有点击链接，也会看到标题和简短的描述。虚假新闻渠道的典型例子是《丹佛卫报》。2016 年 7 月16 日，有人注册了一个同名的网站，该网站在 11 月 5 日之前基本处于休眠状态，但当天出现了一篇虚假新闻，标题是"涉嫌与希拉里邮件泄密有关的联邦调查局特工被发现死于明显的谋杀后自杀"。很多人认为，是科罗拉多州的主要新闻媒体报道了这条新闻。真实的报纸《丹佛邮报》发布了一条声明，"尽管你们看到了 Facebook 上的帖子，但《丹佛卫报》根本就不存在"。[28] 它指出《丹佛卫报》的编辑部地址是银行停车场里的一棵树。尽管如此，这篇报道还是获得了 50 多万次分享，其标题被浏览了 1 500 万次。

后来，一名美国国家公共广播电台记者发现，《丹佛卫报》是一名居住在洛杉矶郊区的 40 岁男子炮制的。作为一名民主党人，他管理着一支由 20~25 名作家组成的稳定团队，创作一些完全虚构的新闻，以吸引保守派的关注。"我们试图对自由主义者做类似的事情，"

他告诉美国国家公共广播电台，"但从来没有成功过，从来没有见效。前两条评论就把这些新闻拆穿了，然后整件事情就不了了之。"[29]

在选举开始前几周，Facebook 的头条新闻中似乎有很高比例的虚构新闻，来源是马其顿的一座仅有 45 000 人的小镇韦莱斯。11 月初，新闻聚合网站 BuzzFeed 追踪了 100 多家美国主流的政治网站，其中很多都有庞大的 Facebook 页面。[30] 跟《丹佛卫报》一样，其动机纯粹是出于财务上的考虑。"Facebook 上的这些马其顿人并不在乎特朗普能否入驻白宫，"一名在选举后访问韦莱斯的《连线》记者写道，"他们只想赚些零花钱来买东西——汽车、手表、更好的手机、酒吧里更多的饮料。"[31] 在保守的博客网站 Blogosphere 的某个地方，韦莱斯的家庭手工业者挖掘出一条反希拉里的新闻，然后在 Facebook 上传播，当人们点击观看这条新闻时，他们可以通过广告浏览量变现，而这通常是一条完全虚构的新闻。但在 Facebook 上，这看起来像是真正的新闻。韦莱斯炮制的一条点击量最大的新闻就是如此，标题是"2013年希拉里·克林顿说，'我希望看到像唐纳德·特朗普这样的人参加竞选，他们诚实且无法被收买'"。一周之内，这条新闻在 Facebook 上获得了 48 万次用户互动、数百万次的浏览。BuzzFeed 指出，相比之下，《纽约时报》对特朗普财务状况的超级独家报道，一个月内获得的 Facebook 点击量只有 17.5 万次。

事实上，在选举活动的最后三个月，虚假新闻在 Facebook 上获得的互动量超过了主流媒体的新闻。[32] 这个问题引起了大家的注意。

Facebook 的早期投资者之一罗杰·麦克纳米非常沮丧，他在为《边缘》杂志撰写的一篇社论中批评了该公司。在将文章交给编辑之前，他发给扎克伯格和桑德伯格看了一下。附言是："伙计们，我真的很担心其中存在一个系统性的问题。这是我受邀写的一篇评论文章，但我真的想跟你们谈谈，好吗？"[33] 他们都回信了，向他保证一切都在掌握之中，并把他送到丹·罗斯那里，他们两人在选举之前交流过几次。麦克纳米的那篇评论文章没有发表，但他不会就此罢休的。

Facebook员工在2016年11月8日美国总统大选那天起床时，完全有理由相信选举季的麻烦会随着希拉里的胜利而结束。

但在当天，一些监控实时对话的Facebook政策人士和分享"我投票了"按钮的人开始怀疑，情况并非如此。"特朗普总是在平台上主导对话，人们会说，'这有道理，很多消息都是负面的'。"一位负责观察选举结果的Facebook人士说："在佛罗里达州选举逆转的时候，我知道一个新级别的审查机制将会出台了。"

特朗普成了美国总统。对此感到震惊和悲痛的，不仅仅有Facebook的员工，但没有多少公司会面临这样的罪责问题。几乎是即刻之间，问题出现了：Facebook在其中承担了某种角色吗？

第二天，在办公室里，Facebook的员工们摇摇晃晃走进来，就像在酒吧斗殴中被人揍了，醒来时发现没带钱包。大家都在哭。扎克伯格主持召开了一次市政厅会议，与会者包括震惊的工程师、设计师、公关人员和政策专家。在Facebook的公司内部专有页面上，涌现了一些群组，起的名字都跟"Facebook（公司）完蛋了"或者"重新聚焦于我们的使命"类似，后者的介绍写的是"2016年美国大选的结果表明，Facebook的使命失败了"。[34]

在Facebook的政策方面，有些人对乔尔·卡普兰感到愤怒，他在整个过程中一直维护着保守的业务。卡普兰必须解决这个问题。他告诉这些人，他跟大家一样，对这个结果也感到很震惊。他说，尽管自己是共和党人，但他没有投票给特朗普。但是，现在Facebook必须适应特朗普赢得选举的事实，即使公司的很多核心高管不喜欢这个家伙。

选举结束之后的两天，扎克伯格被安排在技术经济会议上接受采访。他的员工认为，尽早解决这个问题可能是让 Facebook 摆脱困境的一个好方法，但这样的结果并没有出现。当采访者就选举的情况向扎克伯格提问时，他的回答就像往常一样：对 Facebook 的使命进行了一大段冗长解释，以及介绍 Facebook 的系统是如何工作的。最后，他谈到了虚假新闻的问题。

> 我看过他们谈论的一些与这次选举相关的新闻。就我个人而言，我认为 Facebook 上虚假新闻的数量非常少，如果有人认为这些虚假新闻以任何方式影响了选举，我认为这是一种非常疯狂的想法。选民根据他们的生活经验做出决定……我们真的信任他们，当你认为他们理解自己关心的是什么、看重的是什么，并且建立了一些系统，能够体现这些想法时，你通常不会出错……断言选民按照自己的方式投票，唯一原因是他们看到了一些虚假新闻，这种认知显然是缺乏同理心的表现。

那次的采访，我在现场亲眼见证了。我认为，大家关注的问题得到了平静的回应。在讨论这件事时，扎克伯格似乎是通情达理的。但他一走出会场，有一句话就流传开来：Facebook 的 CEO 说，认为虚假新闻有影响力的观点很疯狂。

几个月之后，他道歉了。鉴于那些被发掘出来的东西，他别无选择。

当 Facebook 试图找出虚假新闻的来源时，局外人也在关注这个问题。在选举之后的几周里，对那些被特朗普的胜利摧毁的指手画脚的人来说，Facebook 上的误导信息成了他们最喜欢抨击的目标。

Facebook

就连 Facebook 的盟友，比如早期的设计师博比·古德拉特（Bobby Goodlatte），也承认 Facebook 的算法加剧了虚假新闻的传播。"遗憾的是，动态消息促进了用户的参与度。"在选举之后的第二天，他在 Facebook 内部论坛上写道。[35]"这次选举让我们了解到，胡说八道的东西非常吸引人。"包括博斯沃思本人在内，一些 Facebook 的忠实员工对此提出了质疑。一位政策公关人士回应说，虚假新闻的存在是好事：允许用户分享误导信息是 Facebook 理念的一部分，即"作为一家保持谦逊的公司……我们最不需要做的事情，就是去定义'真理'"。

在批评者之中，还有即将离任的美国总统。在 2016 年美国大选之前，奥巴马在密歇根州的一次希拉里集会上发表讲话，他对那些困扰这位候选人的"彻头彻尾的谎言"进行了猛烈的抨击。"只要谎言出现在 Facebook 上，人们就可以看到它……人们就开始相信它。"他说。[36]"Facebook 制造了一种胡言乱语的氛围。"在接受《纽约客》的戴维·雷姆尼克（David Remnick）采访时，他断言道。[37]随着选举日的临近，Facebook 面临一个无法证明的问题："在你的 Facebook 页面上，获得诺贝尔物理学奖的物理学家对气候变化的解释，看起来跟能源业巨头科克兄弟（Koch brothers）的某位工人对气候变化的否认完全一样。另外，传播误导信息、疯狂的阴谋论，在没有任何反驳的情况下用极端负面的手法攻击对手，这些能力加速了选民的分化，导致彼此之间很难进行平常的对话。"

现在，选举结束之后，他继续表达自己的担忧。11 月 17 日，在柏林与安杰拉·默克尔（Angela Merkel）一同出席的一场在欧洲庆祝选举胜利的活动中，奥巴马哀叹"包装得非常好"的误导信息在 Facebook 上看起来就是真正的新闻。"如果一切看起来都一样，两者之间没有区别，那么我们就不知道该保护什么。"他说。他两次提到，虚假新闻威胁到了民主本身。[38]

11月中旬，扎克伯格计划在秘鲁出席一场峰会，届时美国总统奥巴马也将出席。奥巴马要求与他私下进行一次小型会面。奥巴马的工作人员告诉《华盛顿邮报》，总统打算给Facebook"敲敲警钟"，敦促扎克伯格在处理虚假新闻方面更加积极一些。[39]Facebook的人说，他们出现在那里的目的之一是向奥巴马简要介绍虚假新闻的事情，以及他们（姗姗来迟）的应对措施。扎克伯格说："实际上，是我要求双方会面的，因为他已经公开发表了一些评论，我想确保他知道我们所做的一切。"

当事情出错的时候，在解决问题的处方里，扎克伯格总是喜欢添加一些主动认错的措辞。11月，动态消息团队开始着手解决虚假新闻的问题，这是一个漫长的过程。负责动态消息的亚当·莫塞里（Adam Mosseri）在他的会议室召开了一次会议，让大家讨论思路。这间会议室的名字是敦德·米夫林（Dunder Mifflin），来源于情景喜剧《爆笑办公室》里那家倒霉公司的名字。依照他们的工程思维，Facebook试图通过产品的调整来解决问题。该团队想出了很多方法来减少虚假新闻，比如帮助人们识别一条新闻的来源、核实有问题的新闻，以及更积极地清除散布有毒帖子的虚假账号。选举结束之后，所有这些措施都摆在了桌面上，但是在平台上彻底禁止误导信息的想法，并没有摆到桌面上。因为这种做法将会违背扎克伯格的核心信念，即赋予用户自由表达的权利。对平台进行审查，将意味着他梦想的终结。Facebook的目标是将这些谎言降到最少，或者将它们埋藏在动态消息内容列表的底层。

在飞往秘鲁的飞机上，Facebook的团队在研究扎克伯格当天晚上落地之后他的页面上将要发布的公告。他承认这是一条不同寻常的帖子，因为他要表达的是Facebook的计划，即在敦德·米夫林会议室里所讨论的动态消息调整，而不是 Facebook 正在传递的东西。他写道："有些调整会很好，有些不会，但我想让你们知道的是，我们一直都很重视这个问题，我们理解这个问题对我们的社区有多么重要，也会竭尽全力去解决这个问题。"第二天，在与奥巴马的会面中，双方似乎都在自说自话。奥巴马似乎没有意识到这条声明，只是重复了他在德国所表达的观点。

Facebook 的人开始疑惑：如果奥巴马的人知道这么多，他们为什么不告诉我们？

选举日那天，亚历克斯·斯塔莫斯在葡萄牙里斯本，他计划第二天在一场大型网络会议上发言。虽然他觉得关注大选结果会很有趣，但还是想好好睡个觉，所以他吃了一片安眠药，关掉了手机。第二天，选举结果让他惊呆了！他赶紧在他的演讲中加上一句话："我们是这里的沿海精英人士。我们是对选举结果感到惊讶的那一类人。"但是，当他后来查看收件箱时，让他感到难以置信的是一些深层问题，涉及人们看到误导信息的原因。这是不是一次有组织的行为，利用 Facebook 来影响选举？

斯塔莫斯发誓，要对此事进行调查。

在接下来的几周时间里，他和他的团队继续调查虚假新闻从何而来，以及未来应如何识别。他开始觉得 Facebook 仍然没有意识到这个问题的严重性，尤其是扎克伯格。

他在 12 月完成了一份报告。据报告分析，大多数虚假新闻都是马其顿风格的耸人听闻的内容，随意推送给用户，希望获得有利可图的点击量。通过追踪钱的流向，很容易找到这些新闻的源头。跟踪链接时会访问的"登录页面"，看起来并不像真正的发行内容，而是充斥着低劣的广告。

斯塔莫斯也想表明，外国的介入本身就是一个严重的问题，但Facebook 还没有弄清楚它涉及的范围。该报告详细阐述了格勒乌的参与情况，承认 Facebook 尚未了解俄罗斯情报机构破解代码并利用Facebook 传播宣传的程度有多深。其中包括一些页面截图，他的"威胁情报"团队认为是来自俄罗斯，不仅涉及总统选举，还包括之前对乌克兰相关误导信息的攻击，甚至还有与奥运会相关的宣传。为了强调这一点，斯塔莫斯把俄罗斯情报机构的标志放进了报告之中。

　　来自敌对超级国家的攻击，不能通过调整动态消息来解决，这需要更深入的理解，以及扎克伯格的直接参与，这很棘手。由于扎克伯格和桑德伯格之间在组织结构上的分割，作为首席安全官的斯塔莫斯甚至从未跟 Facebook 的 CEO 进行过一对一的交流。

　　因此，针对这份报告，斯塔莫斯做了一件不同寻常的事情：他基本上跨过了桑德伯格所负责领域的边界，迈入产品侧。他通过电子邮件，将报告发给扎克伯格最容易听取他们建议的几个人——克里斯·考克斯、亚当·莫塞里、娜奥米·格莱特、哈维尔·奥利文。他明白这些人才是真正管理公司的人，他们在做扎克伯格关心的事情。每次出现危机时，扎克伯格都会在午夜给他们打电话。他觉得要想超越"政策"团队的消极对待并真正引起扎克伯格的注意，这是唯一的办法。

　　这些领导者拿到报告后，斯塔莫斯在克里斯·考克斯的会议室见到了他们。作为产品负责人，考克斯可能是 Facebook 第二重要的人物。一些内部人士认为，他比桑德伯格更重要。他很不高兴，因为这是他第一次听说这种事情。所有人都同意，扎克伯格也应该听听。

　　第二天，大约 20 人在扎克伯格的"水族箱"会议室里会面，讨论这份报告。扎克伯格似乎跟考克斯一样，此前没有听闻过有关俄罗斯的问题。他向团队提出了各种问题，其中的许多问题没有人能够回

Facebook

答。扎克伯格命令 Facebook 的领导者成立一个委员会来研究可以做些什么，他们称之为"项目 P"。

P 代表宣传（propaganda）。

"我认为，我们当时仍然缺乏一种很好的方法来系统地理解这一点。"该项目的负责人娜奥米·格莱特说。这个项目主要在斯塔莫斯团队的指导下实施，他们对问题进行了深入分析。格莱特是除了扎克伯格本人外公司最早的员工之一，她觉得遮挡在自己眼前的一片薄膜好像被抽走了。她与 Facebook 的"增长沙皇"哈维尔·奥利文紧密连接，并与数据科学家合作编写他们自己的报告。

但是，指标的专制又一次决定了最终的结果。"项目 P"团队发现，在排名前 100 条的虚假新闻报道中，没有一条来自可疑的俄罗斯团体。他们的结论是，虚假新闻实际上是切断犯罪分子的货币供应的问题，比如韦莱斯的马其顿人，他们在玩弄这个系统。从某种意义上来说，他们认为这与 Facebook 所面对的垃圾开发者问题类似。基于这种观点，处理虚假新闻与驯服 Zynga 的创始人马克·平卡斯的过分行为没有太大区别。

"我们了解到，一些误导信息已经追溯到了俄罗斯，但是虚假新闻的问题似乎更大。"Facebook 的首席法律顾问科林·斯特雷奇说。因此，"项目 P"有点儿名不副实，它尽力处理的是涉及经济动机的虚假新闻，而跟宣传无关。

尽管没有对"项目 P"的结论提出异议，但斯塔莫斯仍然认为，Facebook 应该对外国在 Facebook 上的干预行为发出警告。他认为公众理应知晓格勒乌的动作，因为这种活动是一个需要持续关注的问题。他和"威胁情报"团队的两名成员共同撰写了一份公开分发的白皮书。[40] 他再次发现自己与 Facebook 的政策负责人意见不一。12 月的报告中包括斯塔莫斯和他的团队追踪到的一些来自俄罗斯的页面截屏，以及其他在 Facebook 上明确提到的格勒乌活动。据消息来源称，Facebook 的政策负责人，特别是乔尔·卡普兰，不希望在报告中包含任何此类信息。不管是有意还是无意，这场争论都涉及政治含义。那时，特朗普正在大声否认自己在选举中得到了俄罗斯人的帮助。为什么要嘲笑新总统呢？

因此，这份长达 13 页的白皮书尽管详细讨论了外国的干预可能如何运作，但并没有提及俄罗斯的参与。事实上，"俄罗斯"这几个字并没有出现。作者写道："Facebook 无法确定，赞助这项活动的角色明确归属于谁。"他们还警告称，国家控制的误导信息只是 Facebook 上"虚假新闻"的一小部分。白皮书中没有任何内容与美国国家情报局最近的一份报告相矛盾，这是承认俄罗斯参与其中的一种让步的做法。该报告明确指出，俄罗斯试图破坏 2016 年美国大选，但是你需要一双敏锐的眼睛和大量的知识来找到其中的线索。

"我们的妥协，就是指向美国国家情报局的报告，而不是不停地说俄罗斯、俄罗斯、俄罗斯。"斯塔莫斯回忆说。

《纽约时报》后来报道称，在这份重点是揭露俄罗斯活动的报告中，桑德伯格本人赞成将俄罗斯活动省略掉。对此，她大声予以否认。"我知道有人在含糊其词地撰写白皮书，但没有人问我是否应该在脚注中提及俄罗斯。"桑德伯格说，"我没有参与其中。"

Facebook 在 2017 年 4 月 17 日发布了这份白皮书。尽管在确定谁在攻击该公司（以及美国）时，斯特雷奇表现得非常胆怯，但他并不认为白皮书是一种洗白剂。"最终，我同意了这种妥协，因为我们已经把报告拿出来了，"他说，"我们得弄点东西出来。"他们认为，与其他的干预受害者（如 Twitter、YouTube）不同，Facebook 采取了措施，并就社交媒体存在外国干预的危险一事向公众和当局提出了警告。根据这一理论，将俄罗斯人排除在报告之外，是一种谨慎的处理方式。

Facebook

后来发现，这份报告很明显是不完整的。尽管斯塔莫斯进行了调查，也启动了"项目 P"，Facebook 仍然不知道普京在多大程度上玩弄了 Facebook。

但是，他们很快就能发现。

15
P 即宣传

2017 年 2 月 9 日，扎克伯格把我叫到 20 号楼的"水族箱"，这栋航空母舰造型的大楼是 Facebook 的总部，街对面是原太阳大厦，现在被称为"经典校园"。20 号楼由弗兰克·格里设计，是这位顶级建筑师的作品中岌岌可危风格的极端范例：裸露的管道、天花板上悬吊的电线，以及看起来像胶合板临时隔档一样的墙壁。（格里说他的客户"不想过度设计"。[1]）墙上贴的是来自模拟研究实验室的最新一批海报，其中包括最新丝印版的口号"做技术极客"。20 号楼长 0.25 英里，天花板高 22 英尺，年轻的工作人员坐在一些看似摆放杂乱的长桌子旁，盯着自己的计算机屏幕。在 43 万平方英尺（约 4 万平方米）的办公空间里，随意分布着一些会议室、免费咖啡厅、甚至还有一家优质咖啡店，可以刷信用卡购买奶茶和美式咖啡。楼顶铺上了土，种植了一些当地的植物，泥土小径蜿蜒穿过，可供员工在工作期间散步小憩。（后来，有了附属的双子建筑 21 号楼，可供散步的路程就更长了。）即便是在大楼里已经工作了几个月的员工，要找到他们下一次开会的会议室在哪里，仍然需要查阅墙上无处不在的显示器。280号州际公路和 101 号公路是连接硅谷与旧金山的两条高速公路，他们就以这两条公路的名字来称呼贯穿这座大楼的两条通道。

扎克伯格的玻璃墙会议室位于 20 号楼大概中心的位置，房间中间的会议桌周围摆放着一圈沙发和椅子，给人一种随意的感觉。四周放置着一些白板和显示屏，大家可以在上面勾画下一款优秀的产品，或者是对社交图谱造成严重破坏的一款产品的解决方案。

就像员工们在 20 号楼里的穿行被 101 号公路和 280 号州际公路分流一样，Facebook 在 2017 年也沿着两条大道行驶。在其中一条大道上，充满了良好的愿望和漂亮的收益报告，而另一条则是噩梦般的下坡路，各种破坏性的真相被揭露出来。2017 年，这位曾经的天才少年创始人，变成了丈夫、父亲、亿万富翁，以及 20 亿 Facebook 注册用户的保护者和收获者。（尽管几乎没有用户浏览过平台的服务条款文件，该文件在篇幅和可理解性方面已经发展到与长篇小说《芬尼根守灵夜》不相上下的程度。）与他的身份相称的是，扎克伯格正试图通过一些宏大的想法来度过危机。他以前会把这些想法记录在私人笔记本上，但现在不同，他会把他的观点像闪电一样从他的水族箱式会议室中发送出去，在他的 Facebook 页面上被数百万粉丝消费（以及点赞）。

在 Facebook 讨论自身在选举中的角色、虚假新闻以及秘密的"项目 P"是否会揭露俄罗斯的干预等问题的过程中，扎克伯格将公司的问题视为更大范围不安的一个信号，以及在最近的选举中令美国出现分裂的一种分歧，并且这个问题已在全球传播，就像动态消息上的一条病毒帖子。他意识到，在接下来的一年里，他将不得不承认 Facebook 的一些不足。但凭借其典型的善于抓住机遇的本能，这位曾经对游戏《文明》着魔的人，决定扩大讨论的范围，不仅是那些困扰他公司的问题，还包括那些困扰整个世界的问题。

1 月 3 日，扎克伯格发布了他的年度挑战。他计划在美国启动一次政治式的倾听之旅，除了那些他已经花了很多时间的地方外，他要拜访美国的每一个州。"我的工作是连接世界，让每个人都能发出自己的声音。"他写道，"今年，我想亲耳听到更多这样的声音。"[2]

扎克伯格一直在起草一份宣言，来阐述他的想法并分享他的愿景。那是他在2月想要谈论的内容。

尽管之前Facebook出现的危机都集中在一些单独的失误上，比如动态消息、信标、服务条款失败等，但2016年美国大选之后的危机击中了Facebook自身的本质：以增长、商业和全力推动共享为名的所有决策，共同打造了一套不健康的上瘾系统，并且容易受到坏人的攻击。扎克伯格现在经常重复的一句话是：Facebook有很多工作要做。在接下来的几年里，公司的高管也在不断重复这句话。扎克伯格总是乐于分享公司为完成工作所采取的行动，比如基于应积极主动地解决问题，而不是在问题出现之后再来道歉并弥补的前提，他已经在安全防护方面组建了庞大的团队。他现在承认，当初声称虚假消息影响选举是一个"疯狂的想法"时，他说错了。"那件事情我可能搞砸了。"他曾跟我提及这件事，顺手从大楼里的一间迷你厨房给我拿了一杯饮料。（Facebook给来访者提供的茶点与日本公司的茶水服务一样正式。）尽管他可以照本宣科地引用Facebook计划采取的那些减少虚假新闻的措施，但他认为这个问题只是全球走向分裂和恶意的一个征兆。他觉得Facebook或者他自己可以做一些事情来扭转局面。

他说："我认为我们的社会和文明需要建立这样的一些基础设施，并将目前'我们是一些不同的国家'的部落主义提升到一个更高的层次，让大家真正感受到我们是生活在一个能够齐心协力的世界。"

尽管他承认特朗普的胜利让那些出入Facebook的人感到不安，但他的新改革运动不是针对单独的个人，而是一场全球性的运动。作为社区的建设者，Facebook有能力解决这个问题。"社区"一词将成

Facebook

为他在 2017 年的流行语。(Facebook 早已超越了 2007 年左右的观点，当时他告诉一些像我这样的记者"我们根本就不是一家社区 / 社交网站"。)

事实上，在我们交谈一周之后，他那篇名为"创建全球社区"的 5 700 字宣言（阅读时间需 27 分钟）就出现在了 Facebook 上。这篇文章比较隐晦地承认，简单地"连接世界"不再是 Facebook 所设想的纯粹有益的事。数据显示，事情变得更复杂了。"人们应该保持连接还是反过来？"他问道。

毫不意外，他选择了前者。正如他之前跟我分享的那样，答案是"社区"，而 Facebook 的角色将是为社区提供支持、变得安全、公开信息、参与政事以及变得更包容（按此顺序）。在每一条"基础"职能中，Facebook 都有一些需要完成的工作。但扎克伯格关注的是积极的一面。在讨论所面临的挑战时，他列举了一些例子来说明 Facebook 提供了帮助，而不是把事情搞砸了。他承认，Facebook 犯了错误，但这些错误并不是因为恶意的企图或有害的商业模式，而是源于不同社区之间价值观存在差异之类的事情，或者"运营规模的问题"。他的这份宣言以长远的眼光看待这些错误，邀请世界各地的人一同加入 Facebook，去创建一个充满理解和友谊的新的世界秩序。

在文章的结尾，扎克伯格引用了林肯在 1862 年一次演讲中的话：过往平静时期的教条，不足以应对暴风雨般的现在。面对困难重重的局面，我们必须与时俱进。因为我们面对的是全新的情况，所以我们必须重新思考、重新行动。[3]

扎克伯格没有引用林肯演讲中那段话之后的内容，但他可能已经这么做了。这位美国第十六任总统在之后写道：我们不能逃避历史。我们所经历的残酷考验，无论是荣誉还是耻辱，将会引领我们走向最新一代。

15 P 即宣传

2017 年 7 月，内德·莫兰与"威胁情报"团队的同事启动了一项工作，并由此获得了另一个惊人的发现。"法律"团队的某个人传来了一条从政府那里得到的内幕信息：核查广告。

这个问题已经完全暴露出来。在斯塔莫斯的白皮书发布一个月之后，4 月《时代周刊》杂志的一篇封面报道称，一些情报部门的人员发现，Facebook 广告是俄罗斯 2016 年宣传活动的一部分，针对的是那些易受影响的用户。一位"资深情报高管"告诉《时代周刊》："他们购买广告，广告上写着'赞助商'，做法跟其他人没什么区别。"[4] 那年夏天，一位愤怒的弗吉尼亚州参议员马克·华纳（Mark Warner）来到门洛帕克，要求 Facebook 深入调查虚假新闻的来源。[5] 华纳是参议院情报委员会的成员，他对社交媒体的批评越来越多，尤其是 Facebook。2016 年美国大选结束后，他推动 Facebook 更深入地调查了俄罗斯的干预。他后来告诉《前线》杂志，"我对 Facebook 最初的抵制态度相当失望，实际上他们说，'这太疯狂了。华纳都不知道自己在说什么'"。[6]

但就这一点而言，在试图识别那些旨在扰乱选举的虚假新闻时，Facebook 并没有彻底核查广告的作用。尽管"威胁情报"团队还在调查，但这种疏漏就是对广告牵涉其中视而不见。"我们没有看到相关证据，能够证明俄罗斯间谍在 Facebook 上购买了与选举相关的广告。"Facebook 发言人在 7 月 20 日告诉 CNN。[7]

核查广告不是一件容易的事。Facebook 当时有 500 万家广告商，每天展示数亿条广告。莫兰开始对这些广告进行筛选，参与这项工作的不仅有他自己的团队，还包括广告部门的一个名为"商业诚信"的团队。他们挑选了 2016 年美国大选开始之前一个为期三个月的时间窗口，开始寻找来自俄罗斯或使用俄罗斯的互联网服务提供商的广告商、用俄语写的帖子或者用卢布付费的广告。通过这些条件，团队筛

Facebook

选出了几十万条广告。然后继续核查这些广告本身，以确定哪些广告中包含政治内容。他们的方式是寻找像"特朗普"或"希拉里"这样的关键词。这件事做起来很困难，因为有些广告的内容不是文本格式，而是包含一部分图形，并且无法搜索。尽管如此，他们还是要进一步缩小范围。

然后莫兰开始寻找广告商之间的联系，不管是通过广告本身的相似性还是分享的链接。就像在暗室中照片底片上的图像逐渐变得清晰一样（这种现象大多数 Facebook 的年轻用户从未见到过），莫兰让一个由二三十位用户组成的离散网络浮出了水面。他们有一个共同点：都来自俄罗斯的圣彼得堡市。

这对莫兰来说很重要。他回想起 2015 年《纽约时报》上阿德里安·陈（Adrian Chen）撰写的一篇文章，其中描述了一个"网军基地"的种种活动，这个基地位于圣彼得堡，对外自称 IRA（互联网研究机构）。[8] 它的目标是为了"祖国"的利益去对其他国家实施破坏。

莫兰和他的同事开始深入工作。据他们所知，IRA 花费了大约 10 万美元，投放了大约 3 000 条广告，其中大多数是用卢布购买的。这些广告被用来推广与 IRA 有关的 120 个页面。这些页面上发布了超过 8 万条内容，触达了 1.29 亿名 Facebook 用户。[9]

一旦莫兰了解到俄罗斯的 IRA 在 Facebook 上投放广告，他就会仔细核查其内容，这些内容让他反胃，其中有数以千计的广告，声称来自新闻媒体，通过炮制令人愤慨的说辞（如希拉里与撒旦的亲密关系）、煽动种族仇恨和利用最黑暗的恐惧来吸引美国公民的注意。

这种肠胃反应像大肠杆菌暴发一样通过 Facebook 传播，因为 Facebook 的很多高管看到，俄罗斯人购买的一批广告利用了他们多年所打造的网络进一步传播。"我们在一间会议室里核查这些广告，这太令人反感了。"斯特雷奇说，"这种被利用的感觉太令人恼火了。"

15 P 即宣传

有一条广告让他无法释然：一个拿着喷火器的人在朝着无法识别的人群开火，这群人被贴上了一个对穆斯林具有攻击性的标签，标题文字是"将他们都烧死吧"。"这种暴力本身，以及想要通过暴力去鞭笞那些可能抱有某种偏见的人，都太可怕了。"他说，"这种内容危害很大，我觉得让我们所有人都感到不安，当然对我来说也是如此。"

需要说明的是，Facebook 很容易利用用户的人口特征信息和兴趣来锁定对这些广告可能产生共鸣的选民。通常，双方阵营都会成为目标：用一组广告去鼓励支持特朗普的一方参加投票，用另一组广告去离间民主党的支持者，希望他们待在家里。有些广告只是彻头彻尾的公民臭气弹。那些对移民心存戒备的人，会遭到非公民犯罪新闻的打击，这进一步加剧了这个自身冲突不断的国家内部的分裂。

Facebook 旗下的 Instagram 也受到了影响。据后来穆勒的起诉书记录，IRA 创建了一个名为"唤醒黑人"的账号，敦促非洲裔美国人在 2016 年美国大选那天待在家里。[10] 该账号在一篇帖子中这样写道："我们不能向两个魔鬼中较善良的那一个求救。那如果我们不投票，肯定会过得更好。"另一个名为"黑色行动主义者"的账号，极力鼓动选民投票给极端自由主义的第三方候选人吉尔·斯坦（Jill Stein），其发布的一篇帖子这样说："选择和平，投票给吉尔·斯坦。相信我，这不是浪费选票。"

由特别顾问罗伯特·穆勒（Robert Mueller）牵头的负责调查俄罗斯参与情况的团队已经在关注 IRA 了。他们后来发现 IRA 的行动在其内部被称为"拉赫塔计划"。拉赫塔中心是一座新近建造的摩天大楼，在圣彼得堡的天空中很显眼。基本上，IRA 就像成千上万家公司在集体行动，将 Facebook 当作营销引擎。它通过内部仪表板监控指标，并对达不到指标的经理进行处罚。在特别顾问的起诉书中讲述了一件事：IRA 创建的一个名为"保卫边界"的 Facebook 群组中，有

Facebook

372

一位账号专员因"专门批评希拉里·克林顿的帖子数量太少"而被训斥。这位专员被告知，在 2016 年美国大选的最后几周，加强对希拉里的批评势在必行。

距离那份起诉书已过去了几个月。就目前来看，只有 Facebook 自己知道，有成千上万的广告和成千上万的帖子可以证明 Facebook 被俄罗斯间谍用来作为攻击美国选举的手段之一。Facebook 不仅允许俄罗斯间谍在其平台上投毒，其广告在 Facebook 上还享有隐性支持。（与基于言论自由的帖子相比，Facebook 针对广告的标准更加严格。）

那么，当这一切发生时，Facebook 是如何错过的呢？其中包含一个技术性的原因：在寻找虚假新闻时，"项目 P"的研究人员使用英语单词作为"分类器"，这是机器学习算法用来识别新闻的术语。俄罗斯间谍发布的广告通常不会将文字以文本的形式保存，而是将其叠加在图片上。不管是有意还是无意，这种做法使他们避开了 Facebook 对虚假新闻的拉网式搜查。

另一个原因是 IRA 发布的广告数量相对较少。负责"商业诚信"的 Facebook 广告主管罗布·戈德曼后来试图解释，他说每天有数以千计的俄罗斯广告商会购买数万美元的广告，在俄罗斯境外予以展示。而 IRA 的广告总费用仅有 10 万美元左右，投放周期长达 8 个月的时间。

但是，戈德曼认识到，这些数字和技术盲点绝不能成为监管失利的借口。在 IRA 被揭露后，戈德曼开始沉迷于俄罗斯情报部门称之为"积极措施"的误导信息活动。他说："我变得有点儿像俄罗斯学者了。"他阅读历史，分享自己的发现，比如克格勃叛逃者奥列格·卡卢金（Oleg Kalugin）的回忆录，后来组成了一个由 Facebook 高管组成的类似受虐狂的书友会，他们姗姗来迟地学习那些早就应该予以关注的东西。

15 P 即宣传

373

因为 Facebook 的运营是以便利性为前提的，即认为广告商的意图是好的，所以它并不会去寻找那些回头看来明显的信号。"以卢布结算的账户购买与美国选举有关的广告，这种事情不正常吗？是的，这很不正常。"戈德曼说，并且指出 Facebook 后来改变了做法，开始关注这类事情。但在 2016 年，该公司忙于刺激其海外的广告业务，没有充分考虑和监控可能出现的问题。"众所周知，俄罗斯人会以这种方式使用社交媒体。"他说，"事实上，我们没有考虑和识别出这种情况，这是一种耻辱。"

让事情变得更加复杂的是，即使 Facebook 识别出了来自俄罗斯的宣传，它也无法区分出什么内容是平台规则认为完全可以接受的。该团队针对 3 000 条广告和 8 万篇帖子，根据主题打上标签——种族主义、反希拉里、性少数群体、枪支、移民等，所有这些都是 Facebook 上有效的讨论话题。绝大多数宣传都符合扎克伯格所认为的用户的"自由表达"。Facebook 删除 IRA 的页面，不是因为其中的内容，而是因为发帖人。

"一旦我们最终明白了这些广告与什么事情相关，随即就面临一个大问题：我们应该怎么做？"戈德曼说，"我们如何修改政策来对抗他们？事实上，所有的广告都因一个奇怪的原因违反我们的政策：它们都来自虚假账号。如果它们是由真实的账号所创建的，我们很难阻止这些广告。你无法依据任何标准，说展示那条与移民相关的广告是不允许的。如果我们运用这种标准的话，基本上你不能谈论移民的话题，这就会真正削弱美国人谈论移民话题的能力，削弱政治家谈论移民话题的能力。"

所以这些页面被删除了，因为是 IRA 通过虚假账号发布的。考虑到 Facebook 上所有虚假新闻所引发的巨大愤怒，你可能认为该公司会立即宣布这一发现，但事实并非如此。

Facebook

一方面，对 Facebook 来说时机很糟糕。基于其之前的结论，Facebook 认为大部分虚假新闻是出于财务动机，并且一直在吹捧自己对虚假新闻所采取的应对措施。Facebook 还发布了一份没有提及俄罗斯人的白皮书，其观点可能会遭到公众的嘲笑，即它直到 7 月才了解到俄罗斯的干预程度。因此，公司会根据用户的观点以及他与谁交流，以故意或欺骗的方式，将这一发现公之于众。

也不是说 Facebook 什么都没做。就像莫兰和斯塔莫斯处理来自格勒乌的原始新闻一样，他们把这个情况告诉了 Facebook 的首席法律顾问科林·斯特雷奇。然后，消息传到了桑德伯格和扎克伯格那里。Facebook 的法律团队又告诉了美国联邦调查局，他们还通知了司法部特别法律顾问办公室，该办公室拿到了一张传票，允许 Facebook 将广告交给他们。在 Facebook 开始向国会提供简报时，他们惊讶地发现，一些能够接触到机密信息的议员所提出的问题表明，他们对俄罗斯间谍干预美国选举的事情很熟悉。"在听证会上，每个人都说自己知道这一点。"斯塔莫斯说，"如果真是如此，他们为什么不帮助我们？"

整个夏天，Facebook 搜集了更多的信息，但是仍然没有向公众提及，之前宣称"没有俄罗斯广告"的结论已经被新的发现取代。亚历克斯·斯塔莫斯之前曾说过，他不认为自己的上司们是故意欺骗美国人民，只是在国家安全问题上比较小心谨慎而已。"政策团队认为，我们可以埋头渡过难关。"他说，"剧本是发生了一件糟糕的事情，除非到了绝对必须谈论的时候，否则我们不去谈论它，但这并不是掩盖事实。"斯特雷奇引用了隐私权。"在这个领域，我们希望一如既往地保护用户的内容。"他说，"所以将这种事情公开发布的想法，让我很不舒服，就像我不喜欢发布你的私人信息一样。对吧？"

截至 8 月底，Facebook 仍未将实际的广告上交给国会委员会，尽

15 P 即宣传

管他们一直叫嚣着索要广告。斯特雷奇说，这是因为 Facebook 通常对主动将用户信息上交给政府机构持谨慎态度。"一旦你宣布现在可以将信息向政府当局开放，没人知道他们还会提出什么样的要求。"他说。

并不是 Facebook 的每个人都认为这些理由是善意的。"自始至终，他们每一步都在采取措施以防担责。"一位了解整个过程的 Facebook 高管说。

桑德伯格现在坚称，Facebook 只是在加班加点地揭示问题的严重性。她说，那时她已经全力参与了。"有人断言，说我以前没怎么见过亚历克斯，事实的确如此。但后来，我开始经常见到他团队中的每一个人，跟他们交流，自己亲自做研究，比如，广告在哪里，自然的内容在哪里。我真的想找到所有的东西，也非常担心会错过一大堆。"她说自己通常会在 8 月休假，但 2017 年，她为了处理这个问题，取消了休假计划。"我有休假计划，但我放弃了。"她说。

9 月，该公司准备向公众宣布，Facebook 平台曾是俄罗斯情报局的一场虚假宣传活动的集结地，该活动旨在帮助特朗普赢得选举。（这项指控变得更加扑朔迷离，因为特别顾问办公室和媒体报道披露，特朗普的竞选团队经常与俄罗斯人接触，并且如穆勒的最终报告所述，他们"欢迎"干预。）Facebook 同意向国会移交一批俄罗斯制作的广告，而不是向公众披露。桑德伯格说："最终，我们决定把一切都交给国会，然后由他们决定如何公开发布。"

Facebook 应该在多大程度上承认俄罗斯人的参与，这个问题经过了多次讨论。斯塔莫斯想全力以赴，他提议的博客帖子触及了这样一个话题，即 Facebook 本身就是受害者，而政府的回应很少或者根本就没有，毕竟那些都是针对美国的攻击。但他在 Facebook 的上司们扔掉了他的草稿，提出了一些更为温和的东西：一份不痛不痒的报告，披露了违反政策的广告和页面的数量，并指出这些广告专注于"在意识形态范围内放大那些分裂社会和政治性的信息"。[11] 考虑到绝大多数广告都是为了支持特朗普，这是一个真实但存在误导性的陈述。关于广告来源的说法也是如此："我们的分析表明，这些账号和页面相互关联，很可能在俄罗斯境外运营。"其中并没有提到这些广告来自俄罗斯的某个国家机关。然后，帖子的内容转向了 Facebook 正在改进的其他事情。

尽管有所保留，斯塔莫斯还是在经过净化的博客帖子上留下了自己的签名。他基本上是走在离职的路上：很快，Facebook 重组了其安全运营团队，取消了首席安全官这个职位，并将研究人员和计算机安全科学家融入其他团队。斯塔莫斯同意留下来，直到第二年的年中，以帮助 Facebook 为下一次选举做好准备。与之前管理一个 127 人的团队不同，他现在负责一个大约 5 人的团队。

在公开俄罗斯人的行为之前，扎克伯格和桑德伯格必须向董事会汇报。董事会将于 2017 年 9 月 6 日召开季度会议，在会议的前一天，斯特雷奇、斯塔莫斯和施拉格与审计委员会的人会面。审计委员会由外部董事厄斯金·鲍尔斯、马克·安德森和盖茨基金会负责人苏珊·德斯蒙德–赫尔曼（Susan Desmond-Hellmann）组成。他们简要介绍了斯特雷奇和施拉格将在第二天向全体董事陈述的内容。董事们都很震惊，不仅对他们所听到的内容，还包括他们之前竟然没有听到过这些事情，都让他们异常震惊。[12] 鲍尔斯在政治和国家安全方面接受过良好的教育，他马上明白 Facebook 出了一个大问题。他想知道是否会有更多的信息被揭露出来。斯塔莫斯说这是可能的。谁知道俄罗斯人还会做什么？当然，美国政府并没有帮助 Facebook 把俄罗斯人挡在平台之外。

会议持续了大约一个小时。之后，公司的董事和高管们一起吃晚餐，这是董事会召开的前一天晚上的例行安排。信息揭露的事情给

15 P 即宣传

377

这顿晚餐蒙上了一层阴影。董事们感到愤怒的是，没有人提前告知他们这些情况，他们所监督的公司竟然成了俄罗斯人影响美国总统大选的工具。他们向桑德伯格和扎克伯格表达了愤怒之情。

桑德伯格说："我不记得我在哪一次董事会晚宴上尖叫过，包括那一次。但是大家很沮丧，这是一件大事。我想我们也认为这是一件大事。我们很沮丧，他们也很沮丧，大家都很沮丧。我的意思是，当你发现外国势力或任何人试图干预总统选举时，你会很沮丧，真的很沮丧。"

第二天，在正式的董事会会议上，董事们继续指责扎克伯格和桑德伯格。桑德伯格震惊了，尤其是听到斯塔莫斯对审计委员会说，Facebook 可能会发现更多的干预时，她很不高兴。第二天，在一场大约 20 人参加的会议上，她对斯塔莫斯发起了一轮大规模的口头攻击，她说自己从未像现在这样对 Facebook 的任何人感到气愤。虽然桑德伯格对某人大喊大叫的情况并不罕见，但这是一次羞辱性的打击，尤其是因为斯塔莫斯的一些下属也在会议室里。在愤怒了几分钟之后，扎克伯格终于让她平息了下来。

后来有报道称，桑德伯格因为在自己的管辖范围内、在她负责的事情上所出现的问题，也受到了扎克伯格的训斥。扎克伯格不会透露这件事是否发生过。我最终直接问了他：你认为谢丽尔让你感到失望了吗？

他停顿了一下，尽管停顿的时间没有年轻的扎克伯格史诗般的沉默那么长。"我不是这么想的。"他最后说道，"我想，我们都没有意识到这会是一件更大的事情，我们本应该给予更多的关注。我的意思是，我觉得有些决策的错误当然是我本人直接犯的，这些决策本该是不一样的。"

也许扎克伯格的其中一个错误是，在 Facebook 的声誉开始下降时，他却花了一年时间进行一次完全两耳不闻窗外事的公路旅行。当 Facebook 的各种团队在挖掘俄罗斯的广告，并与穆勒的部下会面时，扎克伯格却继续他的国内旅行和一些高姿态的计划。他最初是以低调的方式接触真正的美国人的，结果却变成了一项复杂的任务，以及一场与媒体的捉迷藏游戏。媒体突然对这位年轻的 CEO 产生了狂热的兴趣，他时而发表一些雄辩的声明，时而制定一段新的旅行日程，而行程似乎是从一些陈旧的电视节目中借鉴而来，比如《66 号公路》或《逃犯》。在旅行的几周里，他会试着一次去几个相邻的州。他拜访一些名人和当地的政治家，空降到美国腹地的美国人生活当中，并与当地居民一起处理棘手的问题，比如教育或社会公正体系的崩溃问题。有一天，俄亥俄州牛顿福尔斯市（离克利夫兰约 55 英里）的丹尼尔·穆尔（Daniel Moore）突然接到一个电话，问他一位神秘的客人能否跟他的家人一起吃晚饭。在家庭聚餐前 15 分钟，穆尔得知这位客人是扎克伯格。他一直在寻找一位支持奥巴马但在 2016 年把票投给了特朗普的选民。穆尔说：“我们了解了一个非常酷的家伙，他很实际，很容易交流。”[13]

在印第安纳州，他跟南本德市长皮特·布蒂吉格（Pete Buttigieg）一起闲逛，他们在哈佛大学时曾有过交往。他跟全美汽车竞赛协会的车手小戴尔·厄恩哈特（Dale Earnhardt Jr.）在赛道上一较高下。他预先安排的特拉华州之旅不那么有趣，他要在一场民事诉讼中出庭，他面对的指控是试图改变公司的结构，以便在他卖掉相当多的股票或者参加竞选的情况下仍然能保留所有的权力。（嗯。）但是，Facebook 在最后一刻放弃了。于是他沿着 95 号公路到南费城买了一块奶酪牛排。他深入那些处于危机的人群，坐在一群瘾君子或罪犯中间。他拜访了在北卡罗来纳州布拉格堡服役的军队和罗得岛州新港的海军战争学院。

（他告诉训练中的军官们，他们研究的战争游戏看起来很像他自己最喜欢的一款游戏《文明》。[14]）他试图在装配线上制造一辆福特卡车。他突然出现在北达科他州的一座石油钻井平台上，听一群工人聊他们的工作，从而打乱了他们的工作计划。他参观了一个奶牛场、一个牡蛎养殖场和一个风力发电场。

他尽可能低调地进行实时拜访，只带了一名助手、一名公关人员和一支已成为标准配置的保镖队伍。（但是，一旦拜访结束，他就会发布帖子告知全世界。）随着他的财富超过 400 亿美元，扎克伯格越来越担心自己的安全。尽管他担任 Facebook CEO 的年薪只有 1 美元，但公司要支付他的安全费用，这笔开支 2017 年为 730 万美元，第二年增加了一倍。[15] 不过，在定期发布于他 Facebook 主页上的视频中，你只会看到友好的马克，虚心学习主持人分享的任何智慧。

5 月，扎克伯格要在哈佛大学毕业典礼上发表演讲，这对他来说是一次冒险。哈佛大学校长德鲁·福斯特（Drew Faust）在发出邀请时就告诉扎克伯格，哈佛大学之前的演讲包括马歇尔将军宣布他重建欧洲的计划，以及戴维·哈克特·苏特（David Hackett Souter）从最高法院退休后的首次演讲，因此，他不应该回避谈论重大话题。这种提示是没有必要的。在毕业典礼开始前一周，扎克伯格还在思考他要表达的信息。"标准的毕业典礼上的发言，是告诉毕业生去寻找自己的目标，去找到对自己重要的东西。"他告诉我，"但我的观点是，千禧一代本能地了解这些。对这一代人来说，实际上还面临一个更广泛的挑战，那就是确保我们能创造一个让每个人都有目标感和意义的世界。"这就是他的主题——目标。13 年前，扎克伯格推出 Thefacebook 网站时，他并没有赋予它一个崇高的目标，但后来他将其视为一种使命。

他说，回到哈佛大学发表演讲就像是实现了一个圆满闭环。我

Facebook

问他，这是不是一种情感的回归，他没有理会，几分钟之后又回到了这个话题。他告诉我，也许人们不会注意到，但他在演讲中是围绕自己的人生旅程在构建故事。"所以，尽管我强调需要创造一种目标感，谈论了一些大项目和财富不平等的问题，以及全球社区，但激情才是我的生命。"他说。这场在倾盆大雨中发表的演讲，为他赢得了喝彩。

另外，他在新英格兰地区之旅期间，去了缅因州的一个小镇，看望一些工厂关闭后失业的工人，还去了罗得岛普罗维登斯的一所中学。

不，扎克伯格不是在竞选总统，而是在花一些时间，以一名社会理论家的身份在工作，并通过一种罕见的力量影响着 20 亿人的交流。世界上没有任何一个国家的人口像 Facebook 的用户数量一样多。对他来说，总统的职位是一种身份的降低。

当他像托克维尔一样在全美漫游时，他也在思考 Facebook 的困境。正如一位经验主义者所期望的那样，他正在努力应对外界针对他核心信念的挑战，他认为在人们相互连接和分享时，世界会变得更美好。俄罗斯人对美国选举的入侵，使得这一观点面临被否定的风险，这让扎克伯格感到震惊。他的攻击者知道，那些旨在创造美好世界的功能，可以被用来有效实施一些破坏和分裂行为。他后来告诉我："我认为，在俄罗斯人的一些宣传中，真正具有挑战性并令人不安的地方在于他们滥用了自己试图参与的平台。基本上，他们会在一些问题的正反两边同时创建社群，比如支持移民的和反对移民的，但他们显然不关心移民问题，他们这样做只是为了引发冲突。"

几个月以来，扎克伯格一直在关注社区。"创建全球社区"的宣言只是一笔赌注。在前往芝加哥参加 Facebook 的首届"社区峰会"时，他将赌注提高了。他向大约 350 名无报酬的 Facebook 群组管理员支付了费用，包括"黑人爸爸""游牧者""残疾老兵""奥斯汀的渔场"等群组，邀请他们参加研讨会、分享建议，并在 Facebook 高管克里斯·考克斯和娜奥米·格莱特出场做主题演讲时大声欢呼，Facebook 承诺将使用技术手段来改善群组对用户的邀请，而同样的技术在广告业务上已经得到了成功运用。

扎克伯格是以未被邀请的演讲者身份出现的，但观众疯狂了。当走向半圆形舞台时，他与观众握手，就像在《国情咨文》演讲前的行政长官一样。他说："你们管理的那些意义不菲的群组是 Facebook 上最有价值的东西，但是 Facebook 的 20 亿用户中，目前只有 1 亿人加入了这些有意义的群组。"他希望 Facebook 上的每个人都属于其中的某个群组。

然后，他给了大家一个惊喜，他当场提出要改变 Facebook 的整个使命。Facebook 不仅仅是连接世界，从这一点开始，它"给人们力量去建立社群，让世界联系得更加紧密"。[16] 这种改进几乎等于承认，Facebook 埋头追求增长的做法逐渐打造出了一个没有明确结构的群体，已经为控制管理做好了准备。现在，他要给这个群体设立一个明确的结构。

"我一直认为，人们本质上都是好的。"他说，"但我也发现，我们都需要别人的支持。我们不想感到害怕。但是，当我们对生活感到不满意的时候，就很难去关心其他地方的人。社群给了我们这样一种感觉，让我们觉得自己只是某个更伟大事物的一部分，我们并不孤独，我们有更好的未来值得去努力争取……我们必须建立一个让所有人都拥有目标和社区意识的世界，这就是我们让世界变得更加紧密的方式。"

"我知道我们能做到！"

在其他情况下，使命的改变将是一个特别大的新闻。这是否意味着 Facebook 将会变得不一样？但这一声明的影响力不如 Facebook

现在出现的任何丑闻。也许人们对宣言产生了审美疲劳。或者，根据人们对俄罗斯人的了解，这种改变似乎是一种有意识转移注意力的策略。

尽管如此，如果你在芝加哥的会场里，看到到处都是尖叫的群组管理员，你就能感受到扎克伯格表达的信息是真诚的，甚至是鼓舞人心的。不管是不是跑调了，扎克伯格在 2017 年将自己的大部分思考都投入了这些崇高的概念上。他有意识地在高速公路上飞驰。

峰会结束后，他匆忙拜访了一所针对非洲裔美国男孩的特许学校。伊利诺伊州现在从他的旅行清单上被划掉了。

扎克伯格在芝加哥"社区峰会"上传达的乐观信息背后，是他认为 Facebook 必须改变，或者至少要逐渐调整。从虚假新闻到侵入性广告，人们针对 Facebook 的抱怨主要集中于其最受欢迎的产品：动态消息。扎克伯格于 2006 年首次在他的"变革之书"中提出的概念，已经成为公司生存的战场。这项服务大受欢迎，扎克伯格有野心想将新闻推送打造成个性化信息不可或缺的来源，这给动态消息带来了难以承受的负担。

尽管理论上以滚动的方式可以持续查看数千个帖子，但人们一次只能浏览一小部分内容，因此争夺最高排名是一场残酷的竞争，它由一个评分系统来决定，不受任何人工的控制。Facebook 喜欢宣称自己不做任何的编辑选择，每个人的偏好决定了他们的个性化订阅中会展现什么内容，但是指标的选择及权重的确定由 Facebook 决定。多年来，Facebook 在不断迭代它的"边际排名"算法，由算法决定哪些帖子的排名最高，但这个系统变得越趋复杂，最终进化成了一个包含 10 万多个指标的大杂烩。通过一系列无休止的实验，动态消息团队的数据科学家给出的结果就是权衡。他们向"增长"团队汇报。因此，毫不奇怪的一点是，成功与否要依赖"增长"团队所关注的事情来衡量，即打造并维持用户基础，另外，用户参与度仍然非常重要。

对于这种系统的缺点，谷歌前界面工程师特里斯坦·哈里斯（Tristan Harris）做了最好的说明。[17] 早些时候，他曾指责公司采用沉迷技术。他认为，从本质上说，随着 21 世纪数字工具和人工智能的突破，那些在电视和连载小说中得到广泛应用的保持注意力的传统方法，已经进化到了一个毒害成瘾的新层次。他认为动态消息和其他"无限滚动浏览"是最糟糕的侵害者，而 Facebook 又是其中做得最为极致的。在美国，人们把大约 1/4 的移动互联网时间消耗在 Facebook 上，有些国家的比例甚至更高。对哈里斯来说，这些产品不仅仅会令人上瘾并分散注意力，而且对人类生存构成了威胁。他认为，在电影中，人工智能的威胁被描绘成追杀人类的终结者式机器人，但我们真正应该害怕的是马克·扎克伯格，他的算法让我们无法抗拒数字垃圾食品。虚假新闻的争议，让问题变得更为严重，它会操纵我们的冲动去查看那些耸人听闻及具有破坏性的内容。

哈里斯说："我们实际上已经创建了一个比人类思维更加强大的人工智能，但是我们把它称作别的东西，并将它隐藏在社会之中。通过称之为 Facebook 动态消息，没有人会注意到我们实际上创建了一种完全肆意横行、失去控制的人工智能。"哈里斯说，使用动态消息就像跟一位无与伦比的计算机棋手对抗。它知道你的所有弱点，每次都能打败你。它的运行方式就是"我要走兵吗"，这就像向你展示特朗普的文章一样；或者"我应该下棋吗"，看看你的朋友们玩得多开心！哦，这真的很管用！所以我会把它展示在你面前。

"当人类跟计算机下棋时，我们知道会发生什么——我们会输，"哈里斯说，"这就像是对人类进化工具的彻底扼杀。"

将动态消息团队的日常工作视为推动人类走向灭绝，毫无疑问他们并不认同这个观点。但是，2016 年美国大选及其后果迫使他们

Facebook

不得不面对这样一个事实：动态消息可能……对用户有坏处。"我们一直在努力识别各种糟糕的体验，并减少其传播。"动态消息团队的一位副总裁约翰·赫格曼（John Hegeman）说，"但是我认为没有人能预料到这将会成为一个重大的关注点，并且是我们需要投入更多资金的一个领域。"

换句话说，"我们搞砸了，现在必须予以解决"。

这个需要特别关注的领域，就是动态消息处理新闻的方式。

从 2010 年左右开始，很大程度上是为了击溃 Twitter，扎克伯格让 Facebook 的新闻变得更及时，越来越多的真实新闻开始出现在动态消息中。"我们注意到，给新闻出版商的推荐流量正在有机增长，"尼克·格鲁丁（Nick Grudin）说，他是《新闻周刊》的前业务主管，现在负责 Facebook 的内容合作，"这一定是刻意设计的，但几年来，我们看到 Facebook 成了一个非常重要的传播渠道，20% 或 25% 的点击量来自 Facebook。"许多新闻出版商报告的数字甚至更高。那些年，Facebook 几乎故意忽略了它对新闻业的影响。克里斯·考克斯在 2014 年对我说："你不是在 Facebook 上查看新闻，你是在 Facebook 上发现新闻。"他告诉我，与其说 Facebook 是一个新闻渠道，不如说它是"一个可以将你的注意力传送给新闻的地方"。

Facebook 并没有要求成为新闻行业的一股力量，也不愿意为自己的角色负责。它与新闻媒体的合作集中在协助它们与动态消息协商，而没有考虑改变产品来区分新闻质量的优劣。Facebook 为新闻出版商服务的第一款重量级产品是"即时文章"，通过将文章存储在 Facebook 服务器上，它使文章能够更快地加载。（谷歌也有类似的产品。）这项功能对 Facebook 自身的帮助实际上超过了对媒体合作伙伴的帮助，因为"即时文章"绕过了报纸的网站，在他们自己的网站上，新闻出版商可以展示广告，并搜集读者的数据。格鲁丁表示："在加快文章展示方面，动态消息的目标实现得相当不错。但它并没有像我们预期的那样被广泛接受。"问题出在哪里？新闻出版商想要钱！

Facebook 从扎克伯格身上得到了启示。他不认为动态消息应该优先对待大型传统新闻出版商。对他来说，这有点儿像选择什么是新闻，而他认为担当仲裁人是无法忍受的。让用户来决定吧！像 Upworthy 或 BuzzFeed 这样由新型数据驱动的新闻出版商，对内容进行了优化，以充分利用动态消息的算法，引起了扎克伯格的共鸣。这两家公司的名称，描述了它们各自处理新闻的方式。Upworthy 主要汇集那些催人泪下、鼓舞人心并期望获得分享的新闻，BuzzFeed 专注于人们不停谈论的那些愚蠢的、昙花一现的东西。当 BuzzFeed 的一位社交媒体经理发现某人的 Tumblr（汤博乐）照片上有一条颜色难以判断的裙子时（有人看到的是黑色和蓝色，有人看到的是金色和白色），她花了 5 分钟时间在 Facebook 上分享了一条消息。[18]得益于 BuzzFeed 的社交媒体敏锐度，这条消息像谢尔曼的进行曲一样穿透了社交网络，一天之内获得了 2 800 万次浏览。接着，BuzzFeed 发布了几十个后续帖子，充斥了整个版面，就像《纽约时报》报道"9·11"事件一样。这是 Facebook 时代的新闻。

2016 年，BuzzFeed 通过技术手段对"裙子事件"进行了病毒式推广，对于教皇支持特朗普和希拉里在一家比萨店运营儿童色情团体的新闻，同样的技术会带来巨大的关注度。与此同时，真实的新闻业幸存者无法以充分报道的新闻获得影响力，因为这些报道不知何故没有虚假或愚蠢的新闻那么"吸引人"。Facebook 耸了耸肩膀。动态消息团队的赫格曼说："Facebook 在新闻生态系统中显然扮演着独特而重要的角色，但同时，这也并非人们使用 Facebook 的主要原因。"他引用的数字是 5%，即动态消息上每 20 个帖子中有 1 个会链接到新闻。

Facebook

甚至在 2016 年美国大选之前，一些 Facebook 的员工就知道，公司必须做得更好才行。2015 年，一位名叫安德鲁·安克的高管加入了 Facebook，他精通媒体，获得了宽松的授权来帮助新闻媒体。在加入公司几周之后，他提出了一个计划：在"即时文章"中增加付费墙选项。这意味着为了继续观看新闻出版商的新闻，读者必须是订阅者。新闻出版商一直在乞求类似的东西，以便通过 Facebook 赚钱。安克走进扎克伯格的"水族箱"，向他推销这个计划。大约两分钟后，扎克伯格叫停了他。"Facebook 的使命是让世界更加开放和更加互联。"他提醒安克，"我不明白，订阅如何让世界变得更加开放或更加互联。"

2016 年后，Facebook 认识到必须尽力解决新闻的问题，即使只是意味着消除虚假新闻。2016 年美国大选结束后，莫塞里和安克想出了一些快速的调整措施来解决误导信息的问题。其中之一是授权和资助事实核查行动，去调查潜在的虚假新闻，一旦调查发现虚假新闻，就发出警报。[19]（Facebook 不喜欢"虚假新闻"一词，2016 年美国大选的获胜者已经将这个词变得名正言顺了。）

事实核查产品的第一次迭代产生了惊人的效果。当 Facebook 将一篇文章贴上"有争议内容"的标签时，就意味着专业的事实核查人员发现这篇文章有欺骗性，但人们实际上会因此给予更多的关注。"有一些人认为，我们把它标示为虚假，就意味着它会更真实。"安克说。Facebook 后来尝试了其他技术来阻止人们贪婪地阅读那些旨在对他们进行操纵的虚假新闻。打击虚假新闻的最有效的措施，是在动态消息中对其"降级"，这样就需要更多的滚动才能看到它。但是，删除这些内容是 Facebook 坚决不愿采取的行动。不行使这种选择权，Facebook 就不必承担责任去说"这是错误的，并且已经过时了"！最好避免这类争议，让比萨店的新闻不太可能出现在用户的动态消息中。

2017 年，安克的职位被《纽约时报》前数字媒介经理亚历克斯·哈迪曼（Alex Hardiman）取代。在安克离开之后，内部的挣扎仍在继续。"当时的问题是，考虑到风险，Facebook 是否有兴趣去定义和推广高质量的新闻。"她说。

同年，Facebook 聘请 CNN 前记者坎贝尔·布朗（Campbell Brown）担任媒体联络人。布朗是一个交际广泛的纽约人，嫁给了小布什政府的一位官员。在 2016 年美国大选中，她对传统媒体报道竞选的方式感到失望，尤其是 CNN。为了提高收视率，它们会跳过一些过往的问题。"对我来说，竞选期间的 Facebook 没那么重要。"她说，"我的背景是电视新闻，所以我专注于电视新闻。"面对公司出现的争议，她很快打消了自己被 Facebook 聘用是该公司想利用她作为名人代言人来宣传的想法。她穿针引线，试图成为新闻出版商在 Facebook 内部的声音，以及 Facebook 在外部的捍卫者。她发现，这个角色两头都不讨好。新闻出版商已经将两件事归咎于 Facebook：新闻的信誉危机以及赤裸裸地攫取他们的收入。从 Facebook 内部来看，他们仍然感觉在动态消息中不值得对新闻出版商予以特别的考虑，至少从扎克伯格那里得到的启示是这样的。

布朗与动态消息的负责人亚当·莫塞里一起，跟编辑和媒体作者们举行了一系列非正式的晚宴和会议。在这些会议中，可能会出现一些争吵。BuzzFeed 的新闻编辑本·史密斯（Ben Smith）在一次会议上勃然大怒。"为什么这些人会在这里？"他问道。他指的是像"每日来电者"（Daily Caller）这样的超党派右翼网站。他称它们为"垃圾"新闻出版机构，并且没有打算让这些人喜欢自己。[20]

新闻团队发现，由于 Facebook 害怕疏远右翼，导致推行任何事情都变得越来越困难。看起来非常棘手的一个问题是，在质量上花费最多的媒体通常被视为自由派，而一些受欢迎的右翼媒体并不认为自

Facebook

己将文章内容扭曲成了党派幻想。对 Facebook 来说，确认真相已经够可怕的了，但是当真相被政治化时还要求它这样做，这是不可能的。一名新闻团队的高管说："你会做一次尝试，并宣称，'好吧，我们准备好了'，但是你可能会遇到一位超级保守的新闻发布者，他正在做一些相当邪恶的事情，他将会因此受到惩罚，但这个人有一个非常有力的游说团队。你可以跟现政府中的某类官员开战吗？"这就是争论的焦点：相对于政治上更敏感的事情，我们真的能尽自己所能去做正确的事情吗？

作为一种与朋友和家人联络的良好方式，Facebook 能把动态消息恢复到堕落之前的状态吗？这实际上是一种希望。在 2015 年底的一次会议上，负责 Facebook 视频工作的菲德吉·西莫（Fidji Simo）提出了一项计划：在动态消息中将视频内容的数量翻倍，引入专业的内容。克里斯·考克斯和其他一些人对此表示反对。他们认为，如果视频内容主导了动态消息，作为人们相互联络的一个地方，Facebook 将失去它的独特优势。这也引发了对动态消息质量的更广泛讨论。安德鲁·博斯沃思说："这次会议拉开了一场对话的序幕，大家在这上面花费了大量的时间。"Facebook 开始在田纳西州的诺克斯维尔做"焦点小组"测试，他们找到一些真实的人，询问他们想在自己的动态消息中看到什么。该公司要求其"核心数据"团队深入研究"合理使用时间"的概念。

Facebook 开始考虑将其优先级指标从"参与度"改为与质量相关的指标。"但这件事是按照常规的速度在推进的，"博斯沃思说，"没什么紧急的。"2019 年，该公司改变了算法，试图减缓那些设计成病毒传播的帖子的传播速度。公司还重新平衡了一些特征指标，突出那些来自好友和家人的帖子。新闻网站沮丧地发现，它们的数据下降了。

到那年底，Facebook 决定彻底改变方向，并宣布了一项计划：为特定新闻机构的内容付费，这些内容将在一个单独的新闻标签下展现，独立于实际的动态消息。此计划之中包括了有害的另类右翼机构"布雷巴特新闻"，这冲淡了新闻行业对该计划的热情。

2006 年，扎克伯格意识到如果接受雅虎的收购要约，他个人的财富将会达到数亿美元。他可以分享自己的财富来帮助别人，这个想法第一次让他深受触动。他跟当时的女友普莉希拉·陈一起散步交流了很长时间，她说，那笔钱可以用来帮助全人类。"这个数字令人震惊，它让你意识到，这是一个非常真实的机会。在拒绝之前，你必须三思而后行。"她告诉扎克伯格。但是他们都不知道该如何花这笔钱。"我开玩笑说，他没有任何好主意，所以他需要回到他的日常工作之中。"她说，"但我认为，他也会这么说的，他给自己所做的事情设置了一个愿景目标，他需要坚持到底。"在进入哈佛大学医学院之前，陈曾给小学生教过科学课程，她确实想让自己未来的丈夫停歇下来，并让他去做一些教学工作。起初他拒绝了。"我很忙，我在经营这家公司。"他说，"但她很坚持。所以我做了一些课外教学，我从孩子们身上学到了很多。"他辅导一个由 4 名学生组成的小组，大约每月跟他们见一次面。在辅导了 5 年之后，他们都进入了大学，这让他备感自豪。他们不同的背景，激发了扎克伯格对移民价值的激情。

那次经历并没有帮助扎克伯格在慈善事业上的第一次重大尝试取得成功。2010 年，他在奥普拉脱口秀上宣布捐赠 1 亿美元，支持新泽西州州长克里斯·克里斯蒂（Chris Christie）和参议员科里·布克（Cory Booker）提出的改革纽瓦克学院的计划。[21] 他希望这将成为全美教育改革的典范。但这个项目不太成功，数据显示，学生的成绩几乎没有提高。（陈表示，长期效果可能会证明情况并非如此。尽管如此，纽瓦克基金会还是在 2016 年关闭了。[22]）

Facebook 上市之后，扎克伯格成了世界上最富有的人之一，其财富从数以亿计变成数以百亿计，他和他现在的妻子陈开始更加迫切地探索慈善事业。他利用了与比尔·盖茨和梅琳达·盖茨之间的友谊。盖茨夫妇的同名基金会在世界饥荒、教育和社会正义方面花费了几十亿美元，他们还一直敦促亿万富翁们签署捐赠誓言，这是一项不具约束力的承诺，签署人至少将自己一半的财富捐赠给社会公益事业，扎克伯格签署了。然后，以盖茨夫妇为榜样，他和陈启动了自己的慈善组织，关注健康、教育和社会公正。

CZI（陈-扎克伯格倡议）与非营利性的盖茨基金会之间有一个很大的不同，CZI 是一家营利性的有限责任公司。当 CZI 在 2016 年推出时，批评家质疑其动机。设立一家营利性机构可以被视为回馈社会吗？戴维·普劳夫（David Plouffe）是奥巴马政府的前政治特工，陈和扎克伯格将他招募来负责 CZI 的政策事务。他将 CZI 设立成营利性机构是为了获得更大的灵活性。"我们要全方位 360 度来看待这个问题。"他说，"有投资吗？有补贴吗？有工程吗？有宣传吗？有故事吗？有政策吗？"一旦可以自由地参与这些活动而不用担心失去慈善身份，尤其是自从普劳夫渴望介入政策建议领域特别是社会公正领域之后，CZI 可以做的事情就更多了。

随着 CZI 在 2016 年逐渐成形，扎克伯格和陈显然必须深入参与其中。对扎克伯格来说，这意味着要真正在 CZI 上花一些时间：通常是周五的一整天，另外就是其他日子偶尔抽出几个小时。（近年来，由于需要在陷入困境的 Facebook 上投入更多精力，他削减了参与 CZI 的时间。）对热爱儿科医生工作的陈来说，这意味着她要放弃临床工作，成为一名全职的联席 CEO。她还负责管理扎克伯格资助的一所学校，为了运营好 CZI，她把学校的管理工作交给了一名管理人员，她感觉自己就像是一项宏大慈善事业的一名囚犯。"我想念病人护理工作。"她承认。

她说，她这样做是为了未来的普莉希拉·陈和她的病人。"CZI是一个不可思议的机会，可以去改变一些体系，正是这些体系让我无法在诊所、医院、教室和社区取得成功。"当我在 CZI 的总部拜访她时，她这样告诉我。（在 CZI 总部，员工在整齐的办公区工作，有一个储备充足的迷你厨房，还有一个免费的咖啡馆，这就像一间安静的 Facebook 办公室。）几分钟后，她重新回到交流的主题，关于她放弃的生活。"我想跟马克一起从根本上打造组织的基因。这很困难，也没什么回报，"她说，"但我希望能找到一条道路，可以去改变那些我所关心的人的生活。"

2016 年 9 月，在旧金山庞大的使命湾医疗中心的一间礼堂里，CZI 发布了其最重大的公告。（其中包括扎克伯格旧金山综合医院，该医院的重建得益于 CZI 7 500 万美元的捐赠。）扎克伯格上台承诺，CZI 将在他两个女儿的有生之年，即大约在 21 世纪末之前，投入 30 亿美元用于"治愈所有的疾病"。（扎克伯格夫妇的第二个孩子奥古斯特出生于 2017 年。）虽然在过去的 100 年里，医学确实取得了惊人的进步，但这似乎是一个惊人的目标。要实现这一目标，CZI 拟采取的部分措施是建立一个"生物中心"，整合斯坦福大学、加州大学伯克利分校和加州大学旧金山分校的资源。在扎克伯格许下承诺之后，陈在高级别的公开演讲中首次亮相。她提到了自己出身于一个经济困难的家庭，提到了自己想去医学院为家庭服务的愿望，以及她对病人的照顾，这些病人中很多是孩子，而且患的是危及生命的疾病。当说到有时不得不把那些可怕的消息告诉他们的父母时，她泪流满面，在舞台上展示了自己的真诚，而这一点她的丈夫仍未掌握。

最后一位发言者是比尔·盖茨。他的评论激情四溢，但是当他评论扎克伯格要在 21 世纪末根除疾病的目标时，我不知道是否捕捉到了他表达了一丝口头上的质疑。他似乎在想：我已经花费了数十亿美元来消灭脊髓灰质炎，但还没有实现目标，你要用你微不足道的资金治愈所有的疾病？（几天之后，《华盛顿邮报》的一位评论员指出，10 年内 30 亿美元的投入与每年 7 万亿美元的医疗健康支出相比只是沧海一粟。[23]）盖茨后来解释道："世界需要有抱负的目标，世界也需要具体的目标。在慈善界，有时人们会混淆哪些是具体目标，哪些是理想目标。也许我只是一个固执的人，因为我管理着一个认真对待具体目标的组织。但我们生活在一个渴望摆脱所有疾病的世界里，这绝对是我们的动力所在。"

最终，跟 Facebook 一样，联合创始人对工程思维的信念也体现在 CZI 上。CZI 的突出特点是努力打造一些数字工具来应对扎克伯格和陈正在解决的问题。在招聘软件工程师和人工智能科学家方面，CZI 与包括 Facebook 在内的科技公司竞争。扎克伯格的雄心是另一个常见因素。"我加入的时间是 2017 年 1 月，当时有 20 名员工。" 2018 年初，普劳夫告诉我，"我们现在的员工数量已经超过那时的 10 倍了。所以我要说，马克在 Facebook 增长方面的经验对我们的帮助非常大。"

CZI 高尚的意图与 Facebook 的公众形象形成的鲜明对比，对 CZI 来说就没什么太大的帮助了。在扎克伯格开始全美旅行和沉思的那一年，Facebook 的公众形象急剧下降。不管 CZI 的意图有多么真诚，总会有批评者出来指责，说这家企业只不过分散了母舰的困境而已。

与 Facebook 或其 CEO 联系在一起，事实上不再是一张令人羡慕的门票。即使他捐钱也改变不了这一点，旧金山的一位主管提出的一项请求就说明了这个事实，他要求将扎克伯格的名字从综合医院的名字中删掉。[24]

万圣节那天，Facebook 的首席法律顾问科林·斯特雷奇、Twitter 的代表和谷歌的代表在参议院司法听证会上宣誓做证，主题是"网络上的极端主义内容和俄罗斯的误导信息：与技术部门合作寻找解决方案"。这是两场比赛中的第一场。第二天，斯特雷奇和他的两个对手在众议院又忍受了一场类似的听证会。经过激烈的谈判，立法机构同意听一听企业法律顾问们对科技公司的辩护。这些委员曾希望直接面对公司的高层管理人员，就 Facebook 而言，指的是扎克伯格或桑德伯格，这些律师满足不了他们的胃口。

参议员们准备了图片证据，证明 Facebook 为俄罗斯间谍提供便利。参议员马克·华纳将屏幕图像张贴在海报板上（参议院的技术还停留在 20 世纪 50 年代），向人们展示了在圣彼得堡的 IRA 办公室里，俄罗斯人如何策划 2016 年 5 月在休斯敦的一家伊斯兰中心举行一场潜在的暴力集会。一个名为"得克萨斯之心"的俄罗斯网页，敦促其反移民追随者举行抗议。另一个自称"美国联合穆斯林"的网页，呼吁穆斯林为他们的人民挺身而出。质询异常尖锐，斯特雷奇不得不承认，Facebook 仍然无法确定是否已经识别出 IRA 的全部工作，但他指出俄罗斯人在 Facebook 上的活动已经触达了 1.2 亿以上的美国人。

斯特雷奇职业的谨慎态度让议员们很沮丧。对于任何一个问题，甚至是有点儿挑战性的问题，在回答时他都会首先感谢参议员的提问。会议结束后，他的妻子告诉他："亲爱的，我不确定会不会有人告诉你，你不必为每个问题感谢他们。"他告诉她，他只是在考虑该怎么回答。通常来说，这跟一种常用语——"我稍后回电话给你"基本上是一回事。

参议员们明确表示，听证会只是开端。一个新的现实情况是，

Facebook

394

Facebook 及其同行们将会受到严厉的审查，尤其是 Facebook。代表Facebook 所在州的参议员黛安娜·范斯坦（Dianne Feinstein）的态度直截了当："你们创造了这些平台，现在它们正在被滥用，你们必须为此做些什么。否则，我们将采取行动。"

在斯特雷奇做证时，马克·扎克伯格在 7 000 英里之外，作为清华大学经济管理学院顾问委员会成员，与苹果公司的 CEO 蒂姆·库克和高盛集团的 CEO 劳尔德·贝兰克梵（Lloyd Blankfein）等其他美国商界领袖一起，参加每年一度的北京之旅。在 2010 年挑战掌握中文的过程中，他每天花一个小时学习。在 2014 年访问清华大学时，他实际上用中文发表了演讲，翻译过来的大意是：我很高兴来到北京，我爱这座城市，我的中文真的很糟糕，但是我每天都在学习如何使用中文。[25]

"每年的旅行，都是一种跟上中国创新和创业步伐的绝佳方式。"在讲到 2017 年的北京之旅时，他在自己的 Facebook 页面上这样写道。[26] 也许，那一年并不是他继续研究中国创新的最佳年份。随着Facebook 的困境不断积累，扎克伯格让 Facebook 进入中国的梦想并没有离现实更近。

堪萨斯州劳伦斯是扎克伯格在全美闲逛的最后一站，我在那里与他见了一面。当时是 11 月，痛苦的一年即将结束，他正在堪萨斯大学主持一场市政厅式的会议。他们动用了金属探测器来筛选受邀参加活动的学生。

我们离开非洲才 14 个月，但似乎成了永远。扎克伯格可能保持了他的气质，仍然是一位穿着 T 恤衫，打招呼说"嗨，我是马克"的友好的家伙。但是，这种曾经看起来迷人的谦虚态度，现在却不禁让人们怀疑他是否生活在拒绝相信的泡沫之中。奇怪的是，扎克伯格似乎对不断出现在媒体上甚至是出现在他自己 Facebook 帖子评论中的谩骂行为无动于衷。在那场汗流浃背的 D 数字大会（D：All Things Digital）活动之后，他总是会确保在活动之前，嘉宾休息室的空调将温度降到冷藏室的水平。类似的寒气，似乎冻结了外界对他的敌意。

"我不会回顾我们做过的事情，"一位堪萨斯大学的学生问到他的态度问题时，他回答道，"这是我处理问题的方式。我不开心，总有更多的事情要做。当你有了这样一个平台时，就有责任去帮助更多的人。当你犯错时，人们就会批评你，并痛骂你一顿。但是，能够创造未来的是乐观主义者。"

这些评论与他几周前在犹太赎罪日发布的帖子不完全一致。在那篇帖子中，他向数百万粉丝分享了一份个人的赎罪笔记："对于今年被我伤害的人，我请求原谅，我会努力变得更好；对于我的工作被利用来分裂人们而不是让他们团结在一起，我请求原谅，我会努力做得更好。愿我们所有人在新的一年里都能变得更好，愿你们都被铭刻在生命册上。"[27] 在他演讲的前一天晚上，当我在后台采访他时，我问他为什么要这样做。

"嗯，我花了一天时间禁食，然后去了犹太教堂，只是在反省。"他一边说，一边啃着为 Facebook 团队提供的排骨晚餐，"在回家的路上，我用手机记录下来，并发了出来。赎罪日的目的是反思自己的错误以及自己有意或无意伤害他人的方式，并在下一年努力弥补这些错误。当然，我们的工作是为了努力把人们连接在一起，但在某些方面会被用来分裂人们，尤其是我们现在所知道的俄罗斯人所做的一些事情。我真的为此感到难过。这就是我在反省的地方。"

他说，在走访美国各州期间，他发现人们并没有那么关注国家问题，而是更关注自己的日常生活，邻居之间的政治分歧不一定会让彼此疏远。他说，人们可以喜欢不同的狗、支持不同的球队，但这并

Facebook

不意味着他们没有一些基本的共同点，这是社区的黏合剂。这也就是为什么当外人突然闯进来挑起分歧时会令人不安。

"但是，Facebook 不是恰恰给捣乱者提供了一个挑起分歧的平台吗？"我问道。

"我们还有很多工作要做。"他说。

1月初，他宣布了 2018 年的决心：竭尽全力恢复 Facebook 的声誉。[28] 他会带领 Facebook 更好地保护用户，让他们远离伤害和仇恨，帮他们抵御外来干预，并重新调整 Facebook 的内容，让用户的时间花得更有价值。这是特里斯坦·哈里斯的说法。"如果今年能成功，那么我们将会以一个更好的姿态结束 2018 年。"他承诺道。

修复 Facebook 将是一项巨大的挑战，比打领带或学说中文要困难得多。

16
小丑表演

一天，我在纽约中央公园南边的一家星巴克咖啡厅里见到了亚历山大·科根（Aleksandre Kogan）。我本以为他具有深色斯拉夫人的长相和神秘的气息。但相反，我看到的是一个身材瘦长、傻里傻气、有着蜂蜜金色头发的美国人，他穿着运动衫和牛仔裤，看上去比他32岁的实际年龄还要年轻一些。

我们走进公园，坐在长椅上，他向我分享了一些古怪的统计网络理论。直到下一次采访，他才向我介绍，他为什么将多达8 700万名Facebook用户的个人信息交给了一家可疑的政治咨询公司——该公司利用这些信息去帮助特朗普当选。这一消息在2018年3月传出来时，自选举以来一直积累的所有关于Facebook的负面评价，就像一个弹药库突然爆炸成巨大的火球，就像是漫威电影的高潮部分。[1]

这家臭名昭著的咨询公司就是剑桥分析公司。

这一灾难性的结果源于Facebook多年前所做的一些决定：与其平台上的开发者共享信息，通过加速耸人听闻内容传播的方式来调整动态消息，并且根据平台为每一名用户创建的极其广泛的档案，允许广告商以此为基础对用户进行深度细分。更不要说Facebook迷恋增长的因素，这是它主要的优势和负担。

1986 年，科根出生于摩尔多瓦，这是一个很小的苏联联邦共和国，位于罗马尼亚和乌克兰之间。他的父亲在一家军事学院教书。为了逃离反犹太主义，7 岁大的科根跟全家一起移民到了美国的布鲁克林，后来又搬到了新泽西北部。科根以一个典型的美国孩子的方式成大成人。

他进入加州大学伯克利分校原本打算学习物理学，但是看到几位朋友承受抑郁症的痛苦时，他感到很无助，然后发现自己被心理学吸引。这引导他来到了著名科学家达谢·克尔特纳（Dacher Keltner）的实验室，后者研究的是抑郁症的对立面：幸福、善良和积极的情绪。这种方法引起了科根的共鸣，之后他加入了克尔特纳的实验室。他的专长是定量数据，他说："如果我们需要学习一种新的统计技术，我会是那个锲而不舍去学的人。"2011 年，他在香港大学获得博士学位，之后又去多伦多大学做博士后研究，然后在剑桥大学找到了一份工作。那是一个开放的工作机会，可能会变成一个终身的职位。

"这就是计划。"他说。那时他 26 岁。

在剑桥大学心理学系，教授们通常拥有自己的实验室，招募博士后和研究生来做研究，最好是能获得拨款资助。科根的实验室被称为"剑桥亲社会和幸福实验室"，他吸引了一些研究生和博士后。"那是我的一所小型大学。"他说。但是几个月之后，他对该系另一个名为"心理测量中心"的实验室产生了兴趣，并参与了其中的工作。[2]该中心是由一位名叫约翰·拉斯特（John Rust）的教授创建的，拉斯特和他的妻子一起来到剑桥大学，他的妻子是一位学术巨星。剑桥大学在聘请他的妻子时，作为交易的一部分，也给他设立了一个实验室。他的实验室为外部的行业做了很多工作，包括定制测试。

心理测量中心有一位名叫迈克尔·科辛斯基（Michal Kosinski）的

波兰籍研究员，他的工作主要是在适度投入时，寻找一些提取有用信息的方法，本质上，就是从有限的信息中获取一些东西，这在长期缺乏项目资金的情况下可能会有所帮助。[3]有一天，科辛斯基偶然发现了一项名为"我的个性"的网络调查，它是由诺丁汉大学的一位名叫戴维·史迪威（David Stillwell）的研究生创建的。这项调查在Facebook上进行，在当时，这是一个相当罕见的学术研究环境。这项研究本身并不引人注目，只是一组标准的问题，用来确定用户属于7种性格类型中的哪一种，比如内向型、外向型、神经质型等，这些类型的定义来自一个众所周知的个性识别系统，名叫"OCEAN"（海洋）[a]。

史迪威工作的创新之处在于他使用了 Facebook 的动态消息，特别是利用了它将人们参与互动的新闻进行广泛传播的能力。史迪威的测试巧妙而诱人。一旦人们参加了测试（谁会放弃一个审视自己的机会呢），他们就会跟好友分享，然后好友会给出反馈，以确定测试结果是否真的抓住了他的个性。然后，那些好友当然也会被引诱去享受参与测试的乐趣。这就是 Flixster 及其他机会主义开发者所使用的病毒式传播技术。

科辛斯基意识到，这个方案改变了游戏规则。以前，社会科学家难以获得受试者的回应。他们必须付费给受试者来填写表格，这个过程会涉及各种各样的问题。而有了 Facebook，你要做的只是把调查表放到人们面前。他们会迫不及待地想把它填好，并与好友们分享。调查过程的推动由动态消息的"边际排名"算法来完成，它是为了满足这种共享而开发的。由于当时还处于"平台"的早期，对于"新闻

---

a OCEAN 即 openness(开放性)、conscientiousness(自律性)、extroversion(外向性)、agreeableness（亲和性）和 neuroticism（情绪化）的合称。——译者注

源"中充斥着像游戏邀请和线上测验等病毒式的引诱内容，Facebook 并不排斥。"Facebook 允许简单粗暴地分享任何东西。"科辛斯基说。参与"我的个性"互动的人数一度达到每月 10 万人的程度，最终有 600 万人参加了测试。

科辛斯基联系了史迪威，问他是否可以分享他的数据。很快两人就开始了合作。科辛斯基恳求拉斯特教授将史迪威带到剑桥大学，之后他们很快就成了心理测量中心实验室的一个成功故事。但是，他们很难开发出下一款像"我的个性"一样受欢迎的应用，因为 Facebook 对动态消息进行了调整，以抑制垃圾应用程序的传播，不管是 Zynga 游戏还是个性测试。

就在那时，这两位心理测量研究员意识到，他们不需要大量的人来参加测试。因为 Facebook 越来越多地向公众开放用户的信息（这种做法后来被联邦贸易委员会视为侵犯隐私），他们可以从中获得大量的数据。此外，从 2009 年开始推出的"点赞"按钮，为所有人打开了一个新数据的世界。你甚至不需要注册 Facebook 就能得到这些数据，只要在 Facebook 的应用程序接口上输入一个命令就可以了。与回答调查问卷中的问题不同，这些信息不会被受试者糟糕的记忆或虚假的回答污染。"不必让受试者去填写个性问卷，对我来说，他们的行为本身就是个性问卷。"科辛斯基说。

科辛斯基的这种方法遭到了一些人的质疑。他说："当时的高级学者不使用 Facebook，所以他们相信一些传闻，比如一位 40 岁的大叔会突然变成一只独角兽、一位 6 岁小女孩或其他什么东西。"但科辛斯基认为，人们在 Facebook 上的行为，反映的是他们真实的自我。随着他越来越多地使用 Facebook 的点赞按钮，他开始意识到，就点击本身而言，它们难以置信地揭示了很多东西。他开始相信，不需要通过"海洋"测验就能了解一大批人。你只需要知道他们在 Facebook

上点赞什么就够了。

与史迪威及一名研究生合作，科辛斯基利用点赞的统计数据，对大约 6 万名志愿者的个人特征进行了预测，然后将预测结果与受试者通过"我的个性"测试所揭示的实际特征进行比较。结果非常惊人，他不得不反复检查。"我花了一年的时间，从得到结果，到对结果充满信心，然后将这一结果发布出来，因为我难以相信这是可行的。"科辛斯基说。

他们将这一发现发表在 2013 年 4 月的《美国国家科学院院刊》上，这是一份享有盛誉的同行评议期刊。这篇论文的标题是"个人特征和属性可以通过人类行为的数字记录进行预测"，此标题仅仅暗示了这一发现的令人毛骨悚然之处。[4]科辛斯基和他的联合作者声称，通过研究某人的点赞信息，人们可以发现他别的秘密，从性取向到心理健康。他们写道："基于用户点赞的记录，个人特征和属性可以被高度准确地预测出来。"仅仅通过分析点赞，在 88% 的情况下，他们就能成功地确定一个人是异性恋还是同性恋。在 20 次测试中，有 19 次他们可以判断出一个人是白人还是非洲裔美国人。他们通过测试推测一个人属于哪个政党的准确率为 85%。甚至点击查看的是一些无关痛痒的主题，人们也像是在脱光衣服展示自己。

> 例如，高智商人士的最佳预测因子包括"雷暴""科尔伯特报告""科学""卷曲薯条"，而低智商的人则可以用"丝芙兰化妆品""我乐于做一位妈妈""哈雷摩托车""怀旧女郎乐队"来识别。男性同性恋比较好的预测因子包括"反对 8 号提案""魅可化妆品""音乐剧魔法女巫"，而男性异性恋的强预测因子包括"武当派乐队""大鲨鱼奥尼尔""从午睡中醒来后感到困惑"。

他们在这篇论文的结论中指出，使用点赞来预测用户偏好、改

Facebook

进产品及服务有很多好处，但同时也存在个人信息可能被无意泄露的缺点，其好坏两相抵消。他们写道："商业公司、政府机构，甚至用户的 Facebook 好友，都可以使用软件来推断别人可能不想公开的特征，如智力、性取向或政治观点等。可以想象，在一些情形中，这种预测即便不正确，也会对个人的幸福、自由甚至生命构成威胁。"

在随后的几个月里，科辛斯基和史迪威改进了他们的预测方法，并发表了一篇论文，声称仅仅使用点赞背后的数据，研究人员对一个人的了解程度，甚至可以超过跟他一起工作的同事、一起长大的伙伴甚至其配偶。他们写道："计算机模型分别需要 10 个、70 个、150 个和 300 个点赞，其推测结果的准确性才能胜过一个人的普通同事、同居者或朋友、家庭成员以及配偶。"[5]

在上述与点赞相关的论文发布之前，科辛斯基和史迪威都与 Facebook 有着良好的关系，科辛斯基说该公司已经给他们每个人提供了一个工作机会。因此，出于礼貌，他在论文发表前几周与 Facebook 的联络人分享了这篇论文。Facebook 的"政策和法律"团队仍在为 2011 年联邦贸易委员会的"和解协议"而苦恼，他们立即意识到这篇论文是一种威胁。根据科辛斯基的说法，Facebook 打电话给《美国国家科学院院刊》，试图阻止这篇论文的发表。他们还联系了剑桥大学，并警告称，此论文的研究人员可能在非法搜集数据。但是，科辛斯基指出，他没有必要这么做，因为 Facebook 向公众公开了每个人的点赞数据。当时，甚至没有一个选项可以让用户将这个信息变成私密状态。

"我认为，Facebook 的人这个时候才意识到，他们所做的事情可能在用户的安全和隐私方面存在一定的风险。"科辛斯基说。但是，Facebook 一直都知道这一点。事实上，2012 年该公司已经获得了一项名为"从社交网络系统交流和特征中确定用户个性特征"的专利，所做的事情与科辛斯基及其合作者们后来所做的基本相同。[6] 因为 Facebook 的这项工作在点赞按钮出现之前就已经开始了，所以它的研究人员一直在使用用户帖子的文本作为关键词，这些关键词可以为用户的隐私特征提供线索。事实证明，Facebook 的"数据"团队已经创建了一个名为"知识图谱"的秘密数据库，绘制了 Facebook 每一位用户的关系图，不仅包括用户与他人的关系，还包括用户与各种地点、乐队、电影、产品及网站的关系，有点儿像隐形的点赞按钮。[7] Facebook 在专利申请中声称："推断出的个性特征会存储起来，并与用户的个人资料关联在一起，可以用来对人群细分、排名、推荐产品版本以及各种其他目的。"

在科辛斯基的论文发表之后，Facebook 改变了点赞按钮的默认设置，如果用户没有选择更大范围的分享，那么只有好友才能看到它们。只有 Facebook 本身是例外，它能看到所有用户的点赞情况，并可以继续运用它们进行用户细分、排名、推荐产品版本以及各种其他目的。

作为心理测量中心的成员，亚历山大·科根结识了史迪威和科辛斯基，并成为科辛斯基的论文审查员之一。史迪威最初发现，Facebook 可以成为搜集社会科学数据的一种革命性方式，这让他大吃一惊。"这是先发优势，"科根钦佩地说，"当时在 Facebook 上还没有太多的个性测验，现在这样的测试都数以亿计了。"

科根自己也想做这样的工作，他请求史迪威让他访问"我的个性"的数据，且开始对这些数据进行分析。科根的一名研究生开始考虑将这项研究应用于一个经济学问题：国与国之间的个人交往，如何影响国与国之间贸易和慈善捐赠等方面的事情？

回答这个问题需要更多的数据，所以科根打电话给他的导师达谢·克尔特纳。他向克尔特纳介绍了自己的项目，并说他很想看看全世界所有的好友关系，逐个国家去解析它们。克尔特纳当时是

Facebook 的顾问，他说他会帮助科根联系世界上能给他提供帮助的一个地方。

"因此，他介绍了 Facebook 的'关怀与保护'团队。"科根说，"他们说，'这很酷，我们会给你数据'。"

当科根开始跟 Facebook 合作时，Facebook 的"数据科学"团队已经得到了相当大的发展，它毫无疑问是"增长部门"的一部分。虽然该团队招募的是真正的社会科学家和统计学家，但它的目标并不是纯粹的学术研究，而是研究 Facebook 用户的行为，以完成扩大用户基础和留存现有用户的"增长"目标。其研究的一个主题是了解信息分享是如何工作的，比如论文中的一个实验展示了帖子是如何像病毒一样扩散的，另一个实验展示了分享功能的社会推动力如何影响人们的行为。大多数情况下，研究成果不会发表。在产品团队迭代产品时，数据科学家会与他们一起合作。

但是，这个团队有时也会发表他们的研究成果。对社会科学家来说，Facebook 就像是上帝提供的数据集。培养皿里有 20 亿人，你可以为成千上万的人调整一项功能，并将结果与同样庞大的对照组进行比对。

通常，统计数据丰富的论文只会在社会科学界流传。但有的时候，一个面向普通大众的实验会引发伦理问题，或者暴露出一些东西，令人对 Facebook 的威力感觉不舒服。有一个例子是对争议性投票的研究，研究论文由加州大学旧金山分校和 Facebook 的研究人员共同完成，该研究让批评者们担心，他们认为 Facebook 可能会通过选择性显示"我投票了"按钮来影响选举。

但是，"数据科学"历史上最具争议的研究是科根专长的领域：情绪健康。2014 年，一项名为"通过社交网络大规模情绪传染的实

16 小丑表演

405

验证据"的研究刊登于《美国国家科学院院刊》，它展示了一项涉及689 003名Facebook用户的实验结果。[8]这些用户的动态消息被调整，让一些数量不多的帖子获得优先展示。其中一组用户的帖子是正面内容（这是我可爱的小狗），另一组用户的帖子内容是负面的（我的狗昨天死了），而对照组的动态消息没有经过处理。

具有讽刺意味的是，这项研究的目的并不是评估动态消息是否会让人沮丧，而是专门为帮助Facebook挫败那些批评者而设计的，并且确保用户会继续使用Facebook。Facebook所面临的一个抱怨是，有些人利用动态消息来吹嘘自己的生活有多么美好，不管实际情况是否如此，比如所有的假期都棒极了，每个宝宝时时刻刻都很可爱，每场勇士队的比赛都是在球场边观看的。有研究表明，看到好友们如此开心，会让其他人感觉糟糕。

Facebook并不认为美好的事情会让人感觉糟糕，所以"数据科学"团队的一名研究员亚当·克雷默（Adam Kramer）对这一观点予以了反驳。他后来写道："大家普遍担忧，看到好友发布积极的内容会导致人们感觉自己消极或者被忽略了，对这种问题进行调查是很重要的。"此外，"我们担心，暴露在好友的负面情绪之下会导致人们远离Facebook"。[9]

他邀请康奈尔大学教授杰夫·汉考克（Jeff Hancock）来帮助设计这项研究，汉考克以前的工作与"情绪传染"有关。在早期实验中，他采用极端的方式记录消极情绪的影响，比如向人们展示电影《苏菲的选择》中可怕的场景之一，即梅里尔·斯特里普必须选择让纳粹分子杀死她的哪个孩子。相比之下，Facebook的实验似乎相当温和，只不过是增加或减少用户动态消息队列中的帖子。2012年的某一周，克雷默、汉考克及他的一名研究生稍微调整了近70万用户的动态消息。他们发现这些操纵行为产生了微小的影响：有些用户被展示了非原生的、令人沮丧的新闻，他们发布负面帖子的数量略有增加。但是，由于实验的规模不大，这种影响总体上可以评估，效果也是比较显著的。对 Facebook 来说，好消息是来自他人的美好事物不会让人们感觉不好，不好的事情则会让他们感觉糟糕，但也只有一点点而已。

这看起来似乎是 Facebook 的一次胜利。正如汉考克所说："不管研究成果多么微不足道，但它与外界对我们的评价正好相反，听到你好友的好消息并不会让你感觉不好。所以，我想我对 Facebook 的看法是错的。"

这项研究于 2014 年 6 月在《美国国家科学院院刊》上发表，但人们并没有从中吸取教训。麻烦始于一位博客作者，他写道："我们很多人所担心的事情已经变成了事实：Facebook 把我们当成了实验老鼠，不仅想知道我们会回应哪些广告，而且实际上改变了我们的情绪。"[10] 这篇文章引起了媒体的注意，媒体开始关注所谓的"情绪研究"。《石板》（Slate）杂志总结了对该实验的普遍看法，写道："Facebook 故意让成千上万的人感到悲伤。"[11]

Facebook 承认，没有宣布研究的动机是自己所犯的一个错误，但是坚持认为平台的服务条款允许它进行该项实验。汉考克认为这是不够的："没有人会把服务条款视为某种形式的同意，因为没有人会看服务条款。"汉考克本人必须向康奈尔政府证明他的工作是正当的，因为学术研究的标准比企业界更为严格。《美国国家科学院院刊》也不得不道歉。整个事件引发了人们的担忧，即这个世界上最大的社交网络正在操纵数十亿人所看到的东西，当然，事实就是如此。

自此以后，Facebook 对其实施的研究更加谨慎了。"从这个例子中，可以得出一个结论，即我们有一个非常可靠的敏感事项清单。"Facebook 的一位研究主管劳伦·希索斯（Lauren Scissors）说，"我们认为，有些特定的话题不适合我们的用户。"研究工作仍在继续，毕竟研究工作能推动公司"增长"！但是 Facebook 不想再次被外界误解。"我不认为他们停止了实验，他们只是不再发表实验结果。""数据科学"的负责人卡梅伦·马洛说，但他在"情绪论文"发表前不久就离开了。"这对社会是一件好事吗？可能不是。"但是，在 2019 年 Facebook 总部的一次"数据科学"会议上，我通过非正式交流，发现 Facebook 的大多数研究人员仍然还在。他们都觉得自己的工作很重要。

从 2013 年开始，科根会定期访问 Facebook 总部。他享用过很多免费的午餐，做过一次演讲。最终，他决定为 Facebook 提供咨询服务，并在门洛帕克的办公区工作了不长的一段时间。"我很了解 20 号楼。"他说。与此同时，科根的实验室已经发展到 15 个人了。一位来自得克萨斯州的博士后加入了他的实验室，名叫约瑟夫·钱塞勒（Joseph Chancellor）。他跟科根一样，喜爱统计学，也对 Facebook 非常感兴趣，他们一起合作，并与 Facebook 的"关怀与保护"团队关系密切。

科根要启动更多的研究，就需要更多的数据。因此，他认为需要编制一款属于自己的"我的个性"网络调查，即通过一份新的调查来搜集自愿参与者的信息。为了获得最多的信息，他会利用 Facebook 授予开发者的大量访问权，访问的信息不仅针对使用该应用程序的用户，而且包括这些用户的好友。

2013 年秋天，科根编写了一款名为"这是你的数字生活"的应用程序。从大学开始，他就一直在编写代码，并且 Facebook 让开发者很容易就能使用"Facebook 连接"从服务中获取数据。他开发这款应用程序只花了一天的时间。

"这不像是一款能运行任何内容的应用程序，仅仅只是一个愚蠢的 Facebook 登录按钮，你在任何地方都能看到。"他说。

Facebook

事实上，通过 Facebook 应用程序进行用户数据挖掘，是一件很可笑的小事。科根使用了 Facebook 的登录协议，该协议允许开发者访问用户数据，并且就像 Facebook 后来所说的，"不需要经过 Facebook 的批准"。此外，当时 Facebook 仍然在使用的"平台"版本是 Graph API V1，这一版的开放图谱在 Facebook 内部及外部均引起了争议。有人称之为"好友应用程序接口"，因为它不仅让开发者可以访问用户的信息，还可以访问该用户好友的数据，包括他们的爱好和兴趣等详细资料。Facebook 的"即时个性化"背后的技术，即所谓的"隐私毛球"，引发了 Facebook 内部的反对意见，也被扎克伯格否决了。对科根来说，这是一次天赐良机。他说："他们给你提供数据，搞定。"

　　他说的数据，不是调查对象通过应用程序主动输入的信息。这些人是他在亚马逊旗下的自由职业者众包平台"机械土耳其人"上付费招募的。参与调查的人，每小时可以获得几便士的报酬，他们允许科根访问其 Facebook 数据，以及他们好友的数据，但他们的这些好友并没有同意分享自己的数据。

　　科根为这种做法辩护称，接受调查的人被告知的情况要超过商业应用程序的用户。"你知道商业应用程序的服务条款中有什么内容吗？而且通常都没有人会点击那个链接去看一眼。"他说，"但在学术界，这是前提和中心。第一页是服务条款，我们真的是尽力让内容清晰易懂，我们必须把所有的东西都写出来。"

　　但那是为参与调查的人准备的，他们的好友没有机会给予或拒绝授权，他们甚至不知道自己的个人信息已经被暴露了。由于每位被称为"种子人"的知情用户有大约 340 位好友（当时 Facebook 用户的平均好友数），到目前为止，在科根的数据集中，大多数人完全不知道自己被包括在他的研究项目之中。

16 小丑表演

Facebook 不允许开发者将这些信息拿到其他地方使用。Facebook 的服务条款中一直有约定，这类信息不允许被保留、转移或出售。但在执行这些规则方面，Facebook 做得很少。尽管它一次又一次地承诺将如何对开发者进行监管，以确保他们不会保留或分发所获得的数据，但它仍然无法真正搞清楚这些数据在离开 Facebook 之后到底发生了什么。Facebook 的员工和开发者们都承认，如果有人搜集了 Facebook 的信息数据库并带着这些数据潜逃，Facebook 基本上是无能为力的。

科根说，Facebook 完全知道他在做什么。"没有人提出问题。我们通常搜集人口统计信息、喜好、好友信息等，"他说，然后他想了一会儿，又补充道，"我们可能还搜集了用户留言。"

一切都非常顺利。科根手头有了 10 篇论文。后来，心理学系的一名学生提到自己一直在为一家名为 SCL 的公司做咨询。他问科根是否有兴趣跟他们见面，这名学生介绍说 SCL 是一家政治咨询公司。

"对我来说，最大的吸引力在于他们拥有大量的数据，并且可能有兴趣跟我的实验室分享这些数据。"科根说。

所以这名学生为科根安排了一次会面，对方是一个名叫克里斯托弗·怀利（Christopher Wylie）的家伙。

怀利是一个出生于加拿大的数据极客，18 岁时，他穿越美国边境，来帮助奥巴马竞选团队做广告宣传。他于 2010 年移民到伦敦，攻读法律和流行预测学位。但正如他后来告诉《卫报》的那样，政治和数据才是他的激情所在。他兴奋地关注着科辛斯基和他的同事们在个性预测方面所做的工作。2013 年，他遇到了亚历山大·尼克斯（Alexander Nix），后者在 SCL 担任董事。38 岁的尼克斯来自一个显赫的家庭，在贵族学校伊顿公学读的书，他在 2003 年加入 SCL 之前曾是一名金融分析师。SCL 尽管被列为军事承包商，但实际上是一家为候选人、公司和政府提供服务的咨询公司。该公司的功绩听起来就像是罗斯·托马斯（Ross Thomas）的小说：在印度北方邦、肯尼亚、拉脱维亚和特立尼达等地从事幕后工作，以影响公民投票和他们的一般态度。"我们的服务会帮助客户识别并锁定人口中的关键群体，并有效地影响他们的行为，从而实现预期的结果。"他们的一些宣传材料是这么介绍的。[12]尼克斯试图说服怀利加入。"我们会给你完全的自由，"他承诺说，"实验，来测试一下你所有的疯狂想法。"[13]突然之间，24岁的怀利成了SCL集团的研究主管。后来，他得知他的前任死在肯尼亚一家酒店的房间里，死因可疑。[14]这暗示着SCL可能存在阴暗的一面。

不久之后，怀利见到了铁杆保守派战士史蒂夫·班农，然后创立了臭名昭著的党派右翼网站：布雷巴特新闻。不知何故，一位同性恋极客与一位白人民族主义者结下了不解之缘。"这感觉就像我们在调情。"后来在讲到他们之间无数次的即兴智力比拼时，怀利说道。很快，他们开始酝酿一个让SCL进入美国的计划。班农结识了一位名叫罗伯特·默瑟（Robert Mercer）的右翼富有资助人。在通过对冲基金发家之前，默瑟是一位著名的IBM研究员，SCL改变投票行为的做法引起了他的共鸣。他同意给这家公司提供资助。2013年12月，"剑桥分析"在美国特拉华州注册，公司的名字是班农起的，他喜欢暗示公司与那所大学有所关联。[15]

剑桥分析公司开始着手设计一个向共和党候选人推销服务的计划，旗舰项目由怀利负责，名为"里彭项目"。该项目的实施需要一个庞大的选民个性档案数据库，与关键州的选民名单相匹配后，向他们投放广告，让他们去点击甚至自己都不知道的热门话题。理论上大概就是这样。

这个项目对数据的诉求是导致怀利从伦敦乘坐飞机去见科根的

原因。他们在剑桥的一家餐厅见面。科根对怀利印象深刻。虽然怀利后来的造型与众不同（粉色短发、佩戴耳环），但他会面时的着装是传统的风格。怀利首先向科根介绍了他在奥巴马的竞选中所做的工作，以及他们是如何搜集各种各样的数据的。[16] 他说，现在他在一家想做类似事情的公司工作。他承认，这家公司与右派有关。尽管科根自己的政治立场倾向于左派，但这并不是什么大不了的事情。"尽管我是奥巴马的粉丝，但我不认可'共和党人是邪恶的人'的观点。"他说。

科根说，在第一次会面时，怀利主动提出与他合作并共享数据。"他们最初想从我这里得到的只是一些咨询，"科根说，"甚至都不是与 Facebook 相关的咨询，比如如何编制一份更好的调查问卷之类的咨询。"科根很兴奋，他开始梦想建立一家自己的数据科学研究所，这样他就可以搜集更广泛的资料，而不是仅仅研究本科生或"机械土耳其人"。怀利喜欢这个想法，他们两人开始讨论在计算机中构建一个社会，用大量的数据记录每个活着的人。

但是短期内，怀利还在为 SCL 寻找基于个性的信息。科根开始勾勒一个宏伟的计划，他可以通过自己的 Facebook 应用程序生成数据，然后让科辛斯基和史迪威使用他们的个性预测技术。之后，他们会把个性分数发给 SCL。怀利喜欢这个主意。"所以，这对我来说是一种结盟。"科根说。

由于将有偿工作与大学活动混为一谈是不允许的，于是科根创办了自己的公司 GSR（全球科学研究公司），主要从事咨询工作。他的同事约瑟夫·钱塞勒是合伙人，克里斯托弗·怀利陪他参与了整个过程。

在英国，所有使用私人数据的应用程序必须在信息委员会办公室注册。科根在 2014 年 4 月注册了自己的应用程序。同月，在 Facebook 的 F8 会议上，扎克伯格宣布，公司正在弥补允许开发者在

Facebook

未经授权的情况下访问用户好友信息方面的差距。Graph API V1 将会被放弃，开发人员将转向第二版。[17] 尽管 Facebook 期望与开发人员保持互惠原则，但它仍然将其视为一种获取更多用户隐私的举措。他的主题演讲的第一部分集中于开发者要遵守的新规则，这些规则对他们可以从 Facebook 获取的用户信息进行了限制，但限制还不够：Facebook 没有立即锁定好友之间的信息，而是对现有应用程序异常宽容，允许它们在一年的宽限期内继续侵犯用户隐私。它会对这种做法感到后悔的。

Facebook 的新规则中包括一项"应用程序审查"，开发者必须申请授权才能访问特定用户的数据。科根经历了审查，但被拒绝了。不过因为他有一个现成的应用程序，在一年的过渡期内，Facebook 允许他继续访问用户数据。如果 Facebook 立即实施新规则，GSR 与剑桥分析公司的合作关系将会终止。如果没有在宽限期内获得的用户好友信息，科根只能提供一小部分承诺的人口数据，这不足以细分出大量的选民。

科根吸引科辛斯基和史迪威加入该项目的努力没有取得成果。他说，部分原因在于怀利一直在改变合作条款。第一个方案是剑桥分析公司以拨款的形式，将这笔钱给到心理测量中心。然而怀利的想法又变了——钱会进到科根的公司，之后由他付给中心，但金额只有10 万美元。此前他一直说的是 100 万美元。

科辛斯基和史迪威觉得科根处理得很含糊。"他利用我们的信誉获得了一笔拨款，而这笔拨款本该用于资助这所大学里的工作。"科辛斯基说，"他突然把属于大学的拨款转到他的私人公司，然后给我们支付一些工作报酬。我们说，首先，只有 10 万美元，这甚至无法招募一位博士后来工作一年，所以钱还不够；其次，这绝对是不道德的，令人愤慨。"

16 小丑表演

科根本人表示，他开始对 SCL 心存疑虑。他跟尼克斯见过几次面，觉得对方是个危险人物，就像一名二手车推销员。"他对产品了解不多，只是不停地推销一个梦想。"科根说。

后来发现，怀利也不喜欢尼克斯。"他谈论尼克斯时，就好像尼克斯是白痴一样。"科根说，"他开始透露，想要创办一家自己的公司。"

事实上，2014 年夏末，怀利就离开了 SCL，并且真的创办了自己的公司，但并非在帮助科根处理 Facebook 的服务条款之前。该条款禁止科根的公司及其他类似的公司做他想做的事情，即将 Facebook 提供给开发者的个人用户数据进行出售或对外授权。

根据科根的说法，怀利声称自己作为法律和数据隐私方面的专家，他将负责克服这个障碍。他建议科根为参与调查的用户提供一份新的服务协议，允许他不受限制地将数据提供给 SCL。怀利起草了这份新协议。"他给我编写了服务条款，"科根说，"他说，用户只需要填上名字就行了。"怀利证实了这一点，他说自己只是用谷歌搜索了一份服务协议的样本条款。[18] 科根看到文件时，说看到了很多法律术语。怀利让他特别关注其中的一章条款。"他说，'这章条款约定你可以转让和出售数据'。我认为他指出了这一点，确保我们获得了适当的授权。"

怀利说："当时并没有感觉非常不道德。"

然而，他们的所作所为公然违反了 Facebook 的服务条款，该条款不允许科根转移自己所掌握的数据。科根后来坚持说，他向 Facebook 提交了新的条款，但是没有获得 Facebook 的认可，因此他和怀利提交的新条款毫无意义。就好比他们是房客，他们对签字的公寓租约做了修改，将租金减半，然后把租约丢在房东家门口，并认为他们自己现在手头宽裕了很多。目前还不清楚 Facebook 是否有人关注

Facebook

过此事。

随着史迪威和科辛斯基的离开，科根无法使用他们的预测系统来处理为剑桥分析公司搜集的数据。[19] 因此，他修改了自己的应用程序，为 SCL 搜集信息。他没有从"机械土耳其人"那里搜集数据，而是从一家名为 Qualtrex 的商业公司获得了"种子人"，这家公司既提供调查软件，又负责寻找参与者。Qualtrex 同意招募约 20 万人参加调查，给每人支付费用约 4 美元，SCL 付了钱。参与调查的人同意分享自己的 Facebook 信息，包括他们好友的个人数据。据称，科根随后让他的团队开发了一套系统，模仿科辛斯基和史迪威在分析数据预测个人特征方面所做的工作。在 5 月发给怀利的一封电子邮件中，他提出了剑桥分析公司可能希望在简介中标明的几十件事，包括政治倾向，以及对枪支、"黑魔法"等极端主题的感官兴趣。[20]

数据搜集过程花了大约 4 周时间。科根猜测，这 20 万名参与调查的人总共约有 5 000 万好友，但并非所有人都是美国人。他在 6 月 4 日与 SCL 签署的合同中约定提供的信息仅限于美国 11 个州的 Facebook 用户，所以他只提交了 200 万份个人资料，包括人名和人口统计信息，以及他对这些人的个人特征预测。"然后，他们又来了。他们说：'嘿，你拿到了很多数据，剩余的能给我们吗？'"他说，"我们说：'当然。'"因此，SCL 又获得了另外数百万份个人资料。

科根说，如果他认为自己违反了 Facebook 的服务条款，他就会停止。"听着，在我的世界里，我与 Facebook 有着不可思议的特殊关系，没有多少学者能让 Facebook 跟你分享他们的数据。我要有多傻，才会去做一些可能令他们生气的事呢？"

科根确实承认自己犯了一些错误。"如果我有一台时间机器可以回到过去，有几件事我会处理得截然不同。"他说，"其中之一，我会对 SCL 做更多的尽职调查，深入了解这家公司到底是干什么的。"

科根与 SCL 的安排激怒了科辛斯基。在他看来，科根是在复制他和史迪威开创的工作，并且现在正为了个人利益出售这些成果。因此，科辛斯基给约翰·拉斯特写了一封信，列出了他对科根不道德行为的指控。

拉斯特承认这是一个问题。他现在说，他从来就不喜欢科根，认为他"爱出风头"。实验室里的研究人员会给自己取绰号，科根称自己为"敬爱的指挥官"（这是对年轻的扎克伯格在 Facebook 第一版上自我描述的奇怪回应）。更糟糕的是，科根在不断公开吹嘘自己建立的数据库。12 月 2 日，在新加坡国立大学的一次午餐会上，他承诺要谈及"一个 5 000 多万人的样本，我们有能力预测他们的几乎任何特征"。科根打算把这些数据卖给一个政治组织，这个想法让拉斯特大惊失色。"我们不该这么做。"他告诉科根，复制科辛斯基和史迪威的工作是错误的，他应该放弃这种做法："他们是你的同事，他们在这方面已经研究了很多年。你为什么不继续做自己的工作呢？"

科根不同意。拉斯特建议他们将此事提交仲裁。剑桥大学不愿支付 4 000 美元的仲裁费用，拉斯特与科根同意平摊这笔费用。仲裁员开始调查，但科根突然退出，声称他签署过一份保密协议，这份协议不允许他继续合作。

12 月 8 日，拉斯特终于给剑桥大学的学监写了一封信。

我越来越担心科根的行为。从第一天开始，所有的传闻都表明，他完全无视我们的信件，并继续在大学里经营他的公司……简单来说，他建立数据库的程序，不仅依赖从 Facebook 上 10 万名用户的点赞数据中获得预测结果，还依赖这样一个事实：目前的互联网机制允许他从所有与这些用户有联系的 Facebook 好

Facebook

416

友那里获得同样的信息。（没有人对此给予任何形式的许可。）每一个 Facebook 用户平均拥有 150 位好友，这就形成了一个 1 500 万人的数据库，他们的意图是将这个数据库扩展到整个美国人口，并在竞选活动中使用它。

实际上，这个数据库中的用户数量要远超 1 500 万，甚至可能比科根估计的 5 000 万还要多。[21] 根据 Facebook 的计算，该数量可能多达 8 700 万。但是全世界在两年多的时间里都不会知道这件事。

对方不采取措施的行为让科辛斯基感到不满，但他有办法反击。几个月前，他遇到了一位名叫哈里·戴维斯（Harry Davies）的研究员，他一直在采访他，采访内容将成为戏剧《隐私》（*Privacy*）的素材。根据该剧的媒体宣传手册介绍，"《隐私》挖掘了政府和公司搜集及使用我们个人信息的方式，以及这对我们个人和社会将意味着什么"。

2014 年 11 月，科辛斯基成了一名吹哨人。他将科根与 SCL 的关系告诉了已经在《卫报》获得研究员工作的戴维斯，并交出了自己手头所有的文件。戴维斯联系了 SCL，询问该公司与科根的关系，但没有得到答复。（后来，剑桥分析公司的一名高管解释说，那时该团队恰好前往华盛顿特区参加一场派对，留在办公室值守的那个人挂断了戴维斯的电话。[22]）于是他把这件事放在了一边。

但在 2015 年秋天，戴维斯偶然在政治新闻网站 Politico 上看到一篇文章，文中介绍了 SCL 与剑桥分析公司之间的关系，与罗伯特·默瑟的联系，还提到特德·克鲁兹（Ted Cruz）的总统竞选团队正在使用这些数据。[23] 戴维斯翻查了这些资料，并在自身研究任务之外的业余时间把事情的来龙去脉拼凑在一起：科根是如何为一个研究项目搜集数据，然后违反了 Facebook 的服务条款，把它卖给了剑桥分析公司。克鲁兹竞选团队坚持认为一切都是合法的，他们的一位发言人说："我的理解是，所有信息都是以合法和道德的方式获得的，用户在注册 Facebook 时就已经授权了。"

戴维斯怀疑事实并非如此。在报道发布之前，戴维斯给科根发了一封电子邮件，附上了报道的概述，基本上是指控科根的不道德行为，同时告诉他可以在 12 个小时内予以回应。科根吓坏了。"那肯定是我一生之中压力最大的时刻之一，"他说，"我从来没有因任何负面的事情而被媒体曝光过。"科根联系了大学公共关系办公室，并做好回应的准备。他还把这个情况通报给了搭档约瑟夫·钱塞勒，后者已经离开剑桥大学，现在为 Facebook 的"数据科学"团队工作。

2015 年 12 月 11 日，哈里·戴维斯的报道发布在《卫报》上，报道中详细介绍了被盗的 Facebook 个人资料如何在克鲁兹的竞选活动中得到使用。[24]Facebook 的政策制定者们对此措手不及。华盛顿特区的办公室里没有人听说过科根或剑桥分析公司，但他们听说过泰德·克鲁兹，也知道他在竞选活动中利用个人数据发布广告，而这些数据是通过一位 Facebook 开发者的不当处理而获得的，这使得 Facebook 在选举中表现出党派力量，这成了它的一场噩梦。他们疯狂地寻找任何能找到的东西，而被指派搜集信息的人，是开发者运营政策方面的负责人艾莉森·亨德里克斯（Allison Hendrix）。

事实证明，几个月来，Facebook "平台"部门的人一直在试图处理数据被政治组织盗用的问题，特别是剑桥分析公司。[25]亨德里克斯一直处于危险之中。9 月 22 日，华盛顿特区的一家政治咨询公司询问 Facebook，是否可以对竞选中使用其数据的规则进行澄清。这一要求是由那些似乎违反了这些规则的竞争对手提出的。"最大的和最激进的违规者是剑桥分析公司，这是一家我们不太了解的（至少可以这么说）数据建模公司，已经深度介入我们的市场。"顾问这样写道，并要求 Facebook 调查该公司。

在接下来的几个月里，Facebook"开发者运营"部门的各种人员开始不紧不慢地搜集信息。他们没有将注意力全部集中在剑桥分析公司身上，而是从总体上分析了政治顾问搜集数据的做法。偶然的机会，他们看到一家名为"ForAmerica"的右翼网站，该网站上的 Facebook 页面大受欢迎，赢得了很多访问者的点赞。Facebook 的员工最初对这些做法是否真的违反了 Facebook 的政策感到困惑，后来证实确实如此。一名员工在 10 月 21 日写道："我确实怀疑，其中有很多坏分子的行为正在发生。"但是，所谓的调查几乎没有深入下去。

后来《卫报》上的报道被撤掉了，突然之间调查剑桥分析公司相关信息成了更重要的事情。在公司内部疯狂的电子邮件沟通中，一名员工发现了一个令人不安的事实："看起来 Facebook 的'关怀与保护'团队跟这位'亚历山大·科根'在研究方面有过合作。"

"这就像昔日狂野的美国西部，这个家伙可以进入，而我们只是不知道他在做什么。"一位 Facebook 的员工说。

Facebook 给科根打了个电话，他回忆说艾莉森·亨德里克斯指示他删除这些数据。他认为这次谈话很友好，尽管更愿意保留这些数据用于研究，但他还是同意了。"到目前为止，Facebook 一直是一个非常强大的盟友。"他说，"很明显，我并不觉得他们会不高兴。此外，我们还有 15 篇论文正在与他们合作！"事实上，就在几周之前，他还因双方的咨询项目在 Facebook 总部待了一些时间，协助他们进行调查。

亨德里克斯也联系了剑桥分析公司和 SCL，并与其数据总监亚历山大·泰勒（Alexander Tayler）进行电子邮件沟通，后者起初声称一切正常。[26] 经过几次交流后，2016 年 1 月 18 日，他说他已经删除了剑桥分析公司从 Facebook 获得的所有数据。亨德里克斯对他表示了感

16 小丑表演

谢。亨德里克斯之前在邮件上签的是自己名字的全称，这次签的是昵称"艾莉"（Ali）。

那些不受约束的承诺显然是不够的。因此，Facebook 开始与各方讨论有约束力的协议，各方宣誓他们确实已经删除了这些数据，并且不再使用。[27] Facebook 把这项任务交给了外部顾问，但它并没有采取任何措施去确认这些数据是否真的被删除了，因为在任何情况下这都是很难确认的。他们怎么知道科根是否在某个时候把数据存于优盘并藏在自己的包里了？尽管科根的应用程序从平台上被撤下，但科根和剑桥分析公司都没有被平台封杀。科根认为一切都会烟消云散，他最终会回到 Facebook 的怀抱。

在整个过程中，这件事似乎从未传到桑德伯格或扎克伯格那里。

随着 2016 年美国大选的升温，剑桥分析公司积极为共和党候选人工作。泰德·克鲁兹退出后，公司又开始为特朗普竞选团队工作。剑桥分析公司副总裁史蒂夫·班农成了候选人的一位高级顾问。剑桥分析公司与一家名为"智商聚集"（AggregateIQ）的加拿大公司签订了合同，据报道该公司跟怀利有关联。双方将合作实施一套软件服务，以利用剑桥分析公司的选民数据库，包括由科根提供的明显未删除的个人资料和个性简介。

在得知剑桥分析公司数据滥用事件之后的一年多时间里，有一件事情 Facebook 一直在做，那就是拿到剑桥分析公司的一份正式确认函，确认它已经将这些数据删除了。（Facebook 的借口是它的外部律师事务所正在谈判。）尽管科根直到那年 6 月才递交了确认函，但在整个竞选期间，剑桥分析公司根本没有递交，甚至尼克斯还一直在向他当前和潜在的一些客户吹嘘自己拥有庞大的数据库。同时，Facebook 是剑桥分析公司的合作伙伴，剑桥分析公司作为一家重要的政治广告商，能享受 Facebook"广告"团队的支持和建议。选举期间，如果尼克斯和他的公司不能证明他们已经删除了非法获取的 8 700 万 Facebook 用户个人信息，任何时候 Facebook 都可能会威胁切断对其平台的访问，或者 Facebook 原本可以要求进行一次审计，但它没有。Facebook 确实从剑桥分析公司获得了数百万美元的广告收入，而没有核实这些钱是否来自未经授权的个人资料数据。在收取广告费时，Facebook 就认可了剑桥分析公司的声明，尽管该公司尚未签署一份确认函。

剑桥分析公司始终没有正式确认它已经删除了这些数据，直到 2017 年 4 月 3 日尼克斯才正式确认，因为此时其服务的候选人已经入驻白宫几个月了。Facebook 再次信守承诺，没有利用这个机会来进行审计，以核实这一说法。一年后，英国信息委员会搜查了剑桥分析公司的计算机，发现该公司可能仍在使用受益于 Facebook 信息的数据模型。迄今为止，尽管《纽约时报》报道称，已经在剑桥分析公司的文件中看到了原始数据，[28] 另外剑桥分析公司的前执行董事布里塔尼·凯泽（Brittany Kaiser）也表示，这些数据确实是选举目标的一个构成部分，但人们还不清楚该公司在选举活动中是否使用了 Facebook 用户的个人资料。

在 2016 年或 2017 年的任何时候，Facebook 都没有通知自己的数百万用户，他们的个人信息已经被用于政治目的，他们自己的动态消息也被操纵了。

剑桥分析公司的数据操作是否对竞选结果产生了任何影响，这个问题仍然存在激烈的争论。在特朗普当选之前，克鲁兹竞选团队已经得出结论：这些数据没有帮助。布拉德·帕斯凯尔后来告诉《前线》杂志，特朗普竞选团队支付给剑桥分析公司的 600 万美元费用中，除了 100 万美元外，其余都是电视节目费。[29] 他说，他聘用剑桥分析公司的员工是因为他们的才能，而不是因为他们的数据。但是，在竞选期间，CEO 尼克斯不断吹嘘他的"秘密酱"，[30] 在特朗普获胜后，他得意扬扬地声称剑桥分析公司的"数据驱动宣传"在这场胜利中发挥了"不可或缺的作用"。[31] 在 Facebook 内部，那些拥有政治辩论经验的人认为，剑桥分析公司的这种行为只是一种宣传炒作，就像无数想成为顾问的人跟别人许诺数字化黑魔法一样。华盛顿特区办公室的一位 Facebook 高管说："他们有点儿像选举世界里臭名昭著的 Theranos 公司[a]。在特朗普获胜后，有些人将他们视为邪恶的天才，而华盛顿有些人认为他们是小丑，这两类人之间出现了奇怪的脱节。"

不管是不是小丑表演，在选举期间，Facebook 无视一个重要的事实：剑桥分析公司已经掌握了数百万 Facebook 用户的私人数据，并且还没有确认是否已经将这些数据删除。Facebook 也没有追查科根的数据库是否被转到 SCL 及剑桥分析公司，以及被用于特朗普竞选活动的可能性。剑桥分析公司的做法似乎是一种完美的方式，利用 Facebook 在吸引和留住用户的过程中所产生的漏洞：通过人们共享的数据识别他们关注的热门话题，并用操纵式广告来对点击这些话题的人进行区分。这种做法是俄罗斯人想出来的。正如一位 Facebook 政策团队的员工对我说的："我能保证我可以帮助你操纵 Facebook 以赢得选举吗？答案是否定的。但是，你可能利用人们的恐惧、担忧、顾虑和偏执来安排一些事情或者提前做好准备吗？当然可以。"

---

a　Theranos 曾是硅谷的明星独角兽公司，估值一度高达 90 亿美元。该公司曾声称研发出了一种颠覆性的血液检测法，只需通过指尖上采集几滴血液，4 个小时就能得到 240 多项检测结果，费用却比医院便宜一半。2015 年该公司被曝出检测作假，一场彻头彻尾的骗局得以揭露。之后，该公司被美国各州吊销医疗执照，公司高管被美国证券交易委员会以民事欺诈罪起诉，并被美国司法部刑事指控。——译者注

Facebook

当记者根据选举结果，跟进 2015 年《卫报》披露的内容时，Facebook 的回应却是误导的。[32] 一位发言人在 2017 年接受《拦截报》（*The Intercept*）采访时说："迄今为止，我们的调查没有发现任何存在不当行为的迹象。"[33] 当时，Facebook 显然知道存在不当行为。这就是为什么它要求科根、SCL 和怀利在 2015 年之后删除个人资料。Facebook 还向记者提到了尼克斯的一份声明，称剑桥分析公司"并不从 Facebook 用户的个人资料或点赞中获取数据"，尽管它知道剑桥分析公司确实从科根那里获得了这些数据的授权。引用这句话似乎有误导嫌疑，因为剑桥分析公司没有证明它删除了数据。

怀利后来声称，他在 2015 年删除了这些数据，但是这个事实的确认被推迟了，因为他直到 2016 年中期才收到 Facebook 的指令。Facebook 用速度像蜗牛一样的信件把表格寄到了他父母家。"他们发来了一封信，说'你可以确认你不再掌握这些数据了吗'，"怀利说，"好像就是要填写表格，然后签个名。这就犹如过眼云烟，因为我已经有一段时间没听到科根这个名字了。"事情的紧急程度仅此而已。

那时，怀利在网上认识了一位新的笔友，名叫卡萝尔·卡德瓦拉德（Carole Cadwalladr），是《卫报》的记者。她是一名特稿记者和调查记者，以深入钻研自己的话题而闻名，经常会深度参与其中（比如在亚马逊的仓库里工作），她认为大型科技公司会带来有害的影响，对此她非常关注。2016 年，她开始调查剑桥分析公司，并撰写了一系列关于该公司的文章，包括它参与英国脱欧、它的方法论、它与罗伯特·默瑟的关系以及支持特朗普的极端保守运动，还有科根在 2015 年 12 月被要求提供的 Facebook 数据。

她发现怀利是这个报道的关键。当她在 2017 年 3 月第一次联系怀利时，他很警惕，但最终他交出了有助于她了解情况的文件。但是，卡德瓦拉德的目标是他本人。如果怀利充分合作，从他的角度讲述剑桥分析公司的故事，那会更有说服力。"我在这些文件堆上坐了一年多，"她说，"发布一些没有个人故事的文档，这是不够的。"

卡德瓦拉德是一名签约记者，按照发表的文章获得报酬。但是，她拒绝了其他任务，以便继续专注于对剑桥分析公司的报道。最终，她说服怀利继续合作。

但除了怀利，她还有另外一个顾虑。卡德瓦拉德在早期的一篇报道中，描述了一名实习生如何第一次向尼克斯建议 SCL 应该关注数据。卡德瓦拉德写道，这位年轻的女孩名叫索菲·施密特（Sophie Schmidt），是谷歌前 CEO 埃里克·施密特的女儿。卡德瓦拉德称，《卫报》从代表施密特的一位英国顶级律师那里获悉了这一信息，这位律师没有否认，但要求将施密特的名字从报道中删除，因为这是个人隐私，不涉及公共利益。"我们的律师看着这篇报道说：'是的，她赢不了。'"卡德瓦拉德说，"但我们可能要花 2 万或 3 万英镑来打官司。"因此《卫报》在报道中删除了施密特的名字。卡德瓦拉德说："这真的让我们都意识到在英国发表这些东西将面临的问题。"

她的编辑有一个想法，也许能缓解这个问题：为什么不与《纽约时报》之类的美国大机构合作呢？因为这些机构不容易受到虚假诽谤诉讼的影响。卡德瓦拉德不喜欢这个想法，这是她的报道，她别无选择，只能继续下去。《泰晤士报》同意根据卡德瓦拉德的工作和原始报道，撰写自己的报道，双方同时发表，卡德瓦拉德在《泰晤士报》担任专栏作家。

卡德瓦拉德在报道中，把粉红头发、鼻子戴环的怀利描绘成一位勇敢的吹哨人。这有点儿像查尔斯·曼森（Charles Manson）揭发谋杀莎伦·泰特（Sharon Tate）的凶手。报道称，怀利主动策划了这起丑闻，他怂恿 SCL 创建了剑桥分析公司，并负责诱使科根以不道德的方式将 Facebook 用户数据转移给一家从事政治黑暗行动的咨询公司。"要成为一位吹哨人，你必须处在黑暗的中心。"卡德瓦拉德这样介绍她报道中的"英雄"。怀利后来将自己的转变归结为特朗普的当选令他厌恶，对曾跟默瑟和班农合作创建剑桥分析公司的人来说，这是一种很奇怪的说法。他后来告诉议会："我对自己在创建该机构中所扮演的角色感到非常后悔，我理应知道得更多，我是第一个持有这种观点的人，但是事情已经发生了。"

在《卫报》计划发布报道的前一周早些时候，卡德瓦拉德联系了 Facebook。她总是很难得到 Facebook 宣传部门的回应。她在该公司门洛帕克的总部不认识任何人，不得不通过其英国办公室过滤她的置评请求。Facebook 副总法律顾问保罗·格雷瓦尔（Paul Grewal）打破了几天的沉默，卡德瓦拉德将 5 000 万份 Facebook 个人资料从 Facebook 转移给科根，再转移到 SCL 这一过程描述为"泄露"，他对此提出异议。卡德瓦拉德将这种态度解读为一种起诉的威胁。（Facebook 称事实并非如此，这只是一家大公司副总法律顾问的一句建议。）

虽然 Facebook 针对这个术语的观点是正确的，但这是一个很奇怪的反对意见。泄露意味着粗心，被不法行为利用。在这个事件中，Facebook 在没有获得足够用户授权的情况下将私人数据提供给了科根。向开发人员提供社交数据，符合 2007 年"平台"已经基本明确的规则，也与开放图谱保持一致，可支持即时个性化等功能。多年来，随着 Facebook 用户基础的扩大，这些规则被看作促进增长的要素，并且一直存在。最后，在 2014 年，Facebook 承认这些规则是有缺陷的，并宣布它将堵上这个巨大的隐私漏洞，但实际上一年之后才实施。这一延期使得科根有机会创建自己的数百万用户数据库，并将之出售给剑桥分析公司。

Facebook 试图抢先报道，并在周五股市收盘后发布了一条新闻帖

16 小丑表演

子。这个帖子解释说，在 2015 年的《卫报》报道之后，Facebook 命令剑桥分析公司、科根和怀利删除数据，他们声称已经删除了。但是，它继续说道，"几天前，我们收到报告称，事实与我们获得的确认不一致，他们并没有删除所有的数据。"[34] 因此，对于正在进行的"提高 Facebook 上每个人的安全性和体验"的活动，该公司禁止了违规者剑桥分析公司、科根和怀利参与。如果不了解背景情况，那这项活动似乎将 Facebook 描绘成了一位非常警惕的用户数据保护者。但不久之后，当《泰晤士报》和《卫报》匆忙发布它们的报道时，人们将会以不同的视角来看待这一声明。

这两则报道有着相同的爆炸性角度：在 2016 年美国大选期间，Facebook 让数百万用户的个人数据落入特朗普的顾问之手。尽管大部分基础细节在 2015 年 12 月就已经披露了，但这件事现在看起来要更为紧急，也更加令人震惊。

"有 12 个小时的时间，我们看起来像是在采取积极的措施以应对剑桥分析公司，然后炸弹就投放了，"Facebook 华盛顿特区办公室的一名高管说，"Facebook 在此期间赢得的任何信誉都烟消云散了。"

尽管 Facebook 一周之前就已经知道这些文章将要发表，其实更深入的报道从 2015 年《卫报》的文章开始就已经很清楚了，但这些文章还是像流星一样让公司感到震撼。也许是因为 Facebook 的分支机构阻止了剑桥分析公司的整个报道传到桑德伯格那里，当然，扎克伯格也没有看到，他一直声称，在那周之前他从未听说过剑桥分析公司、科根或被删除的数据。

Facebook 此前经历过多次危机：动态消息、信标、和解协议。每次扎克伯格都会迅速做出双管齐下的回应：首先，道歉；其次，提出行动计划。

但是，这次没有计划。

Facebook

"我不确定，如果我们的做法是'我们知道了，稍后会给你回复'，那结果会怎么样。"桑德伯格在重新描述那段糟糕的时期时说。从公共关系的角度来看，当时Facebook处于煎熬之中，公司的高管似乎被吸进了一个黑洞。"人们会说，他们甚至不知道发生了什么！"这是事实。"我们尽力了解出现了什么问题，"桑德伯格说，"我们试图为一个真正的问题找到真正的解决办法，但我们没有全力以赴。回顾过去，这不是我们最好的举措，这是一次糟糕的行动。"

扎克伯格后来也表示同意："我想我的预测出现了错误，即便我不知道所有的细节，我也应该早点说些什么，比如'嘿，我们正在调查这件事'。但是，我的直觉告诉我，在我出去谈话之前我想知道实际情况是什么样的。"

Facebook的普通员工甚至比公众更渴望听到解释。几个月来，Facebook的员工一直在回避朋友和亲戚们的询问，即他们在为一家什么样的公司工作。通常，从内部来看，他们的雇主是出于好意，但也犯了一些错误，他们可以高昂着头，但现在这是个问题。此外，当周一股市开盘时，Facebook的股票（以及员工的净资产）出现了大幅下跌。他们想听听自己的领导怎么解释。

Facebook指派其副总法律顾问格雷瓦尔向员工解释剑桥分析公司的情况，他在几天之前还通过一封信威胁了《卫报》。桑德伯格和扎克伯格的缺席让员工的士气受到了打击。"我很同情公司的员工，"格雷瓦尔说，"不管我对事实有多么了解，但我唯一做不到的就是突然把自己变成马克或谢丽尔。"

在高管噤声5天后（大部分是关于公关手段的争论），桑德伯格和扎克伯格出现了，并开启了一场针对选定媒体的道歉之旅。在某种程度上，他们已经弄清了这个特殊案例的问题所在，并承担了自己的责任。"我们本可以在两年半之前完成这件事，"桑德伯格在《今日秀》上说，"我们认为数据已经被删除，但还是应该检查一下。"到底有多少数据，以及是什么数据，他们仍然不确定。扎克伯格的说法离根源更近，他告诉《连线》杂志："我认为我们从用户那里获得了反馈，不仅是近期的，还包括多年积累下来的，从中可以看出，人们更看重的是自己的数据少被访问，而不是更容易将自己好友的数据带到其他地方。"[35]

在过去的 12 年里，扎克伯格对这些价值的高低排序一直是错误的。

按照桑德伯格的说法，从更广泛的意义上来说，Facebook 的最高领导者对此事没有"全力以赴"。剑桥分析公司事件现在就意味着 Facebook 存在更大的信任问题。这个报道中包含了 Facebook 能被人们感知到的所有缺陷：对用户隐私的傲慢看法、贪婪的操纵，以及对社交网络帮助特朗普当选的直觉怀疑。所有这些缺陷，都是过去 10 年该公司各方面的决策所造成的结果，包括激励用户分享、扩大 Facebook 的覆盖面以及超越竞争对手。对公众来说，剑桥分析公司现在成了一块被搬开的石头，底下一大堆乱窜的害虫被暴露出来了。十多年来，Facebook 不断经历一场又一场的危机，但从没有遭受到严重的后果。它发展得很快，因而很少考虑那些被它推翻的东西。Facebook 的座右铭可能已经变了，但它仍然在颠覆一些东西。在重建信任之年，扎克伯格开局不利。

在剑桥分析公司事件之后，扎克伯格再也不能忽视国会要求他接受公开听证会的呼声了。Facebook 的游说者和律师开始谈判。Facebook 最终同意让其 CEO 接受两天的讯问，这是它缺乏影响力的一个标志。其中一天是面对参议院商业和司法两个委员会的联合听证会，另一天是面对众议院能源和商业委员会。Facebook 获得了一个让步：扎克伯格不必宣誓。在做证之前，不会出现扎克伯格举手宣誓的标志性形象，这就把他归入了烟草行业高管和黑手党首领的范畴。"实际上，我要告诉你，除了看得见的形式外，马克有义务说出真相，他所做的任何虚假陈述显然都会对他产生严重影响。"格雷瓦尔说。听证会的准备工作由他负责。

扎克伯格此前唯一的一次公开出庭经历是在一年前，当时他在涉及 Facebook 收购虚拟现实公司 Oculus 的案件中做证。"马克不是一个经常被打断的人，也不是一个经常被指责的人，当然，这指的是在公开的论坛上。"在谈到准备那场审讯所面临的挑战时，格雷瓦尔说，"他需要理解那是一种什么样的感觉，并且理解那是律师在做自己的工作。他很好地接受了所有的指导和建议。"在得克萨斯州亮相的详细计划，甚至延伸到了后勤方面，他们考虑了如何让他进入和走出大楼，才不至于暴露在摄像机和媒体面前，就好像他是在散步一样。"作为一名联邦前法官，我记得每家法院都有第二部电梯，用来把囚犯从拘留所带上法庭。"格雷瓦尔说，他跟美国法警服务中心谈了谈，想稍微调整一下流程，"因此，马克实际上是乘坐囚犯专用电梯进入法庭的。"

Facebook 组织了好几天的排练，他们把扎克伯格在帕洛阿尔托的客厅变成了一个虚拟的听证会大厅。由于这位易出汗的 CEO 无法控制温度，他们就用强光照射他。为了模拟"谋杀委员会"的一系列工作，政策团队的员工扮演不同议员的角色，向他抛出了各种可能的问题。

2018 年 4 月 10 日，哈特参议院办公大楼的听证会大厅里挤满了人。抗议者戴着 Facebook CEO 的纸板图像，在大厅外游行。在走廊里，人们举着写有"保护我们的隐私"等各种标语的牌子。还有一些人戴着愚蠢的眼镜，上面写着"停止间谍活动"。在扎克伯格端坐的桌子周围，几十名摄影师严阵以待，而他的一群律师和政策高管坐在他的身后。最后，扎克伯格腰杆笔直地走了进来，他穿着深色西装，打着松散的天蓝色领带。（《纽约时报》随后专门发表了一篇文章来审视他的非帽衫服装。[36]）他宣读了一份提前准备好的声明。

> Facebook 是一家具有理想主义和乐观主义精神的公司。在大部分时间里，我们专注于为人们带来所有良好的人际连接……但现在，很明显在防止这些工具对用户造成伤害方面，我们的工作做得还不够，这些伤害包括虚假新闻、外国势力对美国总统选举的干预、仇恨言论以及开发者和数据隐私。我们对自己的责任缺乏足够广泛的认识，这是一个很大的错误。这是我的错，我很抱歉。我创立了 Facebook，我运营这家公司，我对公司发生的一切负责。[37]

质询开始了，即便是 Facebook 的批评者，让他们更为恼火的也是议员们提出的一些装腔作势、一无所知的问题，而不是这位亿万富翁、前神童不动声色的坚定态度。如果参议员们能够冷静下来，集中精力质询他，他们可能会更有成效，但是大多数人将 5 分钟的发言时间主要用来给扎克伯格讲课，或者强调一些很普通的技术问题。也有一些议员决定把他们的时间花在幻想上，要求 Facebook 的自由派技术人员编写算法来压制保守的内容。即使好不容易把目标集中在隐私问题上时，他们也有些卖弄。"昨晚你住在什么酒店？"一位参议员问道。当扎克伯格相当理智地提出异议时，他得意地笑了。但与剑桥分析公司暴露的复杂隐私问题相比，这是一个相当无力的类比。

听证会也暴露出一些参议员在技术上的无知。总的来说，除了一些明显的例外情况，第二天众议院的观点更为尖锐。犹他州参议员奥林·哈奇（Orrin Hatch）对 Facebook 没有向用户收费表示困惑。

"你如何赚钱？"他问道。

"参议员，我们有广告业务。"扎克伯格说。后来，Facebook 的员工用把这句话当作口号印在了一批 T 恤衫上。

在整个听证过程中，不管提问者有多么疯狂或者充满敌意，扎克伯格的回应都很谦逊，尽管表现得有点儿像机器人。摆在他面前的，是一套详尽的谈话要点，一份签语饼 a 式的游戏计划，以应对国会的以逸待劳：关于违背信任，"很抱歉我们让这种事情发生了"；关于对信息滥用考虑不周，"我们犯了错误，努力改正"；如果一位议员直接攻击他，他会用照本宣科地回复"尊敬的议员，我不接受这种指责，我们并非如此"。[38] 如果他心存疑虑，不知道自己是否拥有足够的信息能清晰地回答一个问题，他就发誓说他的团队稍后会给出答复。据《连线》杂志统计，他做了 46 次这种承诺，它写道："请注意，这并不包括有几次扎克伯格声称他不知道答案，并且承诺不会跟进。"[39]

两个小时之后，他们给了扎克伯格一次休息的机会，但他说："我们继续吧。"

"那一刻，我知道我们没事了。"格雷瓦尔说。

扎克伯格对剑桥分析公司的评论是："当我们听说，剑桥分析公司已经告知过我们，他们不再继续使用这些数据并且已经删除了这些数据时，我们认为这件事就结束了。现在回想起来，这显然是一个错误。"

当扎克伯格回到门洛帕克时，他出现在全员大会上，就像他年轻时所崇拜的一位征服者。但乐观情绪是暂时的，因为针对剑桥分析

---

a 签语饼（fortune cookie）在国外广受青睐，尤其在美国的中餐厅备受推崇。这是一种脆甜的元宝状空心小点心，烘成金黄或杏黄色，食用时轻轻将其拦腰掰开，便会得到一张印有睿智、吉祥中英文签语的纸条。签语饼一般是餐后甜点，也可作为休闲娱乐食品。——译者注

16 小丑表演

公司的调查将持续数年。几个月之内，其他地方也展开了调查，当扎克伯格指派下属代替他出面时，他们感到沮丧。在质询的过程中，那些官员不会理会 Facebook 指派的出气筒，而会对着一张留给老板的空椅子，就剑桥分析公司的每一个细节以及 Facebook 对该公司行为的评价提出尖锐的问题。

2019 年 9 月，针对 Facebook 的一起集体诉讼涉及剑桥分析公司，启封的指控文件显示，剑桥分析公司滥用开放图谱的做法远非特例，但这些事情的处理几乎都是虎头蛇尾。Facebook 深入调查此事后，发现 400 多名开发者以同样的方式违反了平台的规则。Facebook 暂停了 69 000 款应用程序，其中包括 10 000 款可能滥用了 Facebook 用户数据的应用程序。[40] 这个惊人的数字相对来说没引起什么注意，主要是因为那个时候 Facebook 的丑闻已经广为传播，只不过是又多了一件而已。

剑桥分析公司引发的一连串反常事件，将这些闸门打开了。亚历山大·科根的幸福测试对 Facebook 来说是一场灾难，而且这也不是扎克伯格最后一次坐在愤怒的议员们面前。

17
丑陋的一面

2019 年 3 月 15 日，一名澳大利亚白人至上主义者进入新西兰克赖斯特彻奇的阿尔努尔清真寺，杀害了 51 名礼拜者。他挥舞着多种自动武器，用便携式扬声器播放军事音乐，还通过 Facebook 直播了整个疯狂的过程。[1] 一周后，在华盛顿特区一个灯光昏暗的鸡尾酒会上，莫妮卡·比克特狼吞虎咽地吃着薯条，强忍着泪水。

比克特的工作是为 Facebook 上的内容设定规则。Facebook 在支持言论自由与维护平台安全之间一直存在矛盾。但是在 2016 年美国大选结束之后，他们加强了对内容的审查。比克特没有将这视为个人的事情，她的任务不是连接世界，而是尽力防止 Facebook 毁了这个目标。经历剑桥分析公司事件之后，全世界都在关注 Facebook，这让她的工作变得更为困难。每当她的团队在一项不可能完成的工作中遭遇失败时，她就会面临严厉的责备。

比克特在南加州长大。她热爱运动，在参加高中的先修课程期间，她在排球队表现出色。她的高中历史老师是模拟审判团队的教练，鼓励她加入该团队，她也喜欢这些事情：制定策略、分析，尤其是在虚拟法庭上扮演角色。在莱斯大学,她学习经济学,并参加排球运动。入读大学三年之后,一次受伤结束了她的大学运动队生涯,但她已经修完了毕业所需的学分。然后她直接去了哈佛法学院,毕业后做了一名联邦政府的职员,并加入了美国联邦检察官办公室,先是在华盛顿特区工作,然后去了芝加哥。

比克特要处理各种案件,包括起诉"米奇眼镜蛇"团伙的47名成员,这是一个街头帮派,被指控在迪尔伯恩家园住房项目中销售海洛因和芬太尼。她会因政府腐败和儿童色情制品将罪犯投入监狱。她还爱上了芝加哥美国联邦检察官办公室的一位顶级律师菲利普·昆特(Philip Guentert),菲利普是一位丧妻的鳏夫,他有两个年轻的养女。2007年,为了让两位出生于中国的养女能在亚洲生活,他们搬到了泰国曼谷,但仍然为美国司法部工作。比克特的工作主要是处理与性交易相关的案件。后来,昆特被诊断出患有肾癌。他们又搬回美国,以解决他的医疗问题。因此,当比克特听说Facebook正在寻找一名有政府和国际工作经验的人手时,"我投了一份简历,来Facebook总部看看,也不知道会发生什么"。再多的准备,也无法揭示她在那里工作的本质。

当她在2012年参加面试时,比克特被Facebook员工的能量吸引,但更深层次的兴趣是在这里将有机会解决一些法律问题,这些问题是运营世界上有史以来最大的社交网络所造成的,以前没有人处理过这些问题。

她在Facebook的第一个角色,是响应政府对用户数据的要求,在那里,她感受到了人们通过Facebook分享信息的力量。大约6个月后,公司让她向开发者强制执行Facebook的数据政策。

因为比克特总是与麻烦不断的开发者打交道,她很紧张地来到一间会议室,Facebook政策部门的人正在讨论一款视频游戏,其中包

Facebook

含一些看起来像是仇恨言论的内容。争论的焦点在于这些内容是否违反了 Facebook 的规则。比克特的分析给当时的全球政策主管马恩·莱文留下了深刻的印象。莱文意识到，比克特可能是内容政策仲裁员这个空缺职位的理想人选。于是，比克特于 2013 年上任。

在一家科技公司，比克特的工作本应低调，却变成了公司最公开、曝光最多的职能之一：她或许成了世界上最有权力的言论仲裁者，在每项决策都会面对蔑视和愤怒的鱼缸中工作，并在注定失败的情况下执行这些决策。

这些失败可能会带来严重的后果，尤其是在海外，Facebook 经常冲进一些国家，却不了解当地的文化，也不建立基础设施来应对一些滥用平台的危险行为。有一些组织化的团体，以及一些实际的政府机构，有时会发布针对持不同政见者或弱势少数群体的仇恨言论和煽动性谎言。在此类问题公开之前，甚至是在公开之后，除了发出警告外，Facebook 不会给予太多的关注。

在中东的"阿拉伯之春"运动中，Facebook 被誉为自由的力量。[2] 运行 Facebook 页面的用户协助组织了 2010 年的突尼斯运动。Facebook 极大地推动了埃及推翻政府的运动，在一名计算机程序员被州警察谋杀后，一个名为"我们都是哈立德·赛义德"的 Facebook 页面引发了一场推翻现政权的抗议运动。"感觉就像 Facebook 拥有非凡的力量、善意的力量。"[3] Facebook 的前政策高管蒂姆·斯帕拉帕尼告诉《前线》杂志，"我记得自己感到非常兴奋，能看到人们使用这个工具，这个自由的工具，去做一些他们以前从未做过的事情，去管理、去分享他们的世界，去揭露政府里那些试图阻止这场起义的人强加在他们头上的暴力……这些简直太真实了。"

多年来，赋予正义活动家权力的光环效应，让 Facebook 对其他国家遭受侵权行为的可能性视而不见。站在门洛帕克的角度，很难想象人们在该平台所释放的政治情绪如何能够被当权者轻易地用来分裂和控制他们。

Facebook业务"增长"的计划将其推广到全球各地。运营人员认为，在不习惯大众言论自由平台的地区，Facebook会造成一些不愉快后果，但通过一定程度的良好氛围和众包解决问题的方式，这些事情将会得到处理。

菲律宾记者玛丽亚·雷萨亲眼看见了这种情况，她曾在2016年向Facebook报告了误导信息和仇恨活动。菲律宾强人领袖罗德里戈·杜特尔特巩固权力后，他的追随者们一直使用Facebook来妖魔化对手，然后妖魔化雷萨本人。雷萨不断推动Facebook采取行动，她与Facebook所有重要的政策相关高管进行了对话，包括埃利奥特·施拉格、莫妮卡·比克特、亚历克斯·舒尔茨、谢丽尔·桑德伯格，甚至还在2017年5月举办的年度F8大会上与扎克伯格召开了一个小型会议，他在此会议上与全球开发者见面，并告诉他们虚假新闻是一个问题，但这需要时间来纠正。但问题出在当下！对雷萨来说，这些Facebook高管似乎都不明白。"在很长一段时间里，我觉得他们不仅在否认，还会对我予以茫然的凝视。"她说。直到2018年初，Facebook才做出积极回应。

Facebook在缅甸的情况甚至更糟。Facebook没有雇用一位会说缅甸语的员工，就冲进了这个国家。在情况恶化之前，克里斯·考克斯在2013年的一次谈话中向我称赞了这种方法。"随着使用范围的扩大，Facebook进入了每个国家和地区，有些地方的语言和文化我们并不了解。"他说。当时Facebook的解决方案不是招募几十名了解这种文化的人，而是加大对算法的研究，通过算法评估这种文化的用户使用Facebook的情况。你参与得越多，评估的效果就越好！考克斯承认，在各种因素之间进行权衡是很有挑战性的，因为世界各地的用户

Facebook

使用该平台的方式存在差异，比如从平台上获取新闻。他告诉我，一位缅甸的朋友告诉他，Facebook 在那里就是一个新闻频道。"也就是说，我们必须从某个地方获得新闻！"（值得称赞的是，考克斯后来采取了更为积极的措施来消灭攻击性内容。他经常在这个问题上与扎克伯格发生冲突。）

当考克斯吹嘘缅甸对 Facebook 的依赖时，Facebook 在那里已经遭到了滥用。"在过去的 5 年里，几乎整个国家同时实现联网。"负责动态消息内容安全问题的萨拉·苏（Sarah Su）说，"一方面，参与其中确实令人难以置信；另一方面，我们意识到他们的数字化素养相当低，他们没有对抗误导信息病毒的抗体。"

2016 年 6 月，Facebook 向缅甸推出了"免费基础"服务，这项举措使得对仇恨言论的管制变得更具挑战性。当暴力事件加剧时，Facebook 无法遏制它。比克特说，原因之一在于 Facebook 招聘了它认为数量合理的母语人士，但是当暴力事件爆发时，有更多的人使用Facebook，并且发布了更多挑衅性的内容。"我们的状况不佳，"她说，"在暴力事件爆发后，我们缺少很好的技术工具来寻找内容。我们还在处理字体的问题以及报告提交不正确的问题，而且我们缺乏足够的语言专业知识。"

直到 2018 年 8 月，Facebook 才采取重大措施撤下缅甸相关的内容，删除了 18 个 Facebook 账号、1 个 Instagram 账号和 52 个 Facebook 页面，并禁止了 20 个组织及个人，包括武装部队总司令和军方运营的电视网络。[4] 然而，仇恨言论和暴力挑衅行为仍在继续。当扎克伯格在国会做证时，参议员帕特里克·莱希（Patrick Leahy）拿来跟他对质的事件，是一条向记者发出死亡召唤的 Facebook 帖子。莱希说，在该公司采取行动之前，已经有很多人在 Facebook 上要求删除这个帖子。

"参议员，在缅甸发生的事情是一场可怕的悲剧，我们还有更多的事情需要做。"扎克伯格回应道。

WhatsApp 在缅甸已经成为主流服务，但它也面临着特殊的挑战，因为它的内容是加密的，除非消息接收者向其发送解码后的信息，否则 Facebook 无法得知文本交换中的内容。WhatsApp 的创始人已经决定将加密技术深深植入产品中，他们认为这种不可渗透的特性是无可厚非的。

WhatsApp 的联合创始人布莱恩·阿克顿在 2018 年回顾这场争论时对我说："技术本身没有道德可言，是人们将道德与技术联系在一起。做判断的人不应该是技术专家，我不想成为一家保姆公司。只要人们在印度、缅甸或任何地方使用产品从事仇恨犯罪、恐怖主义或其他活动，我们就不要再关注技术了，而应该开始提出与人相关的问题。"

阿克顿的观点，代表了公司大部分人的一些想法，他们不敢大声说出来，但有时在私下交流时会喃喃自语。早在一个被称为 Facebook 的产品出现之前，暴力行为就在很多地区持续了几个世纪。像 Facebook 这样的通信平台会被黑暗势力利用一点儿也不奇怪，就像之前的无线电、电话和汽车等技术一样。按照这种观点，Facebook 只是媒体而已。

但对 Facebook 来说，将一个地方变得像缅甸一样，这并不是一个站得住脚的借口。在那里，人们利用 Facebook 独特的病毒传播特性来传播关于少数群体的谎言，煽动读者去杀死他们。Facebook 与一家名为 BSR 的公司签约，以调查其在缅甸的活动。[5] 调查发现，Facebook 闯入的是一个数字化文盲泛滥的国家：大多数互联网用户不知道如何打开浏览器、设置电子邮件账号或评估网络内容。但是，他们的手机里已经预装了 Facebook。报告称，Facebook 上的仇恨言论和误导信息压制了缅甸最脆弱的用户声音。更糟糕的是，"对那些试图煽动暴力并制造线下伤害的人来说，Facebook 已经成为一个有用的平台"，一份联合国报告也得出了类似的结论。

在 2018 年 11 月公布 BSR 的报告时，比克特在新闻发布会上宣布："我们更新了政策，因此，那些可能导致迫在眉睫的暴力或身体伤害的误导信息，我们都予以删除了。这一变化是我们根据来自缅甸和斯里兰卡的建议而做出的。"

每位参加发布会的记者可能都有与我相同的想法：你的意思是，在 2018 年之前就没有问题？

"快速行动"的弊端不仅限于 Facebook 的国际扩张。关于 Facebook 推出的产品，也存在一个疏忽。实时程序"Facebook 直播"原本是一项自我感觉良好的功能，但它错误判断了人类实施恶作剧、自我毁灭和作恶的能力。

这项功能起初是帮助名人通过 Facebook 让自己变得更加出名的一种方式。大约在 2014 年，有一个小团队原本在开发一项服务于名人的"提及"功能，他们着手开发一项实时视频流功能。他们说服了经理菲德吉·西莫给予支持。Facebook 的员工怀着敬畏的心情回忆说，西莫工作很努力，她在怀孕期间卧床休息时，仍然保持着自己的工作节奏，让团队去她家开会。她决定让自己的产品团队专注于视频开发。

到 2015 年 8 月"Facebook 直播"上线时，Twitter 已经推出了自己的实时流媒体产品"潜望镜"，一家名为"猫鼬"的初创公司也开始走红。与其他网站不同的是，Facebook 不仅做视频直播，而且在直播结束后还将视频保留在页面上，允许用户继续发表针对该视频的评论。这使得视频片段可以在几个小时或几天内广为传播，创造出最高的参与度。"Facebook 直播"最初只开发给"提及"团队合作过的认证名人，但是当扎克伯格看到一条里基·热尔韦（Ricky Gervais）的视频吸引了近 100 万用户的关注时，他决定将此功能向公众开放。

"Facebook 直播"从一开始就产生了巨大的影响，这在很大程度上得益于该公司调整了动态消息的算法来支持视频。早些时候，一位快乐的 37 岁得克萨斯女人戴着丘巴卡面具做了一场直播，为自己赢得了超过 1 亿的观看次数和短暂的明星热度。新闻和准新闻机构对此欣然接受，BuzzFeed（一家建立在动态消息算法基础上的新闻出版机构）于 2016 年在 Facebook 上直播了一项用皮筋勒爆西瓜的挑战活动，成了一个全国性的现象级事件，这场直播吸引了 80 万人观看。[6] 这是无害的内容。

但是，也有一些有害的内容。

"我们真的不知道人们会如何使用它，"参与打造该产品的艾利森·斯沃普（Allison Swope）说，"我们在考虑，用户现在可以上传一些内容可怕的直播视频。这真的跟预先录制的视频有那么大的不同吗？我们试图考虑所有的情况，但我仍然不知道为什么有人想在 Facebook 上直播自杀。"

Facebook "信任和保护"团队的埃伦·西尔弗（Ellen Silver）坚持说他们已经提出了一些计划。"从政策角度和执行的角度，我们绝对已经让团队全面考虑了可能出现的各种新的滥用情况。"她说，"不幸的是，这些行为确实出现在了 Facebook 直播中。"

尽管如此，Facebook 还是没有做好准备。在直播功能开放后不久，"直播"团队就接受了三个月的封闭期，来处理各种自杀视频。Facebook 公共政策团队的尼尔·波茨（Neil Potts）告诉《母板》（*Motherboard*）杂志："我们看到大量自残、自伤的视频发布上线。而且我们真的认识到，公司还没有一个能够处理这些问题的响应流程。"[7]

自杀视频的问题非常棘手，但 Facebook 已经以一种开明的方式

Facebook

来尽力解决这个问题，它鼓励用户识别其中的警示信号，并利用人工智能来检测那些预示自杀企图的帖子。当一个人被标记时，公司会派遣帮手干预，包括其 Facebook 好友、地方当局，或者是热线。（后来，一些批评者对 Facebook 的这种行为进行了抨击，指责其试图通过识别即将发生的自杀事件这一行为，表明该公司已步入医疗领域。[8] 这是 Facebook 无法自证清白的完美典范。）直播视频增加了另一个复杂因素：其内容令人不安，但视频可以提醒人们采取行动。有些人甚至指责自杀行为可能是 Facebook 直播的错——公开离世的诱惑力，诱使人们采取自杀行动。

直播里还有谋杀案，这些内容让 Facebook 也很难处理。例如，2016 年 6 月，一个名叫安东尼奥·珀金斯（Antonio Perkins）的 28 岁男子在 Facebook 上直播时，有人开枪击中了他的头部和颈部。[9] 由于视频中没有出现血腥场面，Facebook 表示这没有违反政策，并且保留了该视频。就在此谋杀案发生的前一天，一名刚刚杀害两名警察的法国年轻人在 Facebook 直播上咆哮了 13 分钟。这引起了 Facebook 员工的不安。安德鲁·博斯沃思用他臭名昭著的一份内部备忘录解决了这个问题。他认为这是一场对话的开始，但这听起来太像一份宣言了。他将这份备忘录命名为"丑陋的一面"。[10]

我们经常谈论我们工作的好与坏。我想谈谈丑陋的一面。

我们连接人与人。如果他们积极对待，那可能是好事。也许有人因此找到了爱，甚至因此挽救了一个濒临自杀的人的生命。因此，我们连接了更多的人。

如果他们消极对待，那可能是坏事。也许因此会让某人面对欺凌行为并让他付出生命的代价，也许有人因此死于我们工具协助下的恐怖袭击。我们仍然在连接人与人。

丑陋的事实是，我们如此深信将人们连接在一起，以至我们认为任何能更频繁地将更多人连接在一起的东西，事实上都是好事。这正是我们所做的——我们连接人与人。到此为止。

这就是为什么我们在增长方面所做的所有工作都被视为合理的：所有导入可疑联系人的做法，所有帮助人们保持被朋友搜索的微妙说法，我们所做的所有为了带来更多宣传的工作……

我知道很多人不想听这个。我们大多数人都能享受在温暖的环境中工作的奢华，去打造一些消费者喜爱的产品。但请不要误会，增长策略是鼓励我们做到这些的原因。

我们确实拥有一些出色的产品，但如果不推动极致的增长，我们的规模可能都不及现在的一半。

"丑陋的一面"引发了 Facebook 员工的数百条评论，对于死亡事件可能会给 Facebook 的增长造成间接损害的观点，大多数人感到震惊。但是，与 BuzzFeed 在 2018 年泄露备忘录时的反应相比，这些反对意见并不激烈。扎克伯格不得不发表一份声明："我们从来不相信，为了目的可以不择手段。"[11] 扎克伯格在国会做证时，进一步否认了博斯沃思的备忘录，并补充说，在 Facebook 内部公开辩论的传统中，有一部分是针对存在争议的帖子。

就连博斯沃思也让自己远离这种事。他表示："我们对于增长哲学的最简洁、最极端的表述，我持肯定态度。"他漫不经心地冲淡大家对备忘录的关注，以刺激大家来探讨增长的话题。

我认为，他的备忘录之所以能引起如此大的轰动，可能是因为它确实揭示了丑陋的事实。Facebook 的产品营销副总裁查玛斯·帕里哈皮亚痴迷于网罗全球互联网人口的做法，对那些没有为信息共享的大海啸做好准备的人来说，难道不是一个巨大的风险吗？

博斯沃思不接受这个结论，"增长"团队的关键人物也是如此。

Facebook

但另一位 Facebook 高管从另一个角度提出了自己的观点，他说："马克在 2007 年就意识到了这一点，第一起绑架案、第一起强奸案、第一起自杀案……会出现各种各样的后果。世界上到处都是坏人。历史上，从来没有哪家公司像 Facebook 这样，必须替世界上的这么多坏人负责。有 40% 的离婚案中提到了 Facebook！"[12]（不清楚他是从哪里得到这个数字的，但是 2012 年的一项研究发现，1/3 的离婚案件中提到了 Facebook。）

在 2016 年美国大选之后，Facebook 无法再忽视这些后果，也无法通过列举这些后果在平台的全部内容中所占的微小比例，使之看起来微不足道。它不得不应对这些丑陋的事情。2017 年，Facebook 创建了一个名为"风险与响应"的团队，试图提前应对即将到来的危机。该团队的负责人詹姆斯·米切尔（James Mitchell）说："对 Facebook 围绕平台内容的决策方式，人们产生了更多的兴趣和关注。在这种环境中，你能做的一件事就是说，'好吧，让我们在内部做得更好，努力找到并识别出这些不足'。"

如果是这样的话，Facebook 在处理新西兰克赖斯特彻奇的大屠杀事件时，可能会做得更好。Facebook 直播是杀手的社交媒体策略的一部分，这名恐怖分子利用了品牌咨询公司所采用的成熟技术，在首播前通过多家网站来宣传他的致命广播，比如 8chan（一个匿名论坛）、Reddit，以及一些更隐晦的白人至上主义前哨基地。他知道自己最初并不需要很多观众，因为他可以指望成千上万的人转发他的致命自拍，不管这些人是追随者、巨魔、偷窥者还是好奇者。这场大屠杀震惊了全世界。当一家公司丑闻不断时，这是对它的又一次打击，这家公司的声誉似乎再也没有任何下降的空间了。

Facebook 的工作，或者说比克特的工作，是确保这段可怕的视频在 Facebook 上的传播范围尽可能小。她的工作还要求她亲自查看整段视频，不管这让她多么厌恶。

在华盛顿特区出席了一个关于言论自由的论坛之后，她将这些事情告诉了我。在早先的华盛顿特区之行中，比克特曾数次出现在国会委员会面前，并经常不得不引用只有在公司总部的会议室里才有意义的规则来为 Facebook 的内容辩护。

现在，我们在会场的一个鸡尾酒廊里，她在给我讲述克赖斯特彻奇的事。这段长达 17 分钟的视频记录了这场大屠杀的全过程，包括刺客从一家清真寺冲到另一家清真寺的经过，直播的时候只有大约 200 人观看。[13] 事件发生 12 分钟之后，Facebook 知道了这个消息，并把视频撤了下来。但随后，即便该公司使用数字指纹来阻止上传，这段视频仍然在 Facebook 上传播开来。一场精心准备的猫捉老鼠的游戏爆发了，一边是 Facebook 在屏蔽视频，一边是坚持不懈的用户修改文件以逃避审查。仅 24 个小时之内，用户试图上传某个版本的视频内容高达 150 万次，而 Facebook 屏蔽了其中的 120 万次，这意味着平台上成功出现了 30 万份复制的视频。一周后，有人报告说，在 Facebook 上仍然可以找到该视频。

为什么成千上万的人认为上传这段视频是合适的？一直以来这都是一个谜。这也是另一条证据，证明连接世界也存在黑暗的一面。

在描述观看视频的过程时，比克特的声音哽咽了，眼睛里开始渗出了泪水。尽管她曾是曼谷性贩运案件的检察官，处理过芝加哥街头帮派的毒品交易，坚定不移地对 25 亿人的言论进行仲裁，还以 Facebook 冰冷的捍卫者姿态反对自负的议员们，但即便对她这种背景的人来说，这段视频里的内容也太过分了。

比克特的角色是最前线的内容审核员，Facebook 大约在 2009 年开始设置这个岗位，当时它在都柏林建立了首个国际内容审核中心。

Facebook

444

内容审核员替代了客户支持人员，在 Facebook 创立之初，这些人的工作是屏蔽聚会上的裸照，与不雅图片狂热分子打交道，在任务繁重时他们会疯狂地招募人手。到目前为止，Facebook 的内容审核员已达数千人，其数量在 2016 年美国大选之后增加了三倍多，到 2019 年达到了 1.5 万人。比克特说："这很大程度上是因为我们觉得之前的投入不足。审核员们在全球范围内工作，需要清理数百万条内容，这些要么是被用户报告为不当的内容，要么是被人工智能系统识别为潜在违规的内容。然后他们会很快做出决定，确定这些帖子是否真的违反了 Facebook 的规则。"

然而，绝大多数内容审核员与工程师、设计师甚至是制定这些规则的政策制定者几乎没有接触，大多数人甚至不是该公司的员工。自 2012 年在马尼拉和印度建立内容审核中心以来，Facebook 就开始通过外包的方式招募工作人员。这些人不能参加公司的全员会议，也没有资格获得 Facebook 的奖励。

Facebook 不是唯一一家使用内容审核员的公司：谷歌、Twitter，甚至像 Tinder 这样的约会应用程序都需要监控各自平台上发生的事情。但是，Facebook 使用的内容审核员数量最多。

尽管全球内容审核员的人数正在慢慢增加到数万人，但这个现象最初基本上是不知不觉的。学术界首先意识到这个问题。[14] 萨拉·罗伯茨（Sarah T. Roberts）当时还是一名研究生，她和大多数人一样，认为是人工智能在完成这项工作，直到一名计算机科学专业的同学介绍了当时提供支持的人工智能是多么地原始。

"这让我理解了这个问题，"她说，"唯一的补救办法只能是招募大量的基本上是底层的工人。"在 2010 年，这些公司并不承认它们采取了这样的措施。罗伯茨和其他了解这一现象的人发现了一种新型的工人，他们虽然不具备科技公司所偏爱的精英学位和工程背景，但对其运营来说仍然必不可少。这也提醒我们，在前一个时代，21世纪的互联网曾是理想主义的标志，但现在已经偏离了方向。尽管扎克伯格在创办Facebook时可能就期望不需要太多的人工干预，但他的支持者们很早就意识到，需要花费大量时间来筛选Facebook的内容，以保护大众免受攻击性甚至非法内容的侵害。让他们在工厂里工作，这是一种自然的进化过程，他们就像是数字内容的看门人，像晚上出来工作的影子劳动力一样清理动态消息，在真正有价值的员工回家休息时，他们开始打扫地板，这不是一个好看的画面。这种清理可能会令人痛苦，因为每天都要面对强奸、非法手术和没完没了的生殖器图片。所有这些令人反胃的内容的存在都是令人不舒服的事实，Facebook希望其清洗大军远离视线。

新闻业出现了一个分支，揭露了内容审核中心的状况。[15]尽管Facebook说这些消息被夸大了，但一些细节得到了多篇文章和学术研究的交叉证实：内容审核员几乎总是受雇于埃森哲和高知特等外包公司，他们的工资相对较低，通常在每小时15美元的范围内。他们以迅捷的节奏观看数量惊人的恐怖内容，用来决定内容被保留或被删除的规则看起来很复杂，这份工作让他们思维混乱。《边缘》杂志的凯西·牛顿（Casey Newton）撰写的一系列报道中，引入了一些具备狄更斯小说特点的元素：办公桌上的阴毛和指甲、洗手间外等候的队伍，甚至诱惑人们接受在Facebook上不断发布的有毒阴谋论。[16]

当我参观凤凰城的办公室时，并没有发现任何阴毛，去洗手间也用不着排队。办公区很干净，当员工进入时，一幅彩色壁画映入眼帘。他们的办公室不可能与真实的Facebook办公室的嘈杂声音相匹配，但也没有如一些报道所暗示的那种像锅炉操作间一样的阴暗压抑。办公区里，长长的黑色桌子上摆放着一排排的显示屏，因为内容审核员没有指定的工位，所以没有个人物品。再结合"无纸办公室"的状况，让那些未被占用的区域看上去有一种被遗弃的感觉。有人告诉我，在高峰期这里有 400 名内容审核员，办公室里 24 小时都有人值守。

我的向导是高知特公司的高管，是他设立了这间办公室。他的专长是外包，而不是内容政策。所有的规则及其执行都来自"客户"，这是他对 Facebook 的称呼。

我遇到了一群自愿跟我交流的内容审核员，他们中大约一半的人读过大学。他们都认为，在目前的情况下，这份特殊的工作胜过其他的工作。我们仔细研究了他们的工作细节。Facebook 希望内容审核员每天处理 400 条内容，这意味着他们有大约 40 秒的平均处理时间来决定一个有问题的视频或帖子是否必须保留或被删除，或者在极少数情况下，提升级别由经理来处理，经理可能会把最令人困惑的决定交给门洛帕克的政策制定者。Facebook 表示，每项决定都没有固定的时间限制，但记者以及对这一过程做过深入研究的几位学者的报道都表明，思考每一条内容是否存在问题，会让一名低薪内容审核员的职业生涯处于危险之中。与我交谈过的一名内容审核员似乎正在与这个不成文的任务配额进行抗争：他的个人目标是每天处理 200 条。"当你做得太快时，你会错过一些小细节。"他说，他还补充说，如果他较低的平均处理效率受到质疑，他希望他较高的准确率能予以弥补。

我们犯了多少错误？这很难说，但有一个指标可以参考，就是用户对内容审核员的决定提出上诉所获得支持的次数。2019 年头三个月，Facebook 删除了 1 940 万条内容。[17] 用户对其中的 210 万个决定提出上诉，其中有不到 1/4 的上诉得到了支持，也就是说，对这部分内容，内容审核员最初的决定是错误的。另有 66.8 万条被删除的帖子在没有上诉的情况下得到了恢复。换句话说，尽管大多数的判定是正确的，但在用秒表计时的氛围中，能力不足的内容审核员无法把事情做好，仍然有数百万人会受到影响。

这项工作充满挑战性，其中部分原因在于他们试图将存在问题的内容与他们的参考指引（即"社区准则"）相对照，这份指引延续了 Facebook 创立初期保罗·扬泽尔所使用的一页篇幅的文件，该文件由戴夫·威尔纳完善。内容审核员需要先在课堂上学习如何解读这份指引，然后在单独工作之前，由一位资深员工带着一起学习。该指引的部分内容在多次被泄露之后，Facebook 干脆于 2018 年将其全部内容公之于众。

"社区准则"证实了这项任务的复杂性。尽管要认定哪些内容是平台允许发布的，还存在文化上的差异，但同样的一套规则适用于全球各地。这些标准适用于 Facebook 的所有产品和功能，包括动态消息、Instagram、个人资料页上的"时间轴"以及 WhatsApp 和 Messenger 上的私人信息。

这些规则可能会陷入混乱、虚伪的逻辑陷阱。有些事情相当直接，有人试图定义不良内容的严重程度，比如展示人体器官。有些展示是被允许的，而有些则需要一个"插播广告"，即在屏幕上显示警告，就像电视节目中在出现臀部图像之前会显示警告一样。赤裸裸的血腥是被严厉禁止的，因此要让一场特定的大屠杀以合适的方式展示出来，需要依据判断力做出决定。

"诚信"团队的盖伊·罗森说："如果回顾 Facebook 的早期阶段，我想很多人根本意识不到，我们会让整个团队来讨论如何定义裸体或图形暴力的细微差别。它是明显的人体内脏，还是烧焦的尸体？"

可以肯定的是，这份长达 27 页的文档无法涵盖所有的示例。Facebook 已经基于特定示例创建了大量非公开的补充文件。这些如同《犹太法典》的注释，解释了 Facebook 的律法，即官方的"社区准则"。《纽约时报》的一名记者说，他已经搜集了 1 400 页这样的解释。[18] 泄露给《母板》杂志的一批培训文档中，有一些令人尴尬的图片，其中有一张泰勒·斯威夫特的照片被编辑过，她的眼睛被替换成了肛门括约肌。[19] 培训幻灯片上说这种污损是允许的，因为斯威夫特是一位名人。但如果你对高中班上的一位同学这么做就是一种欺凌，是不允许的。

最困难的判定是仇恨言论。Facebook 不允许自己的平台上出现仇恨言论，但是很难清晰地予以定义，这一点可以理解。"针对仇恨言论的政策是最难执行的，因为缺乏语境背景。"比克特说。朋友之间开玩笑时所说的一些对话，在面对一名容易受伤害的陌生人或熟人时，它的意思可能完全不同。媒体上曾报道过一个案例，是一名喜剧演员发布的一个帖子，写着"男人都是人渣"。[20] 她因此被停职了。根据 Facebook 的规则，不得对受保护的群体进行整体的侮辱。男性或女性都是受保护的群体。

比克特和她的团队都知道，说"男人都是人渣"和说"犹太人都是人渣"的后果是不一样的。但他们认为，要区分弱势群体和特权群体将会引入太多的复杂因素。事实上，根据 Facebook 的说法，内容审核员很难确定什么是仇恨言论。

举个例子，有人在 Facebook 上描述了一位名人的种族主义言论。如果用户的描述是"名人先生说这样的话，难道不令人震惊吗"，比克特说，这在 Facebook 上是允许的，因为这是帮助人们评估用户个性的信息。如果用户引用了同样的话，并且说，"这就是我爱这个人的原因所在"，那么 Facebook 就会删除这个帖子，因为它肯定了种族歧视。"但是，如果我只是引用了种族主义者所说的话，然后注明'来自'这位名人，又会怎么样呢？"比克特问道，"我是在赞赏他很了不起，还是认为这种观点糟透了？并不清楚。"

仇恨言论太复杂了，所以 Facebook 将它分成了几个层级。第一级，包括称呼男人为人渣，以及将某个群体比作细菌、性掠食者或者

"在文化上被认为智力或身体上低劣的动物";第二级,是暗示低劣的侮辱,比如说某人或某个群体有精神疾病或一无是处;第三级,是一种政治或文化上的侮辱,包括呼吁隔离、承认种族主义或者直接咒骂。不同的层级对应不同的处罚措施。

在 2018 年参加"内容标准论坛"会议时,仇恨言论是我关注的话题之一。从盖里设计的办公楼出发,在 84 号公路旁边的一栋建筑里,比克特每两周就会召开一次会议,考虑修改平台的规则。会议室里大约有 20 个人,还有与都柏林、华盛顿特区和全球其他办公室的视频连接。他们讨论的要么是识别潜在问题并决定是否进行调查的"提醒"议题,要么是团队就调查做出决定的"建议"议题。此类调查通常从特定领域(民权、心理学、恐怖主义、家庭暴力等)的专家那里获得信息,包括数周的数据分析、文化研究和可行性考虑。在这次会议上,一个类似"男人都是人渣"的仇恨言论问题被提出来讨论。问题是,针对男人或亿万富翁这样的强大群体的仇恨言论,是否应该像针对性别或种族等受保护群体的诽谤一样受到严厉对待。结果很有趣:报告称,最好的结果是予以区分,让人们对掌控权力的群体发泄。但是,这种处理方式没有被接受,因为这就要求内容审核员做出过于复杂的决定。

内容审核员自己说,他们已经做好承担责任的准备。不足为奇,这些承包商渴望将自己提升到员工的地位。在我拜访凤凰城的办公室之前,我与一位有幸实现了飞跃的内容审核员进行了交流(我只被允许称他为"贾斯廷")。他证实,这并不容易,因为内容审核所需的"技能组合",不同于那些创建或营销 Facebook 产品所需的有用技能。

贾斯廷说,有点儿出乎意料的是,他令人痛心地处理过一些有问题的内容,不是因为用户的不良行为,而是因为用户已经去世。Facebook 的算法经常会让死者的账号信息出现在其至爱的人的动态消息上，这可能会造成一具溺亡的尸体浮出水面的效果。Facebook 现在为去世的用户精心准备了"纪念"的方案。"纪念真的很有压力。"他说。

但这不是压力最大的，贾斯廷说："我看过的最糟糕的视频，是一个男人用锯齿刀切掉了自己的阴茎。那个感觉很糟糕。"大约在 2016 年，当他看到那个无法视而不见的视频片段时，Facebook 已经开始提供心理治疗师了。（当他在 2015 年开始从事这项工作时，Facebook 还没有提供任何咨询服务。）现在他每周需要接受一次心理咨询。

凤凰城的内容审核员似乎认为，接触到令人不安的图片是工作中不那么愉快但可以忍受的一部分。有时候，某些事情会刺激到他们，他们就去找治疗师。有一位内容审核员告诉我，有一个"狠狠揍我"的帖子里包含一条视频，其中有动物与人发生性行为、被屠杀、排便以及其他一些画面。"这让我难受了整整两周。"他说。在治疗师的帮助下，他渡过了难关。

Facebook 会定期审查内容审核员所做出的决定，当出现重大错误时，它会进行事后分析以便改进。但是，时间和金钱的综合因素决定了做出这些决定的速度，并导致错误经常发生。"如果每个人每天只审查一条内容，我们可能就不会犯错误。"前内容审核员贾斯廷早些时候曾告诉我。

这是 Facebook 的主要困境：它一直在招聘内容审核员，但他们需要浏览的内容数量仍然太多，以致他们不得不加快速度，最终导致无法做好自己的工作。人们注意到，当内容审核员错误地删除一张照片时，发布者就会去社交媒体投诉。当有人报告了令人不快的内容，而它没有被删除时，又会引起更多的投诉。媒体注意到：写一篇报道，说 Facebook 做出了一个现在看起来很糟糕的决定，这在新闻领域是易如反掌的事，但这个糟糕的决定很可能是一位工作劳累过度甚至精

17 丑陋的一面

神受到创伤的内容审核员所为。扎克伯格自己也承认这一点。"我们公开的问题中,十有八九并不是因为我们的政策得不到大家的普遍认可,而是因为我们在处理这个问题时搞砸了。"他说。

接受采访的内容审核员对我说,尽管会面临时间的压力,还会看到人性最糟糕的一面,但作为一份工作,为 Facebook 做内容审核并不算太糟糕。他们将自己视为默默无闻的第一目击者,保护几十亿 Facebook 用户免受伤害。"我曾跟一些拯救过他人生命的内容审核员交流过,当看到有人企图自杀时,他们及时向执法部门做了报告。"阿伦·钱德拉(Arun Chandra)说。2019 年,Facebook 聘请他来领导内容审核工作。"令人惊喜的是,这项工作能让人获得满足感和自豪感。"

萨拉·罗伯茨告诉我,她在自己的工作中发现,如果内容审核员意识到自己只不过是一台机器的齿轮,而他们的雇主或者与他们雇主签约的公司又没有真正倾听他们的意见,他们良好的感受会大大削弱。"即便有人听取过他们的反馈意见,这种情况也是很罕见的。"她说。有一次,一名内容审核员告诉她,一件自杀威胁得到了积极的解决。"我们从来没有停下来问问自己,"这名内容审核员说,"人们在我们的平台上看到的垃圾内容,在多大程度上导致他们想要自我伤害。"

几个月之后,我采访的凤凰城内容审核员们就遭遇了一起不愉快的意外事件。2019 年 10 月,高知特公司决定不再参与 Facebook 的内容审核工作。[21] Facebook 宣布将关闭凤凰城的办公室,那些数字内容第一目击者将面临失业。

Facebook 真的很不高兴,因为它要求成千上万在办公室工作的人以每天处理 400 个帖子的速度监控平台上的内容。但 Facebook 找到了一个能大大改善运营状况的长期解决方案,同时还可以减少

Facebook

452

低薪员工的数量，这些低薪员工负责处理 Facebook 用户发布的图片，但需要接受心理治疗。如果在用户看到那些存在麻烦的内容之前，Facebook 就对它们进行了评估并予以删除，而不是等到有人报告，那会怎么样？

他们认为，答案是人工智能。

盖伊·罗森说："最终，我们思考这个问题的方式是，我们如何从一个处理内容较为被动的世界走向一个积极主动的世界？我们如何能构建越来越多的人工智能系统，并且能够主动发现更多类型的不良内容？"

对于看似棘手的内容审核问题，这是长期的解决方案。尽管扎克伯格一直警告称，内容问题永远不会消失，这让很多人感到愤怒，他们认为即使是 Facebook 的一个很小比例的失误，也意味着数十万条虚假或有害的帖子得以保留。但扎克伯格坚信，拯救行动将会以机器人的形式出现，它们就像友善的本地警察一样，永远尽责地在动态消息的小巷里巡逻。

多年来，Facebook 一直在打造其人工智能方面的能力，但并不是为了这个目的。在早期，Facebook 确实招募了一些擅长人工智能的人才，动态消息和广告拍卖都是由算法推动的。但是从 2010 年中期开始，一种被称为机器学习的特殊方法开始积累出惊人的成果，突然将人工智能应用到许多实际的案例之中。这种基于机器学习的超强迭代被称为深度学习。它通过训练人工神经元网络来工作（类似于人脑中实际神经元的工作模式），能够快速识别一些事物，比如图像中的物体或自然语言。

扎克伯格觉得，这是另一个类似于移动互联网的市场机遇，最终能赢的将是那些拥有最优秀机器学习工程师的玩家。

他当时并没有考虑内容审核方面的问题，而是关注如何在其他一些应用领域进行改进，比如动态消息的排名、广告拍卖中的用户细分以及进行面部识别，以便能在照片中更好地识别出用户的朋友，这样他们会更多地关注这些帖子。但是，在人工智能人才的争夺上，竞争非常激烈。

深度学习的教父是一位在多伦多工作的英国计算机科学家，名叫杰弗里·辛顿（Geoffrey Hinton）。他就像这种新型人工智能领域的蝙蝠侠，他的追随者中包括三位杰出的人物，他们在各自的领域都做出了巨大的贡献。其中一个名叫杨立昆（Yann LeCun）的巴黎人，他将辛顿的工作戏称为"阴谋"。[22] 但对大型科技公司来说，深度学习的潜力可不是闹着玩的，这些公司将深度学习视为大规模完成惊人任务的一种方式，从面部识别到两种语言之间的即时翻译，无所不包。因此，招募一名"阴谋家"成了当务之急。

扎克伯格招揽杨立昆的方式，跟他猎杀和捕获 Instagram 与 WhatsApp 的方式一样。2013 年 10 月，他给杨立昆打了电话。"我们公司就要满 10 岁了，需要考虑下一个 10 年。"他说，"我们认为人工智能将会扮演一个非常重要的角色。"他告诉杨立昆，Facebook 想建立一间研究实验室，不是为了研究如何更好地投放广告，而是为了开发一些令人惊叹的创新产品，比如能够理解外部世界的虚拟助理。"你能帮助我们吗？"他问道。

杨立昆列出了一份需求清单，如果由他来建立实验室，Facebook 必须满足这些需求：这间实验室必须是一个独立的机构，与产品团队没有联系，它必须完全开放，没有发表的限制；他研究的成果必须是开源的，这样每个人都能从中受益；另外，杨立昆会保留他在纽约大学的职位，只在 Facebook 兼职工作，并把新实验室设立在纽约市。

没问题！扎克伯格说，"Facebook 人工智能实验室"现在就位于纽约市，在纽约大学格林尼治村校园的边上。[23] 它是公司"应用机器学习"团队的开拓性合作伙伴，该团队负责将其人工智能研发工作再变成具体的产品。

杨立昆说整合非常有效。应用团队将机器学习融入产品中，研究团队致力于对自然语言的理解和计算机视觉领域的总体提升。通常情况下，这些提升能为 Facebook 提供帮助。"如果你问迈克·斯科洛普夫或马克，Facebook 人工智能实验室对产品的影响有多大，他们会说远远超出他们的预期。"杨立昆说，"他们告诉我，'你的任务是真正推动最先进技术和研究的发展。如果研究成果能对产品产生影响，那很好，但要有更大的梦想'。"

在 2017 年底，杨立昆对"Facebook 人工智能实验室"与"应用机器学习"之间的关系进行了如上乐观的描述。但仅仅几周之后，斯科洛普夫设立了一个人工智能副总裁的新职位，负责领导 Facebook 的人工智能研究部门及应用部门。这个职务由一位曾在 IBM 工作过的法国科学家热罗姆·佩森蒂（Jérôme Pesenti）担任。杨立昆声称对这一举动感到高兴，这将他从管理任务中解脱出来，使他可以更加专注于实际的科学。

但 2016 年美国大选之后，当人们开始攻击 Facebook 时，公司需要在人工智能的整个领域向前迈进一步，提供远超出人类能力的算法和神经网络，以识别不良内容、非法内容、仇恨言论和外国支持的误导信息。目标是让这些工作能够主动进行，使不良内容在被任何人报告之前，甚至被任何人看到之前，系统就能发现。

佩森蒂表示，"应用机器学习"部门现在专门配置了一个"诚信解决方案"的团队，以帮助该公司解决有害内容的问题。但是，目前的技术水平还远远达不到扎克伯格的承诺水平，Facebook 需要从人工智能实验室获得更多的支持。实验室的科学家必须实现突破性的发明，才能在处理仇恨言论等事情上做到跟人类一样好甚至超过人类。但是因为杨立昆将人工智能实验室作为一个研究机构，Facebook无法命令科学家将他们的研究集中在某些特定的领域。"我们面临的一个挑战，是将产品问题对应到研究上。"佩森蒂说，"实际上，我们现在还没有解决这个问题。"

Facebook已经取得了一些成功。事实证明，对人工智能系统来说，识别恐怖分子的相关内容相当容易，Facebook宣称，甚至在这些帖子有机会被用户浏览之前，系统将其删除的成功率就超过了99%。但是，人工智能现在的发展水平并不能真正处理像仇恨言论这样复杂的问题。人类很难采用一套全球适用的规则，以应对完全不同的文化，并处理20亿人的言论。

罗森说："在构建和训练这些人工智能系统方面，我们已经做了大量的工作，了解它们在不同语言中的表现如何。"他提到了2017年的一个项目，该项目旨在解决用缅甸语实现Facebook仇恨言论系统管理的工作。该系统帮助Facebook提高了主动屏蔽（在任何人举报之前）仇恨言论帖子的比例，从13%提高到52%。批评者会注意到，这意味着在那个危险的地区，大约有一半仇恨言论的帖子仍然可以被用户看到。

Facebook还指望人工智能来解决另一个长期存在的问题：系统中数量惊人的虚假账号。不足为奇，这些账号都是欺诈、仇恨言论和误导信息的重要来源。当Facebook披露在2019年1月到3月期间，它阻止了20亿次开设虚假账号的尝试时，人们惊呆了，因为这个数字几乎与系统中的真实用户数一样多。[24]绝大多数情况下，这些持续不断的尝试都很笨拙，都是试图大量创建虚假的Facebook身份。[25]正如亚历克斯·舒尔茨告诉《纽约时报》的，"我们删除的绝大多数账号，都出自极其天真的对手"。但并非所有的对手都如此天真。尽管Facebook拥有人工智能或者其他可以处理这个问题的手段，但公司承认仍然有大约 5% 的活跃账号是虚假的，对应的数字超过 1 亿。

这就是 Facebook 的困境：它的规模如此之大，以至即使它做出了改进，遗漏的问题规模也是惊人的。那些有动机的发帖人会不断学习来适应 Facebook 的策略。例如，2018 年，Facebook 自豪地宣布，其人工智能团队已经掌握如何阅读嵌入图形的信息内容。[26] 以前，它的系统只能读取以文本形式存储的文字，这一缺陷使俄罗斯间谍得以在 Facebook 的内容审核系统面前悄悄展示他们关于移民、种族主义和希拉里的撒旦身份等煽动性广告。

换句话说，针对上次输掉的那场战争，Facebook 已经找到了防御手段。但谁知道它的敌人将来会采取什么策略？

与此同时，实际上决定哪些内容越界的，是大约 15 000 名内容审核员，而他们对每条内容的审核时间仅有 40 秒左右。我在凤凰城问那些接受采访的内容审核员，他们是否觉得人工智能可以胜任他们的工作，房间里爆发出一阵笑声。

Facebook 必须做出的最困难的决定，是那些符合规则指南的规定但结果看起来完全错误的决定。针对其中的一些决定，审核员会把情况"提升"给全职员工，有时还会把情况"提升"给那些参加内容审核会议的人，有时最困难的情况会被"提升"到最高层，即摆上桑德伯格和扎克伯格的办公桌。即便如此，决定也很难做出。有时候，针对攻击性内容的规则会与 Facebook 的对外形象相冲突。它们可能是本质上涉及政治色彩的决定，争论的各方都有强大的支持者。不管 Facebook 对这些内容做出什么决定，都会是一种失败。

与很多其他事情一样，Facebook 直到 2016 年美国大选才真正面对这个问题。那年 9 月，一位名叫汤姆·埃格兰（Tom Egeland）的挪威作家在 Facebook 上发布了一个帖子，帖子讲的是 6 张"改变了战争历史"的照片。[27] 其中有一张标志性的照片，在越南遭受战争悲剧期间，任何生活在美国的人对此都会熟悉。这张照片获得了 1972 年的普利策摄影奖，被称为"战争恐惧"或"凝固汽油弹女孩"。照片上，一群孩子在路上狂奔，他们因被凝固汽油弹烧伤而痛苦地尖叫着。他们身后，是一群穿着制服的美国士兵。照片中间的孩子是赤身裸体的金·普克（Kim Phúc）。

对 Facebook 的内容审核员来说，这是一件很容易处理的事，尤其是因为这个案例似乎在美国之外已经被处理过，而那里的人对这张照片并不熟悉。规则指南明确禁止平台上出现超过婴儿期的儿童裸体图片，所以这张图片很快就被 Facebook 删除了。埃格兰很生气，试图重新上传照片，Facebook 暂停了他的账号。此时，这个问题已经提交到了 Facebook 总部。比克特的团队现在知道了，Facebook 正在审查一张具有历史价值的照片，但是她仍然支持将照片撤下。如果为一个裸体的孩子破例，那你的边界在哪里？

然后，这件事情就公开了。埃格兰一直在为挪威最受欢迎的报纸撰稿。该报愤怒的编辑写了一篇头版社论，用巨大的字体写着"亲爱的扎克伯格先生"，社论声称 Facebook 是"世界上最具影响力的编辑"，它正在充当审查者的角色。挪威首相转发了这张照片，结果 Facebook 又把它删除了。其他新闻媒体报道了这条新闻，Facebook 宣传部门的人很快被各种质问淹没了。

这引发了 Facebook 在政策方面的一场危机。多年来，Facebook 因被保留的内容而一直遭到用户的抱怨。一年前，它保留下了特朗普的反穆斯林帖子。现在，它因被删除的内容而饱受攻击。裸体儿童图片也可以例外吗？很多人觉得，不管是否获得了普利策奖，金·普克的惊恐照片在 Facebook 上没有容身之地。

Facebook 在政策方面出现了混乱。参与讨论的一位人士表

Facebook

示："我们在一起试图解决这个问题，但我们不知道如何解决。"让 Facebook 做出这一重大决定的不是选择本身，而是由 Facebook 坚持自己的规则所引发的愤怒。当编写规则指南的时候，那些看起来合乎逻辑的解释，在公众的监督下，往往会令人愤慨。

"那张照片一直被贴在网上。"戴夫·威尔纳说，那时他已经在 Airbnb 从事类似的工作，"如果你不知道这是一张遭受战争伤害的孩子的非自愿裸照，如果这不是一张获得普利策奖的照片，一旦 Facebook 没有删除它，所有人都会疯掉。"另一位保守的倡导者是安德鲁·博斯沃思："我会说，'嘿，如果你想那张照片被贴出来，那就去修改你们国家的法律。当然，从历史的角度来看，我认为这是一张非常重要的照片，但我不能让它出现在网站上，这不合法'。去修改法律吧！"

但这并非扎克伯格所想的。最终，他和桑德伯格不得不签署决定。从这一点来看，在确定某条内容是否属于总体规则的例外情况时，"新闻价值"是一个考虑因素。于是，"凝固汽油弹女孩"又在 Facebook 上出现了，她赤裸的身体令人震惊。

Facebook 的政策负责人埃利奥特·施拉格和乔尔·卡普兰将这一事件视为分水岭。"从内部来看，这是一个最明显的例子，说明我们在美国的冲击力和影响力已经改变了。"施拉格说，"Facebook 不仅仅只是分享有趣和有价值的信息，我们也塑造了更大的文化交流。"

比克特用另一种方式表达："我们了解到，为了维持政策主导的精神，在约定之外设置例外情况也是可以的。"

从这一点来看，曝光、压力和纠正的盛况将会定期上演。最引人注目的例子是 Facebook 在处理边缘右翼内容时所遭受的批评，那些内容似乎违反了 Facebook 的规则。几乎每次 Facebook 的代表在国会做证时，共和党议员都会对该公司的自由派压制保守派言论的阴谋大加指责。共和党人不仅抱怨 Facebook 在某些情况下删除了极端分子的帖子，他们还认为 Facebook 炮制了支持自由派内容的算法。但没有数据可以证明这一点，甚至不清楚议员们是真的相信，还是仅仅试图给出误导信息。

结果，Facebook 与右翼的垃圾煽动者之间经历了一段痛苦的时期。白人民族主义阴谋论者亚历克斯·琼斯（Alex Jones）一再发表评论，他似乎违反了 Facebook 关于仇恨言论的规则，但该公司不想封禁他。麻烦的是，琼斯是一个人，而他的 Facebook 页面 infoWars 则由一家有几名员工的公司负责管理。

这种情况是放射性的。尽管琼斯是边缘人物，但他有一大群追随者，包括总统，他曾在 infoWars 广播节目中担任嘉宾。琼斯的新闻价值使他成为像总统一样的人物，他值得 Facebook 给予一张仇恨言论的通行证吗？ 2018 年夏天，由于记者们不停援引仇恨言论的帖子，争议被激化了。最终，争议变成了压力。在苹果公司撤下他的播客内容几个小时之后，扎克伯格亲自关闭了 infoWars。[28] 琼斯的账户被暂停 30 天，最终 Facebook 以"危险"为由将他封禁了。[29] 与此同时发生的，是言辞激烈的"伊斯兰国"领导者刘易斯·法拉汗（Lewis Farrakhan）遭到驱逐，这似乎是一场明确无误的平衡游戏。

2018 年初，当我向扎克伯格求证 Facebook 在处理共和党投诉上的微妙之处时，他表示尊重他们的观点。"如果你的公司 90% 是自由派（这可能是湾区的构成比例），我确实认为，你有责任竭尽全力去打造各种系统，以确保不会无意中包含偏见。"他告诉我。然后，在权衡之后，他提到 Facebook 应该监控其广告系统是否存在歧视少数族裔的问题。事实上，Facebook 将对这些领域进行研究。

让扎克伯格不安的部分原因在于他偏爱较少的监管。尽管他承认 Facebook 上的某些内容可能有害，甚至是致命的，但他认为言论自由是一种解放。"这是公司的创始理想。"他说,"如果你让人们发声,他们就能够分享自己的经验,从而在世界上创造出更大的透明度。随着时间的流逝,赋予人们分享自身经验的个人自由,最终将会带来积极的结果。"

尽管如此,扎克伯格显然不想为 20 多亿人的言论承担责任。他想要一条出路,这样他就不必对亚历克斯·琼斯的评论和仇恨言论做出决定,或者判断疫苗是否会导致自闭症。"我们为什么要开发这些产品来帮助人们建立连接?我有一个与此相关的愿景。"他说,"我不认为我自己或我们公司是一种权威,能够去定义什么是可接受的言论。既然我们可以主动观察事物,谁来定义什么是仇恨言论?"他同时表示,自己并没有推卸这一责任,Facebook 将继续监管其内容,"但我确实认为,更多的社会辩论,甚至制定一些规则来满足社会对这些平台的需求,可能更有意义"。

事实证明,扎克伯格已经在制订一项计划,以减轻 Facebook 在做这些决定时的压力。这个计划中包含一个外部监督委员会,由它来做出一些重大决定,它的决定权甚至超过扎克伯格的等级。这就像是 Facebook 的最高法院,扎克伯格必须遵守该委员会的决定。

建立这样一个机构是一件很棘手的事情。如果完全由 Facebook 自己去设立,新机构将被视为一个受创建者约束的傀儡。因此,Facebook 征求了外部建议,在新加坡、柏林和纽约市召集了数百名领域内的专家进行研讨。在听取了这些杰出人士的想法之后,Facebook 采纳了它认为合适的部分建议,创建了一个拥有适当自主权和权力的委员会。

在纽约市曼哈顿熨斗区的诺曼德酒店召开的研讨会中,我是 150 名左右的与会者之一。坐在地下室宴会厅会议桌旁的有律师、说客、人权倡导者,甚至还有几名记者。在为期两天的会议中,我们深入探讨了几个案例，对当初的决定进行了事后评估。其中之一是媒体曾多次报道过的"男人都是人渣"的例子。

一件有趣的事情发生了。随着我们越来越深入地探讨自由表达与有害言论之间的紧张关系，最终出现了一个问题，就是如何确定界限的标准。"社区准则"严格确定了什么内容可以保留，什么内容应该被删除，但它并不是网络言论权利的大宪章，而是一份从大学刚毕业的客户经理的草稿中演变而来的文件。

针对个别案例，提议中的委员会可以否决规则指南中的约定，但是 Facebook 没有提供"北极星"来帮助我们划清界限，只有一个模糊标准来宣传安全、声音和公平的价值。Facebook 的价值是什么？这些价值是由道德决定的，还是由其业务需求决定的？

私下里，一些 Facebook 的政策人士向我承认，他们对这个项目持有深切的疑虑。

我知道为什么。首先，这个提议委员会将由 40 名成员构成，由 Facebook 任命的两个人选出，他们只能处理 Facebook 一小部分有争议的决定。（2019 年第一季度，约有 200 万人对 Facebook 的内容决定提出上诉。）Facebook 必须遵守委员会的裁决，但将由 Facebook 来决定委员会的这些裁决将被视为先例还是仅仅局限于个案，是出于权宜之计还是因为那些决定本身就很糟糕。

有一点似乎是不可避免的：由 Facebook 最高法院所做出的不受欢迎的决定，将与扎克伯格自己做出的决定一样被严厉对待。内容审核的工作可能会外包，但 Facebook 不能将其平台的责任外包出去。扎克伯格说他或他的公司不应该成为全球言论的仲裁者，这种说法是对的。但是，通过连接世界，他创造了一些东西，并让自己处在那个令人难受的位置上。

他承认这一点，包括克赖斯特彻奇和其他一切。

Facebook

18
诚信

Facebook 的"M 团队"由大约 40 名高层领导者组成，他们负责制定公司最重大的决策并予以执行。每年他们都会聚在公司总部的一间大会议室里召开几次会议。2018 年 7 月的会议是继剑桥分析公司事件之后的第一次会议。

一切照常开始。在"M 团队"会议中，所有高管都要做一个简短的开场白，说一说他们对业务和生活的一些想法。这个过程可能会引发大家的情绪化反应：我的孩子生病了……我的婚姻结束了……扎克伯格总是最后一个发言，轮到他时，他宣布了一条惊人的消息。

他一直在读风险投资家本·霍洛维茨（Ben Horowitz）写的一本书，后者是 Facebook 董事会成员马克·安德森的合伙人。霍洛维茨定义了两类 CEO：战争时期的与和平时期的。[1] 他认为，一位优秀的CEO 必须在给定的时间内解读公司所处的环境，并决定成为哪一类。"在战争时期，公司要抵御迫在眉睫的生存威胁。"他写道。战争时期的 CEO 必须无情地面对这些威胁。

由于 Facebook 在过去两年一直处于困境之中，这个观点给扎克伯格留下了深刻的印象。早些时候，扎克伯格曾告诉该团队，他很幸运能成为和平时期的 CEO。（这是一个存在争议的自我定义，因为他已经进入了锁定模式，要挫败来自谷歌、Snapchat 和 Twitter 的挑战。）他告诉团队，以后要把他当成战争时期的 CEO。

他特别强调了一个转变。霍洛维茨是这样说的："和平时期的 CEO 致力于减少冲突，战争时期的 CEO 既不轻易达成共识，也不容忍出现分歧。"扎克伯格告诉他的管理团队，作为战争时期的 CEO，他只需要告诉大家该做些什么。

与会人员中的一些人认为，扎克伯格的意思是说，从今往后，他们的角色就是闭嘴，并服从他的指令。当我后来向扎克伯格提出这个问题时，他否认了这种解读。"基本上我是告诉他们，我认为这是我们现在所处的模式。"他谈到那份声明时说，"我们必须迅速做出决定，而不是像通常期望或喜欢的那样，让每个人都参与进来。我相信，要取得我们目前所需的进展，我们要采取这样的处理方式。"

我想知道，他觉得战争时期 CEO 的角色是更有压力还是更有趣。

一阵扎克伯格式的沉默之后，他瞪着一双大眼睛看着我。

"你认识我很久了，"他终于开口，"我不是为了好玩而优化管理方式。"

扎克伯格的内部声明反映出自从他和桑德伯格打开道歉的闸门后，他一直在思考 Facebook 应该如何解决自身的困境。扎克伯格决定通过大量新产品和系统来弥补其过失，解决导致出现误导信息、选举篡改和数据隐私问题的一些缺陷和漏洞。Facebook 在 2017 年法国大选前及时做出了改变，避免了之前在美国和菲律宾看到的一些最糟糕的结果。为了度过美国的 2018 年中期选举，Facebook 着手实施了一项劳动密集型战略。

尽管扎克伯格宣称他的主要工作是完善 Facebook，但他不会单方面向竞争对手屈服，并抑制自己的野心。Facebook 也必须向前发展。

Facebook

在 2018 年 5 月的 F8 大会前夕，扎克伯格和我讨论了他即将发布的新产品，以及此发布背后的思考过程。他知道自己有义务忏悔并告知将如何解决问题，但 Facebook 也必须不断推出新产品。"一方面要保护人们的安全，这项责任才是真正的关键所在，比如选举诚信、虚假新闻、数据隐私等问题。"他说，"另一方面，我们也有责任继续建设社区，为人们提供他们所期望的体验。"

按照工程师的逻辑，他在大会上的主题演讲的头 15 分钟是建立信任，然后用同样长的时间介绍新产品，也就是"向前看"的部分。

Facebook 在某些方面行事谨慎。该公司开发了一款名为"门户"的产品，这是一款带有摄像头和麦克风的显示屏，用户通过它可以与朋友和家人进行视频连接。但是，公司里一些更冷静的人意识到，在剑桥分析公司的灾难发生几周后，推出一款可以被视为家庭监控设备的产品，这可能不是一个明智的举动。不过，扎克伯格在大会上确实有另一款名为"约会"的产品要宣布，这款产品可以帮助 Facebook用户创建一份非常个人化的全新档案。

当时我问他，现在人们对公司的信任处于最低点，此时推出一款与如此私密的信息相关的产品，他是否确信这是一个好主意。

他回答说，Facebook 关注的是有意义的关系，还有什么关系比你约会的人更有意义呢？他还匆匆看了一眼新功能的隐私保护条款，然后将话题转到了别处，但他突然又回到了我对"约会"产品的担忧。"显然你在问这个问题，"他说，"但你认为，现在谈论这个不合适吗？"

"是的。"我说。

"这就是我们前面谈到的要完成的艰巨任务，"他说，"我很好奇，你是否认为，继续开发新产品会让人觉得我们没有足够认真地对待其他事情？因为我的首要职责是确保向人们传达我们对待这些事情是认真的。"

他不会骗自己的。重新获得用户的信任是一个漫长的过程，可能需要三年时间，但是他觉得重建已经开始了。

尽管在媒体上的口碑不佳，但那一年 Facebook 的"约会"产品还是在几个较小的市场推出了，并于 2019 年 9 月登陆美国。

Facebook 在 2018 年底之前开始推销其"门户"产品。评论家认为这是一款不错的产品，但建议不要购买，因为他们说 Facebook 不再值得信任。[2]

扎克伯格担心用户和开发者的反应，这是对的。2018 年，也就是他决心赢回用户信任的那一年，Facebook 的可信度大幅下降。就在 Facebook 努力改进其产品时，一连串的头条新闻不断拖累其声誉。首先披露的是，Facebook 并没有统一实施其削减数据搜集的行为，而此行为本应在自 2014 年开始的一年宽限期之后结束。一些大公司[3]，如 Airbnb、网飞和 Lyft 都被 Facebook 列入了白名单，允许它们继续获取信息。（"热不热"也在白名单上，这家网站是扎克伯格在 2003 年推出 Facemash 这一愚蠢行为的灵感来源。）尤其令人尴尬的是，其中一些信息是在一家名为 Six4Three 的公司的诉讼中被披露出来的，实际上该公司是被屏蔽而无法接收用户数据的。Facebook 很明智地拒绝了对其应用程序 Pikinis 的访问，这款应用程序允许用户查找朋友发布的包含穿着泳衣和其他裸体形式图片的帖子。Facebook 的回应是诉讼，最终由此披露出大量具有破坏性的邮件。

这只是事态蔓延的一个例子。有几十名为顶级报纸或慈善机构资助的调查机构工作的记者，他们每天早上一醒来就开始挖掘 Facebook 的丑闻。这项工作并不困难。

有时候，曝光 Facebook 很简单，可能就像使用其广告产品后

Facebook

发现一个令人震惊的缺陷一样简单，比如针对"犹太人憎恨者"发布广告。[4] Facebook 的自助广告产品通过算法会产生很多存在问题的群体类别，当一个人输入"犹太人"一词时，他就可能被归入这个类别。ProPublica（一个独立的非营利新闻编辑部）的调查记者发现，有 2 274 名潜在用户被 Facebook 认定为符合该类别，Facebook 提供了 26 000 多个用户类别，但显然从未审查过该类别清单。"我很清楚这是怎么发生的，"安东尼奥·加西亚·马丁内斯（Antonio Garíca Martínez）说，他是协助推出这一功能的前广告产品经理，"Facebook 往用户数据中注入大量内容，包括用户点赞的页面、个人资料等。我以前称之为香肠计划，就像制作香肠的机器一样，因为原理类似。用户只要输入这些数据，就会弹出一些话题。"基本上，为了实现大规模运营，Facebook 已经建立了一套系统。在这套系统中，尽管不太了解哪些内容会冒犯人类，但其中的人工智能获得授权来创建这些类别，比如"犹太人憎恨者"。Facebook 后来删除了这些类别。"我们知道还有更多的工作需要做。"致力于广告诚信的 Facebook 高管罗布·利瑟恩（Rob Leathern）说。

其他丑闻源于 Facebook 为解决自身岌岌可危的声誉而进行的恐慌性尝试。2018 年 11 月，据《纽约时报》披露，Facebook 的政策团队聘请了一家名为"定义者公共事务"的公司来指责其竞争对手，甚至对金融家乔治·索罗斯进行诽谤，因为他曾在达沃斯的演讲中批评过 Facebook。[5] 更为讽刺的是，索罗斯也是反犹太仇恨言论最喜欢的目标，包括对 Facebook 的攻击。（非常奇怪的是，一家由犹太高管领导的公司经常发现自己陷入所谓的反犹太主义的境地。）

政策方面的负责人埃利奥特·施拉格公开宣称对此事负责，他的家族在纳粹大屠杀中遭受了伤害。观察家认为这是施拉格在为他的老板桑德伯格背黑锅，但她坚称自己对此一无所知。随后出现的电子邮件显示，桑德伯格可能多多少少已经知道了一些。事实证明，这一事件被夸大了，公司通常会聘请外部代言人来指责其竞争对手，而"定义者公共事务"并没有隐藏其与 Facebook 之间的联系。但在 2018 年，没有人对 Facebook 表示怀疑。

Facebook 遭受的其他伤害完全都是由自己造成的。有人可能会认为，Facebook 全球政策负责人最不想做的事，就是将公司拖入一场针对最高法院大法官提名人布雷特·卡瓦诺（Brett Kavanaugh）的极端争议之中，他在面对一项少年性侵犯指控时的愤怒回应，让整个国家产生了两极分化。但是，就在电视直播中，乔尔·卡普兰坐在这位提名人的后面，他请了一天假来支持这位来自联邦主义者协会的朋友。Facebook 的行为引起了民众广泛的愤怒。一周之后，卡普兰被迫在全体员工大会上进行了公开道歉，不是因为他帮助了自己的朋友，而是因为他没有给 Facebook 一个预先通知。有一位与会者后来告诉《连线》杂志，卡普兰看上去很震惊，就像"有人刚刚朝他家小狗的脑袋上开了一枪"。[6] 仅仅一天之后，他道歉的诚意就受到了质疑，因为在参议院投票确认卡瓦诺担任最高法院大法官之后，卡普兰为他举办了一场庆祝会。

在那场灾难发生后的几周内，Facebook 宣布他们已发现黑客利用其基础设施的缺陷获取了 5 000 万用户的信息，包括桑德伯格和扎克伯格的信息。[7] 与剑桥分析公司的情况不同，这就是一个直接的漏洞，已经暴露了一年多的时间，并被入侵者利用了。几个月之前，在就剑桥分析公司事件道歉时，扎克伯格承诺过："我们有责任保护你们的数据，如果我们不能，那我们就不配为你们服务。"[8] 通过任何一个指标，人们都很容易看到他违背了自己的承诺。在一次罕见的语音新闻发布会上，有人两次提问，问他是否认为自己应该辞职，他两次给出的答案都是否定的。

Facebook

桑德伯格也在全力投入，不仅仅是为了Facebook，也是为了她毕生打造的个人品牌。除了在公司重建中发挥领导作用外，她还抽出时间去支持她在第一本书中提出的"向前一步"组织。她认为自己帮助过女人，并为此感到骄傲。Facebook的灾难影响了这场"向前一步"运动——米歇尔·奥巴马在布鲁克林巴克莱中心的演讲一定伤害了桑德伯格，她说"光靠向前一步是不够的，因为那玩意儿并不总是管用"。[9]但是桑德伯格仍然埋头前行，努力获得A+的表现。

桑德伯格不时会在20号楼以脱口秀的形式进行一次Facebook直播，此时她是作为"向前一步"运动领袖的身份，而不是她日常工作中的角色。她跟嘉宾面对面坐在桌子两边，嘉宾通常会推销自己最新出版的一本鼓舞人心的图书，两人的面前摆放着印有"向前一步"标志的咖啡杯，然后进行一次平和的采访。你可以说，这是她一天之中最美好的时光。在她们的身后，透过会议室的玻璃墙，你可以看到Facebook的员工们熙熙攘攘地走过，其中有些人肯定正在创造新的东西来消除那段时间公司所爆发的任何危机。在她那间被称为"只有好消息"的会议室里，桑德伯格围绕主题，每次都会抛出她的最后一个问题：如果你不曾害怕，你会怎么做？

2019年，我问桑德伯格："如果当时有人问你这个问题，你会怎么回答？"这是我对她的最后一次采访，在一次两个小时的盛宴上，我向她提出这次采访请求时，之前的会议刚刚结束，并且事情开始出现好转。她说："如果我不害怕的话，我会努力做好Facebook的COO，推动业务的发展，并声称自己是一位女权主义者。"她还补充道，人们忘记了，当她写《向前一步》时，作为一位女性企业领导者，做出这种声明是一件冒险且不同寻常的事情。

桑德伯格最近出席了国会的听证会。她和杰克·多尔西被安排在一个小组，国会委员会希望谷歌的CEO桑德尔·皮查伊（Sundar

Pichai）也能出席，但他拒绝了。一位被激怒的参议院委员在会议桌旁留下了一个空位，并放上了写有他名字的桌牌。

桑德伯格以她一贯的热情为这场考验做足了准备，并留出了几天的排练时间。她考虑了每一个细节，甚至小到她与小组成员的互动。她认为她与多尔西之间通常的友好拥抱应该取消，因为这可能意味着合作。她也决定不攻击皮查伊，因为在他缺席的情况下攻击他看起来很糟糕。

桑德伯格的证词很成功。没有人像对待扎克伯格一样，问她住在哪个酒店。之前的政府工作经验让她学会了如何适当地尊重爱出风头的政客，她前几天曾拜访过其中的一些人，亲自为自己辩护。

除了多尔西的嬉皮士风范，桑德伯格的这种做法也有助于让委员们分心，使他们不会关注她回答中的任何漏洞。在听证室里晃来晃去的是阴谋家亚历克斯·琼斯，他最近被 Facebook 封禁了。"哔——哔——哔——哔，我是一个俄罗斯机器人。"他不停地叫喊，看起来任何社交网络选择禁止他可能引发分歧的言论都是合理的。[10]

在几乎所有人的设想中，桑德伯格的职业目标都是一份公开竞选的公职，但在我们漫长的谈话中，她对此予以了否认。"绝对不是。"她说。她原本可以接受一个指定的职位，但环境不允许，对她来说，一个合理的退出时机可能是 2012 年 Facebook 实现 IPO之后。她向扎克伯格承诺工作 5 年，2013 年就是到期的时间。但Facebook 花了一年多的时间，才艰难地让股价回到开盘价之上。显然这不是一个离开的好时机。

她丈夫的去世本身就是一场灾难，她说那是"一个灾难性的时刻"。在她丈夫出事之后，除了跟她的孩子们在一起，并努力回到Facebook，她什么都没做。然后就到了 2016 年。"我在 Facebook 工作了 10 年，"她说，"但我知道，在选举问题、俄罗斯问题以及虚假消息问题出现之后，我们将经历一段艰难的旅程。现在我觉得自己有巨大的责任留下来，确保这个地方变得更好。要解决公司面临的问题，马克和我是最有可能的人选。"

我认为可能近期最艰难的时刻是 2017 年 10 月她与国会黑人核心小组的会面。[11] 桑德伯格带着时任 Facebook 全球多样性高管玛克辛·威廉姆斯（Maxine Williams）去跟他们会面。基本上，核心小组给她上了一课。令他们感到愤怒的是，Facebook 为俄罗斯间谍的宣传提供了支持，并因此助长了白人对黑人的偏见。当然还有更多：由于允许广告商歧视非洲裔美国人，Facebook 因侵犯公民权利而遭到了攻击；员工中有色人种太少，董事会中也没有黑人董事。核心小组还把目光集中在威廉姆斯身上：为什么由她担任多样性的负责人，而不是一位 CDO（首席多样性官）？后来，Facebook 解决了所有这些问题，调整了威廉姆斯的头衔，并任命前美国运通 CEO 肯尼思·舍诺（Kenneth Chenault）进入公司董事会。在每位小组成员发泄完之后，桑德伯格一边承诺将会解决他们提出的问题，一边不停地像口头禅一样重复说："我们将会做得更好的。"会谈结束之后，新泽西州众议员唐纳德·佩恩（Donald Payne）表达了他的不满，他告诉《纽约时报》，他曾有一位叔叔，非常讨厌人们在解决问题的时候说自己"将会"这样做或那样做。佩恩说："他过去常常说，不要说'将会'。这也是我对她所说的——不要说'将会'。"

"这是有史以来最艰难的会议之一。"桑德伯格说，"我认真听完了整场听证会，并做了非常详细的笔记。离开时，我对自己说，包括我在内，我们还有很多工作要做。在接下来的几个月里，我给参加会议的每一位小组成员都打了电话，甚至还包括其他人。现在由我亲自领导公司中与公民权利相关的工作。"

尤其困难的是，那些是跟她处于一条战线上的人——民主党人、人权支持者、正义战士。"我非常开明，我是一位重要的捐赠者和资助人。人们很沮丧我们不知道问题所在，我们自己也很苦恼我们不知道问题所在。"

在重温那次会面时，桑德伯格的情绪非常激动，她需要几秒钟让自己平静下来，然后，她流泪了。那是一种沮丧，没有得到人们理解的沮丧，以及过去两年的痛苦。她之前很明智地说过：失去丈夫之后，处理 Facebook 的麻烦能有多糟糕？但是，她被人们在 Facebook 上的行为弄得焦头烂额，她的名声受到质疑，现在在她的会议室里，没有笔记或谈话要点，她要解决这个问题。

"我的意思是，这是一件大事。"她说，她的声音中仍然充斥着情绪，"这家公司是由马克、我以及我们所有人共同打造的，因为我们真的相信自己的理念。我深信人们有发言权。我的职业生涯始于印度的麻风病研究，我去过没有通电的村庄和家庭，我见过印度麻风病人躺在地上无人照料，好像他们什么也不是。我知道失去连接是什么滋味。"

"所以，对我来说，来到 Facebook，我们将人们连接起来，让他们发出声音。每个人都有这样的声音，从希拉里到特朗普，到全世界所有的人。因此，这些相同的工具实际上……"

她屏住呼吸，这句话的后半部分似乎是说，他们在 Facebook 上所使用的相同工具，也被用来作恶。

"我记得'阿拉伯之春'发生的时候，我们认为那是不可思议的。"她继续说道，"我们没有做什么，它只是一个工具。但是人们通过相互连接，让一切成为现实。我们的大选，在过去和现在都是一件超级大事，它不仅仅让其他人感到不安。我想可能是因为我们不擅长表达，或者可能是因为我不够诚实和开放，这可能是我分享过的最多的一次，或者可能是我没有论坛，但是我很沮丧。我不需要董事会……但是我很沮丧。厄斯金·鲍尔斯跟我很熟，他很沮丧，我也很沮丧，我们都很沮丧。"

房间里的气氛越来越沉重，负责会议安排的公关人员（最近招募了一名以替代一名退出者）已经停止打字，这本是公关保姆们在会议中的常规事务，她瞪大了眼睛。桑德伯格说："我知道，对Facebook 来说这将是一段非常艰难的时期，我已经在这里工作 10 年了，我的工作就是处理困难的问题。"

在这种低迷时期，哭泣似乎是工作描述的一部分。在接受《纽约时报》采访时，CTO 迈克·斯科洛普夫泪流满面地描述了 Facebook 的人工智能无法阻止新西兰克赖斯特彻奇谋杀视频的传播。[12] 我间接听说过这件事，但永远也不能证实，有一位 Facebook 员工评论说，在某些日子里，女卫生间里的所有隔间都会被哭泣的员工占据，那些来得晚的人不得不排队等候轮到她们。

"这听起来很糟糕。"当我将此事告诉桑德伯格时，她说道，"我是说，我也哭了，就在我的办公桌前哭的！"

Facebook 曾经是硅谷重要的人才掠夺者。现在，它的竞争对手正在掠食 Facebook 的员工。员工们发现，现在是加入创业公司的好时机。一所大型人工智能学校里的一位计算机科学老师告诉我，Facebook 曾经是学生们就业的首选。现在，他猜测，出于道德方面的考虑，他的学生中大约有 30% 不会考虑这家公司。

Facebook 内部也有疑虑。Facebook 会定期对其员工进行调查，《华尔街日报》设法看到了 2018 年 10 月 Facebook 针对 29 000 名员工进行的一项民意调查的结果。[13]（连投票结果被泄露一事，也是公司出现麻烦的标志。）只有略多于一半（53%）的员工对公司表示乐观，这个数据比前一年下降了 32 个百分点。并且在前一年对公司表示乐观的员工中，有成千上万的人不再相信 Facebook 对世界有益。

Facebook 员工对公司的疑虑甚至达到了历史最高水平。一位高管向我描述了 2018 年中期召开的一次最高层领导者会议，这些领导者被称为"小集团"。扎克伯格跟他们说："我不认为每个人都相信我们所做的事情。"他让他们在一张纸上写下 Facebook 投入巨大努力所做的事情，并给这些事情评分，从 1 分到 10 分。

结果令人沮丧。

"基本上，每个人都认为，我们所做的一切都不好。"这位高管说，"我们为什么要试图在搜索领域与谷歌竞争？我们为什么要做手表？为什么要做 Oculus 眼镜？"（另一位与会者认为并非所有的东西都是负面的，但他也证实了这件事情。）扎克伯格对此并不担心。他告诉他的团队，所有的重大尝试一开始都会面临质疑。他总是能成功避开怀疑论者。

在此之前，扎克伯格的魔力一直在于他拥有做出正确决策的能力。山姆·莱辛是扎克伯格在哈佛大学时的同学，他后来在 Facebook 担任高管，现在仍然是扎克伯格的密友。他说，出现过很多次这种情况，就是扎克伯格做出的一个决策，与会议室里其他所有人的观点相冲突，最后他的观点会占上风，而且他还是对的，这种结果出现了一次又一次。过了一段时间，大家就开始接受这一现实。

现在看来，有些决策并不是太好。也许，即使是战争时期的 CEO，也应该更加认真地对待反对意见。"制定法令是每位领导者的权利。"多次见证了扎克伯格制定决策的一个人说，"但是，当所有人都不同意一位领导者的观点时，如果他认为这种情况反而证明其观点是对的，那他就真的失败了。"

扎克伯格的忠诚拥护者们一直都很支持他。在 33 岁生日那天，他发布了一张照片，上面是他与 20 位工作上最亲密的朋友在一起庆祝，他们送了一个蛋糕给他，上面点缀着不同的肉块。[14]那些笑容满面地聚集在他们领导者周围的人，有一些现在与扎克伯格的关系十分明确：桑德伯格、博斯沃思和克里斯·考克斯。

但是，在曾经的忠诚拥护者中出现了越来越多心存不满的人。早期投资者罗杰·麦克纳米在2016年曾给扎克伯格和桑德伯格写过一篇与虚假新闻相关的文章，他只是第一位发声的变节者，他们过着光鲜亮丽的生活，公开谴责这家让自己变得富有的公司。在位于费城的美国国家宪法中心的一次公开采访中，肖恩·帕克抨击了Facebook的沉迷性，他说："包括Facebook在内的一批最早的应用程序，它们的设计理念是如何尽可能多地消耗用户的时间和注意力。发明人、创造者，包括我、马克、Instagram的凯文·斯特罗姆，我们这些人都会意识到这一点。不管怎样，我们做到了。"[15]贾斯汀·罗森斯坦是点赞按钮的共同发明人，但他现在谴责点击竖起大拇指图标所带来的"虚假快乐"。[16]

也许最尖锐的批评来自查玛斯·帕里哈皮亚。2017年12月，在斯坦福大学商学院发表演讲时，这位推动Facebook发展的高管说："我认为我们已经创造了一些工具，这些工具正在撕裂维系社会运作的结构。"[17]他引用了印度的一个事件：WhatsApp谣言工厂传播了一起虚假绑架事件的消息，在随后的暴行中有7人被处以私刑。他说："这只是一件非常非常糟糕的事情。"尽管使用Facebook确实能获得一些好处，但他个人并不使用这项服务，他也不允许自己的孩子们"使用这种垃圾"。

这简直让人无法忍受。桑德伯格跟他取得了联系。双方都不愿透露说了什么内容，但之后帕里哈皮亚公开收回了他的声明。[18]

尽管Facebook遭受了重创，但它的业务状况比以往都要好。公

18 诚信

司的核心广告策略被证明是无与伦比的，通过将搜集到的大量数据与外部信息相结合，帮助广告商接触最精准的受众。经过多年的技术开发，以及那些能够证明其价值的指标，Facebook 在 PII（个人身份信息）方面是无可争议的领导者。

宝洁公司的 CBO（首席品牌官）马克·普里查德还记得几年前他与桑德伯格的一次对话，双方谈到了 cookie，也就是在你访问网站之后存放在你计算机中的一些小数据标记。"我记得很清楚，"他说，"谢丽尔说，'cookie 将会消亡，未来是 PII 数据的时代'。两者的不同之处在于你要管理的 PII 数据比 cookie 数据多得多。cookie 数据是匿名的。未来属于 PII 数据的判断是正确的。"

随着记者和监管机构开始披露 Facebook 对用户的了解程度，以及它如何巧妙地包装信息以便于投放广告，该公司在透明度方面做出了一些温和的让步，但这几乎没有减缓 Facebook 的势头。一方面，Facebook 的广告系统如此复杂，以至连扎克伯格都无法理解其中所有的错综复杂之处。在国会做证时，他对一些关于 Facebook 广告实施方面的问题采取了拖延战术，因为他没有准备这方面的内容。"我原本以为国会做证主要是与剑桥分析公司相关，也许在某种程度上会涉及俄罗斯的干预问题。"他在做证后不久告诉我，"我想，接下来的其他产品问题，我基本上都能够回答，因为这些产品是我创建的。"他回避了这些问题，并在回家的飞机上发誓，要亲自调查此事。"实际上，对于我们如何在广告系统中使用外部数据，我认为自己并不了解其中所有的细节，并且我对此也不满意。"他说。

扎克伯格发现，这是一个被信息强化的系统，即使看似重大的改变，本质上也没有什么区别。在扎克伯格去国会做证之前，Facebook 就已经放弃了最具争议的措施之一，即"合作伙伴分类"。[19] 在此之前，Facebook 将自己的信息与数据经纪人（包括像 Equifax 和 Experian 这样的巨头）搜集的和消费者相关的大量文件进行匹配，这样广告商就可以更加准确地锁定个人。例如，如果一家新闻出版机构想在 Facebook 上触达自己的订阅用户或者竞争对手的订阅用户，它就可以使用合并后的数据直接找到他们。

几个月后，当我问一位广告部门的高管这一变化是否对业务有影响时，他笑了。答案是没有！尽管 Facebook 不再从经纪人那里购买数据，但其政策明确表示，"企业可以继续自行与数据提供商合作"。[20] 就像以前一样，Facebook 让广告商轻易就能将购买的数据接入他们的系统。唯一不同的是，广告商现在直接给数据经纪人付费。

尽管欧洲实施了相对严格的隐私规定，但在其他任何地方，Facebook 都可以自由地参与持续的互联网追踪热潮，这是一种普遍的做法，人们访问的每一家网站和使用的每一个搜索词都按照惯例被记录下来，并用来向他们推销东西。美国的议员们一直在谈论隐私法，这可能会让事情有所缓解，但似乎从来没有出台过任何相关的法律文件。没有哪家公司比 Facebook 更能利用这一点，因为它在数百万个网站上都插入了自己的隐形数据采集代码。如果你登录了某一品牌运动鞋的页面，或者查看了一辆汽车的信息，或者（但愿不会这样）查看了一种非处方药，你就可以放心地在你的动态消息上看到一则与你刚刚浏览过的内容相关的广告。这简直恐怖到让人不寒而栗。

这一现象引起了广泛的怀疑，人们认为 Facebook 在采取某种方式监听每个人的对话。参议员加里·彼得斯（Gary Peters）在听证会上就此事向扎克伯格发出质询，这代表了许多美国人的心声。"我一直听人在说这些，包括我自己的员工。"他说，"Facebook 是否使用从移动设备获得的音频来丰富其用户的个人信息？有没有这么做？"

"没有。"扎克伯格说。

事实是，Facebook 不需要窥探人们的音频，因为它已经拥有了帮助广告商触达目标客户所需的所有 PII 数据，不仅仅是针对它想要触达的受众类型，还包括该受众群体中某些具体的个人。

因此，Facebook 的服务是广告商必须购买的，因为数字广告正逐步扩大其在美国整体广告支出中的份额，到 2019 年，大部分的广告已经都是数字广告。[21] Facebook 所面临的唯一激烈竞争来自谷歌，尤其是在其占主导地位的移动互联网领域，这两家公司合计占有约 60% 的数字广告市场份额，[22] 超过 2/3 的移动互联网广告市场。[23]

在 Facebook 面临麻烦期间，不管头条新闻是公司又做错了什么事情，在投资人电话会议上听到的都会是一个不同的故事：桑德伯格或者首席财务官戴夫·威尔纳会说，"我们经历了业绩优异的一个季度"，通常还会报告其创纪录的收入。这家依靠扎克伯格从一位同学那里筹到的 1 000 美元创立的公司，现在年收入超过 500 亿美元，公司在华尔街的估值超过 5 000 亿美元。

但是，有一次电话会议并不顺利，那是 2018 年 7 月公布第二季度收益的时候。[24] 跟往常一样，股市收盘之后，扎克伯格、桑德伯格和威尔纳拖着沉重的步伐来到公司总部的一间会议室，汇报公司的运营业绩，并接受分析师的提问。这一次他们带来了一些坏消息。

几个月以来，扎克伯格一直承诺要多招募数千人从事安全和安保工作，这影响了公司的利润。这不是什么新鲜事。"正如我在过去的电话会议中所说的，"扎克伯格照着他的笔记读，"我们在安保方面的投资很多，这将显著影响我们的盈利能力。"真正产生影响的是，Facebook 当前广告模式的势头已经放缓：动态消息上的广告内容未来可能会被取消。但是，Facebook 已经找到了一个替代品：将广告放在一个叫作"故事"的内容板块中，内容则源于 Instagram。"故事"现在已经移植到了 Facebook、WhatsApp 和 Messenger。Facebook 还没有想出如何让其中的广告实现同样可观的收益，并且广告商还在学习如何在这里投放广告。但是，Facebook 信心十足，认为所有这一切都会发生，只不过并非现在。在后续的几个季度，这一差异将影响公司的收入。

就像是有人在拥挤的夜总会里大喊"着火了"，投资者惊慌失措，在盘后市场抛售股票。当扎克伯格和他的团队离开会议室时，Facebook 的股价已经下跌了 20%，市值损失了 1 200 亿美元。在召开电话会议的一个小时内，扎克伯格本人的资产缩水了 170 亿美元。[25]

"我认为我们经历了世界历史上最剧烈的股票下跌，"扎克伯格后来告诉我，"这是一次非常大的调整，因为我们试图重新设定对公司运营模式的预期。"

但即便是这样的挫折，也是暂时的。Facebook 的用户哪儿也不去，公司的收入也是如此。普里查德说："很明显，人们仍然在使用 Facebook 和 Instagram，广告商仍然在 Facebook 和 Instagram 上投放广告。"

由"增长"部门演变而来的"诚信"团队，引领着 Facebook 进行艰苦的工作。根据盖伊·罗森的说法，公司认为由于"增长"部门已经为 Facebook 发展了超过 20 亿名用户，它最适合来大规模解决安全的问题。"'增长'团队非常善于分析，知道如何找到工作方法，并且知道如何对事物进行评估。"他说。

"诚信"团队在这个过程中有一个座右铭——消除、减少、告知，看起来似乎产生了影响。2016—2018 年，三份研究 Facebook 的独立报告得出结论，该公司在虚假新闻方面取得了进展。密歇根大学的研究人员估计，所谓的"不确定内容"已经减少了一半。

引用这样的统计数据，并没有对公众的态度产生太大的影响，因为各大媒体的头条新闻都与 Facebook 此前的罪恶所造成的影响有关，而一些监管机构曾狂热地追捧过那些行为，比如联邦贸易委员会。现在看来，Facebook 没有兑现它在 2011 年"和解协议"中所做的承诺。其中的一条承诺是，如果用户的数据要被提交给其他公司，Facebook 必须提前通知用户。因为在剑桥分析公司事件中至少有 5 000 万用户确实遇到了这种情况，所以 Facebook 很难解释为什么它没有通知这些人，而且当剑桥分析公司在 Facebook 上投放广告时，Facebook 什么也没做，这些广告可能使用了基于亚历山大·科根的个性特征的用户细分技术。

遵守法令有两条途径。其中一条是遵守联邦贸易委员会本身的法令：当 Facebook 推出新的服务时，它会向该委员会的工作人员提供简报，指出产品或功能中的隐私保护问题。有时他们甚至会接受指导意见，调整产品以保护用户，甚至做得比最初的设计还要多。根据法令的要求，Facebook 还签约了一家外部审计机构，实际合作的是"四大"审计事务所之一的普华永道。（在 Facebook 聘请普华永道的时候，乔尔·卡普兰的妻子一直是该机构负责公共政策的首席合伙人，她担任这个职位一直到 2016 年。[26]）普华永道的一支团队会定期听取 Facebook 律师和政策人士的意见，了解该公司如何遵守联邦贸易委员会的法令，然后为其准备一份报告。[27] 显然，审计人员没有指出 Facebook 未告知 5 000 万用户的事情，即有一位开发者违反了 Facebook 的服务条款，将他们的数据交给了一些由极右势力资助的政治顾问。人们是从记者那里而不是从 Facebook 获知的这个信息。

理所当然，联邦贸易委员会被 Facebook 的行为激怒了。一项新的调查发现，Facebook 违反了其 2011 年签订的协议。[28] 它的罪恶包括：欺骗性的隐私设置；未能在第三方访问数据时进行安全保护；使用电话号码发布广告，而原本是出于账号安全目的才搜集电话号码的；对某些用户撒谎，告知用户面部识别技术默认是关闭的，而事实上它是开启的。这些控诉极其详细地描述了这家公司的不当行为，英国议会在 2019 年 2 月授予了这家公司"数字黑帮"的绰号。更糟糕的是，所有的欺骗和诡计发生在该公司刚刚度过此前背信弃义的局面并表现良好的时候。

这一调查结果引发了联邦贸易委员会与 Facebook 旷日持久的和解谈判。这是一场复杂的懦夫博弈，联邦贸易委员会试图在不被 Facebook 拒绝的情况下尽可能加重处罚，并且不想将此事提交审判，因为审判的不确定性将在数年内无法落实结果。争论的焦点之一是扎克伯格和桑德伯格的个人责任。许多观察家预计，他们会被提名，因为本应由他们来维持先前的解决方案，而他们却以失败告终。

联邦贸易委员会先出牌了。7 月 24 日，它提出和解方案，其中没有提及扎克伯格或桑德伯格，他们甚至没有被免职，而免职在此类调查中很常见。不出所料，它要求 Facebook 支付 50 亿美元的罚款，这是联邦贸易委员会迄今为止征收的最高一笔罚款。（之前最高的一笔是 1 亿美元。）尽管如此，5 名委员中有 2 名仍然提出反对，他们认为和解对 Facebook 来说处罚力度太轻了。他们的说法得到了验证，因为 Facebook 的股价几乎没有因这一声明而产生波动。在和解后不久的一次投资者电话会议上，Facebook 公布了公司该季度的收入为 170 亿美元。[29] 针对和解协议的报告中，用得最多的术语是"象征性的处罚"。

2018 年 6 月，长期担任宣传和公共政策副总裁的埃利奥特·施拉格辞职了（尽管他仍担任公司的顾问）。经过长时间的物色，桑德伯格对英国前政治家尼古拉斯·克莱格（Nicholas Clegg）产生了浓厚兴趣，他曾是副首相，后来遭受了两次耻辱性的失败，失去了他的内阁职位和席位。从那以后，他一直在关注科技世界发生的事情。他说："我越是关注那些抵制技术的言论和说辞，尤其是针对社交媒体的，就越担心这种抵制态度将会把婴儿和洗澡水一起倒掉。"这显然引起了 Facebook 的共鸣。

克莱格不愿意代表科技界最肥壮的羔羊去接受另一场公开的打击，但桑德伯格说服他飞往加州，与扎克伯格及他的妻子会面。克莱格说："当谢丽尔心中确定了目标时，她相当冷酷无情。"他警告桑德伯格，他会直言不讳。事实上，在跟扎克伯格见面时，他说："你的根本问题在于人们认为你的权力太大，但是你并不在乎他们的看法。"[30]

"是的，完全可以理解，我明白。"扎克伯格说。克莱格后来说，扎克伯格的这个回答让他感到惊讶，但扎克伯格已经接受了两年的批评，他一眨不眨的眼睛从没流过眼泪。之后，克莱格接受了这份工作。

克莱格的到来，正值 Facebook 内部最为紧张之际，公司欢迎任何看起来可以让自身得到喘息的机会。不管是大家单纯地疲劳了，还是公司获得了真正的进步，Facebook 的士气始终处于稳定状态，克莱格对此做出了贡献。几个月之前，扎克伯格颁布了几项符合他战争时期 CEO 立场的法令。之后，该公司再也不会有人能获得 C 级高管［CSO（首席安全官）、CMO（首席营销官），以及 Instagram、WhatsApp 和 Oculus 的 CEO 等］头衔了。（扎克伯格说，这不是一个"广泛的公司事务"，而只是考虑到一些现实情况之后的决定：像哈维尔·奥利文这样的高级管理人员被剥夺了 C 级高管头衔，而一些没有更多权力的人却得到了。）这是一个非常容易执行的命令，因为除了桑德伯格之外，大多数 C 级高管都已经离开或打算离开 Facebook。另一个原因是，Facebook 不再让任何高管在媒体上出镜。克莱格的观点更加宽松一些，他让《名利场》杂志用很长的篇幅做了一个与内容审核相关的深度报道，重点是报道莫妮卡·比克特的角色。

Facebook

在年底的全员会议上，克莱格是最后一位发言人，在他之前发言的扎克伯格证实了公司正在取得进展，另外盖伊·罗森也介绍了公司在"诚信"问题上取得的进展。克莱格直白、鼓舞人心的风格引起了大家的共鸣。"我说，虽然一些媒体报道可能不公平，但你不能罔顾事实欺骗自己。"他后来告诉我。在克莱格看来，好消息是尽管Facebook搞砸了，但它现在正走向救赎之路。"的确，这家公司现在正试图为自己的一些非凡创造和发明加装一系列稳定器、安全带以及其他类似的东西。"在与会者中，有一位几个月前还针对公司发表过尖刻的评论，在这次会议上他似乎得到了宽慰。这位员工说："媒体报道太过分了，已经到了讽刺的地步。甚至那些对公司有疑虑的内部人士，他们的感觉是'等一下，这么讲是不对的，我们实际上比你报道的要好'。""这次全员大会是我见过最好的一次，我听很多人说过，这次会议让他们感觉很好。"

公众对 Facebook 的看法仍然很残酷。但是它正在做出改变，新的公共关系团队承诺至少不会让事情变得更糟。

安德鲁·博斯沃思在 2018 年底告诉我："大家都认为，我们已经渡过了难关，我们现在有信心，我们不仅能够解决已经出现的问题，而且在未来能够系统地解决这些问题。"

事实证明，并不是所有的问题都能得到解决。

尽管 Facebook 的批评者很多，但有一个人似乎特别令扎克伯格恼怒，他就是苹果公司 CEO 蒂姆·库克。2016 年美国大选之后，随着 Facebook 的问题变得更为公开，库克开始对社交媒体尤其是 Facebook 提出自己的保留意见。库克抓住每一个机会指出苹果的商业模式是基于一个直接的价值交换：用户付费购买产品，然后使用。而 Facebook 的商业模式提供了一种看似免费但实际上并不免费的服务，因为用户支付的是个人信息和不断接受广告轰炸的注意力。库克的语气中带着他的家乡亚拉巴马州的味道，他说："如果你不是客户，那你就是产品。"[31] 他暗示着苹果的商业模式在道德上是优越的。

在苹果公司传奇的 CEO 兼联合创始人史蒂夫·乔布斯去世多年后，该公司仍然拥有硅谷精英企业的光环。扎克伯格跟乔布斯相处得很好，似乎一个心甘情愿追随他的门生。乔布斯认识到了扎克伯格的聪明之处，并且似乎能从他傲慢的态度中获得乐趣。他们经常一起散步，乔布斯会分享他尖锐的见解。

库克与扎克伯格的关系要冷淡一些。库克不认同扎克伯格关于隐私的看法，他自己也没有使用 Facebook。[32] 基本上，库克似乎不像合作伙伴一样信任扎克伯格，也没有刻意隐藏自己的态度。让事情变得更为复杂的是，媒体、政府，以及在某种程度上还包括公众，戏剧性地转变了态度，开始反对那些似乎突然之间就主宰了人们日常生活的大型科技公司。内部人士称之为"技术反抗"。在遭到抨击的美国西海岸科技巨头中，大家冷嘲热讽和担忧最多的就是 Facebook，人们认为，是扎克伯格让科技界失去了曾经笼罩在头顶的光环。

正如大国的领导人会不顾彼此之间的敌对态度而举行峰会一样，扎克伯格和库克通常会在一年一度的赫布·艾伦（Herb Allen）夏季聚会上留出时间进行交流。2017 年，扎克伯格对库克在一场毕业演讲中的一句话感到不安，苹果公司的 CEO 告诉毕业生们，不要通过点赞来衡量自己的价值，而扎克伯格认为这是在针对他。[33]

库克并不打算在扎克伯格的面前演讲。那时，库克一直在倡导将隐私作为苹果公司与客户达成交易的支柱。他嘲笑的对象是谷歌和 Facebook，但只有谷歌是其直接竞争对手，扎克伯格觉得自己被边缘化了。在剑桥分析公司事件之后，有人问库克，如果他处在扎克伯格的位置，他会怎么做。"我不会让自己处于那种境地。"他说。[34] 在随后的一次采访中，扎克伯格称这一评论"极度油嘴滑舌"。[35]

Facebook

2018 年中期，在苹果公司奇异的航空母舰造型的总部"苹果公园"，扎克伯格召集了一次 CEO 会议。扎克伯格再次抱怨了库克的言论，同样，库克再次置之不理。

扎克伯格说他无法理解库克的想法，但让他感到失望的是，自己没有让苹果公司的领导者相信 Facebook 的商业模式跟苹果公司的一样有效。"众所周知，很多信息业务或媒体业务都是由广告支持的，这样才能确保内容到达尽可能多的人手中，从而传递最大的价值。"他说，"这是一种特定的交易模式，也就是用户能够免费使用这项服务，所产生的成本用用户的关注度来支付，广告商希望将广告瞄准使用某项特定服务的人。"

2019 年 1 月 30 日，苹果公司与 Facebook 之间的紧张局势爆发成一场激战。局势的升级始于苹果公司调查了一款名为 Onavo Protect 的应用程序。这是以色列间谍软件公司 Onavo 开发的应用程序的后续产品，该公司于 2013 年被 Facebook 收购。这款应用程序遵循了 Onavo 最初的计划，即向消费者提供免费服务，并从数据中抽取精华进行商业分析。该应用程序向用户承诺，可以实现安全的网络连接，并以 Facebook 的名义来表明可信度。用户一旦安装，它就能保护他们的信息不被任何人看到，除了 Facebook。而 Facebook 搜集了该应用程序所有用户的数据，以分析他们用手机做了什么。

这种做法违反了苹果的服务条款。苹果公司总结称，Onavo Protect 是一款监视工具，它把自己包装成一个安全的 VPN，但实际上对用户有害。苹果公司要求 Facebook 撤下这款应用程序，否则将禁用它。

2018 年 8 月，Facebook 确实撤下了这款应用程序，但是还没有准备好放弃其中的数据。[36] 事实上，Facebook 已经有了一款使用类似的 VPN 技术来监控用户行为的工具，叫作"Facebook 研究"。

Facebook 付费给受试者使用它，并且以透明的方式搜集数据。这仍然违反了苹果公司的条款，但在这种情况下，Facebook 有一个绕过规则的计划。尽管支付给这款应用程序用户的金钱微不足道，但这仍是一笔钱，Facebook 现在把他们视为供应商。（这些用户还包括数千名青少年，这种做法可能违犯了保护未成年人隐私的法律。[37]）这使得 Facebook 能够将该应用程序纳入苹果公司的"企业"计划。大多数情况下，企业计划中的应用程序不对公众开放，它们只是预发布的原型产品或仅限于员工使用，因此不必通过常规的苹果认证。

后来，苹果公司发现了重新打包的应用程序，并认定它滥用了企业计划，所以苹果公司决定关闭 Facebook 对整个计划的访问权，没有事先警告。就内部应用程序而言，这就像切断了一家公司的电源。Onavo 应用程序不仅功能失调，而且所有正在开发的程序测试版本都无法运行。此外，一系列为 Facebook 员工提供的有用服务，比如列出各种园区咖啡馆菜单的服务，也突然停止工作。Facebook 的员工班车也依赖一个内部应用程序，员工们普遍搭乘班车在庞大的总部建筑群中穿梭，现在这款应用程序也出现了故障。

这一天正好要举行 Facebook 的季度投资人电话会议。扎克伯格、桑德伯格和首席财务官戴夫·威尔纳走进会议室召开电话会议。他们有好消息要宣布：过去的 2018 年是该公司迄今为止业绩最好的一年。"2018 年全年收入增长 37%，达到 560 亿美元，我们创造了超过 150 亿美元的自由现金流。"威尔纳说。[38]

扎克伯格夸口说，Facebook 让他的信任度提升了很多。"我们从根本上改变了经营这家公司的方式，"他说，"我们已经改变了提供服务的方式，更加注重如何预防伤害。我们在安全方面投资了数十亿美元，这影响了我们的盈利能力。我们已经采取措施，减少对 WhatsApp 的参与，以阻止误导信息，并且让 Facebook 上的病毒视频

Facebook

每天减少了超过 5 000 万个小时，以改善用户感受。我觉得 2018 年我们不仅在重要问题上取得了真正的进展，而且更清晰地认识到了我们正确的发展方向。"

就在他讲话的时候，Facebook 总部的员工无法测试新产品，并且因为无法搭乘班车而不得不取消了一些会议。

这是 Facebook 的分屏时刻，象征着其声誉受损与其业务稳健性之间的脱节。Facebook 的总部已经陷入停滞，这是其采取危险的隐私措施所导致的直接结果，但资金仍然在不断涌入。

这种脱节体现了 Facebook 艰难的 2018 年。其领导者认为公司正在取得进步，但在声誉难以衡量的市场，其股票价格已经见底。人们会因剑桥分析公司而记得 Facebook 的 2018 年，一个巨大的数据漏洞实际上只是一个漏洞，也许还有 100 个其他的错误和违规事项。但是，Facebook 更希望人们记住它的"选举战情室"。

这是一个会议室，专门为 2018 年夏秋季的各种公民投票做准备，其中最重要的是美国中期国会选举。我去过两次，有一次，我被允许在选民投票的那一天顺便进去了几分钟。但是，在选举前几周参观战情室是很常见的。事实上，战情室里的氛围让人怀疑整件事是一场猜谜游戏，就像俄罗斯人在 2016 年美国大选期间建立的 Facebook 页面一样虚假。

一位发言人告诉我，战情室里有 24 名工作人员，他们获得了目前在 Facebook 安全保卫部门工作的 20 000 人的支持。（一年后，Facebook 将报告一个更高的数字：35 000！）战情室里的数百个屏幕是显示实时结果的统计面板。其他与会者包括来自世界各地的"诚信"部门员工，包括巴西，该国也正在举行选举。即使有了人工智能，战情室也是一种昂贵的、劳动密集型的解决方案。但是，不管是否真的需要这个实体设施，或者本质上它只是一个媒体展示室，Facebook 熬过了 2018 年的中期选举，其间没有出现任何严重的后果。Facebook 的"公民参与"负责人通过一个来自巴基斯坦（或马其顿，他不记得是哪个）的针对怀俄明州选民的虚假信息攻击的例子，来证明该系统实际上真的阻止了信息篡改。

事实上，一场没有 Facebook 参与操纵结果的选举现在竟然被视为社交网络的胜利。

桑德伯格告诉我："我希望能将 2018 年中期选举时所采取的措施运用在 2016 年，这是确定无疑的。但在 2016 年，我们从未想过这种形式的干预，我们不知道这是什么，政府中没有人知道这是什么，没有任何管理机构的任何人告诉我们任何事情，不管是之前还是之后，完全没有。"（事实上，玛丽亚·雷萨告诉过他们。）

尽管如此，Facebook 还是取得了进展。但是，仅仅阅读报纸（如果还有人仍然这样做）或者查看网络新闻，你永远不会知道这些。公司的丑闻还在不断涌现，这成了记者们的一个笑话：这是在模仿工厂里的标牌，上面写着自上次工业事故以来的安全天数，每天的数字理想情况下至少要达到三位数。在 Facebook，这个数字很少达到两位数，而且经常在 1 或 2 时就被重置。记者们不停地挖掘（或将落入他们手中的东西写出来），监管者不停地调查，法院不停地罢免，公众仍在思考是否应该删除 Facebook。

人们似乎在说，这些调整已经够了。问题是下一次危机是否会大到足以毁掉公司，以及扎克伯格是否真的在策划变革，一场根本性的变革。

事实证明，他真的在行动。

Facebook

19
另一个 Facebook

　　2019 年 3 月 6 日，星期三，扎克伯格在他的水族箱式会议室突然爆出一个重大消息。自 2016 年美国大选以来，Facebook 在经历了所有渐进式的调整以及持续的公众关注和审查之后，终于往前迈出了一大步。他发布了一个帖子，标题是"聚焦隐私的社交网络愿景"。[1] 他作为分享之王，现在正在重新校准，再次强调让 Thefacebook.com 在上线之初就与众不同的特征：隐私。

　　他以战争时期 CEO 的方式做出了决定：发布声明。"我只不过是发现，我本可以花几年时间在内部与我们的团队交流，但仍然无法带领所有人到达同一个地方。"他说，"在某个时刻，我们需要做一个决定。"

　　通过对互联网行为的观察，他确信有一些网络服务吸引了用户，动态消息的缺点在这些服务中不存在。他写道："私信、阅后即焚的新闻和小群组是迄今为止增长最快的在线交流领域。很多人更喜欢一对一交流或者少数几个朋友之间交流的亲密感。对于将他们分享过的东西永久记录下来的做法，人们变得更为谨慎。"

　　由于扎克伯格的方式是把即将到来的范式转变视为机遇，他现在正在调整 Facebook 以获得优势。"对于互联网的未来，"他写道，"我认为一个注重隐私的交流平台将会变得比今天的开放平台更加重要。"

因为最重要的开放平台是 Facebook 的"蓝色"品牌，这可能会给扎克伯格带来问题。幸运的是（对他来说），除了这个品牌，他还拥有另外三个交流平台。此外，他还拥有虚拟现实公司 Oculus，他认为这家公司在 21 世纪 30 年代将会成为主导平台，并将所有的平台置于更为紧密的控制之下。

实际上，从 2018 年开始，扎克伯格就一直在为这一转变做准备。虽然所有的头条新闻都与丑闻、选举和收入有关，但他一直在悄悄地对公司进行变革。

他的行动从调遣所有已收购的重要公司的创始人开始。

几周之后，在 2019 年 F8 会议上阐述他的愿景时，扎克伯格煞费苦心地表示，这一转变并不标志着传统 Facebook 的消亡。Facebook 中将会存在一个地方，他称之为"市政厅"，这是一个公开论坛。在这个 20 亿人的交流场景中，善意的、普通的以及令人讨厌的人都可以参与。但是，人们越来越希望获得受保护的空间，让他们可以私下交谈。这与"起居室"类似，在那里谈话是不公开的。Facebook 现在押注"起居室"会比"市政厅"更受欢迎。对 Facebook 来说，这比当前完全开放的状态所带来的问题要少得多，因为当前的误导信息、仇恨言论和愚蠢干扰已经泛滥成灾。有了强大的加密功能，没有人能看到引发现在这些暴行的内容。

在他发表主题演讲后，我跟他交流时，指出他在演讲中一次也没有提到动态消息。

先是一阵短暂的沉默。"是的，也许是这样，"他最后说道，"但它仍然很重要。"

Facebook

490

只是不再是互联网的未来。

扎克伯格之所以对他的公司在"后动态消息时代"的未来充满信心，是因为他在2012—2014年间收购并创建的那些公司取得了惊人的成功。Instagram就是其中一家，这家公司正在走向一个划时代的胜利，它的增长率远远超过了Facebook，在深思熟虑的启动后，其广告收入开始大量涌入。尽管Instagram也曾被俄罗斯人用作传播误导信息的工具，但这家基于照片的社交媒体网站似乎从来没有出现过瑕疵。Instagram深受用户喜爱，其CEO凯文·斯特罗姆被视为硅谷的大师，与他的老板相比，他以正直、严谨和富有同理心而闻名。Instagram非常成功，用一位Facebook高管的话来说，"配角变成了主角"。这本身就成了扎克伯格的一个问题。

不过，我在2017年初参观Instagram新总部的时候，那里似乎一切都很好。与20号楼的仓库风格形成鲜明对比的是，Instagram的新宫殿是简约的美学风格，超大的窗户在自然光下闪闪发光，就像Instagram的帖子一样。在将公司出售给Facebook 5年之后，凯文·斯特罗姆仍然牢牢掌控着局面。

"在加入Facebook时，我想我们将面临的大问题是我们能否保持独立。"他告诉我，"因为当你创立一家公司时，那是你的孩子，你想照顾它，你想养育它。有些东西让Instagram变得特别，那就是社区，我不想让Instagram成为某个更大的产品的一项功能。"

他和联合创始人迈克·克里格实际上将Instagram作为一家独立的品牌来运营，却从Facebook的基础设施、市场营销甚至其人工智能研究中获益匪浅。例如，Instagram最近利用Facebook在机器学习方面的技能，将它的订阅源的序列由时间流改为等级流。尽管斯特罗姆是向CTO迈克·斯科洛普夫汇报工作（很快变成了向克里斯·考克斯汇报），但他仍与扎克伯格保持着直接联系。他们大约一个月一起吃一顿晚餐，这种互动方式更像是同事之间的商务餐，而不是跟老板的会面。

斯特罗姆坚定地对我说，除了那一刻，扎克伯格没有插手其他事。斯特罗姆提到最近对 Instagram 图标进行重新设计的事，原图标是一个相当逼真的 20 世纪 60 年代宝丽来相机的图像，左上角有一个彩虹色块。重新设计尽管看起来微不足道，但实际上是一件非常重要的事情。时代变了，Instagram 已经成了一家全球性的公司。这个应用程序不仅仅是一种有趣而古老的分享方式，也是人们表达自己的一种重要方式。因此，它的图标应该抛弃现实主义风格，即软件设计中所谓的拟物化图像，转而采用更为抽象的设计，用一个由矩形和圆形图案组合成的符号来暗示照相机。彩虹色块被暖色渐变所替代，这使图标看起来闪闪发光。在跟扎克伯格的一次晚餐上，斯特罗姆将图标展示给他看，因为这个变化太大了，斯特罗姆有点儿担心。"顺便说一句，我忘了提我们正在设计新图标。"他在吃得差不多的时候说，并准备好了迎来一场长时间的讨论，但扎克伯格只是看了看图标，然后说"很好"，尽管他可能不是特别喜欢渐变色。

斯特罗姆甚至在一个潜在的爆发点上达成了很好的妥协：在 Instagram 的信息流中插入广告。斯特罗姆认为动态消息中的广告太多，对用户体验造成了不好的影响，他不想让 Instagram 面临同样的遭遇。他坚持认为，至少在一开始，要限制信息流中的广告数量，并且他有权对广告进行审批。这意味着 Instagram 不会向数百万企业开放其信息流，而这些企业之前可以使用 Facebook 的自助服务流程来触达目标客户，Instagram 因此失去了相应的收入，那就这样吧。斯特罗姆会亲自签批每一条展示广告，确保是由他自己而不是由一套算法来决定每条广告是否符合美学标准，这样广告才能在 Instagram 的信息流中看起来不错。

Facebook

"我们在产品方面所做的一切都非常独立，"斯特罗姆告诉我，"我们都朝着一个相似的目标前进，但前进的路线完全不同。"

我们当时都不知道，但 2017 年的这次对话可能是斯特罗姆最后一次主张他的自主性。在随后的几个月里，Instagram 被一条越来越短的皮带束缚住了，这条皮带的另一端攥在一个穿灰色 T 恤衫的家伙手上。

还有另一件事也发生了变化。2018 年，斯特罗姆当上了父亲。他休了育儿假，Facebook 鼓励所有员工都享受这个慷慨的假期。在假期结束之前，他辞职了。

Facebook 与 Oculus 的联姻注定会更为艰难。扎克伯格对 Oculus 在 10 年后可能的状况非常兴奋，就像移动设备在智能手机出现之后的情形一样，那时虚拟现实可能会占据主导地位。同时，Oculus 基本上会变成一家出售硬件的游戏公司，而对 Facebook 来说，这是一项陌生业务。

作为一家游戏公司，要想生存下去，Facebook 就需要投入数十亿美元，并且在一个它不太关注的行业中进行竞争。Oculus 面临一个"先有鸡还是先有蛋"的问题。理想情况下，在其旗舰产品 Oculus Rift 平台上，将会出现一个软件库，包含丰富的优秀软件。但它 500 美元的价格太贵了，这还不包括运行软件所需的超级计算机，这样总费用就会达到 1 500 美元，超过了大多数人的支付能力。因为用户基数还很小，大型游戏开发商还看不到花费数百万美元去开发一款优秀游戏的价值。

所以，Facebook 给他们付费。它设立了一个名为"Oculus 工作室"的部门，为那些开发公司提供资助，让他们开发可以在 Rift 上运行的内容。与此同时，秉持实用主义的软件奇才约翰·卡马克一直在致力于开发出更便宜、更具吸引力的移动端产品。Oculus 与三星公司达成协议，开发了一款售价 100 美元的头戴设备 Gear，让用户可以通过自己的智能手机实现视觉上的效果。这是廉价设备上的虚拟现实。Gear 的销售数量远远超过了 Rift，但其使用体验要差一些。

在 2017 年 Oculus 开发者大会上的主题演讲中，扎克伯格设立了 10 亿人使用虚拟现实产品的目标。对 Oculus 的高层管理人员来说，这是一条新闻，他们直到彩排时才知道这个预测数字。

虽然扎克伯格将虚拟现实视为一项社交技术，但 Oculus 的游戏玩家认为这是未来的事情。"关于虚拟现实在哪些领域会很重要，我个人的列表上，社交可能排名第四。"约翰·卡马克说。（他补充说，可能因为他是一个"有隐士倾向的反社会人士"。）

Facebook 的"社交虚拟现实"团队甚至不属于 Oculus 部门，而是通过扎克伯格的指挥链进行工作汇报的一支工程团队，这是有象征意义的。为了满足他实现社交虚拟现实的愿望，他们开始打造一款名为"Facebook 空间"的产品（注意：不是 Oculus），人们可以通过 Rift 在虚拟现实中互动。由于 Rift 的用户群相对较小，并且主要由核心玩家组成，他们对观看婴儿迈出人生第一步毫无兴趣，另外奶奶们也没有头戴设备来观看，因此"Facebook 空间"很难找到观众。虽然演示看起来很酷，扎克伯格自己也做了一个精心准备的演示，把他自己的家人作为卡通形象展示在他的真实客厅里，但这些内容在视觉上有些令人不安。

Facebook 在 2017 年 F8 开发者大会上的演示就没那么吸引人了。该公司刚刚向红十字会捐款，为遭受飓风袭击的波多黎各提供援助。[2]为了解释这件事，扎克伯格和他的"社交虚拟现实"团队负责人雷切尔·富兰克林（Rachel Franklin）针对受损的岛屿进行了一场虚拟现实之旅。视频显示，他们的卡通形象以一种不恰当的、令人眩晕的方式看到了现场的残骸，还击掌庆祝了 Facebook 的慷慨。扎克伯格随后的所谓道歉，也只是一种泛泛的"向所有被我冒犯的人道歉"，对 Facebook 在虚拟现实方面的工作并没有什么帮助。

扎克伯格将希望寄托在 Oculus 位于美国西雅图的研究机构，该机构聘请了顶尖科学家来设计低成本的眼镜，以解决长期的虚拟现实问题，并提供"增强现实"的体验，即将计算机图形叠加在现实世界之上。他表现出了耐心，确信实验室的负责人迈克尔·阿布拉什正在聚集最好的科学家来推动这一领域的进展。Oculus 需要他们，因为苹果、微软和其他公司也将资源投入了类似的产品。

但他的这种耐心并没有延伸到 Rift 的业绩表现上，在一次投资者电话会议中，他的说法是"令人失望"。

还有帕尔默·拉齐的问题。[3] 虽然这位 Oculus 的创始人参与了 Rift 手控装置等产品的开发，但担任 Facebook 的虚拟现实大使占用了他越来越多的时间。他给"玩具盒"（Toy Box）做名人演示，这个产品可以让两个人进入同一个虚拟空间，做一些像打乒乓球这样的事情。在《时代》杂志 2015 年关于虚拟现实的重大报道中，封面主题是戴着虚拟现实眼镜的拉齐，叠加在热带海滩的背景上。Oculus 的联合创始人兼 CEO 布兰登·伊里贝说："帕尔默专注于做虚拟现实的代言人，发布新闻和宣传布道。在灵巧美国（Nimble America）事件之前，一切都很好。"

拉齐是一位政治保守主义者，他支持右翼，并且在快餐、与女友一起拍摄角色扮演照片以及焊接手工计算机外围设备等方面也投入同样的热情。他非常崇拜军队。伊里贝记得，有一次他接到一个电话，说拉齐在 Facebook 的总部开过一辆坦克，有人还因此报警了。那辆车是拉齐的，是由一辆服役的军用悍马车改装而来的，车上配有玩具机关枪。然而，对 Facebook 的工作人员来说，这就像是一颗核弹。

拉齐化解了这一局面，最终与警察一起合影留念，但这一事件成了他的一个污点。"在 Facebook，你不能开着带枪的悍马（也就是军车）到公司的停车场，并且把警察招来。"伊里贝说，"这不是我们在这里应该做的事。"

2016 年夏天，拉齐在一个名为 The_Donald 的 Reddit 子站上遇到了一群看似志同道合的特朗普支持者，他们专门"实时发布垃圾消息"。他们称自己为"灵巧美国"，拉齐匿名捐赠了 1 万美元，帮助该组织在匹兹堡郊外购买了一块广告牌，广告牌上是一张希拉里残酷的卡通脸，并且用大写字母写着"大到无法无天"。当拉齐后来向一位《每日野兽》（Daily Beast）的记者证实自己的贡献时，他认为这种交流是非公开的，但记者不这么认为。2016 年 9 月 22 日，出现了一篇标题为"Facebook 的准亿万富翁秘密资助特朗普的文化模因机器"的报道。[4]

这篇报道彻底摧毁了拉齐在 Facebook 的命运。媒体将他生吞活剥了。拉齐坚称自己被误解了。他说，他给"灵巧美国"的捐赠只是用来购买广告牌的，或许还会用来印刷一些 T 恤衫。他没有参与任何与网络钓鱼、打造文化模因或发布种族主义评论相关的事情。

然而，绝大多数自由派的 Facebook 员工对此感到震惊，一些人要求他辞职。具有讽刺意味的是，与此同时，Facebook 的高层政策人员却故意对在其平台上猖獗的特朗普文化模因机器置之不理。更糟糕的是，一些 Oculus 开发者说，他们因拉齐的行为而放弃了这个平台。[5]

拉齐给他的同事们写了一封信解释情况，但 Facebook 坚持要他确认另一封不同的信。Facebook 的副总法律顾问保罗·格雷瓦尔发邮件给他说："我要告诉你，这封信是马克亲自起草的，细节很关键。"拉齐惊讶地看到，将要以他的名义发布的帖子声称他支持第三方候选人加里·约翰逊竞选总统。总的来说，这封信散发着人质派遣似的不真实性，没有让任何人感到满意。

Facebook 尽管没有解雇拉齐，但将他搁置了起来，指示他不要去公司总部，不要跟同事交流或在社交媒体上发声，直到 2016 年美国大选结束。他在一年一度的 Oculus 开发者大会上的例行露面也被取消了。

拉齐的遭遇与另一位特朗普的公开支持者、公司董事会成员及最早的投资人彼得·蒂尔形成了鲜明对比。当蒂尔说他将向这位总统候选人捐赠 125 万美元时，Facebook 员工呼吁他下台。扎克伯格却在一篇内部帖子中为他辩护，就在扎克伯格禁止拉齐进入 Facebook 总部的几乎同一时间。"我们非常关心多样性，"他写道，"当这意味着支持那些你赞成的想法时，说起来很容易。但当这意味着捍卫那些持不同观点的人的权利，并让他们说出自己的观点时，就要困难得多。"[6]

拉齐认为，一旦大选结束，争议就会平息。但是，不可思议的事情发生了，特朗普赢了，于是他的回归就变成了不可能的事情。尽管如此，Facebook 还是有充分的理由不能在 2016 年解雇他。2017 年 1 月，在 Oculus 首次发售所引发的知识产权审判中，拉齐将要出庭做证，公司需要他参与辩护。他尽职尽责地做好准备，并提交了证词，他希望自己能够回归，因为 Oculus 是他的生命。

但 Facebook 不会让 Oculus 的创始人回归。"我可以说，在这种情况发生之后，我们内部非常认真地考虑过他能扮演什么角色。"伊里贝说。Oculus 的每位技术部门负责人都被问及是否可以接纳拉齐，这些部门正是因为他的发明才设立的。但是，没人说他们那里能给他提供位置。实际上，拉齐被解雇了。

几天之后，Facebook 聘请了一个局外人——谷歌公司前员工雨果·巴拉（Hugo Barra）来担任 Oculus 新的负责人。伊里贝被降职，并于 2018 年离开公司，因为扎克伯格找到了一个人来整合 Oculus、社交虚拟团队以及 Facebook 的所有其他硬件工作，比如"门户显示屏"。这位 Facebook 新的硬件副总裁就是安德鲁·博斯沃思。扎克伯格委任了他在这方面最能干的兄弟，因为他仍然认为虚拟现实注定会成为互联网的下一个大事件。当谈到虚拟现实时，他的声音会提高一个度。

但是，考虑到 Oculus 目前糟糕的性能和巨大的亏损，他要在虚拟现实领域获得 10 亿用户的近期目标似乎不切实际。"毫无疑问，我们认为此时需要进一步探究。"约翰·卡马克说，"我们浪费了大量的资源。尽管我们获得了大量资金，但有许多项目启动后就被搁置，同时人员却在不断增加，花费了大量资金，然后不管是出于合适还是糟糕的理由，我们又决定不做这些项目，还有许多项目没有得到很好的管理。"

博斯沃思延续了 Oculus 的突破性产品，即一款独立的头戴设备，这款设备可以提供几乎所有 Rift 的那些让人惊叹的体验。400 美元的价格，而且不需要购买专门的计算机，这让它有望在该领域实现突破。Oculus 成功推出了该产品，甚至赢得了已经变得愤世嫉俗的游戏媒体的尊重。

人们不会一直使用 Oculus 的 Quest 产品，它也无法实现扎克伯格的梦想，即让虚拟现实或增强现实成为社交互动的平台。要想实现这个梦想，必须抛弃那些笨重的头戴设备，创造出一种技术，将人变成半机械人，即一部分是人，一部分是 Facebook。他希望依靠位于西雅图、关注长期项目研究的 Oculus 实验室的努力，这一目标能够实现。在持续佩戴型的增强现实眼镜方面，该实验室取得了进展。除此之外，Facebook 还在探索如何让自己的产品与人脑相连。[7] 它招募了一组神经科学家来开发一种思维与行动之间的免输入接口。2019 年，Facebook 收购了一家名为 CTRL-Labs 的公司，该公司宣称能从人的手腕上提取大脑信号，这样一个人就可以通过思考来控制应用程序。每当媒体提及这个项目时，人们都会开玩笑地说："哦，Facebook 现在想进入你的大脑。"但事实就是如此。

尽管对"蓝色"应用程序上的动态消息来说，2016 年意味着一场选举年惨败，但 Instagram 推出了当年最成功的一项功能，这一功能永远改变了 Facebook，其真正的来源是 Snapchat。

在 2013 年彻底拒绝扎克伯格的收购意向之后几个月，埃文·斯皮格尔意识到 Snapchat 还欠缺一块。有时人们会抓拍一张照片或一段视频，然后想把它发给一群朋友。要通过 Snapchat 的一对一服务实现这一点，他们就必须向每位朋友单独发一遍。如何让用户通过 Snapchat 将自己的日常动态告知自己的所有朋友，同时坚守该应用程序所推崇的内容短暂的宗旨？

"我们真的觉得需要以一种受人尊重的方式来实现。"斯皮格尔说。他的意思是不要像 Facebook 那样，他觉得 Facebook 鼓励人们将自己变成一个不真实的版本，对真实、有趣、呆傻的个性进行了红地毯式的扭曲。更糟糕的是，其内容以时间倒序的方式呈现。除非你是哈罗德·品特（Harold Pinter，他曾经写过一部先展示结局的戏剧），否则这不是你讲述自己故事的方式。人们本能地知道这一点：当你回到家，告诉家人你一天的情况时，你不会从最后开始。你不能把你生日那天的故事倒过来讲！

斯皮格尔的答案是一项功能，让用户可以从头到尾以象形文字一般的方式分享他们每天的有趣时刻。在用户与一群朋友分享内容而不是只与一位朋友分享时，Snapchat 的本质特征，即它的短暂性，就变得更有价值。斯皮格尔说："每天醒来，就好像是新的一天，而不是根据昨天的自己来定义的一天，这是一件非常正面和鼓舞人心的事情。"

这个功能的名字很明显："故事"。[8]

"故事"是反动态消息的。

斯皮格尔在"蓝屋"召集了一个小团队，"蓝屋"是他的公司目前在威尼斯市区的几个工作场所之一。这个团队打造的产品可以让用户发布一系列的照片或短视频，并且可以用常规产品提供的一些奇怪和愚蠢的贴纸及虚拟面具来装饰它们。用户可以滑动到"故事"页面，看到一系列的故事。24个小时后，这些故事就会消失。斯皮格尔认为这太棒了。

但没有人用过。"实际上也没有人知道它是干什么的。"他说，"'故事'是什么？"

斯皮格尔并没有惊慌。Snapchat刚刚推出时，曾经也是一款失败的产品。"新的创意总会面临挑战。"他说，"让人们改变行为方式需要时间。""故事"面临的状况就是如此。几个月之后，一张可以看到"故事"快速上升的发展速度的图呈现出令人满意的S形曲线。

Facebook注意到了。但是，这一次不是扎克伯格而是凯文·斯特罗姆想复制一款Snapchat产品。对埃文·斯皮格尔来说，这是一个非常糟糕的消息。

斯特罗姆从未否认过他的Instagram"故事"功能本质上与最初Snapchat的创意相同，但他不认为他的团队只是剽窃了别人的概念，并将其塞进Instagram。"你可以用两种方式来看待它。"他说。从一个角度看，当Instagram增长时，有人用竞争产品改变了世界，公司需要通过复制该产品的方式来做出反应。他更认同的是另一个角度，即Instagram自身获得了巨大且富有戏剧性的成功，甚至超越了自身的真实情况，并产生了一个需要填补的天然空白，于是公司用"故事"来填补。

最初，Instagram 是人们通过视觉方式分享生活亮点的一种途径。但是，随着它自身变得越来越大，网络的规模越来越大，它开始越来越远离个人化。越来越多的人在使用它，但对一些人来说，他们早上第一个登录网络的地方不再是 Instagram。"这个世界需要一个地方，在那里人们可以与他们最亲密的朋友分享一些有趣、呆傻的事情，并且不会被人评判。"斯特罗姆说，这种说辞听起来很像出自埃文·斯皮格尔之口。

斯特罗姆承认，是 Snapchat 首先填补了这个空白，但现在 Instagram 也需要填补这个空白。"这是我们生态系统的一部分，我们只是没有完善它。"斯特罗姆说，"我们想让人们分享并展示他们生活中的精彩时刻，如果我们也想让人们分享每天的呆傻时刻，他们会欣然接受的。"

Instagram 以最高的优先级来对待这个项目，很快就开发出了类似 Snapchat 创意的版本。然后就出现了一个问题：该怎么称呼这项功能？每个人都认为这就是"故事"，但 Snapchat 已经给自己的产品这样命名了。"我们意识到，没有理由用其他任何的名字。"凯文·韦尔（Kevin Weil）说，他当时是 Instagram 的工程主管，"让我们拥抱这项功能吧，它将成为很多应用程序和服务的通用功能，而不仅仅是在 Snapchat 和 Instagram。所以，我们将它称为'故事'，跟 Snapchat 一样。"

Instagram 非常自信，或者可能是非常迫切地需要这个产品，它全力以赴地投入，这种做法在过去几年里很少在 Facebook 看到。通常 Facebook 在整合一些创新项目时都比较小心谨慎，在某些情况下，甚至会把这些项目作为独立的实验性应用程序发布。新功能会逐步推

19 另一个 Facebook

出，通常会针对一些偏远国家的一小部分用户进行艰难的测试，而通常没有人注意到这些用户。对"故事"来说，Instagram 采取的做法完全不同。它几乎面向整个世界同时发布这款产品，"故事"就像一场突如其来的暴风雨一样直击用户。它的缩略图集被置于屏幕的顶部，这显示出，从最早作为一款签到应用程序（Burbn）以来，处于 Instagram 核心地位的信息流已被超越。

随着人们逐渐适应这种模式，斯特罗姆已经做好了缓慢发展的准备。但是，用户们狼吞虎咽地享受着"故事"，就好像它是投放到荒岛上的芝士汉堡。"我没有意识到，我们创造了多少需要填补的真空地带。"斯特罗姆说。（或许是 Snapchat 教育了用户。）

从某种程度上来说，Instagram 已经成为名人和有影响力人士的一个展示平台，这让用户感到失望。Instagram 的世界曾属于它的明星，其他人只是生活在其中。突然之间，出现了一种新的用途，你可以与朋友分享休闲时光，没有任何压力，24 个小时之后，你分享的内容就消失了。人们就像是突然从 Instagram 获得了大学时代的 Thefacebook.com 所提供的乐趣和亲密感，那时候愚蠢可笑是主流，社交控的概念还没有激起人们在社交媒体新时代的持续焦虑。

此外，"故事"似乎并没有蚕食 Instagram 的内容。"人们仍然喜欢用一张照片来展示他们完美的假期，但他们也真的喜欢拍 15 张他们不想一直展示给别人看的假期照片。"斯特罗姆在 2017 年告诉过我。

对于明目张胆盗用其创意的行为，Snap 的 CEO 埃文·斯皮格尔拒绝发表评论。（Snapchat 在 2016 年将名称缩短了。）但是，他的下属非常愤怒。"这就像一颗炸弹爆炸了。"当时的一名 Snap 高管表示。斯皮格尔在一段时间内没有发表评论，即使在公司内部也是如此。他未来的妻子——澳大利亚超级模特米兰达·可儿就没那么小心谨慎了。"我受不了 Facebook，"她告诉伦敦的《电讯报》，"当你直接复制别人的创意时，那不是创新，而是一种耻辱……他们晚上怎么睡得着觉？"[9]

很显然，他们睡得很好。扎克伯格在一次投资者电话会议上夸口说，"故事"正在逐渐超越动态消息。但是，如果斯特罗姆和克里格认为他们的成功会得到扎克伯格的奖励，那他们就错了。

在扎克伯格掌控自己财产的行动中，最大的挑战来自 WhatsApp。WhatsApp 有一种与世隔绝的文化，它的员工都在加州山景城一间没有标志的办公室内。他们刻意躲避传统的成功标准。公司的使命不仅仅是连接人与人，而且是给予他们连接的自由，使其不受移动服务的限制，甚至不受政府的限制。

因此，WhatsApp 对用户的所有消息采取一种默认加密的方案，这与它的使命完全一致。联合创始人布莱恩·阿克顿认为，WhatsApp 的用户与朋友、家人和商业伙伴沟通的方式应该是这样的：让政府窃听者永远无法获取他们分享的秘密。

2013 年夏天，阿克顿开始为 WhatsApp 开发"端到端"的加密模型。创建一套密码系统来保护超过 10 亿人的交流，并抵御从狡猾的黑客到复杂的国家情报机构的各方攻击，这是公司的终极目标。当阿克顿与莫谢·马林斯派克（Moxie Marlinspike）联系时，这是一件幸事。马林斯派克是一位密码活跃分子和密码大师，他认为加密是数字时代自由的核心。

马林斯派克由捐助者提供资助，开发了一种在大众市场上易于使用的加密工具，名为 TextSecure。阿克顿说服他伸出援手，将该技术构建到 WhatsApp 之中。尽管信息的发送人和接收人不一定会意识到这一点，但他们发送出去的每一条信息都会像间谍之间的信件一样受到保护。窥探者、间谍、黑客和离婚律师也许能够将某一条信息拦

19 另一个 Facebook

截下来，但他们永远也阅读不了，因为从按下"发送"按钮到阅读信息的那一刻，内容会被打乱，即使 Facebook 也无法阅读这些信息。

这样做的风险相当大。美国联邦调查局和美国国家安全局一直在警告可能会出现一种叫作"走向黑暗"的情形，即如果他们无法检索信息的内容，个人甚至国家的安全将会受到威胁。Facebook 可能会被处以罚款，或者，如果这些加密信息中有一条涉及策划一场谋杀攻击，公司可能会被关掉，甚至更糟。

当阿克顿告诉扎克伯格 WhatsApp 正在开发端到端加密技术时，双方的收购交易尚未交割完成，他也特意没有征求扎克伯格的许可。扎克伯格以其典型的不可思议的方式认同了。阿克顿说："就像我说，'马克，我们正在开发端到端加密'。然后他说，'好的，好的，你们继续开发，我不在乎'。"

实际上，扎克伯格在这个问题上已经进行了大量的思考。2014年，当 Facebook 从爱德华·斯诺登（Edward Snowden）的泄密信息中得知，美国政府一直在从 Facebook 的数据中心窃取其通信信息时，他非常愤怒。扎克伯格对加密也有情感偏向。如果他自己的早期通信被加密了，即他在哈佛大学时关于 ConnectU 的即时信息和电子邮件内容没有泄露，他可能就不会感到尴尬了。

当扎克伯格对加密提出保留意见时，他关注的不是解决执法问题，而是 Facebook 的底线。2017 年中期，Facebook 在其各种信息应用程序中实施了一项新的金融战略，开放了以前仅面向个人对个人的通信服务，使企业与客户之间也可以进行连接。Messenger 已经在这么实施了。阿克顿说："马克不断提出的一个问题是，如果有了端到端的加密，我们会放弃既得利益吗？"问题不在于企业与客户之间的实际信息沟通受到阻碍，而在于 Facebook 本身无法扫描这些信息，以查看其中的内容，并利用这些信息创造更好的用户体验，甚至无法

Facebook

为用户提供更好的广告或附加服务。阿克顿说："人们质疑端到端加密的商业价值。"

WhatsApp 保留了它的加密功能。但是，如何通过 WhatsApp 挣钱的矛盾变得越来越激烈。

收购交易完成后不久，WhatsApp 的创始人与扎克伯格开始讨论 WhatsApp 是否应该放弃其 1 美元的年费。考虑到 Facebook 更大的经济规模，这笔收费对公司收入的影响微不足道。但阿克顿表示反对，他觉得这笔费用就像是一份保险单。"马克的态度就像说，拿掉它、拿掉它、拿掉它。"阿克顿说，"如果老板说要拿掉它，而下属说不要，基本上你就会输掉这场争论。"

另一项妥协更加残酷。库姆和阿克顿设计的 WhatsApp 在搜集信息方面与 Facebook 的做法恰恰相反。根据设计，它对用户的了解仅限于他们的电话号码。2014 年在将公司出售给 Facebook 时，他们通过 WhatsApp 博客与用户交流，认为 Facebook 将允许他们延续这一做法。

尊重你的隐私是我们的基因，我们打造 WhatsApp 是基于一个目标，即尽可能少地了解你。你不需要将你的名字告诉我们，我们也不需要你的电子邮件地址，我们不知道你的生日，不知道你的家庭地址，不知道你在哪里工作，不知道你喜欢什么，不知道你在网上搜索了什么，也不搜集你的全球定位系统位置。WhatsApp 从未搜集和存储过以上这些数据，我们真的没有计划改变这种做法。[10]

但是，扎克伯格不会花 200 亿美元去购买一项与自己的核心商业模式相背离的服务。2016 年中期，他提出了另一个观点，作为拥有完全投票控制权的 CEO，他不能输：应该允许 Facebook 使用一些

WhatsApp 的数据，并将这些数据融入 Facebook 的其他服务之中。于是，一个特别的举措得以实施：将 WhatsApp 用户的电话号码整合到 Facebook 的数据库中。这使 Facebook 能够将这条最有价值的个人识别信息与数百万"蓝色"应用程序的用户相关联，这些用户之前隐藏了这条信息。

要做到这一点，就需要改写 WhatsApp 与其用户之间的服务协议条款。当然，用户很少阅读那些冗长且难以理解的服务协议条款。但监管部门确实这么做了，尤其是在注重隐私的欧盟，监管部门将那些堆砌的法律术语作为少数可靠的线索之一，以剖析公司针对用户数据的实际用途。

更复杂的是，Facebook 在收购该公司时，明确承诺不会将 WhatsApp 的数据与自己的数据整合在一起。为了赢得挑剔的欧洲政客们的认可，这一承诺是有必要的。而在美国，Facebook 也向联邦贸易委员会做出了这一承诺。

服务条款的修改似乎与这一承诺相冲突。尤其令人震惊的是，修改后是让用户选择性退出，而不是选择性参与，这意味着如果用户什么也不做，其数据将会被共享。只有最聪明、最主动的用户才知道这一修改，并知道如何阻止他们的 WhatsApp 数据与庞大的 Facebook 数据合并。阿克顿后来告诉《福布斯》杂志的帕尔梅·奥尔森（Parmy Olsen）："我认为每个人都在赌博，因为他们认为欧盟可能已经忘记了此事，毕竟时间已经过去了很久。"[11]

2016 年 8 月 25 日，在 WhatsApp 的博客上，库姆和阿克顿发布了一个帖子，尽管鄙视这一举动，但他们还是积极地看待这一修改。帖子上写着："如果你拥有一个 Facebook 账号，通过将你的电话号码与系统相连接，Facebook 可以为你提供更好的好友建议，并向你展示更多的相关广告。"

Facebook

欧盟没有被愚弄。因为这一修改违背了 Facebook 在提交收购审查申请时所做出的承诺，欧盟对该公司的这种行为处以 1 亿欧元（约 1.22 亿美元）的罚款。[12] Facebook 声称："我们在 2014 年申报材料时所犯的错误不是故意的。"

扎克伯格继续推动事情向前发展。2017 年初，他坚持让 WhatsApp 搬到门洛帕克的公司总部。正如阿克顿和库姆所担心的，此举会对 WhatsApp 的文化造成伤害。WhatsApp 的员工已经习惯的环境与 Facebook 办公室里所充斥的喧闹、密集的宿舍氛围完全不同，将 WhatsApp 更低调的风格移植到门洛帕克会产生摩擦。值得称赞的是，扎克伯格允许 WhatsApp 的员工保留他们的大办公桌，甚至改造浴室让他们感觉更舒适，因为那些痴迷于隐私的 WhatsApp 员工希望隔间的门是落地门。但根据《华尔街日报》的一篇文章，这些新来者表现得很特别，让其他 Facebook 员工感到不满。[13] 一些 Facebook 的老员工也对 WhatsApp 的人发出嘘声，他们对这些新来者唐突地张贴海报提醒来访者"请将噪声控制在最低限度"感到愤怒。他们的口号是"欢迎来到 WhatsApp，请闭嘴"。《华尔街日报》写道。

阿克顿与扎克伯格之间没有多少关系。当两人见面时，阿克顿会试着谈论他们的孩子，他们两人都有年幼的孩子，孩子们甚至是由同一位产科医生接生的。阿克顿觉得在这一点上，扎克伯格总是会转移话题。阿克顿说："他非常擅长将人拒之门外。但那家伙住的地方离我住的地方只有大约一英里远！"

阿克顿也试图向桑德伯格提出他的问题，但结果令他很失望。他将她视为政治动物，觉得她并没有以对等的身份看待自己。有一次，他跟桑德伯格在开会，在会议中途，她看到一位来访的熟人，按照他的回忆，是"某位来自 ESPN（时代华纳旗下的有线体育频道）或类似机构的名人”，桑德伯格立即中断了会议，转而去跟来访者交谈。

桑德伯格经常主张 WhatsApp 应该投放广告，并将其与 Instagram 相比较，后者就接受了广告，并为 Facebook 创造了大量财富。阿克顿告诉桑德伯格，他不同意 Facebook 提出的“货币化行动”，甚至援引了收购协议中的一项条款，即如果 Facebook 以他不同意的方式从 WhatsApp 获得收入，他就可以不用留下来。桑德伯格告诉他，所有这些都超出了她的职权范畴。

2017 年春夏之交，阿克顿不停地找简·库姆沟通。“哥们儿，我不能再这样了。”他说。他知道库姆也想离开，于是建议两人一起离开。

但库姆的计划是坚持到底，并试图以一种分阶段的方式退出：首先离开董事会；其次是一段延长期，在此期间他继续在 Facebook 工作；最后，他将拿到属于他的绝大部分钱，具体数额大约是剩余的 20 亿美元的 3/4。

但阿克顿等不及了。他直接告诉扎克伯格，在援引货币化条款之前他就会离开。“我没有采取任何强硬的方式去对付他，比如对他说，‘哦，这是个糟糕的地方，这种广告令我筋疲力尽’。”他说，“我有点儿后悔，因为我觉得自己对马克有点儿不够真诚，但是我从来没有感受到有一种可以跟他分享这些事情的融洽感。”

阿克顿认为，根据收购协议中关于货币化的条款，即使他要离开公司，他也有权加快自己的收益兑现。但是，他没有提及这一点，这涉及大约 10 亿美元。在跟扎克伯格会面之后大约两个星期，他写了一封电子邮件援引了该条款。然后，他们又见面了，包括阿克顿、扎克伯格和 Facebook 的副总法律顾问保罗·格雷瓦尔。扎克伯格告诉他，这可能是他们之间的最后一次沟通。阿克顿说，他想明确指出，

Facebook

508

这与货币化相关。"那是我跟他探讨的最后几件事情之一,"阿克顿说,"我只是不想在产品里投放广告。"

双方都试图敲定一个解决方案,但最终阿克顿对此并不满意,然后离开了,留下了尚未兑现的近 10 亿美元收益。2017 年 9 月,他离职一事对外公开了。

8 个月之后,也就是 2018 年 4 月 30 日,Facebook 宣布库姆离职。库姆在一篇博客文章中写道:"我正在享受一段时间的休息时光,做一些我喜欢的科技之外的事情,比如搜集稀有的风冷保时捷、研究我的汽车、玩极限飞盘。"[14] 鉴于库姆的资产现在估计达到 90 亿美元,保时捷市场变得更加有趣了。他在 Facebook 的最后时光是 2018 年 8 月。

尽管退出 WhatsApp 令阿克顿感到很痛苦,但他确实是带着 30 亿美元离开的,这也算是得到了安慰。当我们在帕洛阿尔托市中心的一次长时间采访结束时,我向他指出了这一点,他说道:"这是看待问题的一种好方法。"(他向我保证说:"你想知道什么,我都会告诉你。")他拿出 5 000 万美元创建了"信号基金会",该基金会使用莫谢·马林斯派克的加密工具,为大众提供易于使用且无法破解的通信服务。他将这视为一种对自己的公司(如果不是灵魂的话)屈服于扎克伯格的忏悔。

他说:"对我的用户来说,我支持一套特定的原则,甚至公开提了出来,我对他们说,'听着,我们不会卖掉你的数据,我们不会让你看广告',然后我一转身就把公司卖了。这是我的罪行,我必须为此付出代价。我每天都在考虑如何赎罪。'信号基金会'是我赎罪的希望所在。"

阿克顿向这家让自己成为一位自我厌恶的亿万富翁的公司开了最后一枪。2018 年 3 月 20 日,在剑桥分析公司的新闻下面,他引用

19 另一个 Facebook

了一个在 Twitter 上已经流行了一段时间的标签：

是时候了。# 删除 Facebook。

针对这条推文，最受欢迎的回复来自埃隆·马斯克。他的推文是"什么是 Facebook"，甚至没有用表情符号来减轻攻击的力度。

阿克顿的前同事戴维·马库斯负责 Facebook 的信息应用程序，他在 Facebook 公共信息流上发布了一条愤怒的回应。马库斯写道："我认为，攻击那些让你成为亿万富翁的人和公司是一种低级的行为，鉴于这些人和公司还通过前所未有的方式保护和容纳你多年，这实际上是一种全新标准的低级行为。"[15]

马库斯的帖子赢得了很多 Facebook 高管的点赞。但是，无论是在《福布斯》的采访中，还是在几周前他接受我的一次采访中，阿克顿的批评既是针对自己，也是针对 Facebook 和扎克伯格。"我是第一个如此对外宣布的人。"他告诉我，"我是一个背叛者。"

接替库姆出任 WhatsApp 负责人的是克里斯·丹尼尔斯，他是 Facebook 的一位老员工，曾在 Internet.org 活动陷入困境时担任负责人。他努力争取下属的支持，但有一些忠诚的员工离开了，他开始在服务中加入其创始人长期反对的一些内容。2018 年 11 月，WhatsApp 上开始出现广告了。[16]

接受这份工作后不久，丹尼尔斯在一次"小集团"会议上报告了他取得的进展。"我想说一件事，"扎克伯格说，暗示他会做一个罕见的总结评论，"库姆带来了一些好东西，但我也意识到他对我们的阻碍有多大。"然后，他提到这让他进行了反思，针对公司的其他几个领域，他应该思考同样的问题。Instagram 的一位联合创始人也参加了这次会议，这些话在他听起来就很奇怪了。

2019 年 3 月，当扎克伯格宣布他将整合包括 WhatsApp 在内的所

Facebook

有服务时，丹尼尔斯也离开了。扎克伯格让另一位曾出现在他生日照片中的高管威尔·卡思卡特取代了他。

Instagram 从 Snapchat 那里借鉴的"故事"功能取得了巨大的成功，之后扎克伯格自己也发起了一场抢劫，他在内部宣布，Facebook 的"蓝色"应用程序将增加自己版本的"故事"功能。

Facebook 采纳其小弟的独立功能，这事发生在一个有趣的时刻。Facebook 的"蓝色"应用程序的增长开始放缓，在北美，它实际上正处于下降过程中。与此同时，Instagram 的用户数已经超过了 10 亿，它甚至比 Facebook 更快达到了这个水平。更重要的是，用户对它的喜爱程度已经超过了 Facebook。Facebook 越来越被人们类比成税收，不管你喜不喜欢，这种令人不愉快的事情都是你生活的一部分。但人们喜欢 Instagram，尤其是年轻人，他们几乎从不查看 Facebook。2018 年，当我给几个高中班级做演讲时，我问教室里有多少人使用 Facebook，只有一两个人举手，但是当我问及 Instagram 时，几乎所有人都举手了。

扎克伯格理应为自己的这次收购行为感到自豪。但是，在公司内部的一些人看来，他似乎想要把功劳归于自己。在谈到 Instagram 的成功时，他特别指出，虽然公司的两位联合创始人做得很好，但他们的成功离不开 Facebook 的支持。在投资者电话会议中，当他宣布 Instagram 的用户数突破 10 亿大关时，他指出了这一点。有一天下午，和我在 20 号楼屋顶的人造大草坪上散步时，他也提到了这一点。一开始，我们回顾了他在 2016 年拒绝雅虎收购 Facebook 的事，他很高兴自己当时做出了艰难的选择。他告诉我，他现在建议年轻的创业者们，如果觉得自己的公司有独立成功的潜力，那就不要屈服于压力而卖掉公司。

19 另一个 Facebook

我情不自禁地将他的说法关联上了一家新兴公司的两位联合创始人，他们就接受了这样的一份报价。"这是否意味着，凯文和迈克把 Instagram 卖给你是一个错误？"我问他。

他停顿了一小会儿，就好像他是一位国际象棋大师，被一位级别较低的棋手的一步棋吓了一跳，因为这位棋手突然之间就令棋局变得对大师不利了。他不想诋毁那两位表现优异的高管，但还是这么做了。"一方面，我认为他们的工作做得很好，他们非常有才华，将公司的价值做到了 10 亿美元以上。"他说，"另一方面，我真的认为如果缺少了 Facebook 所做的工作，Instagram 的规模不会超过今天的一半，我认为在这方面我们是全世界做得最好的。"

到 2017 年底，扎克伯格与 Instagram 的关系显然已经发生了变化。从"我们能帮你做些什么"变成了"你是如何帮助我们的"，然后是"也许你只需要听我说"，这样就跟他以战争时期 CEO 身份所做的演讲保持一致了。

起初，扎克伯格似乎只是想利用 Instagram 获取更多的收入。系统中的广告数量一直是斯特罗姆关心的问题，以前扎克伯格会赞同他的观点，即从长计议，不要用大量的广告来干扰信息流或者最近推出的"故事"功能。现在，扎克伯格下令增加广告数量，他似乎想一边增加 Instagram 的广告数量，一边降低 Facebook"蓝色"应用程序的广告投放，从而让"蓝色"应用程序更具吸引力。

2018 年初，随着 Instagram 的用户达到 10 亿规模，对 Instagram 的员工来说，他们的资源请求遭受拒绝的情况变得更加频繁。扎克伯格指示"增长"部门的负责人哈维尔·奥利文列出 Facebook 在产品方面给 Instagram 提供的好处，基本上是为了削减这些支持。[17]

其中一个冲突来自斯特罗姆的一个计划，即内部信息服务 Instagram Direct。斯特罗姆和克里格想把它打造成一款独立的应用程序，就像 Facebook 对 Messenger 所做的那样。这将是对 Snap 的一个有竞争力的回应。就像 Snap 的服务一样，在收件人查看消息之后一天，它们就会消失。由于 Facebook 没有一项信息服务像 Snap 一样能抓住年轻人市场，这款产品可能是 Facebook 赢得这个宝贵用户群体的最佳机会。

这就是斯特罗姆和克里格在某个时间点作为既定事实向扎克伯格提过的发展状况。但是，一旦扎克伯格开始考虑统一 Facebook 的愿景，这种独立的日子就结束了。在 2018 年的预算中，Instagram 计划招聘一定数量的新员工来进一步推动 Instagram Direct 的发展。扎克伯格拒绝了这一请求，这就是他的行为模式。尽管在 2017 年 Instagram 是 Facebook 增长最快的资产，但扎克伯格还是在 2018 年的预算中减少了其新员工的招聘。

尽管如此，Instagram 还是在几个国家开始测试这款新的应用程序。结果好评如潮，值得将测试时间延长。但扎克伯格叫停了，他说想评估这款应用程序对公司其他资产的影响。然后，他正式发布了命令，停止推进 Instagram 的计划。几个月之后，Facebook 宣布，未来所有 Instagram 的信息服务都将由 Messenger 团队来处理。

在奥利文列出的清单中，Facebook 给 Instagram 提供的另一个好处是交叉推广。当一位用户在动态消息上分享了一张 Instagram 照片时，Facebook 会展示一条注释，这是向 Facebook 用户展示 Instagram 的一个小方法。

现在被取消了。

对 Instagram 来说更为严重的是，扎克伯格正在重新考虑减少 Instagram 对 Facebook 好友图谱的使用。这是 Instagram 最有价值的增长工具之一：当新用户注册时，他们可以立即与其所有的 Facebook 联系人建立连接，这项服务立即就变得有价值了。Instagram 的领导者可以忍受更多的广告和更少的推广，但不愿意失去好友图谱。扎克伯格向 Instagram 团队承诺，他绝不会这么做。但几个月之后，Facebook 减少了 Instagram 对好友图谱的访问。此后不久，扎克伯格开始尝试完全切断其访问。

策略是明确无误的：扎克伯格正在改变 Instagram 的方向，将它从一款可以比 Facebook "蓝色"应用程序更强的应用变成它的巨型卫星。接近斯特罗姆的人注意到了他的沮丧情绪，因为他忍受着看起来持续不断的微小羞辱。尽管斯特罗姆的级别很高，但他并不属于 Facebook 事实上的统治小集团中的一分子。他通常不参加与处理俄罗斯入侵或剑桥分析公司等紧急危机相关的会议，扎克伯格甚至都没有去过 Instagram 的总部，从来没有。

斯特罗姆主持的最后一个大型 Instagram 活动，是推出一项名为 IGTV（Instagram TV）的服务。他的想法是利用 Instagram 在名人和有影响力的人物中的受欢迎程度，与 YouTube 较量。对那些才华横溢的人来说，YouTube 是他们的首选平台，他们可以在该平台精彩地分享或伪造真实的情况，以便数百万人与他们建立联系。但是，Instagram 必须首先让持怀疑态度的扎克伯格相信，该产品不会分散人们对"蓝色"应用程序中视频服务的关注。在菲德吉·西莫的领导下，Facebook 在一项名为"Facebook 观察"的服务上投入了数十亿美元，甚至制作了一些自己的节目。[18] 扎克伯格最终同意让这个项目继续推进，但 Instagram 必须同意在推出该产品之前，IGTV 的视频在默认情况下将被发布到 Facebook 上。

产品发布会在门洛帕克举行，当时有一些记者和有影响力的人物聚集在 Facebook 位于纽约市东村区的办公室，两边做了实时连线，但最后变成了一场灾难。Instagram 与一家顶级活动组织机构签约，该机构制作了一套带有旋转舞台的精致布景，但在活动中无法运行，演示失败了。当他们准备好了一个新的即兴演讲时，很多记者都已经离席了。

然后，斯特罗姆休育儿假去了。

2018 年 5 月，当扎克伯格重组他的执行团队时，人们普遍认为他们中的领头羊将是克里斯·考克斯，他在此之前是产品负责人。当成千上万名员工加入 Facebook 时，一直是他来致欢迎辞，时不时会有员工告诉他，他们是如何从他的演讲中获得灵感的。假如扎克伯格在全美巡访途中驾驶赛车时被撞身亡，那么对聪明的投资人来说，他的继任者应该是考克斯。

因此，当扎克伯格重新安排高管职位的音乐椅时，他提拔了哈维尔·奥利文，让亚历克斯·舒尔茨负责"增长"部门，扩大斯科洛普夫的管理范围，他可以信任考克斯，让他担任新的角色，负责一个后来被称为"家族"的应用程序集合，这总体来说比 Facebook 本身还要大。[19] 在其财务报告中，Facebook 已经改变了过去提供"每月平均用户数"的方式，转而提供"至少使用其一项服务的所有用户数"。这样做的好处在于，尽管"蓝色"应用程序的增长平平，但它可以展示出公司整体的发展动力。到 2020 年，Facebook 总用户数将达到惊人的 30 亿。

考克斯在进入角色后不久，就试图向我解释这一点。"我的工作重点是确保我们能够保留这些不同产品的独特文化和价值，但是要建立一套跨越这些应用程序的真正强大、坚实的基础设施。"他说，关键的一点是要确保 Facebook 为"蓝色"应用程序开发的安全措施被嵌入 Facebook 拥有的其他信息应用程序之中。

但这与扎克伯格的想法不符。也许在某一时刻，这种做法对其他独立公司的文化繁荣是合适的，但现在，是时候让这些财产被视为

19 另一个 Facebook

Facebook 机器上的齿轮了，因为它们本来就是 Facebook 的财产。有一段时间，这是扎克伯格在内部交流的东西，起初他会拐弯抹角地说，他也会采取一些行动，如果退后一步，你会发现他正在将那些收购的品牌拉得更近。比如，在员工的电子邮件地址中去掉独立服务的名字：不再有 Instagram.com、Whatsapp.com 甚至 Oculus.com。每个人都使用 Facebook 这艘母舰的域名 FB.com，甚至连服务本身的名称也会被调整。不再是简单的 Instagram，而是变成了"Facebook 支持的 Instagram"。（至少他没有追溯到"马克·扎克伯格的作品"。）

在各独立公司的创始人与扎克伯格的很多分歧中，考克斯处于中间人的困境。尤其令人担忧的是斯特罗姆和克里格的不满。很明显他们不开心，但扎克伯格仍然一意孤行。

因此，当斯特罗姆和克里格选择退出时，扎克伯格并没有感到意外。他们把这个消息告诉了顶头上司考克斯，他们觉得没有必要跟扎克伯格面对面交流，从而给他一个让他们改变主意的机会。

亚当·莫塞里在那一年初开始担任 Instagram 的 COO，现在由他来领导这家公司。他也曾出现在扎克伯格的生日照片里。

在他们离开之后，我直接向扎克伯格问了一个从 Instagram 团队那里听到的问题：你有没有嫉妒 Instagram？

"嫉妒？"他重复道。

"是的，"我说，"你是不是更愿意看到 Facebook'蓝色'应用程序的增长，而不是 Instagram 的增长？"

他说不是，然后向我解释了他的想法。一开始，Facebook 是主要产品，Instagram 和 Messenger 才刚刚开始发展，让各位创始人独自发展，让他们去打造自己最好的产品是合理的。"结果非常成功，"他说，"这在头 5 年是有意义的。但现在这个时刻，我们所有的产品都很庞大，而且都很重要。我不想仅仅将它们打造成同一款产品的不同版本，我们应该有一个更加连贯和完整的公司战略。"

如果这意味着要失去几位创始人，那也没有办法。"我可以理解，如果你是一位创业者，打造了其中的一款产品，并取得了惊人的成功，面对这种情况时你也会说，'好吧，我为我所做的事情感到骄傲，但这不是我继续前进的目标'。这就是我的看法，我们正朝着正确的方向发展。"

然而，那些与凯文·斯特罗姆关系密切的人认为，如果扎克伯格没有宣称自己的控制权，他会在 Instagram 再待 20 年。

在离开的时候，斯特罗姆和克里格没有对他们的雇主说脏话，也没有发布包含"删除 Facebook"标签的帖子，相反，他们的告别帖子很亲切。[20] 通常情况下，这种重要级别人物的离职会在每周的全员会议上引发一大堆问题。但就在这一周，乔尔·卡普兰对他的自由派同事们嗤之以鼻，并公开表示对布雷特·卡瓦诺的拥护。也是在这一周，泄露了 5 000 万 Facebook 用户个人信息的安全漏洞被发现，这是该公司历史上最大的信息安全灾难。因此，Instagram 创始人的离开在这一周的重要程度被降级为第三名。

直到 11 月出席《连线》杂志的一场会议之前，斯特罗姆都没有公开说过什么。[21] 他透露自己刚刚拿到飞行执照，对此很兴奋。他花了很多时间跟他的小女儿待在一起。他不想透露离开公司的细节，但也没有假装这是一次愉快的分手。他说："你不会因为一切都很棒就放弃自己的工作。"

扎克伯格宣布要打造一个全新的 Facebook，将所有的公司整合到一个巨大的基础设施之上，这对考克斯来说似乎是一个很好的机会，他的角色将是整合任务中的四分卫。但是，考克斯对这份工作没有兴趣。他不赞同公司整体的"聚焦隐私的愿景"。他尤其担心的是扎克伯格坚持要让产品接受强加密的保护。从某种程度上来说，扎克伯格这样做是基于自身经历的一种反应：如果他早期的一些通信被加密了，或者像"故事"的模式一样消失了，那么他早期的即时消息和电子邮件就永远不会被曝光。当然，让隐私成为"另一个 Facebook"的核心，对那些指责 Facebook 对用户信息存在恐怖窥视的批评者来说，是一种有力的回应。

考克斯看到了另一面。对所有信息服务的内容进行加密，甚至连 Facebook 都无法阅读这些帖子，这种做法除了会带来技术上的挑战外，还将削弱公司在打击仇恨言论和误导信息方面的努力。

在 Instagram 的两位创始人离开一周之后，考克斯也离开了 Facebook。他仍然热爱这家公司，甚至在准备辞职的时候，他仍在一如既往地发表欢迎新员工的演讲。他只是不认同公司的战略。

"正如马克所勾勒的那样，我们正在产品方向翻开新的一页，专注于一个加密的、互通的信息网络。"他在一篇动态消息帖子上写道，配图是一张他和扎克伯格的合照，两人都面带灿烂的笑容，是最好的朋友，"这将是一个大项目，我们需要一些拥有激情朝着新的方向前进的领导者。"

"那意味着……不是我。"考克斯当时 36 岁，在 Facebook 度过了 13 年。他不会在未来的两年里致力于他不认同的公司整合。

扎克伯格告诉我："多年来，公司一直将精力倾注在这些市政厅类的产品上，因此当有人说，现在我们将用起居室类产品来引领时，就产生了冲突。公司里一些最优秀的人对我说，'我来公司可不是为了这个'。这是一种深刻的文化进化，我不知道答案，甚至不明白这将如何发展，但这将是一件需要经历多年的事情。"至少现在，随着他的核心圈子成员被安置到他想整合到 Facebook 的各项服务中，他可以理顺融合的过程，而不会受到占有欲很强的各位创始人的阻碍。

Facebook

但是，一个更直接的障碍出现了。批评者和监管者质疑扎克伯格当初为什么被允许收购这些资产。他们引用了一个词：反垄断。这个词在未来几年注定会在 Facebook 的关键词云图中急剧增长。

2018 年，当参议员林赛·格雷厄姆（Lindsey Graham）问扎克伯格他的竞争对手是谁时，这位 Facebook 的 CEO 有点犹豫，然后说有 8 款大型的社交应用程序，但扎克伯格没有提到他拥有其中的 4 款。

几个月以来，反 Facebook 活动人士一直敦促联邦贸易委员会、司法部和州总检察长对 Facebook 采取反垄断行动。其中一些反对者猜测，扎克伯格的整合策略是一种在技术上把这些资产紧密捆绑在一起的方式，这样 Facebook 可以挫败要求其出售一块或多块资产的命令，只需令人信服地断言它们不可能被分割就行了。曾为美国联邦贸易委员会提供过咨询的哥伦比亚大学法学教授、反垄断专家吴修铭（Tim Wu）与纽约大学法学院的斯科特·亨普希尔（Scott Hemphill）合作制作了一份长达 39 张幻灯片的演示文稿，指控 Facebook 收购新生的竞争对手"是为了维持其在提供社交媒体服务方面的主导地位"，这违犯了《谢尔曼法》（Sherman Act）和《克莱顿法》（Clayton Act），这两项法案都是反不公平竞争方面的法律。他们把演示文稿展示给了联邦政府和州政府的主管机构及检察官。

2019 年 5 月，吴修铭和亨普希尔的工作得到了升级，第三位合作伙伴——克里斯·休斯加入了他们的行列。作为 Facebook 的联合创始人之一，他是迄今为止所有的"叛教者"中最犀利的一位。休斯曾是一家小型社会正义非营利性组织的负责人，他认为自己参与创建了一家对世界健康不利的公司，并且他现在对自己在其中所扮演的角色感到后悔。（尽管他的悔恨程度显然不足以让他归还通过 Facebook 股票获得的 5 亿美元收益。）《纽约时报》发表了他的一篇长篇评论，标题为"分解 Facebook 的时刻到了"。[22] 在肯定扎克伯格是"一个好人、一个善良的人"的同时，他也分享了一些内幕故事，这些事情让他这位当年的同学看起来像社交媒体圈中的阿尔·卡彭。休斯恳求议员和监管者将 Instagram 与 WhatsApp 从 Facebook 中分拆出去。另外，《纽约时报》制作了一部关于休斯的 5 分钟迷你纪录片，并在头条社论中呼吁采取反垄断行动。

休斯的恳求几乎没有必要。到 2019 年中期，美国国会、州政府和联邦政府机构都在积极开展针对 Facebook、苹果公司和亚马逊的反垄断调查。但 Facebook 似乎是其最大的目标。到 10 月，已经有 46 个州和哥伦比亚特区加入了调查，而联邦贸易委员会和司法部都在为自己的调查做准备。众议院发出了一份全面的传票，要求 Facebook 提供与其创业目标有关的几乎所有文件，包括个人电子邮件在内。与此同时，总统候选人也在猛烈抨击该公司。伊丽莎白·沃伦（Elizabeth Warren）是民主党领域的领军人物之一，她计划将 Instagram 和 WhatsApp 从 Facebook 中分离出来。[23]

Facebook 在辩护词中警告称，如果该公司被削弱，来自中国的大型科技公司将会冲进来填补空白。但它的批评者们似乎都不相信这一点。监管的乌云继续笼罩在 Facebook 的头顶。

在面对众人的挑战时，扎克伯格从不退缩。如果他退缩了，Facebook 可能就没有机会连接全球一半的人口了。在公开场合，他会说分拆 Facebook 是一个糟糕的主意。他说，一个被分割成几部分的 Facebook 将无法监管其内容，并再次指出外国科技公司入侵"社交图谱"的威胁。私下里，他又寻求罗马思想家老加图的帮助。在 2019 年的一次全体会议上，一名员工泄露了会议记录，这是公司内部忠诚度下降的一个迹象。扎克伯格在这次会议上说，如果沃伦赢得了总统大选，并坚持她自己的观点，Facebook 将"不惜一切代价"保住自己的资产。

Facebook

但是，比防守更重要的是前进。Facebook 需要新的举措，这样它能拥有的未来，就像拥有的现在一样多。因此，在 2019 年中期，在为公司的生命而战的过程中，扎克伯格将推出一个可能是自动态消息以来公司最大胆的项目。

它将创造"金钱的互联网"。

十多年来，Facebook 一直在努力将商业融入其产品，这可以追溯到它与 Zynga 在货币上的斗争。现在扎克伯格已经将他所有的产品捆绑在一起，他设想一些公司可以访问他旗下的多项服务来提升它们的商业活动。但是，在这些服务中管理支付是有问题的，特别是在发展中国家，那里有些人没有银行账户或信用卡。

这个问题的解决方案，以及在网络范式转变过程中抢占一席之地的机会，来自扎克伯格最喜欢的高管之一、Messenger 团队的负责人戴维·马库斯发给他的一封电子邮件。2017 年圣诞假期，马库斯全家在多米尼加共和国度假。他在思考加密货币，对一名 PayPal 公司前高管来说，这并不算什么。一种名为"区块链"的技术有可能锁定数字货币的安全性，但迄今为止，流通中的各种电子货币更多的是投机对象，而非交易对象。马库斯觉得 Facebook 可以改变这种现状。

如果 Facebook 创造出一种全球数字货币会怎么样？对于如何做到这一点，马库斯有一些想法，他把这些想法告诉了扎克伯格。

扎克伯格对加密技术充满热情，他很喜欢这个想法。在 Facebook 的资产合并之后，加密技术将会提供巨大的帮助。现在，他们将摆脱与世界上不同国家的数百种货币打交道的困境。通过创造一种能被普遍接受的全球货币，Facebook 可以在任何地方将其拥有的一切都货币化。

马库斯很快将 Messenger 的工作移交给他的副手，并开始组建一个团队。他的顶级工程师中，有两位是来自 Instagram 的"难民"。这支队伍在接下来的一年里不断壮大。工程师们解决了数字货币规模化时的一些棘手问题，使之能处理数百万笔交易。"政策"小组的工作围绕着这项宏伟计划的价值和信息传递，该计划将在当年夏天通过一份白皮书予以公布。这听起来很像 Internet.org 的营销宣传，该项目当初就是通过白皮书的方式被介绍给了全球贫困地区得不到网络服务的人们。Internet.org 的目标是为这些人提供宽带服务，而数字货币的使命是为世界上 17 亿无法享受银行服务的成年人提供经济方面的帮助。

Facebook 将其数字货币命名为天秤币（libra）。[24] 这个词语代表三样东西：古罗马的一种度量单位、象征正义的占星符号以及与其语音相似的法语"libre"（意为"自由"），合在一起即为"金钱、正义和自由"。1"天秤币"大约值 1 美元或 1 欧元。

天秤币有一套复杂的管理计划，主要是为了解决人们对 Facebook 建立的全球货币的疑虑，而且它目前是这个星球上最不值得信任的公司之一。该公司将把这种货币的管理权移交给一家外部机构，即天秤币协会。该协会将由 100 位合作伙伴组成，每位合作伙伴都是区块链上的"节点"，彼此之间能够进行直接交易。Facebook 只是其中一个节点，只有一票。一名外部主管将负责该协会的运营。Facebook 还将通过开源软件提供天秤币的代码。这里面没有任何秘密。

放弃控制权实际上会让天秤币对 Facebook 更有价值，因为只有天秤币不属于 Facebook，才会让那些怀疑 Facebook 的人感兴趣，而几乎所有人都怀疑 Facebook。

当然，在打造天秤币技术方面，Facebook 拥有独特的地位。在天秤币协会召开会议、正式制定章程（Facebook 协助起草了一份草案）或聘请一名主管之前，Facebook 就已经发明了第一款数字货币的应用方案——Calibra。该公司在对外宣布天秤币项目时，同时还展示了 Calibra 数字"钱包"的屏幕截图，里面装满了这种尚未面世的货币。

Facebook

Facebook 在 7 月宣布了这项计划，包括 27 位合作伙伴，他们一同加入了新生的天秤币协会。令人印象深刻的是，这些合作伙伴包括支付巨头 Visa、万事达和 PayPal。值得注意的是，其他科技巨头没有包含在其中，他们可能想消除与 Facebook 关系如此密切的计划所带来的负面影响。

尽管如此，Facebook 的天秤币项目确实值得讨论，因为该公司已经解决了一些棘手的问题，并提出了一些创新的方法来解决虚拟货币不断出现的严重问题。但是，在认真讨论这些问题之前，我们必须与房间里的这只巨大的长毛猛犸象打交道——是 Facebook 在实施这个项目。Facebook！

2019 年 5 月，马库斯第一次向我透露天秤币计划，我也是第一位了解该计划的记者。[25] 他承认这是一项挑战："试图在一个充满怀疑的地方创建一项公共服务设施，因为它来自 Facebook。"但是，没有人知道此计划公开后会出现多么极端的反应。监管者、议员和 Facebook 的众多批评者猛烈抨击了这一想法，他们认为该虚拟货币的单位应该被称为"扎克币"，而不是"天秤币"。

扎克伯格对此并不担心。像往常一样，他是公司最终决定这件事的人。也许就像动态消息一样，天秤币也是如此。一旦人们尝试了，他们就会喜欢的。他显然也能感受到，他提出的社交网络"聚焦隐私的愿景"在自己的公司不受欢迎，连他最为看重的员工也因此而离开。

2019 年 7 月，马库斯在持怀疑态度的参议院银行委员会面前做证。但他的证词未能改变人们的看法。[26] 在接下来的几周里，包括 Visa、万事达和 PayPal 在内的几位合作伙伴退出了天秤币协会。为了阻止这种趋势，Facebook 承诺在没有监管部门批准的情况下不会实施该计划。2019 年 10 月 23 日，扎克伯格亲自来到华盛顿，在众议院金融服务委员会面前回答关于天秤币的问题。就在一周之前，他还在这个地区的乔治敦大学的一次演讲中分享他对言论自由的看法，他试图为 Facebook 最近宣布的不对政治广告进行核实的政策辩护。Facebook 的立场是，对于在 Facebook 上传播的广告帖子中赤裸裸的谎言，它不会采取任何抑制措施。对一家投入大量精力清除或减少平台有害内容的公司来说，这是一种奇怪的立场。

听证会以针对扎克伯格的一句尖刻的提醒开始。[27] 在众议院金融服务委员会主席、众议员玛克辛·沃特斯（Maxine Waters）的开场白中，她要求暂停天秤币的活动，她说扎克伯格的提议过于异乎寻常，在她的脑海中启动了分拆 Facebook 的想法。她对他说："看起来你正在积极扩大公司规模，并愿意踩着任何人的肩膀，包括你的竞争对手、女性、有色人种、你自己的用户，甚至我们的民主，以便得到你想要的东西。"

有一些议员，主要是共和党人，注意到 Facebook 持续关注他们对偏见的虚假投诉，显然为此感到满意。他们似乎想为扎克伯格辩护，并表达了对扼杀创新的担忧。但主要问题在扎克伯格身上，仅仅在三年前，他还是美国创造力的典型代表，现在却遭到了敌视。听证会上一个反复出现的话题是 Facebook 的违规记录。例如，纽约的众议员尼迪亚·韦拉兹克斯（Nydia Velázquez）引用了剑桥分析公司事件，以及 Facebook 违背不将 WhatsApp 数据与其他数据库合并的承诺。6 个小时的听证会，大部分时间都让扎克伯格头疼，他说这是一个重要的问题。"我们当然需要做很多工作来建立信任。"他承认。

"你知道你不应该撒谎吗？"韦拉兹克斯问道。

各种打击接二连三。"你毁了美国人的生活。"众议员乔伊斯·贝蒂（Joyce Beatty）指出扎克伯格应该对 Facebook 令人失望的民权活动负责。众议员亚历山德里娅·奥卡西奥-科尔特斯（Alexandria Ocasio-Cortez）则抨击了他的政治立场。

Facebook

听证会进行了 4 个小时之后，扎克伯格要求暂停一下，他需要去一趟洗手间，他挥舞着水瓶示意自己的痛苦。委员会主席希望在投票前再进行一轮提问，并告诉他应该在放松自己之前接受另一位提问者的提问。下一位提问者是众议员凯蒂·波特（Katie Porter），她先是取笑了扎克伯格的发型，最后要求他承诺每周花一天时间担任内容审核员。

听证会结束之后，委员会主席与扎克伯格进行了私下沟通，并讨论了一些问题。我问主席有没有听到什么令她对天秤币产生更多好感的事情。她说没有。

天秤币的基本问题在于：基于一批才华横溢的工程师、无与伦比的驱动力和精明的产品意识，Facebook 很可能已经提出了数字货币的最佳实施方案，超越了之前几十个不太成熟的方案。但是，最终质量是次要的，由谁来实施才是最重要的。这个决定将通过评估扎克伯格所遗留的问题来做出，这个人决定要连接一个可能还没有做好准备的世界，并且不管发生什么，一直都在坚持这么做。

经历过信标、剑桥分析公司、动态消息在多个国家引发的暴力事件，以及美国联邦贸易委员会、美国证券交易委员会、欧盟和英国议会对其侵犯公民权利、隐私误传与违反安全规定的行为进行罚款之后……经历过所有的这些事情之后，人们想知道：为什么会有人信任 Facebook 并把钱托付给它？

19 另一个 Facebook

结语

在开启 7 月 4 日美国国庆节假期旅行前，扎克伯格的最后一项任务是为了本书接受最后一次采访。我去扎克伯格位于帕洛阿尔托的住宅拜访，这是一栋令人愉悦的百年老工匠风格的房子，但不是世界上最富有的人之一可能会居住的那种宏伟宅邸。走过景致优美的前院时，我想到了安德鲁·维恩里奇。

你应该还记得，维恩里奇是一位律师和创业者，我们今天所熟知的在线社交网络的概念是由他首先提出的，而且他还预见了整个世界可能将被束缚在一个单一的网络之中。我有点儿好奇，如果是维恩里奇而不是扎克伯格实现了这个愿景，那会是什么样的情景？毋庸置疑，我与这位已倒闭的六度空间的创始人的谈话，应该会在一座巨大的总部大楼里进行。但事实上，维恩里奇在一个嘈杂的 WeWork 共享办公区预订了一间小会议室，我们是在那里见面的。当他在描述六度空间如何领先于时代的时候，透过玻璃墙，我们可以看到外面有一群忙忙碌碌的千禧一代和 Z 世代年轻人，他们都想成为下一个马克·扎克伯格。

我问他，别人基于他的创意所实现的东西是否令他困扰？ 50 岁的维恩里奇很快给出了回答：没有。当我根据 Facebook 的经历，问他是否仍然认为连接世界是一件好事时，他也没有犹豫，他的答案是肯定的。不过，他认为如果自己处在扎克伯格的位置，肯定会在事情出现偏差时更早地察觉到警示信号。

毫无疑问，扎克伯格会告诉维恩里奇这并不容易。他带着牧羊犬"野兽"向我打招呼，"野兽"非常兴奋，扎克伯格把它带到了一个有窗户的会客厅。

为了这本书，我们已经交流了三年时间，到目前为止，在我们的采访中，我认为他已经尽可能多地展现出了坦诚的态度。他与2006年和我首次见面时不太情愿的沟通者相距甚远：他现在认为，接受采访不仅是表达自己观点的机会，而且是了解别人如何看待自己的一种方式。在这次交流以及几周前的一次同样坦诚的采访中，尽管在忏悔和反抗之间摇摆，但他愿意谈论罪责的问题。（因为这两次交流就像一次加长版的采访，我在这里总结了两次的观点。）

是的，他确实要对 Facebook 的疏忽负责，因为该平台成了一个虚假新闻、错误信息和仇恨言论的集中地。但他的道歉被一套说辞给冲淡了，即 Facebook 认为这些问题的出现，以及他们在这些问题蔓延时的疏忽，是过度乐观的态度造成的，而不是自满或贪婪的结果。

"过去几年我得到的一个重要教训是，我们对用户合理利用技术的方式过于理想化和乐观，没有充分考虑他们滥用技术的方式。"他说。

而且他承认，他将公司运营的一些关键部分委派给其他人这一决策，使问题变得更加复杂。

"也许，只有那些远比我优秀的人才能做到这一点。"他说，"从19岁开始创业，我在所有这些领域都没有经验，我认为，至少对我而言，将公司运营的所有不同部分都承担起来是不可能的。谢丽尔非常擅长做这些事情，也许把那些工作交给她会更容易。"出于需要，他现在更精通此道，"在我过去 15 年的个人旅程中，其中一部分就是

Facebook

528

对每一块工作承担更多的责任"。

值得一提的是，很多大学生对开放一个不受限制的全球言论和商业平台所带来的史无前例的后果毫无准备。谁能预料到，如此大规模的人与人之间的连接会带来什么呢？又有谁能预料到，有人会因追求连接人类的理想主义目标而受到指责呢？

但是，对幼稚或理想主义的辩护也就到此为止了。Facebook 没有忽视它对增长的不懈追求所带来的问题吗？还有一个事实是该公司的商业模式使其变成了一台极其完美的机器，这台机器运行所依托的无与伦比的个人数据库就像是高辛烷值的燃料。尽管 Facebook 确实是从学生宿舍起家的，但不到一年时间，扎克伯格就获得了各方的建议，包括硅谷经验最丰富的企业家和投资人，以及唐·格雷厄姆等受人尊敬的 CEO。此外，当各种问题出现时，该行业最好的高级管理者之一在公司担任 COO。

扎克伯格说他一直坚信 10 年前自己所信奉的分享和言论自由的价值观，我确实认为他是真诚的。但他在过去 15 年中所做出的决定，反映的是一系列次要的目标：增长、竞争优势和追求巨额利润。因为执行这些子目标将有助于 Facebook 去寻求连接世界的目标，所以它们无可避免地与公司使命交织在一起，这经常导致扎克伯格做出一些孤立的、看起来违背理想主义的决定。

当我跟他分享这些观点的时候，他并不接受。

"我认为，你要么将我们的问题视为理想主义的结果，要么说这是犬儒主义的结果。"他说，"我认为了解我的人会认为这并非犬儒主义。我在运营这家公司时从来没有说过，'我试图优化这个，只是为了尽可能多地赚钱，所以我们继续吧'。我只是认为，我们没有足够重视用户滥用技术的方式，因为对技术所能带来的众多好处，我们过于理想化了。"

结语

又是理想主义。

"的确，认识你的人不会说你愤世嫉俗，"我对他说，"但是他们确实说你竞争意识非常强烈。"

有几秒钟时间，他看起来是一副标志性走神的状态。"我认为他们是对的，没错。"他最后回答道。

扎克伯格还有其他的妥协。当我指出动态消息的 Twitter 化为错误信息和多巴胺干扰等意想不到的后果打开了大门时，他表示认同。"反思起来，我们不应该偏离得这么远。"他指出，作为 Facebook 最近清理的一部分，动态消息的方向被进行了某种程度上的逆转。"但是我们学到了一些重要的东西。"他说。

他对隐私也有类似的乐观看法。就在我们交流的时候，距离 Facebook 与联邦贸易委员会的和解只剩下几周时间了，和解将耗资 50 亿美元，并且公司还需要遵循一系列的监管规则。但他认为，尽管存在一些错误，但目前将 Facebook 视为恶棍的角色显然是夸大其词了。"如果你问人们对 Facebook 和隐私的看法，目前的观点普遍认为我们名声不佳。"他说，"人们认为我们侵害了用户的隐私或促进了对用户隐私的侵害。事实上，我认为我们已经进行了隐私创新，为用户提供了一些新型的私密或半私密空间，让他们可以聚在一起表达自己。"

我问他关于增长的问题，指出他已经授权了一个团队，他们的使命只是增加和留存用户，这个使命包含在 Facebook "连接世界，并让世界变得更美好"的公认使命之下。这难道没有让增长本身成为指引公司方向的北极星吗？"我同意你说的很多内容，但不是全部。"他说，"我认为你可以从一个愤世嫉俗的角度来看待这个问题，我们在尽力实现增长，因为增长是沿着自身的方向发展的。但是，用户使用社交产品是为了与他人互动，我们能为用户做的最有价值的事情，就是确保他们关心的人能够享受我们的服务。"

也许他让自己远离给 Facebook 带来如此多麻烦的政策问题是一个错误，也许他实施动态消息的 Twitter 化偏离得太远了，也许他太忙于 Facebook 的增长，而没有及时意识到监控内容的重要性。但他认为，更大的罪过是怯弱。

"我想很多人会更加保守，他们会说，'好吧，这是我认为应该会发生的事情，但我不会去处理它，因为我太害怕打破任何东西了。与打破现有的东西相比，我更害怕没有完成力所能及的最好的事情'。我只是认为，我抓住了更多的机会，这意味着我也犯了更多的错误。所以，现在回想起来，我们确实在战略和执行上犯了很多错误。如果你没有犯任何错误，那你可能没有发挥出自己的潜力，对吗？这就是成长的方式。"

他在说这些话的同时，也承认其中一些错误已经产生了可怕的后果。"有些不好的东西非常糟糕，人们对此非常不安是可以理解的。如果有些国家试图干涉选举，如果有缅甸军队试图传播仇恨内容来帮助他们实施种族灭绝，这怎么可能是一件积极的事情呢？但是，就像在以前的工业革命或其他极具破坏性的社会变革时期一样，我们很难将这些事情内在化，尽管其中一些事情让人感到很痛苦，但长期来看，积极的方面仍然会大大超过消极的方面。"

"通过这整个过程，我没有对此失去信心。我相信我们是互联网的一部分，是更广阔的历史进程的一部分。但是，我们确实有责任确保解决这些负面问题，而这些负面问题我们可能直到最近才给予了足够的重视。"

对扎克伯格来说，追寻玫瑰花蕾是徒劳的。他就是他，Facebook 可能必须改变，但扎克伯格认为他不必改变。

"如果不能做我认为有助于推动世界前进的事情，我就无法经营

结语

531

这家公司。"他说。有些人认为，他对这个世界造成的破坏与商业领域的其他任何人一样大。当他看着我的眼睛时，很明显他相信了。

我该走了。扎克伯格把"野兽"从阳光房中放了出来。他把我送到门口，就在我离开的时候，站在他家外面的台阶上，扎克伯格提到了他的笔记本。在采访刚开始的时候，我告诉他我手上有他在2006年写于笔记本"变革之书"上的内容，他说真希望自己还保留着那个笔记本，现在看到它会感觉很酷。碰巧我的手机里有它的扫描件，我打开文件递给了他。

扎克伯格凝视着笔记本的封面，上面有他的名字和地址，以及任何找到它的人都会得到1 000美元奖励的承诺，他的脸上泛出光彩。"对，那是我的笔迹！"他证实道。

我意识到，在某种意义上，我正在做22岁的扎克伯格在他的悬赏声明中所要求的事情：归还一件似乎无法挽回的珍贵的宝物。

当他往后翻阅时，脸上满是狂喜的笑容。就好像他突然跟以前的自己重聚了：这个面带稚气的创始人，对监管机构、仇恨者和保镖都一无所知，他充满喜悦地将自己的愿景完全解析给一个团队，这个团队将这个愿景变成软件，然后他们以最佳的方式去改变世界。

他似乎不愿意打破这种恍惚状态，把手机还给我之后，他转身进屋，关上了门。

致谢

　　一家公司愿意接受记者的采访是一种信念的飞跃，对于 Facebook 允许他们的员工抽出宝贵的时间和精力接受我的采访，我很感激。我特别需要感谢的是，在这本书中显然会出现 Facebook 和我都没有预料到的转变之后，公司仍然坚持这种信念。埃利奥特·施拉格和卡琳·马鲁尼（Caryn Marooney）是给予我这个机会的关键人物，他们将我的介绍转发给了马克·扎克伯格和谢丽尔·桑德伯格。我在 Facebook 的向导伯蒂·汤姆森（Bertie Thomson）和德里克·梅因斯（Derick Mains）在很好地完成本职工作的同时，巧妙地支持了这个项目。我还要感谢 Facebook 宣传团队的其他员工，他们尽自己的最大努力为我提供信息和安排采访，包括后来加入的约翰·皮内特（John Pinette）。他们允许我与相关人士接触的承诺不仅兑现，而且还超额兑现了，特别是与马克和谢丽尔的交流，在最后几个月，这两位领导者都特别努力地与我接触，而且我们最后一些会议的效果特别有建设性（我认为）。我对他们两位表示感谢，也要感谢以前及现在跟我交流过的数百名 Facebook 员工。

　　自诞生以来，Facebook 一直都是备受关注的对象，我对所有的记者和作家同行所做的工作表示感谢。尤其是大卫·柯克帕特里克的《Facebook 效应》一书，对该公司头 5 年发展历程的审视是极其宝贵的。我要特别感谢杰西·亨普尔（Jessi Hempel），她给我分享了一些她的采访内容，以及她的智慧和评论。一位名叫迈克尔·齐默（Michael Zimmer）的计算机科学副教授创建了一个名为"扎克伯格档案"的令人惊叹的资源库，他试图将扎克伯格的每一次采访都予以归档，我尽情享用了其中的内容。凯西·牛顿的时事通信"界面"（The Interface）帮助我及时关注每天与 Facebook 有关的新闻。

在过去的三年里，我花了很多时间在美国加州工作，我非常感谢那些为我提供住处和支持的人。林娜·约翰逊（Lynnea Johnson）和卡罗琳·罗斯（Caroline Rose）的平房在大部分时间里是我的宿营地，直到我投奔约翰·马尔科夫（John Markoff）和莱斯利·特里赞（Leslie Terizan）。凯蒂·哈夫纳（Katie Hafner）和鲍勃·沃希特（Bob Wachter）是美国旧金山出色的东道主。莱斯莉·伯林（Leslie Berlin）慷慨地把她儿子的车借给了我，后来她儿子因为要在学校里开才要了回去。还要感谢美国东西海岸的一些朋友：布拉德利·霍洛维茨（Bradley Horowitz）、艾琳·奥（Irene Au）、布拉德·斯通（Brad Stone）、凯文·凯利（Kevin Kelly）、梅根·奎因（Megan Quinn）、M.G. 西格勒（M.G. Siegler）、史蒂夫·斯通伯恩（Steve Stoneburn）和米歇尔·斯通伯恩（Michelle Stoneburn）。

回到美国东海岸，我有另外两个写作的地方，曼哈顿的作家室是一个美妙的隐居场所，而奥的斯图书馆在宽带资源匮乏的马萨诸塞州西部提供了宝贵的网络连接和令人愉悦的款待。（不过光纤连接即将实现了！）

林赛·马斯卡托（Lindsay Muscato）是一位严谨细致、兴趣广泛的研究员。她做了一个华丽的转变，成了我的事实调查小组的组长，该团队包括才华横溢、不知疲倦的罗斯玛丽·霍（Rosemarie Ho）和里马·帕里克（Rima Parikh）。（当然，所有的错误都源于我，但由于他们不畏艰难的工作，我们避免了很多错误。）赵露（Lu Zhao）在注释方面为我提供了极好的帮助。卓越的转录员阿比·罗伊尔（Abby Royle）花费了大量的时间倾听 Facebook 员工的采访录音。

塞雷娜·丘（Serena Cho）是一名新闻专业的学生，她调查了扎克伯格在埃克塞特的岁月，帮我了解了这所学校的背景。

还要感谢我在 Backchannel 专栏和《连线》杂志的同事，这两家媒体在本书写作期间合并了。尼克·汤普森（Nick Thompson）耐心地等待着我离开，我的编辑桑德拉·厄普森（Sandra Upson）和薇拉·蒂蒂努克（Vera Titinuk）明白这种平衡的作用。《连线》杂志的伊西·拉波斯基（Issie Lapowsky）非常关注 Facebook，他非常慷慨地给予了我思想和人际方面的支持。

我的经纪人弗利普·布罗菲（Flip Brophy）一如既往，是任何作家都希望遇到的那种坚定的支持者和顾问。

感谢达顿公司所有的成员。约翰·帕斯利（John Parsley）耐心地等待手稿，然后进行了完善的处理。卡西迪·萨克斯（Cassidy Sachs）熟练地管理物流。我很欣赏蕾切尔·曼迪克（Rachelle Mandik）敏锐的文案编辑眼光。艾丽斯·达尔林普尔（Alice Dalrymple）熟练地领导了一个快速的生产过程。本书的出版协议最初是由蓝骑士出版社的戴维·罗森塔尔（David Rosenthal）签署的——嘿，戴维，完成了！

照例，最需要感谢的是我的家人，我通过 Facebook 私人群与其中一些人（姐妹、姻亲、侄女）保持联系，不受虚假新闻和俄罗斯错误信息的影响。如果没有安德鲁·马克斯·利维（Andrew Max Levy）和特蕾莎·卡彭特（Teresa Carpenter）的支持和爱，我无法完成本书。

注释

本书主要取材于对 Facebook 的离职和现任员工，以及与书中人物和事件有直接接触的知情外部人士的 300 多次采访。（除非特别注明，本书中的直接引用均源于这些采访。）大卫·柯克帕特里克的著作让我受益匪浅，他写了一本关于 Facebook 早期历史的权威著作：《Facebook 效应》。扎克伯格档案网站对我的价值也不可估量，这个由迈克尔·齐默管理的网站聚合了 1 000 多个与扎克伯格有关的采访和视频。凯西·牛顿的每日通信"界面"让我随时都能了解 Facebook 的最新动态。

前言

·1· Hillary Brueck, "Facebook Boss Still Tech's Most Popular CEO," *Fortune*, February 26, 2016.

·2· This characterization of the Facebook office after the 2016 US election comes from interviews with Sheryl Sandberg.

·3· David Kirkpatrick, "In Conversation with Mark Zuckerberg," Techonomy.com, November 17, 2016.

·4· Brian Hiatt, "Twitter CEO Jack Dorsey: The Rolling Stone Interview," *Rolling Stone*, January 19, 2019.

01
扎克网络

- 1 · Information about sixdegrees from personal interviews and Julia Angwin, *Stealing My-Space: The Battle to Control the Most Popular Website in America* (Penguin, 2009). The video of the launch event is on YouTube.
- 2 · The discussion of the "six degrees" problem is drawn from Duncan Watts's influential book, *Six Degrees: The Science of a Connected Age* (W. W. Norton, 2003).
- 3 · The 1929 short story is out of print in English, but a translation of Karinthy's "Chain-Links" by Adam Makkai is available on the website https://djjr-courses.wikidot.com.
- 4 · Jeffrey Travers and Stanley Milgram, "An Experimental Study of the Small World Problem," *Sociometry* 32, no. 4 (December 1969), 425–443.
- 5 · Teresa Riordan, "Idea for Online Networking Brings Two Entrepreneurs Together," *New York Times*, December 1, 2003.
- 6 · There are a number of good accounts of Zuckerberg's early life that I drew from besides personal interviews, including his parents. Particularly valuable was Matthew Shaer, "The Zuckerbergs of Dobbs Ferry," *New York*, May 4, 2012. In 2011, Ed Zuckerberg spoke in detail in a radio interview with a town supervisor on local station WVOX, reported in an Associated Press story: Beth J. Harpaz, "Dr. Zuckerberg Talks about His Son's Upbringing," Associated Press, February 4, 2011. Other useful accounts of early Mark Zuckerberg include two *New Yorker* profiles: Jose Antonio Vargas "The Face of Facebook," *The New Yorker,* September 13, 2010; and Evan Osnos, "Can Mark Zuckerberg Fix Facebook Before It Breaks Democracy?" *The New Yorker,* September 10, 2018. Also, Lev Grossman, *The Connector* (TIME, 2010) ebook of *Time* magazine's 2010 Person of the Year; and Kirkpatrick, *The Facebook Effect*.
- 7 · Shaer, "The Zuckerbergs of Dobbs Ferry."
- 8 · Ed Zuckerberg, WVOX radio interview.
- 9 · Mark Zuckerberg at Y Combinator Startup School, 2011, *Zuckerberg Transcripts* , 76.
- 10 · Shaer, "The Zuckerbergs of Dobbs Ferry."
- 11 · Ibid.
- 12 · Lev Grossman, *The Connector*, 98.
- 13 · Bill Moggridge, "Designing Media: Mark Zuckerberg Interview" (MIT Press, 2010), *Zuckerberg Videos,* Video 36.
- 14 · Interview with James Breyer at Stanford University, October 26, 2005, *Zuckerberg*

Transcripts, 116.

·15· Matt Bultman, "Facebook IPO to Make Dobbs Ferry's Mark Zuckerberg a $24 Billion Man," *Greenburgh Daily Voice*, March 12, 2012.

·16· Jessica Vascellaro, "Facebook CEO in No Rush to 'Friend' Wall Street," *Wall Street Journal*, March 3, 2010.

·17· Michael M. Grynbaum, "Mark E. Zuckerberg '06: The Whiz Behind Thefacebook. com," *Harvard Crimson*, June 10, 2004.

·18· Mark Zuckerberg, Menlo Park Town Hall, May 14, 2015, Accessed via Facebook Watch.

·19· Randi Zuckerberg made her comments on *The Human Code with Laurie Segall* podcast, February 2, 2018.

·20· *Masters of Scale* podcast, September 2018.

·21· Phillips Exeter Academy explained on one of its web pages "The Exeter Difference."

·22· "A Greek Schoolmate Uncovers Zuckerberg's Face(book) and Its Roots," Greek Reporter, May 14, 2009.

·23· Petrain shared his Zuckerberg recollections with me via email.

·24· Petrain shared his Zuckerberg recollections with me via email.

·25· Vargas, "The Face of Facebook."

·26· David Kushner, "The Hacker Who Cared Too Much," *Rolling Stone*, June 29, 2017.

·27· Todd Perry, "SharkInjury 1.32," *Medium* posting, April 4, 2017.

·28· The story is recounted by Todd Perry in Alexandra Wolfe, *Valley of the Gods* (Simon & Schuster 2017), 109–10.

·29· Grynbaum, "Mark E. Zuckerberg '06: The Whiz Behind Thefacebook.com."

·30· Screenshots of the book, as well as Tillery's online version, are included in Steffan Antonas, "Did Mark Zuckerberg's Inspiration for Facebook Come Before Harvard?" *ReadWrite*, May 10, 2009.

02
哈佛管理委员会传唤

扎克伯格在哈佛大学的岁月被大量记载，尽管经常出现不同的说法。除了个人访谈外，一些更始终如一的、有用的资源包括《Facebook 效应》，ConnectU 一案证词的公开摘录，《绯红》出色的报道，以及扎克伯格本人在接受各种采访时的说法。

注释

· 1 · *The Human Code with Laurie Segall* podcast, February 4, 2019.

· 2 · Zuckerberg shared the video on Facebook 5 May 18, 2017.

· 3 · The *Ceglia v. Zuckerberg* court filing provides the information about the $1,000 fee. After the suit was dismissed because Ceglia allegedly forged the document that was his claim to owning Facebook, Ceglia fled to Ecuador to avoid prosecution. As of June 2019, the United States has been unable to extradite him. Bob Van Voris, "Facebook Fugitive Paul Ceglia's Three Years on the Run," *Bloomberg*, November 10, 2018; and David Cohen, "Ecuador Won't Return Fugitive and Former Facebook Claimant Paul Ceglia to the U.S.," *Adweek*, June 25, 2019.

· 4 · Dan Moore wrote on machine learning and MP3s on *Slashdot*, April 21, 2003.

· 5 · S. F. Brickman, "Not-So-Artificial Intelligence," *The Harvard Crimson*, October 23, 2003.

· 6 · The best account of Friendster is the two-part series on the *Startup* podcast that ran on April 21 and 28, 2017. Seth Feigerman's "Friendster Founder Tells His Side of the Story" (*Mashable*, February 3, 2014) gives Abrams's point of view. There are also good summaries in Angwin's *Stealing MySpace* and Kirkpatrick, *The Facebook Effect*.

· 7 · "Friendster 1: The Rise," *Startup*, April 21, 2017.

· 8 · "AIM Meets Social Network Theory," *Slashdot*, April 14, 2003.

· 9 · In addition to personal interview, Hughes tells his own story in *Fair Shot: Rethinking Inequality and How We Learn* (St. Martin's Press, 2018).

· 10 · Interview with Sam Altman, Y Combinator, "Mark Zuckerberg: How to Build the Future," August 16, *Zuckerberg Transcripts*, 171.

· 11 · Interview with Y Combinator, "Mark Zuckerberg at Startup School 2013," October 25, 2013, *Zuckerberg Transcripts*, 160.

· 12 · S. F. Brickman, "Not So Artificial Intelligence," *Harvard Crimson*, October 23, 2003.

· 13 · The online journal cited here, and first published by Luke O'Brien in the online Harvard alumni journal *02138* in "Poking Facebook," would become notorious in the movie *The Social Network*. The breakup scene in the film, however is purely screenwriter Aaron Sorkin's creation.

· 14 · Luke O'Brien's notes from the court documents, shared with me.

· 15 · "Put Online a Happy Face," *Harvard Crimson*, December 1, 2003.

· 16 · Nadira Hira, "Web Site's Online Facebook Raises Concerns," *Stanford Daily*, September 22, 1999.

· 17 · David M, Kaden, "College Inches Toward Campus-Wide Facebook," *Harvard*

Crimson, December 9, 2003.

· 18 · Interview with Y Combinator, "Mark Zuckerberg at Startup School 2013," October 25, 2013, *Zuckerberg Transcripts*, 160.

03
Thefacebook 网站

· 1 · There is an entire subgenre of journalism (and cinema!) devoted to the dispute between Zuckerberg and his classmates. Some of the most reliable accounts came under oath in depositions unearthed first by Luke O'Brien, "Poking Facebook," *02138* magazine, November–December 2007. Ben Mezrich's book *The Accidental Billionaires: The Founding of Facebook* (Doubleday, 2009) has a number of firsthand documents. Nicholas Carlson's reporting in *Business Insider* yielded hitherto unknown instant messaging and emails, as well as valuable reporting. Kirkpatrick's *The Facebook Effect*, as always, was solid on the issue.

· 2 · Shirin Sharif, "Harvard Grads Face Off Against Thefacebook.com," *Stanford Daily*, August 5, 2004.

· 3 · Nicholas Carlson, "At Last—The Full Story of How Facebook Was Founded," *Business Insider*, March 5, 2010; and "EXCLUSIVE: Mark Zuckerberg's Secret IMs from College," *Business Insider*, May 17, 2012.

· 4 · Besides personal interviews, Greenspan's story is drawn from his book *Authoritas: One Student's Harvard Admissions and the Founding of the Facebook Era* (Think Press, 2008); John Markoff, "Who Founded Facebook? A New Claim Emerges," *New York Times*, September 1, 2007.

· 5 · Matt Welsh blogged, "How I Almost Killed Facebook," February 20, 2009.

· 6 · Alexis C. Madrigal, "Before It Conquered the World Facebook Conquered Harvard," *The Atlantic*, February 4, 2019.

· 7 · Interview with Y Combinator, "Mark Zuckerberg at Startup School 2013," October 25, 2013, *Zuckerberg Transcripts*, 160.

· 8 · Interview with Y Combinator "Mark Zuckerberg at Startup School 2012," October 20, 2012, *Zuckerberg Transcripts*, 161.

· 9 · Information about Eduardo Saverin is drawn from Kirkpatrick, *The Facebook Effect*; Mezrich, *The Accidental Billionaires* (Saverin cooperated with the book); and Nicholas Carlson, "How Mark Zuckerberg Booted His Co-Founder Out of the Company,"

Business Insider, May 15, 2012.

·10· Alan J. Tabak, "Hundreds Register for New Facebook Website," *Harvard Crimson*, February 9, 2004.

·11· Seth Fiegerman, " 'It Was Just the Dumbest Luck'— Facebook's First Employees Look Back," *Mashable*, February 4, 2014. A rich set of interviews with early employees here.

·12· Harvard University, "CS50 Guest Lecture by Mark Zuckerberg," December 7, 2005, *Zuckerberg Transcripts*, 141.

·13· Interview with Y Combinator, "Mark Zuckerberg at Startup School 2012," October 20, 2012, *Zuckerberg Transcripts*, 9.

·14· Interview with James Breyer at Stanford University, October 26, 2005, *Zuckerberg Transcripts*, 116.

·15· Phil Johnson, "Watch Mark Zuckerberg Lecture a Computer Science Class at Harvard—in 2005," ITworld, May 13, 2015.

·16· Christopher Beam, "The Other Social Network," *Slate*, September 29, 2010. Also, the Columbia *Spectator* gave considerable coverage to CC Community and its clash with Thefacebook.

·17· Zachary M. Seward, "Dropout Gates Drops in to Talk," *Harvard Crimson*, February 27, 2004.

·18· Sarah F. Milov, "Sociology of Thefacebook.com," *Harvard Crimson*, March 18, 2004.

·19· Adam Clark Estes, "Larry Summers Is Not a Fan of the Winklevoss Twins," *The Atlantic*, July 20, 2011.

·20· Another IM from the Carlson *Business Insider* collection.

·21· Email from Zuckerberg to John Patrick Walsh, February 17, 2004.

·22· Nicholas Carlson, "In 2004, Mark Zuckerberg Broke into a Facebook User's Private Email Account," *Business Insider*, March 5, 2010. Additonal detail from personal interviews.

·23· Claire Hoffman, "The Battle for Facebook," *Rolling Stone*, September 15, 2010.

·24· "This IM is from Greenspan. On September 19, 2012, he published "The Lost Chapter" on his blog aarongreenspan.com, with a cache of newly discovered IM exchanges between him and Zuckerberg.

·25· *Adweek* staff, "Facebook Announces Settlement of Legal Dispute with Another Former Zuckerberg Classmate," *Adweek*, May 22, 2009.

·26· Deposition in *ConnectU Inc. v. Zuckerberg, et al.*

·27· Grynbaum, "Mark E. Zuckerberg '06: The Whiz Behind Thefacebook.com."

Facebook

04
Facebook 之家

· 1 · The Parker background is drawn from multiple sources, including a weeklong reporting trip I spent with him in 2011. Joseph Menn gives an excellent mini-biography, and besides *The Facebook Effect*, Kirkpatrick wrote a profile of Parker for *Vanity Fair* ("With a Little Help from His Friends," November 2010).Also see Steven Bertoni, "Agent of Disruption," *Forbes*, September 21, 2011. The Facebook chapter in *Valley of Genius*, an oral history of Silicon Valley compiled by Adam Fisher, provides great firsthand quotes from Parker and other early Facebook employees.

· 2 · Hoffman, "The Battle for Facebook."

· 3 · Adam Fisher did a series of podcasts based on his *Valley of Genius* interviews.

· 4 · Zuckerberg deposition, *The Facebook v. ConnectU*, April 26, 2006.

· 5 · Ellen McGirt, "Facebook's Mark Zuckerberg: Hacker, Dropout, CEO," *Fast Company*, May 1, 2007. McGirt's article was one of the first major magazine pieces on the young company.

· 6 · Personal interview with Zuckerberg, June 23, 2019.

· 7 · Sarah Lacy, *Once You're Lucky, Twice You're Good* (Avery; reprint edition, 2009), 154. Lacy's book is another valuable account of Facebook's early days.

· 8 · *The Facebook Effect* has an extensive description of how early Facebookers used movie quotes. See 97–98.

· 9 · M. G. Siegler, "Wirehog, Zuckerberg's Side Project That Almost Killed Facebook," *TechCrunch*, May 26, 2010.

· 10 · Kevin J. Feeney, "Business, Casual," *Harvard Crimson*, February 24, 2005.

· 11 · Mike Swift, "Mark Zuckerberg of Facebook: Focused from the Beginning," *Mercury News*, February 5, 2012.

· 12 · Feeney, "Business, Casual."

· 13 · Nicholas Carlson, "EXCLUSIVE How Mark Zuckerberg Booted His Co-Founder Out of the Company," *Business Insider*, May 15, 2012.

· 14 · That is the widely reported figure for the settlement. Brian Solomon, "Eduardo Saverin's Net Worth Publicly Revealed: More Than $2 Billion in Facebook Alone," *Forbes*, May 18, 2012. An SEC filing on March 17, 2012, reported that as of that pre-IPO date Saverin still had 53,133,360 shares, almost 2 percent of the pre-IPO company.

· 15 · Alex Konrad, "Life After Facebook: The Untold Story of Billionaire Eduardo Saverin's

Highly Networked Venture Firm," *Forbes*, March 19, 2009.

05
道德困境

· 1 · These figures are reported in Kirkpatrick, *The Facebook Effect*, 125.

· 2 · James Breyer/Mark Zuckerberg interview, Stanford University, October 26, 2005, *Zuckerberg Transcripts*, 116.

· 3 · The story was first told in Kirkpatrick, *The Facebook Effect*, 122–23.

· 4 · Karel M. Baloun, *Inside Facebook* (Trafford Publishing, 2007), 22.

· 5 · Rolfe Humphries 1953 translation. The celebrated 1983 Robert Fitzgerald translation is almost identical, flipping the words "even" and "this."

· 6 · Matt Welsh blogged, "In Defense of Mark Zuckerberg," October 10, 2010.

· 7 · James Glanz, "Power, Pollution and the Internet," *New York Times*, September 22, 2012.

· 8 · Ryan Mac, "Meet New Billionaire Jeff Rothschild, the Engineer Who Saved Facebook from Crashing," *Forbes*, February 28, 2014.

· 9 · Katherine Losse, *The Boy Kings: A Journey into the Heart of the Social Network* (Free Press, 2012), 71.

· 10 · Choe spoke of his experience on *The Howard Stern Show*, February 7, 2012.

· 11 · Interview with Y Combinator, "Mark Zuckerberg at Startup School 2013," October 25, 2013, *Zuckerberg Transcripts*, 160.

· 12 · Soleio Cuervo recounted that incident.

· 13 · The "domination" call would be frequently cited in accounts of Facebook's early days, but first reported by Jessica E. Vascellaro, "Facebook CEO in No Rush to 'Friend' Wall Street," *Wall Street Journal*, March 3, 2010.

· 14 · Katherine M. Gray, "New Facebook Groups Abound," *Harvard Crimson*, December 3, 2004.

· 15 · Michael Lewis, "The Access Capitalists," *New Republic* , October 18, 1993.

· 16 · Zuckerberg deposition, *The Facebook v. ConnectU*, April 25, 2006, 214.

06
变革之书

· 1 · Josh Constine, "Facebook Retracted Zuckerberg's Messages from Recipients' Inboxes,"

TechCrunch, April 6, 2018.

· 2 ·　Interview with *Huffington Post*, "Mark Zuckerberg 2005 Interview," June 1, 2005, *Zuckerberg Transcripts*, 56.

· 3 ·　An excellent recent profile of Cox is Roger Parloff, "Facebook's Chris Cox Was More Than Just the World's Most Powerful Chief Product Officer," *Yahoo Finance*, April 26, 2019.

· 4 ·　"Daniel Plummer, Cycling Champ, Scientist, Killed by Tree Branch," *East Bay Times*, January 4, 2006.

· 5 ·　Noah Kagan, "The Facebook Story." The remark was made in an early (2007) version of what became Kagan's book *How I Lost 170 Million Dollars: My Time As #30 at Facebook* (Lioncrest, 2014).

· 6 ·　Kagan, "The Facebook Story," 24. Hirsch's departure is also discussed by former Facebook CFO Gideon Yu in Nick Carlson, "Industry Shocked and Angered by Facebook CFO's Dismissal," *Business Insider*, April 1, 2009.

· 7 ·　Sarah Lacy, *Once You're Lucky, Twice You're Good* (Avery; reprint edition, 2009), 165.

· 8 ·　This sentiment is from Mark Zuckerberg's commencement address at Harvard on May 25, 2017.

· 9 ·　The entire post is still available on Facebook/notes, September 6, 2006.

· 10 ·　Adam Fisher, *Valley of Genius* (New York: Twelve, 2018).

· 11 ·　Stutzman's quote is in Rachel Rosmarin, "Open Facebook," *Forbes*, September 11, 2006.

07
平台

· 1 ·　The text of Steve Jobs's Stanford commencement address on June 12, 2005, appears on the Stanford News website.

· 2 ·　Not all of the five came from Microsoft; Charlie Cheever, one of the group, had been working at another Seattle company, Amazon.

· 3 ·　I interviewed Zuckerberg for my *Newsweek* cover story, "The Facebook Effect," August 7, 2007.

· 4 ·　Mark Coker, "Startup Advice for Entrepreneurs from Y Combinator," VentureBeat, March 26, 2007.

· 5 ·　David Kirkpatrick wrote the definitive article on Facebook's Platform, "Facebook's Plan to Hook Up the World," *Fortune*, May 29, 2007.

· 6 ·   Eric Eldon, "Q& A with iLike's Ali Partovi, on Facebook," *VentureBeat*, May 29, 2007.

· 7 ·   Eric Eldon, "Q&A with iLike's Ali Partovi, on Facebook," VentureBeat, May 29, 2007.

· 8 ·   Kirkpatrick, *The Facebook Effect*, 225.

· 9 ·   The best resource on Zynga is Dean Takahashi, *Zynga: From Outcast to $9 Billion Social- Game Powerhouse* (VentureBeat, 2011).

· 10 ·   *SF Weekly staff*, "FarmVillains," *SF Weekly*, September 8, 2010.

· 11 ·   Partovi deposition, *Facebook v. Six4Three* (October 10, 2017).

· 12 ·   Michael Arrington, "Scamville: The Social Gaming Ecosystem of Hell," *TechCrunch*, November 1, 2009.

· 13 ·   Michael Arrington, "Zynga CEO Mark Pincus: 'I Did Every Horrible Thing in the World Just to Get Revenues,' " *TechCrunch*, November 6, 2009.

· 14 ·   Email from Sam Lessin to Mark Zuckerberg, October 26, 2012. This is from the "Note by Damian Collins, MP, Chair of DCMS Committee: Summary of Key Issus from the Six4Three Files," a cache of documents under seal that Facebook turned over to the courts in a lawsuit filed by a developer called Six4Three. The UK Parliament seized the documents from the Six4Three CEO, who just happened to have them with him on a trip to London. In December 2018, Collins released a selection.

· 15 ·   "Exhibit 48— Mark Zuckerberg email on reciprocity and data value," November 19, 2012, "Summary of Key Issues."

· 16 ·   Another set of documents from the Six4Three seizure—around 7,000 pages— was leaked to journalist Duncan Campbell, who released them in November 2019. Facebook told Reuters that the documents were "taken out of context by someone with an agenda agains Facebook."

· 17 ·   An email from Facebook executive Ime Archibong on September 9, 2013, identifies Zuckerberg as involved in the Xobni shutoff. From Six4Three files.

· 18 ·   June 2013 email exchange described in Six4Three files.

· 19 ·   Ilya Sukhar chat, October 15, 2013. From Six4Three files.

· 20 ·   Sukhar seems to have given the API pivot this name in a January 31, 2014, chat. From Six4Three files.

· 21 ·   "Exhibit 97— discussion about giving Tinder full friends access data in return for the use of the term 'Moments' by Facebook," March 13, 2015, "Summary of Key Issues."

Facebook

08
代号"大流行"

· 1 ·　"Facebook Privacy," Electronic Privacy Information Center website. The page is a virtual timeline of the company's privacy missteps. EPIC has been tracking Facebook for more than a decade and has filed some of the most significant complaints about the company to agencies and legislators.

· 2 ·　Kirkpatrick, *The Facebook Effect*, 242.

· 3 ·　Kara Swisher, "15 Billion More Reasons to Worry About Facebook," *AllThingsDigital*, September 25, 2007.

· 4 ·　"5 Data Breaches: From Embarrassing to Deadly," *CNN Money*, December 14, 2010.

· 5 ·　Ellen Nakashima, "Feeling Betrayed, Facebook Users Force Site to Honor Their Privacy," *Washington Post*, November 30, 2007.

· 6 ·　Josh Quittner, "R.I.P. Facebook?" *Fortune*, December 4, 2007.

· 7 ·　Dan Farber, "Facebook Beacon Update: No Activities Published Without Users Proactively Consenting," ZDNet, November 9, 2007.

· 8 ·　Juan Carlos Perez, "Facebook's Beacon More Intrusive Than Previously Thought," *PCWorld*, November 30, 2007.

· 9 ·　Juan Carlos Perez, "Facebook's Beacon Ad System Also Tracks Non-Facebook Users," *PCWorld*, December 3, 2007.

· 10 ·　Brad Stone, "Facebook Executive Discusses Beacon Brouhaha," *New York Times*, November 29, 2007.

· 11 ·　Jessica Guynn, "Facebook Adds Safeguards on Purchase Data," *Los Angeles Times*, November 30, 2007.

· 12 ·　Zuckerberg's note was published on Facebook, December 5, 2007.

09
谢丽尔的世界

· 1 ·　Sheryl Kara Sandberg, "Economic Factors & Intimate Violence," Harvard/ Radcliffe College, March 20, 1991.

· 2 ·　Excellent account of Sandberg's background in Ken Auletta, "A Woman's Place," *The New Yorker*, July 4, 2011.

· 3 ·　Sheryl Sandberg, *Lean In: Women, Work, and the Will to Lead* (Knopf, 2013), 20.

·4· John Dorschner, "Sheryl Sandberg: From North Miami Beach High to Facebook's No. 2," *Miami Herald*, February 26, 2012.

·5· Quote from Adam J. Freed, in Brandon J. Dixon, "Leaning In from Harvard Yard to Facebook: Sheryl K. Sandberg '91," *Harvard Crimson*, May 24, 2016.

·6· Sandberg, *Lean In*, 31.

·7· Auletta, "A Woman's Place."

·8· Ibid.

·9· Kirkpatrick, *The Facebook Effect*, 257.

·10· Dan Levine, "How Facebook Avoided Google's Fate in Talent Poaching Lawsuit," Reuters, March 24, 2014.

·11· Besides personal interviews, I found the following accounts of the Like button's origin helpful: Clive Thompson, *Coders: The Making of a New Tribe and the Remaking of the World* (Penguin, 2019); Julian Morgans, "The Inventor of the Like Button Wants You to Stop Worrying About Likes," *VICE*, July 6, 2017; Victor Luckerson, "The Rise of the Like Economy," *Ringer*, February 15, 2017; and Jared Morgenstern's TEDxWhiteCity talk, "How Many Likes = 1 Happy," November 9, 2015. Interesting to note that in various stories, the inventor of the Like button may be Morgenstern, Pearlman, or Sittig.

·12· On October 16, 2014, on Quora, Andrew Bosworth posted an annotated timeline responding to the question, "What's the history of the Awesome Button (that eventually became the Like button) on Facebook?"

·13· Arnold Roosendaal, "Facebook Tracks and Traces Everyone: Like This!" *Tilburg Law School Legal Studies Research Paper Series* No. 03/ 2011. Later published as Arnold Roosendaal, "We Are All Connected to Facebook . . . by Facebook!" in S. Gutwirth et al. (eds.), *European Data Protection: In Good Health?* (Springer, 2012), 3–19.

·14· Riva Richmond, "As 'Like' Buttons Spread, So Do Facebook's Tentacles," *New York Times*, September 27, 2011.

·15· Ibid.

10
增长!

·1· Palihapitiya has spoken numerous times about his background and his Facebook career. Most helpful were "How We Put Facebook on the Path to 1 Billion Users" (a lecture for a Udemy course on growth hacking); and Palihapitiya's appearance on the *Recode/Decode* podcast August 31, 2017. Evelyn Rusli's *New York Times* profile, "In Flip Flops and Jeans, an Unconventional Venture Capitalist" (October 6, 2011) is an excellent one. Speeches by others in the Growth Circle were also helpful, especially Alex Schultz's talk at the Y Combinator/Stanford Startup School course. Overviews of the Growth team include Harry McCracken, "How Facebook Used Science and Empathy to Reach Two Billion Users," *Fast Company*, June 27, 2017; and Hannah Kuchler, "How Facebook Grew Too Big to Handle," *Financial Times*, March 28, 2019. I also found useful metric information in the growth section in Mike Hoefflinger's *Becoming Facebook: The 10 Challenges That Defined the Company That's Changing the World* (Amacom, 2017).

· 2 · Palihapitiya, "How We Put Facebook on the Path to 1 Billion Users."

· 3 · Ibid.

· 4 · The executive is Alex Schultz, who would soon join the Growth team.

· 5 · Noah Kagan, *How I Lost 170 Million Dollars: My Time As #30 at Facebook* (Lioncrest, 2014), 63.

· 6 · Toby Segaran and Jeff Hammerbacher, *Beautiful Data: The Stories Behind Elegant Data Solutions* (O'Reilly Media, 2009). Hammerbacher's essay is called "Information Platforms and the Rise of the Data Scientist."

· 7 · PandoMonthly interview with Sarah Lacy, "A Fireside Chat with Cloudera Founder Jeff Hammerbacher," *San Francisco*, March 22, 2015.

· 8 · Ashlee Vance, "This Tech Bubble Is Different," *Bloomberg BusinessWeek*, April 14, 2011.

· 9 · Moira Burke, Cameron Marlow, Thomas M. Lento, "Feed Me: Motivating Newcomer Contribution in Social Network Sites," *CHI '09 Proceedings of the SIGCHI Conference on Human Factors in Computing Systems*, 945–54.

· 10 · Hill's brilliant articles on PYMK include "Facebook Figured Out My Family Secrets and Won't Tell Me How," *Gizmodo*, August 25, 2017; "Facebook Recommended This Psychiatrist's Patients Friend Each Other," *Gizmodo*, August 25, 2016; "How Facebook Outs Sex Workers," *Gizmodo*, November 10, 2017; "How Facebook Figures Out Everyone You've Ever Met," *Gizmodo*, November 7, 2017; and "People You May Know: A Controversial Facebook Feature's 10-Year History," *Gizmodo*, August 8, 2018.

注释

549

·11· "House Energy and Commerce Questions for the Record," June 29, 2018. This is Facebook's response to follow up questions from Zuckerberg's 2018 testimony before the committee.

·12· His PYMK talk was given at the Society for Industrial and Applied Mathematics on July 7, 2010. The slide deck is currently viewable on graph analysis.org.

·13· Robin Dunbar explains his theory in *How Many Friends Does One Person Need?* (Harvard University Press, 2010).

·14· Lisa Katayama, "Facebook Japan Takes the Model-T Approach," *Japan Times*, June 25, 2008.

·15· Statistics are cited from the global analytics company Statcounter.

·16· Besides personal interviews, key sources for Facebook's program included Jessi Hempel, "Inside Facebook's Ambitious Plan to Connect the Whole World," *Wired*, January 19, 2016; her follow up, Jessi Hempel, "What Happened to Facebook's Grand Plan to Wire the World?," *Backchannel*, May 17, 2018; and Lev Grossman, "Mark Zuckerberg and Facebook's Plan to Wire the World," *Time*, December 15, 2014. Hempel also generously provided me with access to her interviews.

·17· The white paper, "Is Connectivity a Human Right?," was posted to Facebook on August 12, 2013.

·18· "Zuckerberg Explains Facebook's Plan to Get Entire Planet Online," *Wired*, August 26, 2013.

·19· Casey Newton, "Facebook Takes Flight," *The Verge*, July 21, 2016.

·20· Grossman, "Facebook's Plan to Wire the World."

·21· Hempel, "What Happened to Facebook's Grand Plan."

·22· The memo is reprinted in Michael Arrington, "Facebook VP Chamath Palihapitiya Forms New Venture Fund, The Social+ Capital Partnership," *TechCrunch*, June 3, 2011.

11
快速行动，破除陈规

·1· Arden Pernell, "Facebook to Move to Stanford Research Park," *Palo Alto Online*, August 18, 2008.

·2· Background comes from personal interviews and David Cohen, "A Look at the Analog Research Lab, the Source of All of Those Posters in Facebook's Offices," *Adweek*,

February 6, 2019; "Ben Barry Used to be Called Facebook's Minister of Propaganda," *Typeroom*, June 26, 2015; Steven Heller, "The Art of Facebook," *The Atlantic*, May 16, 2013; and Fred Turner, "The Arts at Facebook: An Aesthetic Infrastructure for Surveillance Capitalism," *Poetics*, March 16, 2018.

· 3 · I helped circulate this definition by my own book *Hackers* (Anchor Press/ Doubleday, 1984).

· 4 · Mark Coker, "Startup Advice for Young Entrepreneurs from Y Combinator," *VentureBeat*, March 26, 2007.

· 5 · Jessica E. Vascellaro, "Facebook CEO in No Rush to 'Friend' Wall Street," *Wall Street Journal*, March 3, 2010.

· 6 · Kirkpatrick, *The Facebook Effect*, 270.

· 7 · Nick O'Neil, "Facebook Officially Launches Questions, a Possible Quora Killer," *Adweek*, July 28, 2010.

· 8 · Kirkpatrick, *The Facebook Effect*, 133.

· 9 · Kate Losse, *The Boy Kings*.

· 10 · Brad Stone, "New Scrutiny for Facebook over Predators," *New York Times*, July 30, 2007.

· 11 · Brad Stone, author of the *Times* article, says he can't remember how he vetted the source making the allegations.

· 12 · Benny Evangelista and Vivian Ho, "Breastfeeding Moms Hold Facebook Nurse-In Protest," *SFGate*, February 7, 2012.

· 13 · Patricia Sellers, "Mark Zuckerberg's New Challenge: Eating Only What He Kills (And Yes, We Do Mean Literally . . .)," *Fortune*, May 26, 2011.

· 14 · Michelle Sherrow, "Mark Zuckerberg Only Eats Those He Kills," *PETA,* May 27, 2011.

· 15 · Besides personal interviews, the Twitter and Facebook meeting was drawn from Nick Bilton, *Hatching Twitter* (Portfolio/ Penguin, 2013); and Biz Stone, *Things a Little Bird Told Me: Confessions of a Creative Mind* (Grand Central, 2014).

· 16 · At the 2010 F8 conference, Ruchi Sanghvi and Ari Steinberg of Facebook presented an explanation of the News Feed Algorithm (Jason Kincaid, "EdgeRank: The Secret Sauce that Makes Facebook's News Feed Tick," *TechCrunch*, April 22, 2010). The presentation also helped inform an explanation of the algorithm by Jeff Widman on edgerank.net.

· 17 · I first reported this in "Inside the Science That Reports Your Scary- Smart Facebook and Twitter Feeds," *Wired*, April 22, 2014.

注释

· 18 ·   Eric Sun, Itamar Rosenn, Cameron A. Marlow, and Thomas M. Lento, "Gesundheit! Modeling Contagion Through Facebook News Feed," Proceedings of the Third International ICWSM Conference (2009).

· 19 ·   Ryan Singel, "Public Posting Now the Default on Facebook," *Wired*, December 9, 2009.

· 20 ·   Facebook posted an announcement, "Welcome to Facebook, Everyone," September 26, 2006.

· 21 ·   cwalters, "Facebook's New Terms of Service: 'We Can Do Anything We Want with Your Content. Forever," *Consumerist*, February 15, 2009.

· 22 ·   Rafe Needleman, "Live Blog: Facebook Press Conference on Privacy," *CNET*, February 26, 2009.

· 23 ·   Donna Tam, "The Polls Close at Facebook for the Last Time," *CNET*, December 10, 2012.

· 24 ·   Bobbie Johnson, "Privacy No Longer a Social Norm, Says Facebook Founder," *Guardian*, January 10, 2010.

· 25 ·   Emily Steel and Geoffrey Fowler, "Facebook in Privacy Breach," *Wall Street Journal*, October 18, 2010. Steel followed up with, "A Web Pioneer Tracks Users by Name," October 25, 2010.

· 26 ·   Earlier articles on RapLeaf include Stephanie Olser, "At Rapleaf, Your Personals Are Public," *CNET*, August 1, 2007; and Ryan Faulkner, "Can Auren Hoffman's Reputation Get Any Worse?" *Gawker*, September 18, 2007. Auren Hoffman responded on his company blog, "Startups, Privacy and Being Wrong," September 17, 2007.

· 27 ·   Liz Gannes, "Instant Personalization Is the Real Privacy Hairball," *GigaOm*, April 22, 2010.

· 28 ·   Kara Swisher and Walt Mossberg, "D8: Facebook CEO Mark Zuckerberg Full- Length Video," *Wall Street Journal*, June 10, 2010.

· 29 ·   Ian Paul, "Facebook CEO Challenges the Social Norm of Privacy," *PCWorld*, January 11, 2010.

· 30 ·   FTC Staff, "Facebook Settles FTC Charges That It Deceived Consumers by Failing to Keep Privacy Promises," November 11, 2011.

· 31 ·   Caroline McCarthy, "App Verification Comes to Facebook's Platform," *CNET*, November 17, 2008.

12
范式转移

· 1 · Pete Cashmore, "STUNNING: Facebook on the iPhone," *Mashable*, August 4, 2007.

· 2 · Joe Hewitt blog, "Innocent Until Proven Guilty," August 27, 2009.

· 3 · Christian Zibreg, "Facebook Developer: 'Apple's Review Process Needs to Be Eliminated Completely,'" Geek.com, August 27, 2009.

· 4 · The best early account of Facebook's journey to native applications is Evelyn M. Rusli, "Even Facebook Must Change," *Wall Street Journal*, January 29, 2013.

· 5 · AllFacebook, "Mark Zuckerberg, Sarah Lacy SXSW Interview," March 10, 2008, *Zuckerberg Transcripts*, 16.

· 6 · Background of Michael Grimes from Evelyn M. Rusli, "Morgan Stanley's Grimes Is Where Money and Tech Meet," *New York Times*, May 8, 2012.

· 7 · Nicole Bullock and Hannah Kuchler, "Facebook Chiefs Considered Scrapping 2012 IPO," *Financial Times*, August 9, 2017.

· 8 · Ari Levy and Douglas MacMillan, "Morgan Stanley Case Exposes Facebook to Similar Challenges," *Bloomberg*, December 19, 2012.

· 9 · Sharon Terlep, Suzanne Vranica, and Shayndi Raice, "GM Says Facebook Ads Don't Pay Off," *Wall Street Journal*, May 16, 2012.

· 10 · Safdar, "Facebook One Year Later."

· 11 · Hoffman made the remark to Sarah Lacy at a Pando Fireside Chat, posted online August 12, 2012.

· 12 · Rosa Price, "$19bn and Just Married . . . I Hope Mark Zuckerberg Got a Prenup, Says Donald Trump," *Telegraph*, May 20, 2012.

· 13 · Losse, *The Boy Kings*, 51.

13
收购未来

· 1 · The section about Instagram's early days was drawn from a number of sources. My own interviews with Systrom, Krieger, and others were augmented by interviews generously shared with me by Jessi Hempel. Key published sources were Kara Swisher, "The Money Shot," *Vanity Fair*, May 6, 2013; Somini Sengupta, Nicole Perlroth, and Jenna Wortham, "Behind Instagram's Success, Networking the Old Way," *New York Times*,

注释

April 13, 2012; and Mike Krieger, "Why Instagram Worked," *Wired*, October 20, 2014.

· 2 · Antonio García Martínez, *Chaos Monkeys: Obscene Fortune and Random Failure in Silicon Valley* (HarperCollins, 2016), 287–89. Martinez's account of his experience at Facebook is a trenchant look at the company's culture.

· 3 · Background on the Instagram deal from Swisher, "The Money Shot" ; and Shayndi Raice, Spencer E. Ante, and Emily Glazer, "In Facebook Deal, Board Was All But Out of Picture," *Wall Street Journal*, April 18, 2012.

· 4 · Background on Zoufonoun in Mayar Zokaei, "Lawyer and Musician Amin Zoufonoun Closes $1 Billion Instagram Merger for Facebook," *Javanan*, March 15, 2011.

· 5 · Josh Kosman, "Facebook Boasted of Buying Instagram to Kill the Competition: Sources," *New York Post*, February 26, 2019.

· 6 · In addition to interviews, I drew on Billy Gallagher's definitive book, *How to Turn Down a Billion Dollars* (St. Martin's Press, 2018). Also valuable was Sarah Frier and Max Chafkin, "How Snapchat Built a Business by Confusing Olds," *Bloomberg BusinessWeek*, March 17, 2016; J. J. Coloa, "The Inside Story of Snapchat: World's Hottest App or a $3 Billion Disappearing Act?" *Forbes*, January 6, 2014; and Sarah Frier, "Nobody Trusts Facebook, Twitter Is a Hot Mess, What Is Snapchat Doing?" *Bloomberg BusinessWeek*, August 22, 2018.

· 7 · Brad Stone and Sarah Frier, "Evan Spiegel Reveals Plan to Turn Snapchat into a Real Business," *Bloomberg BusinessWeek*, May 16, 2015.

· 8 · Alyson Shontell, "How Snapchat's CEO Got Mark Zuckerberg to Fly to LA for a Private Meeting," *Business Insider*, January 6, 2014.

· 9 · Gallagher, *How to Turn Down a Billion Dollars*, 84.

· 10 · Ingrid Lunden, "Facebook Buys Mobile Data Analytics Company Onavo, Reportedly for Up to $ 200M . . . And (Finally?) Gets Its Office in Israel," *TechCrunch*, October 13, 2013.

· 11 · Georgia Wella and Deepa Seetharaman, "Snap Detailed Facebook's Aggressive Tactics in 'Project Voldemort' Dossier," *Wall Street Journal*, September 24, 2019.

· 12 · In addition to personal interviews, I drew background on WhatsApp from a number of sources. Parmy Olsen's work for *Forbes* is best on its history up to the Facebook purchase: "EXCLUSIVE: The Rags-to-Riches Tale of How Jan Koum Built WhatsApp into Facebook's New $19 Billion Baby," February 19, 2004; and "Inside the Facebook-WhatsApp Megadeal: The Courtship, the Secret Meetings, the $19 Billion Poker Game," March 4, 2014. Other valuable stories were David Rowan, "The Inside

Story of Jan Koum and How Facebook Bought WhatsApp," *Wired UK*, April 2014; and Daria Lugansk, "WhatsApp Founder: Most Startup Ideas Are Completely Stupid," *RBC*, September 8, 2015. Jan Koum has shared his story on several onstage interviews, all viewable on YouTube. Ones I found valuable included his appearances at DLD in 2016 and 2014; two sessions for the Y Combinator Startup School ("How to Build a Product," April 28, 2017; and with Jim Goetz on October 14, 2014); and with Alex Fishman at Startup Grind, March 1, 2017. Also, WhatsApp business head Neeraj Arora spoke at the Indian School of Business in an interview uploaded on February 18, 2015.

· 13 ·   "Why We Don't Sell Ads," WhatsApp blog, June 18, 2012.

· 14 ·   Rowan, "The Inside Story."

· 15 ·   The documents later released by UK Parliament in the Six4Three case mentioned above show multiple reports where Onavo tracked WhatsApp activity.

· 16 ·   "Facebook," WhatsApp blog, February 19, 2014.

· 17 ·   The definitive book on Oculus is Blake Harris, *The History of the Future* (Dey Street, 2019). It is particularly valuable for its wealth of original documents and emails. All the principals in the company, as well as those from Facebook, testified in the January 2017 *Zenimax v. Facebook et al*, trial in Texas, and I drew from those transcripts, as well as personal interviews.

· 18 ·   The emails among parties in and out of Facebook were made public via the Zenimax litigation. All are reprinted in the Harris book.

· 19 ·   Zuckerberg's Zenimax trial testimony, January 17, 2017.

· 20 ·   Harris, *The History of the Future*, 328.

14
选举

· 1 ·   Dmitri Alperovitch, "Bears in the Midst: Intrusion into the National Democratic Committee," *From the Front Lines* (CrowdStrike blog), June 15, 2016. This is one of a series of posts from CrowdStrike that broke ground in publicly exposing Russian involvement in the 2016 election. Other sources in addition to personal interviews include Michael Issikoff and David Corn, *Russian Roulette: The Inside Story of Putin's War on America and the Election of Donald Trump* (Twelve, 2018); and David E. Sanger, *The Perfect Weapon: War, Sabotage, and Fear in the Cyber Age* (Crown, 2018).

· 2 ·   Nicholas Thompson and Fred Vogelstein, "Inside the Two Years That Shook Facebook—and the World," *Wired*, February 12, 2018.

·3· Background on Stamos included Kurt Wagner, "Who Is Alex Stamos, the Man Hunting Down Political Ads on Facebook?" *Recode*, October 3, 2017; and Nicole Perlroth and Vindu Goel, "Defending Against Hackers Took a Back Seat at Yahoo, Insiders Say," *New York Times*, September 28, 2016.

·4· Perlroth and Goel, "Defending Against Hackers."

·5· The definitive source for the origin and operation of DCLeaks is the Mueller indictment, *United States v. Viktor Borisovich Netyshom, et al.* Filed July 13, 2018.

·6· Robert M. Bond, Christopher J. Fariss, Jason J. Jones, Adam D. I. Kramer, Cameron Marlow, Jaime E. Settle, and James H. Fowler, "A 61-Million-Person Experiment in Social Influence and Political Mobilization," *Nature* 489, September 12, 2012, 295–98.

·7· Dara Lind, "Facebook's 'I Voted' Sticker Was a Secret Experiment on Its Users," *Vox*, November 4, 2014.

·8· Background on Kaplan included "Joel D. Kaplan, White House Deputy Chief of Staff for Policy," White House Press Office, April 24, 2006.

·9· Deepa Seetharaman, "Facebook Employees Pushed to Remove Trump's Posts as Hate Speech," *Wall Street Journal*, October 21, 2016.

·10· Sheera Frenkel, Nicholas Confessore, Cecilia Kang, Matthew Rosenberg, and Jack Nicas, "Delay, Deny and Deflect: How Facebook's Leaders Fought through Crisis," *New York Times*, November 14, 2018. This is the explosive story that revealed much of the behind-the-scenes machinations in Facebook's policy world during and after the 2016 election.

·11· Seetharaman, "Facebook Employees Pushed to Remove Trump's Posts."

·12· Michael Nunez, "Former Facebook Workers: We Routinely Suppressed Conservative News," *Gizmodo*, May 9, 2016. The best account of the Trending Topics debacle came from my colleagues Nicholas Thompson and Fred Vogelstein, "Inside the Two Years that Shook Facebook—and the World," *Wired*, February 12, 2019. The story in general provides a deep inside view of Facebook in 2016 and 2017.

·13· Facebook General Counsel Colin Stretch wrote to Hon. John Thune, Chairman of the Committee on Commerce, Science, and Transportation, on May 23, 2016.

·14· Heather Kelly, "Facebook Ditches Humans in Favor of Algorithms for Trending News," CNN, August 26, 2016.

·15· Abby Ohlheiser, "Three Days after Removing Human Editors, Facebook Is Already Trending Fake News," *Washington Post*, August 29, 2016.

Facebook

· 16 · Jessica Guynn, "Zuckerberg Reprimands Facebook Staff Defacing 'Black Lives Matter,' " *USA Today*, February 26, 2016.

· 17 · Thompson and Vogelstein, "Inside the Two Years."

· 18 · "Facebook CEO Mark Zuckerberg: Philippines a Successful Test Bed for Internet.org Initiative with Globe Telecom Partnership," *Globe Telecom*, February 25, 2014.

· 19 · The definitive story on Facebook, the Philippines, and Maria Ressa is from Davey Alba, "How Duterte Used Facebook to Fuel the Philippine Drug War," *BuzzFeed*, September 4, 2018. Other useful sources besides personal interviews include Dana Priest, "Seeded in Social Media: Jailed Philippine Journalist Says Facebook Is Personally Responsible for Her Predicament," *Washington Post*, February 25, 2018; and *Frontline*'s documentary, *The Facebook Dilemma*, which ran on PBS on October 29 and 30, 2018.

· 20 · In a 2018 *Wired* story, Antonio García Martínez, a former Facebook ad executive, wrote about how the Trump campaign got more value from Facebook than the Clinton campaign, in "How Trump Conquered Facebook—Without Russian Ads," *Wired*, February 23, 2018. Facebook's Andrew Bosworth responded on Twitter with data that seemed to indicate the Trump campaign actually paid more per million views. This was disputed by Trump's digital director, who claimed that in some cases, Trump was getting a hundred times more value per CPM. Will Oremus in *Slate* ("Did Facebook Really Charge Clinton More for Ads than Trump?" February 28, 2018) found that while Bosworth might be technically correct, the larger advantage was Trump's because the Clinton campaign used less effective general interest ads while the Trump digital team ran more narrowly targeted "call to action" ads that indeed got more bang for the buck. As for the two-and-a-half minute ad, I was unable to locate that example but included it, as the source had firsthand knowledge of the episode. Later, Facebook conceded that the data showed the Trump campaign's superiority in this realm (Sarah Frier, "Trump's Campaign Says It Was Better at Facebook. Facebook Agrees," *Bloomberg Businessweek*, April 3, 2018).

· 21 · Useful sources for the Parscale campaign were Issie Lapowsky, "The Man Behind Trump's Bid to Finally Take Digital Seriously," *Wired*, August 19, 2016; Joshua Green and Sasha Issenberg, "Inside the Trump Bunker with Days to Go," *Bloomberg BusinessWeek*, October 27, 2016; Sue Halpern, "How He Used Facebook to Win," *New York Review of Books*, June 8, 2017; and Leslie Stahl (correspondent), "Brad Parscale," *60 Minutes*, October 18, 2017.

注释

· 22 · A good explanation of how Parscale used Facebook's tools comes from Martínez, "How Trump Conquered Facebook."

· 23 · Sandberg's own account is in her book, co-written with Adam Grant, *Option B: Facing Adversity, Building Resilience, Finding Joy* (Knopf, 2017). She discussed the loss and its consequences in interviews including Belinda Luscombe, "Life After Grief," *Time*, April 13, 2017; Jessi Hempel, "Sheryl Sandberg's Accidental Revolution," *Backchannel*, April 24, 2017.

· 24 · This was described to me by multiple employees who worked with Sandberg.

· 25 · Besides personal interviews, Sandberg's image tending has been written about in the aftermath of Facebook's problems. See Nick Bilton, " 'I Hope It Cracks Who She Is Wide Open' : In Silicon Valley, Many Have Long Known Sheryl Sandberg Is Not a Saint," *Vanity Fair*, November 16, 2018. The aforementioned *New York Times* article, "Delay, Deny and Deflect," which portrays Sandberg as culpable in the post-election saga, was a turning point in the press's treatment of the COO.

· 26 · Jodi Kantor, "A Titan's How-To on Breaking the Glass Ceiling," *New York Times*, February 21, 2015.

· 27 · Maureen Dowd, "Pompom Girl for Feminism," *New York Times,* February 23, 2013.

· 28 · Eric Lubbers, "There Is No Such Thing As the Denver Guardian, Despite That Facebook Post You Saw," *Denver Post*, November 5, 2016.

· 29 · Laura Sydell, "We Tracked Down a Fake-News Creator in the Suburbs. Here's What We Learned," NPR, November 23, 2016.

· 30 · Craig Silverman and Lawrence Alexander, "How Teens in the Balkans Are Duping Trump Supporters with Fake News," BuzzFeed, November 3, 2016.

· 31 · Samanth Subramanian, "Inside the Macedonian Fake-News Complex," *Wired*, February 15, 2017.

· 32 · Craig Silverman, "This Analysis Shows How Viral Fake Election News Stories Outperformed Real News on Facebook," BuzzFeed, November 16, 2016.

· 33 · Roger McNamee includes the letter in his anti-Facebook polemic, *Zucked: Waking Up to the Facebook Catastrophe* (Penguin, 2019).

· 34 · Blake Harris, *The History of the Future* (Dey Street Books, 2019), 442.

· 35 · Bobby Goodlatte posted on Facebook on November 9, 2016.

· 36 · White House Press Office, "Remarks by the President at Hillary for America Rally," Ann Arbor, Michigan, November 7, 2016.

· 37 · David Remnick, "Obama Reckons with a Trump Presidency," *The New Yorker*,

November 18, 2016.

·38· Gardiner Harris and Melissa Eddy, "Obama, with Angela Merkel in Berlin, Assails Spread of Fake News," *New York Times*, November 17, 2016.

·39· Adam Entous, Elizabeth Dwoskin, and Craig Timberg, "Obama Tried to Give Zuckerberg a Wake-Up Call over Fake News on Facebook," *Washington Post*, September 24, 2017.

·40· Jen Weedon, William Nuland, and Alex Stamos, "Information Operations and Facebook," April 27, 2017.

15
P 即宣传

·1· Cade Metz, "Facebook Moves into Its New Garden-Roofed Fantasyland," *Wired*, March 30, 2015.

·2· Mark Zuckerberg posted on Facebook on January 3, 2017.

·3· Lincoln's concluding remarks to Congress on December 1, 1862.

·4· Massimo Calabresi, "Inside Russia's Social Media War on America," *Time*, May 18, 2017.

·5· Tom LoBianco, "Hill Investigators, Trump Staff Look to Facebook for Critical Answers in Russia Probe," CNN, July 20, 2017.

·6· Warner's interview with *Frontline*'s James Jacoby was posted on May 24, 2018.

·7· LoBianco, "Hill Investigators."

·8· Adrian Chen, "The Agency," *New York Times*, June 2, 2015.

·9· One of the most thorough assessments of the IRA's work came in a report called "Tactics and Tropes of the Internet Research Agency," December 17, 2018, produced by New Knowledge on the request of the Senate Select Committee on Intelligence.

·10· *United States of America v. Internet Research Agency, et al.* Filed February 16, 2018.

·11· Alex Stamos, "An Update on Information Operations on Facebook," *Facebook Newsroom*, September 6, 2017. A major *New York Times* story first told about the Stamos draft, as well as uncovering other details in the 2017 Facebook saga, much of it tracking with the research I had been conducting, though several Facebook officials felt that the story did not reflect their motivations. Sheera Frenkel, Nicholas Confessore, Cecilia Kang, Matthew Rosenberg, and Jack Nicas, "Delay, Deny and Deflect: How

Facebook's Leaders Fought Through Crisis," *New York Times*, November 14, 2018.

· 12 · In addition to personal interviews, "Delay, Deny and Deflect," provided background to the two days when Facebook's board heard about Russian state involvement.

· 13 · Justin Weir, "Zuckerberg Pays Surprise Visit to Falls Family," *Vindicator*, April 29, 2017.

· 14 · Crystal Bui, "Mark Zuckerberg Meets Raimondo, Providence Students, Dines at Johnston Restaurant," NBC 10 News, May 22, 2017.

· 15 · Joanna Pearlstein, "The Millions Silicon Valley Spends on Security for Execs," *Wired*, January 16, 2019.

· 16 · Zuckerberg posted his speech, "Bringing the World Closer Together," on his Facebook page, June 22, 2017.

· 17 · The best background on Harris's crusade is Bianca Bosker, "The Binge Breaker," *The Atlantic*, November 2016.

· 18 · Cates Holderness, "What Colors Are This Dress?" BuzzFeed, February 26, 2015.

· 19 · Facebook outsourced the authorization of the fact-checking organizations to the Poynter Institute. Some of its choices were controversial as they came to include conservative publishers like the alt-right *Daily Caller*.

· 20 · Benjamin Mullen and Deepa Seetharaman, "Publishing Executives Argue Facebook Is Overly Deferential to Conservatives," *Wall Street Journal*, July 17, 2018.

· 21 · The story of Zuckerberg's Newark donation is comprehensively chronicled by Dale Russakoff, *The Prize: Who's in Charge of America's Schools?* (Houghton Mifflin Harcourt, 2015).

· 22 · Leanna Garfield, "Mark Zuckerberg Once Made a $100 Million Investment in a Major US City to Help Fix Its Schools— Now the Mayor Says the Effort 'Parachuted' in and Failed," *Business Insider*, May 12, 2018.

· 23 · Jeremy Youde, "Here's What Is Promising, and Troubling, About Mark Zuckerberg and Priscilla Chan's Plan to 'Cure All Diseases,' " *Washington Post*, October 4, 2016.

· 24 · Lauren Feiner, "San Francisco Official Proposes Stripping Mark Zuckerberg's Name from a Hospital," *CNBC*, November 29, 2018.

· 25 · Vindu Goel, Austin Ramzy, and Paul Mozur, "Mark Zuckerberg, Speaking Mandarin, Tries to Win Over China for Facebook," *New York Times*, October 23, 2014.

· 26 · Mark Zuckerberg announced it in the "Happy New Year!" video on Facebook in 2016.

· 27 · Mark Zuckerberg posted on Facebook on September 30, 2017.

· 28 · Mark Zuckerberg posted on Facebook on January 4, 2018.

Facebook

16
小丑表演

·1· Though there had been previous reporting, the Cambridge Analytica/ Facebook story broke through on March 17, 2018, with simultaneous publication in *The Guardian/ Observer* (Carole Cadwalladr and Emma Harrison, "Revealed: 50 Million Facebook Profiles Harvested for Cambridge Analytica in Major Data Breach") and the *New York Times* (Matthew Rosenberg, Nicholas Confessore, and Carole Cadwalladr, "How Trump Consultants Exploited the Facebook Data of Millions").

·2· The best account of how the Cambridge Analytica scandal intertwined with the center is Issie Lapowsky, "The Man Who Saw the Dangers of Cambridge Analytica Years Ago," *Wired*, June 19, 2018.

·3· Some background on Kosinski and his involvement in the Cambridge Analytica story came from a prescient story by Hannes Grassegger and Mikael Krogerus, "The Data That Turned the World Upside Down," *Motherboard*, January 28, 2017. It was originally published in German in *Das Magazin* in December 2016.

·4· Michal Kosinski, David Stillwell, and Thore Graepel, "Private Traits and Attributes Are Predictable from Digital Records of Human Behavior," *PNAS* 110, no. 15, April 9, 2013: 5805.

·5· Wu Youyou, Michal Kosinski, and David Stillwell, "Computer-Based Personality Judgments Are More Accurate Than Those Made by Humans," *PNAS* 112, no. 4, January 27, 2015: 1037.

·6· Facebook, Inc., Menlo Park, CA (US) got patent No. US 8,825,764 B2 with Michael Nowak, San Francisco, CA (US); Dean Eckles, Palo Alto, CA (US) as inventors. The date of patent is September 2, 2014. While it's unclear how this specific technique was employed, a detailed discussion of Facebook's data mining is found in Shoshana Zuboff, *The Age of Surveillance Capitalism: The Fight for a Human Future at the New Frontier of Power* (New York: Public Affairs, 2019).

·7· This was described to me by Cameron Marlow, who was once head of Facebook's Data Science team.

·8· Adam D. I. Kramer, Jamie E. Guillory, and Jeff T. Hancock, "Experimental Evidence of Massive Scale Emotional Contagion Through Social Networks," *PNAS* 111, no. 24, June 17: 8788–90.

·9· Jillian D'Onfro, "Facebook Researcher Responds to Backlash Against 'Creepy' Mood

Manipulation Study," *Business Insider*, June 29, 2014.

· 10 · Reed Albergotti, "Furor Erupts Over Facebook's Experiment on Users," *Wall Street Journal*, June 30, 2014.

· 11 · Katie Waldman, "Facebook's Unethical Experiment," *Slate*, June 28, 2014.

· 12 · This brochure was among a cache of documents that Wylie submitted to UK Parliament. Wylie also explains his background and involvement with Cambridge Analytica in his book, *Mindf*ck: Cambridge Analytica and the Plot to Break America* (Random House, 2019).

· 13 · Carole Cadwalladr, " 'I Made Steve Bannon's Psychological Warfare Tool' : Meet the Data War Whistleblower," *Guardian*, March 18, 2018.

· 14 · Wylie testimony to House of Commons, Digital, Culture Media and Sport Committee, March 27, 2018.

· 15 · Wylie testimony.

· 16 · Elizabeth Dwoskin and Tony Romm, "Facebook's Rules for Accessing User Data Lured More Than Just Cambridge Analytica," *Washington Post*, March 19, 2018.

· 17 · Facebook explained how Kogan's app took advantage of the Open Graph in its June 29, 2018, letter to the House Energy and Commerce Subcommittee, answering questions arising from Zuckerberg's testimony earlier that year.

· 18 · Wylie's explanation came in a document he submitted to UK Parliament after his testimony, "A Response to Misstatements in Relation to Cambridge Analytica Introductory Background to the Companies."

· 19 · A solid account of the timeline of Kogan and SCL's experiment can be found in the FTC ruling, "In the Matter of Cambridge Analytica, LLC," released July 22, 2019.

· 20 · Matthew Rosenberg et al., "How Trump Consultants Exploited the Facebook Data of Millions."

· 21 · Dr. Alex Kogan spoke on "Big Data Social Science: How Big Data Is Revolutionizing Our Science" at a brown-bag lunch at the psychology department on December 2, 2014.

· 22 · Brittany Kaiser, *Targeted: The Cambridge Analytica Whistleblower's Inside Story of How Big Data, Trump, and Facebook Broke Democracy and How It Can Happen Again* (HarperCollins, 2019), 147.

· 23 · Kenneth Vogel and Tarini Parti, "Cruz Partners with Donor's 'Psychographic' Firm," *Politico*, July 7, 2015.

· 24 · Harry Davies, "Ted Cruz Using Firm That Harvested Data on Millions of Unwitting

Facebook

Facebook Users," *Guardian*, December 11, 2015.

·25· The internal email chain preceding and directly following the 2015 *Guardian* story was released in 2019 as a part of Cambridge Analytica civil litigation.

·26· Kaiser, *Targeted*, 159.

·27· In *District of Columbia v. Facebook*, the complaint cited the dates that Kogan and Cambridge Analytica affirmed that the data was deleted. In its response on July 8, 2019, Facebook's conceded that those dates were accurate. The company has confirmed this to me directly.

·28· Matthew Rosenberg and Gabriel J. X. Dance, " 'You Are the Product' : Targeted by Cambridge Analytica on Facebook," *New York Times*, April 8, 2018.

·29· *Frontline*'s *The Facebook Dilemma* web page has extended interviews with sources including Parscale.

·30· Nicholas Confessore and Danny Hakim, "Data Firm Says 'Secret Sauce' Aided Trump; Many Scoff," *New York Times*, March 6, 2017.

·31· Hannes Grassegger and Mikael Krogerus, "The Data That Turned the World Upside Down," *VICE*, January 28, 2017.

·32· The characterization of Facebook's statements at this time as false and misleading are explicit in "Securities and Exchange Commission vs Facebook, Inc," July 24, 2019. The document presents yet another damning timeline of the Cambridge Analytica episode. Facebook paid $100 million to settle the SEC complaint.

·33· Mattathias Schwartz, "Facebook Failed to Protect 30 Million Users from Having Their Data Harvested by Trump Campaign Affiliate," *The Intercept*, March 30, 2017.

·34· VP & Deputy General Counsel of Facebook Paul Grewal, "Suspending Cambridge Analytica and SCL Group from Facebook," *Facebook Newsroom*, March 16, 2018.

·35· Nicholas Thompson, "Mark Zuckerberg Talks to WIRED About Facebook's Privacy Problem," *Wired*, March 21, 2018.

·36· Vanessa Friedman, "Mark Zuckerberg's I'm Sorry Suit," *New York Times*, April 10, 2018.

·37· The statement, and the complete transcript of Zuckerberg's hearing, is available at "Transcript of Mark Zuckerberg's Senate Hearing," *Washington Post*, April 10, 2018.

·38· Taylor Hatmaker, "Here Are Mark Zuckerberg's Notes from Today's Hearing," *TechCrunch*, April 10, 2018. AP photographer Andrew Harnick had enterprisingly captured the notes when Zuckerberg left his seat and failed to cover his talking points.

·39· Brian Barrett, "A Comprehensive List of Everything Mark Zuckerberg Will Follow Up

On," *Wired*, April 11, 2018.

·40· Tony Romm and Drew Harwell, "Facebook Suspends Tens of Thousands of Apps Following Data Investigation," *Washington Post*, September 20, 2019.

17
丑陋的一面

·1· Charlotte Graham-McLay, Austin Ramzy, and Daniel Victor, "Christchurch Mosque Shootings Were Partly Streamed on Facebook," *New York Times*, March 14, 2019.

·2· A firsthand account of social media in Arab Spring is found in Wael Ghonim, *Revolution 2.0: A Memoir* (Houghton Mifflin Harcourt, 2012).

·3· Tim Sparapani, "Frontline: The Facebook Dilemma," PBS, March 15, 2018.

·4· "Removing Myanmar Military Officials from Facebook," *Facebook Newsroom*, August 28, 2018. Damaging details are found in Paul Mozur, "A Genocide Incited on Facebook, with Posts from Myanmar's Military," *New York Times*, October 15, 2018.

·5· BSR produced the report "Human Rights Impact Assessment: Facebook in Myanmar" in October 2018.

·6· Tasneem Nashrulla, "We Blew Up a Watermelon and Everyone Lost Their Freaking Minds," BuzzFeed, April 8, 2016.

·7· Jason Koebler and Joseph Cox, "The Impossible Job: Inside Facebook's Struggle to Moderate Two Billion People," *VICE*, August 23, 2018.

·8· Natasha Singer, "In Screening for Suicide Risk, Facebook Takes on Tricky Public Health Role," *New York Times*, December 31, 2018.

·9· Daniel Victor, "Man Inadvertently Broadcasts His Own Killing on Facebook Live," *New York Times*, June 17, 2016.

·10· Bosworth's memo was first reported by Ryan Mac, Charlie Warzel, and Alex Kantrowitz, "Growth at Any Cost: Top Facebook Executive Defended Data Collection in 2016 Memo—and Warned That Facebook Could Get People Killed," BuzzFeed, March 29, 2018.

·11· David Ingram, "Zuckerberg Disavows Memo Saying All User Growth Is Good," Reuters, March 29, 2018.

·12· A 2012 Study from Divorce-Online-UK seems to be the source for this. According to *Divorce Magazine* (Daniel Matthews, "What You Need to Know About Facebook and Divorce," July 15, 2019), a UK firm called Lake Legal found the number to be 30 percent. The *Divorce* article quotes a high-volume attorney estimating 30 to 40 percent.

· 13 · VP and Deputy General Counsel of Facebook Chris Sonderby posted "Update on New Zealand," *Facebook Newsroom*, March 18, 2019.

· 14 · There have been several deep studies of content moderators and policy by academics, notably Sarah T. Roberts, *Behind the Screen: Content Moderation in the Shadows of Social Media* (Yale University Press, 2019); Tarleton Gillespie, *Custodians of the Internet: Platforms, Content Moderation, and the Hidden Decisions That Shape Social Media* (Yale University Press, 2018); and Kate Klonick, "The New Governors: The People, Rules, and Processes Governing Online Speech," *Harvard Law Review*, April 10, 2018.

· 15 · One of the earliest and best accounts came from Koebler and Cox, "The Impossible Job." A deep look at setting policy for moderators came in "Post No Evil," *Radiolab*'s August 17, 2018, show.

· 16 · Casey Newton's stories were "The Trauma Floor," *The Verge*, February 25, 2019; and "Bodies in Seats," *The Verge*, June 19, 2019.

· 17 · Facebook released its *Community Standards Enforcement Report* on May 2019, adding data for the time period of October 2018 to March 2019. For the first time, according to Facebook Transparency, they shared data on the process for appealing and restoring content to correct mistakes in their enforcement decisions. This is also the first time they reported on standards on regulated goods, covering firearms and drugs.

· 18 · Max Fisher, "Inside Facebook's Secret Rulebook for Global Political Speech," *New York Times*, December 27, 2018.

· 19 · Koebler and Cox, "The Impossible Job."

· 20 · A deep discussion of this case comes in Simon Van Zuylen-Wood, " 'Men Are Scum' : Inside Facebook's War on Hate Speech," *Vanity Fair*, February 26, 2019.

· 21 · Casey Newton, "A Facebook Content Moderation Vendor Is Quitting the Business After Two Verge Investigations," *The Verge*, October 30, 2019.

· 22 · "Welcome to the AI Conspiracy: The 'Canadian Mafia' Behind Tech's Latest Craze," *Recode*, July 15, 2015.

· 23 · I wrote about Facebook's artificial intelligence efforts in "Inside Facebook's AI Machine," *Backchannel*, February 23, 2017.

· 24 · VP Integrity of Facebook Guy Rosen, "An Update on How We Are Doing at Enforcing Our Community Standards," *Facebook Newsroom*, May 23, 2019.

· 25 · Jack Nicas, "Does Facebook Really Know How Many Fake Accounts It Has?," *New*

注释

York Times, January 30, 2019.

· 26 · Viswanath Sivakumar, "Rosetta: Understanding Text Images and Videos with Machine Learning," *Facebook Engineering*, September 11, 2018.

· 27 · The story of the Napalm Girl on Facebook is told in detail in Gillespie, *Custodians of the Internet*.

· 28 · James Vincent, "Facebook Removes Alex Jones Pages, Citing Repeated Hate Speech Violations," *The Verge*, August 6, 2018.

· 29 · Casey Newton, "Facebook Bans Alex Jones and Laura Loomer for Violating Its Policies Against Dangerous Individuals," *The Verge*, May 2, 2019.

18
诚信

· 1 · Ben Horowitz, *The Hard Thing About Hard Things: Building a Business When There Are No Easy Answers* (HarperCollins, 2014), 224–28.

· 2 · Aisha Hassan, "These Brutal Reviews of Facebook's Portal Device Shows Why No One Wants It in Their Home," *Quartz*, November 9, 2018.

· 3 · According to a "Note by Damian Collins MP, Chair of the DCMS Committee," Facebook had entered into white- listing agreements with certain companies, which meant that after the platform changes in 2014–15 they maintained full access to friends' data. It is not clear that there was any user consent for this, nor how Facebook decided which companies should be white-listed or not.

· 4 · Julia Angwin, Madeline Varner, and Ariana Tobin, "Facebook Enabled Advertisers to Reach 'Jew Haters,' " *ProPublica*, September 14, 2017.

· 5 · Sheera Frenkel, Nicholas Confessore, Cecilia Kang, Matthew Rosenberg, and Jack Nicas, "Delay, Deny and Deflect: How Facebook's Leaders Fought Through Crisis," *New York Times*, November 14, 2018.

· 6 · Nicholas Thompson and Fred Vogelstein, "15 Months of Fresh Hell Inside Facebook," *Wired*, April 16, 2019.

· 7 · Mike Isaac and Sheera Frenkel, "Facebook Security Breach Exposes Accounts of 50 Million Users," *New York Times*, September 28, 2018.

· 8 · Mark Zuckerberg stated on a Facebook post on March 21, 2018.

· 9 · Erin Durkin, "Michelle Obama on 'Leaning In' : Sometimes That Shit Doesn't Work," *Guardian*, December 3, 2018.

Facebook

· 10 · Nicholas Fandos, "Alex Jones Takes His Show to the Capitol, Even Tussling with a Senator," *New York Times*, September 5, 2018.

· 11 · Yamiche Alcindor, "Black Lawmakers Hold a Particular Grievance with Facebook: Racial Exploitation," *New York Times*, October 14, 2017.

· 12 · Cade Metz and Mike Isaac, "Facebook's A.I. Whiz Now Faces the Task of Cleaning It Up. Sometimes That Brings Him to Tears," *New York Times*, May 17, 2019.

· 13 · Deepa Seetharaman, "Facebook Morale Takes a Tumble Along with Stock Price," *Wall Street Journal*, November 14, 2018.

· 14 · Mark Zuckerberg shared photos with his team on Facebook on May 15, 2017.

· 15 · Mike Allen, "Sean Parker Unloads on Facebook: 'God Only Knows What It's Doing to Our Children's Brains,' " *Axios*, November 9, 2017.

· 16 · Paul Lewis, " 'Our Minds Can Be Hijacked' : The Tech Insiders Who Fear a Smartphone Dystopia," *Guardian*, October 6, 2017.

· 17 · James Vincent, "Former Facebook Exec Says Social Media Is Ripping Apart Society," *The Verge*, December 11, 2017.

· 18 · Palihapitiya posted his reversal on Facebook, December 15, 2017.

· 19 · It appeared on both the *Washington Post* and BBC. Drew Harwell, "Facebook, Longtime Friend of Data Brokers, Becomes Their Stiffest Competition," *Washington Post*, March 29, 2018. Jane Wakefield, "Facebook Scandal: Who Is Selling Your Personal Data?," BBC, July 11, 2018.

· 20 · Facebook no longer works with third-party data providers to offer their targeting segments directly on Facebook after April 2018. Facebook states its new data policy on the web page, "How does Facebook work with data providers?" under the "How Ads Work on Facebook" section in Facebook's help center.

· 21 · "US Digital Ad Spending Will Surpass Traditional in 2019," *eMarketer*, February 19, 2019.

· 22 · Anne Freier, "Google and Facebook to Reach 63.3% Digital Ad Market Share in 2019," *Business of Apps*, March 26, 2019.

· 23 · Khalid Saleh, "Global Mobile Ad Spending—Statistics and Trends," *Invesp*, March 31, 2015.

· 24 · "Facebook Q2 2018 Earnings," transcript on Facebook Investor Relations page.

· 25 · Bill Murphy Jr., "Mark Zuckerberg Lost Almost $17 Billion in About an Hour. Here's What Happened," *Inc.*, July 26, 2018.

· 26 · Laura Cox Kaplan's LinkedIn account reports her position and tenure at PwC.

注释

· 27 · The Electronic Privacy Information Center used a FOIA request to obtain PwC's "Independent Assessor's Report on Facebook's Privacy Program," April 12, 2017.

· 28 · Federal Trade Commission, "FTC Imposes $5 Billion Penalty and Sweeping New Privacy Restrictions on Facebook," July 24, 2019.

· 29 · Salvador Rodriguez, "Facebook Reports Better Than Expected Second-Quarter Results," CNBC, July 24, 2019.

· 30 · Edward Docx, "Nick Clegg: The Facebook Fixer," *New Statesman America*, July 17, 2019.

· 31 · Cook's remark was made on an MSNBC "Revolution" event in an interview with Kara Swisher and Chris Hayes, on April 6, 2018.

· 32 · Matthew Panzarino, "Apple's Tim Cook Delivers Blistering Speech on Encryption, Privacy," *TechCrunch*, June 2, 2015.

· 33 · Brian Fung, "Apple's Tim Cook May Have Taken a Subtle Dig at Facebook in His MIT Commencement Speech," *Washington Post*, June 9, 2017.

· 34 · Peter Kafka, "Tim Cook Says Facebook Should Have Regulated Itself, but It's Too Late for That Now," Recode, March 28, 2018.

· 35 · Ezra Klein, "Mark Zuckerberg on Facebook's Hardest Year, and What Comes Next," *Vox*, April 2, 2018.

· 36 · Deepa Seetharaman, "Facebook Removed Data-Security App from Apple Store," *Wall Street Journal*, August 22, 2018.

· 37 · Josh Constine, "Facebook Pays Teens to Install VPN that Spies on Them," *TechCrunch*, January 29, 2019. Constine's story was the apparent spur for Apple to take action.

· 38 · Facebook Q4 2018 earnings call transcript, Facebook Investor Relations Page, January 30, 2019.

19
另一个 Facebook

· 1 · Mark Zuckerberg, "A Privacy-Focused Vision for Social Networking," March 6, 2019.

· 2 · Arjun Kharpal, "Mark Zuckerberg Apologizes After Critics Slam His 'Magical' Virtual Reality Tour of Puerto Rico Devastation," CNBC, October 10, 2017.

· 3 · Besides personal interviews, I drew on the primary documents and reporting in Blake Harris, *The History of the Future*.

Facebook

- 4 · Gideon Resnick, "The Facebook Billionaire Secretly Funding Trump's Meme Machine," *Daily Beast*, September 22, 2016.
- 5 · Jeff Grubb, "Some VR developers Cut Ties with Oculus over Palmer Luckey Funding Pro-Trump Memes," *VentureBeat*, September 23, 2016.
- 6 · Cory Doctorow, "VERIFIED Mark Zuckerberg Defends Facebook's Association with Peter Thiel," *BoingBoing*, October 19, 2016.
- 7 · Josh Constine, "Facebook Is Building Brain-Computer Interfaces for Typing and Skin-Hearing," *TechCrunch*, April 19, 2017.
- 8 · Besides personal interviews, the background on Stories was informed by Billy Gallagher, *How to Turn Down a Billion Dollars* (St. Martin's Press, 2018).
- 9 · "Miranda Kerr 'Appalled' by Facebook 'Stealing Snapchat's Ideas,' " *Telegraph*, February 7, 2017.
- 10 · "Setting the Record Straight," WhatsApp blog, March 17, 2004.
- 11 · Parmy Olson, "Exclusive: WhatsApp Cofounder Brian Acton Gives the Inside Story on #DeleteFacebook and Why He Left $850 Million Behind," *Forbes*, September 18, 2018.
- 12 · Mark Scott, "E.U. Fines Facebook $122 Million over Disclosures in WhatsApp Deal," *New York Times*, May 18, 2017.
- 13 · Kirsten Grind and Deepa Seetharaman, "Behind the Messy, Expensive Split Between Facebook and WhatsApp's Founders," *Wall Street Journal*, June 5, 2018.
- 14 · Jan Koum, Facebook post, April 30, 2018.
- 15 · David Marcus, "The Other Side of the Story," Facebook post, September 26, 2018.
- 16 · Jon Porter, "WhatsApp Found a Place to Show You Ads," *The Verge*, November 1, 2018.
- 17 · Nicholas Thompson and Fred Vogelstein, "15 Months of Fresh Hell Inside Facebook," *Wired*, April 16, 2019.
- 18 · Fidji Simo, "Facebook Watch: What We've Built and What's Ahead," *Facebook Newsroom*, December 13, 2018.
- 19 · Kurt Wagner, "Facebook Is Making Its Biggest Executive Shuffle in Company History," *Recode*, May 8, 2018.
- 20 · Nicole Perlroth and Sheera Frenkel, "The End for Facebook's Security Evangelist," *New York Times*, March 20, 2018.
- 21 · Alex Davies, "What's Next for Instagram's Kevin Systrom? Flying Lessons," *Wired*, October 15, 2018.

· 22 · Chris Hughes, "It's Time to Break Up Facebook," *New York Times*, May 9, 2019.

· 23 · Astead W. Herndon, "Elizabeth Warren Proposes Breaking Up Tech Giants Like Amazon and Facebook," *New York Times*, March 8, 2019.

· 24 · The Libra Association, "An Introduction to Libra: White Paper," June 18, 2019.

· 25 · I wrote about the Libra launch (with Greg Barber) in "The Ambitious Plan Behind Facebook's Cryptocurrency, Libra," *Wired*, June 18, 2019.

· 26 · Daniel Uria, "Head of Facebook Libra Grilled by Skeptical U.S. Senators," UPI, July 16, 2019.

· 27 · I wrote about the testimony in "Mark Zuckerberg Endures Another Grilling on Capitol Hill," *Wired*, October 23, 2019. One can view clips on YouTube or the entire day on the House Committee on Financial Services website.